国家"十二五"重点图书

当代经济学系列丛书

Contemporary Economics Series

主编 陈昕

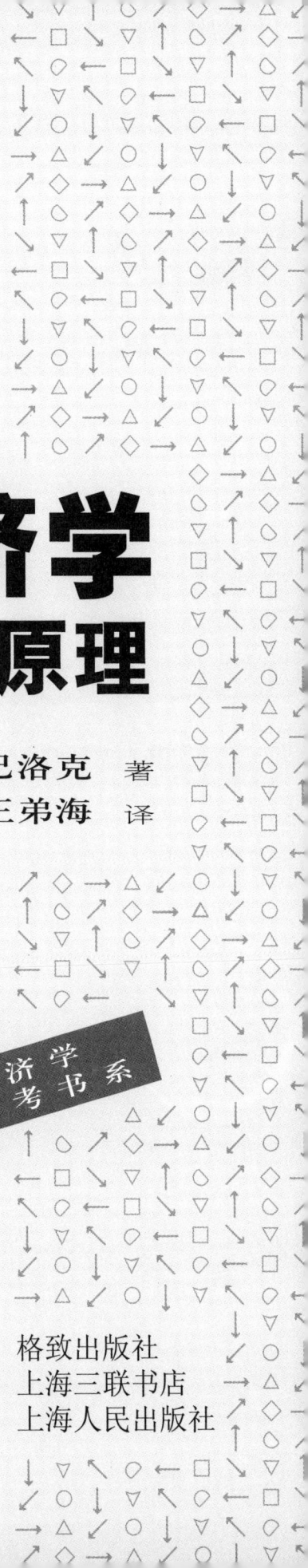

微观经济学
现代原理

[美] 泰勒·考恩 亚历克斯·塔巴洛克 著

王弟海 译

当代经济学
教学参考书系

格致出版社
上海三联书店
上海人民出版社

经济学研究如何实现最丰足的人生。
泰勒和亚历克斯

Economics is the study of how to get the most out of life.
Tyler and Alex

作者简介

泰勒·考恩(Tyler Cowen,左),乔治梅森大学 Holbert C. Harris 讲席教授。他最近出版的新书有《创造你自己的经济:无序世界中的繁荣之路》(*Create Your Own Economy:The Path to Prosperity in a Disordered World*)。他还同亚历克斯·塔巴洛克一起,撰写经济学博客:www. MarginalRevolution.com。泰勒·考恩已经在《美国经济学评论》、《政治经济学期刊》和其他一些经济学期刊发表过论文,并经常为一些大众媒体定期撰写文章,包括《纽约时报》、《华盛顿邮报》、*Wilson Quarterly*、*Money*等知名报刊。

亚历克斯·塔巴洛克(Alex Tabarrok),乔治梅森大学 Mercatus 研究中心的 Bartley J. Madden 经济学讲席教授,独立研究院(The Independent Institute)的研究主任。他最近研究的主要是赏金猎手问题、司法激励与选举、犯罪控制、专利改革,以及如何增加人类器官移植供给和药品管制问题。他是《企业家经济学:沉闷学科中的曙光》(*Entrepreneurial Economics:Bright Ideas from the Dismal Science*)和《自发组织的城市:选择、社区和公民社会》(*The Voluntary City:Choice, Community, and Civil Society*)等书的主编。曾经在《法与经济学期刊》、《公共选择》、*Economic Inquiry*、《卫生经济学期刊》、《理论政治学期刊》、《美国法律与经济评论》和其他一些期刊上发表文章。他撰写的一些通俗文章经常出现在《纽约时报》、《华尔街日报》、《福布斯》等报刊上。

供给与需求

P

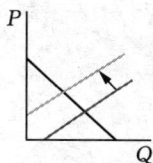

供给减少,
价格上升,
数量减少。

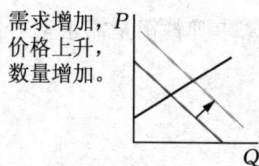

Q

需求增加,
价格上升,
数量增加。

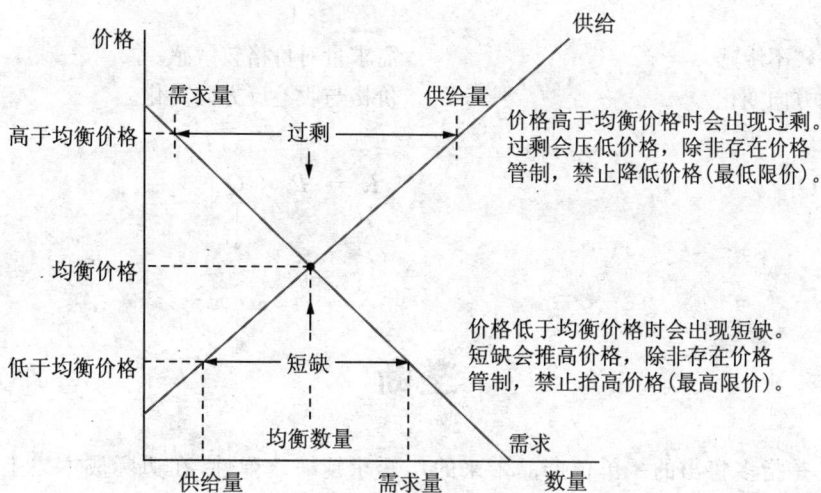

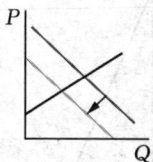

P

Q

价格

供给

需求量 ← → 供给量

高于均衡价格 → 过剩 ↓

价格高于均衡价格时会出现过剩。
过剩会压低价格,除非存在价格
管制,禁止降低价格(最低限价)。

均衡价格

价格低于均衡价格时会出现短缺。
短缺会推高价格,除非存在价格
管制,禁止抬高价格(最高限价)。

低于均衡价格 → 短缺 ↑

均衡数量

需求

供给量　　　　需求量　　　数量

P

需求下降,
价格下降,
数量减少。

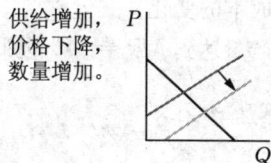

Q

供给增加,
价格下降,
数量增加。

P

Q

弹性

需求弹性衡量需求量对价格变化的敏感度。

$$E_d = \frac{\text{需求量变化的百分比}}{\text{价格变化的百分比}} = \frac{\%\Delta Q_{需求}}{\%\Delta\,价格} = \frac{\dfrac{Q_{前}-Q_{后}}{(Q_{前}+Q_{后})/2}}{\dfrac{P_{前}-P_{后}}{(P_{前}+P_{后})/2}}$$

需求缺乏弹性

$|E_d| < 1$

需求量对价格较不敏感。

价格与收益同方向变化。

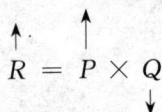

$$R = P \times Q$$

需求富有弹性

$|E_d| > 1$

需求量对价格较敏感。

价格与收益反方向变化。

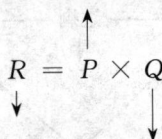

$$R = P \times Q$$

垄断

边际收益 MR 是指多售出的一单位产品带来的总收益的变化。

边际成本 MC 是指多生产一单位产品带来的总成本的变化。

产量达到 MR = MC 的那一点时，利润达到最大。

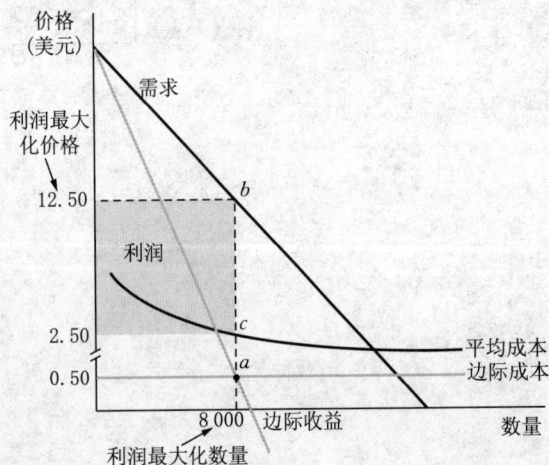

需求越缺乏弹性，在边际成本之上的价格加成越大。

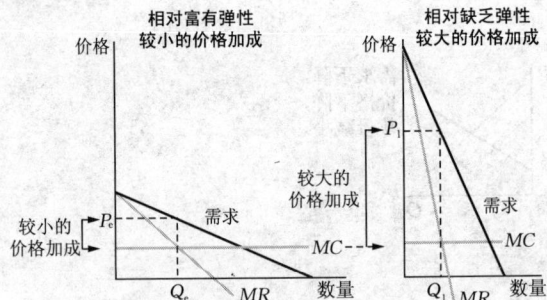

价格歧视的原理

1a. 如果需求曲线不同，针对不同的市场制定不同的价格比起制定一个一刀切的价格能够获得更高的利润。

1b. 为了最大化利润，企业应该为更缺乏弹性的市场制定更高的价格。

2. 套利行为的存在使得企业难以为不同的市场制定不同的价格，从而降低了企业从价格歧视中的获利。

外部性

外部成本是指参与市场交易的消费者或者生产者之外的人所承担的成本,比如污染就会造成外部成本。当外部成本显著时,产出会过高。

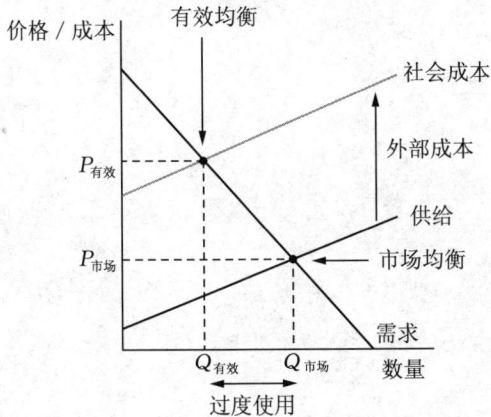

外部收益是指参与市场交易的消费者或者生产者之外的人所获得的收益,比如流感疫苗就会带来外部收益。当外部收益显著时,产出会过低。

劳动力市场

在竞争市场上,企业雇用的工人数量将会使得劳动力的边际产出与工资相等,即 $MPL = W$。

激励与劳动力市场

优秀的激励设计给我们的启示:

1. 付出多少,就得到多少;
2. 应该把报酬同业绩挂钩,以降低风险;
3. 金钱并非万能。

补偿性差异是指,为了弥补工作环境的差异而出现的工资差异。

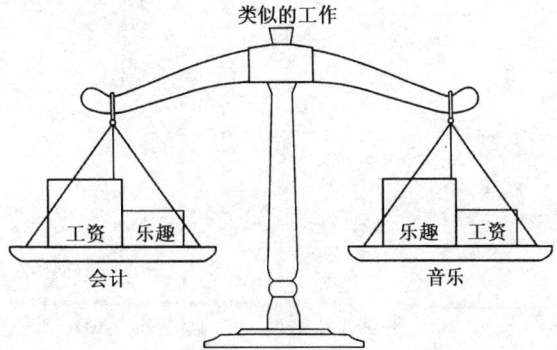

公共产品和公共地悲剧

如果难以避免那些没有付费的人来使用某种产品,这种产品就是**非排他性**的。

如果一个人对某种产品的使用并不会降低其他人使用该产品的能力,这种产品就是**非竞争性**的。

搭便车者享用公共产品,却不承担自己所分摊的那部分成本。

被强迫坐车者为公共产品支付了自己所分摊的那部分费用,但并没有从该公共产品中获得收益。

公共地悲剧是指任何一种无人具有所有权、因而不具有排他性的资源都倾向于面临过度使用和维护不足的局面。

	排他性	非排他性
	私人产品	公共资源
竞争性	牛仔裤 汉堡 隐形眼镜	海洋中的金枪鱼 环境 公共道路
	非竞争性的私人产品	公共产品
非竞争性	有线电视 无线网络 数字音乐	使小行星改变运行方向 国防 蚊虫治理

前言:致教师

经济学似乎从来没有像现在这样同我们的生活息息相关并日益重要,因此,欢迎您打开您面前的这本《微观经济学:现代原理》(第1版)。

本书的目的

解释"看不见的手"原理,展示激励的力量,介绍现代经济模型及其应用,并让这一切变得更简单,这些就是我们写作《微观经济学:现代原理》一书的主要目的。

解释"看不见的手"原理

经济科学最著名的发现之一就是,在适当的条件下,个人对自我利益的追求能够提高社会整体利益。诺贝尔经济学奖得主弗农·史密斯(Vernon Smith)这样描述这一发现:

> 在经济学的核心有一个科学之谜……一个同宇宙的膨胀和物质间的引力一样深邃、基本和发人深思的科学之谜……秩序是如何从自由选择中产生的?

我们希望学生能够被这种神秘性,以及经济学家如何着手探索这一神秘性的方法所鼓舞。因此,我们将要解释:市场如何促使全世界的人们进行合作;价格作为信号如何随着经济条件的变化而变化;利润最大化如何导致行业成本的最小化(即使没有任何人刻意追求这样的结果)。我们想尽一切努力使大家能够理解这一"看不见的手"原理。

例如,在第5章,我们将要说明,"看不见的手"如何把谈情说爱的美国少男少女同肯尼亚的花卉栽培、荷兰的时钟、英国的飞机、哥伦比亚的咖啡,以及芬兰的手机联系起来。我们也将表明,价格如何传递出信息,以及市场如何有助于解决资源配置——如何配置有限的资源去尽可能地满足我们无限的欲望——这一重大的经济问题。

第6章和第7章继续分析"看不见的手"原理,或者说价格体系。同其他章节一样,我们说明了最高限价是如何造成短缺的。不过,在这里,一个市场的短缺会影响到其他的市场(例如,20世纪70年代石油的短缺造成了美国加利福尼亚州海岸的石油钻井得不到足够的石油来开工)。此外,最高限价还降低了把资源从低价值用途转移到高价值用途上的激励。因此,在20世纪70年代,我们看到美国有一些州的人们在排长队等候加油,而同时在几小时车程之外的其他州,汽油却非常之多。因此,最高限价造成了资源在不同市场的扭曲配置和在一些特定市场的短缺。我们把第5章和第6章作为一个整体:第5章阐述了正常运转时的价格机制,第6章阐述了价格体系被破坏时所出现的结果。

即使是学生刚开始接触"看不见的手"，他们也会领悟到一些非常重要的事情。文明之所以成为可能仅仅是因为，在某些条件下，对自我利益的追求能够促进公共利益的提高。

在讨论"看不见的手"的同时，我们也会在课堂上讲授一些哈耶克的经济学，但不会把哈耶克的政治学奉为圣经。也就是说，我们希望表明价格是如何传递信息和促进合作的，但是也要认识到，市场不一定总是传递正确的信息。因此，本书关于价格体系的内容还包括关于外部性的章节，我们认为这些内容同样有趣且引人入胜。第9章的副标题"当价格传递错误信号时"，听起来像是又直接回到了第5章。通过分别给出一些价格传递正确信号的案例和价格传递错误信号的案例，我们对价格机制的理解会更全面。

展示激励的力量

我们写作《微观经济学：现代原理》的第二个目标是希望再三表明激励的重要性。实际上，无论是在分析公共地悲剧问题和政治经济学问题，还是在讨论经济学如何指导投资决策，激励问题始终都是《微观经济学：现代原理》一书的主题。我们还加进了第15章"恰当的激励：对商业、体育、政治和生活的启示"。在这一章中，我们解释了一些主题，包括如何在固定工资和计件工资率之间进行选择，什么时候锦标赛制度能有效运行，如何才能更好地激励管理者。任何对激励设计感兴趣的人在阅读这一章时都会有所收获，包括管理者、教师，甚至是为人父母者！第15章对于商科和MBA的师生来说，是非常有趣的。

介绍现代经济模型和应用

我们写作《微观经济学：现代原理》一书的第三个目标是力求现代。例如，我们用了整整一章来分析价格歧视问题。在这一章中，我们不仅包括了传统的模型，而且还加入了对搭售和捆绑销售的分析。今天的学生已经非常熟悉手机和备忘录、打印机和墨盒，以及Microsoft Office软件之类的捆绑销售现象了。一本现代微观经济学的教材应该能帮助学生理解他们身边的世界。

我们也对市场力量的成本和收益提出了一种现代的视角。今天，大量的市场力量总是同创新、专利和高额的固定成本联系在一起。例如，理解艾滋病药品按边际成本定价的利弊权衡，对于理解药品政策是至关重要的。同样的问题也出现在音乐、电影、软件、芯片设计和高等教育等事物上。本书关于垄断和创新的内容是同现代经济增长理论一致的，它同时也为后者提供了一种微观经济基础（当然，我们这里要推荐本书的配套教材《宏观经济学：现代原理》，读者会发现它与本书相得益彰）。

在关于垄断和价格歧视的章节（第11章和第12章）中，本书补充了很多商业应用实例、真实世界的案例，以及富有洞见的政策讨论。

本书关于博弈论的章节（第13章），围绕现代真实世界中的选择及其他问题展开。自然，本书包含有卡特尔行为的分析。本书也深入分析了网络外部性问题。在很多高科技市场和网络市场上，一种产品的价值取决于正在使用该产品的人数。学生们非常熟悉诸如Facebook之类的产品，他们想知道如何运用经济学原理来解释这些现代的产品。我们还向学生们提出了挑战：向他们表明如何运用网络外部性原理来解释文化产品，甚至包括他们iPod播放器中的音乐！

在有关成本方面的章节（第10章）中，我们抛弃了一些关于何时进入和退出行业的陈旧错误准则。代替这些的是，我们在沉没成本、不确定性和估计终身期望收益的必要性等方面，给学生介绍一些更现代的新理论。我们的讨论方法比其他教科书更现代、更简单、更新颖。同时，我们也很少去详细讨论那些在其他教科书中窒息学习氛围的成本曲线族。

一本现代化的教科书需要把经济学置于一个更大的背景之中。我们有整章关于规范性的评论（第 18 章）。它讨论了成本收益分析背后的假设、帕雷托改进的概念，以及对赞成和反对经济学的理由所进行的道德评价。无论对错，评论者经常都会把经济学层面的判断和道德层面的判断混淆在一起，我们将教会学生们如何把这两者分清。我们要向学生们强调，经济学不可能回答规范性的问题，但学生们应该认识到哪些是规范性的问题。

我们用了一整章（第 16 章）来讨论证券市场，这是一个直接同很多学生都有实际联系的主题。我们讲授一些有关风险和回报之间的基本选择（没有免费午餐），并解释为什么分散投资是明智的。我们也解释了关于泡沫产生的微观经济学原理，这当然是连接当代宏观经济学议题的桥梁。

我们通篇都包含有关于企业案例和企业问题的讨论。我们讨论了各种企业议题，如：为什么会出现企业集聚现象？网络外部性会如何导致企业为争夺整个市场而竞争，而不是为争夺市场中的一个更高份额而竞争？像 NBA 这样成功的卡特尔组织，是如何解决欺诈激励问题的？企业在实际中是如何实行价格歧视的？正如前面所提到的，我们关于激励这一章的分析，对于各个领域的管理者都至关重要。

让一切变得简单

我们知道，如果我们只能吸引到小部分学生来阅读本书，那么，我们试图反映现代微观经济学的努力只能是徒劳。我们必须使得教材内容更简单，更有吸引力和更直观。我们必须切中要点。我们知道我们正在为一代人写作，而这一代人不一定有耐心去慢慢交流。

对于理解这个世界，经济学是一种非常有力的工具。但是，很多教科书却经常只谈一些冰淇淋的供给和需求问题。而本教材不含冰淇淋。无论是讨论救赎奴隶的经济学问题，还是分析艾滋病药品的定价问题，或是研究金枪鱼供给为什么会减少的问题，我们都把经济学分析作为关键。来自众多领域的令人惊叹的运用，都旨在阐明理论和促进教学。

我们的教材遵循以下几条教学方针：
- 经济学是理解世界的有力工具。
- 我们不介绍那些无助于我们更好地理解世界的工具。
- 理论是通过真实世界的案例来进行介绍。
- 经济学无处不在。它来自各个领域——法律、管理、政治和人际关系。
- 经济学是有趣的。

阐明"看不见的手"原理；展示激励的力量；提供现代模型及其运用；让一切变得更简单。这些就是我们称本教材为"微观经济学:现代原理"的理由。经济学家思考和描述微观经济学方面的任何最新进展，都被我们吸收，并融入到本教材中。我们希望能够激发学生们对经济学思维方法的热情，并使得这一思维方式融入到学生生活中的其他方面。我们也希望作为教师的您会发现，关于经济学的思维方式，本教材提供了最好的介绍。

指导原则和创新之处:简短说明

本书具有以下特征和优点：
1. 我们讲授了经济学的思考方法。
2. 同其他教材相比，在市场及其相互关联性等方面，本书的介绍更直观。在价格机制如何发挥作用方面,我们也比其他教材讲授得更详细。

3. 本书有助于学生理解"看不见的手"原理。我们提供了几条"看不见的手"原理的直观证明。例如,我们表明,通过激励和价格体系的作用,功能健全的市场将会最小化生产中的总成本,尽管事前没有任何人要刻意达成这样的结果。局部的决策意识创造了整体的最大利益。

4. 我们用了完整的一章来讨论规范性的问题。就运用市场和市场激励而言,它们背后的一些规范性观点是什么? 我们向学生指出,这一章更多的是提出问题,而不是解决问题。

5. 我们用了完整的一章来讨论激励问题,以及如何把它们运用到商业决策、体育和机制设计中去。例如,什么时候你应该采用锦标赛形式的奖金制度来激励你的员工,什么时候应该采用固定薪酬制? 奇怪的是,大多数教材都对这些实际问题保持沉默。不过,这些问题恰恰是最能激发起学生兴趣的问题,这同时也表明它们是最适合用经济学方法来思考的问题。

6. 我们用了一整章来讨论股票市场,这是一个同很多学生直接有关的主题。我们讲授了有关风险和回报之间的基本权衡,并解释了为什么分散投资是一个好的理念。我们也解释了泡沫产生的微观经济学原理。

7. 现在的学生生活在全球化的经济中。中国、印度、欧洲以及中东等地所发生的事件,都会影响到他们的生活。本书的一个特色是,通篇都有这种国际性的案例和运用,而不仅仅只是在单独的一章中来讨论这些国际化的主题。

8. 简单就是美。这是一本原理性的教材,不是一本综述性文集或一部百科全书。一本有侧重点的教科书有助于学生集中重点。本书中的模型更少,但更具有逻辑一致性,适用面更广。

9. 每种工具都有相关应用的介绍。本书中的理论是在真实世界应用中发展起来的。我们没有把工具的应用放进学生从不阅读的专栏中。

10. Excel 程序被作为一种工具放在附录中,它有助于学生加深理解、培养实践经验和增强建模能力。

学习工具

微观经济学给人的印象应该是优美、直观和统一,并且直接来源于真实世界的经验。因此,本书主要集中于供求方法和价格弹性这两种核心工具,并用大量的经济学直觉和少量的博弈理论来深化它。本书用在核心工具上的篇幅比其他的教材要多得多。本书对每种工具都有相关应用方面的介绍,而且也反复聚焦在我们所运用的工具上。例如,本书在价格弹性上用了大量的篇幅,为此,除了对价格弹性本身有很多重要的应用外(枪支回购、赎救奴隶),本书在垄断理论以及对税收和补贴的分析上,又再次用到了价格弹性。本书在附录中补充了收入弹性和价格交叉弹性的内容,这两种工具不是经常用到。同理,我们没有把无差异曲线和生产可能性边界纳入本书中——这些工具很有用处,但我们宁愿学生把核心工具学得更透彻些,而不想让学生学得多而不精。

1. 生动的案例

没有什么比一个好的案例更能吸引学生。本书应用了非常多的生动案例来说明经济学的核心原理。从本教材的第一句话,"在过去,囚犯们会因为坏血病、伤寒发热和感染天花而死于非命,但是,没有什么能比糟糕的激励更能使他们丧命",到本书的最后一句话,"最重要的是,民主政府一般不会屠杀他们自己的公民,他们毕竟都是潜在的选民",我们都在努力引导学生使用经济学的方法来思考,并促使他们认识到经济学的重要性。

2. 简单的图表

同其他微观经济学教材相比,本书运用了更少的曲线图形来介绍微观经济学,同时又没有忽视一些重要的结论。这主要得益于本书运用了一些逻辑上前后统一的模型。例如,在描述成本曲线时,我们把主要的概念剥离成一种直观的本质。如果你看看对众多成本曲线的繁杂解释——这不可理喻地增加了曲线图的数量——有多少学生实际上能理解并记住它们之间的差别? 更重要的是,正如我们从不确定性下投资的现代理论中所知,关于 $P < AVC$ 时应该停止投资的旧"规则"是错的。既然如此,我们为什么还要讲授它们呢?[①]

我们认为,如果思想是直观的——正如好的经济学应该是直观的一样——图表也应该是直观的。经济学的学生要学会如何用图表进行思考。但是,运用容易处理的图表,而不是可怕的图形来思考,这才是最好的方法。

3. 没有用专栏来打断正文的行文流程

我们知道,学生们往往会跳过教材中的专栏,因此,我们也省略了专栏。如果一些阅读材料确实非常重要,以至于对于学生们的学习是必不可少的,我们也会把它们放进教材中。如果它们不是很重要,我们就把它们删减掉。我们希望教材的每一页都既引人注目又容易阅读。

4. 大量的章末习题

在每一章的最后,我们都从"事实和工具"开始,设计了一些问题来检测学生对基本概念的掌握。第二部分的"思考和习题",检测学生是否能运用这些概念来分析一些可以求解的案例和习题。最后一部分的"挑战",检测学生能否在更深层次上理解一些关键性的概念,并在一些重要的案例和习题中予以运用。如果学生能够完成这些挑战,那么,他或她将不仅仅只是记住了一些学习素材,而且是真正能够像经济学家一样思考。

5. 数学符号

这本书对数学符号的要求很少。学生仅需要熟悉一次线性方程和简单的代数知识,并能看懂图表。为了有助于学生阅读图表,我们提供了一个详细的附录。通篇来讲,本书的数学符号都力求尽可能少,并且尽量标准化。

每章的主要内容

第一篇:供给和需求

我们用了4章的内容讲授了供给和需求,以及价格体系等关键概念。我们把激励作为微观经济学中最重要的概念进行了介绍。微观经济学应该是直观的,它应该讲授经济学家的思维技巧,更应该直接来自现实生活实例。

第 1 章：大理念

经济学是什么？我们介绍了激励这一核心概念、机会成本、边际思考方式，以及一些经济学的关键洞见，如干预供求定律会带来后果，好的制度使私人利益和社会利益趋于一致等。重要的是使经济学更直观和更有吸引力，是用日常生活中的实例来吸引学生。

第 2 章：供给和需求

这一章主要是关于需求曲线和供给曲线的概念，供给和需求曲线如何倾斜，它们为什么会这样倾斜，它们如何移动。这一章介绍一些经济理论的基础性概念，并把它们应用到石油市场这个核心案例中。我们也特别注意描述需求和供给曲线在横轴和纵轴上的含义。也就是说，需求曲线告诉你，在某一价格水平上的需求数量和在不同需求数量上（每单位）的最大支付意愿。

刚开始的时候，解释这些概念需要稍微多做一些工作。不过，一旦学生在以上两层意思上理解了需求曲线，他们就会加深对需求曲线的理解。而且，他们也会发现，消费者剩余和生产者剩余，以及税收和价格管制的分析，这些概念理解起来都非常容易。

第 3 章：均衡：供给和需求如何决定价格

市场出清是宏观经济学和微观经济学的基本概念。这一章学生将学习：功能健全的市场是如何运转的；价格如何使得市场出清；来自贸易的最大收益是什么；供求曲线如何移动。这一章的最后分析了一个石油价格的案例。在本教材中，以及我们的配套教材《宏观经济学:现代原理》中，这个案例会反复出现。

第 4 章：弹性及其运用

弹性通常被认为是一个沉闷的主题，因此，我们用一个令人印象深刻的故事来开始这一章：

> 2000 年秋，哈佛大学大二学生杰伊·威廉姆斯（Jay Williams）飞往苏丹，那里一场可怕的内战已经导致了成千上万人的死亡。妇女和儿童在交战部落的袭击中被俘虏，并沦为奴隶和成为勒索赎金的对象。同并肩作战的基督教人权组织 Christian Solidarity International 一起，威廉姆斯为 4 000 人的释放支付了赎金。但是，威廉姆斯做的事情是对的吗？

在一本原理性的经济学教科书中，对现代奴隶制度能讨论些什么呢？我们希望向学生表明，经济学是一门社会科学，它提出了一些重要的问题，并为那些想要理解这个世界的人提供重要的答案。我们对待经济学的态度是严肃的，并在本书中分析了一些严肃的主题。

一旦我们使得读者从自我满足的情绪中惊醒过来，我们提供给读者的就是一桩心照不宣的协定——我们将提出一些技术性的经济学概念，这些概念刚开始可能比较枯燥，但是，如果你掌握了它们，你就会得到回报。我们将用这些工具来理解救赎奴隶的经济学，以及禁毒战争为什么会产生暴力行为，为什么枪支回购计划不可能取得成功，如何评估在美国北极国家野生动物保护区（Arctic National Wildlife Refuge）内增加钻井的计划。

第二篇:价格体系

第 5 章：价格体系：信号、投机和预测

"价格是诱发激励的一种信号。"这是经济学中最重要的理念之一，尽管学生理解它还需要相当多的努力。这一理念也是我们本章所要掌握的。局部均衡分析有时可能会模糊市场的全局性视野以及市场相互配合的方式。一般均衡分析，无论是用数学处理，还是用埃奇沃斯框图分析，都体现不了"市场的奇迹"（marvel of the market，哈耶克的术语），也吸引不了学生的兴趣。对于市场一般均衡的视角和市场相互作用的方式，我们都给出了一种快速直观的解释。我们被全球经济联系在一起，商品和

服务从世界的一个角落运送到另一个角落，这都不需要任何中央计划者的指导。我们将要说明，石油价格是如何同各种糖果的价格产生联系的。我们也要说明，市场如何可以预测未来，即使像《美国派2》(*American Pie 2*)这样一部电影的未来销售情况，我们也可以预测。对于那些熟悉伦纳德·里德(Leonard Read)的那篇经典散文的人来说，这一章就是21世纪的《铅笔的故事》(*I, Pencil*)*。

第6章：最高限价

通过观察价格体系非正常运转时市场上所发生的事情，我们可以更好地理解价格体系的运行机制。价格管制会导致短缺，这是微观经济学中最基本最可靠的结论之一。然而，当同时存在几种商品的价格管制时，其所产生的糟糕结果就远不只是短缺问题。价格管制会导致质量下降、浪费时间的排队、过度的搜寻、腐败、寻租行为、资源扭曲配置，以及其他很多连带结果。价格管制是很多重要经济学理念的标准例证，在本章中，我们也是这样讲授这一主题的。有时候，如果大学对停车收取很高的费用，这会对我们大家都有好处！价格管制也为讲授一些政治经济学问题提供了很好的机会，首当其冲的就是：为什么一些不好的政策总是会出现？

第7章：最低限价、税收和补贴

有时政府不是降低价格而是提高价格——对劳动者的最低工资限制就是一个这样的例子，20世纪70年代后期的航空线路管制则是另外一个例子。同最高限价一样，最低限价也导致扭曲性资源配置、商品和服务销售质量的扭曲，以及寻租行为。政府可以强制提高机票的价格，正如美国政府在1974年所做的那样。但是，其结果却是，每家航空公司都会争相提供龙虾大餐来招揽顾客。

我们也用这一框架来分析商品税收和补贴。我们经常听到诸如"谁买单"(who pays)和"跟着钱走"(follow the money)这一类的话。但是，很少有人能真正理解，如何才能正确地应用这些思想。经济学家都知道，税收的最后影响同税收具体在哪个环节征收无关。作为"看不见的手"所产生的结果，这又是一个教学案例。在讲授税收和补贴的影响时，这又提供了一次机会，来加深大家对弹性的概念、其直观含义以及它在现实世界中的重要性的理解。

我们在结束本章时正好走一圈。我们从最低工资开始，然后转向对补贴的讨论，最后通过比较两种援助低工资工人的政策——最低工资和劳动补贴——来结束本章。

第8章：国际贸易

我们关于国际贸易基本理论的介绍始于知识的分工、规模经济，以及构成贸易基础的比较优势。我们考虑了保护主义的成本、国际贸易与市场力量、贸易与工资，以及最重要的贸易和就业。贸易保护主义可以是一个明智的选择吗？这一章也简单回顾了同世界贸易有关的全球化历程。我们强调，支配跨国贸易的原理与支配国内贸易的原理是相同的。

第9章：外部性：当价格传递错误信号时

什么时候市场会失灵，或产生其他一些不良后果？价格不一定总是能传递正确的信号和激励，特别是在存在外部成本和外部收益的时候。一名医疗患者在使用抗生素时，他不会考虑以下一些事实：致病微生物组织会进化和变异，而使用抗生素在长期内可能会导致耐抗生素细菌的出现。同理，愿意接受流感疫苗的人总是不够多，因为人们不会考虑到，其他人如何可以从一个低风险的传染性病源环境中受益。有时通过签订契约，私人市场可以内部化这些外部成本和外部收益。我们将教给学生一些工具让他们理解，这种契约什么时候可能出现，什么时候不可能出现。在处理外部性时，市场契约、可交易许可证、税收，以及命令和管制，这些都是一些可供选择的方法和手段。根

---

*《铅笔的故事》是伦纳德·里德(1898—1983年)最著名的文章，刊于经济教育基金会(Foundation for Economic Education)出版之 *Freeman* 杂志1958年12月号上。作者希望通过铅笔制造的复杂过程反映出经济学的中心要义——"看不见的手"原理。这篇文章因为经济学家弗里德曼对它的高度评价而在经济学界享有盛誉。——译者注

据之前对"看不见的手"的理解,我们可以判断,什么时候这些方法会产生有效的结果,什么时候不能。

第三篇:企业和要素市场

第 10 章:竞争市场中的利润、价格和成本

价格和成本向企业传递信号,并引导企业进行生产决策,就像沃尔玛的价格引导消费者的行为一样。但是,这些机制能在多大的程度上有效运行呢?如我们所知,很多教科书都给出了一大堆的成本曲线族,这很容易令人混淆。因为这些曲线都同时出现在一个图表中,但往往没有一种简单而直接的经济学直觉与之对应。

第 10 章把成本理论和生产者理论浓缩到基本要点。一个企业必须进行三个方面的决策:价格是多少? 生产多少产量? 何时进入或退出该行业? 根据"看不见的手"原理的分析结果,我们将说明——用最简单的论据和论证——价格会引导竞争性的企业用最低的成本生产任意给定的产出。我们也推导出了有关边际收益、边际成本和市场价格的一些传统结论。平均成本这一简单概念,就足以解释清楚企业进出行业的决策行为,这可以避免引入过多的纠结不清的概念。同很多教科书不同,我们强调"观望"和期权价值策略的重要性。我们将介绍企业供给函数和行业供给函数,不变、递增和递减成本行业,以及这些不同行业的比较静态之间有什么不同。这一章再次使得成本理论直观化。

第 11 章:垄断

只要可能,企业都会利用市场势力来扩大利润。这一章将会解释这是怎么回事。(课堂中那些未来的企业家可能会把本章视作一本行动指南!)我们将用一些诸如成本曲线和弹性这样的概念,来充实经济学的内容和垄断的公共政策分析。如果你对一种重要的抗艾滋病药品拥有知识产权,你会有多大的市场势力呢? 这对你是有益的,但对整个社会是有益还是有害呢? 垄断有时会带来更高的创新率,但在另一些情况下,如对自来水的自然垄断,垄断会提升价格和降低质量,从而损害社会利益。像弹性和成本这样的规范经济学概念,能再次帮助我们理解管制的真实成本和收益,而这种管制是我们在每天日常生活中都会遇到的。

第 12 章:价格歧视

本书用了一整章讲授这个主题。这是一个有趣而又具有实用价值的主题,它含有大量的经济学知识。学生在作为消费者的时候,总是会碰到(或者作为销售者会运用)很多价格歧视,这种歧视甚至来自他们就读的大学——记得州内大学学费和跨州大学学费的区别吗? 很多学生已熟知的事情都可以转换成更系统的经济学直觉,包括需求和弹性的概念,以及边际成本是上升还是下降。打印机和墨盒、药品、有线电视等商品的定价行为,都可以通过这种分析得出。一旦学生理解了价格歧视,他们将会看到,他们的日常生活是一个经济学的世界。

第 13 章:卡特尔、博弈和网络产品

欧佩克国家能够通过合谋来提高石油价格吗? 或者石油的价格是由世界石油市场上的供求力量通过完全竞争的方式决定? 理解企业何时能够控制价格,何时不能控制价格,这是有否接受过经济学训练的学生之间最大的差别。由于卡特尔成员的欺骗行为、新进入者加入市场,以及来自政府的法律指控,卡特尔一般都不会成功。尽管存在欧佩克一类的卡特尔所面临的挑战,很多企业都愿意在市场结成卡特尔,即使它们发现那样的联盟在长期很难成功维持。

卡特尔内部成员的欺骗激励是引进博弈论和囚徒困境的关键所在。我们也分析网络产品,我们很多人都在使用 Microsoft Word 软件是因为,有如此之多的其他人也在使用它。蓝光影碟机战胜了高清数字影碟机也是因为同样的道理。为了方便,消费者希望使用通用的网络或系统。这一类的市

场具有一些不同寻常的特征。它们倾向于形成垄断和创新（为争夺整个市场而竞争与为了市场中一个更高的份额而竞争是显然不同的），并时不时就会突然发生变化，从不以渐进的方式进行。

第 14 章：劳动力市场

工作几乎涉及我们生活的各个方面，工作中大部分的基本问题和状况都由经济学所支配，如工资、工作条件、津贴、人力资本投资和教育。对一份特定职业的工资水平，最具有影响的因素是劳动力的边际产出。风险大的职业，如危险性的户外渔船作业，应该得到更高的报酬。工会提高了一部分人的工资，但是对其他人的工资却具有负面的影响。这也是劳动力市场中关于歧视的一个争议性主题。我们将表明，某些类型的歧视会继续存在下去，另一类型的歧视会由于市场力量的作用而趋于消失。

第 15 章：恰当的激励：对商业、体育、政治和生活的启示

激励很重要！这也许是经济学中关键的一个启示，但是，很多教材都没有用完整的一章来阐述激励问题。商业案例、体育案例和个人生活都为经济学原理提供了大量的例证。你得到你所付出的，因此，如果你不能很好地测度质量，很多激励计划都可能会适得其反。计件工资提高了工人生产的积极性，但是，太过强烈的激励可能会把风险强加给工人，从而导致工人一起辞职。为了使得工资差距合理，有时老板会参考其他人的业绩来支付工人报酬。很多相当重要的激励都是为了自尊、娱乐和名誉，而不仅仅是为了钱。

把自己在激励方面所知道的知识普及给大众，这方面经济学者可能还做得很不够。本书尝试将普及工作变得简单，而为激励思想的普及提供更多的激励。

第 16 章：股票市场和个人理财

股票市场是一个几乎每个经济学系的学生都关心的主题，然而，这一主题在很多教科书中都被忽视了。我们把股票市场作为我们的"教学时刻"，当然，就它本身而言，股票市场也是一个非常重要的主题。还有其他经济学主题能这样吸引大众报刊的眼球吗？教会学生掌握一些工具，并帮助学生理解媒体的讨论，从而指出其中的错误，这不是任何一门原理性的课程都能做到的。我们弥补了其他教材在这方面的不足。这一章的内容包括：主动型投资和被动型投资、风险和收益之间的转换、"如何认真挑选股票"、分散投资、为什么应该避免高服务费、累计收益和资产价格泡沫。如果学生们想要理解现在的经济和金融危机，他们必须掌握资本市场的运行。

是的，我们给学生提供了一些直接的实际投资建议。大部分人都应该分散投资和长期持有，我们会解释为什么应该这样。就直接的实用价值而言，我们想使得这本书物有所值。

第四篇：政府

第 17 章：公共产品和公共地悲剧

公共产品和外部性帮助我们理解，为什么私有产权不一定总是能产生好的结果。排他性和非竞争性告诉我们，为什么国防必须由政府来提供，而电影院却属于私人经济部门。

世界上有如此之多的鱼类濒临灭绝，这是为什么？经济学对此有最好的答案：这就是公共地悲剧。我们将表明，经济学提供了一种最好的切入点，来理解很多环境方面的两难困境。

第 18 章：经济学、伦理学和公共政策

只凭学生们课堂上所学的大部分原理，还不足以理解真实世界中有关经济问题的政策争论。很多时候，争论来自伦理道德层面：市场是公正的吗？收入分配公平吗？个人权利应该被尊重吗？什么时候家长式的做法是合理的？这些问题我们都无法给出一种最终的、现成的答案。但是，我们将教给学生一些工具，借助这些工具学生就能够理解，这些问题是如何同他们正在学习的经济学议题相联系的。

在公共设施方面,我们应该给残障人士更方便的通道吗? 还是应该让政府给他们更多的钱? 人体器官(如肾)的移植应该有一个自由市场存在吗? 尽管经济学具有强大的说服力,但实际上,任何关于上述问题的公共辩论都会马上引起道德层面上的问题。我们认为,学生应该熟悉"经济学思维方式"所遭受的道德上的指责,以及这些指责的优点和缺点所在。我们介绍了一些约翰·罗尔斯(John Rawls)和罗伯特·诺齐克(Robert Nozick)的思想,以及功利主义的哲学观点。在我们看来,这一章是对经济学推理之说服力的一个重要补充。

第 19 章:政治经济学

如果经济学如此管用,为什么这个世界并不总是遵从于它呢? 因此,我们最后的主题,政治经济学,也是一个非常重要问题。关于政治是如何运转的,以及为什么它的结果并不总是令人喜欢,经济学也有很多可以说的。选民没有必要对事事了如指掌,其结果就是特殊利益集团对很多经济问题有更大的发言权。在牛奶补贴上,奶农比那些喝牛奶的人具有更大的发言权。这就是为什么美国存在牛奶价格支持。

即便如此,民主体系仍然胜过其他可能的替代方案。我们介绍了中间人投票理论,也解释了为什么政治竞争能产生至少普通人都可接受的结果。

如果教学时间有限:本书各章的取舍

《微观经济学:现代原理》在写作的时候就考虑到了内容选择问题。因此,如果受到时间限制,你可以很容易地在这些章节中进行取舍。我们给出几条简单的建议。相对于其他章节来说,第 5 章讲起来很有趣,但比较难考试。不过不用担心,你在其他章节会发现很多可供考试用的材料。对于你那些最好的学生来说,讲解第 5 章和第 6 章的价格体系将会开阔他们的视野。

我们在价格管制方面比其他教科书花了更多的时间,因为我们没有局限在通常对短缺问题的图形分析上,而是希望能讲清楚价格管制对一般均衡结果的影响。不过,在第 6 章,如果略去有关租金管制的应用分析,也不会给我们带来什么困难。我们也包含了一些关于随机分配所带来的损失方面的高级阅读材料。在大课中,或者如果时间有限,这些阅读材料都可以直接跳过。

我们大大简化了对成本曲线的讲解,也略去了生产者理论中的大部分内容,因此,这就为垄断和价格歧视这些章节的讲解留下了时间。学生们喜欢价格歧视方面的内容,因为一旦他们理解了这些概念,他们就会发现,身边到处都是对这些概念的应用。

第 15 章,恰当的激励,讲解起来很有趣,不过它不是核心内容,可以跳过。我们认为,这一章非常合适于管理学、MBA 以及法学预备科的学生。

我们鼓励每位老师都讲一讲第 16 章的股票市场。不过,在本书配套教材《宏观经济学:现代原理》一书中,我们也有这一章。因此,你可以选择最适合你教学计划的时间来讲解它。

使小行星改变运行方向和金枪鱼业的衰落是必须讲授的,因此,第 17 章公共产品和公共地悲剧都必须被包括进去。将重点放在经济学思维方法在现实世界中的重要应用会赢得学生们的青睐。

第 18 章和第 19 章关于伦理学和政治经济学的内容都是选学内容。如果你只能讲授其中的一章,我们建议,第 19 章政治经济学的一些关键内容可以避免学生们被过分的完美主义束缚了手脚:当涉及政治经济学的时候,我们应该经常把真实世界中的政府同真实世界中的市场进行比较。第 18 章关于伦理学的内容,在小课上讲解比较好,这样学生之间可以互动——我们认为并非只有哲学教授才有资格就伦理道德问题发表意见。

总之,老师们,我们希望本书能让你觉得有趣。我们热爱经济学,我们也乐于讲授经济学。我们为志同道合者写作这本书。不要犹豫,把你们的问题通过电子邮件告诉我们,思想上的、经验上的,或者仅仅只是打个招呼！

教 辅 资 源

讲授《微观经济学：现代原理》的新资源

两位作者把现代方法引入了微观经济学教学。本书的出版者 Worth Publishers 在教学资源和辅助材料的开发方面也采用了同样现代的方式。除了提供传统的资源（这些我们在下面将会列出）之外，Worth 的经济学编辑团队将会不断为本书的第一版加入一些新的材料。这有助于你们的课程跟上时代，激发学生的热情，更重要的是，同今天的经济环境联系起来。关于在辅助材料和工具方面的最新进展，请点击网页 www.worthpublishers.com/cowentabarrok。

《微观经济学：现代原理》一书的同步博客可在 www.seetheinvisiblehandblog.com 上找到。这一网址上有作者的个人主页网址 www.MarginalRevolution.com 的镜像网址，同时，也提供了供教师们按章节追踪日志、分享教学经验和组建《微观经济学：现代原理》社区的功能。

网上资源

教师和学生可用的配套网站：www.SeeTheInvisibleHand.com

该配套网站对学生来说是一个学习指南，对教师而言则是一种极好的资源。对于教材中的每一章，网页上有以下工具：

教师资源：

- 测验评分手册（Quiz Gradebook）：通过网上测验评分手册，教师可以掌握学生在测验中的表现。教师们也可以把学生的测验分数直接发邮件告诉他们。
- PPT 课件（PowerPoint Lecture Presentations）：这些 PPT 课件由 Darrin Gulla（University of Kentucky）提供。它们设计出来以供教师备课和讲演之用，主要提供教学目标、动态、图表、教材中的公式、关键概念以及演讲大纲。
- PPT 格式的教材（Illustration PowerPoint Slides）：教材中的所有图表都有一整套 JPEG 格式和 PPT 格式的文件。
- 教材中的图片（Images from the Textbook）：教师们可以获得一整套教材中的图表图片，包括高分辨率或者低分辨率的 JPEG 格式。

学生资源：

- 自我测验（Self-Test Quizzes）：这种测验程序为每一章给出 20 道选择题，并提供主题参考资料和即时而合适的反馈，这有利于学生重新查阅课本进行进一步的复习。所有的习题及其答案选项都是随机的，这使得学生每次刷新屏幕后都能得到不同的试题。
- 关键术语抽认卡（Key Term Flashcards）：学生也可以通过这些对关键术语的自动电子抽取卡来自测。

电子书

购买本书电子版的同学可以获得具有以下特色的互动式教材：

- 快速直观的导读；
- 可定制的笔记；
- 高亮显示重点；
- 可搜索的术语表；

- 自我检测。

利用本书的电子版,教师们可以:

- 只关注你需要的章节。你可以采用整个课本的完整版,也可以只用仅涵盖你教学大纲对应章节的自定义版。学生只会看到含有你所选章节的自定义版。
- 对课本的任何一页加上注解。你注解的内容可以包括文本、网页连接,甚至可以是来自教学工具中或其他资源中的照片和图片。你的学生可以获得一本特意为你的课程定制的附有注解的电子版教材。
- 进行在线测验。这一电子版教材整合了本书配套网站上的所有在线测验,由 Timothy M. Diette(Washington and Lee University)编写。

EconPortal

EconPortal 是通往本书的数字门户,它设计出来是为了丰富课程和提高学生对经济学的理解力。EconPortal 提供了功能强大、使用方便、完全可定制的教学和管理系统,它具有以下功能:

- 一本内含学习材料的互动式电子书:这一电子书具有的功能包括:提供高亮显示、笔记、图片和案例的缩放,以及一个涵盖整个课本和术语表的搜索引擎。书中的图标可直接链接到有助于加强学生理解关键概念的资料。
- 个性化的学习计划,具有特色的摸底测验:学生会被要求进行个性化自我测验:学生在预习完一章后、老师讲授这一章之前所进行的自我评估式测验。一旦学生进行了这一测验,基于测验结果的一种个性化学习计划将会为他们设计出来。这种计划将引导学生获得电子书中相应的材料和资源,以便学生进一步学习,也有助于学生掌握和记住课程材料。
- 完全一体化的学习管理体系:EconPortal 旨在打造一个完全可定制、高度互动的一站式教学资料中心,其中所有的资料都同本书绑定。该系统精心整合了教学资源,本书方便使用。EconPortal 会为你设计各种课外作业,从不同种类的习题到准备自我测验之用的家庭作业或试题,这会节约大量的备课时间。
- 教师们可以用各种方式来布置和检查学生使用 EconPortal 情况。评分手册会真实反映学生的学习情况,这便于教师对学生的课外作业进行评分和给出学生的成绩报告。

致谢

对于以下焦点小组访谈参与者、评论者和课堂测试者的意见和建议,我们深表感谢。他们每位都对本书的最终出版作出了贡献:

Rashid Al-Hmoud
Taxas Tech University
William Feipel
Illinois Central University
Dennis Jansen
Texas A&M University
Michael Applegate
Oklahoma State University
Amanda S. Freeman
Kansas State University
Bruce Johnson
Centre College

J. J. Arias
Georgia College and State University
Gary Galles
Pepperdine University
Veronica Kalich
Baldwin Wallace College
Jim Barbour
Elon University
Neil Garston
California State University, Los Angeles
Lillian Kamal
University of Hartfort

David Backworth

Texas State University

William Gibson

University of Vermont

John Keating

University of Kansas

Robert Beekman

University of Tampa

David Gillette

Truman State University

Logan Kelly

Bryant University

Ryan Bosworth

North Carolina State University

Lynn G. Gillette

Sierra Nevada College

Brian Kench

University of Tampa

Jennifer Brown

Eastern Connecticut State University

Stephan F. Gohmann

University of Louisville

David Kreutzer

James Madison University

Douglas Campbell

University of Memphis

Michael Gootzeit

University of Memphis

Robert Krol

California State University，Northridge

Michael Carew

Baruch College

Carole Green

University of South Florida

Gary Lape

Liberty University

Shawn Carter

Jacksonville State University

Paul Grimes

Mississippi State University

Rodolfo Ledesma

Marian College

Philip Coelho

Ball State University

Philip J. Grossman

St. Cloud State University

Jim Lee

Texas A&M University—Corpus Christi

Jim Couch

North Alabama University

Darrin Gulla

University of Kentucky

Daniel Lin

American University

Scott Cunningham

University of Georgia

Kyle Hampton

The Ohio State University

Edward Lopez

San Jose State University

Amlan Datta

Texas Tech University

Joe Haslag

University of Missouri—Columbia

Hari Luitel

St. Cloud State University

John Dawson

Appalachian State University

Sarah Helms

University of Alabama—Birmingham

Douglas Mackenzie

State University of New York—Plattsburgh

Timothy M. Diette

Washington and Lee University

Matthew Henry

University of Georgia

Michael Makowsky

Towson University

Ann Eike

University of Kentucky

John Hsu

Contra Costa College

Tisha Emerson

Baylor University

Jeffrey Hummel

San Jose State University

John Marcis

Coastal Carolina University

Molly Espey

Clemson University

Sarah Jackson

Indiana University of Pennsylvania

Catherine Matraves

Michigan State University

Meghan Millea

Mississippi State University

Brennan Platt

Brigham Young University

Liliana V. Stern

Auburn Unversity

Stephen Miller

University of Nevada, Las Vegas

William Polley

Western Illinois University

Kay Strong

Bowling Green State University—Firelands

Ida Mirzaie

The Ohio State University

Benjamin Powell

Suffolk University

Jim Swofford

University of South Alabama

David (Mitch) Mitchell

South Alabama University

Margaret Ray

University of Mary Washington

Sandra Trejos

Clarion University of Pennsylvania

Ranganath Murthy

Bucknell University

Dan Rickman

Oklahoma State University

Todd Myers

Grossmont College

Fred Ruppel

Eastern Kentucky University

Marian Truesdell

Marian College

Andre Neveu

Skidmore College

Mikael Sandberg

University of Florida

T. Norman Van Cott

Ball State University

Lydia Ortega

San Jose State University

Michael Scott

University of Oklahoma

Kristin A. Van Gaasbeck

California State University—Sacramento

Alexandre Padilla

Metropolitan State College of Denver

James Self

Indiana University

Michael Visser

Sonoma State University

Biru Paksha Paul

State University of New York—Cortland

Mark Showalter

Brigham Young University

Yoav Wachsman

Coastal Carolina University

John Perry

Centre College

Martin Spechler

Indiana University—Purdue University, Indianapolis

Doug Walker

Georgia College and State University

Gina C. Pieters

University of Minnesota

David Spencer

Brigham Young University

Christopher Waller

Notre Dame University

Dennis Placone

Clemson University

Richard Stahl

Louisiana State University

Robert Whaples

Wake Forest University

Jennifer M. Platania

Elon Univeristy

Dean Stansel

Florida Gulf Coast University

Mark Wheeler

Western Michigan University

　　我们富有天分的教辅材料作者为本书手稿的提高提供了很多额外的建议。Jennifer Platania (Elon University)对很多章节进行了非常详细评论,并在关于初级微观经济学课程方面提出了一种富有创建的宝贵视角。Benjamin Powell(Suffolk University)在如何改善本书的面貌方面给出了很多有益的评论。James Swofford(University of South Alabama)在关于如何使得材料更清晰方面提供了大量的建议。我们对他们表示感谢。

本书幸运地拥有几位目光锐利的校样审读者。James L. Lapp 和 Gary Lape(Liberty University)对本书校样进行了仔细的阅读。Eric P. Chiang(Florida Atlantic University)为二校样做了大量的校检工作。这三位评论者在细节方面倾注了大量的精力。

我们的同事 Garett Jones 运用他的专业知识对一些问答和习题提供了巨大帮助。我们也很幸运地获得了来自 Amanda Agan、Robert Warren Anderson、Eli Dourado、Yan li、Ross Williams 和 David Youngberg 的助研工作。Carl Close 提供了有益的建议。Mercatus 研究中心为我们提供了必要的工作环境。Jane Perry 帮我们校对了很多章节，Lisa Hill-Corley 提供了很多日常帮助。Teresa Hartnett 作为我们的经纪人也做了大量的工作。

我们要特别感谢 Worth 的团队。这本书的构思是由 Paul Shensa 提出的，他自始至终都为本书的出版不断提供睿智的建议。Craig Bleyer 是一位了不起的发行人，Sarah Dorger 负责组织编辑工作，同她一起工作是一件非常快乐的事情。Becca Hicks 也是一位快乐的工作伙伴，她向我们介绍了一本教科书所需的关键要素。Bruce Kaplan，我们主要的责任编辑，简直是图书出版界的乔治·马丁(George Martin)。为了保证本书的每个注释都准确无误，他对本书手稿做了大量关键工作，同时他还提出了很多优秀的建议。

我们非常幸运，本书有一个非常能干的印制和设计团队。在 Timothy Rodes 和 Tracey Kuehn 的帮助下，Dana Kasowitz 协调了本书的整个印制过程。Kevin Kall 为本书进行了非常优美的版式和装帧设计。Christine Buese 负责为本书搭配插图(有些图片可不容易找到)，但他所作的工作远不只这些。Barbara Seixas 在图书印制方面真可谓经验老道。同他们一起工作令人感到心情愉悦。

教辅材料是由几个人整合起来的。Matt Driskill 负责教辅材料小组的组织协调工作。Tom Acox 成功地把整个教辅材料套餐推向市场。Marie McHale 和 Lorraine Klimowich 为数字门户做了一些必不可少的工作。Stacey Alexander 和 Laura McGinn 的工作直接促使这些内容得以出版。

有两位同仁为本书的营销做了非常出色的工作。Steven Rigolosi 执行了本书的深度市场开发计划，把本书很好地推向了市场。Scott Guile 在本书的营销工作上总是精力充沛，永不松懈。

最后，我们要感谢家人对我们的支持和理解。Tyler 要向 Natasha 和 Yana 表示个人深深的谢意。Alex 对 Monique、Connor、Maxwell 和他的父母多年来的支持和鼓励表示衷心的感谢。

泰勒·考恩(Tyler Cowen)

亚历克斯·塔巴洛克(Alex Tabarrok)

目　录

▶1

大理念

在过去，囚犯们会因为坏血病、伤寒发热和感染天花而死于非命，但是，没有什么比糟糕的激励更能使他们丧命。1787 年，英国政府曾经雇用一些船长把一些被判了重刑的罪犯航运到澳大利亚。航运船只上的条件简直恶劣得令人恐怖，有人甚至说这些船上的条件比贩卖奴隶的船还要糟糕。有一次在航运过程中，超过三分之一的男人都死了，其余的人到达时也都是精疲力竭，饥饿难忍，疾病缠身。一名大副在评论这些罪犯时残酷地说："就让这些死鬼下地狱吧，反正运送他们的酬金老板们已经得到了。"①

英国公众对这些罪犯绝无好感，但他们也罪不至死。于是，新闻报纸发表社论要求改善航运条件，宗教人士呼吁船长们应该有人道主义精神，立法委员们通过了立法，要求改善航运过程中的食物、饮水、光线和空气，以及提供必要的医疗救助。然而，即使这样，死亡率仍然一直高得惊人。直到有位经济学家给出新的建议之前，任何措施都没有见效过。你能想象得出这位经济学家给出的是什么建议吗？

这位经济学家建议，不应该在大不列颠上船时就为所有的囚犯都付清费用，而应该在达到澳大利亚时，为那些能走出船只的囚犯向船长们支付运费。1793 年，当新的措施付诸实施后，存活率立即跃升为 99%。一名精明的观察者如此评价这一事件："经济战胜了情感和仁爱。"②

这个航运囚犯的故事说明了一个贯彻本书始终乃至整个经济学的重大启示：激励很重要！

说到**激励**，我们指的是对目标行为的奖励和惩罚。让我们来更近距离地看看激励，以及经济学中的其他重大理念。在刚开始接触的时候，这些理念也许有些奇怪或难以理解。但不用担心，我们很快会详细解释清楚一切。

我们认为，以下一系列的观念，都是经济学对于人类理解力所做出的最重要和最基础性的贡献。这些贡献被我们称为**大理念**（big ideas）。不同的经济学家也许会按照不同的方式和顺序来排列这一系列，但是，任何一位优秀的经济学家都不会反对，这些理念是经济学中公认的基本原则。

本章概要

经济学中的大理念：

1. 激励很重要
2. 好的制度能使得个人利益和社会利益趋于一致
3. 抉择无处不在
4. 用边际进行思考
5. 干预供求定律会产生后果
6. 财富和经济增长的重要性
7. 制度很重要
8. 经济的繁荣和萧条不可避免，但可以适度调节
9. 政府发行过多货币会造成物价上涨
10. 中央银行任务艰巨

最重要的理念：经济学很有趣

激励是对目标行为的奖励和惩罚

1.1   大理念一:激励很重要

如果在囚犯上船时,就已经向船长们支付完了费用,船长们是很少有激励来善待囚犯的。实际上,这样的做法只能激励虐待囚犯。例如,有些船长不向囚犯提供必需品,他们把囚犯的食物储存起来,然后在到达澳大利亚后卖掉这些食品,并从中获取丰厚利润。

但是,如果只有当囚犯能活着达到目的地时,船长们才被支付运费,对船长们的激励就发生了变化。在此之前,船长们能从囚犯的死亡中获利。但现在,激励体制"确保每一个死去的可怜人,都至少有一个真诚的哀悼者。"③谁会真诚地哀悼呢?船长们! 至少他们在哀悼钱方面是真诚的——如果这些可怜的人还活着,船长就能得到这笔钱。

激励无处不在。在美国,我们都理所当然地认为,当我们走进超市的时候,货架上会摆满了新西兰的奇异果、印度的大米、智利的葡萄酒。我们每天都依赖千百万的其他人为我们提供食品、衣服和住所。为什么会有这么多人在为我们的利益服务呢? 亚当·斯密在其 1776 年的经典著作《国富论》中解释道:

> 我们能期待的宴餐,并非来自屠夫、酿酒商和面包商的仁慈,而是来自他们对自我利益的追求。

经济学家认为每个人在任何时候都是自私的吗? 当然不是! 我们像其他人一样爱我们的伴侣和子女。但是,经济学家认为,人们会按照一种可预测的方式来对待各种激励。名望、权力、声誉、欲望和爱好,这一切都是重要的激励。经济学家认为,甚至连仁慈也是对激励的一种反应。例如,在经济学家看来,慈善机构为其捐赠者的名誉做宣传是毫不奇怪的。确实是有些人在匿名捐助,但是,在你们的校园里面,有多少建筑物是被命名为"无名氏大楼"的呢?

1.2   大理念二:好的制度能使得个人利益和社会利益趋于一致

船运囚犯故事隐含的第二个贯穿本书的启示是:当私人利益和社会利益一致时,我们能得到好的结果;但是,一旦私人利益和社会利益发生冲突,有时会出现一些残酷而又极不人道的结果。为每一个走下甲板的囚犯向船长们支付报酬,这就是一种好的支付制度。因为它建立的激励机制能够引导船长们采取正当行为,不仅仅是为了他们自己,也为了所有的囚犯,为了给他们支付报酬的政府。

经济学中最不寻常的发现就是:在合适的条件下,市场能把私人利益和社会利益结合在一起。回想一下刚才所说的超市的例子,你就会理解我们的意思。超市储存有来自全世界的商品,是因为市场在引导和协调成千上万人的私人利益达成社会整体利益。农夫在早晨 5 点醒来就去照看他们的庄稼,卡车司机把货物运往超市交货,业主冒着投资风险来建造超市——他们中的每个人都在为自己的利益努力。但与此同时,他们也在达成你我的利益。

亚当·斯密曾经以一种令人印象深刻的隐喻写道：如果市场运行良好，追求自我利益的人们会提高整个社会的利益，这就好像有一只"看不见的手"在引导他们。对自我利益的追求符合社会整体利益——也就是说，至少在某些时候，"贪婪是美德"——这一理念是经济科学中最惊人的发现之一，而几百年之后，这一发现却经常被人忽视。在整个这本书中，我们都一直在强调：在一定条件下，追求自我利益的个人能够产生并非他们刻意追求或设计的结果，而这些结果却有令人满意的特性。

然而，市场并不总是能使私人利益和社会利益相一致。有时候，"看不见的手"会缺失，而不仅仅是看不见。例如，市场激励可能会过强。由于不用为排入空气中的污染付费，企业有过于强烈的激励排放污气。渔夫有时有过强的激励去捕鱼，从而导致渔业资源枯竭。在另外一些例子中，市场激励可能过弱。你今年注射流感疫苗了吗？流感疫苗能够防止你感染上流感，但同时也减少了其他人感染上流感的风险。在决定是否注射疫苗的时候，你考虑过社会利益吗？还是只考虑了自己的利益？

当市场不能使私人利益和社会利益恰好一致时，经济学中的另一条启示是，政府可以通过税收、补贴以及其他规制来改变激励，从而改善境况。

1.3　大理念三：抉择无处不在

2004年9月，当默克（Merck）公司宣布从市场上撤回关节炎药时，万络（Vioxx）关节炎药的使用者变得愤怒起来。同时，一份新的研究报告表明，万络关节炎药可能会导致中风和心脏病发作。万络药品已经上市了5年，其间有上百万人使用过这种药品。患者对默克和美国食品与药物管理局（简称FDA）非常不满。FDA的职责是确保新药品的安全性和有效性，它是怎么让万络关节炎药进入市场的？很多民众要求，为了确保药品的安全性能更好，需要再加强药品的安检措施。经济学家担心的却是，被批准的药品可能会安全过头了。

安全过头！怎么可能会安全过头呢！是的！因为抉择无处不在。研究、开发和测试一种新药品需要耗费时间和资源。平均来说，在美国需要12年的时间和9亿美元的费用，才能把一种新的药品推向市场。更多的检测意味着被批准的药品将具有更少的副作用，但是，另外两个重要的权衡因素也必须考虑：药品滞后和药品缺失。

药品检测需要时间，因此，更多次的检测就意味着好的药品会被延期上市，就像差的药品被延期一样。平均来说，新药品总比原有的药品疗效更好。因此，新药上市花费的时间越长，可能就有越多的人会受害。因为如果新药品被早点批准上市的话，这些人就能够从新药品的治疗中受益。④一个人可能会由于不安全的药品被批准使用而死亡，一个人同样也可能由于一种安全药品还没有被批准使用而死亡。这就是药品滞后（drug lag）。

药品检测不仅需要时间，它也耗费成本。检测成本越高，新药品就会越少。检测成本是每一种潜在药品都必须跨越的障碍，只要这种潜在药品希望被开发出来。高成本意味着高障碍，这会导致新药品出现得更少，从而被挽救的生命也会更少。一个人可能会由于不安全的药品被批准使用而死亡，一个人同样也可能会由于一种安全药品从来没有被开发使用而死亡。这就是药品缺失(drug loss)。

因此,社会面对的是一种抉择。更多的检测意味着(最终)被批准的药品会更具有安全性,但是,它同样也意味着更多的药品滞后和药品缺失。在考虑 FDA 的政策时,如果我们希望做出明智的选择,我们就需要同时兼顾到这两个方面的平衡。

抉择同经济学中的另一个重要理念密切相关——机会成本。

机会成本

机会成本 是在进行一项选择过程中丧失的其他机会的价值。

每一项选择都涉及利得和利失。一项选择的机会成本就是在进行该项选择过程中丧失的其他机会的价值。让我们来看看对上大学的选择吧。上大学的成本是什么呢? 首先,你可能会这样计算成本:学费加上书本费,再加上住宿费,它们一起也许是一年 15 000 美元。但是,这并不是上大学的机会成本。你由于上大学而损失的机会是什么呢?

你因为上大学而损失的最主要的机会(大概)是拥有一份全职工作的机会。在所有读过本书的人当中,大部分人也许能够很容易地找到一份 25 000 美元年薪的工作,甚至可能是更高年薪的工作(比尔·盖茨就没有念完大学)。如果你大学读了四年,那么,你就为接受这份教育放弃了 100 000 美元。大学的机会成本大概比你想象的要高。为了使这些钱花得物有所值,你们也许应该在课堂上多问些问题吧!(但是,回过头去再看看我们刚才所列举的费用——学费、书本费和住宿费——它们中有一项其实不应该算作上大学的机会成本。哪一项呢? 答案是:如果无论是否上大学你都需要支付住宿费的话,那么,住宿费就不应该是上大学的机会成本。)

由于以下两方面的原因,机会成本这个概念非常重要:首先,如果你不理解选择过程中你正在失去的机会,你就不可能清楚地认识到你所面临的实际抉择。认清你所面临的抉择,这是进行明智选择的第一步。其次,大多数情况下,人们都会对机会成本的变化做出反应——即使所花费的货币成本没有改变——因此,如果你想要理解人类的行为,你就必须理解机会成本。

例如,如果经济变得萧条,你认为去上大学的人数会如何变化呢? 在经济萧条的时候,学费、书本费和住宿费并不会下降,但上大学的机会成本下降了。为什么? 在经济萧条时,失业率上升,因此,找到一份高薪水的工作更难。这就意味着在高失业率的时候,上大学所损失的机会成本更少。因此,我们预测,失业率上升时,上大学的人数会增加;从机会成本的角度来看,上大学更便宜了。图 1.1 证明这一结论是对的——当失业率异常高时(在趋势线以上),大学入学率也倾向于异常之高。反之亦然,如果经济繁荣时,失业率通常会很低,大学入学率也倾向于很低。*当然,除了失业率之外,还有很多其他的因素也会影响到上大学的人数。因此,这一关系不是绝对的。但是,图 1.1 表明,从一般的趋势来看,失业率很高时,大学入学率也倾向于很高。

---

* 这一点对于中国可能不成立。因为中国的高等教育仍然具有极浓厚的计划色彩。由于大学供给的短缺,每年入学的人数主要是由大学的招生计划决定,而需求所起的作用很小。——译者注

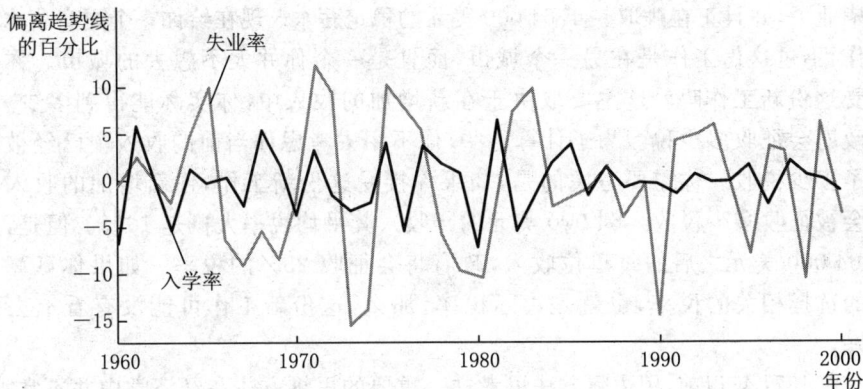

图 1.1 失业率上升时大学入学率趋于上升

1.4 大理念四：用边际进行思考

在 20 世纪 90 年代，当白宫发言人纽特·金里奇（Newt Gingrich）呼吁对毒品走私犯实行强制死刑时，人们都为之欢呼雀跃。但是，经济学家却感到奇怪：为什么金里奇想要降低对谋杀罪行的惩罚？对毒品走私犯判处死刑怎么会是降低对谋杀罪行的惩罚呢？我们不妨这样来思考这一问题：假设金里奇议案已经成为法律。这时，有警察突袭进入到一个房间，这个房间正好有三个毒贩在窝藏毒品。接下来会发生什么呢？毒贩们知道，如果他们放弃反抗，他们肯定会被判处死刑。因此，为什么不杀死警察试图逃跑呢？如果毒贩们走运，他们会逃脱。如果毒贩们不走运，他们面临的结果也不会比不反抗更糟糕，因为贩毒本身也是一项死罪。对于谋杀警察这一举动而言，毒贩们不会因此而面临额外的惩罚。

对毒品走私行为执行死刑判罚，这也许会减少毒品走私的人数。但是，却可能会增加谋杀罪行的数量。同理，如果我们加强对抢劫行为的惩罚，我们就是在减少对持枪抢劫行为的额外的或边际的惩罚。因此，对抢劫行为更严厉的惩罚可能会增加持枪抢劫行为的数量。这是一个好的选择吗？

"严惩罪犯"政策所产生的意外结果，体现了经济学家所讲的"用边际进行思考"这一方法的重要性。当一个毒品走私犯在考虑是否要再犯谋杀罪行的时候，他所考虑的并不是对谋杀罪行的惩罚——毒品走私犯考虑的是，当他已经犯有贩毒罪行时，如果再犯有谋杀罪，会有哪些额外的或者说边际上的惩罚。更一般地说，很多选择通常都是边际上的选择——我们是否应该在现有行为的基础上再前进一步，或是再后退一步？

你将会发现，本书有很多关于边际选择方面的讨论，包括边际成本（再多生产一单位产品所增加的成本）、边际收益（再多销售一单位产品所增加的收益）和边际税率（对新增加的一美元收入所征收的税率）。关于边际的这种看法，实际上只不过是用一种新的表述方法，来重新表达具有重大意义的选择行为。如果你希望理解人类的行为，请看看人们实际所面临的行为选择。这些行为选择通常都涉及这样的抉择：是要再多增加一些呢，还是要再减少一些？

我们用一个个人的案例来说明用边际方法思考的重要性。比如说，你已经大学毕业了，并且正在赚取一年 64 000 美元的稳定薪水。现在给你一个更高薪水的工作，不过这份工作是在另一个城市，而且是一个你并太不想去的城市。你会接受这份新工作吗？这主要取决于在新增加的收入中，你实际能得到多少，以及政府会征收多少税。为了计算这些，你不用去考虑你当前的收入中已经被征收了多少税收。你需要考虑的是，如果你接受这份新工作，你新增加的收入中将会被征收多少税收。64 000 美元的年收入其平均税率大概是 13%。但是，超出 64 000 美元之后的每单位收入，政府将会征收 25% 的税率。如果你算算与你的选择相关的税率，也就是边际税率，那么，这份新工作可能没有看上去那么好。

在 1871 年以前，用边际方法思考这一重要的思维方法在经济学中并不常见。也就是在这一年，边际思考的思维方法被三位经济学家同时发现：斯坦利·杰文斯（Stanley Jevons）、卡尔·门格尔（Carl Menger）和利昂·瓦尔拉（Leon Walras）。经济学家把经济学思想的这一转变称为"边际革命"。

1.5　大理念五：干预供求定律会产生后果

大约在两千多年以前，罗马皇帝戴克里先（Diocletian）颁布敕令规定，以超过他所规定的价格出售牛肉、谷物、布匹，以及其他千余种商品，都是违法的。那些违反这一敕令的商人将被判处死刑。历史学家拉克坦修（Lactantius）这样记载了这一敕令的结果："人们不再向市场供应物品，因为他们不能够从市场上获得合理的价格。这极大地加剧了食物短缺。最后，当很多人都由于这一敕令而被饿死时，这一敕令也就自动消亡了。"*

市场以一种可预测的方式对价格管制作出了反应。当理查德·尼克松（Richard Nixon）总统在 1971 年对美国经济进行价格管制时，其结果同戴克里先时代的结局非常相似：短缺、排长队、商品质量低劣和浪费。同戴克里先时代一样，这一政策最后也以失败而告终。

很难说价格管制是已经过去的事情了。即使在今天，当石油价格上涨因而消费者变得愤怒的时候，为了平息民愤，政客们有时就希望承诺用法律来限制高价格。不过，经济学家解释了为什么价格管制很少见效的原因。价格管制不但无助于解决购买力过低的问题，而且由于它减少了对商品供给的激励，所以反而有促使情况进一步恶化的倾向。

理解现实世界　我们认为，如果不理解经济学，就无法理解当今世界上的很多重要问题。在整个这本教科书中，我们都强调一些最重要的方法。利用这些方法，经济学能帮助你理解你身边的世界。

---

　　* 戴克里先（245—312 年），罗马帝国皇帝，284—305 年在位。他结束了罗马帝国的第三世纪危机（235—284 年），建立了四帝共治制，使其成为罗马帝国后期的主要政体。另外，为了维持罗马的社会稳定和加强罗马的军事力量，他还分别进行了经济改革和军事改革。他的改革使罗马帝国对各境内地区的统治得以存续，最起码在东部地区持续了数个世纪。正文中所说的敕令是指戴克里先经济改革措施中的一条，即所谓的"物价敕令"，它是戴克里先为了平息罗马境内的通货膨胀而采取的政策之一，其目的是企图用行政手段限定各种商品的最高价格和最高工资限额来控制物价。但由于这一做法违背了经济学常识，它最终以失败而告终。——译者注

1.6   大理念六：财富和经济增长的重要性

在 2007 年,全世界有超过 5 亿人感染上疟疾,其中大约有 100 万人——大部分都是儿童——最后死于疟疾。今天,我们认为疟疾是一种热带疾病,但在美国,疟疾也曾经很普遍。乔治·华盛顿(George Washington)感染过疟疾,其他感染过的人还有詹姆斯·门罗(James Monroe)、安德鲁·杰克逊(Andrew Jackson)、亚伯拉罕·林肯(Abraham Lincoln)、尤利塞斯·格兰特(Ulysses S. Grant)和詹姆斯·加菲尔德(James A. Garfield)。* 一直到 20 世纪 40 年代后期,疟疾还曾在美国出现过。从那以后,通过改善排水系统、铲除蚊子繁殖场所和喷洒杀虫剂,直到最后,疟疾病终于在美国被消灭。这其中的经验是什么呢？ 财富——预防疟疾所需要的支付能力——结束了美国的疟疾。财富来自经济增长,因此,疟疾的出现不仅仅是地理学问题——它也是一个经济学问题。

财富和经济增长能解决的问题不仅仅只有疟疾。在美国,这个全世界最富裕的国家之一,每 1 000 个儿童中有 993 个能够活到 5 岁以上。在利比里亚,世界上最穷的国家之一,1 000 个儿童中大约只有 765 个能活到 5 岁(也就是说,1 000 个儿童当中,在看到他的第 5 个生日之前,有 235 个就已经死去)。总的来说,最富裕的国家也具有最高的婴儿成活率。

实际上,你看看那些人们想要的东西,它们大多都是在最富裕的经济体中最容易得到。财富给我们带来了抽水马桶、抗生素、高等教育、选择我们理想职业的能力、开心的假期,当然,还有保护我们家人免受灾祸的能力。财富也带来了妇女的权利和政治自由,至少在大部分国家如此(少数除外)。越富裕的经济体会产生越丰富和越满足的人类生活。简而言之,财富很重要,理解经济增长是经济学最重要的任务之一。

1.7   大理念七：制度很重要

既然财富如此重要,那么,如何才能够促使一个国家变得更富裕呢？ 最直接的原因在于,富裕的国家有很多物质资本和人力资本,而且它们能够以最新的技术知识和最有效率的方式进行生产。但是,为什么一些国家能拥有更多的物质资本和人力资本？ 为什么它们能够很好地把最新的技术知识组织起来用于生产呢？ 简单地说,这又是激励问题！ 当然,这又回到了第一个理念。

企业、投资人和储蓄者,他们都需要激励来促使他们进行储蓄,并在物质资本、人力资本、创新和有效组织等方面进行投资。支持好的激励的最强有力的制度包括产权、政局稳定、诚信的政府、独立的司法体系,以及竞争而开放的市场。

我们来比较一下韩国和朝鲜。韩国的人均收入比它的近邻朝鲜高出 10 倍以上。韩国是一个中等发达国家,但在朝鲜,民众仍然处于饥饿之中,几个月都吃不

---

* 乔治·华盛顿(1732—1799 年)是美国首任总统,詹姆斯·门罗(1758—1831 年)是美国第 5 任总统,安德鲁·杰克逊(1767—1845 年)美国第 7 任总统,亚伯拉罕·林肯(1809—1865 年)美国第 16 任总统,尤利塞斯·格兰特(1822—1885 年)美国第 18 任总统,詹姆斯·加菲尔德(1831—1881 年)美国第 20 任总统。——译者注

上肉食。不过,在1950年的时候,这两个国家都非常贫困,这两个国家也拥有相同的语言、文化和历史背景。不同的是它们在经济体制和激励的运行等方面存在着差异。

宏观经济学家对促使新知(new idea)产生的激励特别感兴趣。如果这个世界没有任何新知,那么,生活水平将会停滞不前。但是,现实是企业创造出了iPhone、化肥、普锐斯混合动力车,以及其他很多新的发明。你日常生活中所用的大量器件和设施,也都是多种新知和创新的复合产物,这就是经济增长的血液。当然,创造新知需要有激励,这就意味着要有一个活跃的科学共同体,以及能够把新知转化为应用的自由和激励。新知有它的独特性质。一个苹果只能一个人吃,但是,一种新知可以被全世界的人同时享用。换句话说,新知,只要它被使用,它是不会被用完的。对贸易利得、未来的经济增长,以及其他很多主题的理解,都能体现对这一理念的精彩运用。

1.8　大理念八:经济的繁荣和萧条不可避免, 但可以适度调节

我们已经知道,经济增长很重要,而好的制度则可以促进经济增长。但是,没有哪个经济体能够一直以一种平稳的步伐增长。经济总是会时而增长,时而衰退,时而上升,时而下降,时而繁荣,时而萧条。在经济衰退的时候,工资下降,大量的民众会陷入痛苦的失业之中。不幸的是,我们无法完全避免经济衰退。繁荣和萧条都是经济体对其环境变化所做出的正常反应。例如,如果印度的天气变坏,庄稼歉收,它的经济就会增长缓慢,甚至可能没有增长。天气对美国经济的影响不大,但是,美国经济也会受到其他一些不可避免因素的冲击。

虽然有些繁荣和萧条是经济体对其环境变化所做出的正常反应,但是,并不是所有的繁荣和萧条都是正常反应。1929—1940年的美国大萧条就不是正常的反应,它是美国历史上最具有灾难性的经济事件。国民产出下降了大约30%,失业率超过20%,股票市场下降到不到其初始价值的三分之一。几乎在一夜之间,美国从自信走向了绝望。其实,大萧条并非不可避免。今天,很多经济学家都相信,如果政府,特别是美联储,能够更迅速地采取更合适的行动,大萧条持续的时间可能要短得多,程度也要轻得多。然而,在当时,政府所能运用的工具——货币政策和财政政策——还远没有被很好地理解。

今天,财政和货币政策工具都被理解得很充分。当它们被使用得当时,这些工具可以减小失业和GDP的波动幅度。失业保险也能够部分减轻萧条所带来的痛苦。不过,财政政策和货币政策这些工具并不是万能的。曾经有一段时期,这些工具被认为可以用来终结所有的经济萧条。但是,现在我们已经知道,这种观点是不正确的。并且,如果被不恰当地使用,货币政策和财政政策甚至可能会使得萧条更严重,经济波动得更激烈。

宏观经济学最重要的任务就是,理解财政政策和货币政策在熨平宏观经济正常波动中的作用及其局限性。

1.9 大理念九:政府发行过多货币会造成物价上涨

是的,经济政策可能是有用的。但是,有时候政策可能会出错,例如,在**通货膨胀**出现失控的时候。通货膨胀,作为宏观经济学中最普通的问题之一,是指总体物价水平的上涨。通货膨胀会让人们感到越来越穷。不过,也许更重要的是,价格的上涨及其不稳定性,使得人们无法计算出商品、服务和投资品的实际价值。正是由于这一原因以及其他一些原因,大部分人和大部分经济学家都讨厌通货膨胀。

那么,通货膨胀是如何产生的呢?答案非常简单:通货膨胀来源于货币供给的持续增长。当人们有太多的货币时,人们就会花掉它,如果这时的商品供给没有增加,价格就一定会上涨。正如诺贝尔经济学奖得主米尔顿·弗里德曼(Milton Friedman)曾经写道的:"通货膨胀从来都是,而且在任何地方都是,一种货币现象。"

像其他任何国家一样,美国有一个中央银行,它被称为联邦储备银行(Federal Reserve Bank)。联邦储备银行有权力和义务来管理美国经济中的货币供给。这种权力的使用有时能够带来好处,例如,在美联储阻止和纾缓经济萧条的时候。但是,如果美联储鼓励货币供给增长得过快,这种权力的使用可能会带来严重的危害。其结果将会是通货膨胀和经济破坏。

在津巴布韦,政府多年来一直在全速印刷货币。到 2007 年末,津巴布韦的价格水平在以每年 150 000% 的惊人速度上涨。在美国,还从来没有出现过如此程度,或者接近这一程度的问题,不过,通货膨胀仍然是一个一直被关注的问题。

令人惊讶的是,津巴布韦的通货膨胀率 2008 年仍然持续上涨。现在,它已经接近历史最高记录,价格水平每月上涨几千万倍!

*通货膨胀*是指总体物价水平的上涨。

1.10 大理念十:中央银行任务艰巨

美国中央银行,即美国联邦储备银行(简称"美联储"),经常被要求参加"反萧条战争"。但是,这经常是件很难做到的事情。尤其是,从美联储做出决策,到这项决策对经济的影响显现出来,这中间存在着时滞——通常是几个月的时滞。在此期间,经济条件也在不断地发生变化。因此,你应该想到,美联储是在进行移动靶射击。没有人能够完全预测到未来,因此,无法确保美联储的决策总是正确。

正如刚才所讲,经济中的货币过多会导致通货膨胀。但是,经济中缺少足够的货币也同样不是件好事,它可能会导致经济衰退,或者促使经济增长放慢。这些问题都是宏观经济学中的一个重要而又影响广泛的主题,不过,其中最关键的问题在于,货币供给的减少会迫使人们降低价格和工资水平,而且这样的调整一般都进展得不顺利。

美联储总是试图在恰当的时机采取措施,但很多时候它都失败了。有些时候,失败是由于美联储一些本可以避免的失误造成的。但在另一些时候,失败仅仅是由于,我们不可能总是对事情的未来发展趋势做出正确的预测。因此,在某些情况下,美联储必须接受一定程度的通货膨胀或失业。中央银行依赖于经济工具,但是归根到底,对这些工具的运用既是科学,也是艺术。

大部分经济学家都认为,美联储的工作利大于弊。但是,如果你想要理解美联储,你就必须把它看作是一个失误率极高的机构,因为它面临的任务太艰巨。

1.11　最重要的理念:经济学很有趣

一旦把以上所有的理念和其他的思想融合到一起,我们认为,经济学既令人兴奋,又非常重要。经济学告诉我们,如何能使这个世界变得更好。经济学关心富裕和贫困之间的差别、工作和失业之间的差别,以及幸福和悲惨之间的差别。经济学增加你理解遥远的过去、当今的事件,以及未来的可能性的能力。

你将会看到,经济学的基本原理在任何地方都适用,无论是在越南的稻田里,还是在巴西圣保罗的股票市场中。无论是什么主题,经济学原理在所有的国家都适用,而不仅仅是在美国适用。此外,在今天全球化的世界里,中国和印度的事件会影响到美国的经济,反之亦然。因此,你将会发现,我们的书本实际上也是国际性的,它充满了全球性的案例和运用,从阿尔及利亚到津巴布韦。

同时,经济学也同每个人的生活息息相关。经济学能够帮助你思考如何找工作的问题,如何管理你的个人理财问题,以及怎样处理国债,怎样应对通货膨胀、经济衰退,或者飙升的股票市场泡沫等问题。一句话,经济学致力于理解你身边的世界。

我们为经济学而兴奋,我们希望你们也有同感。你们中间有些人也许甚至会主修经济学。如果你正打算主修这个专业,你可能想知道,在过去的 10 年里,经济学是主修人数增长率最快的专业。这体现了经济学学位的价值,以及全球对这一价值的认识。但是,如果你的热情在其他的地方,那也没有关系,一门经济学原理性的课程将会提供一种方法,来帮助你理解你身边的世界。在一门好课程、一位好教授和一本好教材的帮助下,你一定会以一种全新的方式来看待世界。因此,请记注:理解“看不见的手”,理解你身边的世界!

○ 本章复习

关键概念

激励
机会成本
通货膨胀

事实和工具

1.《纽约时报》有一条新闻标题[⑤]写道:“有研究发现,尽管经济衰退,大学入学率在上升。”现在,你已经理解了机会成本的概念,请问你会如何重写这一标题。

2. 如果印度由于天气变坏而导致农作物歉收,这是指农作物的供给下降,还是人们对农作物的需求下降? 在你学习经济周期的时候,请记住这一答案。

3. 大萧条期间,国民总产出下降了多少? 按照本章的分析,如果能更及时地采取更合适的措施,哪些政府机构可能会有助于缓解大危机的严重程度?

4. 本章列举了企业储蓄后进行投资的四个方面。在这四个方面中,哪些是实际目标? 哪些是相对模糊的目标,比如只是一些概念、思想或者纲要性的东西？你可以通过查阅维基百科，或其他参考资料来了解陌生术语的定义。

5. 请问，在一个为某种疾病研究新的治疗方法的实验室里，下面谁会有激励加班加点地工作：是自己能够百分之百地获得新发明药方所带来的利润的科学家，还是新药成功后只能从老板那得到一次握手和一封致谢信的科学家？

思考和习题

1. 最近几年，津巴布韦经历了高速通货膨胀，价格水平每月翻三倍（甚至更高！）。根据本章所学的知识，你认为政府如何才能结束这一高速通货膨胀。

2. 有一些人担心，机器会和工人争夺工作岗位，造成人们永久性地失业。在美国，仅仅在 150 年前，绝大多数人还都是农民。现在，机器几乎干完了所有的农活，只有不到 2% 的美国人是农民。然而，这 2% 的人不但为整个国家生产了足够的食物，而且还向海外出口食物。

   a. 对于那些过去从事农业的人来说，他们发生了什么变化？既然农活今天已经不需要人干了，你认为美国大部分成年男子都失业了吗？

   b. 有些人说，那好，就让机器去干活好了，我们可以从事机器修理的工作。看看你的周围，你认为大部分有工作的美国人是通过机器维修这一工作来谋生的吗？如果不是，那么，你认为大部分人在从事什么工作？（本书稍后一些会给出答案。）

3. 把理念六和理念九结合起来：你认为穷国的人民贫穷是因为他们没有足够的钱吗？换句话说，一国能通过多印刷被称为"货币"的纸片，并把它分发给市民来致富吗？

4. 诺贝尔经济学奖得主米尔顿·弗里德曼说，一个差劲的中央银行决策者就像一个"冲淋浴的笨蛋"。在冲淋浴的时候，如果你调节水龙头的开关，喷头在几秒钟之后才会流出你所调整的水温。因此，如果一个冲淋浴的笨蛋总是按他当前一刻所感觉的水温来剧烈地调整水温，喷头的出水就会在太冷和太热之间来回变动。类似的情形是如何适用于中央银行的？

5. 根据联合国的资料，一千年以前，我们这个星球上大约有 3 亿人口。按照现在的标准，所有的人本质上都是贫穷的：他们缺少抗生素，所有的人都没有室内供水，没有任何人旅行的速度能比马匹或河流承载的速度更快。今天，70 亿总人口中大约 10 亿到 30 亿人口是穷人。因此，在过去的一千年里，对那些仍然处于贫困状态的那部分人来说，他们的生活发生了什么变化：上升，下降，还是保持不变？对于所有生活处于极度贫困的人来说，他们的生活又发生了什么变化：上升，下降，还是没有任何变化？

挑战

1. 我们说大萧条之所以产生了如此巨大的破坏，部分原因是因为 20 世纪 30 年代的经济学家不懂得如何利用政府的政策。根据你的观点，你认为大萧条期间经济学家会这样认为吗？换句话说，如果你问他们"为什么大萧条如此严重"，他们会说"因为政府忽视了我们的明智建议"，还是会说"因为我们没有更好的办法来应对它"？关于经济学家和其他专家的自信，你的答案让你学到了什么？

2. 经济学家想要解决的一些问题，作为经济问题很容易处理，但作为政治问题却困难重重。医生也面临着同样的情况：作为医学问题，要防止大家死于肥胖症或者肺癌很容易（少吃，多锻炼，不吸烟），但是作为自我控制的问题，它却很难。有鉴于此，为什么结束高通货膨胀就像要减肥 100 磅一样难？

3. 作为诺贝尔经济学奖得主和《纽约时报》的专栏作家，保罗·克鲁格曼（Paul Krugman）注意到，经济学在很大程度上同医学很相似：它们都是知识非常有限的学科（作为真正意义上的科学，两者都是非常新的）；它们开出的药方都非常痛苦（"机会成本"）；普罗大众对它们研究的问题都非常关心。经济学和医学还有其他哪些地方相同？

4. 经济学有时被称为"沉闷科学"（dismal science）。在本章所讲的理念中，有哪些听起来是令人沮丧的，像坏消息一样？

第一篇　供给和需求

▶2

供给和需求

这个世界靠石油驱动。每天,大约有 8 200 万桶"黑色黄金"从地下和海底流出,来满足这个世界的需求。石油需求和供给的变化可能会导致一个经济体陷入衰退,同时也可能会刺激另一个经济体走向繁荣。从华盛顿到利雅得,各国首都的政治家们都在小心翼翼地监控着石油的价格,普通的消费者也同样如此。汽油是由石油提炼的,因此,如果像中东战争这样的世界性事件干扰了石油供给,路边加油站的汽油都会涨价。夸张点说,石油市场是这个世界上最重要的市场,没有之一。

经济学中最重要的工具就是供给、需求和均衡等概念。如果你理解了这些工具,哪怕你对其他的东西知道得很少,你也有资格说,你具有了经济学方面的素养。如果你不理解这些工具,其他的方面你就会理解得更少。在这一章中,我们利用石油的供给和需求来解释供给和需求的概念。下一章,我们利用供给、需求和均衡的思想,来解释价格如何决定。因此请注意:这一章和下一章都非常重要。真的非常重要。

2.1 石油的需求曲线

如果石油的价格是每桶 5 美元,石油的需求量是多少?如果价格变为每桶 20 美元,对石油的需求量会是多少?如果价格是每桶 55 美元,石油的需求量又会是多少?需求曲线回答了这些问题。**需求曲线**(demand curve)是一个函数,它表示不同价格水平下市场的需求量。

需求曲线是一个函数,表示不同价格水平下市场的需求量。

在下面的图 2.1 中,我们给出了一条假想的石油需求曲线和一个表格。它们共同说明,如何利用表格中有关价格和需求量的信息,来绘制出一条需求曲线。例如,这条需求曲线告诉我们,当石油价格是每桶 55 美元时,买方愿意并能够购买的石油是每天 500 万桶。或者简单地说,价格 55 美元时**需求量**为每天 500 万桶。

需求量是在特定价格下购买者愿意且能够购买的数量。

可以用两种方法来解读需求曲线。在图 2.2 中,如果横向地来看,我们可以看出,在每桶 20 美元的价格下,需求者愿意并能够购买的石油每天是 2 500 万桶。如果纵向地来看,我们能够看出,需求者愿意为每天 2 500 万桶石油支付的最高价格是每桶 20 美元。因此,需求曲线告诉我们任何价格水平下的需求量和任何数量下

如果石油价格是每桶55美元,石油的需求量是每天500万桶。如果价格是每桶20美元,石油的需求量是多少?

价格	需求量
$55	500
$20	2 500
$5	5 000

图2.1 石油需求曲线是一个函数,它表明不同价格水平下的石油需求量

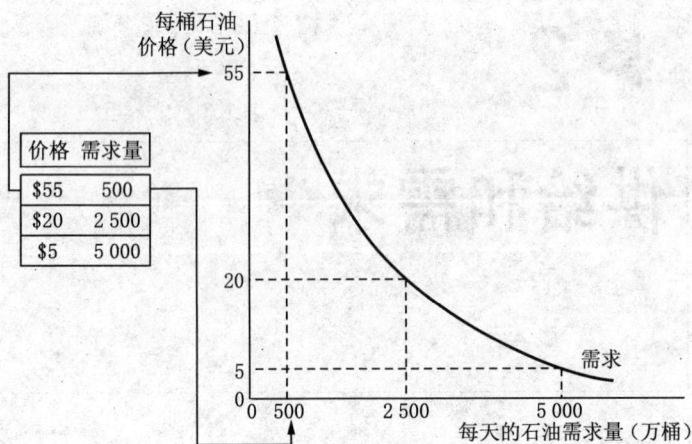

的最高支付意愿(单位价格)。在实际应用中,有时一种方法容易理解些,有时可能另一种方法更容易理解。因此,你们应该同时熟悉这两种解读方法。

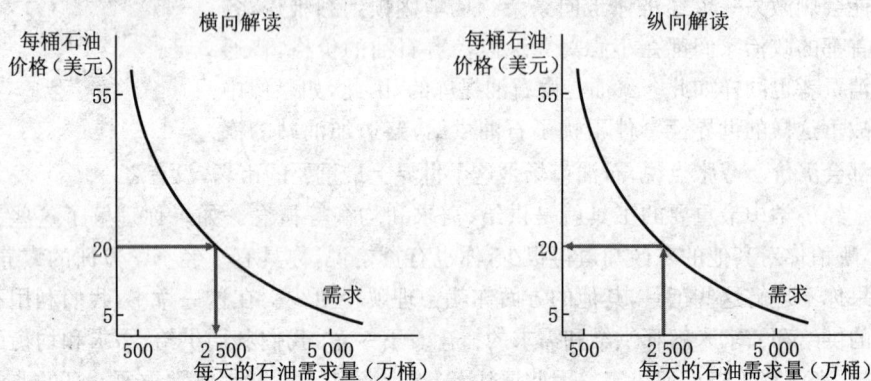

横向解读:在每桶石油20美元的价格下,需求者每天愿意购买2 500万桶的石油。
纵向解读:为了每天购买2 500万桶石油,需求者愿意支付的最高价格是每桶20美元。

图2.2 用两种不同的方法解读需求曲线

　　如前所述,需求曲线是一个函数,它表明不同价格水平下需求者愿意购买的数量。但是,需求曲线告诉了我们什么?为什么需求曲线是负斜率的?也就是说,为什么价格越低,对石油的需求量会越大?

　　石油有很多种用途,一桶石油是42加仑,其中的一半多一点会用来生产汽油(19.5加仑)和航空燃油(4加仑)。剩余的18.5加仑会用来供热和提供能量,以及生产诸如润滑剂、煤油、沥青、塑胶、轮胎,甚至浴缸里的橡皮鸭(这些鸭子实际上不是用橡胶而是用乙烯基塑料来生产的)之类的东西。

　　但是,在不同用途上,石油的价值是不一样的。用石油来生产汽油和航空燃油比用它来供热和生产橡皮鸭要有价值得多。石油对于运输工具是非常有价值的,因为在那方面几乎没有可替代品。例如,作为航空燃油的石油没有任何合适的替代品,而像普锐斯(丰田汽车品牌)汽车之类的一些混合动力产品算是比较成功的,纯电动汽车现在仍然是既昂贵又不方便。在加热和供能等方面,石油有很多替代品。在这些领域,石油在直接地和间接地同天然气、煤和电等能源进行竞争。甚至是在这每一领域内部,石油也有高低不同的利用价值。例如,在冬天,把房间的温度从华氏40度提高到65度,就比从华氏65度提高到70度要更有价值。乙烯基在用作金属线包皮时具有很高的价值,因为它可以防火。但是,我们可以用木头玩具船来替代橡皮鸭玩具。

　　石油在不同的用途上具有不同的价值,这一事实解释了为什么石油的需求曲线具有负的斜率。当石油的价格很高时,消费者会选择只在具有高价值的用途上使用石油(如汽油和航空燃油)。当价格下降时,消费者就愿意选择在具有更低价值的用途上也使用石油(供热和橡皮玩具)。因此,需求曲线概要地表明,在给定消费者偏好和替代可能性的情况下,有多少消费者愿意使用石油。图2.3用一条石油的需求曲线说明了这一思想。

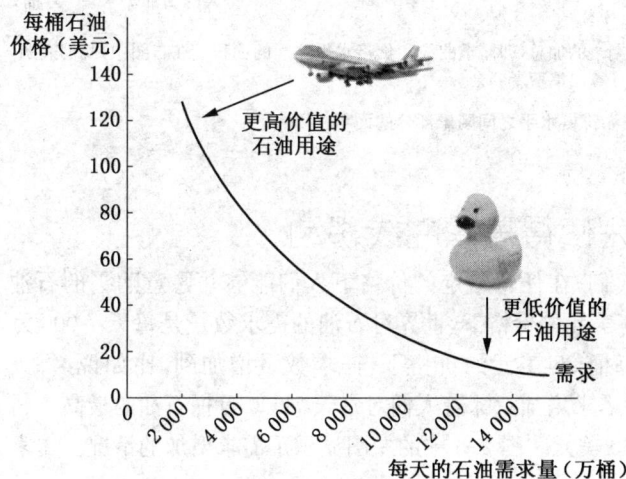

如果石油价格很高,石油就只能被用于具有高价值的用途上。如果石油价格下降,石油也可被用于低价值的用途。

图2.3　石油的需求依赖于石油在不同用途上的价值

　　总之,需求曲线是一个函数,它说明在不同价格水平下需求者愿意并且能够购买的数量。价格越低,需求量越大——这就是通常所说的"需求定律"。

2.1.1　消费者剩余

　　如果某一消费者,比如说美国总统,为了给他的喷气式飞机提供燃料,他愿意为每桶石油支付80美元的价格。如果这时石油市场上的价格只有每桶20美元,那么,该美国总统就获得了每桶60美元的消费者剩余。如果乔愿意支付的价格是每桶25美元,石油市场价格仍然是每桶20美元,那么,乔就获得了每桶5美元的消费者剩余。**消费者剩余**(consumer surplus)是消费者在交易中获得的收益。把所有消费者在每单位产品上所获得的消费者剩余加总起来,我们就可以得到**总消费者剩余**(total consumer surplus)。在图形中(如图2.4所示),总消费者剩余是指需求曲线和价格水平之间的阴影部分面积。

　　用直线来近似地表示需求曲线和供给曲线常常是很方便的,这使得我们可以很容易计算出像消费者剩余这样的面积。图2.4中的右图简化了左图。现在,利用一点中学的几何知识,我们就可以计算出消费者剩余。回忆一下,三角形的面积等于(底×高)/2。消费者剩余三角形的高是60美元(80美元-20美元),底是9 000万桶,因此,消费者剩余等于270 000万美元(60美元×9 000万/2)。

消费者剩余等于消费者愿意支付的最高价格同市场价格之间的差额。

总消费者剩余是指需求曲线和价格水平之间的阴影部分面积。

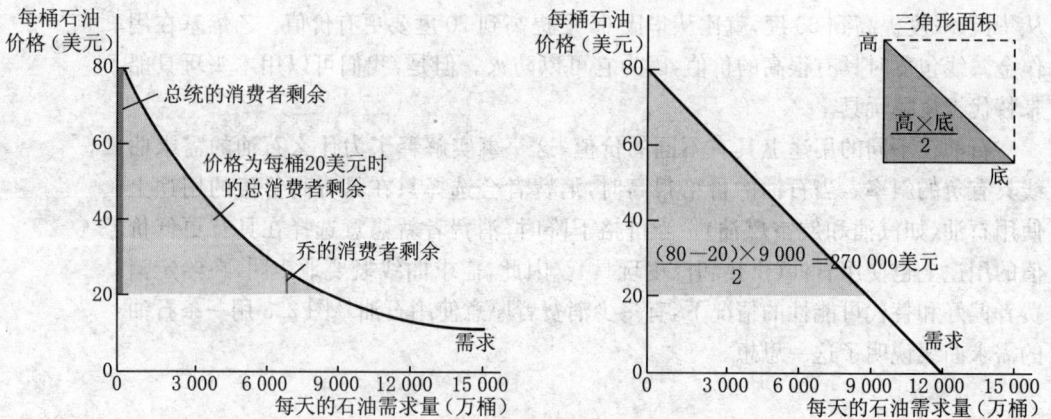

总消费者剩余是所有买者的消费者剩余的加总,即需求曲线和价格水平之间的面积。在右图中,我们表明,利用线性的需求曲线可以很容易地计算出消费者剩余。

图2.4   总消费者剩余是需求曲线和价格水平之间阴影部分的面积

2.1.2   哪些因素会使得需求曲线移动

石油的需求曲线告诉我们,在任意给定的价格下人们能够并愿意购买的石油数量。例如,假设在每桶25美元的价格下,世界对石油的需求数量是每天7 000万桶。需求增加意味着,在每桶25美元的价格下,需求数量增加到,比如说,每天8 000万桶。或者换种说法,需求增加意味着人们对每天7 000万桶石油的最高支付价格增加到,比如说,每桶50美元。图2.5中的左图显示了需求增加的情况。需求增加会使得需求曲线向右上方移动。

图2.5中的右图显示了需求减少。需求减少会使得需求曲线向左下方移动。

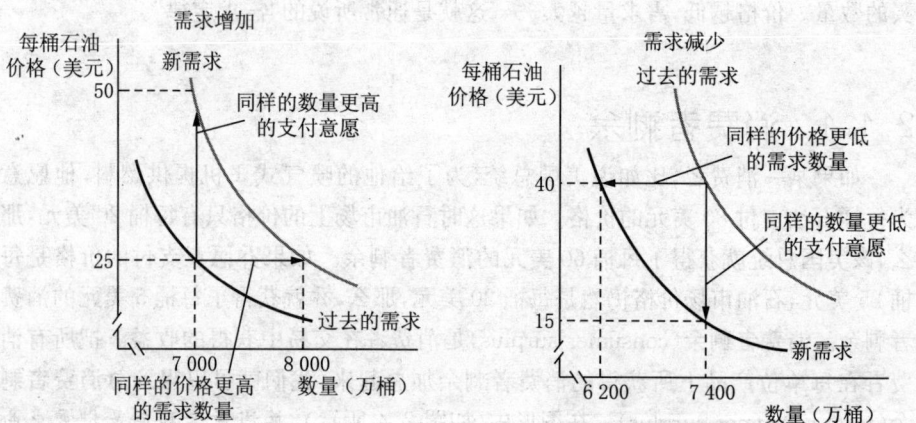

需求增加会使得需求曲线向右上方移动。需求减少会使得需求曲线向左下方移动。

图2.5   需求曲线的移动

哪些因素会使得需求增加或者减少呢?令经济学系的学生感到遗憾的是,有很多因素!下面列举了一些使得曲线移动的重要因素。

2.1.3 影响需求曲线移动的重要因素

➤ 收入
➤ 人口
➤ 替代品价格
➤ 互补品价格
➤ 预期
➤ 偏好

　　如果有必要的话,请记住以上所列举的各项。不过,还要在大脑中记住一个问题:"是什么原因使得人们在相同的价格下购买了更多的数量?"或者说,"是什么使得人们对相同的数量愿意支付更高的价格?"脑中时刻想着这一问题,总有一天,你会自己总结出一个不错的清单。

　　以下是使需求曲线发生移动的一些实例。

　　收入　当人们变得更富裕时,人们会购买更多的东西。在美国,如果人们的收入增加,人们就会购买更大的汽车,更大的汽车就会增加对石油的需求。在中国和印度,收入增加时,很多人就能够购买他们的第一辆汽车,这也会增加对石油的需求。因此,正如图2.5中的左图所示,收入的增加将会增加对石油的需求。

　　如果收入增加,对某种商品的需求也增加,我们就说这种商品是**正常品**(normal good)。大部分商品都是正常品,例如,汽车、电子设备到餐馆用餐等,这些都是正常品。你能想出一些收入增加而需求却会下降的商品吗?在作者还是经济学系的年轻学生的时候,我们都没有太多的钱去一些比较贵的餐馆吃饭。但是,用50美分和一些白开水,我们就能够享受到一碗很好的方便速食拉面。噢,那可真是好时光!但是,当我们的收入增加之后,我们对方便面的需求减少了——我们不再买方便面了。像方便面这样,收入增加后对其需求反而会下降的商品被称为**低劣品**(inferior good)。有哪些商品是你现在正在消费,而一旦你富裕之后就可能不再消费的商品?经济增长使得中国和印度的穷人的收入正在增加。这些国家的穷人今天所消费的商品中,有哪些是他们在未来20年中会更少消费的商品?

> **正常品**的需求随收入的增加而增加。

> **低劣品**的需求随收入的增加而下降。

　　人口　人口越多,需求越大。这个道理非常简单。当某些类型的人口比其他类型的人口增加得更多时,事情就变得更有趣了。例如,美国正处于人口老龄化阶段。今天,65岁和65岁以上的人口大约占美国总人口的13%。到2030年,这一比例将是19.4%。事实上,根据人口统计学家的估计,到2030年,美国将会有1 820万的人口超过85岁![1]随着这些人口的增加,未来哪些商品和服务的需求将会增加呢?哪些商品的需求将会下降呢?企业非常想知道这些问题的答案,因为只有知道哪些新市场会出现,哪些旧有的市场会扩张,才有可能会获得巨额利润。

　　替代品价格　在某些如供热之类的用途上,天然气可以替代石油。假如天然气的价格下降,对石油的需求会发生什么变化呢?如果天然气的价格下降,一些人可能会从石油供热转向天然气供热。由此,石油的需求量将会下降——需求曲线会向左下方移动,如图2.6所示。

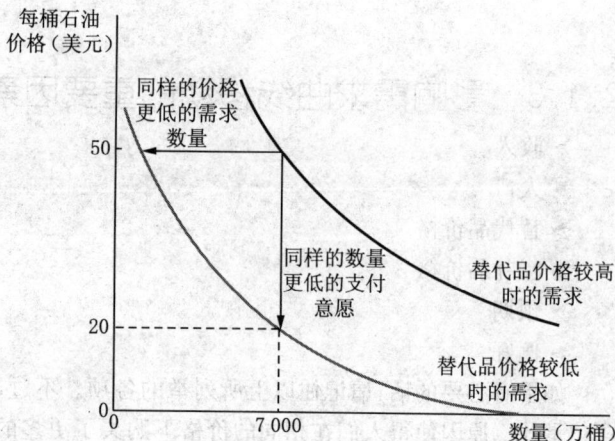

当一种替代品的价格下降时，更多的人将会去购买该替代品,因而被替代的商品其需求就会下降。

图2.6 替代品(如天然气)价格下降会减少对石油的需求

如果两种商品是**替代品**,一种商品的价格下降会引起另一种商品的需求下降。

如果两种商品是**互补品**,一种商品的价格下降会引起另一种商品的需求增加。

一般来说,某种商品的价格下降会减少其**替代品**(substitute)的需求。例如,百事可乐的价格下降会减少对可口可乐的需求。出租房的价格下降会减少对公寓的需求。同理,一种商品的价格上升会增加对其替代品的需求。

互补品价格 互补品(complements)是指那些需要配套起来才能使用的产品:如炸薯条和番茄酱、茶和糖、DVD影碟和DVD放映机。更学术地说,如果A商品的消费量越大,就会促使B商品的消费量也越大,那么,A商品就是B商品的互补品。碎牛肉和夹肉馍是互补品。如果牛肉的价格下降,对夹肉馍的需求会发生什么变化呢?如果牛肉价格下降,人们会买更多的碎牛肉,从而他们也会增加对夹肉馍的需求。也就是说,对夹肉馍的需求曲线将会向右上方移动。例如,一个销售碎牛肉的超市将会增加夹肉馍的存货。

某种商品的价格下降会增加其互补品的需求,而一种商品价格的上升会降低其互补品的需求。这听起来似乎有些难理解。因此,只要记住碎牛肉和夹肉馍是一对互补品,你就会弄清楚这一关系。

预期 2007年7月,尼日利亚南部油田的一名建筑工人被绑架了。该消息一公布,全世界石油的价格立刻跃居到创纪录的新高点[②]。一名普通的建筑工人对世界石油的供给会如此重要吗? 不! 惊扰世界石油市场的因素是,人们担心这一绑架事件将是尼日尔河三角洲地区大规模破坏活动的开始。尼日尔河三角洲是尼日利亚主要的石油生产区域,也是很多反政府武装的基地。对未来混乱的担心增加了对石油的需求,因为企业和政府都开始增加其应急储备量。换句话说,预期未来石油供给的减少增加了今天石油的需求。

你可能曾经也以与这类似的方式,来对未来事件的预期做出反应。当天气预报员说有大暴风雨时,很多人都会跑到商店去购买暴风雨应急装备。例如,同之前的一周相比,在卡特里娜飓风袭击新奥尔良的前一周,手电筒的销售量增加了700%,电池的销售量增加了250%。[③]

预期的威力是巨大的——它们对需求(和供给)产生的影响可能同事件本身的影响一样大。

偏好 在20世纪90年代,医生们警告说,过于肥胖可能会导致突发性心脏病,在这同一时期,对牛肉的需求也减少了。2001年出版的《阿特金斯博士的新饮食革命》(*Dr. Atkins' New Diet Revolution*)一书则认为高蛋白、低碳水化合物的饮食有利于减肥。该书的出版增加了牛肉的需求,像 Outback 和巴西风味的 Fogo de Chão 这样的牛排餐厅,也开始在各地出现。

迈克尔·乔丹(Michael Jordan)曾经风靡一时,他曾经为芝加哥公牛队夺得过 NBA 的六连冠,这些都曾经为耐克新系列 Air Jordan 球鞋创造了巨大的需求。对这种球鞋的需求曾经是如此巨大,有些小孩甚至会被不良少年抢鞋。由风格、时尚和广告等所导致的偏好的改变,都能够增加或减少需求。

偏好可以改变对像石油这类东西的需求吗? 当然可以。环保运动已经促使人们更加意识到全球气候的变化,以及石油的消费如何会增加空气中的二氧化碳。于是,对混合动力汽车的需求不断增加,越来越多的人们正在回收塑料之类的东西,核电能也再一次作为替代能源被重新考虑。所有这些变化,都可以理解为品味和偏好的变化。

归根到底,虽然有很多不同的因素都会对市场需求产生影响,但是,其中大部分因素都应该是能够被直观理解的。毕竟,你们每天也都是市场需求的一部分。

自我测验

1. 印度的经济增长提高了印度劳动者的收入。那么印度人对汽车的需求会发生怎样的变化? 对家庭取暖用碳砖的需求会发生怎样的变化?
2. 随着油价的攀升,你认为对轻便助动车的需求会发生怎样的变化?

2.2　石油的供给曲线

在石油价格每桶 5 美元的时候,石油生产商会向世界市场提供多少石油? 如果价格是 20 美元,石油供给数量会是多少? 如果价格是 55 美元,供给量又会是多少? 石油的供给曲线回答了这些问题。

石油的**供给曲线**(supply curve)是一个函数,它表明不同价格下供给者愿意并能够出售的石油数量,或者简单地说,供给曲线表示不同价格下的**供给量**(quanty supplied)。图 2.7 给出了一条假想的石油供给曲线。图中纵轴表示石油的价格,横轴表示石油的供给量。图旁边的表格表明,如何根据价格—供给量表格中的数据来绘制供给曲线。

供给曲线是一个函数,它表明不同价格下的供给数量。

供给量表示在一个既定价格下,卖方愿意且能够出售的产品数量。

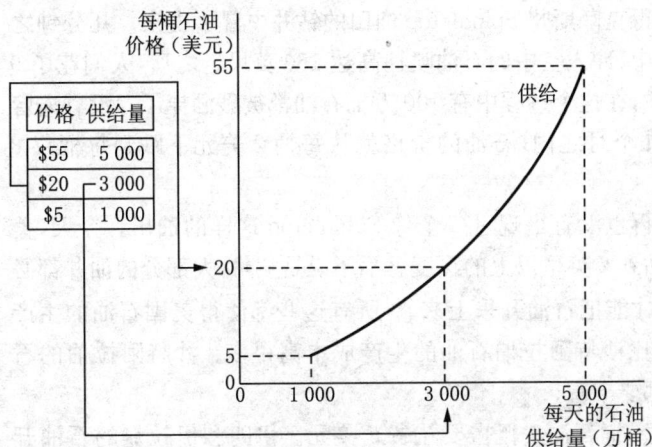

价格	供给量
$55	5 000
$20	3 000
$5	1 000

如果石油价格是每桶 20 美元,石油的供给量是每天 3 000 万桶。如果价格是每桶 55 美元,供给者愿意并能够出售的石油是多少。

图2.7　石油供给曲线是一个函数,它表明不同价格水平下的石油供给量

供给曲线告诉我们,比如说,在 20 美元的价格下,石油的供给量是每天 3 000万桶。

同需求曲线一样,供给曲线也可以从两个方面来解读。图 2.8 表明,横向地来看,在每桶石油 20 美元的价格下,供给者愿意出售的石油是每天 3 000 万桶;纵向地来看,为了每天能够供给 3 000 万桶石油,供给者必须至少卖出每桶 20 美元的价格。因此,供给曲线告诉我们,不同价格水平下供给者愿意提供的最高数量和销售不同数量时供给者所要求的最低价格。这两种解读供给曲线的方法是等价的。不过,在实际应用中,可能有时一种解读方法比较容易理解,有时另一种解读方法更容易理解。因此,你们应该同时熟悉这两种解读方法。

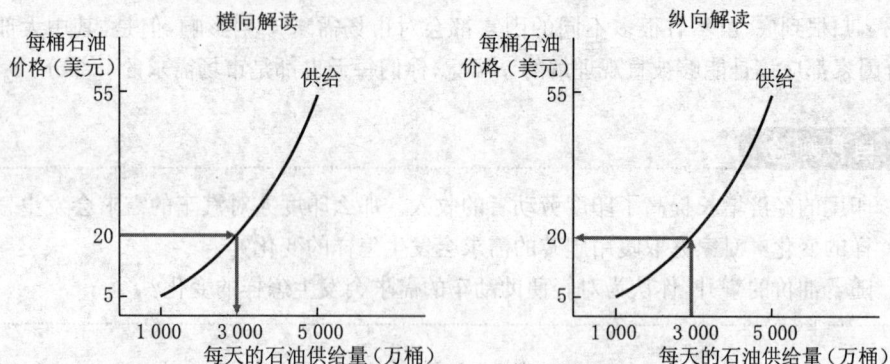

横向解读:在每桶石油 20 美元的价格下,供给者每天愿意提供 3 000 万桶的石油。
纵向解读:为了每天生产出 3 000 万桶石油,供给者必须至少卖出每桶 20 美元的价格。

图 2.8　用两种不同的方法解读供给曲线

我们假想的供给曲线不是真实的,因为数据是我们虚构出来的。不过,现在我们已经知道了供给曲线的理论意义——一个函数,它表明不同价格水平下供给者愿意销售的数量——我们可以很容易地解释它的经济学意义。

沙特阿拉伯,全世界最大的石油生产国,每天大约生产 1 000 万桶石油。令人惊奇的是,美国的产量也同它相差不远,每天大约生产 900 万桶石油。但是,沙特阿拉伯石油和美国石油之间存在巨大的差别:美国石油的生产成本要高得多。最早从 1901 年开始,美国就一直在出产大量的石油。在 1901 年,当钻头钻到 1 020 英尺的深度之后,泥浆开始从得克萨斯州 Spindletop 油田的钻井中冒了出来。几分钟之后,钻头就被喷射到了空中,冲入空中的石油喷柱高达 150 英尺。之后,人们花了 9天时间才把石油井口盖住,在这个过程中有 100 万桶石油都被溅洒掉了。没有人曾经见过这么多的石油。几个月之内,石油的价格就从每桶 2 美元下跌到每桶仅 3美分。[④]

可以准确地说,美国再也没有出现过一个像 Spindletop 这样的油田。今天,美国最典型的新油田都要钻到 2 英里以上的深度。不用说是喷井,大部分的油井都必须用水泵抽或者用水压,才能把石油开采上来。[⑤] 所有这些都使得美国石油的生产成本比过去昂贵得多,也比沙特阿拉伯石油的生产成本高得多。沙特阿拉伯的石油资源比世界任何地方都要丰富。

在沙特阿拉伯,开采一桶石油大概需要花费 2 美元。伊朗和伊拉克的石油开采成本要稍微高一点。在尼日利亚和俄罗斯,一桶石油的开采成本分别是 5 美元和 7 美元。阿拉斯加一桶石油的开采成本大约为 10 美元。英国北海的石油开采成本大约是 12 美元。加拿大沥青砂矿区的石油比整个伊朗的石油还要多,但是,为了把石油从砂中分离出来,每桶石油大约要花费 22.5 美元的成本。[6] 在美国大陆,作为世界上最古老和最发达的石油区域之一,开采成本大约是每桶 27.5 美元。如果石油价格是每桶 40 美元,从俄克拉何马州的油页岩中提取石油都可以获得利润。

考虑到以上所有因素,我们可以绘制出一个简单的石油供给曲线。在每桶 2 美元的价格下,只有开采像沙特阿拉伯地区那样低成本的石油才是有利润的。如果价格再上升一些,开采伊朗和伊拉克的石油也可以获得利润。当价格达到每桶 5 美元时,尼日利亚和俄罗斯的石油生产厂商可以保持盈亏平衡了。当价格进一步上升到每桶 10 美元时,阿拉斯加的石油生产开始盈亏平衡并会变得有利可图。如果价格再继续上升,北海、加拿大和得克萨斯州的油田都会陆续投入生产,从而使得产量进一步增加。如果价格更高些,在世界上一些更荒凉的地方,使用更特殊的方法和更深的油田来提取石油,都可能是有利润可图的。如图 2.9 所示。

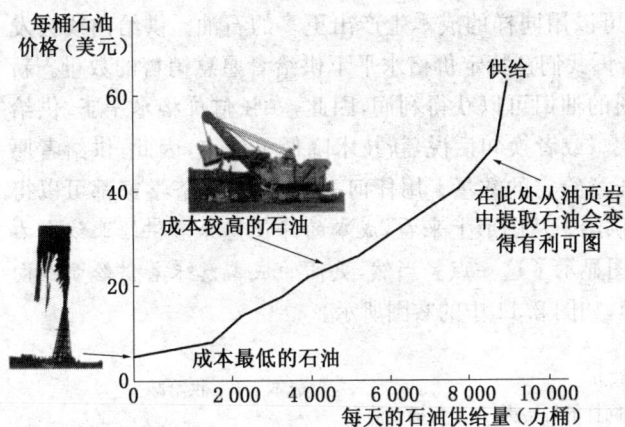

当石油的价格上升时,用更贵的资源所提取的石油都变得有利可图。因此,石油价格上升时,石油的供给量也会增加。

图 2.9 石油的供给曲线

对于理解图 2.9,最重要的是要知道,当石油价格上升时,在世界各个地方,用更高成本所生产的石油都会变得有利可图。石油价格越高,石油钻井就会越深。

总之,供给曲线是一个函数,表明在不同价格水平下供给者愿意出售的商品数量。价格水平越高,供给量越大——这就是所谓的"供给定律"。

2.2.1 生产者剩余

图 2.9 还暗示着另外两个重要的概念。如果石油价格水平是每桶 40 美元,而沙特阿拉伯石油的生产成本是每桶 2 美元,那么,我们说沙特阿拉伯每桶石油将获得 38 美元的**生产者剩余**(producer surplus)。同理,如果石油价格是每桶 40 美元,尼日利亚能够以每桶 5 美元的成本生产石油,那么,尼日利亚每桶石油可以获得 35 美元的生产者剩余。把每个生产厂商每单位产品的生产者剩余进行加总,我们就可以得到总生产者剩余。幸好,根据图表,这非常容易计算。**总生产者剩余**(total producer surplus)就是价格水平和供给曲线之间阴影部分的面积(参见

生产者剩余是生产者从交易中获得的利得,由市场价格与在特定产量下生产者愿意接受的最低价格之间的差额来衡量。

总生产者剩余就是价格水平和供给曲线之间阴影部分的面积。

图 2.10)。

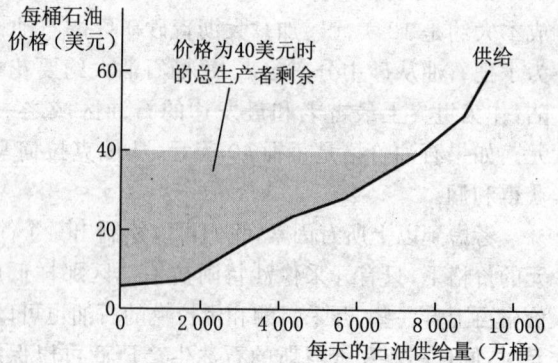

总生产者剩余是每个销售者生产者剩余
的加总,即供给曲线和价格水平之间的
面积。

**图 2.10   总生产者剩余是价格水平和
供给曲线之间的面积**

2.2.2   影响供给曲线移动的因素

图 2.9 所暗含的第二个重要概念是关于供给曲线和成本之间的关系。如果生产石油的成本下降,这会如何影响供给曲线? 例如,假设出现了像侧向钻井之类的石油开采技术创新,它使得可以用同样的成本生产出更多的石油。供给曲线会发生什么变化呢? 供给曲线告诉我们在特定价格水平下供给者愿意销售的数量。新技术使得一些原来无利可图的油田可以获得利润,因此,在任何价格水平下,供给者现在愿意提供的数量更大。或者换句话说,新技术降低了成本,因此,供给者愿意以一个更低的价格出售任意给定的数量。用任何一种方法,经济学家都可以得出结论说,成本下降会增加供给。从图形上来看,成本的降低意味着供给曲线向右下方移动。图 2.11 中的左图显示了这一点。当然,更高的成本意味着供给曲线向相反的方向——左上方移动,如图 2.11 中的右图所示。

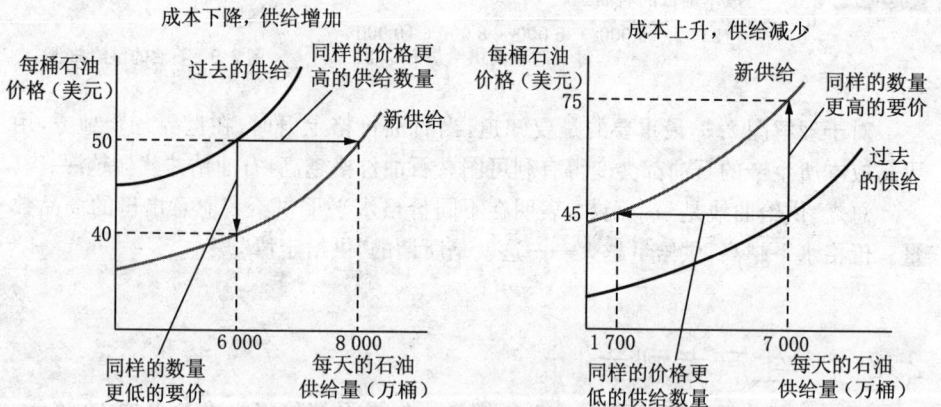

成本的下降会增加供给,这使得供给曲线向右下方移动。成本的上升会减少供给,这使得供给曲线向左上方移动。

图 2.11   供给曲线的移动

一旦你知道成本的下降使得供给曲线向右下方移动,成本的上升使得供给曲线向左上方移动,那么,你就真正理解了有关供给曲线移动的每一种因素。

2.2.3 影响供给曲线移动的重要因素

➤ 技术创新和投入要素价格的变化

➤ 税收和补贴

➤ 预期

➤ 生产厂商的进入或退出

➤ 机会成本的变化

为了更好地分析供给曲线的移动,有时候可以把成本的变化看作是供给曲线的左右移动,有时候可以把成本的变化看作是供给曲线的上下移动。这两种思考供给移动的方法是等价的,它分别对应着解读供给曲线的两种方法:横向解读法和纵向解读法。在以下讨论成本移动的过程中,针对每一种方法,我们都会给出一些实例。

技术创新和投入要素价格的变化 我们曾经给出过一个关于技术的提高如何降低成本和增加供给的实例。投入要素价格下降也会降低成本,因此,它同技术创新具有类似的效应。例如,油田钻井工人的工资下降会降低石油的生产成本,这会使得供给曲线向右下方移动,如图 2.11 的左图所示。反之,油田钻井工人的工资上升会增加石油的生产成本,这会使得供给曲线向左上方移动,如图 2.11 的右图所示。

税收和补贴 通过讨论一项 10 美元的石油税对石油供给的影响,我们可以练习使用供给曲线的上下移动来分析成本的变化。对于企业而言,税收对产出的影响同成本上升的影响一样。如果政府对石油生产者每桶征收 10 美元的税,这同生产者每桶石油的生产成本增加 10 美元的效果完全一样。

在图 2.12 中,请注意,在征税之前,企业对于每天销售 6 000 万桶石油所要求的价格是每桶 40 美元(点 a)。如果每桶石油征收 10 美元的税,那么,企业对于销售同样数量的石油所要求的价格是多少呢? 准确地说,是 50 美元。企业所关心的是税后的价格。销售 6 000 万桶石油时,企业要求的价格是每桶 40 美元,这只是企业在不考虑税收时所要求的价格。如果政府每桶要拿走 10 美元,那么,企业为了保持它的税后价格仍然是每桶 40 美元,它必须每桶要卖 50 美元。因此,在图 2.12 中,请注意,10 美元的税收使得供给曲线上的任何一点都恰好向上移动 10 美元。

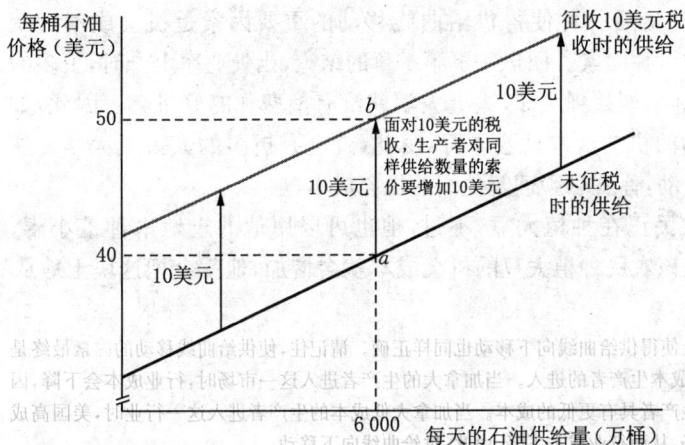

当供给者不需要交税时,他们愿意以每桶 40 美元的价格供给 6 000 万桶石油。如果他们必须为每桶石油支付 10 美元的税,那么,他们愿意以每桶增加 10 美元,或者说,每桶 50 美元的价格供给 6 000 万桶石油。

图 2.12 对行业征税使得供给曲线向上移动,移动幅度等于单位税收

避免某种潜在的混乱非常重要。到目前为止,我们所讲的一切都只是说,10 美元的税收会使得石油的供给曲线向上移动 10 美元。我们并没有说起任何关于税收对石油价格的影响——这是因为我们还没有分析市场均衡价格是如何形成的。我们把这个问题作为第 3 章的主题。

补贴、税收优惠或者税收减免会如何移动供给曲线呢? 我们把这个问题留作本章最后的习题,不过这里给出一个提示:补贴相当于一种负的税收,或者说"反向"税收。

预期   预期未来价格会上涨的供给者,会有动机今天少卖一些,这样他们就能够为未来的销售储存商品。因此,预期未来价格上涨会使得今天的供给曲线向左移动,如图 2.13 所示。供给随着预期价格的变化而移动是投机的本质,即一种从未来价格变化中获利的企图。

如果卖者预期未来价格上涨,今天的供给曲线会向左移动,因为生产者会为未来销售储存一些商品。

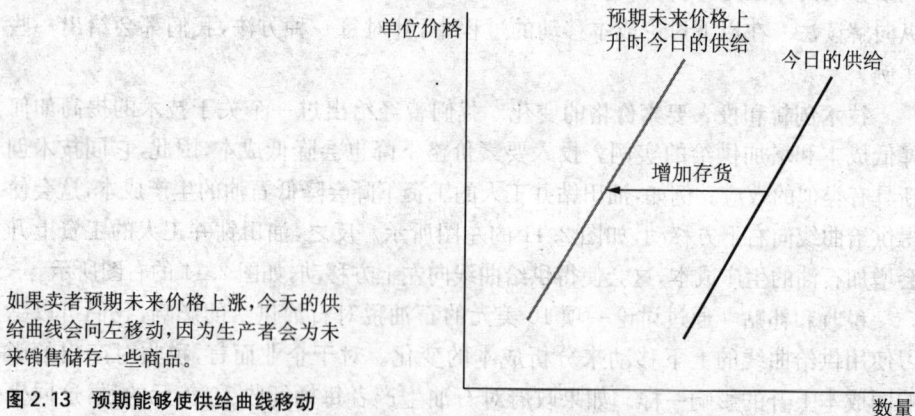

图 2.13   预期能够使供给曲线移动

生产厂商的进入或退出   当美国签订《北美自由贸易协定》(NAFTA)时,就减小了美国、墨西哥和加拿大之间的贸易障碍。加拿大的木材生产厂商进入到美国市场,从而增加了美国的木材供给。我们可以很容易把它看作是供给曲线向右移动。

在图 2.14 中,"国内供给"曲线是 NAFTA 之前的木材供给曲线。标有"国内供给加上加拿大进口"的曲线是 NAFTA 之后的木材供给曲线,这时允许加拿大企业在美国几乎没有任何限制地进行销售。更多的企业意味着在任何价格水平下,有更多数量的木材可供给,也就是说,供给曲线会向右移动。*

在后面的章节,我们会详细讨论国际贸易的影响。

机会成本的变化   最后一种使得供给曲线移动的重要因素是机会成本的变化,这也是最难理解的一种因素。回忆一下第 1 章的结论,当失业率上升时,更多的人愿意上大学。如果你不能找到工作,去上大学就没有浪费你的好机会。因此,如果失业率上升,上大学的机会成本就会下降,由此,就会有更多的人去上大学。注意,要理解人们如何行动,你就必须理解他们的机会成本。

现在,假设有一农民正在种植大豆,不过,他也可以用他的土地来种植小麦。如果小麦的价格上涨,该农民种植大豆的机会成本就会增加,他就会把这块土地从

---

*   认为新厂商的进入会使得供给曲线向下移动也同样正确。请记住,使供给曲线移动的因素最终是成本,供给的增加是由于低成本生产者的进入。当加拿大的生产者进入这一市场时,行业成本会下降,因为加拿大的生产者比美国生产者具有更低的成本。当加拿大低成本的生产者进入这一行业时,美国高成本的生产者会退出这一市场,从而行业成本下降,由此,供给曲线向下移动。

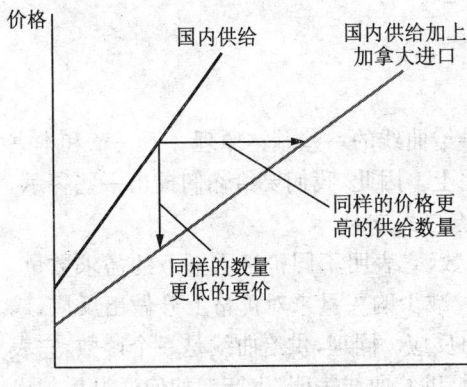

低成本生产厂商的进入会增加供给,因此,会使得供给曲线向右下方移动。

图 2.14 新厂商的进入会增加供给

种植大豆改为种植更有利可图的小麦。当种植大豆的土地减少之后,大豆的供给曲线会向左上方移动。

在图 2.15 中,请注意,在小麦价格上涨之前,农民们愿意以每蒲式耳 5 美元的价格供给 2.8 亿蒲式耳大豆(点 a)。但是,在小麦的价格上涨之后,在每蒲式耳 5 美元的价格下,农民们仅愿意供给 2.0 亿蒲式耳大豆,因为土地的另一用途(种植小麦)更有价值。或者说,在小麦价格上涨之前,农民们愿意以每蒲式耳 5 美元的价格出售 2.8 亿蒲式耳大豆,但是,在他们的机会成本增加之后,出售同样的数量,他们要求每蒲式耳 7 美元的价格(点 b)。

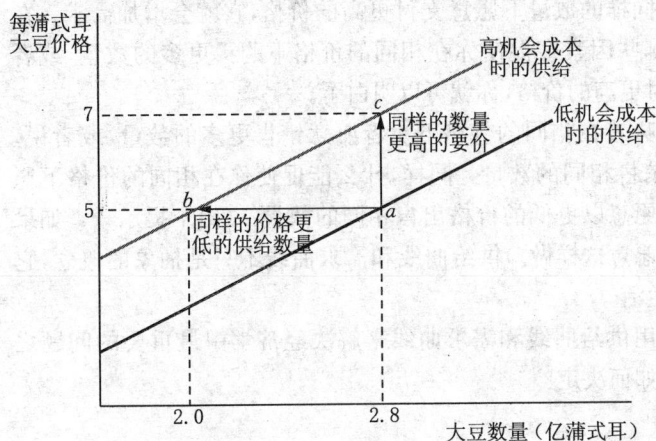

小麦价格的上涨增加了种植大豆的机会成本,这使得大豆的供给曲线向左上方移动。

图 2.15 (机会)成本增加会减少供给

同理,机会成本的下降会使得供给曲线向右下方移动。例如,如果小麦的价格下降,种植大豆的机会成本下降,大豆的供给曲线将向右下方移动。这只是本章主题的又一个例证,换句话说,供给和需求都会对激励做出反应。

自我测验

1. 芯片制造的技术革新压低了计算机的生产成本。这对计算机的供给曲线会有怎样的影响?为什么?
2. 玉米发酵之后可以生产作为燃料的酒精。对于玉米酒精的生产,美国政府在进行补贴。这样的补贴对酒精的供给曲线会有怎样的影响?

○ 本章小结

这一章我们提出了关于需求曲线和供给曲线的一些基本原理。下一章和本书的其他很多章节都建立在这些基本原理之上。因此,我们要给你们提出一些警示。如果你们没有理解本章和下一章,你们就会迷失方向。

关键要掌握的是,需求曲线是一个函数,它表明不同价格水平下的需求数量。换句话说,需求曲线表明,消费者如何通过减少购买量来对价格上升做出反应,或者如何通过增加购买量来对价格下降做出反应。同理,供给曲线是一个函数,它表明不同价格水平下的供给数量。换句话说,供给曲线表明,生产者如何通过增加生产来对价格上升做出反应,或者通过减少生产来对价格下降做出反应。

消费者愿意为某一产品支付的最高价格同该产品的市场价格之间的差额是消费者从交易中的获利,即消费者剩余。某一产品的市场价格同生产者愿意消费该产品的最低价格之间的差额是生产者从交易中的获利,即生产者剩余。就像我们在本章中所指出的那样,你们要能够从图形中识别出总消费者剩余和总生产者剩余。

对于哪些因素可能会导致供给曲线和需求曲线的移动,我们在本章中已经列举了很多。是的,你们应该知道这些因素,但更重要的是,你们应该知道,需求的增加意味着在同样的价格下买者想购买更多的数量,或者说,他们对于同样的数量愿意支付更高的价格。因此,无论什么因素,只要它能够促使买者在相同价格下愿意购买更多的数量,或者在同样的数量下愿意支付更高的价格,它就会增加需求。在必要的时候,只要想想,哪些因素会促使你在相同的价格下购买更多的数量,或者在相同的数量下愿意支付更高的价格,你就可以明白了。

同理,供给的增加意味着在相同的价格下卖者愿意销售更多的数量,或者说,他们愿意以更低的价格销售相同的数量。同样,什么能促使你在相同的价格下愿意出售更多的商品,或者愿意以更低的价格出售相同的数量?(给个提示——如果你的成本下降,也许你会愿意这样做。)供给曲线和需求曲线不只是抽象的概念,它们也会直接影响你们的生活。

在下一章,我们将利用供给曲线和需求曲线来解决经济学中最重要的问题之一:一种商品的价格水平如何决定?

○ 本章复习

关键概念	低劣品
	替代品
需求曲线	互补品
需求量	供给曲线
消费者剩余	供给量
总消费者剩余	生产者剩余
正常品	总生产者剩余

事实和工具

1. 如果一种商品的价格上升,其需求量____。如果一种商品的价格下降,其需求量____。

2. 什么时候人们会更努力地去寻找石油的替代品:是在石油价格更高的时候,还是在石油价格更低的时候?

3. 你的室友刚刚以 200 美元购买了一个 iPod。她其实愿意为这一容量的、具有储存和播放功能的电子产品支付 500 美元。在享受这个 iPod 过程中,你的室友获得了多少消费者剩余?

4. 列举三种在你大学毕业并找到一份好的工作之后就会减少购买的商品,这种商品被称为什么商品?

5. 如果苹果 Mac 计算机的价格下降,Windows 系统计算机的需求会出现什么变化?

6. a. 如果橄榄油的价格上升,玉米油的需求会出现什么变化?

   b. 如果石油的价格上升,天然气的需求会出现什么变化? 木炭的需求会如何变化? 对太阳能的需求呢?

7. a. 如果大家都认为马铃薯的价格下周会上涨,马铃薯现在的需求会如何变化?

   b. 如果大家都认为汽油的价格下周会上涨,汽油现在的需求会如何变化?(提示:需求的变化是由消费者造成的,还是由加油站老板造成的?)

8. 沿着供给曲线,如果石油的价格下降,对石油的供给数量会出现什么变化? 为什么?

9. 如果小汽车的价格下降,根据供给曲线,小汽车制造商是会多生产还是会少生产小汽车?(注意,普通人经常会认为相反的结论是对的。)

10. 在什么情况下,制药商更有可能雇用受过高等教育的高端人才,使用新的、试验性的研发方法:是在企业预期其新药的价格会上升时,还是在它预期其新药的价格会下降时?

11. 假设一项新的技术创新减少了高质量钢材的生产成本,对钢材的供给会出现什么变化?

12. 如果石油厂商预期明年石油的价格会上涨,石油当前的供给会出现什么变化?

13. 税收通常是增加,还是减少一种商品的供给?

思考和习题

1. 考虑以下石油的供给曲线:

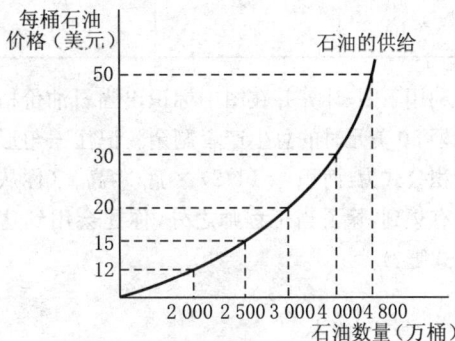

a. 根据以上供给曲线,填写下表:

价格(美元)	供给量(万桶)
12	
	4 000

b. 如果石油价格是每桶 15 美元,石油供给者愿意提供多少石油?

c. 石油供给者愿意提供 2 000 万桶石油的最低价格是多少?

2. 下表给出了每 100 支铅笔的价格及其供给量之间的关系。根据该表格,画出铅笔的供给曲线:

价格(美元)	供给量(100 支)
5	20
15	40
25	50
35	55

3. 假设 LightBright 和 Bulbs4You 是 Springfield 市仅有的两家 60 瓦灯泡的供给商。根据以下两个公司的表格,画出 Springfield 市 60 瓦灯泡行业的供给曲线。注意,要得到这一"灯泡行业供给曲线",你需要把该行业在 1 美元的价格下愿意供给的灯泡的数量加总起来(15 只),然后再依次对 5 美元、7 美元和 10 美元价格下的数量进行行业加总。

价格 （美元）	LightBright 的 供给量（只）	Bulbs4You 的 供给量（只）
1	10	5
5	15	7
7	25	15
10	35	20

4. 利用下图，计算并在图中标识出当石油价格为每桶 50 美元时的总生产者剩余。记住三角形的面积公式为：面积 ＝（1/2）×底×高。（你从来没有想到，除了当工程师之外，你还会用到这个公式吧?）

每桶石油价格（美元）

石油的供给

60
50
20
5

2 000　4 000　6 000　石油数量（万桶）

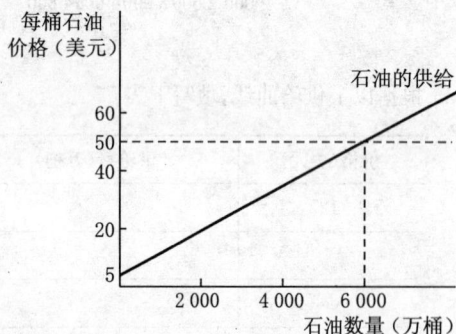

5. 在甜腻国（Sucrosia），食糖的供给曲线如下所示：

价格（美元/100 磅）	数量（100 磅）
30	10 000
50	15 000
70	20 000

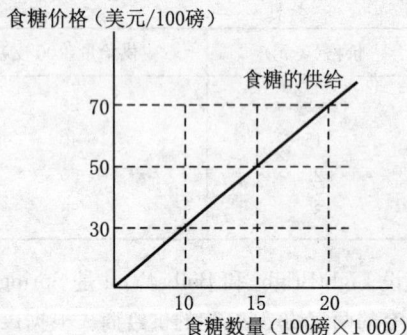

食糖价格（美元/100 磅）

食糖的供给

70
50
30

10　15　20
食糖数量（100磅×1 000）

在营养激进分子的压力下，政府决定对食糖生产商征税，每 100 磅的食糖征收 5 美元的税收。利用以上数据，画出新的供给曲线。在征税之后，在什么价格下会分别出现 10 000、15 000 和 20 000 的供给量？把你的答案填入下表中。

价格（美元/磅）	数量（100 磅）
	10 000
	15 000
	20 000

6. 考虑本章所讲的那些农民，他们拥有既可以种植小麦，又可以种植大豆的土地。假设所有的农民现在都在种植小麦，但是大豆的价格显著上涨。

a. 生产小麦的机会成本是在上升，还是在下降？

b. 这会移动小麦的整条供给曲线吗？（如图2.11中的某一图形所示。）或者这里的变化只表现为在一条固定的供给曲线上的移动？它的移动方向如何？把你的答案画在下图中。

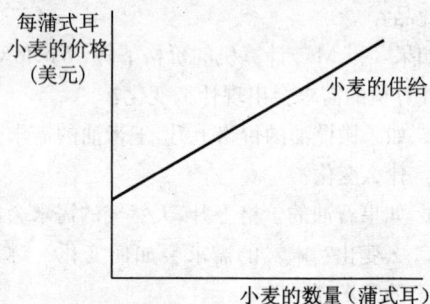

每蒲式耳小麦的价格（美元）

小麦的供给

小麦的数量（蒲式耳）

7. 考虑以下对石油的需求曲线：

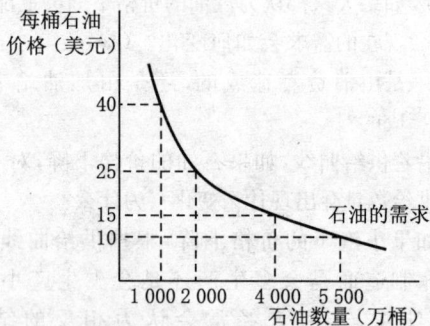

每桶石油价格（美元）

40
25
15
10

石油的需求

1 000　2 000　4 000　5 500　石油数量（万桶）

a. 利用以上需求曲线，填写下表：

价格（美元）	需求量（万桶）
	5 500
25	

b. 如果价格是 10 美元，石油的需求是多少？

c. 需求者对 2 000 万桶石油愿意支付的最高价格

是每桶多少美元?

8. 根据下表,画出铅笔的需求曲线(以百支为单位):

价格(美元)	需求量(100 支)
5	60
15	45
25	35
35	20

9. 如果玻璃的价格显著提高,在玻璃窗和玻璃瓶中,我们将会更少看见哪一种产品? 为什么?

10. 我们来考虑等离子电视机的需求。

   a. 如果一台 50 英寸等离子电视机的价格是 2 010 美元,而纽哈特愿用 3 000 美元购买,纽哈特的消费者剩余是多少?

   b. 考虑以下关于等离子电视机的总需求。在 2 010 美元的价格下,等离子电视机的需求量是 1 200 台,总消费者剩余是多少? 计算总消费者剩余,并把它在图形中标识出来。

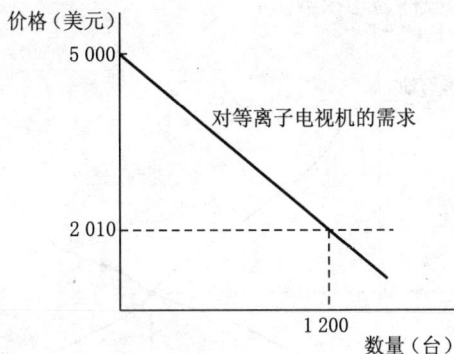

   c. 纽哈特位于图中的哪一点?

11. 当收入增加时,对 X 商品的需求向下移动,如图所示,X 商品是正常品还是低劣品? 举出一个像 X 这样的商品。

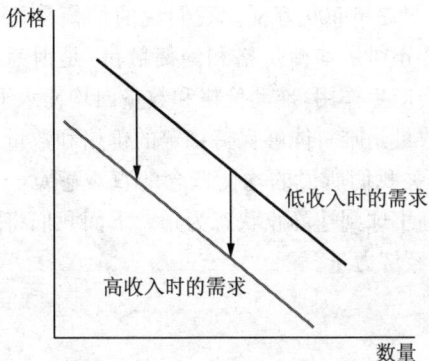

12. 假设黄油和人造黄油彼此是替代品。如果人造黄油的价格提高,黄油的需求曲线会出现什么变化? 为什么?

13. 汽车和汽油是互补品。如果汽车的价格下降,汽油的需求曲线会出现什么变化? 为什么? (提示:对汽车的需求量会出现什么变化?)

挑战

1. 迈克尔是一名经济学者。他非常喜欢当一名经济学者,即使当一名经济学者的年薪只有 30 000 美元,他也愿意一辈子都从事这一工作。不过,实际上,迈克尔现在的年薪是 80 000 美元(注意:这是刚参加工作的经济系博士毕业生在美国的平均年薪水平)。迈克尔所获得的生产者剩余是多少?

2. 经济学者布赖恩·卡普兰(Bryan Caplan)最近找到了一副 10 美元的足弓垫,这使他免受脚部外科手术的疼痛。正如他在博客(econlog. econlib. org)上所说,为了解决脚部的问题,他原来愿意支付 100 000 美元,不过现在他只花费了几美元。

   a. 布赖恩·卡普兰在这一购买活动中获得的消费者剩余是多少?

   b. 如果这一产品被征收了 5% 的销售税,当布赖恩·卡普兰购买这一足弓垫时,政府的收入增加了多少?

   c. 如果政府不是根据布赖恩·卡普兰的实际支付征税,而是根据布赖恩·卡普兰的意愿支付征税,那么,布赖恩·卡普兰将必须支付多少销售税?

3. 对于绝大多数年轻人来说,全职工作和上大学是相互替代的:你们往往只能从事其中的一项。如果找工作很困难,这会提高还是降低上大学的机会成本? 如果找工作很困难,上大学的需求是增加还是减少?

4. 如果把安全气囊安装在汽车上,"对速度的需求"(以高速公路上的平均速度来衡量)会出现什么变化?

5. 华盛顿特区东南部的工业区在 20 世纪 80 年代是相对危险的地区。在过去的 20 年中,这一地区已经变成了一个更安全的工作地点(虽然,这一地区的暴力犯罪率比同在华盛顿的 Georgetown 还是要高出 7 倍)。当一个地区变成了更安全的工作地点时,这一地区的"劳动力供给"会出现什么变化?

均衡:供给和需求如何决定价格

我们在第 2 章介绍了供给曲线和需求曲线。在第 2 章中,我们分析了这样一些事情:"如果价格每桶 20 美元,供给量为 5 000 万桶"和"如果价格每桶 50 美元,需求量为 12 000 万桶"。但是,价格是如何决定的呢?

现在,我们在为一项更大的工作做准备:均衡。图 3.1 把石油的供给曲线和石油的需求曲线放在了同一张图中。注意,这两条曲线相交于一点,交点处的价格被称为均衡价格,交点处的数量被称为均衡数量。

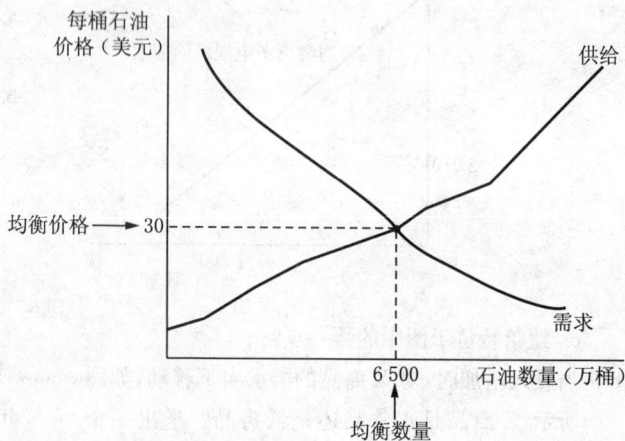

当需求量等于供给量时,均衡就会出现。只有当价格等于 30 美元,数量等于 6 500 万桶时,供给量和需求量才相等。因此,30 美元是均衡价格,6 500 万桶是均衡产量。

图 3.1 价格由供给和需求决定

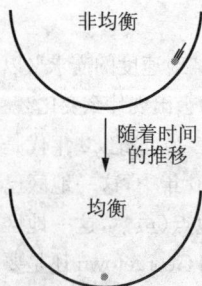

均衡价格是 30 美元,均衡数量是 6 500 万桶。我们说的均衡是什么意思呢? 我们说 30 美元和 6 500 万桶分别是均衡价格和均衡数量,是因为在其他任何价格和数量下,经济力量都会产生作用,推动价格和数量向均衡水平趋近。在自由市场中,均衡价格和均衡数量是唯一能够保持稳定的价格和数量。放在一个大碗中的小钢球可以给出有关我们所说的均衡概念的直观感觉——重力会把小球从碗的旁边向下拉,直到小球到达静止状态为止。下面我们将解释促使价格和数量趋向于均衡水平的经济力量。

3.1　均衡和调整过程

假设需求和供给如图 3.1 所示，但现在的价格是 50 美元，在均衡价格 30 美元以上——由此，我们得到一种如图 3.2 中左图所示的情形。

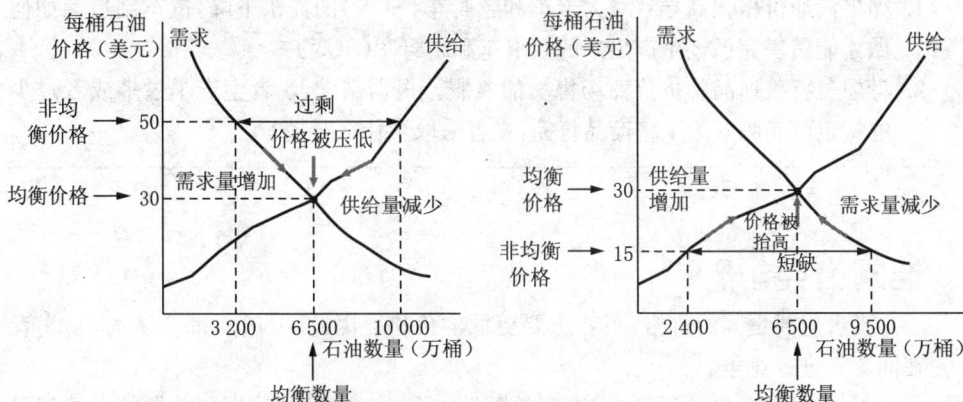

在 50 美元的价格下，会出现石油过剩。如果存在过剩，卖者有动力降低价格，而买者有动力出价更低。价格一直下降到 30 美元时，需求量等于供给量，这时，不再存在价格下降的动力。

在 15 美元的价格下，会出现石油短缺。如果存在短缺，卖者有动力提高价格，而买者有动力出价更高。价格一直上升到 30 美元时，需求量等于供给量，这时，不再存在价格上升的动力。

图 3.2　过剩促使价格下降，短缺促使价格上升

在 50 美元的价格水平下，供给者想供给 10 000 万桶，但在此价格下，买者需求的数量只有 3 200 万桶，这就造成了 6 800 万桶的超额供给，即**过剩**（surplus）6 800 万桶。如果在 50 美元的价格下供给者不能销售完他们所有的产品，他们会怎么办呢？每一卖者都会想到，如果把自己的价格降到比其他竞争者低一点点，也许就能够卖得更多。只要存在过剩，竞争就会促使价格下降。当竞争促使价格下降时，需求量会增加，而供给量会减少。只有当价格下降到 30 美元时，均衡才会重新恢复，因为只有在这一价格水平下，需求量（6 500）才等于供给量（6 500）。

> **过剩**是指供给量大于需求量的情形。

如果价格在均衡价格水平之下会如何呢？图 3.2 中的右图显示，在 15 美元的价格下，需求量是 9 500 万桶，而供给者只愿意出售 2 400 万桶，这就导致了 7 100 万桶的超额需求，即**短缺**（shortage）7 100 万桶。如果卖者发现在 15 美元的价格下能很容易地销售完他们所有的产品，而且还有人想买得更多，卖者会怎么办呢？提高价格！当存在短缺的时候，买者也有动力提供更高的买价，因为买者如果在现有的价格下不能买到他们想要的数量，他们就会试图通过提供更高的买价来挤出其他买家。只要存在短缺，竞争就会促使价格上升。当价格上升时，供给量会增加，而需求量会下降。直到价格达到 30 美元时，才不会有动力再促使价格提高，均衡会重新恢复。

> **短缺**是指需求量大于供给量的情形。

当实际价格高于均衡价格时，竞争会促使价格下降；当实际价格低于均衡价格时，竞争会促使价格上升。那么，当实际价格等于**均衡价格**（equilibrium price）时，会怎么样呢？由于在均衡价格水平下，需求量正好等于供给量，均衡价格是稳定的。因为在均衡价格下，每一买者都能买到他想要的数量，买者没有动力去提高价格。每一卖者都能卖完他在均衡价格下想要出售的数量，卖者也没有动力去降低价格。

> **均衡价格**是使得供给量与需求量相等的价格。

当然,买者想要更低的价格,但是,任何出价低于均衡价格的买者,都不会被人理睬。同理,虽然卖者想要更高的价格,但任何卖者如果提高价格,他都会马上失去所有的顾客。

自我测验

1. 如果汽油价格很高导致对大卡车和越野车(SUV)的需求下降,汽车制造商如何做才能销售完已经生产出来的大卡车和越野车(SUV)?

2. 考虑奥特莱斯品牌折价商场售卖的衣服。根据需求,卖者生产了过多或者过少的特定商品吗? 为了将商品售完,卖者采取了什么行动?

谁同谁竞争?

卖者想要更高的价格,买者想要更低的价格。因此,一般人都会认为,是卖者在同买者进行竞争。

不过,经济学家认识到,无论卖者想要什么,在竞争时,他们所能做的事情都只是降低价格。卖者在同其他的卖者进行竞争。同理,买者想要更低的价格,但他们在竞争时所做的事情也只能是提高价格。买者在同其他买者进行竞争。

如果你想要的商品价格很高,你应该责备卖者吗? 如果市场是完全竞争的,你不应该! 相反,你应该"责备"出价比你更高的其他买者。

3.2 均衡价格和均衡数量下的贸易利得最大

图 3.3 从另一种角度考察市场均衡的概念。考虑图 A,在价格 15 美元的时候,供给者愿意每天生产 2 400 万桶石油。但是,请注意,这些石油只能够满足买者的部分需求。能满足的是哪一部分买者的需求呢? 买者会把他们所拥有的石油配置到最高价值的用途上。在图 3.3 的图 A 中,2 400 万桶的石油将被用来满足标有"被满足的需求"的那一部分需求。所有其他方面的需求仍然得不到满足。现在,假设能促使供给者再多生产一桶石油,买者愿意为这一桶石油支付多少呢? 我们可以把这新增加的一桶石油的价值解读为在 2 400 万桶时需求曲线的高度。也就是说,买者愿意为它支付的价格是 57 美元(或者说是 56.99 美元,如果你想更准确的话)。这就是在 2 400 万桶的销售量下,新增加一桶石油对没有得到满足的需求所值的最高价格。卖者愿意为这新增加的一桶石油所能接受的卖价是多少呢? 我们可以把卖者再多出售一桶石油所要求的最低价格,解读为在 2 400 万桶时供给曲线的高度。(由于只要卖者能够收回他们的成本,他们就会愿意再多出售一桶石油,所以,我们也可以把这一最低价格解读为在 2 400 万桶销售量下再多生产一桶石油的成本。)也就是说,卖者愿意以 15 美元之低的价格再多销售一桶石油。

买者愿意以 57 美元的价格再多购买一桶石油,卖者只要 15 美元这样低的价格就愿意再多出售一桶石油。以位于 15 美元和 57 美元之间的任何价格达成的交易,都会使得买者和卖者双方都受益。只要买者愿意支付的价格比卖者愿意接受的价

A

被满足的需求

未被满足的需求

供给

每桶石油价格（美元）

Q=2 400时的支付意愿 → 57

均衡价格 → 30

Q=2 400时的出售意愿 → 15

未被利用的贸易利得

需求

2 400   6 500   9 500   石油数量（万桶）

均衡数量

B

每桶石油价格（美元）

供给

Q=9 500时的出售意愿 → 50

均衡价格 → 30

Q=9 500时的支付意愿 → 15

被浪费的资源的价值

需求

6 500   9 500   石油数量（万桶）

均衡数量

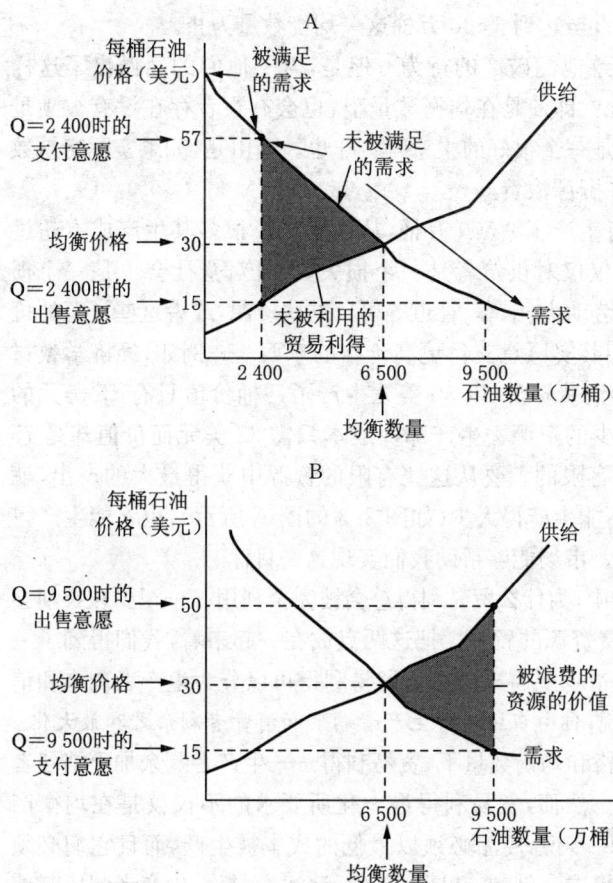

图 A：当交易数量在均衡数量以下时，还存在贸易利得可以被利用。买者愿意为第 24 个单位支付 57 美元，卖者愿意以 15 美元的价格出售第 24 个单位，因此，阻止第 24 个单位的交易发生会损失 42 美元的贸易利得。只有在均衡数量下，所有的贸易利得才都被利用完。

图 B：当交易数量超过均衡数量时，存在资源浪费。卖者愿意至少以 50 美元的价格出售第 95 个单位，而买者仅愿意为第 95 个单位支付 15 美元，因此，出售第 95 个单位浪费了 35 美元的资源。只有在均衡数量下，不存在资源浪费。

图 3.3 在均衡数量下，所有贸易利得都被充分利用，同时也不存在任何不经济的贸易

格更高，就会存在潜在的贸易利得（gains from trade）。现在，请注意，在任何小于**均衡数量**的交易数量上，都会存在没有被利用的贸易利得。经济学家相信，在自由市场下，没有被利用的贸易利得不会长期存在。因此，我们可以预期到，在自由市场中，买卖的数量将会增加，直至达到 6 500 万桶这一均衡数量为止。

我们已经表明，贸易利得会推动交易数量趋近于均衡数量。那么，来自另一个方向的贸易推动力又会怎么样呢？在自由市场中，为什么买卖的数量不会超过均衡数量呢？

下面，考虑图 3.3 中的图 B。假设由于某种原因，供给者生产了 9 500 万桶的产量。在 9 500 万桶的产量下，供给者生产最后一桶石油的成本是 50 美元（比方说，它是从加拿大 Athabasca 沥青砂矿区中提炼出来的）。这一桶石油对买者值多少呢？同样，我们把它解读为在 9 500 万桶时需求曲线的高度。这一桶石油对买者仅仅只值 15 美元（买者用它再多生产一些橡皮鸭玩具）。因此，如果供给量超过均衡数量，卖者生产一桶石油所花费的成本比这一桶石油对买者的价值要更高。

在一个自由市场中，成本需要花费 50 美元而售价最多只有 15 美元的商品，供给者是不会生产的——这是通往破产之路。* 因此，我们可以预期到，在自由市场

均衡数量是供给量与需求量相等时的产品数量。

---

* 你能想象出什么情况下供给者有可能会这样做吗？如果他们被政府进行补贴，情况会怎么样？在这种情况下，产品对买者的价值也许会低于该产品的生产成本。但是，只要政府弥补这中间的差额，卖者会乐意大量销售。

中,买卖的数量会将会减少,直至达到 6 500 万桶这一均衡数量为止。

供给者不会主动做出导致他们破产的行为。但是,万一他们的确做出了这样的行为,这是否是一件好事呢? 即使是在均衡数量上,也会有买者存在没有被满足的需求。满足更多的需求不是一个很好的主意吗? 非也。理由是,如果实际交易数量超过了均衡数量,就会存在资源浪费。

再想象一下,假设供给者生产了 9 500 万桶,从而生产了很多其生产成本超过其市场价值的石油。这将不仅仅对供给者是一个损失,而且对全社会也是一个损失。生产石油需要资源——劳动力、卡车、管道等等。这些资源,或者这些资源的价值,本可以用来生产一些人们其实愿意支付更高价格的东西——例如,经济学教材或者 iPod 播放器。如果我们浪费资源,以 50 美元生产了一桶价值只有 15 美元的石油,那么,我们就只能有更少的资源去生产那些成本只需 32 美元而价值却是 75 美元的商品。我们的资源是有限的。要从这些有限的资源中获得最大的产出,就意味着对于每种商品,都既不能生产得太少(如图 3.3 的图 A 所示),也不能生产得太多(如图 3.3 的图 B 所示)。市场能够帮助我们实现这一目标。

图 3.3 说明,在自由市场中,为什么贸易利得总会被完全利用——至少在长期会被完全利用——不会存在浪费资源的贸易。把这两点放在一起来看,我们得到了一个著名的结论:自由市场使得贸易利得最大化。贸易利得可以分为生产者剩余和消费者剩余,因此,我们也可以说,自由市场使得生产者剩余和消费者剩余之和最大化。

图 3.4 展示了在均衡价格和均衡数量下,贸易利得——生产者剩余加上消费者剩余——是如何被最大化的。然而,贸易利得最大化所要求的不仅仅是在均衡产量和均衡价格进行生产。进一步说,商品必须以最低的成本被生产,而且它们必须被用于满足具有最高价值的需求。例如,在图 3.4 中,请注意,每一生产者都比其他未生产者具有更低的成本。同样,每一购买者比其他未购买者在该商品具有更高的支付愿意。

自由市场能使得贸易利得最大化是因为:(1)购买商品的人愿意比没有购买商品的人支付得更多;(2)出售商品的人愿意比那些不出售商品的人以更低的价格出售商品;(3)在不买商品的人和不出售商品的人之间不存在任何能使得双方都受益的贸易存在。

图 3.4　自由市场使得生产者剩余和消费者剩余之和(贸易利得)最大化

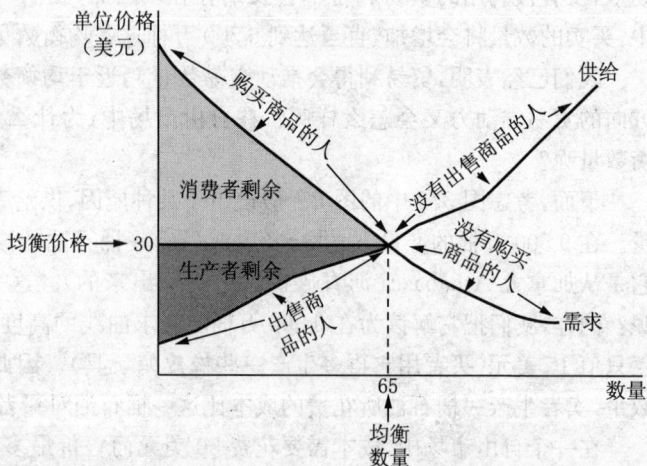

想象一下,如果上一段所说的条件不被满足,例如,假设乔愿意为该商品支付 50 美元。同时还有两个生产者:艾丽斯的生产成本是 40 美元,芭芭拉的生产成本是 20 美元。乔可能会同艾丽斯进行交易,这一项交易的贸易利得是 10 美元。例如,在 44 美元的价格下,乔能获得 6 美元的消费者剩余(50 美元－44 美元),而艾丽斯能获得 4 美元的生产者剩余(44 美元－40 美元)。但是,这一交易并没有使得贸易利得最大化。因为如果乔和芭芭拉进行交易,贸易利得是 30 美元,它会更高。

因此,当我们说自由市场能够最大化贸易利得时,我们的意思是指以下三件紧密相关的事情:

(1) 市场上供给的商品由支付意愿最高的买者购买;

(2) 市场上供给的商品由生产成本最低的卖者销售;

(3) 在买者和卖者之间不存在任何没有被用完的贸易利得,同时也不存在浪费资源的交易。

以上三个条件一起,才意味着贸易利得最大化。

看见"看不见的手"

经济学最著名的启示之一就是,在合适的条件下,对自我利益的追求导致的不是混乱,而是一种有益的秩序。在仅仅由追求自我利益的个体所构成的市场中贸易利得能够被最大化,就是这一核心理念的一种应用。

自我测验

1. 如果汽车的价格上升,哪一部分市场需求将会首先因此而得不到满足。举出一个例子。

2. 在 20 世纪 90 年代后期,电讯公司铺设的光纤电缆大大超过市场均衡数量(这已被稍后的事件所证明)。这种光纤过度投资所造成的损失是什么? 有哪些市场激励可以避免这些损失?

3.3　模型有用吗? 来自实验室的证据

如果我们已经画出了教科书中的供给曲线和需求曲线,我们很容易就可以知道均衡价格和均衡数量。但是,在一个现实市场中,需求者和供给者并不知道这些曲线实际上的位置,而且贸易利得最大化所要求的条件也相当复杂。因此,我们如何能知道这一模型是否真正有效呢?

1956 年,弗农·史密斯(Vernon Smith)发起了一次经济学的革命,他在实验室中通过实验检验了这一供给需求模型。史密斯早期的实验非常简单。他叫来一组学生,并把他们分成两组:卖者和买者。所有的买者都被发给一张卡片,上面标明持卡人的最大支付意愿。所有的卖者也都被发给一张卡片,上面标明持卡人的成本,即持卡人愿意出售的最低价格。然后,所有卖者和买者都按照指示喊出他们的买价和卖价(如"我愿意以 3 美元出售"或"我愿意支付 1.5 美元")。每名学生都可以通过他们意愿买卖的价格与实际买卖价格之间的差额来获得报酬。例如,如果你是一名买者,你卡片上要求的价格是 3 美元,而你能够同一名卖者以 2 美元的价格达成交易,那么,你就会获得 1 美元的报酬。

所有的学生都只知道他自己的买卖意愿价格,但是弗农·史密斯知道实际的供给曲线和需求曲线。史密斯知道这两条曲线是因为他知道他所分发的两种卡片的确切数目。图 3.5 中显示了史密斯第一次实验中的一组数据,史密斯给卖者和买者都分别分发了 11 张卡片。最低成本的卖者其卡片的成本上是 75 美分,次低成本的卖者其卡片上的成本是 1 美元。因此,在任何低于 75 美分的价格下,市场供给曲线上的供给量都是 0,当价格位于 75 美分和 1 美元之间时,供给量是 1 个单位,价格在 1 美元和 1.25 美元之间时,供给量是 2 个单位,依此类推。看看这张图,你能看出在 2.65 美元的价格下需求量是多少吗? 在 2.65 美元的价格下需求量是 3 个单位。(考考你自己,请根据买者实际的支付意愿,辨别出到底是哪三个买者愿意在 2.65 美元的价格下进行购买。)

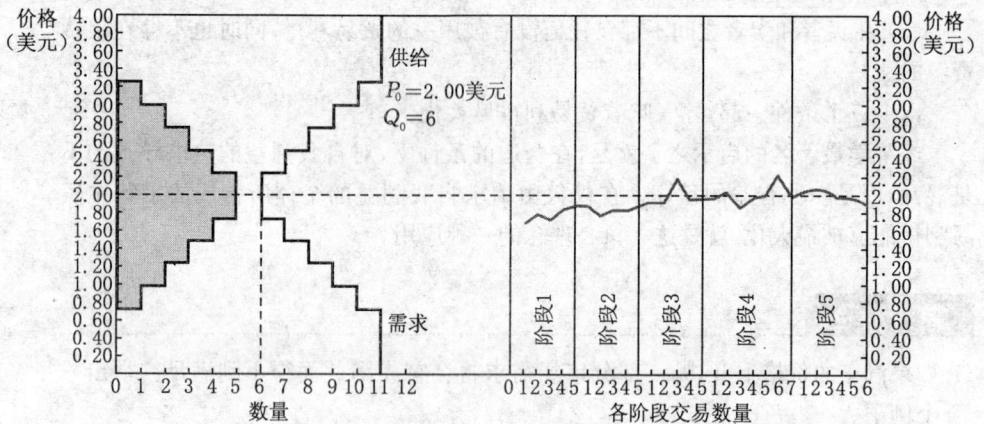

弗农·史密斯知道实际的需求曲线和供给曲线,如左图所示。实际市场交易的结果显示在右图中。价格、数量和贸易利得都迅速收敛到经济理论所预测的水平。

资料来源:Smith, Vernon. 1962. Experimental Study of Competitive Market Behavior. *Journal of Political Economy*. V. 70(2):111—137。

图 3.5　作为实验科学的经济学

　　从图中史密斯知道,由供给曲线和需求曲线所决定的均衡价格和均衡数量分别是 2 美元和 6 单位。但是,真实世界中发生的情况是怎么样呢? 史密斯把他的实验分为 5 个阶段,每个阶段大概持续 5 分钟。右图显示了每一阶段中每一交易达成的价格。价格体系迅速地收敛到预期均衡价格和均衡数量。因此,在最后一阶段,平均价格是 2.03 美元,交易数量是 6 单位。

　　史密斯的实验迅速地收敛到了供求模型所预测的均衡价格和均衡数量。但是,请回想一下,模型也预测自由市场会最大化贸易利得。记住我们关于效率实现的条件,在这一实验中,它要求供给的商品必须卖给具有最高支付意愿的需求者,供给的商品也必须由具有最低成本的供给者卖出,交易的数量应该等于 6 单位,不多也不少。

　　那么,在史密斯检验市场模型的实验中,结果怎么样呢? 在最后一阶段,6 个单位被买卖,买者是 6 名具有最高价值的学生,卖者是 6 名具有最低成本的学生——这正好是供给模型所预测的结果。实际上,在整个实验中,只有一次有一名成本超过均衡价格的卖者能够卖出卡片,也只有一名支付意愿小于均衡价格的买者能够购买——因此,总剩余非常接近整个实验中的最大化水平。

　　开始进行实验的时候,弗农·史密斯以为他们能证明供求模型是错误的。数十年以后他写道:

　　　　我至今还没有从对实验结果的震惊中恢复过来。实验结果与竞争价格理论一致得简直令人难以相信……但是,我当时认为,这结果不能相信,一定是存在某种巧合。因此，我必须换一个班级，用不同的供给需求计划来重做实验。①

数千次实验之后，供求模型仍保持着它不朽的价值。2002 年，由于他把建立实验作为检验经济科学的一种重要工具，弗农·史密斯被授以了诺贝尔经济学奖。

3.4　需求曲线和供给曲线的移动

检验供求模型的另一种方法就是，考察当供求曲线移动之后，均衡价格和均衡数量变化的结果是否同供求模型所预测的一致。即使模型不能告诉我们确切的预测结果（在实验室之外），我们仍然可以问，模型是否有助于我们理解这个世界？

例如，假设技术创新减少了某一产品的生产成本。正如我们在第 2 章所知道的，成本的下降会使得供给曲线向右下方移动，如图 3.6 所示。成本降低的结果就是价格下降和数量增加。开始时，旧的均衡价格和旧的均衡数量位于点 a。现在，成本的下降使得旧的供给曲线向右下方移动到新的供给曲线的位置。注意，在旧的均衡价格下，现在会出现过剩——换句话说，由于生产成本的下降，在旧的均衡价格下，供给者现在愿意出售的产品比需求者愿意买进的要多。然而，超额供给只是暂时的。卖者之间的竞争会促使价格下降。当价格下降时，需求量增加。价格的下降和需求量的增加会一直持续，直到新的均衡价格和新的均衡数量在点 b 处被重新建立为止。在新的均衡状态下，需求量等于供给量。

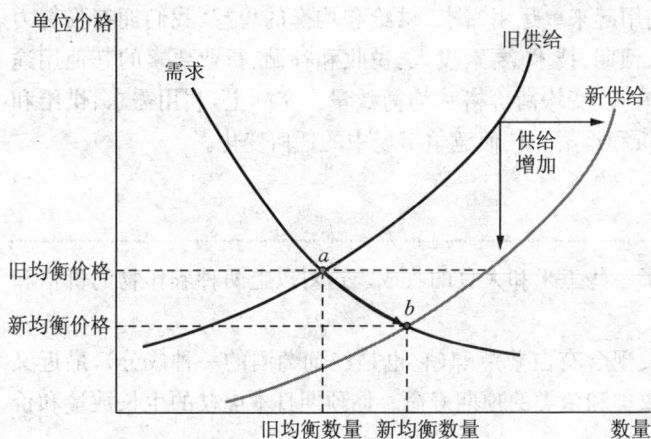

如果成本下降，供给曲线向右下方移动，均衡价格和均衡数量从点 a 移动到点 b。因此，价格下降和数量增加。

图 3.6　供给的增加降低价格并增加数量

我们可以在现实经济中来看看这一过程的运行。例如，当技术创新降低了计算机芯片的价格时，芯片价格下降，芯片的数量——从计算机到手机，再到玩具等的每一个地方都在使用芯片——增加。

供给的减少会怎么样呢？供给的减少会降低市场价格和增加市场数量，这正好同供给增加的效果相反。但是，不要仅仅是听我们说说就算了。自己画图试试看。掌握供给和需求的关键不在于记住可能出现的各种情况。相反，应该集中精力掌握如何使用这些工具。如果你知道如何使用这些工具，对于任何类型的供求结构，以及供给曲线的任意移动，你都能通过简单的画图方法，推导出价格和数量的变化情况。

图 3.7 展现需求增加时的情况。开始时旧的均衡价格和旧的均衡数量位于点 a。现在，假设需求增加到新的需求曲线。因此，价格和数量都被向上移动到点 b 处

新的均衡价格和新的均衡数量上。注意，这次我们省略了对转移过程的讨论。因此，这是对你所学知识的一个很好测试。当需求增加时，你能解释为什么价格和需求量会同时增加吗？提示：当需求增加到新的需求曲线上时，在旧的均衡价格上会出现什么情况？

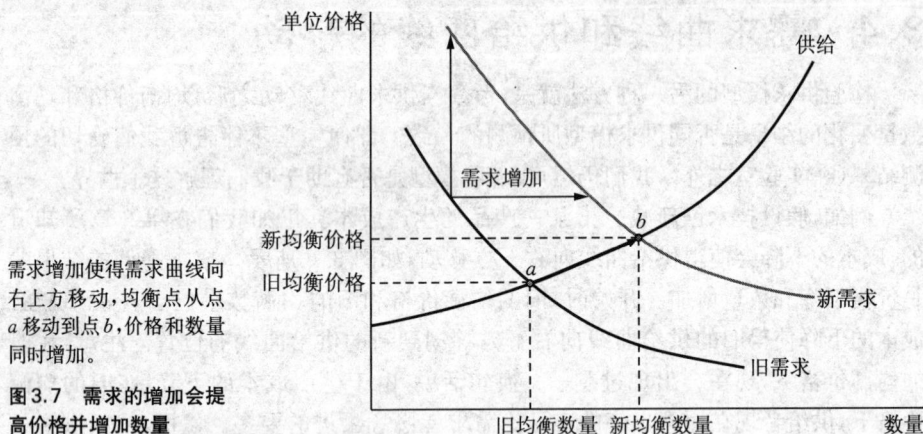

需求增加使得需求曲线向右上方移动，均衡点从点 *a* 移动到点 *b*，价格和数量同时增加。

图 3.7　需求的增加会提高价格并增加数量

当然，如果我们能够分析需求的增加，那么，需求的减少正好相反：需求的减少会降低价格和数量。再次强调，自己画图分析看看！

你还记得第 2 章列出的那些影响供给和需求移动的因素吗？我们现在可以把那时所学的所有知识都利用起来。运用需求、供给和均衡的思想，我们拥有强有力的工具来分析收入、人口、预期、技术、要素投入、税收和补贴、行业要素的其他用途以及其他因素的变化会如何改变均衡价格和均衡数量。实际上，利用需求、供给和均衡等工具，我们可以分析和理解在任何竞争市场中的任何变化。

自我测验

1. 艾奥瓦州的洪水毁坏了一些玉米和大豆的收成。这对以上两种农作物的价格和数量有什么影响？
2. 日本虎杖这种植物中发现含有白藜芦醇（它也是红葡萄酒的一种成分），最近又发现白藜芦醇能增加虫类和鱼类的预期寿命。你预期日本虎杖的生长数量和价格会如何变化？
3. 随着汽油价格的上涨，人们的需求已经从大型轿车和 SUV 转向普锐斯之类的油电混合动力车。画图说明汽油价格上涨之前和上涨之后对混合动力车的供给和需求状况。当汽油的价格上涨时，你预测混合动力车的价格会如何变化？

3.5　术语：需求和需求量、供给和供给量

有时，经济学家对于一些非常不同的事物使用了非常相似的语言。（我们非常抱歉，但不幸的是，要改变这些术语已经太晚了。）特别是，在"需求"和"需求量"之间存在着巨大的区别。例如，需求量的增加是指沿着需求曲线的移动；需求的增加是指整条需求曲线的移动（向右上方）。

不用担心：你已经熟悉了这些区别，我们只需要向你指出并解释这些术语上的差异。图 3.8 中的图 A 是图 3.6 的复制，它表明供给的增加降低了均衡价格和提高了均衡数量。但是，现在我们强调一些略微不同的事情——供给的增加促使价格下降，从而促使需求量从 70 单位增加到 90 单位。注意，需求量的增加是沿着需求曲线的移动。在图 A 中，需求并没有变化，仅仅是需求量变化。请再注意，需求量的变化总是由供给的变化造成。换句话说，供给曲线的移动造成了均衡点沿着需求曲线的移动。

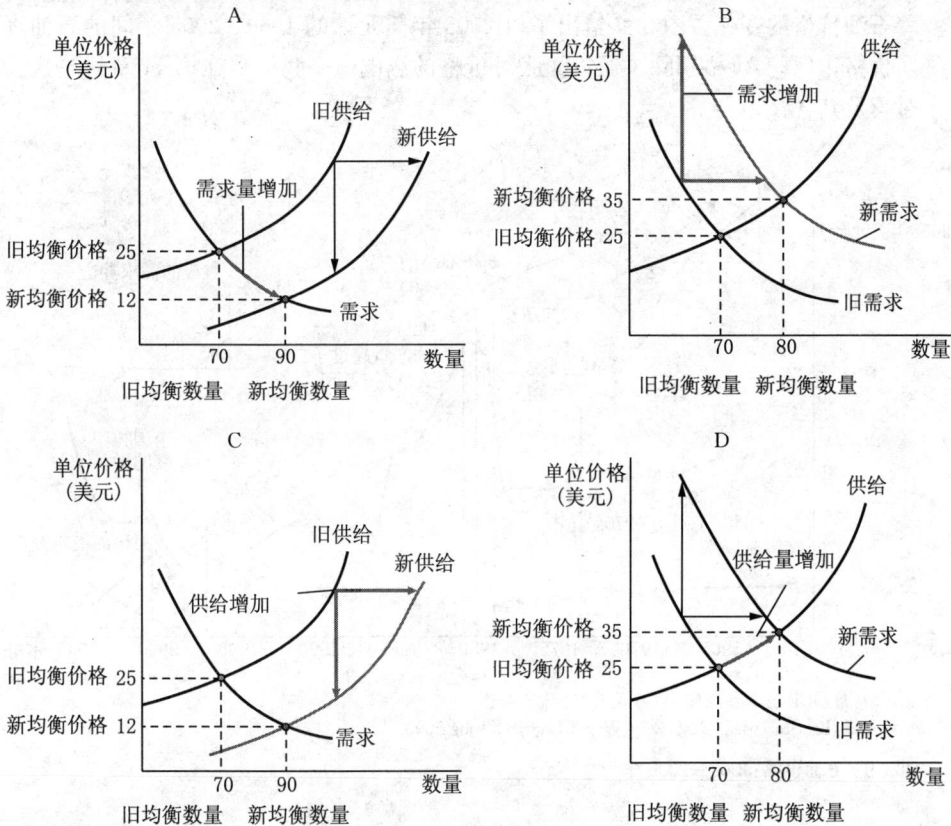

图 A：需求量增加是指沿着一条固定需求曲线的移动，它是由供给曲线移动造成的。
图 B：需求增加是指需求曲线向右上方移动。
图 C：供给增加是指供给曲线向右下方移动。
图 D：供给量增加是指沿着一条固定供给曲线的移动，它是由需求曲线移动造成的。

图 3.8　需求量增加与需求增加的比较及供给量增加与供给增加的比较

图 B 是图 3.7 的复制，它表示的是需求的增加。注意，需求的增加是指整条需求曲线向右上方的移动。实际上，我们也可以把需求的增加看作是建立一条新的需求曲线，更合适的表示为新需求。

同理，供给的增加是指整条供给曲线的移动，而供给量的增加是指沿着一条固定供给曲线的移动。如果你仔细观察图 A 和图 B，你就会发现，我们已经向你表明了供给的变化和供给量的变化！为了使情况更清楚些，我们在图 C 和图 D 中再次重复对供给的分析：这两幅图同图 A 和图 B 完全相同，只不过我们在图 C 和图 D 中强调的是事情的另一个方面而已。

图 C 表示供给的增加，整条供给曲线向右下方的移动。图 D 表示供给量的增加,即供给量沿着固定供给曲线从 70 单位移动到 80 单位。

通过比较图 A 和图 C 我们可以发现,供给曲线的移动造成需求量的变化。而通过比较图 B 和图 C 我们可以发现,需求曲线的移动造成供给量的变化。

3.6　理解石油的价格

我们可以利用供求模型来理解,在过去半个世纪以来,是哪些主要事件在决定着石油价格的变化。图 3.9 给出了以 2005 年美元计的 1960—2005 年间的石油真实价格。(真实价格剔除了通货膨胀对价格的影响——我们将在第 11 章讨论这一过程及其含义。)

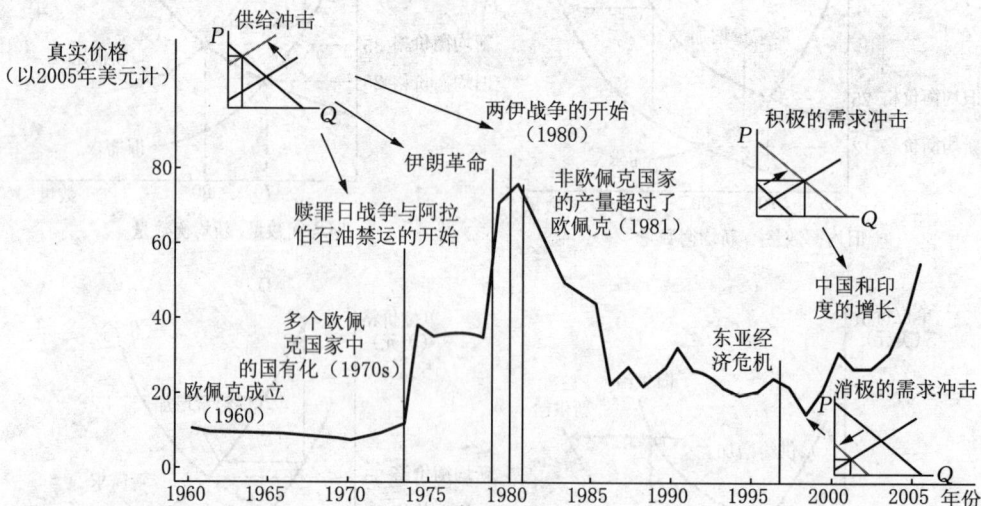

注:数据用 GDP 消涨指数(2005 年美元)进行了调整。
资料来源:BP Statistical Review of World Energy, June 2006。

图 3.9　石油价格:1960—2005 年

从 20 世纪早期直到 20 世纪 70 年代,石油的需求一直在稳步增长。但是,一些大油田的发现和不断提高的生产技术,使得石油的供给甚至以一个更快的速度在增加,这导致价格还略微下降了一些。与人们通常的观点相反,在完全竞争的条件下,价格随时间有轻微的下降,这在矿物和其他自然资源性行业是非常普遍的。

虽然早在 18 世纪巴格达城里的街道就是由沥青铺设而成的,但中东地区现代石油产业的发现和发展是在很久很久以后,且主要是由美国、荷兰和英国的公司推动的。数十年以来,这些公司都在控制中东的石油,当地政府所得到的只是其中很小部分的收益。然而,由于不可能把这些油井带离所在国家,因此,这些公司的利益容易受到当地政府的税收和国有化政策的损害。

1951 年,伊朗政府对英国在伊朗的石油公司进行了国有化。* 1956 年,埃及又把

---

* 1953 年,穆罕默德·摩萨台(Mohammad Mosaddeq)政府被美国中央情报局支持的政变推翻,伊朗国王穆罕默德·礼萨·巴列维(Mohammad Reza Pahlavi)重新掌握政权后,国有化被取消。这次政变的影响维持了近四分之一世纪之后,伊朗又爆发了革命,这时美国扶持的政府被伊朗的激进派彻底推翻。

苏伊士运河——把石油运往西方的主要路线——收归国有。这直接导致了苏伊士危机——使得埃及陷入与英国、法国和以色列三国联盟的对立。在整个 20 世纪 60 年代和 70 年代早期，国有化仍然在继续深化，而政府对石油工业的控制也在日益加深。

1960 年成立了欧佩克（OPEC），即石油输出国组织。* 最初，欧佩克仅限于同外国人进行谈判，以争取外国公司石油收入中的一个更大的份额。然而，到了 20 世纪 70 年代早期，欧佩克国家国有化的程度进一步加深，使得欧佩克国家可以采取联合行动来减少石油供给和提高价格。

理解现实世界

欧佩克成立后的一个导火索事件是赎罪日战争。1973 年埃及和叙利亚袭击了以色列，试图夺回 1967 年被以色列占领的西奈半岛和戈兰高地。为了惩罚西方国家对以色列的支持，很多阿拉伯石油出口国削减了石油的生产。在这之前的 10 年中，石油的供给每年大约增加 7.5％。但是在 1973 年和 1974 年之间，产量没有任何变化。石油价格则暴涨，以实际美元计算，每桶石油在一年之内从 14.5 美元涨到了 46 美元。由于供给的少量下降（相对于没有削减产量时石油供给的原有情况而言）导致了价格大幅度上升，这也体现了世界对石油的依赖有多严重。

1974 年之后，石油的价格在一个更高的水平上维持了稳定。不过，伊朗 1978 年的政治动荡，以及随后在 1979 年所爆发的革命，减少了伊朗的石油产量。虽然这次供给的缩减纯属偶然，不存在任何人为故意的因素，但其结果一样——价格急剧提高。1980 年伊拉克袭击伊朗时，两国的石油产量再次缩减，这促使石油价格上升到它在 20 世纪的最高水平——以 2005 年美元计为 75.31 美元。如果不是由于美国经济萧条减少了需求，价格可能会更高。

更高的价格吸引了新的进入者。1972 年英国石油日产量为每天 2 000 桶。到了 1978 年，由于北海油田的开发，英国每天能生产 100 万桶石油。同一时期，挪威的石油产量也从每天 33 000 桶增加到 287 000 桶，墨西哥的石油产量增加了一倍，从每天 506 000 桶增加到每天 100 万桶以上。自欧佩克成立以来，到 1982 年，非欧佩克国家的石油产量第一次超过了欧佩克国家。伊朗的石油产量也开始恢复，1982 年的日产量增加到每天 100 万桶。在 20 世纪 80 年代和 90 年代期间，石油价格开始下降。

价格也会随着需求的变化而波动。石油价格在 1997 年出现了一次急剧下降，当时，韩国（世界的第十大经济体）、印度尼西亚、泰国以及其他东亚国家都出现了严重的经济衰退。收入的下降减少了对石油的需求，也降低了石油的价格。然而，当这些国家经济复苏的时候，石油的需求和价格也开始上升。

21 世纪的早期，中国和印度的经济急剧发展，这两个国家的人们在他们国家的历史上第一次能够购买并使用汽车。1949 年，中国的私人汽车数量几乎为零。至 2000 年，全中国也仅有 600 万辆汽车。但到了 2005 年，中国已有 2 000 万辆汽车。在这五年期间，高速公路增加了一倍多。② 对石油需求的增加已经促使石油的价格达到了自 20 世纪 70 年代以来的新高。** 此外，同伊朗革命和两伊战争这些临时性

---

　* 欧佩克最初是由伊朗、伊拉克、科威特、沙特阿拉伯和委内瑞拉成立的。后来加入的国家有卡塔尔（1961 年）、印度尼西亚（1962 年）、利比亚（1962 年）、阿拉伯联合酋长国（1967 年）、阿尔及利亚（1969 年）、尼日利亚（1971 年）、厄瓜多尔（1973—1992 年）以及加蓬（1975—1994 年）。最近，厄瓜多尔重新加入了欧佩克（2007 年），安哥拉在 2007 年也加入了欧佩克，但印度尼西亚在 2008 年退出了欧佩克。

　** 技术的提高不断降低石油的开发和生产成本（供给曲线向右下方移动），因此，最近几年的情况不仅仅是需求的增加，而是需求的增加超过了供给的增加。

事件不同,中国以及其他新兴发展中国家对石油的需求不会很快消退。在美国,几乎每两个人拥有一部汽车。中国有 13 亿人口,因此,汽车的数量从而对石油的需求都存在巨大的增加空间。根据你的预测,未来石油的价格走势会如何?

自我测验

1. 在图 3.9 中,你会看到石油价格在 1991 年有一个跳跃。这一年什么因素导致了价格上涨? 它是属于供给冲击还是需求冲击?

2. 在图 3.9 中,你认为哪一个时期的图形是属于供给方面一个温和的正向冲击(供给的增加)? 解释这一正向供给冲击的原因以及这些冲击对石油价格的影响。

○ 本章小结

既然你已经读完了本章,你应该把它再阅读一遍。的确如此。理解供给和需求是理解经济的关键。在这一章,我们讲解了供求模型中一些最重要的因素,即供给和需求如何共同决定均衡价格和均衡数量。在所有这些概念中,你应该掌握以下一些知识:

1. 市场竞争促成市场均衡,在均衡状态下供给量等于需求量。

2. 只有一对价格—产量的组合是市场均衡,你应该能够在图形中识别出这一均衡。

3. 你要能理解并解释促使市场达成均衡的激励机制。实际价格高于均衡价格会怎么样? 实际价格低于均衡价格又会怎么样? 为什么?

4. 在均衡价格和均衡数量下,贸易利得最大,不存在任何其他的价格—产量组合能够最大化贸易利得。

5. 你应该从第 2 章中已经知道了造成供给曲线和需求曲线移动的主要因素,从这一章中,你要能预测并解释这些移动因素对均衡价格和均衡数量所产生的影响。

6. “需求(需求曲线)变化”不同于“需求量的变化”;“供给(供给曲线)变化”不同于“供给量的变化”。

最重要的是,你要能利用供给和需求来理解这个世界。

○ 本章复习

关键概念

过剩

短缺

均衡价格

均衡数量

事实和工具

1. 如果实际价格高于均衡价格,会造成过剩还是短缺?

2. 如果实际价格高于均衡价格,贪欲(或者说是利己主义)会导致价格下降还是价格上升?

3. 乔恩正在 eBay 上竞购弗兰克·米勒(Frank Mill-er)最有影响的漫画《蝙蝠侠:黑暗骑士归来》(*Batman: The Dark Knight Returns*)的初版书。在这一市场中,乔恩是在和谁竞争:该漫画的卖家还是其他竞购人?

4. 现在,乔恩来到了日本,他打算找一份全职译者的工作;他想做的是电视节目的英日互译工作。乔恩发现,翻译人员的工资非常低。哪些人的竞争造成了翻译人员的工资很低:是来自雇用这些翻译人员的企业的竞争,还是来自其他翻译人员的竞争?

5. 朱尔斯想从文森特那里买一份皇家芝士汉堡。文森特愿意以 3 美元的价格提供这份美味汉堡,朱尔斯愿意为这份美味汉堡支付的价格是 8 美元(毕竟,他的女朋友是一个素食主义者,因此,他平时吃美味汉堡的机会不太多)。

   a. 如果朱尔斯和文森特同意进行这笔交易,潜在的贸易利得是多少? 换句话说,如果交易达成,消费者剩余和生产者剩余之和是多少?

   b. 如果交易以 4 美元的价格达成,文森特获得的生产者剩余是多少? 朱尔斯获得的消费者剩余是多少?

   c. 如果交易以 7 美元的价格达成,文森特获得的生产者剩余是多少? 朱尔斯获得的消费者剩余是多少?

6. 以下什么是在弗农·史密斯实验室里发生的? 选择正确的答案:

   a. 价格和数量非常接近均衡水平,但贸易利得离最大化水平相差很远;

   b. 价格和数量离均衡水平相差很远,贸易利得也离最大化水平相差很远;

   c. 价格和数量离均衡水平相差很远,但贸易利得非常接近最大化水平;

   d. 价格和数量非常接近均衡水平,贸易利得也非常接近最大化水平。

7. 如果供给减少,均衡状态下的需求量会出现什么变化?(你会注意到,只要需求曲线和供给曲线中的任何一条发生变化,供给者和需求者的行为都会改变。)

8. a. 如果需求增加,均衡价格和均衡数量会出现什么变化?

   b. 如果供给增加,均衡价格和均衡数量会出现什么变化?

   c. 如果供给减少,均衡价格和均衡数量会出现什么变化?

   d. 如果需求减少,均衡价格和均衡数量会出现什么变化?

9. a. 如果需求增加,均衡价格和均衡数量会出现什么变化?

   b. 如果供给增加,均衡价格和均衡数量会出现什么变化?

   c. 如果供给减少,均衡价格和均衡数量会出现什么变化?

   d. 如果需求减少,均衡价格和均衡数量会出现什么变化?

   不,没有搞错。是的,这些问题的确那么重要!

10. 当 20 世纪 70 年代的战争和石油禁运不断毁坏中东地区时,你认为当时石油价格的上升最可能是由什么因素造成的? 是因为需求的上升,还有需求的下降,或者是供给的上升,还是供给的下降?

思考和习题

1. 假设电池的市场状况如下图所示:

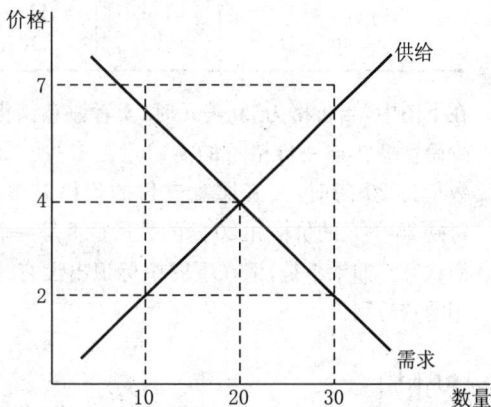

请问,均衡价格和均衡产量各是多少?

2. 假设面包的需求和供给如下表所示。画出市场对面包的供给曲线和需求曲线。均衡价格和均衡产量各是多少?

面包的价格(美元/块)	供给量(块)	需求量(块)
0.5	10	75
1	20	55
2	35	35
3	50	25
5	60	10

3. 如果华盛顿特区一室户公寓的房租现在是每月1 000美元,但是其供给和需求曲线如下图所示。那么,现在一室户公寓是短缺还是过剩? 我们预期接下来价格会如何变化? 为什么?

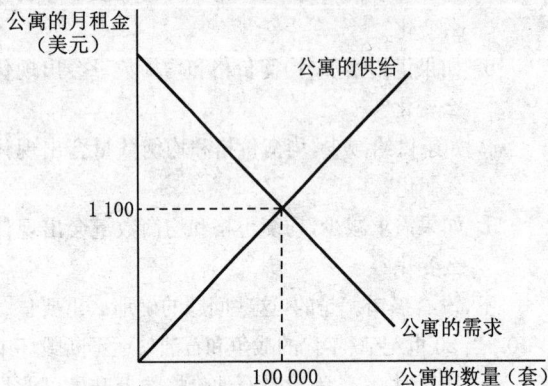

4. 在不画图的情况下,决定均衡数量和价格:

X 商品的价格(美元)	供给量	需求量
22	100	225
25	115	200
30	130	175
32	150	150
40	170	110

5. 在下图中,当价格为20美元时,卖者愿意销售多少磅食糖? 这一价格下的需求量是多少? 如果数量为20磅时,买者愿意支付的价格是多少? 每磅20美元的价格和20磅的数量是否是一个均衡状态? 如果不是,请在下图中标识出没有被利用的贸易利得。

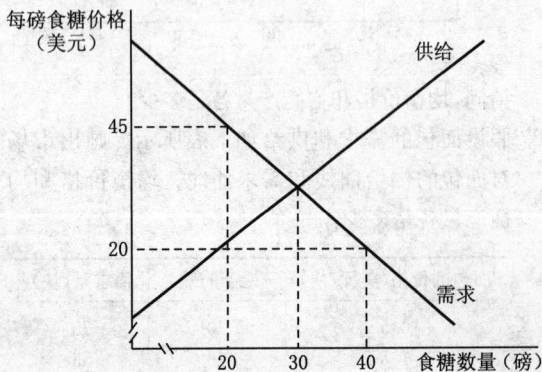

6. 大理石的市场情况如下图所示。总生产者剩余是多少? 总消费者剩余是多少? 总的贸易利得是多少?

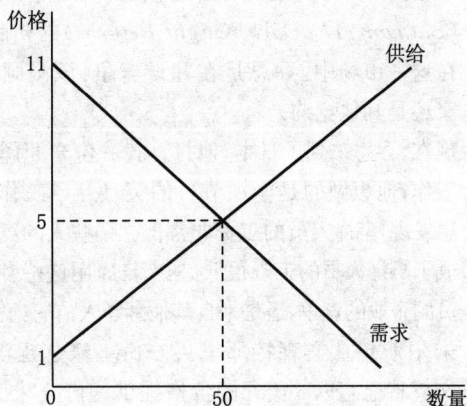

7. 假设你决定跟随弗农·史密斯的步伐,同你的朋友们一起进行实验。你给出了10张卡片。5张卡片给买者,卡片上的支付意愿分别是1美元、2美元、3美元、4美元和5美元。5张卡片给卖者,卡片上的支付成本分别是1美元、2美元、3美元、4美元和5美元。实验规则同弗农·史密斯完全一样。

   a. 画出这个市场的供给曲线和需求曲线。在3.5美元的价格下,需求量是多少单位? 供给量呢?

   b. 假设市场按照预期的那样运行,市场向均衡状态移动,对商品估价为1美元的买者能够买得到吗? 为什么?

8. 如果人造黄油的价格下降,黄油的需求会出现什么变化? 黄油的均衡价格和均衡数量会如何变化? 如果黄油和人造黄油不是替代品,结果又会怎么样? 用供给和需求图形来支持你的答案。

9. 食糖市场的情况如下图所示:

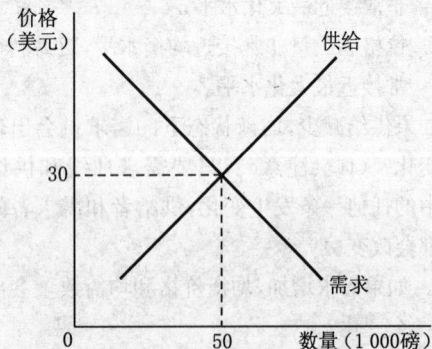

   a. 如果收割甘蔗的工人的工资上涨,食糖的均衡

价格和均衡数量会如何变化?

b. 如果一项新发表的研究表明,消费食糖对人的健康具有副作用,均衡价格和均衡数量会如何变化?

10. 如果预报明天有一场暴风雪,对雪铲的需求会出现什么变化? 这是需求量的变化还是需求的变化? 这一需求曲线的移动会影响价格,它导致的是供给量的变化,还是供给的变化?

11. 在20世纪90年代,阿特金斯饮食法非常流行,该方法强调多吃肉少吃谷物。你认为这对面包的价格和数量有什么影响? 用供求分析来支持你的答案。

12. 最近几年,有新闻报道称进口玩具不安全。如果这些新闻报道在CNN和福克斯新闻网上出现,这对进口玩具的需求可能会产生什么影响? 进口玩具的均衡价格和均衡产量会如何变化? 当这类新闻报道出现的时候,外国玩具制造商是会受损还是会受益?

挑战

1. 多年以来,美国法律都禁止把人造黄油做成黄色(人造黄油的自然颜色是白色)。在某些州,甚至要求人造黄油的制造商把人造黄油做成粉色! 你认为谁会支持这种法律? 提示:这一问题同你对前面"思考和习题"部分第8题的分析有关。

2. 考虑两种产品:"安全汽车"(一种重型汽车,如宝马530xi,配有红外线夜视、四轮反锁死刹车系统和电子稳定控制系统)和"危险汽车"[一种轻型汽车如____(为避免法律纠纷名称被省略,但是你可以按照你的意愿填写)]。

a. 这两种产品是替代品还是互补品?

b. 如果新的研究使得生产安全汽车更容易,安全汽车的供给会出现什么变化? 安全汽车的均衡价格会如何变化?

c. 如果安全汽车的价格发生变化,这会如何影响危险汽车的需求?

d. 我们将以上所有这些因果联系总结为一句话:

"在一个自由市场,当工程师和科学家发现了一种新的方法来生产安全汽车,危险汽车的销售将会____。"

3. 很多服装店在每个季末都有一些清仓销售活动。利用你在本章所学的工具,你能解释这是为什么吗?

4. a. 如果石油经营主管在报纸上看到,在太平洋底发现了大量新的石油供给,不过10年之后它才能被开采使用。今天石油的供给会出现什么变化? 它对今天石油的均衡价格和均衡数量有什么影响?

b. 如果石油经营主管在报纸上看到,人们发现了一种新的太阳能技术,但10年之后它才能投入使用。今天石油的供给会出现什么变化? 它对今天石油的均衡价格和均衡数量有什么影响?

c. 以上事件的短期影响是什么? 请填空:如果我们今天获悉未来有望出现新能源,今天的能源价格会____,今天的能源数量会____。

5. 经济学家经常说价格是"配给机制"。如果一种物品的供给下降,在竞争市场中,价格会如何"配给"这些现在相对紧缺的物品?

6. 当某工厂周围的犯罪率下降时,这家工厂的工资可能会出现什么变化?

7. 我们对上一题的思考可以帮助我们理解为什么有些企业会试图取悦它们的雇员。如果一家企业能够使工作更加愉快(通过举行不太花钱的比萨派对),或者至少更加安全(通过责成当地政府在工厂周围安排警察巡逻),那么,其劳动的供给会出现什么变化? 如果一家工厂、一个办事处或者一个实验室成为大家都想去工作的好地方,其均衡工资会出现什么变化? 如何运用这些来解释普通的广播或电视播音员的小时工资只有13美元,几乎比娱乐和广播行业的任何其他工作的工资都要低?

(资料来源:Bureau of Labor Statistics, *National Occupational Employment and Wage Estimates*,在线资料。)

▶ 4

弹性及其应用

20⁰⁰ 年秋,哈佛大学大二学生杰伊·威廉姆斯(Jay Williams)飞往苏丹,那里一场可怕的内战已经导致了成千上万人的死亡。妇女和儿童在交战部落的袭击中被俘虏,并沦为奴隶和成为勒索赎金的对象。同并肩作战的基督教人权组织 Christian Solidarity International 一起,威廉姆斯为 4 000 人的释放支付了赎金。但是,威廉姆斯做的事情是对的吗?这是一个非常严肃的问题,也是一个无论是从道德上讲,还是从经济学上讲,都极其复杂的问题。在为释放奴隶支付赎金的同时,威廉姆斯是不是可能正在促使更多的人重新沦为奴隶呢? 如果是这样的话,有多少人会重新沦为奴隶? 奴隶制度是一件令人憎恶的事情。由于奴隶制度的可怕后果,我们有必要谨慎地思考处理这一问题的最好方法。也许会令你惊讶,弹性这一经济学概念,可能会帮助大家更清楚地想出一种有效的政策来结束这一奴隶制度。

在这一章,我们提出需求弹性和供给弹性这样一些工具。说实话,在刚开始接触的时候,这些工具可能非常枯燥,而且技术性过强。不过,只要跟着我们坚持下去,你们就会体会到,对于处理重要事件中经济学方面的复杂问题,弹性这一概念会有什么样的作用。例如,如何最好地帮助那些作为勒索赎金对象而被劫持的人们? 为什么禁毒战争能招来暴行? 为什么枪支回购计划不可能有效? 以及如何评估在美国北极国家野生动物保护区(Arctic National Wildlife Refuge)增加钻井的计划?

在第 3 章,我们已经讨论过如何根据供给曲线和需求曲线的移动来定性地预测价格和数量的变化。但是,要定量地预测供给和需求的变化对价格和数量的影响,估计供给弹性和需求弹性则是第一步工作。

4.1　需求弹性

当商品的价格上升时,个人和企业都会减少购买量。但是,会减少多少呢? 很多,还是一点点? **需求弹性**(elasticity of demand)度量需求量对价格变化的反应程度——需求量对价格的反应越大,需求曲线越具有弹性。下面,我们从比较两种不同的需求曲线开始,来具体阐述这一概念。

需求弹性度量需求量对价格变化的反应程度。反应越大意味着越具有弹性。

在图 4.1 中,当价格从 40 美元上升到 50 美元时,沿着需求曲线 E,需求量从 100 减少到了 20。但沿着需求曲线 I,需求量仅仅从 100 减少到了 95——因此,需求曲线 E 比需求曲线 I 更具有弹性。

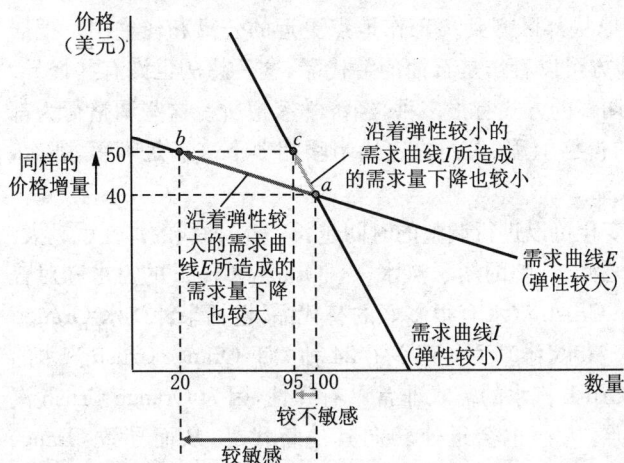

从点 a 开始,当价格从 40 美元上升到 50 美元时,在需求曲线 E 上,它导致了需求量大幅度地下降,即从 100 单位下降到点 b 的 20 单位。而沿着需求曲线 I,价格上升同样的幅度只导致需求量少量地下降,即从 100 单位下降到 c 点的 95 单位。由于沿着需求曲线 E,需求量对价格变化的反应更大,需求曲线 E 比需求曲线 I 更具有弹性。

图 4.1　需求量对价格变化的反应越大,需求曲线越具有弹性

弹性是一个与斜率不同的概念,不过,它们之间也存在一定的联系。就我们的目的而言,你只要记住以下弹性法则,就不会出现问题了。

　　弹性法则:如果两条需求(或供给)曲线通过同一点,那么,在任何给定的数量下,越平坦的曲线越具有弹性。

4.1.1　需求弹性的决定因素

对于图 4.1 中的两条曲线,你认为哪一条更能代表石油的需求曲线呢?

石油的需求曲线不是很有弹性,这意味着当价格上升很大时,需求量只会下降一点点。因此,需求曲线 I 更能代表石油的需求曲线。石油的需求不是很有弹性,是因为在石油的主要用途——交通上,无乎没有替代品。

决定某一产品需求弹性的主要因素是该产品被其他产品替代的难易程度。一种商品的替代品越少,该商品的需求弹性就越小。一种商品的替代品越多,该商品的需求弹性就越大。

当石油的价格上升时,人们会满腹牢骚。不过,却很少有人会因此而停止使用汽车,至少不会立即停止。然而,随着时间的推移,石油的需求弹性会出现什么变化呢?随着时间的推移,石油的需求会变得更具有弹性,因为当某种商品的价格发生变化时,可以进行调整的时间越长,人们就越有可能更好地利用其他商品来替代该商品。换句话说,相对于短期而言,石油在长期具有更多的替代品。自从 20 世纪 70 年代欧佩克提高石油价格以来(见第 3 章的图 3.9),美国已经逐渐利用煤炭、原子能和水电等其他能源来代替石油。这花了很多年的时间,不过,现在在美国经济中,每一美元 GDP 所耗费的石油数量是它在 20 世纪 70 年代的一半。[①]

在长期,甚至在交通运输方面,石油也存在着的替代品。同美国相比,欧洲的两轮助动车更流行,而 SUV 则不那么流行。其原因在于,不同的税收使得欧洲汽

油的价格比美国要高得多。欧洲人已经进行了调整,他们购买得更多的是两轮助动车和小型汽车,开车行驶的里程也更短——如果预期美国的汽油价格会持久性地上涨,那么,美国人也可能会做同样的调整。

如果石油的价格长时间大幅度地上涨,那么,甚至城市的组织结构也都将会发生变化,因为人们会把居住地从郊区搬到离工作地点更近的公寓和住宅中。把居住地搬到离工作地更近的地方可以看作是石油的替代品,这一想法也许有些怪异。不过,人们对价格上涨进行调整的方式有很多种,经济学家把所有这些调整行为都看作是替代品。如果香烟的价格上涨,人们决定用咀嚼胡萝卜来满足嘴瘾,那么,胡萝卜就是香烟的一种替代品。

一句话,人们针对价格变化可以进行调整的时间越长,需求曲线的弹性就越大。

我们来比较一下对一种特定品牌的橘子汽水——Orange Crush 的需求和对普通橘子汽水的需求。Orange Crush 汽水有很多好的替代品,包括果汁汽水 Orangina、芬达(Fanta)汽水和 Slice 汽水(维基百科列举了 24 种关于 Orange Crush 汽水的替代品)。因此,对 Orange Crush 汽水的需求非常具有弹性,因为 Orange Crush 汽水的价格哪怕是上涨一点点,人们也会迅速转向其他替代品,从而导致 Orange Crush 汽水需求量的大量减少。然而,橘子汽水的需求曲线弹性就小得多,因为对橘子汽水的替代品比对 Orange Crush 汽水的替代品要少得多,而且橘子汽水的一些替代品都不如橘子汽水好,如麦根汽水(root beer)和可乐等。我们在图 4.2 中用图形说明了这两种需求曲线弹性的差异。一般来说,对某一特殊品牌商品的需求要比对某一商品种类的需求更具有弹性。在第 10 章和第 11 章,当我们更详细地讨论竞争和垄断的时候,我们还会回到这一问题。

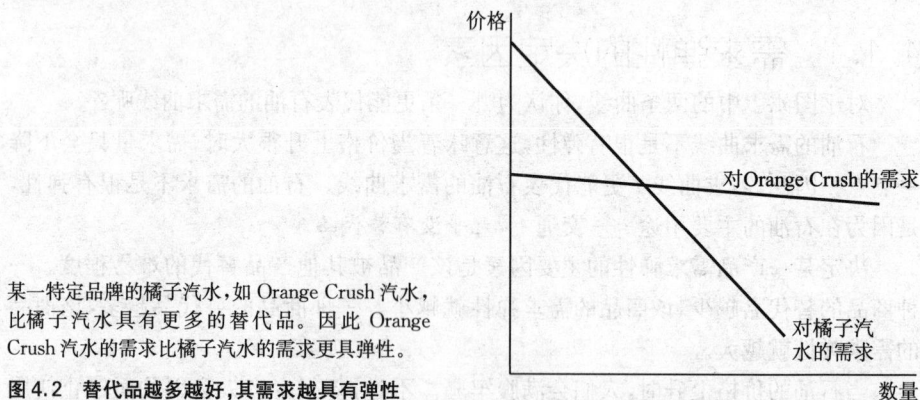

某一特定品牌的橘子汽水,如 Orange Crush 汽水,比橘子汽水具有更多的替代品。因此 Orange Crush 汽水的需求比橘子汽水的需求更具弹性。

图 4.2　替代品越多越好,其需求越具有弹性

究竟哪些产品能够作为某种产品的替代品呢? 这既同该产品的客观属性有关,又同买者的偏好有关。如果超市里可口可乐的价格上涨,很多人会购买百事可乐。但是,还是有一些人会继续购买可口可乐,因为对这些人来说,百事可乐不是一种好的替代品。因此,一些人对可口可乐的需求弹性很大,而另一些人对可口可乐的需求弹性很小。一个与此密切相关的原则是:凡是人们认为它是必需品的商品,其需求弹性都很小;凡是人们认为它是奢侈品的商品,其需求弹性都很大。当然,对于有些人来说,星巴克的早咖啡是一种必需品,而对于另一些人来说,这却是一种奢侈品。我们可以这样概括说,必需品的需求——无论一个人如何定义这一术语——一般弹性都比较小，奢侈品的需求一般弹性都比较大。

一个人的收入水平越高，他对商品价格的关心程度可能也会越小。因此，收入水平越高，需求弹性越小。在 2008 年，小麦的价格增长了三倍，全世界购买的面包更少了。可是，本书的两位作者对面包的消费量却没有减少多少。面包的价格在我们的预算中所占的份额太小，我们不太关心它的价格。所以，我们对面包的消费不是很有弹性的。另一方面，如果住房的价格上涨，我们会买更小的房子，就像其他所有人一样。由此可见，某种商品的支出在人们的预算中所占的份额越大，人们对这种商品的需求弹性可能就越大。在表 4.1 中，我们对需求弹性的决定因素进行概括总结。

表 4.1　决定需求弹性的一些因素

弹性越小	弹性越大
替代品越少	替代品越多
短期（调整时间越短）	长期（调整时间越长）
某一类产品	特定品牌的产品
必需品	奢侈品
在预算中占的份额越小	在预算中占的份额越大

4.1.2　需求弹性的计算

需求弹性有一个精确的定义，这一定义具有一些重要的性质。需求弹性等于需求量变化的百分比除以价格变化的百分比。

需求弹性用于度量需求量对价格变化的反应程度。它可用以下公式计算：

$$E_d = \frac{\%\Delta Q_{需求}}{\%\Delta P}$$

$$需求弹性 = E_d = \frac{需求量变化的百分比}{价格变化的百分比} = \frac{\%\Delta Q_{需求}}{\%\Delta P}$$

其中，三角符号 Δ（读作"德尔塔"）代表"变化量"*。

> 如果在 7 年的时间里，石油的价格增长了 10%，需求量下降了 5%，那么，石油需求的长期弹性是 $-5\%/10\% = -0.5$，或者以绝对值表示为 0.5。

> 如果美之源（Minute Maid）橙汁的价格下降了 10%，其需求量增加了17.5%，那么，美之源橙汁的需求弹性为 $17.5\%/(-10\%) = -1.75$，或者以绝对值表示为 1.75。[②]

需求弹性总是负数，因为价格上升时需求量总是下降的（反之亦然）。这就是为什么经济学者有时会省略负号，直接用绝对值来表示需求弹性的大小。

如果弹性的绝对值小于 1，需求不是很有弹性，这种情况下经济学家称需求**缺乏弹性**（inelastic）；如果需求弹性绝对值大于 1，经济学家称需求**富有弹性**（elastic）；如果需求弹性绝对值正好等于 1，经济学家称需求是**单位弹性**（unitelastic）。因此，在我们以上的计算中，石油是需求缺乏弹性的，美之源橙汁是需求富有弹性的。

用中点法计算需求弹性　为了计算弹性，你需要知道如何计算数量变化的百分比和价格变化的百分比。这比听上去要麻烦一些。为了看清楚为什么会这样，假设你已经观察到价格和数量的变化如下表所示（细心的读者会注意到，这些点对应于图 4.1 中需求曲线 E 上的点 a 和点 b）。

---

* 公式中的 Q 表示数量，P 表示价格，% 是百分符号。——译者注

	价格(美元)	需求量
点 a	40	100
点 b	50	20

如果你考虑从点 a 向点 b 移动(我们不妨称这一移动为从"前"向"后"移动),那么,需求量从 100 下降到 20。因此,需求量的变化为 -80。需求量变化的百分比是多少呢?

如果开始的数量 $Q_前$ 是 100,结束时的数量 $Q_后$ 是 20,自然可以如下来计算数量变化的百分比:

$$\frac{\Delta Q}{Q} = \frac{Q_后 - Q_前}{Q_前} = \frac{20 - 100}{100} = \frac{-80}{100} = -0.8 = -80\%$$

如果考虑从点 b 移动到点 a。在此情况下,需求量从 20 增加到 100,那么,现在同样可以如下计算数量变化的百分比:

$$\frac{\Delta Q}{Q} = \frac{Q_后 - Q_前}{Q_前} = \frac{100 - 20}{20} = \frac{80}{20} = 4 = 400\%$$

第一种情况下,我们考虑的是数量减少的百分比,第二种情况下,我们考虑的是数量增加的百分比。因此,很容易看出,为什么第一种情况下的数字是负数而第二种情况下的数字是正数。但是,我们考虑的是同一个变化过程,为什么计算的结果会出现如此大的差距呢?

出现不同计算结果的原因是,两次计算过程中所依据的基数改变了。如果你把驾驶速度从每小时 100 英里下降到每小时 20 英里,自然可以说,你的速度下降了 80%,因为你计算过程中使用的基数是 100。但是,如果你的驾驶速度是从每小时 20 英里上升到每小时 100 英里,同样可以说,你把速度提高了 400%,因为现在你是用 20 作为基数。经济学家希望,无论是数量(或速度)从 100 下降到 20,还是从 20 提高到 100,对弹性的计算结果都是一样。

为了避免基数的选择所带来的问题,经济学家用数量的变化值除以平均数量,即中点的数量,作为数量变化的百分比——由此,无论你是考虑数量的增加还是减少,计算的基数都相同。

以下是计算公式:

$$需求弹性 = E_d = \frac{\%\Delta Q_{需求}}{\%\Delta P} = \frac{\dfrac{需求量的变化}{平均需求量}}{\dfrac{价格的变化}{平均价格}} = \frac{\dfrac{Q_后 - Q_前}{(Q_后 + Q_前)/2}}{\dfrac{P_后 - P_前}{(P_后 + P_前)/2}}$$

在这一例子中,我们计算出需求量变化的百分比为:

$$\frac{-80}{(20 + 100)/2} \times 100\% = -133.3\%$$

我们也按照中点计算公式法来计算价格变化的百分比,它是:

$$\frac{50 - 40}{(50 + 40)/2} \times 100\% = 22.2\%$$

根据这两个计算结果,我们现在可以计算出需求曲线在这一区间的需求弹

性,为:

$$E_d = \frac{-133.3\%}{22.2\%} = -6$$

注意,需求弹性的绝对值为 6,它大于 1。因此,在这一变化范围内,需求是富有弹性的。

对于你们来说,理解弹性的概念更为重要。至于弹性的计算,不用太担心;只要记住弹性计算公式中每个字母的含义,然后把数据填进去就可以了。在本章末的第一个附录中,我们将告诉你如何用一个简单的 Excel 表来计算弹性。因此,你甚至不必担心计算会出错(至少在你做家庭作业时,不用担心)。

4.1.3 总收益和需求弹性

企业的收益等于每单位的价格乘以销售量,即

收益 = 价格 × 销售量,或 $R = P \times Q$

弹性表示 P 上升时 Q 下降了多少。因此,你可能已经觉察到,弹性和收益之间存在着某种关系。确实,这一关系非常重要:如果需求曲线缺乏弹性,那么,价格上升时收益会增加。如果需求曲线富有弹性,那么,价格上升时收益会下降。

我们来解释一下这一结果的经济学直观含义。假设需求曲线是缺乏弹性的,因此需求量对价格变化不怎么样有反应。这就意味着当 P 上升很多时,Q 下降得很少,就像这样

$$P \;\; \times \;\; Q$$

由此,当需求曲线缺乏弹性时,收益会出现什么情况呢? 如果 P 上升很多,Q 下降一点点,那么,收益肯定会增加,

$$R \;\; = \;\; P \;\; \times \;\; Q$$

所以,当需求曲线缺乏弹性时,如果价格上升,收益会增加。当然,如果价格下降,收益会减少。

我们也可以用图形来展示这一关系。图 4.3 的左图显示了缺乏弹性的需求曲线,右图显示了富有弹性的需求曲线。* 收益为 $P \times Q$。所以,收益是一个长方形的面积,该长方形的高等于价格,宽等于数量。例如,如果价格是 40 美元,数量是 100,那么,收益是 4 000 美元,或者说是深色长方形的面积(注意:深色长方形和浅色的长方形有重合的部分)。

---

  * 这些曲线同图 4.1 中的需求曲线相同,所以,它们经过同一点。由此,我们可以利用弹性法则。弹性法则告诉我们,在任意给定的数量上,平坦的曲线比陡峭的曲线更具有弹性。

需求缺乏弹性

$|E_d|<1$

量对价格不敏感

$$R = P \times Q$$

需求富有弹性

$|E_d|>1$

需求量对价格敏感

$$R = P \times Q$$

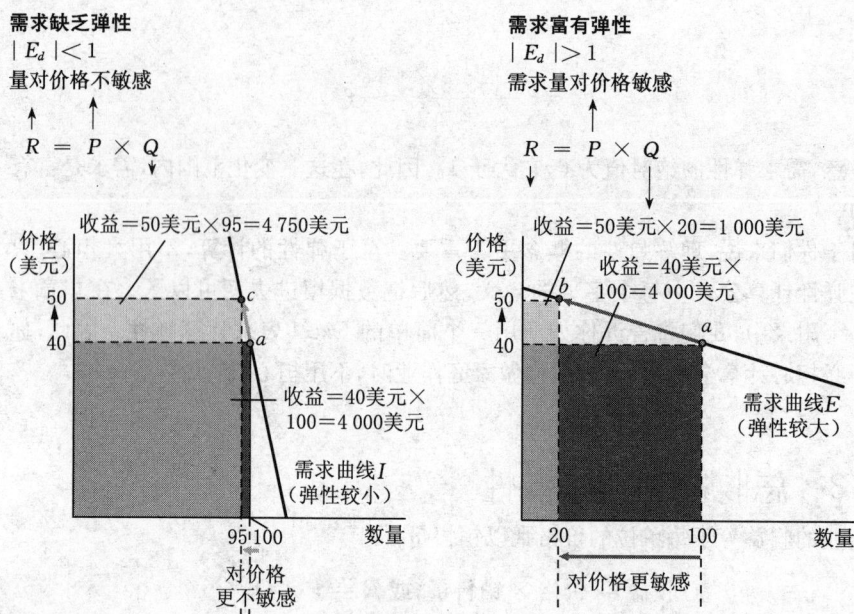

当价格上升时,收益会如何变化呢?如果需求缺乏弹性,价格上升使得收益增加。在左图中,价格从40美元上升到50美元时,收益从4 000美元增加到4 750美元,所以需求是缺乏弹性的。如果需求富有弹性,那么,价格上升会使得收益减少。在右图中,价格从40美元上升到50美元时,收益从4 000美元减少到1 000美元,所以,需求是富有弹性的。

图4.3　弹性和收益

在两图中,深色的长方形表示价格为40美元时的收益,浅色的长方形表示价格为50美元时的收益。当需求曲线缺乏弹性(左图)时和需求曲线富有弹性时(右图),分别比较一下这两个长方形的大小。你会发现什么呢?如果需求曲线缺乏弹性,价格的上升会使得收益增加(浅色长方形面积比深色长方形面积更大)。但是,如果需求曲线富有弹性,价格的上升会使得收益减少(浅色长方形面积比深色长方形面积更小)。

当然,这一关系反过来也成立。如果需求曲线缺乏弹性,价格下降会使得收益减少;如果需求曲线富有弹性,价格下降会使得收益增加。

你能猜出,当需求曲线是单位弹性时,价格上升或下降时收益会如何变化吗?对的,不变化!当需求曲线是单位弹性时,价格的变化正好由数量在相反方向的等量变化所抵消,因此,收益保持不变。单位弹性是缺乏弹性和富有弹性的分界点。

在考试中你们要能够运用所有的这些关系。表4.2把我们上面所讲的结论进行了概括。

表4.2　弹性和收益

弹性的绝对值	名　称	价格变化时收益如何变化
$|E_d|<1$	缺乏弹性	价格和收益同方向变化
$|E_d|>1$	富有弹性	价格和收益反方向变化
$|E_d|=1$	单位弹性	价格变化时收益保持不变

如果觉得必要的话,可以记住这个表格。不过,至少有一位本书的作者从不能记住关于弹性和收益的这一关系。所以,他不需要死记这一关系,一般他都是通过

画一些类似于图 4.3 的图形来推导出这一关系。如果你能够很容易地画出这些图形，你也会很容易地回答出有关收益和弹性的一些问题。

4.1.4 需求弹性的应用

让我们把你们到目前为止所学的关于需求弹性的知识运用于实际吧。下面是两个案例的运用。

美国农民是如何造成他们自己失业的　利用同样多的土地、劳动和资本等投入要素，美国农民今天所能生产的食物比 1950 年所生产的两倍还要多——生产力的提高是惊人的。生产力的提高意味着，今天每个美国农民比 1950 年能生产出更多的食物。但是，美国人消费的食物能增加多少呢？虽然情况似乎并非总是如此，但在大部分情况下，即便价格大幅度地下降，美国人的食物消费也只会增加一点点。这表明需求曲线是哪一种类型呢？一条缺乏弹性的需求曲线。记住，当需求曲线缺乏弹性时，价格下降意味着收益下降。

图 4.4 中的左图显示了美国农民是如何造成他们自己失业的。农业生产力的提高降低了成本，这使得供给曲线向下方移动，并降低食物的价格。但是，由于对食物的需求缺乏弹性，食物需求量增加的百分比要比价格下降的百分比小得多。因此，农业的总收入下降。注意到在图 4.4 的左图中，浅色长方形（农民现在的收入）比深色长方形（1950 年的收入）的面积要小得多——正如我们在图 4.3 中所显示的一样。

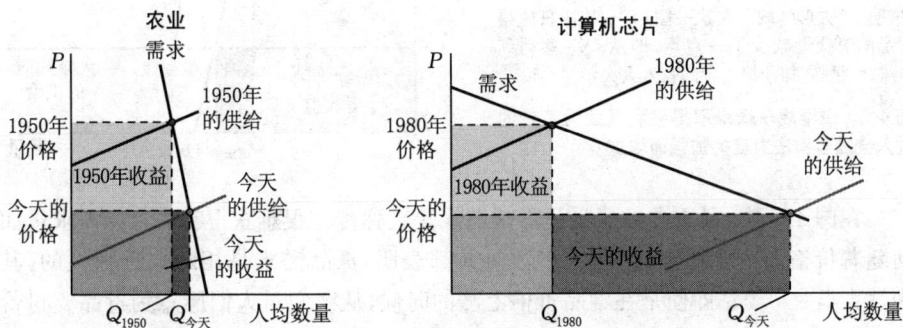

生产力的提高增加了食物的供给和计算机芯片的供给。因此降低了这些产品的价格。然而，食物的需求缺乏弹性，而计算机芯片的需求富有弹性。所以，食物价格的下降使得农业的收入减少，而计算机芯片价格的下降使得计算机芯片行业的收入增加。

图 4.4　农业 vs.计算机芯片业

然而，生产力的提高并不总是意味着收入下降。在过去的几十年中，生产力的提高使得计算机芯片的增加比农业产出的增加快得多。但是，当计算机芯片的价格下降时，计算机芯片的需求增加更多。计算机芯片现在不仅仅用在计算机上，它还用在电话、电视、手机和玩具上。其结果是，计算机芯片行业的收入增加，这也使得计算机行业在美国经济中所占的比重更大。这表明计算机芯片的需求曲线是哪一种类型呢？一条富有弹性的需求曲线。图 4.4 的右图显示了计算机行业生产力的提高使得供给曲线下移，同时价格下降，但计算机芯片需求量增加的百分比要比价格下降的百分比更大。因此,计算机芯片行业的收入增加。

由此得到的启示就是,需求曲线是富有弹性还是缺乏弹性,这对行业未来的发展具有巨大的影响。如果你想要在一个成长型的行业中就业,掌握需求弹性对你是有帮助的。

为什么缉毒战争很难取得胜利 一个受打击越多就会越强大的敌人,是很难被打败的。[参见全部的《洛奇》(Rocky)系列电影。]缉毒战争就是这样。下面我们用一个简单的模型来解释。

美国政府每年花费超过 330 亿美元来进行打击毒品的战争,它动用了包括警察、监狱和边境侦察队等在内的力量,逮捕了 150 万以上的人。*这些行动反过来也增加了毒品走私和交易的成本。(缉毒战争也增加了毒品购买过程的成本,我们也可以把这一因素纳入到我们的模型中。但为了简化模型,我们将主要讨论毒品供给成本的增加。)当成本上升时,对于任何给定的供给量,供给者都会要求更高的价格。因此,供给曲线向上移动——在图 4.5 中表现为从"无禁律时的供给"移动到"有禁律时的供给"。**

价格更高吗?

我们如何知道禁律把毒品的价格提高了多少呢?在荷兰,少量的大麻可以在"咖啡厅"公开售卖。其价格大概同它在美国的价格相同。令人惊讶的是,禁律似乎并没有使毒品的价格提高多少。但是,禁律提高了毒品的某些销售成本,同时降低了其他方面的成本。例如,荷兰的大麻药铺需要缴税,而大部分毒品交易在美国都不需要缴税。

在没有毒品禁律的时候,市场均衡在点 a,此时卖者的收入为深色长方形区域的面积。毒品禁律增加了供给成本,从而促使供给曲线上移,这使得均衡点移动到点 b。在点 b,卖者的收入是面积更大的浅色长方形区域。在这一图形中,禁律只使得毒品的消费量减少了一点点,即从 $Q_{无禁}$ 移动到 $Q_{有禁}$,但是,它却使得卖者的收入大大增加。

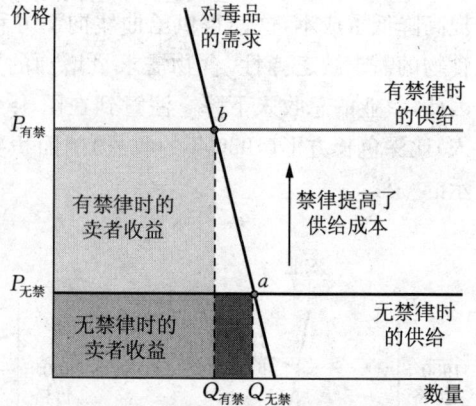

图 4.5 缉毒战争很难取得胜利是因为卖者的收入会随着执法力度的加强而增加

在图 4.5 中,最重要的假设是需求曲线缺乏弹性。很难获得有关毒品需求量如何随着价格而变化的数据,但大多数研究都表明,毒品需求是相对缺乏弹性的,其弹性大概是 0.5。即使是在毒品价格上涨的时候,从我们对人们愿意为毒品支付价格的直观了解来看,假设毒品需求缺乏弹性也是合理的。经济学家对香烟的需求弹性有一些很好的数据,这一需求弹性可以看作是对尼古丁的需求弹性,它大概也是 0.5。[3]

如果需求是缺乏弹性的,当价格上升时,卖者的收入会出现什么变化呢?(如果你不能直接知道,请回顾一下图 4.3。)如果需求曲线缺乏弹性,价格上升会增加卖者的收入。在图 4.5 中,深色长方形的面积是在无毒品禁律下卖者的收益;面积

---

* 参阅 Miron, Jeffrey A. 2004. *Drug War Crimes*: *The Consequences of Prohibition*(Oakland, CA: Independent Institute)和 MacCoun, Robert J. and Peter Reuter. 2001. *Drug War Heresies*: *Learning from Other Vices*, *Times*, *and Places*(Cambridge: Cambridge University Press)。这两篇论文从经济学视角对缉毒战争进行了很好的分析。

** 注意,我们已经假设毒品的供给是完全富有弹性的,这对于毒品作为一种农业种植品来说是合理的,因为这类产品很容易在不增加成本的情况下扩大或减少生产规模。我们将在下一节中更详细地讨论供给弹性。

更大的浅色长方形是有禁律时卖者的收益。毒品禁律增加了毒品的销售成本,从而提高了价格。但在更高的价格上,即使毒品的销售量有所下降,贩卖毒品的收益也会更高。

毒品禁律在提高成本方面所产生的效果越大,毒品行业的收入就会越高。因此,越有效的毒品禁律意味着贩毒者将会有更多的钱来购买枪支、进行贿赂、为贩毒交易积累资金,以及研究和开发毒品运输方面的新技术[如快克可卡因(crack cocaine)]。一个受打击越多就会越强大的敌人,是很难打败的。

缉毒战争很难取得胜利,但这并不一定意味着缉毒战争不值得去做。不过,诺贝尔奖获得者经济学家加里·贝克尔(Gary S. Becker)建议,应该在缉毒战争的战略上做一些改变:毒品合法化,但是要进行征税,就像对酒精饮料征税一样。贝克尔建议,对毒品征收足够高的税收,使得毒品的销售成本同有毒品禁律时的成本一样大(在图 4.5 中,只要把"有禁律时的供给"改为"征税时的供给")。由于税收使得成本提高了相同的幅度,征税后毒品的消费量同有毒品禁律时相同。两者唯一的区别在于,税收不会使得贩毒者的收入增加,而是使得政府的收入增加(增加的收入等于浅色长方形面积减去它和深色长方形重合部分的面积)。缉毒战争所带来的很多问题——如黑帮问题、枪支问题和腐败问题等等——在"毒品合法化但征税"体制下都可能会大大地减少。*

理解你的世界

下面我们转向供给弹性。

自我测验

1. 计算机的需求和戴尔计算机的需求相比,哪一种需求更具有弹性?
2. 鸡蛋的需求弹性估计为 0.1。如果鸡蛋的价格上涨 10%,那么鸡蛋生产者的总收入或者说人们在鸡蛋上的总支出如何变化?是增加还是减少?
3. 如果一家时髦服装店涨价 25%。就这家服装店中衣服的需求弹性而言,你从这一涨价事件中能得出什么结论?

4.2 供给弹性

如果像石油这样的商品价格上升,供给者会愿意增加供给量。但是,增加多少呢?供给量会增加很多,还是只增加一点点呢?**供给弹性**(elasticity of supply)度量供给量对于价格变化的反应程度。为了直观理解,我们来看看图 4.6,图中显示两种不同的供给曲线。

供给弹性用于度量供给量对于价格变化的反应程度。

在图 4.6 中,当价格从 40 美元增加到 50 美元时,沿着供给曲线 I,供给量从 80 增加到了 85,但沿着供给曲线 E,供给量从 80 大幅度地增加到 170。由于沿着供给曲线 E,供给量对价格变化的反应更大,供给曲线 E 比供给曲线 I 更具有弹性。

---

* 关于对目前不合法的毒品进行征税带来的益处,参见 Becker, Gary S., Kevin M. Murphy, and Michael Grossman. 2006. "The Market for Illegal Goods: The Case of Drugs." *Journal of Political Economy* 114(1):38—60。

从点 a 开始,当价格从 40 美元增加到 50 美元时,沿着供给曲线 I,它导致供给量少量地增加,即从 80 单位增加到 85 单位(位于点 c)。而沿着供给曲线 E,价格增加同样的幅度导致供给量大量地增加,即从 80 单位增加到 170 单位(位于点 b)。由于沿着供给曲线 E,供给量对价格变化的反应更大,供给曲线 E 比供给曲线 I 更具有弹性。

图 4.6 供给量对价格变化反应越大,供给曲线越具有弹性

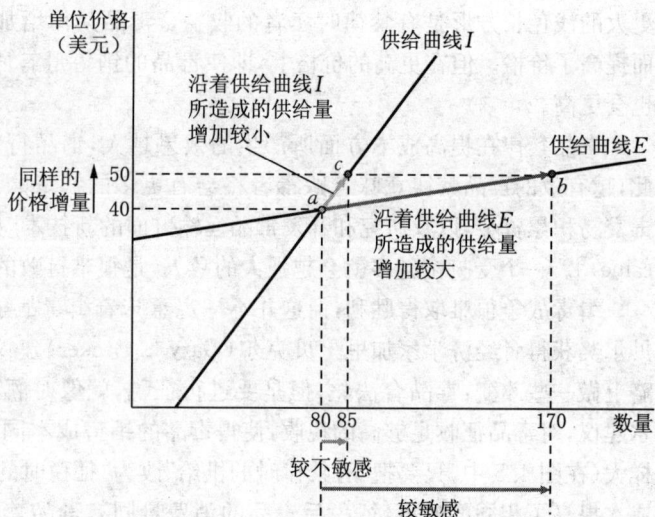

图中标注:
- 单位价格(美元)
- 供给曲线 I
- 沿着供给曲线 I 所造成的供给量增加较小
- 供给曲线 E
- 同样的价格增量
- 50
- 40
- c
- a
- b
- 沿着供给曲线 E 所造成的供给量增加较大
- 80 85   170   数量
- 较不敏感
- 较敏感

4.2.1 供给弹性的决定因素

在供给曲线 I 和供给曲线 E 中,你认为哪一条曲线更能代表石油的供给曲线呢? 即使石油价格大幅度地上涨,石油的供给量也不会增加多少,因为石油的生产量很难迅速地增加。生产更多的石油需要时间,同时勘探和钻井的成本也会显著增加。因此,石油的供给曲线不是很有弹性(我们也可以说它缺乏弹性),供给曲线 I 更能代表石油的供给曲线。

决定供给弹性的基本因素是单位生产成本随着产量增加而上升的速度。产量增加后单位成本增加越多,则供给的弹性就越小——或者说越缺乏弹性。如果能在单位成本保持不变的情况下增加产量,那么供给是富有弹性的。

像石油、煤炭、黄金这一类原材料,在不增加成本的情况下,其供给都很难增加——记住第 2 章所说的,价格越高,钻井越深——因此,原材料的供给一般都不太有弹性。由于制造品一般都可以在固定的单位成本下,通过建立更多的工厂来增加产量,所以,制造品的供给通常都更有弹性些。为了更全面地理解供给弹性,我们来考虑两种不同的商品:毕加索油画和牙签,它们分别代表着两种极端情况的供给弹性。

无论毕加索油画的价格上涨到多高,毕加索都不可能再创作出任何像《格尔尼卡》(Guernica)这样的油画。* 因此,毕加索油画的供给是几乎没有弹性的——完全缺乏弹性可能是一个非常好的假设。** 完全缺乏弹性的供给曲线是一条垂直于横坐标的直线。在图 4.7 的左图中,我们画出了一条完全缺乏弹性的供给曲线,它表明无论价格如何上涨,供给量都保持不变。

---

* 《格尔尼卡》油画是毕加索创作于 1937 年的一件具有重大影响及历史意义的杰作。此画是受西班牙共和国政府的委托,为 1937 年在巴黎举行的国际博览会西班牙馆而创作。画中表现的是 1937 年德国空军疯狂轰炸西班牙小城格尔尼卡的暴行,是以艺术创作反对战争暴力的一面旗帜。——译者注

** 为什么不能完全肯定地说毕加索油画的供给是完全缺乏弹性呢? 新创作的毕加索油画的供给是完全缺乏弹性的,但是,在更高的价格下,将会吸引更多的人出售他们收藏的毕加索油画。因此,毕加索油画的供给是非常缺乏弹性,但不是完全缺乏弹性。

完全缺乏弹性的供给曲线

价格

数量

毕加索油画的供给非常缺乏弹性

价格

完全具有弹性的供给曲线

数量

牙签的供给非常具有弹性

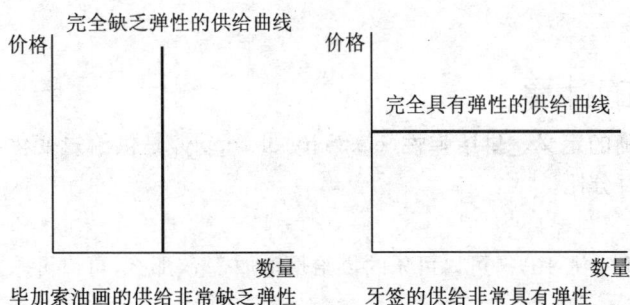

从毕加索油画的供给非常缺乏弹性,因为无论其价格多高,毕加索都不可能再创作出更多的油画。牙签的供给是非常具有弹性的,因为即便价格上升一点点,供给者也会很容易地生产出更多的牙签。

图 4.7　毕加索油画和牙签的供给弹性

然而,牙签制造商能够在不增加任何单位成本的情况下,仅仅通过多砍倒一些树木和多增加工厂的开工量,就可以增加牙签的供给。因此,牙签的价格只要上升一点点,就会促使其供给量大量增加。也就是说,牙签的供给非常具有弹性——完全具有弹性也许是一个很好的假设。完全具有弹性的供给曲线是一条水平的直线,它表明即使价格上升一点点,也会导致供给量大量增加。在图 4.7 的右图中,我们给出了一条完全具有弹性的供给曲线。

扩大牙签的供给很容易,因为即使牙签行业的规模扩大一倍,它对木材需求增加的影响也几乎可以忽略。因此,牙签行业能够在不造成其原材料——木材的价格上涨的情况下扩大规模。但是,如果住宅产业的规模扩大一倍,对木材的需求会显著增加。由于新树木的种植和成长都需要时间,木材的价格,从而住房的价格在短期内都会上涨。一般来说,某行业越能够在不造成其行业投入要素需求大量增加的情况下扩大规模,该行业的供给就越具有弹性。

与此密切相关的一点是,某一商品的地方性供给比其全球性供给更具有弹性。就世界范围来说,石油的供给是缺乏弹性的,因为在不造成每桶石油生产成本显著上升的情况下,不可能增加全世界的石油产量。但是,假设现在有更多的人搬到得克萨斯州的 Austin,增加了那个城市的石油需求。把更多的石油从美国其他地方运送到 Austin 是很容易的。因此,对于 Austin 这个地方来说,其石油的供给曲线可以近似地认为是完全具有弹性的。

同需求一样,供给在长期中比在短期中更具有弹性,因为在长期中,供给者有更多的时间来进行调整。通过在更高的生产能力下运行现有的工厂,供给者能够迅速地对自行车价格的上涨做出反应。但是,如果有更长的调整时间,供给者也可以通过建造新工厂,以更低的成本来增加产出。

对于某些产品而言,在短期内增加产出几乎是不可能的。例如,最好的苏格兰威士忌装在橡木桶中,分别按照 10 年、20 年和 30 年来陈酿。如果这种高质量的苏格兰威士忌的价格在今天上涨,那么,要使得这种酒的供给增加,至少需要 10 年时间。

我们在表 4.3 中对决定供给弹性的一些主要因素进行了总结。

表 4.3　决定供给弹性的一些因素

弹性越小	弹性越大
很难在单位成本不变的情况下增加产量(例如,一些原材料)	很容易在单位成本不变的情况下增加产量(例如,一些制造品)
其要素投入在投入要素市场中占有很大的份额	其要素投入在投入要素市场中占有很小的份额
全球性的供给	地方性的供给
短期	长期

4.2.2 供给弹性的计算

供给弹性度量供给量对价格变化的反应程度。它的计算公式为

$$E_s = \frac{\%\Delta Q_{供给}}{\%\Delta P}$$

供给弹性也有一个精确的定义。**供给弹性**(elasticity of supply)是供给量变化的百分比除以价格变化的百分比。

举例:

➤ 如果可口可乐的价格上涨 10%,可口可乐的供给量增加 3%,那么,可口可乐的供给弹性为 $\frac{3\%}{10\%} = 0.3$。

➤ 如果咖啡的价格下降 10%,咖啡的供给量下降 1.5%,那么,咖啡的供给弹性为 $\frac{-1.5\%}{-10\%} = 0.15$。[④]

利用中点法计算供给弹性　同需求弹性一样,利用中点法计算供给弹性中的变化百分比是很重要的。供给弹性的中点法计算公式为:

$$供给弹性 = E_s = \frac{\%\Delta Q_{供给}}{\%\Delta P} = \frac{\dfrac{供给量的变化}{平均供给量}}{\dfrac{价格的变化}{平均价格}} = \frac{\dfrac{Q_后 - Q_前}{(Q_后 + Q_前)/2}}{\dfrac{P_后 - P_前}{(P_后 + P_前)/2}}$$

4.2.3 供给弹性的应用

我们来分析公共政策中两个重要的问题:枪支回购和救赎奴隶。在这两个案例中,如果人们想要正确地评估这两个问题上的政策,理解供给弹性是关键。

枪支回购计划　在不追究来源的情况下,华盛顿特区的警察局 1999 年 8 月到 2000 年 12 月期间从持有枪支人员的手中回购了超过 6 000 把枪支。这项计划获得了克林顿总统和美国住房与城市发展部的大力支持,在 528 000 美元的总回购成本中,大部分都是该部门所支付。另外还有上百万美元被花费在芝加哥、萨克拉曼多、西雅图,以及全美其他许多城市的枪支回购上。[⑤]

支持枪支回购的理论依据是:(1)枪支回购减少流动枪支的数量;(2)流动枪支的减少降低了犯罪率。关于第二点是否正确目前还不明确——枪支除了可用于犯罪之外还可用于自我保护,因此,更少的枪支也可能意味着更多的犯罪。但是,我们这里并不需要讨论这一具有争议性的问题,因为最简单的经济学原理就可以证明第一点也是错误的——在一个像华盛顿这样的城市,枪支回购不可能减少流动枪支的数目。下面我们看看为什么会这样。

我们可以通过回答以下几个问题来分析这一计划的效果。在回购枪支过程中,被回购的枪支更有可能是哪一种类型的枪支:高质量的枪支还是劣质枪支? 在像华盛顿这样的城市,这种类型枪支的供给弹性是什么?

哪一种类型的枪支在枪支回购中更有可能被回购呢? 在枪支回购中,愿意被出售的枪支最有可能就是你在其他地方卖不掉的枪支。因此,枪支回购吸引的是劣质枪支。在西雅图的回购中,17% 的回购枪支甚至是不能开火的。[⑥]

现在,问题的关键是,在华盛顿这样的城市,劣质枪支的供给弹性如何呢? 记住表 4.3 中的结论,地方性的供给比全国范围或者全球范围的供给更富有弹性。

　　既然我们知道华盛顿特区劣质枪支的供给是非常具有弹性的,我们就可以通过图形来分析这一政策。在图4.8中,我们画出了一条完全具有弹性的供给曲线。在没有回购计划时,华盛顿特区劣质旧枪支的价格是84美元,交易数量是1 000支。枪支回购计划增加了对旧枪支的需求,使得需求曲线向右上方移动。需求的增加促使华盛顿特区枪支的供给量增加到6 000支。但是,供给是如此具有弹性,以至于枪支的价格没有上升。因此,虽然警察局购买了5 000支枪,街头上交易的枪支数量仍然保持在1 000支。换句话说,华盛顿特区街头上交易的枪支数量没有任何变化。

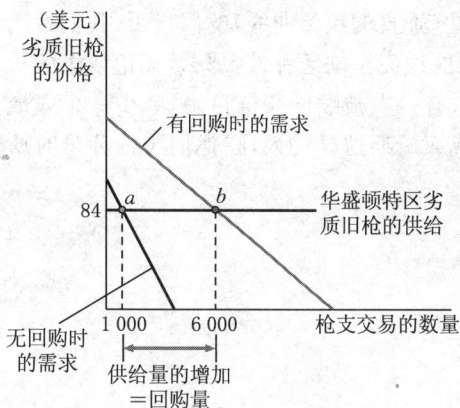

在初始的均衡状态点a,有1 000支劣质枪支被交易。当警察局回购枪支时,枪支的需求增加,但由于地方性的枪支供给非常具有弹性,街头上枪支的价格没有上升。其结果是,警察局可以想买多少就可买到多少枪支,但是街头上的枪支没有任何减少。

图4.8　弹性和枪支回购

　　如果你还很是难相信这一分析的话,不妨设想一下,假如华盛顿的警察局回购的不是枪支而是鞋,情况会怎么样。记住,枪支回购的目的是为了减少华盛顿特区的人们拥有枪支的数量。现在,你认为回购鞋能减少华盛顿特区的人们拥有鞋的数量吗? 当然不能! 那会发生什么呢? 人们将会卖掉他们的旧鞋,那些他们再也不会穿的鞋。一些有头脑的人甚至可能会从旧货店中买些旧鞋来,然后把它卖给警察局。(在奥克兰的一次枪支回购中,一些来自内华达州Reno市的精明枪支商贩开车到奥克兰,卖给警察局50多支劣质枪支。[7])回购鞋是不可能使得人们打赤脚的。同样道理,回购枪支也不可能会使得人们达到无枪可持有的地步。

　　这里的关键问题在于,如果警察局不能促使枪支的价格上升,那么,他们就不可能减少街头上人们持有枪支的数量。但枪支的价格不是由华盛顿特区的枪支市场决定的,而是由全国市场决定的。在全国枪支市场上,有数以百万的枪支被买卖。因此,对于影响枪支的价格来说,警察局回购的5 000支枪实在是太少。

　　枪支回购甚至还有可能会增加流通中的枪支数量。我们不妨假设枪支回购已经成为枪支市场上的一种普遍持久性的现象。在有枪支回购之前,购买新枪的人们会预期,枪支将逐渐磨损或用坏,最终变得一文不值。但是,如果枪支回购成为普遍现象,购买枪支的人就会知道,即使枪支不再有用,他也可以把枪支卖给政府。因此,回购行动会增加新购买枪支的价值。在这种情况下,枪支相当于获得了一份保证其价值不下降的保单。所以,对新枪支的需求就会增加。[8] 你可能也经历过同样的事情——如果学生知道他们在学期末能够很容易地把教科书卖掉,他们就会更愿意去买新的教科书——不过,希望你能永远保留本书!

　　有关枪支回购行动的研究已经表明,该项计划在减少犯罪方面毫无成效。[9]基于以上的经济学分析,我们对此结论并不惊讶。

理解现实世界　　**救赎奴隶的经济学**　　我们再回到本章开始时的那个例子。2000 年秋,哈佛大学大二学生杰伊·威廉姆斯飞往苏丹,去为当地那些被强迫成为奴隶的人们赎回自由。同基督教人权组织一起,威廉姆斯为 4 000 人赎回了自由。捐赠来自全美各地,其中包括丹佛地区一个小学四年级班级的捐款。[10]

救赎奴隶的政策已经引起了争论。一些人道主义组织认为,奴隶救赎可能会促使情况变得更加糟糕。也许有些令人感到奇怪,争论的核心竟然是供给弹性这一概念。如果为救赎奴隶支付赎金的团体增加了对奴隶的需求,这对于奴隶的价格会有什么影响呢? 它又会对那些交易奴隶的人产生什么样的激励呢?

在图 4.9 中,在供给曲线完全缺乏弹性(垂直的供给曲线)的假设下,我们给出了一种最好的救赎奴隶的情形。如果供给曲线完全缺乏弹性,那么,无论奴隶的价格是多少,奴隶的人数都是固定的。因此,有一人被赎回获得自由,就少一个人成为被囚禁的奴隶。这也许就是像杰伊·威廉姆斯这样的人,在他们飞往苏丹时所默认的情况。

在初始的均衡状态点 a,潜在奴隶主在 15 美元的价格购买了 1 000 个奴隶。当救赎者增加需求使得奴隶的价格上升到 50 美元时,潜在奴隶主对奴隶的需求只有 200,因此,救赎者能够救赎 800 奴隶。由于供给量不会增加,所以,每救赎出一个奴隶,就少了一个奴隶。

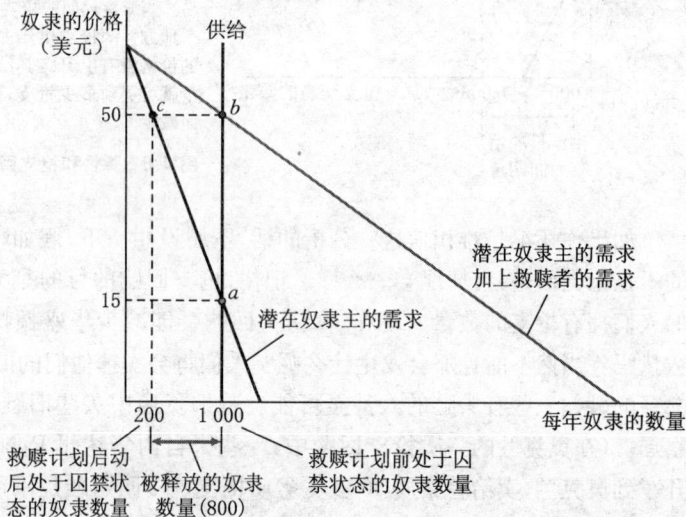

图 4.9　当奴隶的供给完全缺乏弹性时救赎奴隶行动成效最大

我们来更仔细地分析图 4.9。在救赎奴隶计划开始之前,奴隶的价格是 15 美元,这是苏丹地区奴隶的实际价格,每年共有 1 000 个人作为奴隶被买走并被控制(点 a)。有了救赎奴隶计划之后,奴隶的需求增加了(向右上方移动),这促使奴隶的价格上升到 50 美元(点 b)。现在,问题的关键在于:在 50 美元的价格下,潜在的奴隶主对奴隶的需求下降到 200(点 c)。剩下的 800 个奴隶被救赎者买走获得自由。在这种情况下,由于供给量不会增加,每救赎出一个的奴隶,就意味着减少了一个沦为奴隶的人。注意,奴隶救赎如果要取得成功,就必须将奴隶的价格推高至潜在的奴隶买主无法负担的地步。换句话说,为了成功,救赎奴隶就必须通过支付更高的价格把潜在的奴隶主挤出市场。

不幸的是,奴隶的供给曲线不可能完全缺乏弹性。我们再回到本书最主要的启示之一,激励。如果有人到市场上买走奴隶从而提高奴隶的价格,他们就是在激励供给者去抓捕更多的奴隶。

图 4.10 中分析了一种更现实的情况,此时的供给曲线不再是完全缺乏弹性的。

在初始均衡状态,奴隶的价格是 15 美元,潜在奴隶主购买了 1 000 个奴隶(点 a)。当救赎者进入市场后,对奴隶的需求增加,奴隶的价格从 15 美元增加到 30 美元(点 b)。奴隶价格上涨的幅度比奴隶供给完全缺乏弹性时要少,因为所增加的奴隶需求有一部分通过更大的供给量得到了满足。在价格 30 美元时,潜在的奴隶主对奴隶的需求量从 1 000 下降到 600(点 c),但请注意,被奴隶贩子抓捕的总人数从 1 000 人增加到 2 200 人(点 b),增加了 1 200 人。当然,这 2 200 人中被救赎者救赎释放的有 1 600 个,剩下 600 个被囚禁为奴隶。

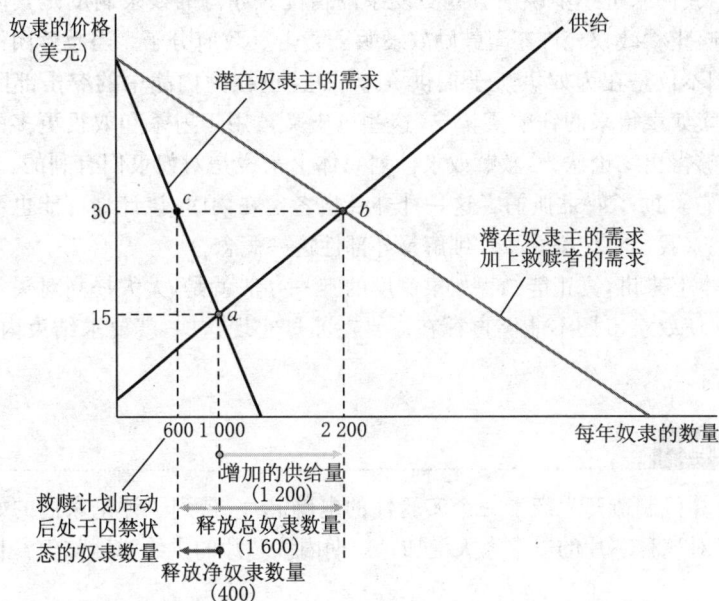

当奴隶救赎者进入市场之后,对奴隶的需求增加,价格从点 a 的 15 美元增至点 b 的 30 美元。价格提高以后,潜在的奴隶主的需求量缩减至 600 个奴隶,较之以前减少了 400 个。这是奴隶救赎计划中积极的一面。不过在高价格下,奴隶贩子会将奴隶的供给量从 1 000 增加至 2 200。奴隶救赎者释放了 1 600 个奴隶,不过其中的 1 200 本来是不会被奴役的,如果奴隶贩子的需求没有被推高的话。因此,净效果是救赎者仅仅为 400 个奴隶真正带去了自由。

图 4.10 当供给曲线不是完全缺乏弹性时的奴隶救赎行为

我们总结一下:在救赎之前,奴隶主对奴隶的需求是 1 000 人。救赎之后,奴隶主的需求下降到 600 人。这是救赎计划结果中好的一面。但是,由于奴隶的价格更高,奴隶贩子把奴隶交易的数量从 1 000 人增加到 2 200 人。救赎者释放了这 2 200 个奴隶中的 1 600 人。但是,如果不是需求的增加,这其中的 1 200 人本来也不会被沦为奴隶。因此,从净值来看,救赎者释放的奴隶只有 400 个。

问题的关键在于:救赎者对奴隶的额外需求提高奴隶的价格,这减少了奴隶主的需求量——这是好的一面。但更高的价格也促使供给量增加——这是坏的一面。

因此,奴隶救赎计划造成了一个真正的两难困境。那些救赎奴隶的团体可以减少被囚禁奴隶的数量,但价格的上涨也至少在某一时期内增加了沦为奴隶的人数。经济学家能够指出这一两难困境。但是,经济学无法为此提供解决方案(不幸的是,其他任何人同样也不能)。

有关于救赎奴隶计划成效方面的证据吗?记住,救赎奴隶计划是否成功的关键在于,该计划能把奴隶的价格提高多少。奴隶的价格提高得越多,也就意味着救赎者越能够把潜在的奴隶交易者挤出市场。关于苏丹奴隶价格的数据是不可靠的,现有数据的完整性也不能令人满意。救赎计划刚开始时,价格似乎提高了一些,不过,不久后价格就开始下降。[11]还记得吗,供给在长期往往更具有弹性——因此,有关价格的数据同供给会随着时间的推移变得更有弹性这一特征是一致的。由于供给弹性越大,救赎计划的效果就会越小。有关奴隶价格的数据表明,随着时间推移,该项计划的效果会变得越来越差。

理解现实世界　　　最后,我们来进一步谈谈一些更复杂的情况。苏丹的奴隶制度是其内战的一部分——喀土穆政权允许甚至鼓励奴隶贩子袭击反政府分子。当救赎团体救赎奴隶时,他们不仅是在为奴隶贩子提供资金,而且也在为内战中的突击部队提供资金。用贩卖奴隶得来的钱购买枪支,这些枪支又被用于射杀和奴役更多的人。即使我们能够得出结论认为,救赎奴隶计划总体上来说是对奴隶们有利的。但是,一旦我们把它资助了奴隶抓捕者这一外部性也考虑在内时,该计划可能也不是一件好的事情。(我们将在第 9 章详细解释外部性这一概念。)

从根本上来讲,真正能结束奴隶制度的唯一办法就是,大大提高对买卖奴隶的惩罚,并促使奴隶市场不能够再存在。要在苏丹实现这些,就要求结束内战,建立法治社会。*

自我测验

1. 某一计算机制造商生产了一个实验性的电脑芯片,得到了评论家们的好评。这导致了对该种芯片的需求大大增加。短期内该芯片的供给弹性如何? 长期会怎么样?
2. 如果曼哈顿和艾奥瓦州的得梅因两地的住房需求增加同样的幅度,请问哪个地方的住房价格会上升的更多?**

4.3　利用弹性进行快速预测(选学内容)

经济学家经常被要求预测,当供给和需求变化时,市场价格具体会变化多少。借助于弹性的概念,我们可以运用两个简单的价格变化公式来快速地预测价格的变化。[12]

$$需求变化影响价格变化的百分比 = \frac{需求变化的百分比}{E_d + E_s}$$

$$供给变化影响价格变化的百分比 = -\frac{供给变化的百分比}{E_d + E_s}$$

---

*　关于救赎奴隶在经济学和道德方面困境的更多讨论,请参阅 Kwame Anthony Appiah and Martin Bunzl, 2007, *Buying Freedom*:*The Ethics and Economics of Slave Redemption*. Princeton:Princeton University Press。该书中由 Dean S. Karlan 和 Alan B. Krueger 所写的第 1 章"Some Simple Analytics of Slave Redemption"尤其值得一读,作者在这一章所进行的经济学分析比我们这里的画图分析要深刻得多。

**　曼哈顿是纽约市五个区中最小的一个区,得梅因是艾奥瓦州的首府。——译者注

当需求或供给变化的百分比不是很大时,比如说 10％ 以内,用这两个公式计算出来的结果近似程度很高。⑬下面我们就把这公式运用到一个有趣的问题上。

如果美国北极国家野生动物保护区对钻井开放,石油的价格会下降多少?

美国北极国家野生动物保护区是阿拉斯加 16 个野生动物保护区中最大的一个。通常都认为那里有巨大的石油储存量。美国前总统乔治·W.布什为支持在那里钻井而辩论道:

> 增加我们国内的能源供给有助于降低汽油价格和公用事业支出。在环境允许的范围内,我们可以,而且应该在我们国内生产更多的原油。在美国,最有前途的油井地点就是北极国家野生动物保护区那 2 000 英亩的地方。而且,得益于技术的发展,我们现在也能够在几乎不损害到土地和野生动物的条件下,来开发这里的石油。⑭

一些环境保护者对于是否能够以一种不破坏环境的方法来开采石油持反对意见。我们暂且不讨论这些争论。对于总统先生提出的"增加我们国内的能源供给有助于降低汽油价格和公用事业支出"的主张,经济学家如何认为呢? 供给的增加能够降低价格,但能降低多少呢?

美国能源部能源信息署预计,该地区的平均日产量大概为每天 80 万桶,还不到世界石油产量的 1％(2004 年世界日平均产量为每天 8 200 万桶,且随时间推移会缓慢增加)。我们不妨再慷慨点,假设该地区能够使得世界石油供给增加 1％。由于石油的需求弹性大约是 0.5,供给弹性的最佳估计值大约是 0.3,利用以上的价格变化公式,我们可得:

$$供给增加 1％影响价格变化的百分比 = -\frac{1％}{0.5 + 0.3} = -1.25％$$

如果你现在正在油泵前加油,你肯定不会认为,这一次性的降价 1.25％ 多么值得高兴。但是,请别忘记,全世界每一个石油的使用者都将从这一降价事件中受益——因此,1.25％ 绝不是一个可以小看的降价幅度。

在过去的十年中,石油的价格在每桶大约 20 美元到每桶超过 140 美元这一幅度内变化不定。我们很难知道阿拉斯加环境保护的价值,或者石油钻井对环境的破坏有多大,但我们知道,石油价格越高,进行油田钻井的要求就会越强烈。

理解现实世界

○　本章小结

需求弹性度量需求量对价格变化的反应程度——反应越强烈,需求越具有弹性。同理,供给弹性度量供给量对价格变化的反应程度——反应越强烈,供给越具有弹性。

在第 3 章,我们已经掌握如何定性预测供求曲线的移动对价格和数量变化的影响。对供给弹性和需求弹性的估计是定量分析供求因素变化对价格和数量影响的第一步。你应该掌握如何利用价格和数量的数据来计算供给弹性和需求弹性。

需求弹性告诉你，当价格沿着需求曲线变化时，收入会如何反应。如果需求弹性 $|E_d| < 1$，那么价格和收入会同方向变化；如果 $|E_d| > 1$，那么价格和收入会反方向变化。我们可以利用这些关系来解释，为什么食物价格的下降会使得农业在经济中的比重减小，而计算机价格的下降却使得计算机产业在经济中的比重扩大。我们也可以利用这同一关系来解释，为什么缉毒战争会使得那些我们本来希望削弱的敌人变得更强。

为了获得一些有关弹性的有用信息，你并不需要进行一些关于供给和需求的统计研究。一旦你理解了这一概念，一些普通的常识就可以告诉你，华盛顿特区的劣质旧枪支的供给是非常有弹性的。如果你能够推断出华盛顿特区劣质旧枪支的供给是非常有弹性的，一点点的经济学常识就会告诉你，枪支回购计划只是在浪费纳税人的钱。同样的推理也表明，救赎奴隶计划伤害的人可能比他们帮助的人还要多。

弹性是一个有点枯燥但却十分有用的概念。在本书后面第7章讨论税收和第11章讨论垄断的时候，这个概念还会用到。

○ 本章复习 ....

关键概念

需求弹性

缺乏弹性

富有弹性

单位弹性

供给弹性

事实和工具

1. 在以下各组商品中，哪种商品的需求可能更缺乏弹性，为什么？

   a. 橘子的需求 vs. 水果的需求；

   b. 下个月对牛肉的需求 vs. 今后十年内对牛肉的需求；

   c. 对洛杉矶第7街与 Grand 大道交叉口处埃克森加油站的汽油的需求 vs. 对整个城市的汽油的需求；

   d. 对胰岛素的需求 vs. 对维生素的需求。

2. 在以下每组商品中，哪一种商品的供给可能更具有弹性？表4.3也许对你会有帮助：

   a. 下一个生长季的苹果供给 vs. 未来十年间的苹果供给；

   b. 纽约州 Binghamton 市内建筑工人的供给 vs. 纽约州建筑工人的供给；

   c. 早餐麦片的供给 vs. 食物的供给；

   d. 黄金的供给 vs. 电脑的供给。

3. 请判断，在出现以下各种变化时，食物的需求弹性是会更大还是更小。（注意：在以下每种情况下，需求曲线可能向右上移动，也可能向左下方移动。但我们感兴趣的问题是，需求弹性将会变得更大还是更小？）简单阐述你的理由。

   a. 在细菌和其他各种微生物造成和传染疾病的知识被广泛理解之后，对肥皂的需求曲线；

   b. 核能工厂被发明之后对煤的需求曲线；

   c. 当更多的雇主允许雇员远程办公时，对汽车的需求曲线；

   d. 经济繁荣时期对新电视机的需求曲线。

4. 在以下各种情形中，请判断情况变化后，商品的需求弹性是会变得更大还是更小？简单阐述你的理由。（同样，在以下每一情况下，供给曲线可能向右下方移动，也可能向左上方移动，但我们感兴趣的是供给弹性的变化。）

   a. 如果发明了一种制造钻石的新方法，对钻石的供给曲线；

b. 如果杀虫剂和化肥被禁止使用，食物的供给曲线；

c. 如果石油产出相当大的部分都被用于生产塑料，塑料的供给曲线；

d. 保姆的工资增加数年之后，保姆的供给曲线；

5. 通过几个案例，我们来体会一下需求弹性在实际生活中的作用。记住，在所有的这些案例中，我们都是指沿着某一固定需求曲线上的移动——因此，我们考虑的是供给的增加或减少，但需求曲线保持不变。

a. 如果大学教科书的需求弹性是−0.1，教科书的价格增长 20%，那么，教科书的需求量会变化多少，如何变化？

b. 在你对问题 a 的回答中，你答案中的数字指的是教科书数量变化的百分比，还是指总数量的变化？

c. 假设春假期间，去墨西哥坎昆市的旅行套餐的需求弹性是−5，而且你发现，今年坎昆市旅行套餐的需求量增加了 10%，那么，假期坎昆旅行套餐的价格出现了什么变化？

d. 在你们的大学城里，房地产开发商正在校园附件建造数千栋适于学生居住的公寓。如果你想支付尽可能低的租金，你希望公寓的需求是富有弹性还是缺乏弹性？

e. 在你们的大学城里，当地政府裁定，校园附近的数千栋公寓都不适合居住，因此，下学期必须拆迁。如果你想支付尽可能低的租金，你希望公寓的需求是富有弹性还是缺乏弹性？

f. 如果蓝芯圆珠笔的需求弹性是−20，蓝芯圆珠笔的价格上升了 1%，该圆珠笔的需求量会如何变化？

g. 什么是这种蓝芯圆珠笔最直接的替代品？（这种最直接的替代品解释了为什么蓝芯圆珠笔的需求弹性如此之大。）

6. 桑托斯家最重要的传统就是，每个星期天，他们都会在一家他们喜爱的餐馆中吃相同的食物。相反，陈家则会在任何一家口碑还不错的餐馆中，花费 50 美元来解决他们星期天的餐食问题。

a. 哪一个家庭对餐馆食物的需求更具有弹性？

b. 哪一个家庭对餐馆食物的需求具有单位弹性？（提示：每个家庭对食物价格上涨的反应如何？）

7. 美国农业部（USDA）已经注意到，美国人没有食用足够的水果和蔬菜。他们正在考虑通过优惠券或者其他的补贴方式鼓励人们——特别是低收入的人群——多吃这些健康的食物。当然，如果人们对水果和蔬菜的需求非常缺乏弹性，那么，发放优惠券毫无意义（思考题：为什么？）。如果需求只是稍微有点弹性，那么，也许会有更好的办法来使用纳税人的钱。

显然，在这种情况下，我们必须知道水果蔬菜的需求弹性：如果人们对价格的微小变化反应非常大，那么，政府资助的水果蔬菜优惠券可能会使得美国穷人更健康。这也许会节约纳税人很多钱，因为他们不必再为饮食不健康的人支付昂贵的医疗费用。这一推理过程中包含着很多因果链——它们中的大部分都属于高级经济学教程中的内容——但第一个因果链就是，现实中人们对水果蔬菜的需求是否富有弹性。美国农业部的经济研究局聘用经济学家来回答这一类问题，而最近的一份报告给出了一些弹性的估计数据（数据来源：Diansheng Dong and Biing-Hwan Lin. 2009. "Fruit and Vegetable Consumption by Low-Income American：Would a Price Reduction Make a Difference?" *Economic Research Report* 70，USDA）

水　果	需求弹性
苹　果	−0.16
香　蕉	−0.42
葡萄柚	−1.02
葡　萄	−0.91
橙　子	−1.14

a. 根据以上关于需求弹性的估计，哪种水果的需求是最缺乏弹性的？哪种水果是最富有弹性的？

b. 以上哪种水果的价格下降 10%，会使得其销售者的总收入增加？

c. 如果政府只能对三种水果提供 10% 的优惠券，而且它想要对需求量产生足够大的效果，应该对哪三种水果提供优惠券？

d. 总的来说，作者们发现，水果平均的需求弹性大概是−0.5。水果的需求富有弹性还是缺乏弹性？

8. 平均来说，旧汽车的污染比新汽车更严重。因此，隔不了几年，就有一位政治家要提出一项"旧车换现金"计划：政府提供资金来购买并报废高污染的旧汽车。如果"旧车换现金"计划购买了1 000辆高污染的旧汽车，这是否就是说，公路上减少了1 000辆高污染的旧汽车？为什么？

9. 我们在本章已经注意到，很多经济学家对石油的短期需求弹性和长期需求弹性进行过估计。我们来看看石油价格的上涨在长期内是否会损害到石油收入。本章中引用过的一位作者Cooper发现，美国石油的长期需求弹性是 −0.5。

　　a. 如果石油价格上升10%，石油的需求量会下降多少：5%、0.5%、2%，还是20%？

　　b. 石油价格下降10%后，石油生产者的总收入是增加还是减少？

　　c. 一些政策制定者和环境科学工作者希望，美国在长期能够减少石油的使用量。我们可以利用这一弹性的估计值来大概地估算一下，为了使得人们大幅度地削减石油的消费量，石油需要持久性地提价多少。为了使石油的消费量减少50%，石油价格必须持久性地上涨多少？

　　d. 根据Cooper的估计，在所有富裕的大国中，法国对石油的长期需求弹性最大（−0.6）。这是否就意味着，法国能比其他国家能更好地应对价格的长期变化，或者意味着法国的应对能力更差？

10. 图4.3和表4.2都列出了一些重要而乏味的规则。由于它们非常有可能在考试中出现，我们还是来做一些这方面练习。对于以下各种情形，说说需求曲线是相对陡峭还是相对平坦，价格的下降是提高还是降低总收入。注意，在这些例子中，我们给出的是弹性的绝对值。

　　a. 需求弹性 = 0.2；

　　b. 需求弹性 = 2.0；

　　c. 需求弹性 = 10.0；

　　d. 需求弹性 = 1.1；

　　e. 需求弹性 = 0.9。

11. 很多美国的动作大片都宣扬要消灭恶棍。如果实际生活中恶棍的供给是富有弹性的（像回购计划中的枪支），我们还应该关心某位英雄是否抓到了某一特定的恶棍吗？为什么？

思考和习题

1. 在中世纪，非洲城市塔阿扎开采了重达200磅的盐石，并把它们运往廷巴克图的盐交易市场，即今天的马里。旅行家们记载，塔阿扎人利用盐石代替木材来建造房屋。*

同其他没有大型盐矿的城市相比，塔阿扎地区对木材的需求是更富有弹性还是更缺乏弹性？你为什么会这样认为？

2. 假设吸毒成瘾的人通过偷窃来获得购买毒品所需要的钱：因此，毒品行业的总收入越高，偷盗的人就会越多。如果政府打击毒品走私贩的行为导致了毒品的价格更高，在毒品的需求富有弹性的情况下，盗窃的数量会出现什么变化？毒品的需求缺乏弹性时，情况又会怎么样？

3. 众所周知，20世纪初，亨利·福特（Henry Ford）大规模地生产汽车，并创办了福特汽车公司。由于大规模生产降低了汽车的生产成本，他生产了数百万辆汽车。同时，通过降低价格，他让消费者也从中受益。因此，驾驶汽车在美国成为一种习以为常的现象。记住总收入和它同价格之间的关系，在亨利·福特的这个故事中，你认为汽车的需求是富有弹性还是缺乏弹性？

---

* 塔阿扎（Taghaza）是非洲的一座古城市，盛产食盐。据阿拉伯语旅行家伊本·巴图塔记载，塔阿扎是一座完全用食盐建造的城市，也是摩洛哥人用盐交换马里人黄金的据点。不过到了19世纪欧洲人首先发现该城时，这座故事中的西撒哈拉盐城已经被废弃了。廷巴克图（Timbuktu），现名通布图（Tombouctou），是西非马里共和国的一个城市，位于撒哈拉沙漠南缘，尼日尔河北岸，历史上曾是伊斯兰文化中心之一。——译者注

4. 在第9章，你会看到，我们现在购买了对空气具有污染作用的二氧化硫的排放许可证。我们并不使用这些许可证，我们购买排放许可只是为了防止别人有机会排放二氧化硫。换句话说，我们购买许可证的理由同政府在枪支回购计划中购买枪支的理由相同——阻止我们购买的东西被使用。正如本章的讨论所认为，枪支回购计划失败了。因此，相对于政府试图减少街头枪支的回购枪支计划而言，为什么我们减少空气中二氧化硫的购买许可证计划更可能成功？

5. 为什么假期旅游的人总是比当地居民在食物和必需品方面花费更高，运用弹性这一概念如何解释这一现象？

6. 短期来看，对电的需求弹性和供给弹性都很低：
   a. 如果一家电力工厂永久性地关闭从而减少了电的供给，电力行业的收入会如何变化？
   b. 如果一家电力公司拥有很多家电力工厂，在短期内这家电力公司有激励全面运转所有的电厂吗？或者短期内它有激励时不时地让一些工厂停产吗？

7. 外来移民在美国是一种习以为常的事实。这导致了劳动力市场供给的巨大增加。你更愿意进入哪一个行业：劳动的需求富有弹性的行业，还是缺乏弹性的行业？

8. 对于时装业而言，模仿时尚风格的能力就是赚钱的能力。像 H&M 和 Forever21 这样的时装店，都致力于仿效任何地方的时尚风格：只要他们认为一种新的款式将会流行而且有人愿意为此高价购买，他们就会着手生产这一款式。这种以仿效为核心的时装店使得服装的供给是更有弹性，还是更缺乏弹性？你为什么会这么认为？

9. 我们来练习一下中点法计算公式。计算一下各种产品和服务的需求弹性。

产品或服务	初始价格（美元）	初始数量	最终价格（美元）	最终数量	弹性
科罗拉多州丹佛市每天电影票的销售	6	50 000	10	40 000	
Loma Vista 小学每周牛奶的销售	1	1 000	1.50	800	
每周纽约到旧金山来回旅程票的销售情况	500	10 000	1 000	9 000	
上田纳西州立大学每年招收的大学生	6 000	40 000	9 000	39 000	

挑战

1. 在这一章，我们强调长期的供给弹性比短期要大，这肯定是真的：如果你看见隔壁州工作岗位的工资更高，你可能不会下周就去那里工作，但你可以在第二年去那里工作。不过，有时短期的弹性会比长期的弹性更大。

奥斯坦·古尔斯比（Austan Goolsbee）在研究高薪管理人员的收入对税收的弹性时发现了一个有趣的例子。1993年克林顿总统通过了一项提高收入税的法案。这项增税被完全预期到：克林顿1992年以此作为竞选内容。

   a. 你预期在税收增加的第一年里，管理人员的收入会出现什么变化？在随后的几年呢？

   提示：高层管理者有很大的权力来控制他们获得薪酬的时间：他们可能会要求提前发放奖金，或者他们会要求提前兑现他们的股权收益。确切地说，这不是他们的"劳动供给"，而更像是他们的"收入供给"。

   （资料来源：Goolsbee, Austan. 2000. "What Happens When You Tax the Rich? Evidence from Executive Compensation". *Journal of political Economy* 108(2)，Pages 352—378。关于由知名经济学所撰写的有关该主题的著作，可参阅 Joel Slemrod., Ed. 2000. *Does Atlas Shrug?* Cambridge, MA：Harvard University Press。）

   b. 古尔斯比估计这些管理人员"收入供给"的短期弹性是 1.4，"收入供给"的长期弹性是 0.1。（注意：古尔斯比用了各种统计方法来研究这些弹性，所有的研究都得到了基本相似的结果。）如果税收使得他们拿到手的收入下降了 10%，在短期内，这会使得他们的"收入供给"减少多少？在长期又会如何？

   c. 你是一名新闻记者。你的主编要求你写一篇有关以下主题的短文："古尔斯比的研究证明，税收增加会使得富人减少工作。"用一句话对此进行解释说明。

d. 你是一名新闻记者。你的主编要求你写一篇有关以下主题的短文:"古尔斯比的研究证明,税收增加对富人的工作几乎没有什么影响。"用一句话对此进行解释说明。

e. 哪一种说法更可信?

2. 我们已经看到,在华盛顿特区实行枪支回购计划,成功的可能不太大。如果在全美都实施枪支回购计划,该计划减少枪支的成效是会更好还是

会更差? 为什么? 如果在枪支回购计划的同时还实行一项(至少对某些枪支)持枪非法的禁律,结果会怎么样?

3. 根据美国北极国家野生动物保护区案例中的数据,如果该地区把供给提高1%,供给量会增加多少? 不,这不是一个有意捉弄人的问题,计算公式已经在本章给出。为什么答案的数字不是1%?

附录 1　利用 Excel 计算弹性

我们用一张电子数据表来计算图 4.1 中两条需求曲线的需求弹性。

第一步是把原始数据输入电子数据表中。对于标有需求曲线 I 的需求曲线,我们有 $Q_{前} = 100$, $Q_{后} = 95$, $P_{前} = 40$ 美元, $P_{后} = 50$ 美元;对于标有需求曲线 E 的需求曲线,我们有 $Q_{前} = 100$, $Q_{后} = 20$, $P_{前} = 40$ 美元, $P_{后} = 50$ 美元。(注意:你把哪一对价格—数量组作为"前",哪一对作为"后"并没有关系。)你的电子数据表应该如图 A4.1 所示:

	A	B
1	Q前	Q后
2	100	95
3	P前	P后
4	40	50
5		
6		
7	Q前	Q后
8	100	20
9	P前	P后
10	40	50
11		

图 A4.1

现在,记住我们计算弹性的公式:

$$
需求弹性 = E_d = \frac{\%\Delta Q_{需求}}{\%\Delta P} = \frac{\dfrac{Q_{后} - Q_{前}}{(Q_{后} + Q_{前})/2}}{\dfrac{P_{后} - P_{前}}{(P_{后} + P_{前})/2}}
$$

让我们分两部分输入公式:在上面输入"$\%\Delta Q$",在下面输入"$\%\Delta P$",如图 A4.2 所示:

注意，单元格 C2 中的公式，＝(B2－A2)/((B2＋A2)/2)＊100，它表示数量沿着需求曲线 I 变化的百分比。同理，单元格 C4 中的公式表示价格变化的百分比。

	C2	▼	f_x	=(B2-A2)/((B2+A2)/2)*100	
	A	B	C	D	E
1	Q前	Q后	%数量变化		
2	100	95	-5.12821		
3	P前	P后	%价格变化		
4	40	50	22.22222		
5					
6					
7	Q前	Q后	%数量变化		
8	100	20	-133.333		
9	P前	P后	%价格变化		
10	40	50	22.22222		
11					

图 A4.2

接下去显示的是沿需求曲线 E 的数据。

通过运算除法 C2/C4，并计算结果的绝对值，我们就完成了这一电子数据表。这一结果显示在图 A4.3 中。

	F2	▼	f_x	=ABS(C2/C4)		
	A	B	C	D	E	F
1	Q前	Q后	%数量变化			
2	100	95	-5.12821		弹性	0.230769
3	P前	P后	%价格变化			
4	40	50	22.22222			
5						
6						
7	Q前	Q后	%数量变化			
8	100	20	-133.333		弹性	6
9	P前	P后	%价格变化			
10	40	50	22.22222			
11						

图 A4.3

幸运的是，这里计算的结果同此前我们在本章正文中所得到的结算结果完全一致。对于标记为需求曲线 I 的曲线，电子数据表中显示弹性是 $0.231 < 1$，或者说缺乏弹性；对于标记为需求曲线 E 的曲线，表中显示弹性是 $6 > 1$，或者说富有弹性。

附录 2   其他类型的弹性

任何时候，只要一个变量同另一个变量相关，经济学家就会计算它们之间的弹性。例如,克利克(Klick)和塔巴洛克(Tabarrok)发现,街头上警察的数量增加50%,可以使得偷汽车和从汽车中偷东西的行为减少43%。因此,汽车犯罪对警察的弹性是$-43\%/50\%=-0.86$。格鲁伯(Gruber)在研究教堂出席者时发现了一个有趣的现象:给教堂捐赠越多的人,出席教堂的次数会越少!一句话,他们把钱和时间看做是可替代的,在一个方面给出更多的人会在另一个方面给出的更少。格鲁伯的计算表明,捐赠增加10%会使得出席次数下降11%,出席次数的捐赠的弹性是$-11\%/10\%=-1.1$。[15]

因此,任何时候,如果在两个变量 A 和 B 之间存在某种关系,你都可以用弹性的概念来表述它们之间的这种关系。经济学中两个经常被用到的弹性是需求的交叉价格弹性和需求的收入弹性。

需求的交叉价格弹性

需求的交叉价格弹性度量的是 A 商品的需求量如何对 B 商品的价格做出反应。

$$需求的价格交叉弹性 = \frac{A商品需求量变化的百分比}{B商品价格变化的百分比} = \frac{\%\Delta Q_{需求,A}}{\%\Delta P_B}$$

给定在 B 商品两个不同价格水平下的 A 商品的需求量数据,交叉价格弹性可以利用以下公式计算:

$$\frac{\dfrac{A商品需求量的变化}{A商品的平均数量}}{\dfrac{B商品价格的变化}{B商品的平均价格}} = \frac{\dfrac{Q_{后,A}-Q_{前,A}}{(Q_{后,A}+Q_{前,A})/2}}{\dfrac{P_{后,B}-P_{前,B}}{(P_{后,B}+P_{前,B})/2}}$$

需求的交叉价格弹性同替代和互补的概念密切相关。如果价格交叉弹性是正数,B商品价格的上升会导致对 A 商品需求量的增加,则这两种商品之间是替代的。如果价格交叉弹性是负数,B商品价格的上升会导致对 A 商品需求量的减少,则这两种商品之间是互补的。

➤ 如果价格交叉弹性 >0,那么 A 商品和 B 商品是替代品;

➤ 如果价格交叉弹性 <0,那么 A 商品和 B 商品是互补品。

需求的收入弹性

需求的收入弹性度量的是一种商品的需求量对收入变化的反应程度。

$$需求的收入弹性 = \frac{需求量变化的百分比}{收入变化的百分比} = \frac{\%\Delta Q_{需求,A}}{\%\Delta I_{收入}}$$

同前面一样,给出两组不同收入水平下的需求量的数据,需求的收入弹性可以利用以下公式计算:

$$\frac{\dfrac{需求量的变化}{平均数量}}{\dfrac{收入的变化}{平均收入}} = \frac{\dfrac{Q_{后}-Q_{前}}{(Q_{后}+Q_{前})/2}}{\dfrac{I_{后}-I_{前}}{(I_{后}+I_{前})/2}}$$

需求的收入弹性可以被用来区分正常品和低劣品。记住,在第 2 章曾讲过,如果收入提高会增加某种商品的需求,那么我们称该商品是**正常品**(normal good)。而像拉面这样的商品,收入提高会使得其需求减少,因而被称为**低劣品**(inferior good)。

➤ 如果需求的收入弹性＞0,那么该商品是正常品;

➤ 如果需求的收入弹性＜0,那么该商品是低劣品。

有时,经济学家也用它来区分正常品和奢侈品。**奢侈品**(luxury good)的定义为,如果收入提高 10％导致对该商品的需求量增加超过 10％,那么它就是奢侈品。因此,

➤ 如果需求的收入弹性＞1,那么该商品是奢侈品。

第二篇　价格体系

▶ 5

价格体系：信号、投机和预测

混乱、冲突和战争，也许总是在新闻中占据着主导地位。但是，令人振奋的是，这个世界也存在大量的合作行为。下一次去你们当地超市的时候，请你停下来想一想，要经过多少人的通力合作，才能把全世界的水果送到你的餐桌上来：新西兰的奇异果、土耳其的杏干、埃及的海枣、墨西哥的芒果、危地马拉的香蕉。正是由于新西兰的农民能在早上 5 点钟醒来后，就去田地里辛苦工作，在世界另一头的你，才有可能享受到伴有水果色拉的奇异果。为什么这么说呢？

这一章我们来讲一讲这个世界的核心特征——市场的关联性。这就是为什么每天你可以在对农业一无所知的情况下，还能吃得很好。这就是为什么你可以同那些你从没有谋面的人们进行合作。这也是为什么文明在这个世界成为了可能。

在这一章，你们将会看到，一个市场是如何影响另一市场的，而全球经济中的所有市场又是如何一起相互联动的。我们也将进一步对价格做更多的阐述。价格体系是整合市场的一种关键力量，这表面上看上去很简单，但实际上却复杂得惊人。什么是价格？价格是诱发激励的一种信号。这听起来似乎有一点抽象，但它确实是经济学中最重要的洞见之一，并且在本章之后，它应该在你的脑海中有一个非常具体的含义。我们在本章给出了非常多的案例，不过，请把注意力集中在本章的基本主题上：正是由于市场之间有着丰富的关联性，才使得社会能够为了一个共同的目标而调动大量的信息，而且这并不需要有一个中央计划者。

5.1　市场连接世界

我们现在来近距离地看一看一个只有一种产品的故事。假设今天是情人节，你恰好给你的男朋友或女朋友送了一支漂亮的玫瑰。不过，今天总共卖出了 108 万支玫瑰，你所送的这支玫瑰只是其中的一支。① 你这支玫瑰来自什么地方呢？又是如何到达你手中的？

极有可能，你的这支玫瑰是来自肯尼亚的纳瓦沙湖地区到内罗毕的西北这一带。② 肯尼亚每年要生产 5 万多吨玫瑰，其中的绝大部分都用于出口。花卉园地里的大部分工作都是由肯尼亚的妇女完成的。对于西方称之为圣瓦伦丁节的爱的庆典方式,她们几乎一无所知,不过,她们也不需要知道这些。她们所知道的就是,如果玫瑰花现在正含苞待放,而且恰好能在 2 月 14 日盛开,玫瑰花的价钱就会更贵。

没有人愿意送上(或收到)一束已经枯萎了的玫瑰花,因此,任何做玫瑰花生意的人都有激励去快速地运送这些花朵。在玫瑰花被采摘下来之后的几小时内,它们就被冷藏卡车从花卉园地里送往内罗毕机场,在那里又被装上冷藏飞机。在一天之内,这些花卉就到达了荷兰的阿斯米尔 *。

阿斯米尔是世界上最大的花卉市场之乡。在每一个正常的工作日里,都会有 2 000 万朵鲜花流入到这个荷兰小城镇。这些鲜花被花商们分批检阅。检阅时不同种类的花卉前都放有一座大时钟,这些时钟不是用来指示时间的,而是用来标识这些花卉价格的。开始时是一个很高的价格,然后大钟的指针会快速向下走,直到有一名拍卖者踩下按钮,那表示他愿意在此价格买进这些花卉。到这一天结束的时候,这 2 000 万朵鲜花都会被全部卖光,它们又再一次被打包装入冷藏飞机送往伦敦、巴黎、纽约和 Topeka 等世界各地的买家。在 72 小时之内,这些鲜花就从肯尼亚送到了你的女朋友或男朋友手中。③

世界范围内的市场把美国谈情说爱的年轻人同肯尼亚的花卉种植者、荷兰的时钟、英国的飞机、哥伦比亚的咖啡(为了使飞行员保持清醒)、芬兰的手机,以及其他很多东西都联系在一起。仅仅是把一种产品送到你的面前,就需要有上百万人的通力合作。

而且,这些巨大规模的合作都是自愿的和间接的。在这上百万人当中,任何一个人都是从他自身的利益出发来扮演不同角色的。但是,没有一个人能知道这个故事的整个情节,即肯尼亚的玫瑰是如何成为 Topeka 城中表达爱意的礼物的,因为这整个故事实在太复杂。即便如此,在每一个情人节,你仍能指望上你们当地的花商有玫瑰花可售。

市场就是一个最有原创性的网络,它甚至比计算机模拟的网络更加复杂,相互之间的关联性更强,也更加充满着智慧。

5.2   市场彼此联系

在第 2 章和第 3 章,我们讲到了石油的供给和需求如何决定石油的价格。现在,我们再回到石油问题上来。不过,这次是作为一个例子来展示一下,市场供给和需求的移动会如何引起世界范围内的市场联动,并以一种任何人都无法想象的方式,来影响遥远地区的人们及其生产。

肯尼亚的花卉产业是石油市场变化所带来的一个意想不到的结果。在 20 世纪 70 年代之前,玫瑰花种植在美国的温室中。石油价格的上升大大提高了温室供热成本,这使得在温暖的国家种植玫瑰,然后再运到寒冷的国家,要更便宜些。** 如

---

* 阿斯米尔(Aalsmeer)是世界上最大的鲜花交易市场。世界上有 80% 的花卉产品是来自阿斯米尔鲜花拍卖市场的交易。阿斯米尔每天平均拍卖 1 400 万朵的鲜花与 100 万株的盆栽植物。——译者注

** 在 20 世纪 80 年代,花卉的生产从美国转移到肯尼亚以及像哥伦比亚和厄瓜多尔那样的赤道国家是这种趋势的一部分。在此 20 年前,运输成本的下降,加上供热、土地和人工等相关成本的相对提高,就已经使得花卉生产从纽约和宾夕法尼亚转移到佛罗里达和加利福尼亚。关于鲜切花行业的演化,可参阅 Mendez, Jose A. 1991. *"The Development of the Colombian Cut Flower Industry."* The World Bank. WPS 660.

果玫瑰花本身再重些，它的运输成本也许会超过温室的供热成本。但是，即使燃油成本再高，现代世界的运输成本也已经在下降。

应对石油稀缺性增加的最好办法，是否就是把花卉的生产从加利福尼亚转移到肯尼亚呢？这一点还不是很肯定。也没有人事先对此进行过计划。然而，富有创新精神的企业家对石油价格上涨的反应，是任何人都无法预见和安排的。企业家们经常在不断地寻求降低成本的办法，他们降低成本的措施，会把那些乍看似乎相距很遥远的市场联系在一起。

从石油到糖果再到砖铺的车道

石油的价格会如何影响糖果的价格呢？一种比较显而易见的影响方式是：能源的价格越高，大多数产品的生产成本也会越高，这包括糖果在内。但是，市场还会以一种更间接的方式把石油和糖果联系在一起。例如，乙醇是酒精饮料的主要成分。但是，它也是一种好的燃料，能够从各种农作物中提取，如玉米和甘蔗等。巴西是世界上最大的乙醇生产国和消费国，其乙醇的生产量和消费量大得惊人。通过采用一些可更灵活使用各种燃料的交通工具，即可以同时使用乙醇、汽油，或者两者混合物的交通工具，巴西已经设法使其汽油的消费量降低了40%。④巴西也是世界上最大的蔗糖生产国。

现在你能理解石油价格和糖果价格之间的联系吗？当石油的价格上涨时，巴西就把甘蔗从食糖的生产转向乙醇的生产，从而抑制了燃料成本的上涨，但是，却提高了食糖的价格。⑤

那么，砖铺的车道又是怎么回事呢？一桶42加仑的原油可以提炼出大约19.5加仑的汽油、9.7加仑的燃料油、4加仑的喷气燃油、1.4加仑的沥青，以及一定数量的其他产品。⑥在一定程度上，这些分解是固定的。（沥青是在石油提炼出所有其他产品之后的剩余物。）但石油的提炼者也有一定的灵活性，当汽油的价格相对较高时，他们就会从每一桶原油中都提炼出最后一滴汽油，从而留下更少的原油来生产其他产品。因此，汽油价格的上升意味着沥青供给的减少。沥青供给的减少又会提高沥青的价格。例如，当石油的价格在2006年上升到每桶70美元的时候，利用沥青铺一条普通大小车道的价格上升到300美元。⑦看到这么高的价格，房主们就会改用一些如水泥、鹅卵石和砖块之类替代物来铺路了。

> **自我测验**

1. 美国政府对用玉米生产酒精进行补贴。如果农民在用玉米生产酒精方面得到的价格提高，那么，用于生产面包的玉米的价格会如何变化？餐厅和饭馆会如何做出反应？

2. 锯木屑可以用作奶牛的卧垫。2007年房产泡沫的结束对牛奶的价格有什么影响？如果你需要一点提示，请在 MarginalRevolution.com 搜索"锯木屑"（saw-dust）。

5.3 解决经济大问题

全世界的市场彼此都是相互联系的。一个市场供给和需求的变化可能会影响到数千里之外其他一些完全不同产品的市场。但是,这些联系是通过什么方式来实现的呢?**经济大问题**(great economic problem)就是如何安排我们有限的资源以尽可能地满足我们无限多的需求。我们设想一下,假设中东战争减少了石油的供给,我们就会更有效地去利用石油。但是,如何能做到更有效地利用呢? 如果在所有的用途上都同等程度地减少石油,那肯定是愚蠢的——石油在某些用途上比其他用途更具有价值。我们想把石油从低价值的用途上撤出,因为在这些用途上不用石油也可以,或者它有好的其他替代品存在。这样,我们就可以把石油用到那些高价值的用途上,在这些用途上石油几乎没有好的替代品。

实现这种转变的方法之一就是,要求有一个中央计划者来发布命令。这个中央计划者会命令多少石油用于钢铁产业,多少用于供热系统,多少用于星期天的汽车出行。但是,中央计划者怎样才能知道,在这上百万种用途中,石油在每一种用途上的价值各是多少呢? 没有人能够确切地知道石油究竟有多少种用途,更别说知道它在哪一种用途上是高价值的,在哪一种用途上价值更低。用石油来生产钢铁比用石油生产蔬菜更有价值吗? 即使钢铁比蔬菜更有价值,答案也不一定。因为在生产钢铁时电能可能是石油的一种好的替代品,但在生产蔬菜时却不是这样。因此,为了估计石油在不同用途上的价值,中央计划者就必须了解石油在所有用途上的价值,以及石油在每种用途上的替代品(甚至是这些替代品的替代品!)。利用这些信息,中央计划者还必须以某种方式计算出石油的最优配置方式,然后通过发布上千条命令,来把石油分配给经济中的众多石油使用者。

中央计划者的任务实在太复杂,它基本上不可能完成。此外,我们还没有考虑激励的问题。为什么每个人会有激励向中央计划者传递真实的信息呢? 每个石油使用者都会宣称,石油在他的这种用途上是高价值的,且不存在任何可能的替代品。中央计划者又有什么激励必须把石油配置到高价值的用途上呢?

在 1973—1974 年石油危机期间,美国政府曾进行过短暂的中央计划性的石油配给。为了试图减少星期天的开车出行,尼克松总统甚至禁止加油站在星期天开业! 我们在下一章会更详细地介绍这一对付石油危机的办法所带来的后果。苏联和中国比美国走得更远,它们曾试图对整个经济都进行计划。然而,大规模的中央计划经济都失败了,全世界实际上都放弃了中央计划经济(古巴和朝鲜这两个比较穷困的国家例外)。

由于信息和激励的问题,中央计划经济的方法失败了。我们需要一种更好的方法。

石油使用者对自己使用的石油所产生的价值掌握有很多信息,这些信息比实际能够传递给中央计划者的信息要多得多。我们需要利用这些无法传递给中央机构的信息。从理论上讲,每个石油使用者都会比较自己使用石油所产生的价值和石油在其他替代用途上的价值,而且,只要自己使用石油所产生的价值比石油在替代用途上的价值更低,每个使用者都有激励放弃使用石油。这就是价格体系所完成的工作。

我们再回到个人考虑是用沥青还是用砖块来铺路这个问题上。个人知道铺一条路的价值,但是,他们不知道沥青在经济中的其他地方还有什么用途。他们知道沥青的价格。在自由市场上，沥青的价格等于沥青在它下一用途上的最高价值。看一看图5.1，它正好是我们现在非常熟悉的供求曲线图。记住，商品在各种用途上的价值都由需求曲线的纵坐标给出。注意，均衡价格把该商品的所有用途分为两类——均衡价格之上是高价值的、已被满足的需求，均衡价格之下是低价值的、未被满足的需求。现在，在未被满足的需求中，最高的需求价值是多少呢？它正好等于市场价格（或者如果你愿意，也可说它比市场价格"正好低一点点"）。换句话说，如果再多一桶石油的话，这桶石油最高价值的用途将是用来满足目前未被满足的第一种需求。市场价格告诉了我们该产品在它下一用途上的价值。

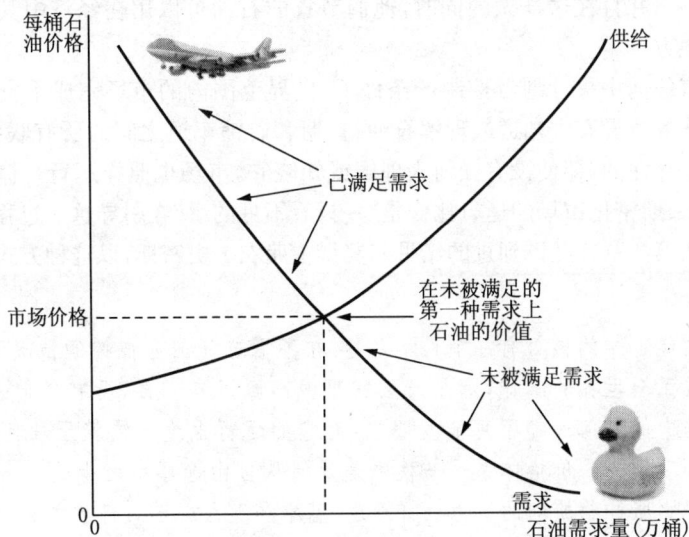

市场价格把石油的用途分为两类。在市场价格之上，石油用途的价值高于市场价格。在自由市场上，这些都是已经被满足的需求。在市场价格之下，石油用途的价值都低于市场价格。在自由市场上，这些都是未被满足的需求。注意，石油在其未被满足的需求中的价值正好比市场价格稍微低一点点。

图5.1　市场价格和机会成本

当一个消费者把沥青的价格同他用沥青铺路的价值进行比较时，他就是在比较他用沥青铺路的价值和沥青的机会成本。并且，请记住，因为市场是相互联系的，沥青的价格也同石油价格联系着，石油的价格又联系着中国对汽车的需求、乙醇的供给，以及食糖的价格……因此，当该消费者把他用沥青铺路的价值同沥青的价格进行比较时，他也是在比较他用沥青铺路的价值和巴西汽车驾驶员使用500加仑汽油的价值。或者，换一种说法，当你决定是开车去学校还是坐公共汽车去学校时，你也是在决定，你使用石油的价值是否比这世界上其他数百万目前未被满足的石油使用者使用石油的价值更高！

通过把这个世界上所有同石油用途有关的信息浓缩成一个数字——价格，市场解决了信息问题。诺贝尔奖得主哈耶克写道*：

---

* 哈耶克的经典论文《知识在社会中的利用》（*The Use of Knowledge in Society*）非常深刻，但很容易阅读。你能够从网上通过搜索"Hayek use of knowledge in society"找到这篇论文。原文引用为Hayek, A. Friedrich, 1954. The use of knowledge in society. *American Economic Review.* XXXV, 4:519—530。

关于这一价格体系最具有重大意义的事实就是它所控制的经济信息……通过一种符号(价格),只有最重要的信息才被传递,而且也只传递给那些最关心这些信息的人……神奇的地方就在于,当一种原材料出现短缺时,不用发布任何命令,也没有几个人知道短缺的原因,数以万计的人们——他们的身份几个月的调查也不能确定——都会更节省地使用这种材料,或者使用这种材料的制成品;也就是说,他们都会朝着正确的方向行动。

除了解决信息问题外,价格体系也解决了激励问题。关注价格是消费者的利益所在。当一种像沥青这样的石油产品价格上涨时,消费者有激励改用像砖块这样的替代品。并且在这样做的同时,他们节省的石油可以用在经济中其他具有更高价值的地方。

在没有任何中央计划者控制的条件下,世界范围内的市场完成了资源配置这样巨大的任务。没有人知道或理解石油、食糖和砖铺车道之间的所有联系。但是,这种联系是存在的,即使没有任何人理解或知晓它,市场也照样运行。惊奇于他的所见,亚当·斯密把市场的运行比作是"一只看不见的手"在引导这一过程。

看见"看不见的手"

我们在第3章曾经讲到过的诺贝尔奖得主弗农·史密斯,以这种方式来描述价格体系:

在经济学的核心有一个科学之谜:在不需要任何人把控的情况下,价格体系完成了全世界的工作,那是怎么回事呢?像语言一样,没有任何人发明它。我们当中的任何人都不可能发明它,而它的运行也绝不依赖于任何人对它的洞察和理解……价格体系——秩序是如何从自由选择中产生的——是一个同宇宙的膨胀和物质间的引力一样深邃、基本和发人深思的科学之谜。[8]

自我测验

1. 花生主要的作用是作为盘中之物,但它们有时也被用于制作鸟食、油漆、清漆、家具抛光、杀虫剂和肥皂等。考虑到花生在哪些用途上是必需的,在哪些用途上有好的替代品,请根据价值的高低给花生的各种用途排序。不用太纠结,我们知道你不是花生专家,但是想让你看看自己是否已经理解了价值高低的概念。

2. 中国的花生生产占世界花生供给的三分之一以上,假设中国的花生生产大歉收。在以上你排序的各种用途中,哪些用途将会被砍掉?

5.4 价格是诱发激励的一种信号

秩序是如何从自由选择中产生的呢?这是一个科学之谜,价格则是解开这个谜题的最大线索。价格不仅仅只是告诉人们,他们应该为一份汉堡加薯条支付多少钱,价格还是激励,是信号,是预测。为了理解市场,你需要更好地理解价格。

当石油的价格上升时,所有的使用者都被激励着更加节俭——可能是通过减少使用量,也可能是通过考虑用替代品:从电动汽车到海外鲜花培植的每一件事情。石油价格的上升也是一种信号,它要求供给者在石油勘探投资得更多,寻找像乙醇之类的替代品,以及增加回收利用率。你知道美国回收利用最多的产品是什么吗?沥青。[9]

政治家和消费者有时不理解价格所起的信号作用。在飓风来临之时，冷冻食品、发电机以及链锯的价格都经常会急速上涨。消费者抱怨说这是价格欺诈，政治家们则要求价格管制。这些都可以理解，因为受到飓风和高价格的双重打击，这可能真是件残酷的事情。但是，价格体系只不过是在发挥它的功能罢了。一次价格的飙升就像是一道射向夜空的闪光信号，它在呼喊着——这儿需要冷冻食品！价格管制消除了这种信号——需要尽可能快地把冷冻食物送到灾区去！

飓风受灾地区冷冻食品的高价格向供给者发送了获利机会的信号：从价格低的地方购入冷冻食品，并运往价格高的地方。当飓风受灾区冷冻食品的供给增加之后，其价格就会下降。更一般地说，价格信号及其相伴的利润和损失会告诉企业家：什么地方消费者的需求正在膨胀；什么地方消费者的需求正在萎缩。如果消费者需要更多的计算机，计算机行业的价格和利润就会增加，该行业就会扩大。

亏损也许是一种甚至比盈利更重要的信号。那些不能用低成本高质量的产品来进行竞争的企业家就会亏损，他们的企业就会萎缩甚至破产。对于单个企业来说，破产是一件坏事情，但对资本主义制度来说，这是一件好的事情。听说过 Smith Corona、Polaroid、Pan Am 和 Hechingers 这些名字吗？* 曾几何时，这些公司的每一家都是其所在行业的领军者。但是，在今天，这些公司或者破产，或者比它们的巅峰时刻要小得多。在一个自由市场上，所有的公司都要时刻接受市场的考验。因此，在一个成功的经济体中，总会有很多不成功的公司。

自我测验

1. 假设不管在任何时候，只要石油的供给出现了增加或者减少，政府就会向所有的石油使用者发送短信，询问他们是会增加还是减少（视情况而定）石油使用量。假设短信系统运行得非常好。这样一个短信系统能像价格一样有效配置资源吗？为什么？这种短信系统和价格体系之间的差别是什么？
2. 在原苏联，企业从不可能破产。你认为这会如何影响创新和经济增长？

---

　　* **Smith Corona**，是一家打字机公司，该公司于 1885 年开始生产打字机，20 世纪 70 年代达到顶峰，在近现代，"Smith Corona"是打字机的代名词。但由于计算机和虚拟现实技术的出现已使打字机无用武之地，该公司于 2000 年宣布破产。

　　Polaroid，即美国著名的宝丽莱公司。成立于 1937 年，是一家历史悠久的相机制造厂商。1972 年，宝丽莱生产出了第一台可一次成像而且可打印照片的相机产品，使得业内人士为之痴狂，甚至可以称为美国的繁荣标志之一。该公司的资产总额在 1982 年达到了数十亿美元，规模巨大。但该公司已宣布破产保护，并重新进行业务整合。

　　Pan Am，即泛美航空公司，它是泛美世界航空公司（Pan American World Airways）的简称。泛美航空公司自 20 世纪 30 年代成立至 1991 年倒闭前，一直是美国的主要航空公司之一。其历史可追溯到 1927 年创立的航空邮递公司，30 年代，泛美航空公司成为世界最大的国际航空公司。1950 年改名为**泛美世界航空**，通常称为**泛美航空**（Pan-American Airways）。作为一家世界知名的航空公司，泛美航空为航空业带来很多革新，包括大量使用喷气式客机、波音 747 客机和计算机订位系统，更成为 20 世纪的文化象征。

　　Hechingers，是一家日用百货零售公司。成立于 1911 年，到 1987 年有 64 家分店，销售额达到 6 600 万美元。20 世纪 80 年代中期该公司继续扩张，但 90 年代开始其业务下滑。1997 年，Hechinger 家族以 5.07 亿美元出售了该公司，1999 年，该公司重组失败后宣布清算，这时该公司共有 117 家分公司。——译者注

5.5 投机

投机是指利用现在与未来的价格变化而赢利的活动。

假设你预测明年中东可能会发生战争。如果中东出现了战争,石油供给就会减少,石油价格就会上涨。你如何能从这一预测中获利呢? 赚钱的办法是低价买进高价卖出。因此,你应该趁现在低价的时候买进石油,并在短期储存这些石油,然后在明年战争发生之后,当价格很高时再卖出这些石油。图 5.2 显示了这一过程,这一过程被称为投机(speculation)。为了简化图形,我们采用了垂直的供给曲线,即假设石油的供给数量是固定的。

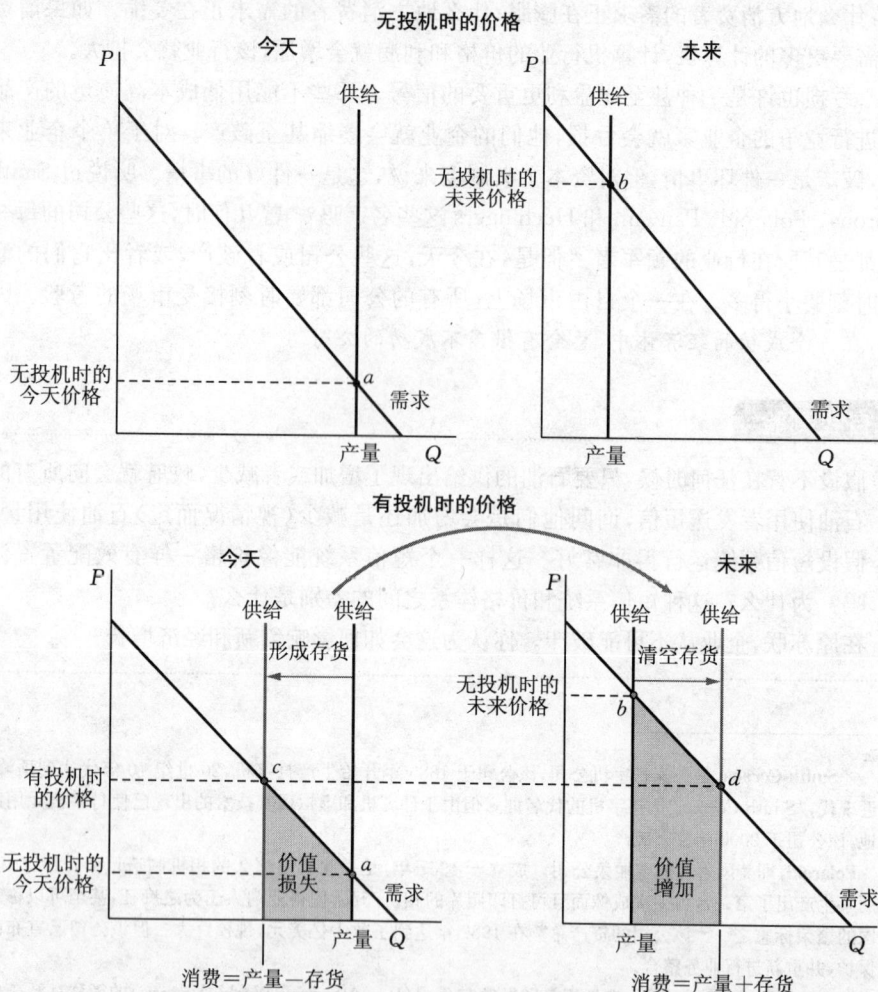

图 5.2 投机会使得价格在时间上更平稳,同时提高了社会福利

上面两图显示了没有投机行为时经济中石油的价格、产量和消费量。在左图中,即今天,均衡状态位于点 a,石油价格较低,产量和消费都较高。在右图中,即明天,由于混乱减少了石油的产量,石油价格较高。由于没有来自上一时期石油的储存,石油的消费也减少。

下面两图显示了存在投机行为时的情形。在左图中,标示为今天,石油投机者买进石油并把它储存起来,这推动今天石油价格上涨,减少了今天石油的消费——因此,均衡状态从点 a 移动到点 c。在未来,当石油价格很高时(点 b),投机者卖出他们所储存的石油。储存石油的进入降低了价格,同时也使得人们在产量很低的情况下能够消费更多的石油。

当石油在今天被储存起来的时候,石油对消费者的价值(灰色)下降。但是,当未来石油供给短缺的时候,投机者把他们储存的石油投入市场,石油对消费的价值会增加得更大。

　　上面的两张图表示不存在投机行为时的情形。今天的产出很高，因而今天的价格很低（点 a）。然而，未来生产将会被战争中断，这促使未来的价格上涨（点 b）。注意，在没有投机行为的时候，战争扰乱了石油市场，石油价格从点 a 跳跃到点 b。

　　下面的两图表示存在投机行为时的情形。投机者今天买进石油并储存它——这就减少了可供今天消费的石油数量，并推动今天的价格上涨（点 c）。然而，当第二年战争发生的时候，产量很低。但是，消费量比没有投机行为时要高，价格则比没有投机行为时更低。因为投机者出售了他们储存的石油（点 d）。注意：由于投机行为的存在，市场可以为石油生产的任何干扰做好准备，石油的价格波动被熨平了。

　　投机者提高了今天的价格，但是降低了未来价格。由此，投机者就存在一个形象方面的问题。因为媒体总是报道投机者何时提高了价格，但却很少报道他们何时降低了价格。然而，总的来看，社会由于投机行为而得到改善。因为投机者把石油从低价值的时刻（今天）转移到高价格的时刻（未来）。当生产者储蓄石油的时候，社会并没有消费到那些储存的石油，因而一些需求无法得到满足——由于这些无法得到满足的需求所带来的价值损失由图 5.2 左下图中的灰色区域表示（同以前一样，物品在不同用途上的价值由需求曲线的高度来衡量）。但是，当投机者在未来卖出这些石油时，未来的消费增加了——未来更多的需求被满足——未来消费增加所带来的价值由图 5.2 右下图中一块面积更大的灰色区域表示。因此，如果投机者的行为正确，他们就会把石油从今天，即石油具有较低价值的时刻，转移到未来石油具有更高价值的时刻。在这一过程中，社会状况得到了改善。

　　当然，投机者的预测也不是全都正确。但是，投机者们会为他们的预测采取实际行动。他们有强烈的动机去做到尽可能地正确，因为一旦他们错了，他们就会损失钱，会损失很多钱。另外，差的投机者不久就会发现，他们会穷困潦倒。任何一个能够在长时间内都能从事投机的人，要么非常非常幸运，要么预测得非常准确。因此，从净效果上来看，投机者会使得价格更具有信息含量，即使是在很多投机者都出现错误的特殊情况下。

　　一名中东政策的细心观察者可能对中东战争发生的可能性有很好的信息，但是，他可能没有好的方法来储存石油。幸运的是，即便石油投机者不在自己的后院里建油库，市场也能为其提供好的投机办法。

　　投机者可以买入石油期货。石油**期货**（futures）是一种以某一特定价格买入或卖出一定数量的石油，并在未来特定时间和地点进行交割的合约。在纽约商品交易所（NYMEX），你能买到任何原油期货。这些期货分别规定，按今天达成的价格，在未来第 30、第 36、第 48、第 72 或者第 84 个月末，在俄克拉何马州 Cushing 城进行轻质低硫石油的交割。期货合约最重要的就是，尽管指定要在 Cushing 交割和验收，但几乎所有的期货合约实际上都是用现金结算的。

　　我们现在来看看这些工作是如何完成的。假设泰勒对未来石油价格的预测比其他人的预期更高。泰勒买入了一份石油合约，合约赋予他能够在未来第 30 个月末（在 Cushing）买入 1 000 桶石油的权利。泰勒同意在交割的时候，他将按照每桶 50 美元，即总价 50 000 美元的价格向卖者亚历克斯进行支付。同样，亚历克斯也同意在第 30 个月末在 Cushing 交割 1 000 桶石油。从现在开始，30 个月后，泰勒的预测被证明是正确的——石油的实际价格或者说现货价格为每桶 82 美元。如果泰勒去 Cushing，他可以从亚历克斯那拿到石油，并支付 50 000 美元，然后回过头来再把

期货是一种标准化的合约，它规定以某一特定价格买入或卖出一定数量的商品或者金融工具，并在未来特定的时间和地点进行交割。

这些石油以每桶 82 美元的价格卖给其他人,其利润是每桶 32 美元共 32 000 美元。但实际上,泰勒和亚历克斯并不需要这要做,他们可能会达成用现金结算。亚历克斯已经同意以 5 000 美元的价格给泰勒 1 000 桶石油,而这些石油的实际价格是 82 000 美元。因此,亚历克斯不用直接给泰勒石油,他给泰勒 32 000 美元的现金差价,结算就完成了。现金结算的好处在于,泰勒和亚历克斯都可以在不用直接收货或交货的情况下,完成对石油价格所进行的投机。此外,泰勒和亚历克斯也都不必去 Cushing,那地方好的特色饭店少得可怜。*

期货市场不仅可用于投机,也可用于减少风险。一家航空公司如果想预先知道下一年的燃料成本,它就可以通过在期货市场上买进石油来锁定价格。同买进期货相反,农民可以卖出期货。一名大豆农场主今年种植了庄稼,但是,要等到明年才能收获,而明年大豆的价格可能同今年的市场价格完全不同。为了避免价格风险,这名农场主可以现在卖出期货,也就是,同意按照今天达成的价格在未来收获季节卖出一定数量的大豆。外汇上的期货市场也很普遍。假设福特汽车预期在德国会以每辆 25 000 欧元的价格卖出 1 000 辆汽车。在今年年末,福特将会获得多少美元呢? 福特无法知晓,因为欧元对美元的汇率可能会波动。但福特可以通过卖出欧元期货来锁定汇率。

自我测验

除了商品外,投机也可以发生在股票上。2008 年,华尔街投行雷曼兄弟抱怨投机行为正在导致它的股票价格一再下跌。在此期间,雷曼继续向外界给出乐观的预测数字。2008 年晚些时候,莱曼兄弟破产了。为什么投机者的预测会比雷曼自己发表的报告更具有信息含量?

5.6 观察信号

认为中东会发生战争的投机者会买进石油期货,这会推动期货价格(现在签订的未来进行交割的价格)上涨。如果期货价格比现货价格(即当期价格)高出很多,这就给出了一个信号,任何同这一行业有利益关系的明智人士根据这一信号都会知道,供给冲击可能就会出现。石油、外汇和很多商品的期货价格在报纸上和网络上都可以找到。因此,任何想要预测有关中东战争事件的人,都可以通过读解

---

* 从技术层面上讲,这里描述的是一个远期合约。现金结算允许任何人都可以进行石油投机,即使是他们不是真的需要或者没有任何石油可供交易,如果从这一角度来看,远期合约和期货合约之间的差别并不重要。

期货合约和远期合约技术上的差别在于,在期货合约中,买者和卖者并不直接签订合约,他们每一方都只同中介机构交易,即纽约商品交易所(NYMEX)。纽约商品交易所确保交易双方在交易中都没有欺诈行为。为了确保任何一方都没有欺诈行为,纽约商品交易所每天都要基于市场状态对合约进行标识,也即是说,每天都会有一小部分的现金结算,直至到期日为止。例如,如果泰勒和亚历克斯签合同后的那天现货价格变为 51 美元,那么,亚历克斯就必须支付给纽约交易所额外一笔钱。如果签约后的那天现货价格变为 49 美元,那么,泰勒就必须支付给纽约交易所额外一笔钱。纽约商品交易所一直保管着这笔钱,并进行流动记账,一直到到期日为止,这时他们会把总额交付给具有净收益的一方。利用这种方式,即使有一方拒绝兑现交易,纽约商品交易所也可以把损失控制在一定的范围之内。

这些价格信号而受益。

期货价格能为未来事件提供特殊的信息。例如，决定橙汁期货价格的主要因素是天气。如果预期将会有导致霜冻的坏天气出现，从而会有很多橙子会受到损害，橙汁期货的价格就会很高。如果预期天气很好并且将会有一场大丰收，那么，期货价格就会很低。经济学者理查德·罗尔（Richard Roll）发现，橙汁的期货价格对天气相当敏感，以至于它可以被用来提高国家气象局天气预报的预测准度。⑩

如果你具有获得信息的渠道，你可以很容易地预测未来。1991年12月，联合国和世界观察组织都警告说，1992年小麦将非常稀缺。经济学者保罗·海尼（Paul Heyne）从报纸上发现，那一天小麦的现货价格是每蒲式耳4.05美元，但是，小麦1992年12月的期货价格是3.51美元。同世界观察组织的预测不同，投机者们并不认为未来小麦的稀缺性会增加。你会更相信谁的预测：世界观察组织的？还是小麦投机者的？为什么？*

石油期货的价格也可以被用来预测中东战争。但是，这只是期货市场的一个副效应，不是它的主要目的。除了战争之外，其他因素（如欧佩克的决策、新油田的发现和石油的需求）也会影响石油期货，因此，石油期货价格是中东战争的一种噪音信号。被静电干扰的电话线，就是一种噪音信号。电子工程师在尽量提高手机的信噪比。最近，经济工程师也已经开始构思，如何提高市场上价格的信噪比。

5.7 预测型市场

如果通过市场预测未来非常成功——尽管市场的演化并不是由预测未来的需要所推动——那么想象一下，专门设计出一种市场来预测未来，那该是多么的管用。从20世纪80年代晚期开始，经济工程师已经开始设计**预测型市场**（prediction markets），即一种特殊的市场，它们被设计出来的目的主要是为了使价格能够被解释为某种未来事件发生的概率，并因而能够被用于预测未来。⑪

最著名的预测型市场是艾奥瓦电子市场（Iowa Electronic Markets）。艾奥瓦市场让交易者用真正的钱来买卖政治候选人的"股份"。例如，2008年的大选中，艾奥瓦电子市场上的交易者就可以买入约翰·麦凯恩和巴拉克·奥巴马的股份。如果巴拉克·奥巴马赢得大选，一股巴拉克·奥巴马的股份就可以获得1美元的支付；如果巴拉克·奥巴马没有当选，就没有任何收益。假设一股奥巴马股份的市场价格是75美分。这一市场价格对巴拉克·奥巴马当选的概率说明了什么呢？

为了回答这一问题，假设把每一个股份看作是一张彩票。如果奥巴马当选，这张彩票可以获得1美元，如果他落选就没有收益。如果奥巴马有20%的机会赢得大选，你愿意为这一张彩票支付多少价格呢？如果奥巴马有75%的机会获胜，你为这一张彩票愿意支付的价格又是多少呢？如果奥巴马有20%的机会获胜，那么，对于一张他获胜就可以获得1美元的收益，否则就没有任何收益的彩票，平均来说它值大约20美分（0.2×1美元）。如果奥巴马有75%的机会获胜，那么，这张彩票大约会值75美分（0.75×1美元）。因此，倒过来推算，如果我们看着人们愿意为一张奥巴马彩票支付75美分的价格，我们就可以推测出他们认为奥巴马大概有75%的

预测型市场 即一种特殊的市场，它们被设计出来的目的主要是为了使价格能够被解释为某种未来来事件发生的概率，并因而能够被用于预测未来。

---

* 顺便提一下，海尼的预测是正确的，1992年小麦并不是很稀缺。你的信任放对地方了吗？

概率赢得大选。用这种方法，我们可以利用市场价格来预测选举结果。

艾奥瓦市场正确地预测到奥巴马 2008 年赢得大选，而且它们对奥巴马获得选票份额的预测也非常准确。未来从没有被完全准确地预测到过，但是，在预测美国和国外的选举、政党提名选举以及其他政治事件的 20 年中，艾奥瓦市场已经被证明比其他那些如民意测试之类的机构要准确得多。[12] 在激烈的选举期间，职业证券交易员们——他们经常握有上百万美元同选后的经济政策有关的押注——会一直监视着艾奥瓦市场，以便能找到关于未来事件的线索。

惠普公司也利用相同的市场方法来帮助它预测未来的硬件销售情况。惠普公司销售组的成员买入或卖出一些证券数量，当销售量落入一定的区间范围内，这些数量的证券就会获得报酬。当且仅当未来的销售量位于，比方说，10 000 到 15 000 个单位之间时，某一类型的证券就会被支付 1 美元。如果销售量在 15 000 到 20 000 个单位之间时，另一种类型的证券可能会获得支付。这个市场中共包括 10 种类型的证券——其范围足以覆盖所有可能的销售结果。

通过检验所有 10 种证券的价格，惠普公司可以给所有销售结果的任意组合分配一个概率。例如，如果销售量为 5 000—10 000 个单位的证券的价格是 10 美分，销售量为 10 000—15 000 个单位的证券是 20 美分，这就表明，销售量为 5 000—15 000 个单位的概率是 30%。

惠普公司把实际的销售结果分别同这一预测型市场的预测结果和它们工作人员的预测结果进行了对比。在 16 次实验中，有 15 次都是市场预测的平均值比工作人员的预测值更接近于实际的销售结果。在剩余的一次实验中，实验预测的平均值同工作人员的预测同等接近。受到这一结果的鼓舞，惠普公司建立了它自己的实验经济学实验室。

预测型市场的另一个优点是，它鼓励了交易者把钱投在那些他们更愿意保持缄默的事情上。虽然公司的销售成员比任何人都更了解，下一季度的销售量会比预期值更低，但是，他们几乎没有任何激励把这一信息传递给他们的老板们。

预测型市场可以帮助克服"唯命是从"的现象，这种现象会使得信息很难从底层传达到高级决策层的手中。

好莱坞证券交易所(http://www. HSX. com)* 也证明，市场这一创新型的运用是可以获利的。好莱坞证券交易所让交易者买卖各种电影、音乐和奥斯卡提名者的股票和期权。好莱坞交易所的交易是用虚拟的"好莱坞美元"进行的，不过好莱坞交易所——它由华尔街企业 Cantor Fitzgerald 旗下的一个子公司所持有——的目标是利润。有 800 000 人出于娱乐的目的在好莱坞交易所上进行交易，这表明好莱坞交易所的价格对于预测电影未来的盈利状况是可靠的。在图 5.3 中，横轴表示好莱坞交易所对首映票房收入的市场预测，纵轴表示首映票房的实际收入。如果所有的预测都准确，那么预测收入正好等于实际收入，因而所有的观测点都将位于 45 度的斜线上。当然，没有人能够完全准确地预到测未来。斜线之上的

---

　* 好莱坞证券交易所(Hollywood Stock Exchange)是一个虚拟的娱乐证券市场，主要对电影票房进行预测。1998 年起，好莱坞证券交易所开始发行针对好莱坞电影的虚拟股权，电影爱好者和投资人可对电影票房和得奖预期进行虚拟买卖。由此构建了一个关于演员、导演和影片的"股市"。某只股票越火，那么它对应的演员、导演或影片中的人气就越旺，此人或此片获奖的可能型就越大。2007 年和 2006 年奥斯卡奖的全部 8 个奖项中，都有 7 项被该交易所正确预测，2005 年则是百分之百准确预测。

点所代表的电影，其实际收入比预测收入要高；斜线之下的电影，其实际收入要低于预测收入。《布鲁托·纳什月球历险记》(*The Adventures of Pluto Nash*)是2002年的一部电影，它使埃迪·墨菲(Eddie Murphy)一举成名。市场预测这部电影在开幕首映第一周的收入将会超过1 000万美元。实际上，此片是有史以来最大的财务炸弹，它耗费了1亿美元的成本，总收益却只有441万美元，首映周的收入只有这一半多一点，之后，大家的口水就直接把它扔进了垃圾堆。然而，斯派克·李(Spike Lee)导演的《喜剧之王》(*The Original Kings of Comedy*)却获得了预想不到的成功，它首映周收入预测只有470万美元，而实际首映周收入几乎达到1 200万美元。虽然市场预测比实际收入有时会高一些，有时会低一些，但是，它们基本上都位于45度线上。这就表明，预测结果平均来说是正确的。例如，市场预测《美国派 II》(*American Pie 2*)首映周收入将会达到4 510万美元，而实际这一收入为4 530万美元。好莱坞工作室渴望提高它们对未来轰动巨片的预测能力，它们愿意花钱从好莱坞证券交易所购买数据，这也许是好莱坞证券交易所预测精确性的一个最好的证明。

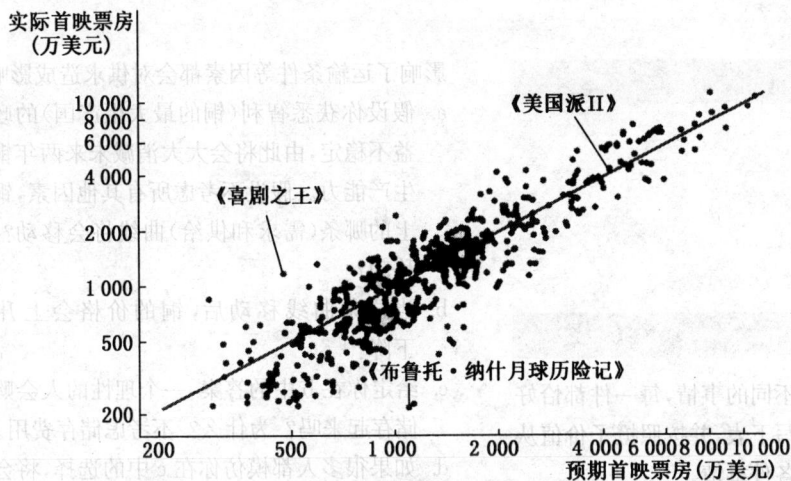

资料来源：Wolfers, Justin and Eric Zitzewitz. 2004. Prediction markets. *Journal of Economic Perspectives* (18)2：107—126。

图5.3 好莱坞证券交易所很好地预测了未来的票房收入

预测型市场的应用扩张得非常快。但是就我们的目的而言，更重要的是预测型市场有助于说明整个市场是如何工作的。市场价格是一种信号，它传递了有价值的信息。买者和卖者都有激励关注价格，并对价格做出反应。在这一过程中，他们直接把资源投向那些对他们具有最高价值的用途。

○ 本章小结

没有孤立的市场。不同地理位置、不同时间和不同产品种类的市场都是相互联系的。美国某地加油站汽油的价格联系着中国的石油市场。今天的石油价格联系着未来的预期石油市场，它们又通过投资同过去的石油市场产生联系。一种产品的石油联系着其他各种产品的市场。花卉、沥青和糖果的供给和需求都被全球市场联系在一起。

全球市场不可能由人为设计而成，而且，由于它如此之复杂，也永远不可能被完全理解透彻。市场就像一台巨型电脑一样在运转，它们在对我们有限的资源进行着配置，并尽可能地满足我们无限多样的需要。价格体系是市场过程的核心。价格体系把资源价值的信号传递给消费者、供给者和企业家，它鼓励每个人在对稀缺性和环境变化做出反应时，都采取合适的行动。

自由市场的价格体系是作为信号系统在运转，因为通过买者和卖者，价格体系会逐步释放出一些重要的信息。例如，石油的期货价格能传递出中东战争的信号，橙汁期货的价格能告诉我们未来福罗里达州的天气情况。市场价格体系含有如此丰富的信息，以至于可以创造一种新型市场（预测型市场）来帮助企业、政府和科学家们预测未来事件。

○ 本章复习

关键概念

经济大问题
投机
期货
预测型市场

事实和工具

1. a. 假设你想要做5件不同的事情，每一件都恰好需要一只橙子。填写下表，并按照橙子价值从高到低的顺利排列各件事情。

事　　　件	偏好排序
把这只橙子送给你朋友	
用这只橙子砸一个你讨厌的人	
吃掉这只橙子	
把这只橙子榨成橙汁	
用这只橙子做装饰品	

b. 假设橙子的价格很高，你只买了4只橙子，你会放弃哪一件事情？

c. 如果想要你买5只橙子，价格需要下降到多少？从能让你去买第5只橙子的价格中，关于排序第5的那件事情对你的价值，我们能了解到什么？

2. 铜的供给和需求经常变化。新矿源的发现、矿井塌方、工人罢工、铜制品衰退并变得不流行、天气

影响了运输条件等因素都会对供求造成影响。

a. 假设你获悉智利（铜的最大生产国）的政局日益不稳定，由此将会大大消减未来两年铜矿的生产能力。假设不考虑所有其他因素，铜市场上的哪条（需求和供给）曲线将会移动？如何移动？

b. 当这条曲线移动后，铜的价格会上升还是下降？

c. 给定你在b中的答案，一个理性的人会购买铜储存起来吗？为什么？不考虑储存费用。

d. 如果很多人都模仿你在c中的选择，将会导致当前铜的价格出现什么变化？

e. c和d中的行为会鼓励人们增加还是减少今天铜的用量？

3. 在这一章中，我们注意到，在一个成功的经济体中，会有很多企业破产。如果一国政府通过给这些企业贷款、赠予现金或其他的紧急融资，以使得它们能继续经营下去，从而使得无效率的企业无法破产，这个国家将可能会很穷。这是为什么？〔提示：Steven Davis and John Haltiwanger. 1999. Gross job flows, *Handbook of Labor Economics*(North-Holland)发现，美国制造业效率提高的60%是由于人们从弱企业向强企业转移而创造的。〕

4. 就你个人而言，你做家庭作业的机会成本是什么？

5. 假设你正在竞拍一辆旧车，有其他人竞拍的价格高于你愿意支付的最高价格。该旧车对这个人的货币价值同它对你的货币价值相比，你能肯定的是什么？

6. 有时投机者会出错。在海湾战争之前的几个月里，投机者抬高了石油的价格：1990 年 10 月平均价格是每桶 36 美元，比 1988 年的价格高出两倍多。像这个世界的很多人一样，石油投机者预期海湾战争会持续几个月，这就会中断整个海湾地区的石油供给。因此，投机者或者在公开市场买进石油（几乎总是以很高的投机价格），或者他们已经拥有石油因而只是把它储存起来。不管用哪种方法，他们的目的是相同的：等未来价格更高的时候，再卖出石油。

事实证明，这场战争是速战速决：经过对伊拉克军队一个月时间的大面积轰炸和 100 个小时的地面进攻之后，乔治·布什总统就宣布战争状态结束。尽管萨达姆·侯赛因烧毁了很多科威特油田，但石油价格仍然迅速下降到每桶 20 美元，并在这一价格水平上保持了一年之久。

   a. 以每桶 36 美元的价格买入石油，再以每桶 20 美元卖出，这是一个好的商业计划吗？在每桶石油上，投机者会获利多少，或者亏损多少？

   b. 为什么投机者会执行这一计划？

   c. 当投机者在战后的几个月内卖出他们储存的石油，这一大量的倒卖行为会提高还是降低石油的价格？

   d. 你认为很多消费者会抱怨投机者吗？或者他们压根就不知道投资者正在影响 1991 年春季石油的价格？

7. 假设你在福罗里达州经营一家百货商店。在冬季的某一天，你在报纸上看到，橙汁的期货价格已经显著下降。你家的商店是应该存储更多的毛衣，还是应该储存更多的短裤？

8. 我们来看看图 5.3。如果好莱坞证券交易所的投机者平均来说都太乐观，图中的观察点会在斜线之上还是之下？你为什么这么说？

9. 我们来看看市场力量是否能同仁慈的独裁者一样有效率。由于制造笔记本电脑越来越容易，而且，人们在任何想要使用电脑的地方都能很方便地使用这种电脑，一个无比英明仁慈的独裁者可能会颁布敕令，要求大多数人都购买笔记本电脑，而不要购买台式电脑。笔记本电脑的功能同大部分台式电脑一样强大，这已经成是众所周知的事实。在回答问题 a、b、c 时，除了用语言文字回答外，还请在下图中画出相应的曲线移动。

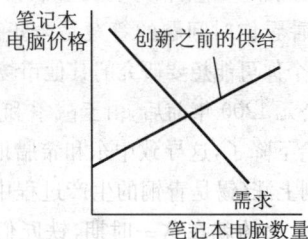

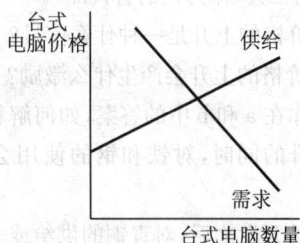

   a. 最近几年，由于制造笔记本电脑已经变得容易多了，笔记本电脑的供给已经大大增加。这会如何影响笔记本电脑的价格？

   b. 笔记本电脑和台式电脑是相互替代的。既然笔记本电脑的价格发生了变化，这会如何影响台式电脑的需求？

   c. 以上变化会如何影响台式电脑供给量的变化？

   d. 现在来看看最终的结果：一旦笔记本电脑的制造变得更容易，"看不见的手"的力量就会促使社会上更多的资源从台式电脑的生产领域撤出，从而有更多的资源用于生产笔记本电脑，这一说法对吗？（注意：笔记本电脑的销售量在 2008 年首次超过了台式电脑。）

思考和习题

1. 安迪签订了一份期货合约，这份合约要求他在 36 个月后以每盎司 1 000 美元的价格出售 5 000 盎司黄金。这段时间过去后，黄金的市场价格变为每盎司 950 美元。安迪赚取或者损失了多少？

2. 在 2016 年的大选中，两个主要政党的总统候选人正在相互竞争。民主党候选人承诺，将在对玉米转化成乙醇的研究方面投入更多的钱。共和党候选人则承诺，将对防御系统的承包商投入更多的钱。在大选前的几个星期里,防御系统的股票暴跌。

a. 谁可能会赢得这次大选:支持乙醇的候选人还是支持防御系统的候选人?

b. 我们曾说过,价格信号有时会成为一种噪音。为了看看你对问题的答案是否正确,请分析2—3个你可能想要研究的其他市场。

3. 大约在公元 1200 年前后,由于战争和贸易中断,锡的供给下降了,这导致中东和希腊地区青铜的价格急剧上涨(锡是青铜的生产过程中必不可少的成分)。大约就在这一时期,铁匠们开发了铁制和钢制工具(作为铜的替代品)。

a. 青铜价格的上升是一种什么信号?

b. 青铜价格的上升会产生什么激励?

c. 基于你在 a 和 b 中的答案,如何解释在青铜价格上升的同时,对铁和钢的使用会变得更为普遍。

d. 在铁被开发之后,对青铜的供给或需求会变化吗? 它们会如何变化? 为什么?

4. 1980 年,马里兰大学的经济学家朱利安·西蒙(Julian Simon)同斯坦福的昆虫学家保罗·埃利希(Paul Ehrlich)打赌,在未来 10 年里,Ehrlich 任意挑选的 5 种金属的价格都会下降。埃利希相信,资源将会随着人口的增加而变得日益稀缺,而西蒙则认为,人们会找到更好的替代品,就像早期人们开发了铁来代替稀缺的青铜一样。埃利希所挑选的 5 种金属(镍、锡、钨、铬和铜)的价格在接下来的 10 里都下降了,西蒙赢得这场赌局。作为一个诚实的男人,埃利希果真签了一张填有适当金额的支票给西蒙。

a. 从这些价格的下降中,我们能够对这些金属的相对稀缺性说些什么?

b. 哪条曲线的移动导致了这些金属的价格下降:供给还是需求? 需求是增加了还是减少了? 供给呢?

5. 在本章,我们揭示了价格体系是如何把所有的商品联系在一起的。为了阐明这一思想,假设农业技术新发明急剧地增加了小麦种植的生产能力。

a. 给定这一变化,小麦的价格如何变化?

b. 根据你对问题 a 的答案,以小麦粉作为原料的各种食品的价格会如何变化?

c. 根据你对问题 b 的答案,纸张的价格会如何变化?

d. 根据你对问题 c 的答案,铅笔的价格会如何变化?(提示:铅笔和纸张是替代品还是互补品?)

e. 根据你对问题 d 的答案,石墨(用于生产铅笔)的消费量会如何变化?

6. "一价定律"表明:如果一种商品可以很容易地在两个地方之间转移,由于商人会在低价的地方买入,在高价的地方卖出,这种商品的价格在这两个地方将会相同。我们关于投机活动的效果同"一价定律"的经验之间有什么相似的地方?

7. 对于本章沥青的案例我们再向前推进一步。假设出现了一种新发明,使得衣服的回收利用变得更便宜和更方便:这也许是一种洗衣机大小的新机器,它可以漂洗纺织和重新染色棉织品,最终使旧衣服变得跟你在时尚杂志上看到的任何棉织服装一模一样。走进洗衣房,扔下一大堆旧衣服后,再去看看时尚杂志的画面,1 小时之后就出来了。

a. 如果你认为"衣服市场"就只是指"新衣服市场",这会移动需求曲线还是供给曲线? 如何移动?

b. 如果你认为"衣服市场"既包括新衣服市场,也包括旧衣服市场,这会移动需求曲线还是供给曲线? 如何移动?

c. 这会如何影响新衣服的价格?

d. 有了这项发明之后,社会的稀缺性生产资料(机器、工人、零售空间)会继续流入"新衣服"部门,还是会从该部门流出?

(注意:这个问题听起来也许有些离奇。不过,用于制造玩具、茶杯等小型塑胶商品的 3D 打印机,其价格已经大大地下降。每天,你都在朝着拥有自己的《星际迷航》(Star Trek)复制品的方向前进。)

8. 罗宾正准备邀请佩姬在返校节舞会上做他的舞伴。在他提出要求之前,他想知道佩姬接受他邀请的机会有多大。罗宾是一位科学家,因此,他正在考虑用两种方法来测试佩姬接受他的邀请的概率。

I. 向他 10 位朋友咨询，问他们，"你认为她会同意吗？"

II. 告诉另外 10 位朋友，"我正在开设一个赌博市场。如果佩姬同意，我出 10 美元；如果她不同意，我就不出钱。我只向竞价最高的人提供一次这样的赌局。现在开始竞拍这个 10 美元赌局。"

a. 根据本章的例子，这两种方法中有一种方法会更有效。是哪一种？为什么？

b. 如果在第二种方法中最高的竞拍价格是 1 美元（同时还有一些更低的竞价是 0.75 美元、0.5 美元和 0），那么，佩姬同意和罗宾去跳舞的机会是多少？

c. 如果在第二种方法中最高的竞拍价格迅速上升到 9 美元左右，那么，佩姬同意和罗宾去跳舞的机会是多少？

9. 有一篇描述市场如何相互联系的经典文章——《铅笔的故事》（*I, Pencil*），作者是伦纳德·E. 里德（Leonard E. Read，他的真实名字）。它可以在 Econlig. org 免费在线阅读。你猜对了，它是从铅笔的角度来写的。其中有一句话特别有名："世界上没有哪个人完全了解我是怎么造出来的。"根据本章你对市场如何连接世界的理解，你认为这句话在何种意义上是正确的？

挑战

1. 在《致命的自负》（*The Fatal Conceit*）一书中，弗里德里希·哈耶克（Friedrich A. Hayek）极力反对中央计划经济，他写道："经济学最迫切的任务就是向人类指出，对于人类以为自己能设计出的东西，人类真正了解的其实是多么的少。"换句话说，人们一般都认为他们能够为生产某种产品设计出最好的工序（例如，在本章开始时所提到的情人节的玫瑰），但是，正如我们所了解的那样，这是不真实的。请问，价格体系在创造这一秩序的过程中，起到了怎样不同的作用？（提示，关键词有"联系"、"信号"和"激励"。）

2. 学经济学的学生经常会问的一个问题是："在一个有很多买者和卖者的市场中，该商品的价格是由谁制定的？"这个问题可能有两个正确的答案："由每个人来制定"和"没有任何人能制定"。选择其中的一个作为你的答案，然后用一两句话来解释，为什么这一答案是正确的。

3. 本章强调，在没有任何人明确地去设计某个体系的情况下，一种有序体系也可以自发地出现。语言的进化显示出了一种怎样的自发秩序。

4. 你支持自然灾害期间的"哄抬物价"吗？为什么？

5. 选择经济学职业的机会成本是什么？

▶6

最高限价

19 71年8月,一个平静的星期天,理查德·尼克松总统采取了一项震惊全国的措施,他下令在全美冻结所有的物价和工资。提高工资现在属于违法行为——哪怕买卖双方是自愿的!尼克松的禁令是有史以来在和平时期对美国经济所进行的最重大的干预之一,它适用于所有的物品。虽然这项禁令被认为仅实施了90天,但是,在这之后的10年中,它都具有持续的影响。

在第5章,我们解释了为什么说价格是一种诱发激励的信号。也就是说,我们解释了价格如何释放出信息,并创造激励来刺激节俭和寻找替代品。我们也解释了不同地理位置的市场、不同产品的市场,以及不同时段的市场如何相互联系。在这一章,我们将说明价格管制——用法律规定高于某一最高价格(最高限价)或者低于某一最低价格(最低限价)的价格水平属于违法行为——如何干预以上这些过程。我们从解释价格管制如何影响单一市场开始,然后再转向价格管制如何会以一种降低生产率的方式,割断某些市场之间的联系,同时又会增加另一些市场之间的联系。

6.1 最高限价

尼克松的价格管制在短时间内并没有太大的影响,因为价格是被冻结在市场均衡价格水平上。但是,经济总是处在持续的波动之中,因而市场价格也会随之变化。在被冻结的价格原本会由于通货膨胀而上涨的情况下,冻结价格所带来的一般情况同图6.1中的结果相似,即被管制的价格会低于没有价格禁令时的价格,或者说低于均衡价格。

最高限价是指法定的最高价格。

当法律规定的最高价格低于市场价格时,我们就说这是**最高限价**(price ceiling)。经济学家称它为最高限价是因为,法律规定了价格不能超过这一限制水平。最高限价会导致5个严重后果:

1. 短缺;
2. 质量下降;
3. 浪费时间的排队和其他搜寻成本;
4. 贸易利得的损失;

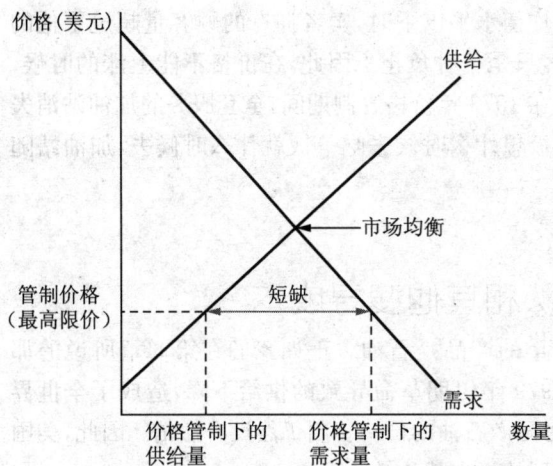

在管制价格下,需求量超过供给量,因而造成了短缺。

图 6.1 最高限价导致短缺

5. 资源的扭曲配置。

6.1.1 短缺

当价格被控制在市场均衡价格之下时,需求量会超过供给量。经济学家称这一现象为短缺。图 6.1 表明,短缺由管制价格下的需求量和供给量之间的差额来度量。另外请注意,管制价格相对于市场均衡价格越低,短缺就会越大。

在某些经济部门,1971 年实行价格管制不久后就马上出现了短缺现象。例如,建筑行业不断增加的需求意味着价格管制对该部门的打击非常严重。例如,一般来说,钢筋需求的增加会提高钢筋的价格,从而鼓励生产更多的钢筋。但是,由于最高限价的存在,需求者既不能把他们需求的信息传递给供给者,也无法给供给者提供增加产量的激励。因此,钢筋、木材、(新房间)抽水马桶和其他一些建筑材料出现短缺成为普遍现象。到 1973 年,出现短缺的产品有木材、铜、铝、乙烯基、粗布牛仔裤、纸张、塑料瓶,以及其他更多东西。

6.1.2 质量下降

在管制价格下,需求者发现商品普遍存在短缺——对于这些短缺的商品,需求者都无法买到他们所需要的产品数量。或者说,在管制价格下,卖者发现存在超额需求,或者换句话说,卖者拥有的顾客数量多于它拥有的商品数量。一般来说,这种情况是一个提高价格获取利润的好机会。但是,由于价格被管制,卖者无法合法地提高价格。卖者还有其他的办法来增加利润吗?有的。通过降低质量而不是提高价格来规避法律,这要容易得多。因此,当价格被控制在市场均衡水平之下时,质量就会下降。

所以,即使表面上短缺并不明显,也会存在质量下降。书籍用低质量的纸张印刷,2 英寸×4 英寸的木材缩减成了 1⅝英寸×3⅝英寸,新汽车喷涂的油漆层更薄了。为了解决纸张短缺的问题,一些报纸甚至改用了更小的版面。

质量下降的另一种方式就是服务质量的下降。一般来说,卖者有激励取悦于顾客。但是,当价格被控制在市场均衡水平以下时,卖者拥有的顾客量超过了他的需要或需求。没有利润潜力的顾客只是一种负担。因此,在价格不能上涨的时候,我们可以预期质量会下降。例如,在1973年价格管制期间,全套服务的加油站消失了,它们也不再24小时营业了,老板想什么时候去吃午饭就什么时候去,加油站随时关门歇业。

6.1.3 浪费时间的排队和其他搜寻成本

在20世纪70年代,短缺最严重的产品是石油。正如我们在第3章所说的那样,1973年欧佩克组织的禁运和1979年伊朗革命导致的供给下降,造成了全世界石油价格的上涨。然而,在美国,对国产石油的价格管制仍然没有撤销。因此,美国面临着严重的石油短缺,短缺最典型的标志就是排队现象。

图6.2集中展示了低于市场均衡价格的价格管制所带来的第三个后果:浪费时间的排队。

在管制价格下,汽油供给量是 Q_s,买者愿意支付的价格是每加仑3美元。但最高限价下卖者只能卖1美元。买者愿意支付的价格和卖者能出售的价格之间的差额激励着买者去排队购买汽油。在汽油的总价格,即从口袋里实际拿出的钱加上排队的时间成本,增加到每加仑3美元之前,买者都愿意排队。花在排队等候上的时间是一种时间浪费。浪费时间的总价值由每加仑的时间成本乘以销售汽油的加仑数决定。

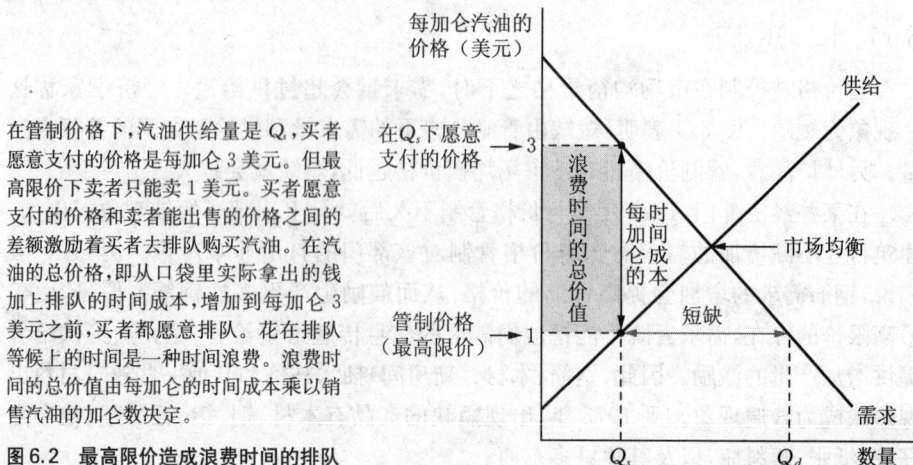

图6.2   最高限价造成浪费时间的排队

当管制价格在1美元时,卖者供给 Q_s 单位商品。需求者对 Q_s 单位产品愿意支付的价格是多少呢?回忆一下,需求曲线代表着支付意愿。因此,沿着 Q_s 点处的垂直线向上就可以发现,需求者在 Q_s 单位下愿意为每单位支付3美元。然而,在价格管制下,需求者向卖者支付3美元的价格是违法的。不过,总是有其他办法来为汽油进行支付的。

了解到有短缺现象存在,一些买者可能会贿赂加油站的业主(或店员)来给他们加满油箱。假设油箱平均可以装20加仑。买者可能愿意支付60美元来加满油箱,合法的20美元油价再加上桌子底下40美元的贿赂。因此,如果贿赂是一种普遍现象,汽油的价格——合法的价格再加上贿赂价格——将会上升到每加仑3美元(60美元/20加仑)。

腐败和贿赂可能是一种普遍现象,特别是在价格管制长时间持续的情况下,不过在20世纪70年代的汽油短缺期间,这还不是一个很大的问题。然而,汽油的总价格还是上涨到大大超出管制价格水平之上。这时,贿赂竞争已经不起作用了,买者们只有通过自愿排长队等待来进行竞争。记住,在管制价格下,汽油的需求量超过供给量很多。因此，一些买者可能会失望——他们将买不到他们想要的汽油量，有些买者甚至根本买不到任何汽油。为了避免买不到汽油，买者之间会竞争。我们不妨假设所有的加油站业主都拒绝受贿，不过很遗憾，诚实无法消除短缺。"先到先得"的制度是诚实的，不过，先到加油站的人可以买到汽油，而后来的人却什么也买不到。在这种情况下，排队会排多长呢？

假设买者估计他们的时间价值是每小时 10 美元，同前面一样，油箱的平均容量为 20 加仑。在石油短缺期间，由于对汽油的需要很迫切，某一买者可能会很早就去加油站，甚至是在加油站开业之前就去，在买到油之前必须花上 1 个小时的时间排队等候。该买者对汽油支付的总价格是 30 美元，为 20 加仑汽油支付了每加仑 1 美元现款，再加上 10 美元的时间成本。由于汽油的总价值是 60 美元，这仍然是一笔合算的交易。但是，如果这件事对该买者是一笔好的交易，那么，可能对其他买者也都会是一笔好的交易。所以，下一次当他想要加满油箱时，他可能会发现，已经有其他人排在他前面了，而他必须等更长的时间。要等多长时间呢？从逻辑上看，我们可以认为，排队的时间会一直延长，直到加 20 加仑汽油的总成本正好等于 60 美元，支付给加油站的 20 美元现金加上 40 美元的时间成本。因此，每加仑汽油的价格上升到 3 美元(60 美元/20 加仑)——正好同行贿时的情况一样。

价格管制并不能消除竞争，它只是改变了竞争的方式。用行贿进行支付和用时间进行支付，它们之间有什么不同吗？是的。用时间支付更浪费。当某一买者对加油站业主行贿 40 美元时，至少加油站的业主得到了这笔贿赂的钱。但是，当该买者花上 4 个小时或者说价值 40 美元的时间来进行排队时，加油站的业主并没有使得他的生命增加 4 小时。贿赂是从买者到卖者之间的转移，而花在排队等候上的时间却是一种净损失。图 6.2 显示，当供给量为 Q_s 时，汽油的总价格将趋于上升到 3 美元，其中 1 美元的货币价格再加上每加仑 2 美元的时间价格。排队所造成的浪费总量由阴影部分的面积给出，每加仑的时间价格(2 美元)乘以卖出的加仑数量(Q_s)。*

6.1.4 贸易利得的损失

价格管制也会减少贸易利得。在图 6.3 中，在 Q_s 的供给量下，需求者愿意为额外 1 加仑的汽油支付多少呢？在 Q_s 下对 1 加仑汽油的支付意愿是 3 美元，因此，需求者愿意对额外 1 加仑汽油支付得稍微少一点点，比如说 2.95 美元。供给者对再额外销售 1 加仑汽油所要求的价格是多少呢？供给者的成本可以从供给曲线上读出，因此，从供给曲线在供给量 Q_s 下的价格可知，在 Q_s 下供给者愿意出售的价格是 1 美元。只要稍微高一点点的价格，比如说 1.05 美元，供给者就愿意再多供给 1 单位。

---

* 我们需要对此稍微解释一下。如果每一买者都有每小时价值 10 美元的时间，那么被浪费的时间总价值将是图中阴影部分所示的面积。如果有些买者具有低于每小时价值 10 美元的时间，比如说每小时 5 美元，他们排 4 个小时的队，支付了 20 美元的现金成本，但是只支付了 20 美元的时间成本。如果这些买者对汽油的估价同边际买者一样高，即 20 加仑值 60 美元，那么，这些买者会赚得 20 美元的经济学家所谓的"租金"。由此，不是所有的长方形面积都被浪费了。无论是所有的长方形面积都被浪费，还是只有一部分长方形面积被浪费，重要的是要看到：(1)最高限价产生了短缺和排队；(2)排队意味着被管制的商品的总价格比管制价格更高(有时也许甚至比无价格管制时的价格还要高)；(3)排队等候所花的时间是一种浪费。

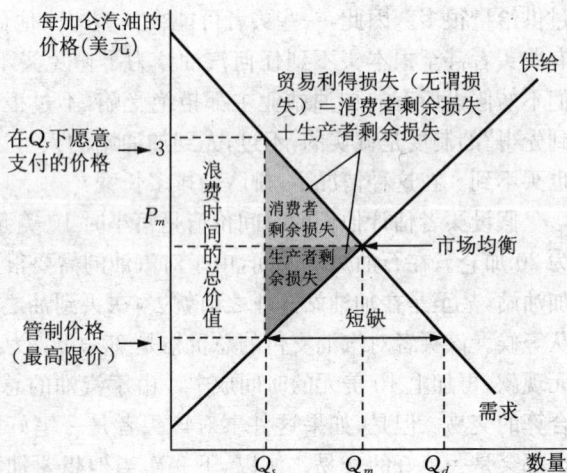

图 6.3　最高限价减少了贸易利得

在管制价格下，供给为 Q_s 单位，这时买者愿意为额外 1 加仑汽油支付的价格只比 3 美元少一点点，卖者只需要 1 美元多一点点就愿意多销售这 1 加仑汽油。虽然双方都有利，但是这些贸易是非法的。如果所有互利的贸易都是合法的，贸易利得将会增加浅色和深色三角形的面积。

需求者愿意为额外 1 加仑汽油支付 2.95 美元，供给者愿意以 1.05 美元再多销售 1 加仑汽油。因此，他们之间存在着 1.90 美元的潜在贸易利得。但是，供给者以任何超出 1 美元的价格出售石油都是违法的。买卖双方都想交易，由于有蹲监狱的危险，他们都不敢这样做。如果最高限价被取消，允许被交易，交易的数量会从 Q_s 扩大到 Q_m。并且，买者由于增加了浅色三角形面积的消费者剩余，其状况得到改善；同时，卖者也由于增加了深色三角形面积的生产者剩余，其状况也得到改善。所以，由于最高限价的存在，供给量为 Q_s，同时，消费者剩余损失加上生产者剩余损失一起构成了贸易利得损失［经济学家也称它为**无谓损失**（deadweight loss）］。

无谓损失是指在贸易利得没有被完全利用时，所损失的消费者剩余和生产者剩余之和。最高限价造成了无谓损失。

回忆一下，在第 3 章中我们曾说过，在自由市场下，销售的商品数量能使得消费者剩余加生产者剩余之和达到最大。现在我们可以看到，在具有最高限价的市场中，消费者剩余和生产者剩余之和没有达到最大，因为价格管制阻止了对交易双方都有利的贸易利得被充分利用。

除了这些损失外，价格管制还造成了稀缺资源的扭曲配置。我们来仔细看看这是如何造成的。

6.1.5　资源的扭曲配置

在第 5 章，我们已经解释过，价格是如何成为一种诱发激励的信号。而价格管制则扭曲了信号且削弱了激励。设想一下，如果美国西海岸阳光明媚，但东海岸正值阴冷的冬天，这肯定会增加东部供热对石油的需求。在一个没有价格管制的市场中，东部石油需求的增加会推动东部石油价格上涨。追求利润的企业家们会到西部去买石油，因为那里不太需要石油，石油的价格很低。然后他们会把这些石油运往东部，那里的人们正在忍受寒冷，石油的价格也很高。按照这种方式，东部石油的价格上涨会得到减缓，同时，供给的石油也流到了那些最需要它们的地方。

现在考虑一下，如果以高于最高限价买卖石油是非法的，情况会怎么样呢？无论东部变得多么寒冷，用石油供热的需求者被禁止用石油价格来进行竞争，因此，现在没有信号也没有激励来促使石油被运送到最需要它的地方。价格管制意味着石油被扭曲配置。加利福尼亚的游泳池可以获得供热,而新泽西州的公寓里却是一片冰冷。实际上,这正是在美国所发生的事情,特别是在 1972—1973 年那个刺骨的寒冬。

再回忆一下,在第 3 章我们还讲过,在自由市场中,供给的商品最后会卖给具有最高支付意愿的需求者。我们现在可以看到,在一个具有最高限价的市场中,具有最高支付意愿的需求者既没有任何办法发出任何有关其需求的信号,供给者也没有激励把他们的产品提供给这些需求者。因此,在一个管制市场中,物品会被扭曲配置。

价格管制所造成的资源扭曲配置不仅仅表现在地理上,而且也表现在石油的不同种类的用途上。回忆一下,第 2 章石油的需求曲线表明,石油使用的先后顺序是按照各种不同用途所具有价值的高低来排列的。如果你忘记了,图 6.4 显示了其中的关键要点:高价值的用途位于最顶端。然而,没有市场价格,我们无法确保石油会流向具有最高价值的用途。正如我们刚才所看到的,在价格管制下,极有可能的情况是,加利福尼亚的泳池有大量的石油供热(对,还有橡皮玩具鸭!),而新泽西冰冻寒冷的公寓中却没有足够的石油来供热。同样,1974 年的《商业周刊》报道:"一个州的驾驶员要在加油站排三个小时的队,而其他一些州的消费者可以来去自如地进出加油站。"[①]

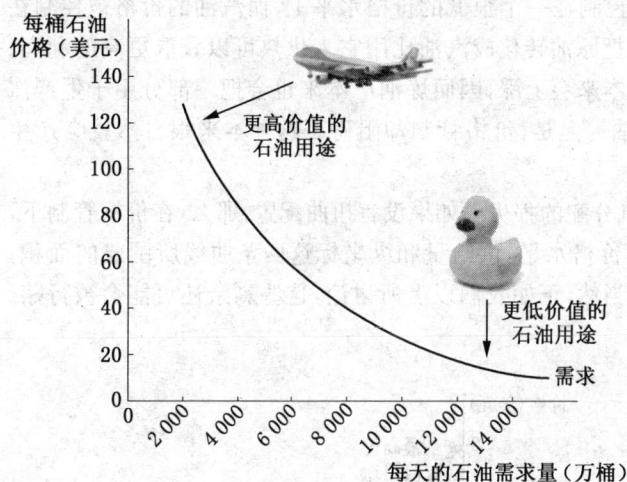

如果石油价格很高,石油就只能被用于具有高价值的用途上。如果石油价格下降,石油也可被用于低价值的用途。

图 6.4　石油的需求依赖于石油在不同用途上的价值

图 6.5 更一般性地说明了该问题。正如我们所知,在价格管制下,需求量(Q_d)超过供给量(Q_s),市场存在短缺。从理想状态来看,我们希望把供给的石油数量(Q_s)配置到具有最高价值的用途上,这些用途由图中需求曲线上最上端的粗线表示。但是,由于法律规定,支付给供给者的价格不能超过管制价格水平,具有最高价值用途的潜在石油消费者提供给供给者有关石油用途高价值的信号就被法律阻止了。因此,石油供给者没有激励把石油提供给那些具有最高价值的用途。相反,石油供给者会把石油提供给任何愿意按照管制价格进行支付的用户——但是,这些石油用户大部分都具有很低的石油使用价值。就像加油站中的排队,先来先服务。实际上,唯一不能得到满足的就是那些具有最低价值的用途。(为什么? 这些具有最低价值用途的用户甚至不愿意按照管制价格水平进行支付。)

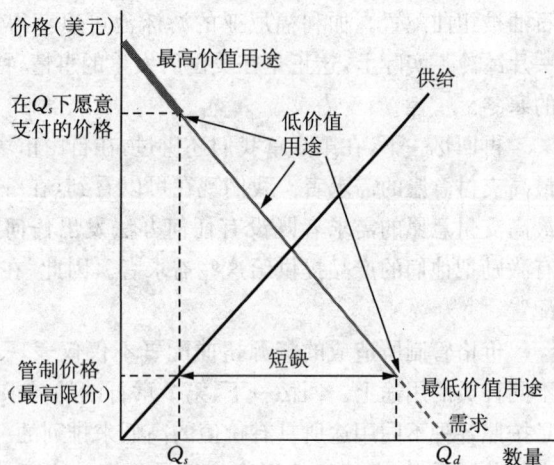

当商品流向具有最高价值的用途时,贸易利得被最大化。价格管制阻碍具有最高价值用途的用户利用价格把低价值用途的用户挤出市场,因此,一部分石油会流向低价值用途的用户,尽管这部分石油如果用于其他地方可能会更有价值。

图6.5   当价格受管制时,资源不能流向具有最高价值的用途

当中东的战争危机减少了石油供给,价格体系会自然地做出反应,它会把低价值用途上的石油重新配置到高价值的用途上。与此形成对照的是,如果石油供给减少,同时又存在最高限价,石油就会由一些随机的因素,而且经常是一些不重要的因素,来进行分配。例如,由于尼克松总统碰巧在当年的 8 月颁布了价格冻结令,而当时几乎是供热石油价格最低的季节,所以,1971 年石油的短缺就会因此而被极度恶化。[②]由于供热石油被控制在一个很低的价格水平上,而汽油的价格被控制在稍微高一些的价格水平上,把原油转化成汽油比用它来供热可以获取更高的利润。到了冬天,供热石油的价格本来会上涨,因而炼油厂本来也会把一部分用于生产汽油的石油用于生产供热石油。但是,价格管制却阻碍了这种本来很自然就会产生的激励。

看见"看不见的手"

进一步阅读材料:随机分配的损失   如果没有扭曲配置,那么,在价格管制下,消费者剩余是由需求曲线、价格水平、供给量和纵坐标这四条曲线所围成的面积,即图 6.6 中的阴影区域。(当然,正如我们以上所讨论,这些剩余还可能会被行贿、排队时间等因素耗尽。)

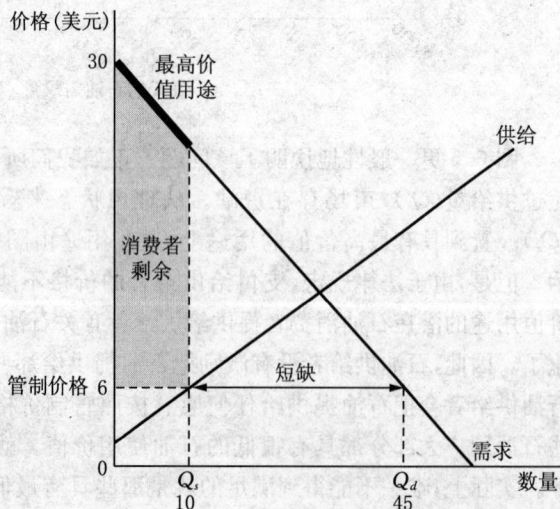

如果所有数量的产品都被配置到具有最高价值的用途上,那么,消费者剩余就是需求曲线和价格水平之间直到供给量为止的区域的面积。

图6.6   在自由市场中,产品会流向具有最高价值的用途

　　然而,在价格管制下,产品不一定会被配置到具有最高价值的用途上。所以,消费者剩余将远比阴影区域的面积要小——但是要小多少呢?最糟糕的情况就是,所有的产品都被配置到具有最低价值的用途上。不过这似乎也不太可能。一个更现实的假设就是,在价格管制下,产品被随机配置。因此,高价值用途被满足的可能性和低价值用途的可能性一样。

　　在图 6.7 中,我们给出了两种用途。最高价值的用途具有 30 美元的价值,最低价值的用途具有 6 美元的价值。现在假设 1 单位物品在这两种用途之间随机分配。因此,它有 1/2 的概率被分配到价值 30 美元的用途上,有 1/2 的概率被分配到价值 6 美元的用途上。平均来说,这 1 单位物品能创造多少价值呢?平均价值将是:

$$平均价值 = \frac{1}{2} \times 30 \text{ 美元} + \frac{1}{2} \times 6 \text{ 美元} = 18 \text{ 美元}$$

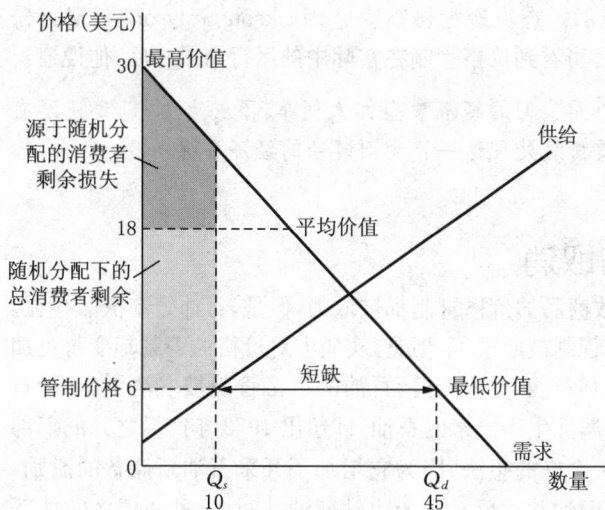

如果存在价格管制,具有最高价值用途的买者不能够利用价格把其他买者挤出市场。因此,产品会流向任何一个支付意愿超过管制价格——6 美元的买者。对于其价值在 6 美元和 30 美元之间的所有买者,如果产品在它们之间随机分配,那么,产品的平均价值就是 18 美元。随机分配下的消费者剩余为浅色区域。如果产品分配给具有最高价值用途的买者,消费者剩余将会更大,深色区域加上浅色区域。因此,价格管制扭曲了资源配置,减少了消费者剩余。

图 6.7　在随机分配下,消费者剩余会下降

　　根据这一逻辑不难得出,如果对于最高价值用途和最低价值用途之间的每一种用途,它们都以同样的可能性被满足,那么,平均价值也是 18 美元。因此,平均来说,随机分配的 1 单位物品将具有 18 单位的价值。比方说,如果一共有 10 个单位被随机分配,那么,这些单位的总价值将是 10×18 美元 = 180 美元。由于平均价值是 18 美元,而管制价格是 6 美元,消费者剩余将是图 6.7 中标记为"随机分配下的消费者总剩余"的浅色区域。但是请注意,图 6.7 中的浅色区域,即随机分配下的消费者剩余,要远小于图 6.6 中的浅色区域,即配置给最高价值用途时的消费者剩余。这之间的差值为图 6.7 中的深色区域,即源于随机分配的消费者剩余损失。

　　扭曲配置和生产的混乱　一个市场的短缺会造成其他市场也出现短缺和失灵,因此,价格管制的混乱会波及那些没有价格管制的市场。在平时,我们可能认为,只要我们需要,进行生产总是可能的。但是,在一个具有很多价格管制的经济体中,任何时候都有可能会出现关键要素的短缺。例如,在 1973 年,由于缺少价值几千美元的钢筋,上百万美元的建设项目被推迟。[3]

　　当由于钢材钻井设备的短缺而导致扩大石油的生产出现困难时,也许就会发生最高级别的扭曲配置。这种错误甚至发生在美国遭遇历史上最严重的能源危机的时刻。[4]

当短缺和扭曲配置变得非常糟糕的时候,学校、工厂和办公室都被迫关门,政府进入到一种通过指令来配置石油的时刻。尼克松总统命令,在星期六晚上9点到星期一上午12:01这期间,加油站必须停业。[5]这一命令的目的是要阻止人们在星期天开车,以免造成"浪费"。但是实际上,禁令只不过是鼓励人们提前给油箱加油罢了。夏令时制和全国性每小时最高55英里的车速限制都被颁布实施(后者一直到1995年才被废除)。一些部门,如农业部门,被给予了优先配备燃料的待遇,而其他一些部门则被迫忍受削减。例如,非商业性飞机的燃料在1973年12月份被削减了42.5%,这直接导致了堪萨斯州Wichita市的经济失控,因为像Cessna、Beech和Lear等飞机生产商都位于该地区。[6]

在这些节约燃料的所有想法中,有一些可能是合理的,但其他的却不一定合理。但是,在没有市场价格的情况下,很难说清楚哪些是合理的,哪些不是。市场配置石油资源的过程,以及它对市场之间联系的利用,都是非常微妙的。要复制它们是非常困难的,甚至是不可能的。杰克逊·格雷森(C. Jackson Grayson)是尼克松总统价格委员会的主席,但是,当看到价格管制在实际中的运行结果之后,他说道:

> 我们对经济的理解以及我们的经济模型都太简单,不够有力,以致还没有任何一种方法能比市场更好地处理这一巨大而复杂的经济系统。[7]

6.1.6 最高限价的取消

理解现实世界

到1974年4月,绝大多数商品的价格管制都被取消,但是,石油管制依然存在。在接下来的7年里,对石油的管制被放松了,但是,实质上对价格的管制却变得更加复杂和更官僚主义化。例如,1973年9月,对新石油的价格管制被取消了。"新石油"被定义为按照某一个特定属性生产出来的石油,即超出1972年产量之外的那部分石油。取消新石油管制是一个好的想法,因为它增加了开采石油新储备的激励。然而,当企业只是关闭原来的旧油井然后又在旁边钻新油井时,这种两层次的体系分割也造成了某种浪费资源的赌博行为。[8]企业家和监管者之间的博弈导致了日益复杂的规则。因此,两层次的系统计划随后被扩展为三层次、五层次,然后是八层次,甚至十一层次。

正如它突然开始一样,在1981年1月20日的早晨,对石油的价格管制突然结束了。当时罗纳德·里根正在举行总统的就职典礼,不过在此之前的国会午宴上,他就已经签署了他作为总统的第一项法案——取消所有有关石油和汽油的管制。正如人们所预期,美国石油的价格上升了一些,但短缺却一夜之间就消失了。在这一年里,当供给增加时,价格就开始下降。而在之后的一些年里,价格也曾降到1979年的水平之下。当然,石油价格的波动已经持续出现,但是,由于管制的结束,在美国已经不会再有石油短缺的现象出现。

自我测验

1. 尼克松的价格管制设定了低于市场均衡价格的最高限价。如果最高限价设定在市场均衡价格之上,情况会怎么样呢?

2. 在价格管制下,为什么一些局部市场的短缺会比其他地方更严重?

6.2 租金管制(选学内容)

租金管制(rent control)是对公寓之类的租用房屋设定的一种最高限价,因此,我们刚才所学的有关最高限价的每一项都可以应用到租金管制上。租金管制也会造成短缺、质量下降、浪费时间的排队、搜寻成本增加、贸易利得的损失,以及资源的扭曲配置。

租金管制是关于租用房屋的一种最高限价。

6.2.1 短缺

租金管制通常从"租金冻结"开始,它禁止任何房东上涨租金。由于租金管制通常都是在租金上涨的时候实施,所以,一旦实施租金管制,就会马上出现如图6.8所示的结果,即管制租金位于市场均衡价格之下。

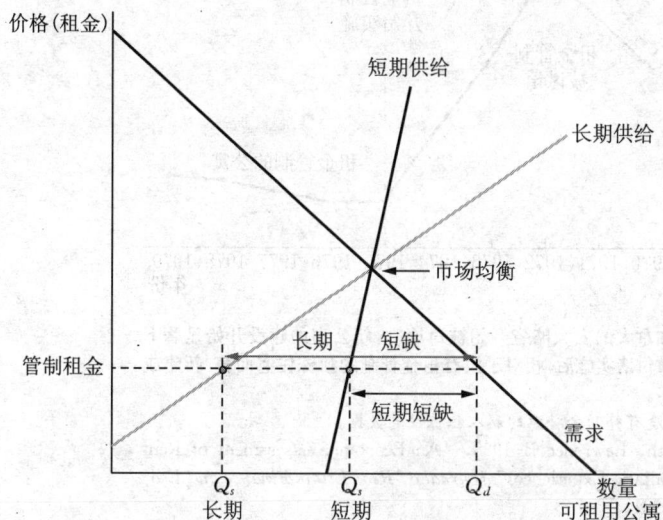

把租金控制在低于市场均衡价格的水平会产生短缺。在短期内,由于住房公寓已经建成,短缺会很小。但是,从长期来看,新建的公寓会很少,旧有的公寓会被拆除或者被纳入共管,因此,长期的短缺会大得多。

图6.8 租金管制在长期所造成的短缺比短缺更严重

公寓是一种长期存在的商品,它不可能被转移到其他地方。因此,当租金管制刚刚实施时,公寓建筑的业主除了接受这一低价之外,几乎没有其他办法。换句话说,公寓短期的供给曲线是缺乏弹性的。因此,图6.8表明,即使租金冻结可能会导致租金低于市场价格的均衡水平,在短期内,供给量也只有少量的缩减。

然而,从长期来看,新建成的公寓很少,旧有的公寓又会被纳入共管,甚至会为了给停车场或者其他更高收益的投资腾地儿而被拆除。因此,长期供给曲线比短期供给曲线有弹性得多。随着时间从短期到长期的推移,短缺会逐渐增加。

虽然老的公寓建筑不可能一夜就消失,未来的公寓建筑却可能会减少。开发商会调查未来30年甚至更长时间内的利润情况。因此,即使是适度的租金管制,也可能会急剧地降低新公寓建筑的价值。那些担心租金管制的开发商就可能马上会撤销他们的建筑计划。例如,在20世纪70年代早期,租金管制曾在加拿大的安大略省被讨论,并在1975年被实施。在租金管制被实施之前的5年里,开发商平均每年新建成的公寓有27 999间。在实施租金管制后的5年时间里,开发商每年新建的公寓仅5 512间。图6.9给出了1969—1979年间新公寓开工的数据和新独栋住宅开工的数据。很显然,在租金管制开始被提出讨论的那一年,新公寓建设有一个急剧下降。当然,这种下降也可能是由于其他的因素造成的,比如经济状况。为了检验这种可能性,我们也给出了这期间每年新建独栋住宅的数据。独栋住宅的需求和公寓的需求对经济的反应应该是相似的,但从没有人讨论和实施过对独栋住宅的价格管制。我们从图 6.9 中可以看出,1972 年以前,新公寓开工的数量和新独栋住宅开工的数量是相似的。但是,当租金管制开始成为可能时,公寓建设下降了,而独栋住宅建设并没有。因此,更有可能的是,新公寓开工数量急剧下降的原因应该是租金管制,而不应该是经济的总体状况(它对独栋住宅开工也会有影响)。

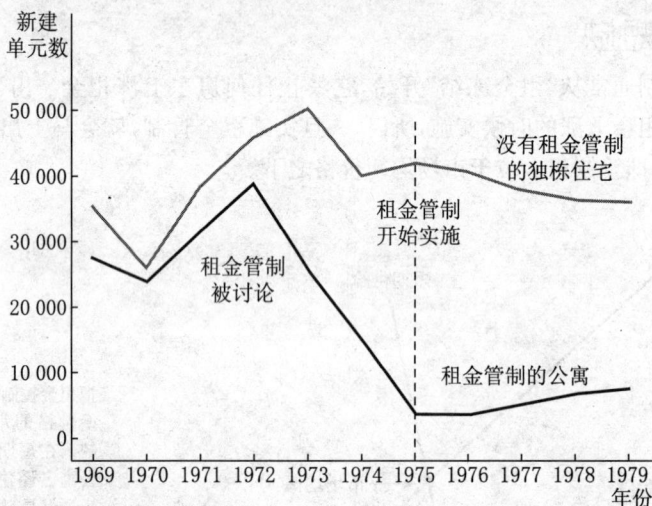

当租金管制在加拿大的安大略省开始被讨论时,新公寓的建设开始显著下降。租金管制被付诸实施后,相对于没有租金管制的独栋住宅而言,新建成的公寓要少得多。

注:以上数据是没有补助金补贴的私人独栋住宅数据。

资料来源:Smith, Lawrence B. 1988, "An Economic Assessment of Rent Control: The Ontario Experience." *Journal of Real Estate Finance and Economics* 1:217—231。

图 6.9   租金管制减少了新公寓建筑

6.2.2   质量下降

租金管制也会降低住房的质量,特别是低端公寓的质量。当公寓价格被强制降低时,房东会设法通过削减成本来规避损失。例如,由于租金管制,房东修整草坪的次数会更少,更换灯泡的速度会更慢,修理电梯再也不会及时了。当管制加强时,原来那些便宜而又服务质量很好的公寓,就会变成了贫民窟,然后又从贫民窟再进一步变成徒有四壁的废弃公寓。例如,在曼哈顿,18%受租金管制的住房都变得"衰颓而破败",这一比率远高于无租金管制的地区。[9]欧洲国家的租金管制一般比美国更严厉,经济学者阿瑟·林德贝克教授(Assar Lindbeck)评论道:"除了轰炸之外,据我所知,能最有效地破坏一个城市的办法就是租金管制。"[10]但是,林德贝克还是错了,至少根据越南外交部长在 1989 年的说法是如此,他说道:"美国人不能毁坏河内,但我们自己却用很低的租金毁坏了我们的城市。"[11]

6.2.3　浪费资源的排队行为、搜寻成本和贸易利得损失

为租到公寓排队不像为汽油排队那样明显。但是，在一个到处都有租金管制的城市里，找一个公寓通常都是一个很昂贵的寻找过程。纽约人已经想出了很多奇招，正如比利·克里斯特尔（Billy Cristal）在电影《当哈利遇上莎莉》（*When Harry Met Sally*）中的抱怨：

> 你所做的就是，你去读讣告栏。是的，你发现有人死了，并跑到那座大楼里，你再给守门人一点小费。为了办事更顺利些，他们所做的事情就是把讣告和房产情况结合起来。比方说，你可能会被告知："克莱因先生今天死了，留下妻子、两个孩子和一套三间卧室的宽敞公寓，以及一个烧木材的壁炉。"

对于那些房东认为不是"理想租客"的人来说，寻找过程可能会更加昂贵。在管制价格下，找房东租房的人比房东要出租的公寓多。因此，房东们可能会在那些前来租房的人中进行挑选。房东都希望把房子租给那些看上去可能会及时付房租，而又不会给其他房客添麻烦的人，例如，没有小孩和狗的富裕老年夫妇。房东还可能会有种族歧视或其他方面的歧视。实际上，一个看你不顺眼的房东可能会拒绝你，而回头马上就把房子租给下一个排队等候租房的人。当然，即使在没有任何租金管制的时候，房东也可能会有歧视。但是，如果没有租金管制，空缺率会很高，因为公寓数量会很大，而且换房客也更普遍。因此，那些拒绝潜在房客的房东，在找到合适房客的过程中会损失金钱。租金管制降低了歧视的价格。因此，请回忆一下需求定律：歧视的价格下降时，对歧视的需求会增加。

通过贿赂房东或住房部经理来获得受租金管制的公寓也是很普遍的现象。贿赂是违法的，但它们很隐蔽。对于一套公寓，可能租金是一个月 500 美元，但却另有 5 000 美元的"家具"费。房客把这种搭售称为付"交匙费"（key money），就好比房租是每个月 500 美元，但钥匙的费用还得另算。诺拉·埃夫龙（Nora Ephron），《当哈利遇上莎莉》的编剧，在一个拥有 5 间卧室的豪华公寓住了很多年。感谢租金管制，她每个月的房租只有 1 500 美元。然而，为了能够把她的前任房客赶走，她竟在"交匙费"上花了 24 000 美元。

租金管制也会导致贸易利得的损失，这一分析过程同我们在图 6.3 中对汽油价格管制的分析完全相同。对于租金管制下的供给量，需求者愿意为一套公寓支付的远比房东出租该公寓所要求的更多。如果买卖双方自由交易，他们都可以使情况变得更好。但是，在租金管制下，这些使双方都受益的交易是非法的，这种利益无法产生。

6.2.4　资源扭曲配置

同汽油一样，租金管制下的公寓是随意配置的。一些具有更高支付意愿的人租不到他们想要的住房面积，而其他一些具有很低支付意愿的人却享受着比他们在市场价格下所租得起的要大得多的住房。最典型的例子就是老年夫妇，他们总是能住在租金受管制的大公寓里，即使是在他们的孩子已经搬走之后。这些老年

夫妇当然情况很好，但是，对有孩子的年轻夫妇却情况极为糟糕。因此，年轻夫妇就被迫挤在一些很狭窄的公寓里，没有其他地方好去。

从第二次世界大战实施"临时"控制措施以来，纽约一直有租金管制。芝加哥的租房市场是一个自由市场。通过比较纽约和芝加哥这两类城市中房客对公寓类型的选择，经济学家可以估算出扭曲配置的数量。在最近的一项研究中，爱德华·格莱泽（Edward Glaeser）和厄佐·勒特莫（Erzo Luttmer）发现，在纽约市内，有多达21⅕的租客居住的公寓比他们在没有租金管制的城市中本会选择的公寓有更多或者更少的房间。[12]这种资源的扭曲配置造成了巨大的浪费和困难。

6.2.5　租金规制

在20世纪90年代，美国很多存在租金管制的城市都改变了政策，并开始削减或放松租金管制。一些经济学者不再把新的政策称为"租金管制"（rent control），而称它们为"租金规制"（rent regulation）。典型的租金规制限制价格无限度地上涨。例如，价格上涨可能会被限制在每年10⅕以内。因此，租金规制可以保护房客免受租金急剧上涨之苦，同时，作为对市场力量的反应，它仍然会允许租金连续数年上涨或下跌。租金规制的法令通常也允许房东转嫁新增加的成本，从而减少了房东们缩减房屋维修开支的激励。经济学家几乎一致地都反对租金管制，但一些经济学家认为，适度的租金规制可能会有好处。[13]

> **自我测验**
>
> 1. 在租金管制下，如果想要房东有激励去进行一些哪怕是最小程度的维修，那么，在租金管制的同时还必须实行哪些措施？想象一下，如果某一房客的水龙头常年滴水：如何才能使得这个水龙头得到修理？
> 2. 纽约市的租金管制已经持续了数十年。假设你被任命为市长住房委员会委员，并说服委员会成员租金管制是一件非常有害于纽约市的事情。考虑到既得利益者，你如何才能废弃掉租金管制？

6.3　关于价格管制的争议

在1973年，如果没有对石油的价格管制，一些人可能都没有钱为他们的住所供暖。没有租金管制，一些人可能都租不起合适的住房。短缺是否比高价更能改善穷人的境况，这一点还不是很清楚。当然，如果价格管制是帮助穷人的唯一办法，那么这也是支持价格管制的一个理由。

不过，价格管制从来都不是帮助穷人的唯一办法，它们也很难说是帮助穷人的最好办法。例如，如果让穷人能够住得起房子是我们要关心的问题，那么，让政府提供租房优惠券（housing voucher）就是一个比租金管制更好的政策。租房优惠券曾经在美国被广泛使用，它是给有资格的消费者提供一张，比如说，每月价值500美元优惠券，这张优惠券可以适用于任何出租房。[14]同租金管制造成短缺不同，优惠券会增加租房供给。优惠券可以直接以那些真正需要优惠券的消费者为目标，而纽约市的租金管制却补贴了百万富翁。

还有其他一些可以为租金管制进行辩护的理由。价格管制最好的理由就是约束垄断者。唉,这种解释对汽油、公寓、面包等惯常实施价格管制的商品却很少适用。我们将在第 11 章来更一般地讨论这个问题。

价格管制最主要的原因之一可能在于,公众并不能像经济学家一样认识到价格管制的后果。没有经过经济学训练的人很少会把排队同价格管制联系在一起。在 20 世纪 70 年代汽油短缺期间,可能 10 个人中没有 1 个人能理解管制和短缺之间的联系——大部分消费者都在诅咒大的石油公司和富裕的阿拉伯酋长。把短缺归咎于外国人并非美国人的专利。价格管制在历史上屡见不鲜。例如,来看看 2003 年伊拉克的情况:

理解现实世界

> 星期一早上在 Hurreya 加油站等待加油的汽车长队,曲折地穿过一条繁忙主干道的右行车道,再环绕交通转盘一周,然后跨过位于底格里斯河上的双层大桥,最后进入一条崎岖不平的小街,这条小街通往伊拉克三个炼油厂中的一个。
>
> 在长队的最后,距离加油站几乎有 2 英里之远处,是穆罕默德·阿德南,一名出租车司机。这名司机实在不理解,为什么他必须等 7 个小时,才能给他那辆溅满泥浆的雪佛兰 Beretta 加上燃油。"这就是伊拉克,"他挖苦道:"我们不是住在石油湖上吗?"……
>
> "也许这都是由于黑心的商人,"阿德南说道,"他们掠走了我们所有的燃料。"
>
> 拜亚则更加肯定。"怪那些炼油厂,"他说,"他们没有生产足够的汽油。"
>
> 长队中的另一个出租车司机嘲笑他两人的解释。"肯定是美国人搞的鬼,"哈桑·贾瓦德·梅迪说,"是他们把我们的石油运到美国去了。"[15]

以上每一种解释可能都可以解释为什么伊拉克 2003 年生产的汽油比美伊战争之前少得多。但是,供给的缩减造成了更高的价格,而不是短缺。为了产生短缺,你需要的是价格管制——在 2003 年的伊拉克,汽油的价格被控制在每加仑 5 美分。[16]

6.4 普遍的价格管制

我们已经看到,美国的价格管制造成了短缺、排队、延误、劣质、扭曲配置、官僚作风和腐败行为。美国经历全面价格管制的时间是短期的,大部分商品只有几个月,对石油和其他一些商品是几年。如果全面的价格管制长时间的存在,情况会怎么样呢?一个具有持久、普遍价格管制的经济本质上就是一个"指令性经济"(command economy),就像柏林墙推倒之前一些社会主义国家存在的情况。赫德里克·史密斯(Hedrick Smith)在《俄国人》(*The Russians*)一书中描述了 1976 年生活在苏联的消费者的情况:[17]

> 短缺物品的种类实际上是没有办法计算的。它们并不是永远都脱销,但是它们的出现是不可预料的……列宁格勒储存的越野雪橇可能过剩了,但是,有几个月的时间却连洗碗的肥皂都没有。在亚美尼亚的首府埃里温,我发现有大量的手风琴,但是,当地的人们却抱怨道,他们已经几个星期都没有普通厨房用的汤勺和茶壶。我认识莫斯科的一家人,为了找到一个婴儿用的便壶,他们家花了几个月的时间,但是,收音机在市场上却到处都是……
>
> 普遍接受的规则是,苏联的妇女每天都要花 2 个小时去排队,一个星期 7 天……我知道有人为了买 4 个苹果站 90 分钟……花 3 个半小时去买 3 颗大头

卷心菜，结果却发现，等他们排到队伍前头时，卷心菜已经卖完了；花18个小时去预约迟些时候再购买地毯；在天寒地冻的12月份花上一个整晚去登记购买汽车，然后再等上18个月才能真正拿到车，那还得非常幸运。

尽管取消价格管制会对绝大多数人都更好，而价格管制却总是不可能被消除，这是为什么呢？苏联永远不会结束的商品短缺说明这其中另有隐情。短缺对于实行管制价格的同一政党中的精英分子是有利的。既然所有的物品都处于持续性的短缺状态，那么，在苏联社会中，每个人是如何获得物品的呢？通过利用"布拉特"（blat）。"布拉特"是一个俄语词汇，它的意思是指拥有可以获得好处的关系。赫德里克·史密斯这样描述它：

> 在一个长期存在短缺且特权被精细瓜分的经济中，布拉特是生活中一种必不可少的润滑剂。等级越高，权力越大，一个人拥有的布拉特就会越多……每个人都有特权获得一些普通人难以得到的产品和服务，而这些正是其他人想要的或者必需的。

比如说，考虑一家生产收音机的小工厂的经理吧。音乐也许是人类的精神食粮，但是，这名经理喜欢的可能是牛肉。就帮助该经理获得牛肉而言，短缺意味着他的薪水基本上用处不大。不过，对他作为经理所拥有的价值而言，短缺又意味着什么呢？他有获得收音机的途径。如果该经理能够找到一名在牛肉加工厂工作并且喜爱音乐的工人，那么，他就有布拉特，有一种可以用于交易的关系。即使是他没有找到正好同他的需求相匹配的那个人，获得收音机的途径也给予了这名经理某种权力，因为人们将会讨好他。但是请注意，这名收音机厂的经理有布拉特仅仅是因为收音机短缺。如果收音机很容易在市场价格下获得，那么，该经理获得收音机的途径就不再具有价值。收音机厂的经理想要一个更低的价格，因为那样他才能在可以官方价格合法地买到收音机的同时，凭借收音机获得他想要的其他物品。讽刺的是，尽管消除所有商品的短缺会使得所有人都从中受益，但是，这名经理，以及牛肉、钱包和电视机的生产者们，却都希望他们自己生产的商品短缺。

布拉特是一个俄语词汇，但它却是一种世界性的现象。即使是在美国，这个按照世界标准腐败程度很低的地方，布拉特也会出现。例如，在1973—1974年石油危机期间，当联邦能源署（Federal Energy Office）控制着石油的配置时，获得更多石油的方法就是利用布拉特，这马上就成为一件显然的事情。企业开始雇用前政客和一些退休的官员，这些人利用他们的关系帮助企业获得更多的石油。今天，这种布拉特经济更大——从联邦政府离职后加入私人企业的政客中，大约有一半都变成了说客。

自我测验

1. 在1984年的一部电影，《莫斯科先生》（*Moscow on the Hudson*）中，一位苏联音乐家叛逃到了美国。虽然生活在纽约城市中，但他不相信商品可以随时买到，因此，他总改不了以前在苏联的习惯。在一幕令人难忘的场景中，他买了一包又一包的卫生纸。为什么？请用这一章的概念，解释为什么在价格管制下囤货现象会发生？为什么这一现象是浪费？
2. 短缺在苏联很普遍，但为什么有时一些商品会出现过剩？

○ 本章小结

最高限价造成了五个重要的后果，即

1. 短缺；

2. 质量下降；

3. 浪费时间的排队和其他搜寻成本；

4. 贸易利得的损失；

5. 资源的扭曲配置。

读完本章后，你应该能向你的叔叔解释清楚所有的这些后果。另外，为了做好考试题，你还应该能画图形来分析最高限价，并在图中正确地标识出短缺。在同一张图中，你能标识出排队所浪费的损失和贸易利得的损失吗？如果你对这些问题还感到困惑，请回顾一下图6.3。你也应该理解为什么最高限价会导致质量下降，以及最高限价是如何导致资源扭曲配置的，这种扭曲不仅仅出现在实行最高限价的市场上，而且会出现在整个经济中。

在第5章，我们解释了价格会同时向买者和卖者传递信号——这些信号传达了各种商品和服务相对稀缺性的信息，这些信号调整和协调着经济中上百万潜在买者和卖者的经济计划。在本章，我们解释了最高限价的介入会阻止这种信号的传递，从而会产生严重的负面效应。大多数时候，最高限价是由那些忽略这些后果的人所支持。价格可以告诉我们一些很重要的事情，如果我们忽视价格，我们将会把自己带到危险的地步。

○ 本章复习 ···

关键概念

最高限价

无谓损失

租金管制

事实和工具

1. 自由市场是如何消除短缺的？

2. 如果最高限价的实施使得价格位于市场均衡价格之下，需求量和供给量中，哪一个会更大？如何运用它来解释我们在实施价格管制的市场所看到的排长队和浪费资源的搜寻行为？

3. 假设牛奶市场的供给量和需求量如下表所示：

每加仑（美元）	需求量	供给量
5	1 000	5 000
4	2 000	4 500
3	3 500	3 500
2	4 100	2 000
1	6 000	1 000

a. 牛奶的均衡价格和数量是多少？

b. 如果政府把牛奶的最高限价设定为2美元，这是会导致牛奶短缺还是过剩？短缺或过剩的数量是多少？卖出的牛奶是多少加仑？

4. 如果为了让老百姓确实能买得起健康保险，政府决定要求健康保险公司把它们的价格都削减30%。

对于那些已经进行过健康保险的人,可能会发生什么事情?

5. 加拿大政府对医生的工资进行了管制。为了简化,我们假设政府对所有的医生都设定一个工资级别:每年 100 000 美元。成为一名普通的从业者或者儿科医生需要 6 年时间,但是,成为一名像妇科医生、外科医生或眼科医生这样的专家,需要花 8—9 年时间。在这种体制下,你愿意成为哪种医生?(注意:加拿大实际的体系允许专家的工资比普通从业者的更高一点,但是,它们的差额不够大,起不了作用。)

6. 2000—2008 年期间,石油的价格从每桶 30 美元增加到 140 美元,美国的汽油价格从每加仑 1.5 美元左右增加到超过 4 美元。不像 20 世纪 70 年代的石油价格冲击,这次加油站门口没有出现排长队。这是为什么?

7. 价格管制会以很多人们意想不到的方式来配置资源。在以下的案例中,谁更有可能花更长的时间来排队等候那些受价格管制的稀缺商品?从每组中选一个:
   a. 正在工作的人还是退休的人?
   b. 每小时收费 800 美元的律师还是每小时赚 8 美元的速食店雇员?
   c. 每天必须坐班的人还是工作期间可以几小时都不在的人?

8. 在本章,我们讨论了最高限价如何导致商品被配置到不恰当的地方,比如,当 20 世纪 70 年代寒冬期间用于新泽西的供热石油太少。价格管制也会导致商品在不恰当的时间被配置。如果汽油存在价格管制,你能想出在什么时候,短缺会变得更糟吗?一个提示:在繁忙的纪念日和劳动节周末,汽油的价格会明显地上涨。

9. a. 考虑图 6.8。在像这样一个存在价格管制的市场中,什么时候消费者剩余会变得更大:短期还是长期?
   b. 在这个市场,供给在长期更具有弹性,更具有灵活性。换句话说,在长期,房东和住宅建筑商都能找到其他的方式来谋生。根据这一情况以及该图中生产者剩余的几何图形,租金管制对房东和住宅建筑商造成的损害,在短期内更大还是长期内更大?

10. 企业领导者经常抱怨说技术工人短缺,因此他

们要求移民政策应该朝这方面倾斜。例如,美联社最近就发表了一篇名为"纽约农场主担心技术工人的短缺"的文章。该文章进一步指出,一种特殊的美国签证计划 H-2A 签证"允许雇主临时性雇用国外工人,如果他们找不到愿意做这些工作的美国工人的话"。
(资料来源:Thompson, Carolyn. 2008. "N. Y. Farmers Fear a Shortage of Skilled Workers" *Associated Press*, May 13。)
   a. 在没有移民来增加劳动力供给的情况下,无管制的市场是如何应对"劳动力短缺"的?
   b. 为什么企业不愿意让无管制的市场来解决短缺问题?

11. a. 如果政府强迫所有的面包商都以一个"公平价格"来销售他们的产品,假设这一"公平价格"是现有市场价格的一半,那么面包的供给量会出现什么变化?
   b. 为了简化问题,假设在管制价格下,人们必须通过排队等候来获得面包。消费者剩余是会增加还是减少?还是你无法对此进行判断?
   c. 当存在对面包的价格管制时,你估计面包的质量是会提高还是会降低?

思考和习题

1. 在富裕国家,政府几乎总是规定出租车的里程费。在治安好的地区和治安不好的地区,坐出租车的价格相同。在哪个地区更容易找到出租车?为什么?如果对出租车的价格管制取消,在治安不好的地区出租车的数量和乘坐出租车的价格可能会出现什么变化?

2. 当美国对石油和汽油实行价格管制时,美国的一些地方有充足的供热石油,而其他的一些州却只有排长队。同本章相同,我们假设冬季新泽西的石油需求比加利福尼亚要高。如果不存在价格管制,新泽西和加利福尼亚的供热石油价格会出现什么变化?"贪婪的商人"会对这一价格的差异做出什么反应?

3. 1990 年 1 月 30 日,第一家麦当劳在苏联首都莫斯科开业。经济学家总是把苏联描述为一个"短缺永远不会消失的国家",因为为了显示"公平",政府总是把价格控制在很低的水平。"当时在场

的美国记者报道，感到消费者'看到有礼貌的店员……出现在这个缺乏商品文明的国家'都感到非常惊奇。"

（资料来源：http://www.history.com/this-day-in-history.do? action＝Article&id＝2563。）

a. 为什么在莫斯科麦当劳的员工都很有"礼貌"的同时，绝大多数苏联商店的员工都"不够文明"？

b. 就经济激励对人们行为的重要性而言，上一问题的答案告诉了你什么？换句话说，所谓"文化"真是那么根深蒂固的吗？

4. 我们来计算一下在管制市场中贸易利得损失的价值。政府决定让大家都买得起普通自行车，因而它通过了一项法律，要求一辆单速自行车的售价为30美元，这远低于市场价格。根据以下数据计算出贸易利得的损失，就像图6.3中一样。供给和需求都是直线型的。

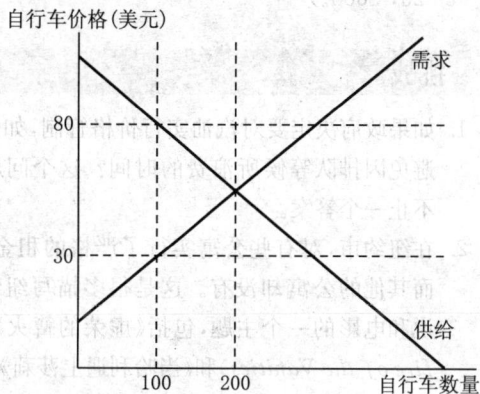

自行车价格(美元)

需求

80

30

供给

100 200   自行车数量

a. 在实施价格管制的市场中，浪费时间的总价值是多少？

b. 消费者剩余损失和生产者剩余损失之和的总价值是多少？

c. 注意到我们还没有告诉你自行车原始的市场价格——你为什么不需要知道这些？（提示：答案同经济与几何图形之间的联系有关。）

5. 在卡特里娜飓风这样的危机期间，政府经常禁止提高如手电筒和矿泉水之类的应急物品的价格。实际上，这意味着这些物品按照先到先得的原则出售。

a. 如果一个人有一只手电筒，这只手电筒对她的价值是5美元，但它的黑市价格是40美元，如果政府关闭黑市，贸易利得的损失是多少？

b. 在危机期间，为什么有人想要以40美元的价格出售一只手电筒？

c. 在危机期间，为什么有人愿意以40美元的价格购买一只手电筒？

d. 在什么情况下，商人可能更愿意把满卡车的手电筒运往受灾地区：当他们可以每只卖5美元的时候，还是当他们可以每只卖40美元的时候？

6. "黑市"是指人们非法进行商品和服务交易的地方。例如，在苏联时期，美国旅行者在苏联旅游的时候，随身多带几条多余的李维斯牛仔裤是非常普遍的事情：他们可以在非法黑市中以高价格出售这些牛仔裤。

思考一下以下说法："受价格管制的市场总是容易出现黑市。"我们用下图来描述这一情况。如果有一个规定了最高限价的市场，它规定治疗癌症的药品每片50美元。价格在什么范围内，你肯定可以同时找到买家和卖家，他们愿意非法交易药片？这个价格区间的最大边界在哪里？（只有一个正确的答案。）

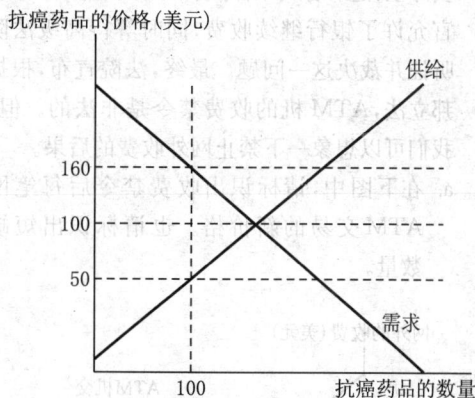

抗癌药品的价格(美元)

供给

160

100

50

需求

100   抗癌药品的数量

7. 根据你对价格管制的了解，你会支持对汽油设定每加仑2美元的最高限价吗？分别各给出一个支持价格管制和反对价格管制的理由。

8. a. 如我们所注意到的，阿瑟·林德贝克教授曾经说道："除了扔炸弹之外，想要破坏一个城市最好的办法就是租金管制。"你认为林德贝克这句话的意思是指什么？

b. 支付"交匙费"给房东是如何减少林德贝克"炸弹"的严重性的？

9. 在免费城(Freedonia),政府宣布所有的街头停车场必须是免费的:不许设置停车收费计。在一个几乎差不多的城市打表镇(Meterville),停车的费用是每小时 5 美元(或者是每 15 分钟 1.25 美元)。

   a. 在哪个地方更容易找到停车的地方:免费城还是打表镇?

   b. 一个城市总是希望吸引更多的顾客,而顾客总是非常讨厌开着车四处找停车场。哪个城市更能吸引顾客?

   c. 为什么问题 b 答案中的城市对高收入的顾客会更有吸引力?

10. 在 20 世纪 90 年代,加利福尼亚州的 Santa Monica 市规定,银行对 ATM 取款机收费是违法的。你可能知道,利用本行的 ATM 机总是免费的,但跨行使用 ATM 机一般都是收费的。(资料来源:The War on ATM Fees,"*Time*,November 29,1999。)当 Santa Monica 市刚通过这一法案时,美国银行就不再允许其他银行的客户使用它的 ATM 机的服务:用银行业的行话,美国银行禁止"网外"使用 ATM 机。

    实际上,这一禁令只持续了几天,之后,一名法官允许了银行继续收费,同时等待高级法院来听证并裁决这一问题。最终,法院宣布,根据联邦立法,ATM 机的收费禁令是非法的。但是,我们可以想象一下禁止网外收费的后果。

    a. 在下图中,请标识出收费禁令后每笔网外 ATM 交易的新价格。也请标识出短缺的数量。

网外的收费(美元)

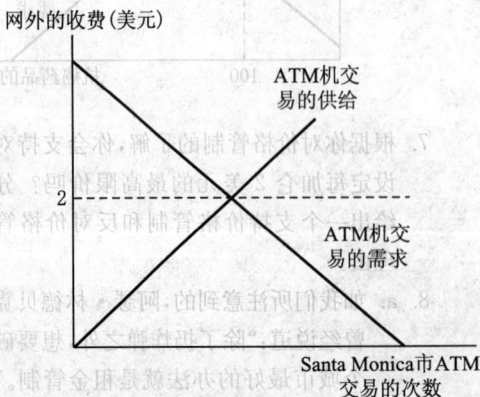

ATM机交易的供给

2

ATM机交易的需求

Santa Monica市ATM交易的次数

    b. 计算禁令之后 Santa Monica 市网外 ATM 市场中生产者剩余和消费者剩余各是多少?

11. 考虑图 6.9。你的同学看着这张图说,"在租金管制之前,独栋住宅建筑放慢了好几年;租金管制通过之后,更多的公寓被建造。租金管制没有减少新公寓的数量,反而提高了它。这证明租金管制是有效的。"这一说法错误的地方在哪里?

12. 租金管制造成了住房短缺,这导致找地方住更难了。在价格受管制的市场上,人们必须浪费很多时间去找到这种稀缺的、虚假便宜的产品。然而,国会议员查尔斯·B.兰热尔(Charles B. Rangel),很有权力的美国众议院筹款委员会(House Ways and Means Committee)的主席,住在哈莱姆区四套租金稳定的公寓里。为什么有权力的人总是比没有权力的人更能够"找到"价格受管制的商品?就价格管制的政治负效应而言,这一事件告诉了我们什么?(资料来源:"Republicans Question Rangel's Tax Break Support," *The New York Times*,November 25,2008。)

挑战

1. 如果政府决定要对汽油实行价格管制,如何才能避免因排队等候所浪费的时间? 这个问题肯定不止一个答案。

2. 在纽约市,对有些公寓实行了严格的租金管制,而其他的公寓却没有。这是很多描写纽约的小说和电影的一个主题,包括《虚荣的篝火》(*Bonfire of the Vanities*)和《当哈利遇上莎莉》。租金管制后可以预见到的一个后果就是滋生黑市。我们来分析一下允许黑市存在是不是一个好注意。

   a. 哈利很幸运地租到了一套受租金管制的公寓,每月租金是 300 美元。这样一套公寓的市场租金是每月 3 000 美元。这套公寓对哈利他自己的价值是每月 2 000 美元,如果纽约市公寓的租金被限制在 2 000 美元,哈利就感到非常满意了。如果他住在这套公寓里,他获得的消费者剩余是多少?

   b. 如果他在黑市上非法把这套公寓转租给莎莉,租金是每月 2 500 美元,然后他再租一套每月 2 000 美元租金的公寓。同他遵守法律相比,哈利的情况是改善了还是恶化了?

3. 假设上衣市场的情况如下表所示：

价格(美元)	需求量(万件)	供给量(万件)
120	1 600	2 000
100	1 800	1 800
80	2 000	1 600
60	2 200	1 400

   a. 上衣的均衡价格和均衡数量各是多少？

   b. 假设政府设定最高限价为 80 美元。是否会出现短缺？如果会，短缺数量是多少？

   c. 假设政府设定 80 美元的最高限价，需求者对每单位该商品所愿意支付的价格是多少（即真实价格是多少）？假设人们排队来获得该商品，并且他们认为每小时的时间价值 10 美元。人们需要排多长时间才能获得一件上衣。

4. 假设政府实行价格管制，并且商品最终在所有愿意以管制价格购买该商品的消费者之间随机分配。如果供给曲线和需求曲线如下图所示，那么

   a. 在价格管制下的消费者剩余是什么？

   b. 如果供给量是 1 000，但是不存在价格管制，那么消费者剩余是多少？

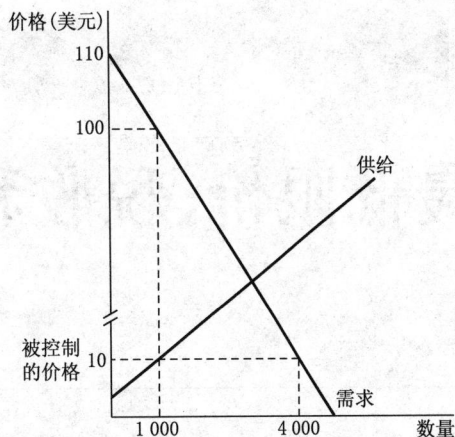

5. 抗生素经常被开给那些感冒的人（即使它们对于治疗感冒不是很有用），但是，它们也可以被用于治疗威胁生命的感染。如果对抗生素进行价格管制，你认为抗生素在这两种用途之间的分配会出现什么变化？

6. 在一个指令性经济中，如苏联，几乎所有的商品都没有价格。相反，商品通过一种"中央计划者"被分配。假设有一种像石油这样的商品成为了稀缺商品。如果要分配石油以使得消费者剩余和生产者剩余之和最大化，中央计划者会面临什么问题？

最低限价、税收和补贴

当政府实行价格管制时，它通常都是设计一个最高限价，以确保市场价格低于均衡价格水平。不过，有时政府的干预是为了保证市场价格高于均衡价格水平。你能想出一个例子吗？给你一个提示：买者的数量通常都会多于卖者。因此，政府干预大多数时候都是为了使市场价格低于均衡价格水平，而不是相反，这并非偶然。**市场价格被控制在高于均衡价格水平的最常见的例子就是当物品的卖者比买者多的时候。**这里再给你个提示。我们大家都拥有这种物品。

这种物品就是劳动力，而最常见的市场价格被控制在均衡水平之上的例子就是最低工资制度。

在这一章，我们从考察最低限价开始，如最低工资，然后再转向税收和补贴。所有的这些主题都可以用供给和需求来分析。因此，这一章和上一章会对前面所讲的那些分析工具进行很好的应用。这些主题本身也非常重要：最低工资的目的之一就是要提高低收入工人的工资。但是，一些经济学家认为，最低工资对于提高低收入者的工资水平并不是很有效，在某些情况下，它甚至可能会适得其反。一种提高低收入工人工资水平的替代方案是工资补贴。因此，在本章结束时，我们将对最低工资和工资补贴进行比较。

7.1 最低限价

最低限价是指法定的最低价格。

当法律规定的最低价格高于市场均衡价格时，我们称它为**最低限价**（price floor）。经济学家称它为最低限价是因为合法的价格水平不可能低于这一底线。最低限价造成了四个重要的后果：

1. 过剩；
2. 贸易利得的损失（无谓损失）；
3. 质量过高造成的浪费；
4. 资源的扭曲配置。

7.1.1 过剩

图 7.1 给出了劳动力的供给曲线和需求曲线,并显现出被控制在市场均衡水平之上的价格是如何产生过剩的,即一种劳动力供给量超过需求量的状态。我们对劳动力的过剩有一个特别的名词:失业。

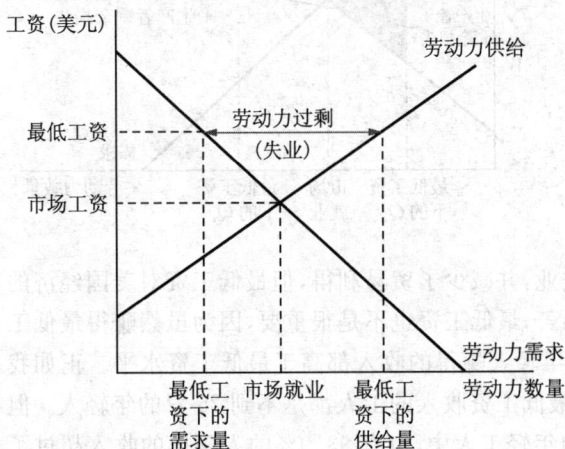

在最低工资水平上,对劳动力的需求量下降到低于市场均衡的就业水平,而供给量上升,这就产生了劳动力过剩。

图 7.1 最低限价产生过剩(最低工资产生失业)

最低工资造成失业的观点应该不会令人感到惊奇。如果最低工资没有造成失业,解决贫困问题的办法就很容易了——把最低工资从每小时 10 美元提高到 20 美元,甚至是 100 美元! 但是如果工资太高,就可能会使得企业雇用任何人都不划算。

一个更适度的最低工资也可能造成失业吗? 是的。一个每小时 5.85 美元的最低工资,即 2007 年的联邦最低水平,对绝大多数工人都没有影响,因为这些工人的生产力已经使得他们每小时所赚得的工资超过了 5.85 美元。例如,在美国,大约有 70％ 的工人,按小时支付给他们的工资已经超过了最低工资水平。然而,最低工资会减少低技术工人的就业。雇主需要支付给低技术工人的工资越高,被雇用的低技术工人就会越少。

例如,年轻人一般都缺乏基本的技术,因而更可能由于最低工资而失业。在所有工资低于最低工资水平的工人当中,大约有 1/4 是青少年(16—19 岁的年轻人),有一半以上是 25 岁以下的人。[①] 有关最低工资的研究证明,失业效应主要集中在青少年。[②]

除了造成过剩外,同最高限价一样,最低限价还会减少贸易利得。

7.1.2 贸易利得的损失

注意在图 7.2 中,雇主在最低工资水平下愿意雇用 Q_d 的工人。如果可以提供更低的工资,雇主将会雇用更多的工人。更重要的是,如果允许雇主这样做的话,工人也愿意在更低的工资水平上工作。如果雇主和工人可以自由讨价,工资会下降,被雇用的劳动量会增加到市场均衡下的就业水平。注意,在市场均衡就业水平下,贸易利得会增加浅色三角形的面积加上深色三角形的面积之和。浅色三角形是消费者剩余(记住,这里指的是雇主,雇主才是劳动的"消费者")的增加水平,深色三角形是生产者(劳动者)剩余的增加。

在最低工资水平上,只要工资水平比最低工资再低一点点,雇主就愿意雇用更多的工人,而工人只要有比 W_0 更高的工资就愿意工作更长的时间。虽然对双方都有利,但是,这些交易是违法的。如果所有对双方都有利的贸易是合法的,那么,贸易利得就会增加浅色三角形加上深色三角形之和。

图 7.2   最低限价减少了贸易利得

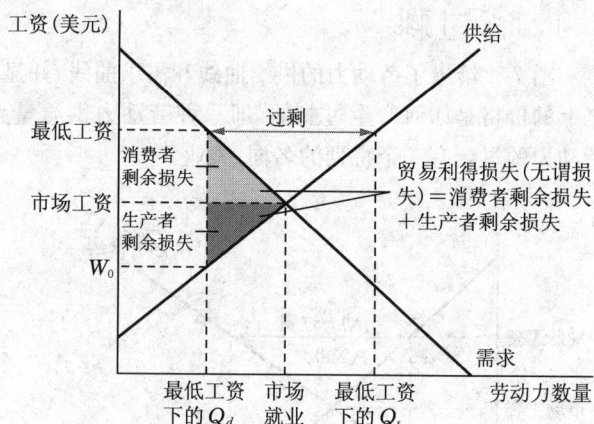

虽然最低工资造成了一些失业,并减少了贸易利得,但最低工资对美国经济的影响非常小。即使是对年轻人而言,最低工资也不是很重要,因为虽然赚得最低工资收入的都是年轻人,但大部分年轻人赚得的收入都高于最低工资水平。正如我们上面注意到的,绝大多数赚得最低工资收入的工人都是不到 25 岁的年轻人。但是,即使在这些年龄不到 25 岁的年轻工人中,也有 93.9% 的人赚得的收入超过了最低工资水平。[3]

以下一些事实可能会令你们感到吃惊。最低工资在美国引起了激烈的争论。民主党通常都认为,必须提高最低工资来帮助工薪家庭。共和党的反应则是,更高的最低工资会造成失业,而且,当企业把更高的成本转嫁给消费者时,它还会提高物价水平。以上两种情况都不符合现实。最好的情况是,最低工资提高了一些青少年和年轻工人的工资。不过,任何时候,只要这些人能提高他们的受教育水平或者成为更有技术的工人,他们的工资也会提高。最糟糕的情况是,最低工资提高了汉堡的价格,并在年轻人中间造成了失业。但是,这些人多数只不过会选择在学校再多待些时候罢了(这不一定是坏事)。关于最低工资的这些争论,说辞的成分多于现实实情。

尽管最低工资小幅度的上升对美国经济不会带来什么变化,但上升得太多却可能会造成严重的失业。在美国,最低工资大幅度的上升不太可能,但它在其他的地方却出现过。1938 年波多黎各人惊奇地发现,由于最低工资设定在波多黎各无技术工人的平均工资之上,波多黎各已经严重受到了这一最低工资的影响。

波多黎各有着一个特殊的政治地位,它是一个没有被完全并入美国领土的自治式联邦共和国。1938 年,国会通过了《公平劳动标准法案》(Fair Labor Standards Act),它第一次设定了每小时 25 美分的最低工资。在这一时期,美国的平均工资是 62.7 美分,但在波多黎各,很多工人都在赚取每小时 3 至 4 美分的工资。不过,国会忘记了为波多黎各设定一个豁免特例。因此,一个在美国很合适的最低工资设定却导致了波多黎各的工资出现巨大的增幅。

然而,波多黎各的工人并没有从最低工资中受益。由于无法支付更高的工资,波多黎各的企业开始破产,这导致了灾难性的失业。在一次危机中,波多黎各的代表们要求国会为波多黎各设定一个豁免特例。"这剂药对病人过猛了。"波多黎各劳工部部长普鲁登西奥·里韦拉·马丁内斯(Prudencio Rivera Martinez)说道。两年以后,国会终于为波多黎各制定了更低的最低工资率。④

其他国家的最低工资有时也比美国高很多。法国就既有一个很高的最低工资——相对于全法的中位数工资来说,它几乎是美国的两倍高——又有劳工管制,这使得在法国雇用工人很困难。它导致的结果就是,企业不愿意雇用年轻人。这一方面是因为,年轻人比老工人的生产力更低,因而在一个过高的最低工资下他们更不适合雇用,另一方面是因为,雇用一些没有任何工作经验而你又不能解雇的人会有更大的风险。2005 年,法国 25 岁以下的工人有 23%失业。

为了解释最低限价的其他重要后果——质量过高造成的浪费和资源的扭曲配置——我们从最低工资转向航空管制。

7.1.3　质量过高造成的浪费

很多年以前,坐飞机出行是一件非常愉快的事情。座位宽敞,服务体贴,食物可口,飞机上也不拥挤。因此,现在在美国坐飞机出行一定是变得更糟糕了,对吗?不对,它变得更好了。我们来解释一下。

美国民用航空局(Civil Aeronautics Board,简称 CAB)从 1938 年到 1978 年对美国的航线进行了大范围的管制。没有企业能够进入或退出这个市场、选择价格或者在没有 CAB 允许的情况下改变航线。CAB 把价格定在市场均衡水平之上,有时甚至拒绝企业提出的降价请求!

我们知道,价格被制定在市场均衡水平之上是因为,只有 CAB 有权力控制在各州之间开通的航线。州内航线大部分都没有被管制。利用来自像得克萨斯和加利福尼亚这样的大州的数据,我们可以比较一下具有相同距离的无管制航线和有管制航线的价格。例如,旧金山到洛杉矶之间的距离同波士顿到华盛顿特区之间的距离相同,但前者航班的价格是后者的一半。*

在图 7.3 中,企业收取了 CAB 管制下的飞机票价,但是,它们原本是愿意以更低价格出售机票的,即愿意以图 7.3 中标有"意愿出售价格"出售。因此,起初管制对航空公司是有利的,它们攫取了图中灰色矩形区域的面积作为生产者剩余。

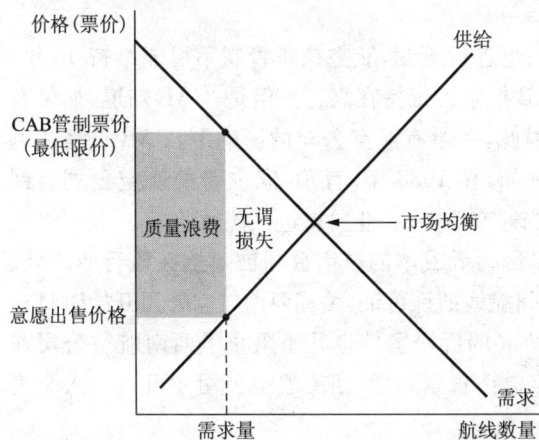

在 CAB 管制票价下,价格在卖者的愿意售价之上。卖者不能通过降低价格来竞争,因此它们通过提高质量来竞争。更高的质量提高了成本,减少了卖者的利润。因此,最低限价鼓励卖者浪费资源来提供更高的质量,这一质量水平超过了买者的支付愿意。

图 7.3　最低限价造成质量浪费

---

* 旧金山和洛杉矶同属于加利福尼亚州,波士顿是马萨诸塞州的首府,华盛顿特区是美国的首都,不属于任何一个州。——译者注

最低限价意味着价格被控制在市场均衡价格之上,因此,企业希望有更多的消费者。然而,最低限价规定,通过降价来争取更多的消费者是违法的。因此,在企业不能降低价格的情况下,它们如何进行竞争呢? 最低限价促使企业通过向消费者提供更高的质量来进行竞争。

例如,当航空公司被管制时,它们会通过向顾客提供骨质瓷器、美味餐馔、宽敞的座位和频繁的航班来进行竞争。这听起来很好吧? 是的,但是别忘了,这些质量的提高都是有价格的。你是愿意在飞往巴黎的航班上吃一顿美餐,还是愿意在飞机上随便吃点而把更多的钱花在巴黎真正的酒店里?

如果顾客愿意为飞机上的美餐付钱,航空公司会提供这一服务。但是,如果你最近坐飞机出行过,你就会知道,其实消费者宁愿要更低的价格。如果质量的提高是消费者所不愿意支付的,那么,它就是一种浪费性的高质量。因此,当公司通过提高质量来进行竞争时,起初所获得的生产者剩余被浪费在这些花哨的服务上。消费者虽然喜欢这些服务,但他们其实并不愿意为此进行支付——因此,图 7.3 中的灰色矩形面积被标识为“质量浪费”。

航空公司的成本还会由于其他原因随着时间而增加。管制刚开始时,由航空公司所获得的生产者剩余对于工会来说也是一块诱人的肥肉。除非工会也能从中获取它们想要的那份收入,否则,工会会以罢工为威胁。航空公司对工会的要求不会过于抵制,因为,当航空公司的成本上升时,它们可以向 CAB 申请要求提高航空票价,从而把更高的成本转嫁给消费者。老的航空公司近来所面临的很多问题都是由于慷慨的退休金和健康津贴所造成的,这些福利待遇又都是在航空价格被管制在市场均衡水平之上时由航空公司所提供的。

到 1978 年,航空公司的成本已经增加得非常多了,以至于航空公司再也无力在航空管制下盈利,因而更愿意取消航空管制。[⑤]取消管制降低了价格,增加了销售量,减少了浪费性的质量竞争。[⑥]取消管制也以另一种方式减少了浪费和提高了效率——通过提高资源的配置效率。

7.1.4　资源的扭曲配置

如果 CAB 不对航空行业的进入也进行管制,航空票价管制不可能维持 40 年。有企业想要进入航空行业,因为 CAB 把票价维持在高位。但是,CAB 知道,如果有新企业进入,价格就会被降下来。因此,在原有航空公司的影响下,CAB 总是在例行公事地阻止新的竞争者进入。例如,在 1938 年,有 16 家主要的航空公司。到 1974 年,只有 10 家航空公司,尽管当时有 79 家企业要求进入该行业。

限制行业进入扭曲了资源配置,因为低成本的航空公司被阻挡在该行业之外。例如,由于无法从 CAB 获得开通跨州航线的许可证,美国西南航空公司开始时只有得克萨斯州州内的航线。(来自竞争者的诉讼案件也几乎阻止了西南航空公司在得克萨斯州内运营。)只有在 1978 年取消管制之后,西南航空公司才可以进入全美市场。

理解现实世界　　西南航空公司的进入不仅仅是增加了供给。这一市场过程的本质之一在于,它为新思想、创新和试验开辟了道路。例如,西南航空公司就开创先例,使用统一的飞行器来降低维修成本,大量使用像芝加哥 Midway 机场这样的小型机场,长期对燃料成本进行套期保值。西南航空公司的创新使得它成为美国最大和最盈利的航空公司。西南航空公司的创新转而也在其他企业中传播开来，如 JetBlue Airways、easyJet（欧洲）和 WestJet（加拿大）等。对进入的管制不会抬高价格，但它增加了成本并减少了创新。取消管制提高了资源的配置效率，因为它允许低成本的创新型企业在全国扩张。今天，对于大多数美国家庭来说，坐飞机都是一件非常普通的事情，它不再是有钱人的专利。取消管制就是这一变化的最主要原因。

自我测验

1. 欧盟向它们的农场主承诺，黄油的价格一定会高于最低限价，而最低限价通常都在市场均衡价格之上。你认为这一举措所带来的后果是什么？

2. 美国把牛奶的最低限价价格设定在均衡价格之上。这会导致短缺还是过剩？你认为美国政府是如何处理这一问题的？（提示：你还记得你在小学和中学里的牛奶纸箱吗？这些纸箱的价格是多少？）

7.2 商品税

商品税是针对商品征收的税收。虽然美国大部分商品都以这样或那样的方式被征税，不过，大家都知道的商品税主要是针对燃料、酒精饮料和香烟等产品征收的税。对于商品税，我们主要强调以下一些事实：

1. 谁最终承担税收同谁直接向政府支付税单无关；
2. 谁最终承担税收取决于供给和需求的相对弹性；
3. 商品税提高了政府收入，但造成了贸易利得的损失（无谓损失）。

7.2.1 税收最终由谁承担同谁支付税单无关

假设政府正在考虑对苹果征税。政府可以采取两种不同的方式来征收这一税收（假设每种方式的执行成本相同）。政府可以针对卖者每销售一篮苹果征收 1 美元税收，它也可以针对买者每购买一篮苹果征收 1 美元税收。哪种征税方式对买者更有利呢？

令人惊奇的是，答案竟是，无论这一税收是由买者"支付"还是由卖者"支付"，该税收都会产生相同的效果。这就是经济学最伟大的洞见之一：税收最终由谁承担不是由国会的法案决定，而是由供给和需求定律决定。

我们来看看对苹果的卖者征收 1 美元税收后所产生的效果。我们从图 7.4 中的左图开始分析。正如我们在第 2 章中所讨论，就卖者而言，税收的增加同成本的上升相同。因此，当没有税收时，如果卖者为了出售 250 篮苹果所要求的最低价格是每篮苹果 1 美元，那么，征收 1 美元的税收后，卖者为了销售同样数量的苹果所要求的价格将是每篮苹果 2 美元——1 美元是他们的正常成本，1 美元是税收成本。同理，如果没有税收时，卖者要求的最低价格是每篮苹果 3 美元，那么，征收 1 美元的税收后，卖者要求的价格将是每篮苹果 4 美元。根据这一逻辑，我们可以看到，1 美元的税收使得供给曲线在每一个数量下都恰好会向上移动 1 美元。

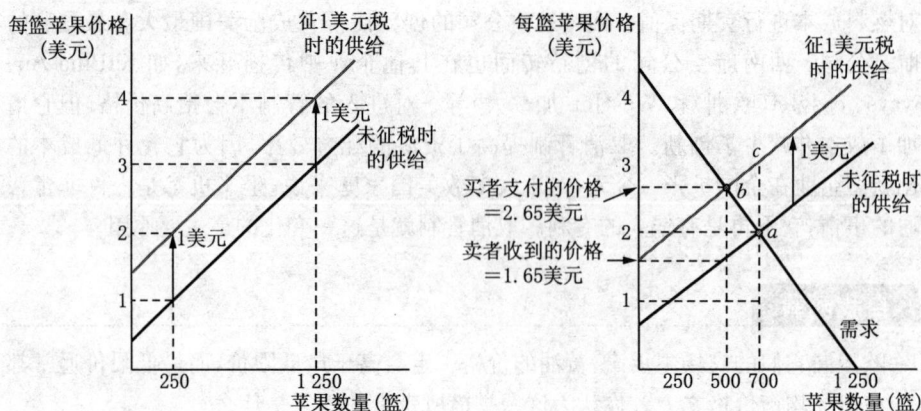

左图:对苹果的卖者征收 1 美元税收会使得供给曲线向上移动 1 美元。
右图:对苹果的卖者征收 1 美元税收会使得供给曲线向上移动 1 美元,这使得均衡状态从点 a 移动到点 b。

图 7.4   对苹果的卖者征税

图 7.4 的右图加上了需求曲线以表明这一税收对苹果市场的效果。没有税收时,均衡点在点 a,均衡价格是每篮 2 美元,均衡数量是 700 篮。如果苹果的卖者必须为他所供给的每篮苹果支付 1 美元税收,供给曲线向上移动 1 美元,新的均衡点为点 b,这时的均衡价格更高,即每篮 2.65 美元,消费的数量更低,即 500 篮。

学生们有时可能会感到奇怪,这 1 美元的税收竟然并不一定会使得价格上升 1 美元。下面来看看为什么会这样。假设价格真的上升 1 美元。在这种情况下,价格将上升到点 c 的 3 美元。但是,点 c 是一个均衡状态吗?

不是。点 c 不是一个均衡点。因为在点 c,供给量比需求量更大。换句话说,市场的卖者会发现,如果他们试图把所有的税收都转嫁给买者,从而把价格提高到每篮 3 美元,就没有足够的买者来买这 700 篮苹果。因此,卖者会有超额供给。这会产生什么激励呢?当卖者为了获得买者而竞争时,卖者的竞拍行为一定会使得价格下降。在价格下降的同时,卖者供给的数量会减少,直到重新达到新的均衡点 b。

征税后,买者每篮苹果支付了 2.65 美元,卖者每篮苹果获得 1.65 美元(2.65 美元减去他们必须交给政府的 1 美元税收)。注意,买者支付的价格同卖者获得的价格之间的差额等于税收。实际上,只要税收不会导致该产业消失,以下公式总是正确的:

$$税收 = 买者支付的价格 - 卖者收到的价格$$

如果政府不是对卖者征收,而是对买者进行征税,情况会怎么样呢?我们从图 7.5 中的左图开始分析。假设在征税前,买者愿意以每篮 4 美元的价格购买 100 篮苹果。如果买者必须在购买价格之外再支付 1 美元的税收,那么他们愿意支付的最高价格是多少呢?对的,是 3 美元。也就是说,如果买者认为每篮苹果的价值是 4 美元,但是他们还必须支付 1 美元的税收给政府,那么,消费者对每篮苹果最多愿意支付 3 美元给供给者(因为包括税收在内的总价格是 4 美元)。同理,在买者购买 700 篮苹果时,如果税前他们每篮苹果愿意支付 2 美元,那么,征收 1 美元税收后,对于同样数量的苹果,他们最多愿意每篮支付 1 美元。顺着这一逻辑,我们会看到,对买者征收 1 美元的税收会使得需求曲线在每个数量上都向下移动 1 美元。

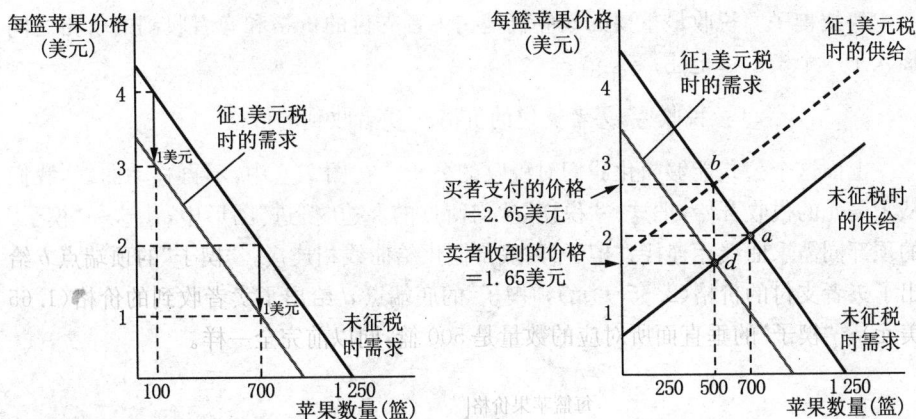

左图：对苹果的买者征收 1 美元税收会使得需求曲线向下移动 1 美元。

右图：对苹果的买者征收 1 美元税收会使得需求曲线向下移动 1 美元，这使得均衡状态从点 a 移动到点 d。

图 7.5 对苹果的买者征税

右图显示了苹果市场的变化情况。没有税收时，均衡状态在点 a，均衡价格为 2 美元，均衡数量为 700 篮。对买者征收 1 美元的税收后，需求曲线向下移动 1 美元，新的均衡状态移动到点 d，新的均衡价格为 1.65 美元，新的均衡产量为 500 篮。

注意，征税后苹果买者支付的总价格为 2.65 美元（1.65 美元的市场价格加上 1 美元的税收），苹果卖者收到 1.65 美元。换句话说，买者支付的价格、卖者收到的价格，以及交易数量（500 篮），都同对苹果的卖者征税时完全一样。

根据图 7.5 右图中虚线所表示的供给曲线，即对卖者征收 1 美元税时的供给曲线（与图 7.4 相同），我们可以看看这中间所发生的情况。如果 1 美元税收从卖者那里征收，均衡点在点 b；如果税收从买者那里征收，均衡点在点 d。点 b 和点 d 唯一的差别在于，当税收从卖者那里征收时，市场价格（2.65 美元）包含税收，当税收从买者那里征收时，市场价格（1.65 美元）不包含税收。然而，税收是一定要支付的，所以无论在哪种情况下，买者最终支付的价格都是 2.65 美元，而卖者最终收到的价格是 2.65 美元。

我们刚才已经得出了一些非常令人吃惊的结论。谁来承担税收并不取决于谁来向政府支付税单。不要被愚弄了，对苹果的买者征税同对苹果的卖者征收两者所产生的效果一样。

7.2.2 税收最终由谁承担取决于供给和需求的相对弹性

我们刚刚已经看到，1 美元的苹果税无论是向卖者征收还是向买者征收，买者最终支付的价格都是 2.65 美元，而卖者收到的价格都是 1.65 美元。但是，在 1 美元的税收中，卖者支付了 65 美分（2.65 美元－2 美元），卖者支付了 35 美分（2 美元－1.65 美元），为什么卖者比买者承担的税负更多呢？税负在买者和卖者之间的分配份额是由什么决定的呢？为了回答这一问题，我们引入快捷楔子（wedge shortcut）这一概念。

快捷楔子　税收最重要的效应就是在买者支付的价格和卖者收到的价格之间插入了一个楔子。记住:

税收 = 买者支付的价格 - 卖者收到的价格

上面这个公式能够简化我们对税收的分析。在图 7.6 中,不再移动曲线,我们从 1 美元的税收开始,把这一"税楔"从均衡点的左边"挤进"图形中,让这一"楔子"的顶部同需求曲线相连接,"楔子"的底部同供给曲线相连接。"楔子"的顶端点 b 给出了买者支付的价格(2.65 美元),"楔子"的底端点 d 给出了卖者收到的价格(1.65 美元)。"楔子"的垂直面所对应的数量是 500 篮,同以前完全一样。

如果税收是 1 美元,买者支付的价格一定会比卖者收到的价格高出 1 美元。把这 1 美元的税楔挤进图形后表明,在新的均衡状态下一定有:买者支付的价格是 2.65 美元,卖者收到的价格是 1.65 美元。交易数量是 500 篮。

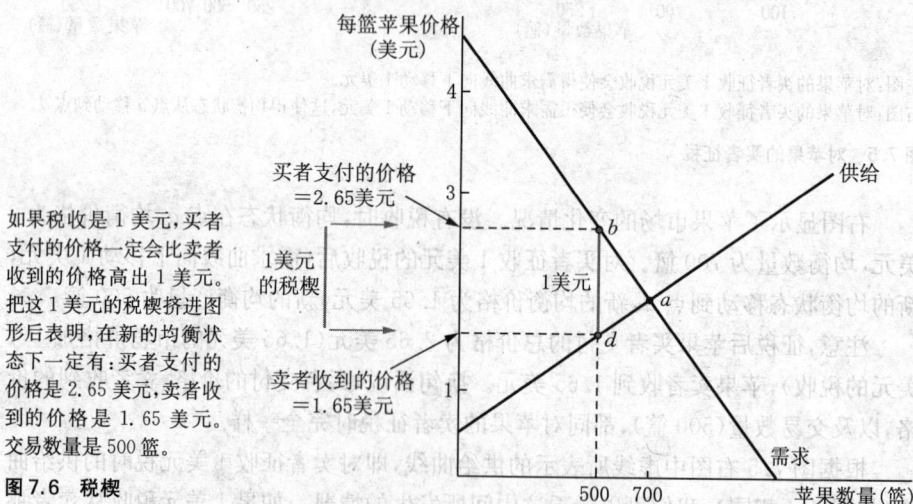

图 7.6　税楔

利用这一快捷楔子的概念,我们来看看,买卖双方承担的税收份额是否由供给和需求的相对弹性所决定。回忆一下在第 4 章中,需求弹性度量了需求量如何对价格的变化做出反应,供给弹性度量了供给量如何对价格变化做出反应。我们将表明,如果需求比供给更具有弹性,需求者承担的税负会比卖者承担的更少;如果供给比需求更具有弹性,供给者承担的税负会比买者承担的更少。

在图 7.7 的左图中,我们给出了需求曲线比供给曲线更具有弹性的情形。在这种情况下,谁承担的税负会更重一些呢? 卖者。为了弄清楚为什么卖者承担的税负会更重一些,我们把税楔插入图形中。注意,在税楔所对应的数量上,同没有税收时的价格相比,买者支付的价格只比它高了一点点,而卖者收到的价格却低了很多。因此,当需求比供给更具有弹性时,买者承担的税负比卖者更少。

在图 7.7 的右图中,我们给出了供给曲线比需求曲线更具有弹性的情形。在这种情况下,谁承担的税负会更重一些呢? 买者。为了弄清楚为什么买者承担的税负会更重一些,我们把税楔插入图形中。在税楔所对应的点上,可以看到,买者支付的价格比没有税收时的价格高出很多。然而,卖者收到的价格只比没有税收时的价格低了一点点。因此,当供给比需求更具有弹性时,卖者承担的税负比买者更少。

这些结果的直觉非常简单。一个更具有弹性的需求曲线意味着需求者具有很多替代品,你很难对那些具有很好替代品的人征税,因为他们会去买替代品! 因此,当需求具有弹性时,卖者最终承担的税负更多。同样的道理也可以用来解释一

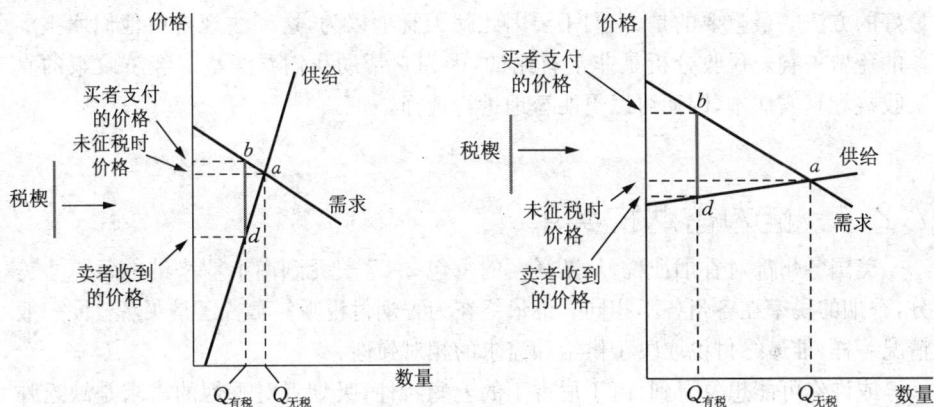

左图：如果需求比供给更具有弹性，买者比卖者承担的税负更多。
右图：如果供给比需求更具有弹性，卖者比买者承担的税负更多。

图7.7　市场更具有弹性的一方更能逃避税负

条很有弹性的供给曲线。这时意味着该行业的工人和资本可以很容易地转移到其他行业——因此，如果你试图对供给非常具有弹性的行业进行征税，该行业的要素将会逃到其他行业。所以，只要记住，弹性＝规避。然而，只要该行业没有因为征税而消失，就一定会有人承担税负。因此，卖者和买者谁将承担更多的税负，取决于谁的逃避能力更强——也就是说，哪条曲线相对而言更具有弹性。

把我们的这一规则记在脑子里，即市场中越有弹性的一方就越能逃避税负。我们来分析一些税收，看看买者和卖者到底谁承担的税负会更多。

7.2.3　健康保险托管和税收分析

假设政府要求企业为它们的员工提供健康保险。拥有健康保险是一件好事情。如果还有其他人能为它买单，那就更好了。但是，实际上是谁在为它买单呢？法律要求企业必须为他所雇用的每个员工购买健康保险，因此，我们可以把这一法规看作是一种劳动税。谁来承担这一税收呢？正如我们现在已经知道的，谁承担的税负更多取决于供给和需求双方谁更有弹性。因此，请想一想，企业通过不雇用工人来逃避税负和工人通过不工作来逃避税负，谁会更容易一些？

企业能逃避税负吗？可以，而且可以用很多方法逃避。如果劳动税太高，企业可以用资本（机器）来替代劳动，它们还可以搬到海外去，甚至还可以一起关门歇业。工人能逃避税收吗？那可不是很容易。如果工资下降，大部分工人都必须继续工作，因为离开劳动力市场的成本很高。因此，对于大多数工人来说，劳动供给弹性很低（对于正值工作年龄的男人来说尤其如此；不过对于接近退休年龄的男人和已婚的妇女，他们的劳动供给弹性可能比较高。）因此，劳动需求可能比劳动供给更具有弹性。还记得吗，如果需求比供给更具有弹性，那么卖者（即工人＝劳动的卖者）将会以更低工资的形式承担更多的税负。这是图7.7中左图所显示的情形。

仅仅是因为企业购买健康保险的法规所产生的成本由工人承担，并不一定能说明这一法规是一件坏事情。希望社会上的每个人都拥有健康保险，这是非常合理的。为了实现这一目标，要求雇主为雇员购买保险也是一种方法，尽管不一定是最好的方法。最重要的是，人们不要因此就天真地以为，这一法规是由他们雇主买单的免费午餐。税收分析是非常有用的，因为它帮助我们看清楚了经济政策的真实收益和真实成本，因而可以更明智地进行选择。

7.2.4　谁为香烟税买单？

美国各州都对香烟征税，从新泽西的每包 2.57 美元到南卡罗来纳的每包 7 美分，香烟的税率在各州各不相同。谁最终在为香烟付税呢？卖者还是买者？同一般情况一样，谁最终付税取决于供给和需求的相对弹性。

或许你可能想象得到，由于尼古丁的上瘾特性，吸烟者对香烟的需求是缺乏弹性的，其需求弹性大约是 -0.5。供给者怎么样呢？在你回答之前，记住我们现在正在分析的是州内香烟税。因此，一个与此相关的问题就是，香烟厂商逃避州内香烟税的难易程度如何？

通过在其他地方销售香烟，香烟厂商可以很容易地逃避某个州的税收。实际上，由于香烟生产商很容易把它的产品运往全国各地，任何一个州的供给弹性都非常大，这就意味着买者将承担绝大部分税收——正如图 7.7 中的右图所示。

如果买者支付的价格上涨的幅度几乎等于税收的大小，那么，无论各个州的税率如何，卖者在所有的州所收到的税后价格一定差不多都一样。为了看看为什么会这样，想象一下，如果厂商在像新泽西这样高税率的州每包香烟所收到的钱比在像南卡罗来纳这样低税率的州要更少，情况会怎么样呢？如果是这样，生产商将会减少运往新泽西的香烟，而把更多的香烟运往南卡罗来纳。这一过程将会一直持续下去，直到两个州香烟的税后价格相同。

我们可以很容易地来检验这一理论。一包香烟在南卡罗来纳卖 3.35 美元，它在新泽西卖 6.65 美元。因此，新泽西买者的价格几乎是南卡罗来纳买者的两倍。但是卖者收到的税后价格基本上是相同的，在南卡罗来纳是 3.28 美元(3.35 美元 -0.07 美元)，在新泽西州是 3.88 美元(6.45 美元 -2.57 美元)。(它们之间这一很小的差额可能是由南卡罗来纳和新泽西两个州之间从事商业的成本不同所造成的。)

顺便提一下，主张高香烟税的一个理由是政府应该鼓励不吸烟。但是，州香烟税对于鼓励不吸烟并不是一种好方法。新泽西州的税会鼓励新泽西的居民少吸烟，然而，正如我们刚才所看到的，为了逃避新泽西州的税，香烟生产商会把更多的香烟运往其他地方，这就会促使其他州的香烟价格下降，从而增加了其他州对香烟的需求量。因此，新泽西州的香烟税会减少新泽西州的吸烟数量，但它会增加其他州的吸烟数量。香烟生产商逃避联邦税要比逃避州税困难得多，所以，如果征香烟税的目标是减少国民对香烟的消费量，联邦税要优于州税。

7.2.5　商品税能提高国家税收，但却带来了贸易损失（无谓损失）

一种税收为政府带来了收入，但是也减少了贸易利得。在图 7.8 的左图中，我们给出了一个没有税收的苹果市场状况。该市场的均衡价格是 2 美元，均衡数量是

700。消费者剩余用浅色区域表示,生产者剩余用深色区域表示。正如我们在第3章所强调的那样,在一个自由市场中,只要买者愿意支付的价格高于供给者愿意出售的价格,贸易就会发生(即只要需求曲线位于供给曲线之上)。自由市场使得贸易利得最大化,因此,生产者剩余和消费者剩余之和最大。

在图7.8的右图中,我们给出了征收1美元税收后的苹果市场状况(它同图7.6一样,只不过这次我们标出了一些区域)。税收是每篮1美元,交易数量是500篮。因此,税收收入由图中斜线区域表示,它等于500美元 = 1美元×500。

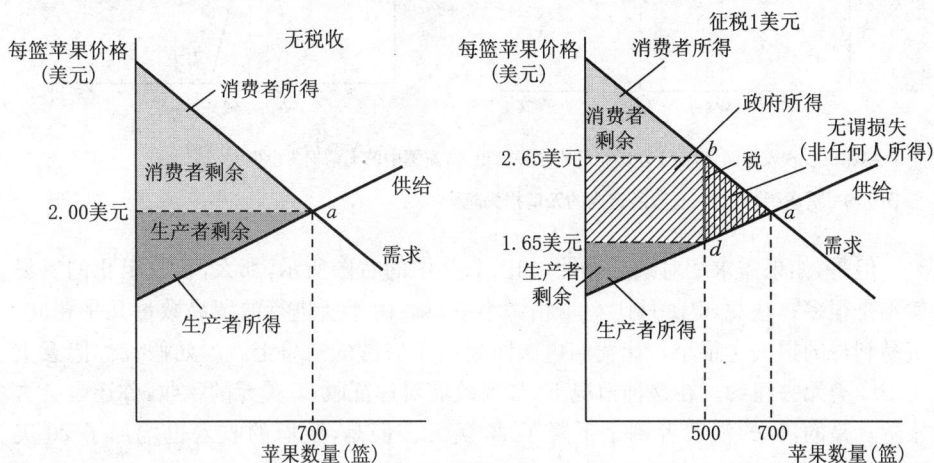

没有税收时,左图中的生产者剩余加上消费者剩余之和达到最大。征税后,生产者剩余和消费者剩余更小,税收收入变大了。但是税收收入增加的部分比消费者剩余和生产者剩余减少的部分要小。因此,税收造成了右图中由三角形 abd 所表示的净损失或者无谓损失。

图7.8　税收给政府带来收入但却造成了无谓损失

通过分别比较图7.8左图中浅色区域和深色区域的面积与右图中对应区域的面积,你可以看出,税收减少了生产者剩余和消费者剩余。一部分生产者剩余和消费者剩余以税收的形式转化成为政府的收入。但是,请注意,消费者剩余和生产者剩余总共减少的部分要多于政府收入增加的部分——其中的差额为标有"无谓损失"的三角形 abd 的面积。

为了理解为什么税收会造成无谓损失,我们来看一个简单的例子。假设你愿意支付50美元来买一张去纽约城市的汽车旅游票,而这张票的实际价格是40美元。因此,你去旅游了,并获得10美元的消费者剩余(50美元－40美元)。现在,假设政府征收20美元的税收,这使得汽车票的价格上升到60美元。你还会去旅游吗? 不会,因为票价现在超过了你愿意支付的价格,你不再去纽约了。因此,你损失了10美元的消费者剩余。政府获得了税收吗? 没有。你损失了10美元,而政府并没有获得相应的收入增加来弥补这一损失。因此,这是一种无谓损失。简单地说,税收的无谓损失是由于税收阻止了旅游(贸易)的发生所损失的利得。

决定无谓损失大小的关键因素是供给弹性和需求弹性。例如,图7.9表明,需求曲线的弹性越大,税后所带来的无谓损失就越大。为了理解为什么会这样,请记住,无谓损失是贸易利得的损失。如果需求曲线相对有弹性,如图7.9中左图所示,税收就会阻止很多贸易,$Q_{有税}$ 比 $Q_{无税}$ 要更小。因此,损失的贸易利得会更大。这就像汽车旅游的故事——如果需求曲线越有弹性,税收就会阻止越多的人去汽车旅游。

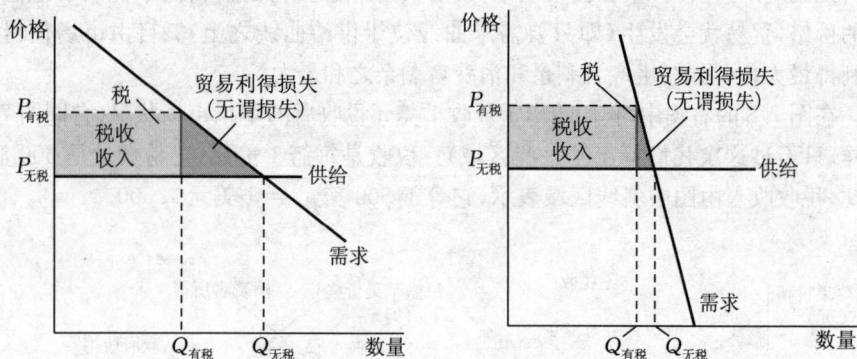

税率和税收收入相同,但由于左图中的需求弹性更大,左图中的无谓损失也更大。

图7.9　需求弹性越大,税收所造成的无谓损失越大

但是,如果需求相对缺乏弹性,如图7.9中的右图所示,那么,税收阻止的贸易就不是很多。注意,$Q_{有税}$只比$Q_{无税}$稍微小一点。由于所进行的贸易数量几乎相同,贸易利得的损失也很小。让我们再次回到汽车旅游的故事上。不妨假设你愿意支付100美元去纽约。在这种情况下,如果政府对你征收20美元的税收,你还是会去旅游。是的,你的消费者剩余下降了20美元。但是,政府的收入也增加了20美元——由于旅游并没有被阻止,在这种情况下,没有无谓损失。

同样直观的道理,也可以解释为什么供给曲线弹性越小,税收(假设税收收入不变)所造成的无谓损失会越小。如果供给曲线很有弹性,那么税收就会阻止很多贸易。但是,如果供给曲线缺乏弹性,被阻止的贸易就会很少,因而贸易利得的损失会很小。

即使税收造成了无谓损失,税收有时也会对商品和服务带来收益。在第17章中,我们将更详细地讨论,在什么情况下,对商品征税所产生的收益可能会超过由于税收而带来的无谓损失。

自我测验

1. 假设政府对胰岛素厂商征税每剂50美元的税收。谁更可能承担这一税负?
2. 虽然政府几乎对每样商品都征税,但是,政府更愿意对哪些产品征税:供给和需求相对更具有弹性的产品,还是相对更缺乏弹性的产品?为什么?

7.3　补贴

补贴是逆向税收:同从消费者(或者生产者)拿钱的征税相反,政府会送钱给消费者(或者生产者)。补贴和税收之间的密切关系意味着它们的效果相似。对于商品补贴,我们主要强调以下一些事实:

1. 谁最终获得补贴同谁直接从政府那里拿钱无关;
2. 谁能从补贴中获利取决于供给和需求的相对弹性;

3. 补贴一定要由纳税人来支付,补贴造成了无效率的贸易量增加(无谓损失)。

征税的时候,买者支付的价格高于卖者收到的价格。补贴正好把这一关系倒过来了,这时卖者收到的价格高于买者支付的价格,中间的差额就是补贴金额。换句话说,

补贴＝卖者收到的价格－买者支付的价格

同前面一样,我们同样可以利用快捷楔子来分析补贴。不过,现在我们是从图中均衡点的右边向左推进这一楔子。图 7.10 中表明,进行 1 美元的补贴后,苹果的卖者收到的价格是每篮 2.40 美元,但买者将对每篮苹果支付 1.40 美元,这之间 1 美元的差额就是补贴金额。

补贴意味着卖者所收到的比买者支付的更多,那么,谁来弥补这中间的差额呢? 纳税人! 纳税人的成本等于单位商品的补贴金额乘以被补贴商品的数量。在图 7.10 中,这一成本等于 1 美元×900,或者说等于 900 美元。

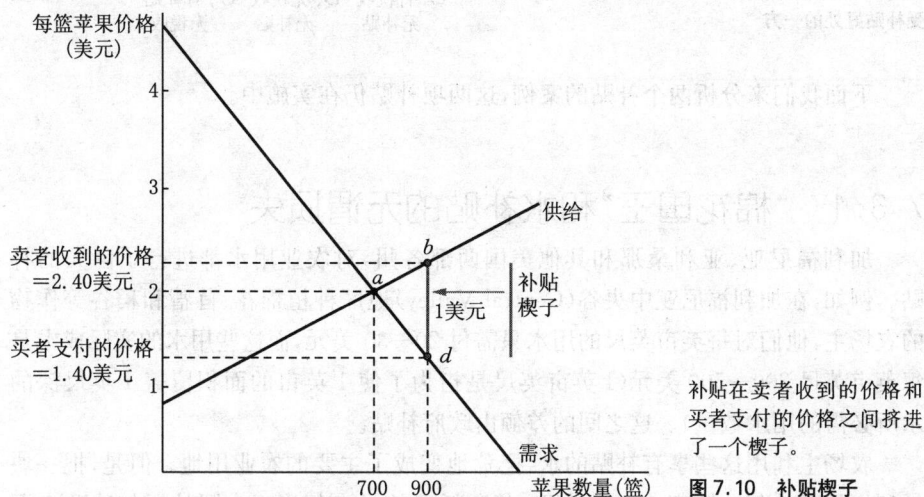

补贴在卖者收到的价格和买者支付的价格之间挤进了一个楔子。

图 7.10 补贴楔子

就像税收一样,补贴也造成了无谓损失。税收造成无谓损失是因为税收导致一些原本可以带来贸易利得的贸易无法发生。补贴造成无谓损失的原因正好相反:由于补贴,一些没有贸易利得的贸易发生了。注意,在图 7.10 中,对于位于 700 篮到 900 篮之间的部分,供给曲线位于需求曲线之上(即 ab 之间的线段位于 ad 之上)。供给曲线的高度体现了生产这些数量产品的成本,需求曲线的高度体现了这些数量的产品对买者的价值。生产这些数量产品的生产成本超过了其价值,无谓损失等于三角形 abd 的面积。换句话说,用于生产这些超过均衡水平之上篮子数的产品的资源是有机会成本的,这些资源在经济的其他部分本可以产生更多的价值。

同税收一样,楔子分析法表明,是对买者所购买的每单位产品补贴 1 美元,还是对卖者卖出的每单位产品补贴 1 美元,两种补贴方法之间并没有差别。

我们已经表明,谁最终承担税负取决于供给和需求的相对弹性。同理,决定着谁将最终获得补贴好处的也是这同一种力量。规则很简单:征收税收时承担最终税负的一方也是补贴时最终享受补贴好处的一方。图 7.11 在供给弹性小于需求弹性的情况下,给出了这一规则的经济学直观含义。在这种状况下,供给者承担了最

终的税负,但它也获得了补贴最终的好处。

当需求比供给更具有弹性时,供给者承担了更多的税负,但同时也会从补贴中获得更多的收益。

图 7.11　承担最终税负的一方也是最终享受补贴好处的一方

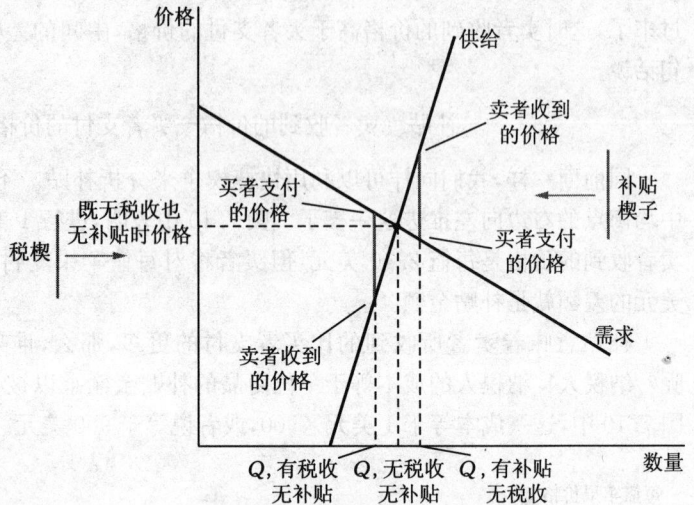

下面我们来分析两个补贴的案例,这两项补贴仍在实施中。

7.3.1　"棉花国王"和水补贴的无谓损失

加利福尼亚、亚利桑那和其他美国西部各州,对农业用水都进行了巨大的补贴。例如,在加利福尼亚中央谷(Central Valley)地区种植棉花、苜蓿和稻谷等作物的农场主,他们对每英亩英尺的用水只需付 20—30 美元,而这些用水的实际成本是每英亩英尺 200—500 美元(1 英亩英尺是指为了使 1 英亩的面积覆盖 1 英尺深的水所必需的用水数量)。这之间的差额由政府补贴。

农场主利用这些享有补贴的水,把荒地变成了主要的农业用地。但是,把一块加利福尼亚的荒地转变成一块农田,其所耗费的成本相当于在阿拉斯加建几个温室! 美国已经有大量的耕地,这些耕地上生产的棉花很便宜。花数十亿美元在河上筑坝,并把水引到几百英里之外来种植庄稼,而这些庄稼本可以在佐治亚州更便宜地生产出来,这是一种资源的浪费,是一种无谓损失。例如,如果把加利福尼亚生产棉花的水用于圣何塞市的硅片生产,或者改为洛杉矶的饮用水,都比把它作为灌溉用水产生的价值更高。

回忆一下,在第 3 章,自由市场能够最大化贸易利得的条件之一就是,不存在浪费的贸易。我们现在可以看到,在某些情况下,补贴是如何造成浪费性的贸易的。

由水补贴所造成的浪费同各种其他形式的农业补贴掺杂在一起。中央谷地区的一些农场主是"两头捞好处"(double-dippers)——他们利用享受补贴的水,生产享受补贴的棉花。有些区域甚至是"三头捞好处"(triple-dippers)——他们利用在生产方面享受了补贴的庄稼,来喂养奶牛,从而生产出享受补贴的牛奶!

谁会从这些水补贴中受益呢? 是那些加利福尼亚的棉花供给者,还是棉花的买者? 记住,如果需求比供给更具弹性(如图 7.11 所示),那么,供给者从补贴中获得的好处比买者更大。你能解释为什么加利福尼亚的棉花需求弹性会比供给弹性更大吗? 由于不同地方生产的棉花几乎是完全相互替代的,对加利福尼亚棉花的需求弹性非常大。换句话说,棉花的价格是由世界棉花市场统一决定的,加利福尼亚的生产量太小,还不足以对世界价格产生影响。因此,毫不奇怪,为水补贴进行游说的不是棉花的消费者,而是加利福尼亚中央谷的农场主。中央谷农场主才是要求这项补贴的政治势力,他们从1902年以来就一直在享受补贴!

7.3.2 工资补贴

如果来自美国佐治亚州(或者中国、印度甚至巴基斯坦)的棉花同样好,那就很难理解,为什么要对加利福尼亚的棉花进行补贴。不过,补贴对社会福利不一定总是产生坏的影响。如果征税可以减少吸烟,税收也可能对社会是有益的。像税收一样,如果补贴能够增加某种特别重要的东西,补贴也可能是有益的(关于税收和补贴在什么情况下可能是有益的,更多的分析请可参阅第9章)。例如,诺贝尔经济学奖得主埃德蒙·费尔普斯(Edmund Phelps)就极力主张利用工资补贴来增加低工资工人的就业。

在费尔普斯的方案中,企业雇用每一个低工资的工人都应该受到补贴。补贴使得雇用低工资的工人更便宜,因此会增加对劳动力的需求。在图7.12的左图中,工资补贴增加了对劳动力的需求,这提高了工人获得的工资。请特别注意,补贴后的就业量从 Q_m 提高到 Q_s。

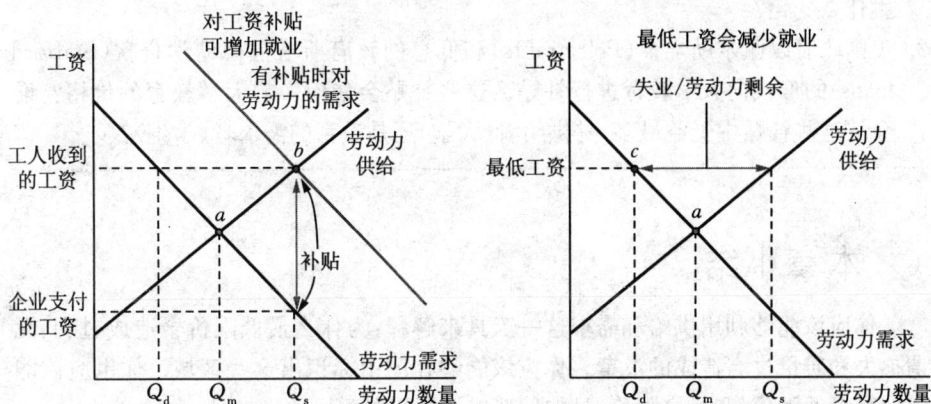

对企业雇用低技术工人进行补贴使得劳动力需求曲线向右上方移动,均衡点从点 a 移动到点 b,这增加了工资和就业。最低工资增加了工资,但是降低了就业,因此,均衡点从点 a 移动到点 c。

图7.12　工资补贴和最低工资的比较

在他的《奖赏工作》(Rewarding Work)一书中,费尔普斯认为,就帮助低技术的工人而言,工资补贴是一种比最低工资更好的方法。最低工资和工资补贴都会增加工资,但是,它们对就业产生的效果正好相反:最低工资降低就业,而工资补贴会增加就业。在图7.12的右图中,我们给出了一种最低工资,这种最低工资同工资补贴情况下具有相同的工资水平。最低工资提高了工资水平,但是,只有 Q_d 的工人会足够幸运地得到工作——其他低技术的工人,也许是最低技术的工人,会被高工资排除在就业之外。因此,最低工资的就业量从 Q_m 降低到 Q_d。

工资补贴增加就业,而最低工资会降低就业。因此,与具有相同工资水平的最低工资相比,工人和雇主总是更喜欢工资补贴。但是,纳税人可能更喜欢最低工资。原因在于,最低工资对纳税人来说没有直接的成本,而补贴就必须由他们来买单。在图 7.12 中,纳税人的总成本等于单位工人的补贴乘以 Q。

不过,工资补贴对纳税人可能具有补偿收益,这使得纳税人的总成本比开始看上去要小。例如,费尔普斯认为,如果低技术工人的工资和就业更高,社会福利支出就会更低。他还认为,鼓励最低技术水平的工人就业可以减少犯罪、吸毒依赖性和"理性的失败主义"(rational defeatism)的文化,"理性的失败主义"的文化促使很多人处于贫困之中。

美国有一项类似于工资补贴的项目。它被称为劳动所得税减免(Earned Income Tax Credit,简称 EITC)政策。EITC 政策是对低收入工人的收入所进行的一种现金补贴。EICT 政策和费尔普斯的工资补贴之间最主要的差别在于,费尔普斯希望的是对所有低工资工人都进行补贴,而 EITC 政策是以抚养小孩的家庭为补贴对象的——对没有小孩的工人其补贴非常小。EITC 政策已经成功地提高了单身母亲的就业率,但它对没有小孩的单身男女没有太大的影响。

自我测验

1. 为了提高美国能源的独立性,美国政府对那些把玉米转化为酒精——一种能给某些汽车使用的燃料——的玉米种植者进行补贴。有了这项补贴之后,酒精的供给量会发生什么变化? 玉米生产者收到的价格和乙醇购买者支付的价格会发生什么变化?

2. 美国政府以佩尔助学金(Pell grants)和低息的政府斯塔福德助学贷款(Stafford loans)的形式向大学教育进行补贴。这些补贴会如何影响大学教育的价格? 谁会从这些补贴中受益最多,是供给者(大学)还是教育的需求者(学生)?

○ 本章小结

你应该能够利用供给和需求这一工具来解释:为什么最低限价会造成过剩、无谓损失和质量过高造成的浪费。你应该能够在图中标识出这些区域。你也应该能够解释最低限价(和最高限价)是如何造成资源扭曲配置的。

我们利用供给和需求这一工具解释了税收和补贴的效应。利用快捷楔子这一工具,你应该能够解释税收减少了贸易量,而补贴增加了贸易量,税收和补贴都造成了无谓损失。令人惊奇的是,我们已经表明,税收的承担者和补贴的受益者都不依赖于谁去向政府签单或者谁从政府那里拿钱。相反,谁最终承担税负和谁从补贴中获利取决于供给和需求的相对弹性。具体来讲,如果你记住,弹性＝规避,那么你就会理解,市场中更具有弹性的一方(买者或者卖者)将更能规避税收。我们也已经表明,需求弹性和供给弹性决定了税收的无谓损失。需求曲线或供给曲线越具有弹性,被税收阻止的贸易就越多。被税收阻止的贸易越多,无谓损失就会越大(在税收收入给定的情况下)。

供给和需求这一工具是非常有解释力的。在这一章和上一章,我们已经展示怎样能够利用这一工具来理解最高限价、最低限价、税收和补贴。

○ 本章复习 ···

关键概念

最低限价

事实和工具

1. 首先，来复习一下术语：最低工资是"最高限价"还是"最低限价"？租金管制呢？

2. 如果最低工资提高，美国企业的老板会如何调整他们的行为？这会对十几岁的青少年产生什么影响？

3. 无谓损失的基本思想在于，想要进行交易的买卖双方找不到一种可以进行交易的方式。在最低工资的情况下，他们不能进行交易是因为买者（企业）以任何低于法定最低工资的价格雇用卖者（工人）都是违法的。但从工人的角度来看，为什么这真的是一种"损失"呢？企业老板想要以低于最低工资的价格雇用工人，这其中的原因是很显然的。但是，如果所有的公司都遵守这一最低工资法律，为什么有些工人仍然愿意以低于最低工资的工资水平工作呢？

4. 正如我们在第 3 章中所看到的，经济学家所用的"均衡"这一概念是从物理学中借用过来的。我们来把这一从物理学中借用过来的概念再向前推进一点。现在，我们只把注意力集中在供给这一方。对于括号中的每一组词，在正确的答案上画上圆圈。

   a. 当政府对某一部门的活动进行补贴时，像劳动、机器和银行贷款等这一类的资源往往都会从（这一被补贴的部门／其他没有被补贴部门）流出，并流入到（这一被补贴的部门／其他没有被补贴部门）。

   b. 当政府对某一部门的活动进行征税时，像劳动、机器和银行贷款等这一类的资源往往都会从（这一被补贴的部门／其他没有被补贴部门）流出，并流入到（这一被补贴的部门／其他没有被补贴部门）。

5. 垃圾食品最近受到了批评，因为它不健康和太便宜，而且会在经济不宽裕的人中间鼓励一种不健康的生活方式。假设 Oklakansas 州对这种垃圾食品征税。

   a. 如果要使得这一税收能够真正阻止人们食用垃圾食品，必须满足什么条件：垃圾食品的需求应该富有弹性还是应该缺乏弹性？

   b. 如果 Oklakansas 州的政府希望强烈鼓励人们不要食用垃圾食品，在什么情况下它必须设定一个更高的税率：垃圾食品的需求富有弹性时还是缺乏弹性时？

   c. 不过请再坚持一会儿：供给方面也很重要。如果垃圾食品的供给弹性很高——也许是因为很容易就可以从销售蛋黄酱汉堡或干酪汉堡改为销售低脂肪的色拉食品——这是否意味着此时的垃圾食品税比供给缺乏弹性时更有效果？或者正好相反？

   d. 我们现在把整个故事连一起：如果政府希望一个很小的税收就可以真正起到大量抑制垃圾食品销售的作用，那么它应该期望：

   I. 供给富有弹性和需求缺乏弹性；

   II. 供给富有弹性和需求富有弹性；

   III. 供给缺乏弹性和需求富有弹性；

   IV. 供给缺乏弹性和需求缺乏弹性。

6. 正如我们在这一章所看到的，很多东西都同弹性有关。十几年前，当华盛顿特区还是一个相当小的城市时，它想要通过提高汽油税来增加政府收入。华盛顿特区同马里兰州和弗吉尼亚州交界，并且很容易在不经意之间就跨越了这些边界，这几个地区的郊区是连在一起的。

   a. 华盛顿特区加油站内销售的汽油的需求弹性如何？换句话说，如果特区内汽油的价格上升，但是，马里兰州和弗吉尼亚州的价格保持不变，特区加油站汽油的销售量是会下降一点点，还是会下降很多？

   b. 根据你在 a 题的答案回答以下问题：当华盛顿特区提高汽油税时，它的税收会提高多少：它是会增加一点点税收收入，还是会大量增加税收收入？

   c. 如果华盛顿特区、马里兰州和弗吉尼亚州都同意同时提高汽油税,你在 b 题中的答案会如何变化? 这些州之间的边界上人口密度很大,但是它们同其他州之间边界上的人口密度不是很大。

7. 在图 7.8 中,由税收提高的政府总收入以美元计算是多少? 税收所造成的无谓损失以美元计算是多少?(提示:你之前已经见过后者的计算公式。我们想让你再找找这个公式。)

8. a. 再来一次:为什么教材正文中说"弹性 = 规避"?(这个是需要记住的:弹性对大部分学生来说都是最难懂的一个概念。)

   b. 我们认为哪两种类型的工人的劳动供给是相对高弹性的? 在政治家讨论提高还是降低不同类型工人的税收时,请记住:这两组人群的行为最有可能发生大的变化。

思考和习题

1. 在 20 世纪 70 年代,加利福尼亚航空公司和太平洋西南航空公司都只在加利福尼亚州内飞行。正如我们所提到,联邦最低限价不适用于州内的航线。这些航空公司的日常航线是从旧金山到洛杉矶,350 英里的距离。这大概相当于从伊利诺伊州的芝加哥到俄亥俄州的克利夫兰的距离。你认为加利福尼亚航空公司飞机上的餐饭会比从芝加哥到克里夫兰航班上的更好吗? 为什么?

2. 一些糖尿病患者必须有规律性地注射胰岛素才能生存下去。生产胰岛素的药物公司可以找到很多赚钱的其他办法。

   a. 如果美国政府对胰岛素生产厂商征收每毫升胰岛素 10 美元的税收;厂商应按月给美国财政部付税。谁将会承担大部分税负:是胰岛素的生产厂商,还是糖尿病患者? 或者在现有的信息下你无法给出答案?

   b. 假设情况正好相反,由于政府腐败,胰岛素的生产厂商说服了美国政府对胰岛素生产者每毫升胰岛素补贴 10 美元,补贴每月从美国财政部领取。谁将会从这项补贴中获得最大的好处:是胰岛素生产者,还是糖尿病患者? 或者在现有的信息下你无法给出答案?

3. 杰米·卡特总统没有解除对航空价格的管制。但他解除了运输行业的很多管制。卡车几乎运输了你所购买的绝大多数消费品,因此,每次你购买东西的时候,你都在付钱给运输公司。

   a. 根据航空公司价格管制被取消后所发生的事情,你认为运输公司的管制被取消后会出现什么情况? 你可以在以下一些网页中找到一些答案:

   http://www.econlib.org/Library/Enc1/TruckingDeregulation.html。

   另一种对运输管制非常关键,但基本上得出相同答案的分析视角,可参阅 Michael Belzer, 2000. *Sweatshops on Wheels:Winners and Losers in Trucking Deregulation*, Thousand Oaks, CA:Sage。

   b. 你认为谁要求国会和总统继续保持对运输行业的最低价格限制:消费者、像沃尔玛这样的零售商,还是运输公司?

4. 假设你正在对戴克里先皇帝统治时期古罗马的制鞋业进行一些历史研究。你的资料会告诉你罗马帝国每年生产多少鞋,但这些信息无法告诉你这些鞋的价格。你找到了一份文件,文件上说在公元 301 年,戴克里先皇帝颁布了一份"物价敕令"。但是,你不知道他规定的是最高限价还是最低限价——你的拉丁文水平还很烂。不过,你可以从文件中清楚地得知,市场上鞋子的数量实际上在显著下降,而且无论是潜在的买者还是潜在的卖者,都对这一敕令非常不满。根据这些信息,你能说出戴克里先实行的是最高限价还是最低限价吗? 如果能,它是哪一种?(是的,戴克里先敕令是确实存在的,维基百科上有关于古罗马历史的详细资料。)

5. 在下图中,或者是存在最高限价,或者是存在最低限价——真是令人奇怪,具体是哪一种情况不重要:无论是 80 美元的最低限价,还是 30 美元的最高限价,图形看起来都是一样的。

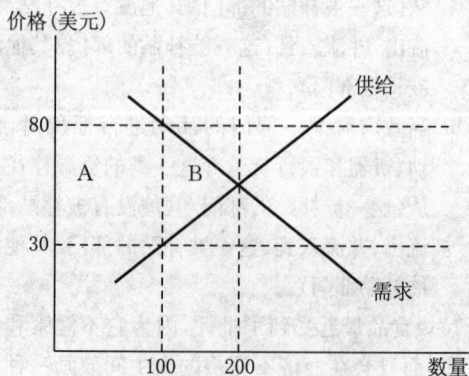

在图中,有一个三角形 B 和一个长方形 A。其中哪个表示没有达成的交易所损失的价值? 哪个表示已经达成的交易中所损失的价值?

6. 我们注意到,美国 20 世纪 70 年代对航空票价的最低限价造成了航空旅游的服务质量浪费性的提高。最低工资限制也造成了工人的质量浪费性的提高吗? 如果是,它是如何造成的? 换句话说,最低工资下的工人同航空旅行有哪些相似的地方?

7. 我们来看看是否能够对税收经济学总结出一些实质性的规律。只要供给曲线和需求曲线正常(即供给曲线和需求曲线都不是完全水平或垂直的,供给曲线是正斜率的,需求曲线是负斜率的),以下哪些一定是正确的? 可能有多个正确选项。

a. 均衡数量一定下降,买者支付的价格一定上升。

b. 均衡数量一定上升,卖者支付的价格一定上升。

c. 均衡数量一定下降,卖者收到的价格一定下降。

d. 均衡数量一定上升,买者收到的价格一定下降。

[注意:诺贝尔经济学奖得主保罗·萨缪尔森(Paul Samuelson)在他那本富有传奇色彩的研究生教科书《经济学分析基础》(*Foundations of Economic Analysis*)中建立起简单的数学证明之前,对这一问题的答案一直处在争论中。]

8. 根据以下图形,利用快捷楔子这一工具分析以下问题:

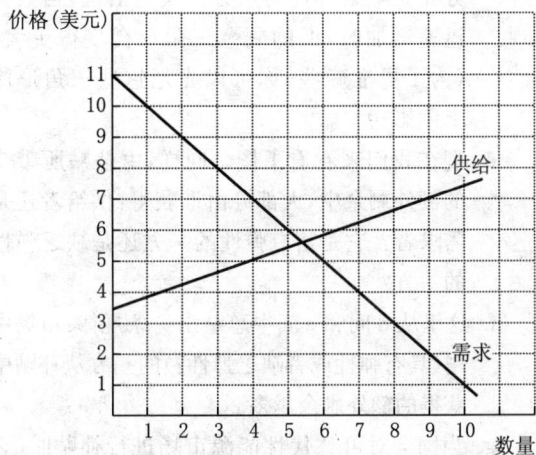

a. 如果征收 2 美元的税收,买者支付的价格和供给者收到的价格各是多少? 这一税收给政府带来的收入是多少? 这一税收造成的无谓损失是多少?

b. 如果进行 5 美元的补贴,买者支付的价格和供给者收到的价格各是多少? 这一补贴给政府带来的成本是多少? 这一补贴造成的无谓损失是多少?

挑战

1. 我们利用税收经济学来讨论爱情。

a. 对你的男朋友或女朋友的需求缺乏弹性是什么意思? 富有弹性又是什么意思?

b. 有时候情侣关系也会存在税。假设你住的地方和你的男朋友或女朋友住的地方有一小时的路程。利用本章提出的工具,你能预测你们当中的哪一方会跑更多的路? 也就是说,你们中的哪一方将会承担这一情侣关系税中的大部分。

2. 工会是最低工资最强烈的支持者。不过,在 2008 年,全职工会成员获得的中位数周薪为 886 美元,平均每小时 22 美元多一点(http://www.bls.gov/news.release/union2.nr0.htm)。因此,最低工资的提升并没有直接提高大多数工会工人的工资。那么,为什么工会会支持最低工资呢? 可以肯定的是,这其中一定不会只有一种原因。不过,我们来看看经济学理论是否可以解释清楚这件事情。

a. 技术工人和非技术工人是相互替代的:例如,假设你可以按每小时 5 美元的工资雇用 4 名低技术工人用铲子来搬运泥土,你也可以按每小时 24 美元的工资雇用 1 名技术工人用滑式推土机来搬运这同样数量的泥土。根据第 2 章提出的工具,如果非技术型劳动力的价格增加每小时 6.05 美元,那么,对技术型劳动力的需求会发生什么变化?

b. 如果最低工资上升,对一般工会会员工人的劳动力需求是增加还是减少? 为什么?

c. 现在,我们把价格放在一起考虑:为什么高工资劳动力的工会可能会支持提高最低工资?

3. a. 在埃迪·墨菲(Eddie Murphy)的经典戏剧片《比弗利山警探》(*Beverly Hills Cop*)的第一场戏里面,底特律市的一名警官,阿克塞尔·福利(Axel Foley),正在阻止一帮香烟走私团伙。当然,如果香烟跨过了州的边界线,走私贩们就不用交税了。根据经济学理论,你认为走私贩们正在以哪种方式走私香烟:是从高税区的北方运往低税区的南方,还是相反?

b. 在正文中我们讨论税收的时候,我们都假设税收法令的制定和执行是不需要成本的。但是,当然,包括美国国税局(Internal Revenue Service)等在内的法律执行办公室需要投入大量的精力来执行税收法令。根据我们已有的基本概念,我们来看看到底哪种类型的税收更容易执行。谁会尽最大努力地来逃税:是更具有弹性的一方还是更缺乏弹性的一方?(提示:至于我们讨论的是供给者还是需求者,对所分析的问题并不重要。)

[注意:公共管理部门的研究者对这一主题最为了解:卡罗琳·韦伯(Carolyn Webber)和阿伦·怀尔达夫斯基(Aaron Wildavsky)超级有趣的杰作,《西方国家的税收和支出史》(*A History of Taxation and Expenditure in the Western World*)阐明了大多数西方政府征集税收到底有多困难。]

4. 我们来对"楔子戏法"作一些训练,并用它来了解一下补贴和游说之间的关系。美国政府对替代能源的发展有很多补贴:有些直接称为补贴,有些则被称为税收优惠。不管是哪一种,它们的作用都同我们本章所研究的补贴一样。我们来看看风车市场。

a. 在以下两图中,一种情况是风车的卖者很有供给弹性,风车的买者(地方能源公司)缺乏需求弹性,另一种情况正好相反。你能分清楚吗?

b. 在哪种情况下,补贴对买者支付的价格降低得更多:需求非常富有弹性时还是非常缺乏弹性时?(如果你利用"楔子戏法"来分析会很容易)这会出现在上图中还是下图中?

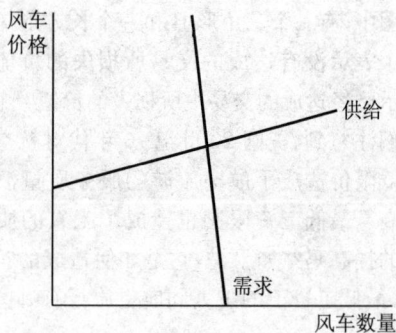

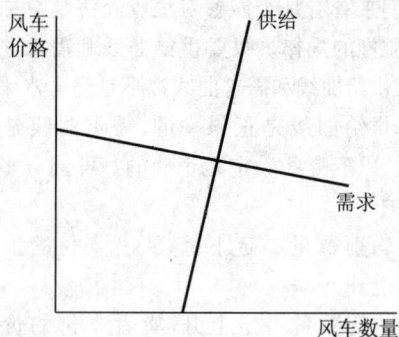

c. 哪种情况下补贴对卖者收到的价格提高得更多些:供给非常富有弹性时还是非常缺乏弹性时? 同样,这会出现在上图中还是下图中?

d. 现在来看看生产者剩余和消费者剩余在两种情况下各会如何变化。在分析的时候请记住,生产者剩余是供给曲线和价格水平之间的面积,消费者剩余是需求曲线和价格水平之间的面积。因此,在上图中,由补贴所带来的额外剩余中,谁获得了其中的大部分:供给者还是需求者? 它是富有弹性的一方还是缺乏弹性的一方? 换句话说,当数量迅速增加时,谁的剩余三角形会变得更大?(为了更准确些,你可以先把这些三角形涂上阴影。)

e. 现在我们来看看下图。同样,由补贴所带来的额外剩余中,大部分由谁获得:供给者还是需求者? 它是富有弹性的一方还是缺乏弹性的一方?

f. 这里从 d 问和 e 问中总结出一条规律:市场中越(具有弹性或者缺乏弹性?)的一方从补贴中获得的额外剩余越多。

g. 当国会对可替代性能源市场进行补贴时,它希望能用少量的补贴来促进产量大幅度地增加：换句话说，它希望均衡产量是富有弹性的。同时，最有可能游说国会对可替代性能源进行补贴的群体，也正是那些从补贴中获得最多额外剩余的群体。毕竟，如果补贴不能给他们带来剩余，他们也不可能要求国会那样做。

因此，这就出现了一个大问题：最有可能为补贴游说的人群正是对补贴最敏感的人群吗？（注意：这是一个关于游说激励的一般性结论。它不仅仅是在替代能源行业中存在。）

▶8

国际贸易

经济学教科书本来从不应该有关于"国际贸易"的章节。"国际"一词表明国际贸易是一种特殊形式的贸易,它要求有新的原理和新的观点。但是,当乔和弗兰克进行贸易时,乔和弗兰克都从中受益。当乔和弗朗西斯科进行贸易时,乔和弗朗西斯科也都会从中获益。如果乔住在 El Paso 而弗朗西斯科住在 Ciudad Juarez*,这两项贸易之间的政治含义会有所不同,但是,其经济学原理并没有太大的差别。因此,这一章的实际主题是贸易的经济学和国际贸易的政治学。我们从追问"为什么要进行贸易"开始。然后解释如何运用我们已学的工具——供给和需求来分析贸易。在本章结束的时候,我们来评估一些反对国际贸易的政治理由和经济理由。

8.1 为什么要进行贸易

我们将主要讨论贸易以下三方面的益处:
➤ 知识的分工;
➤ 规模经济和创造竞争;
➤ 比较优势

8.1.1 知识的分工

如果没有贸易,文明将会崩溃瓦解,数十亿人口将会因饥饿而死。如果你必须靠你自己种植的食物来生活,你还能活多久呢?然而,我们中大部分人每天所赚到的钱都足够买到比我们自己一年能够生产的还要多的食物。由贸易所带来的专业化(specialization)极大地提高了生产力。为什么?同经济学教授和学生相比,农场主在生产食物方面有两方面的巨大优势:他们对农作物更加了解;他们买得起用于大规模生产农作物的机器。这两方面的优势都来自专业化和贸易。

---

* El Paso 是美国得克萨斯州的一个城市。Ciudad Juarez 是墨西哥北部边境的重要城市。——译者注

　　人类的大脑是有限的,而需要知道的东西却有很多。因此,有必要把分散在不同人头脑中的知识进行交换。在最初的农业经济中,每个人的家庭都为他们自己生产,每个人都同他们的邻居拥有相同的知识。在这种情况下,即使是一个拥有百万人口的社会,其知识综合起来可能也不会比某一个人的知识多多少。[①]如果整个社会的知识总量与一个人的知识量相差无几,这将是一个贫困和悲惨的社会。

　　现代经济中所用到的知识,比单个人大脑中所能容纳的知识量要多出数百万倍。例如,在美国,我们不仅有医生——我们还需要有神经科专家、心脏病专家、肠胃病专家、妇科专家和泌尿科专家,而这些还只是医学中众多专业化领域名称中的几个。知识能够提高生产力,所以,专业化会提高总产出。然而,只有当每个人都能够专业化生产某一种产品,然后大家再彼此交易各自想要的商品时,所有的这些知识才是具有生产性的。没有贸易,专业化是不可能的。

　　在现代经济中,即使是最简单的产品,其生产过程也没有一个人能完全知晓。为什么会这样呢？现代经济中专业化的程度为我们提供了解释。一束情人节的玫瑰花可能是在肯尼亚种植的,然后用冷藏飞机运往阿姆斯特丹,再被喝哥伦比亚咖啡提神的卡车司机运往托皮卡市。这一过程中,每个人都只知道整个故事的一小部分。但是,在贸易和市场条件下,每个人都只需要完成他们自己的那部分工作,玫瑰花就被交易了,任何人都不需要了解整个交易过程。

　　现代社会中的专业化程度是非常惊人的。我们刚才已经提到了医学行业中的众多专业化。我们也有遛狗师、壁橱安装师和指甲修剪师。通常,大家都会认为这些职业是无关紧要的。但是,贸易会把所有的市场联系起来。正是遛狗师、壁橱安装师和指甲修剪师等这些人,他们给了耳鼻喉科医师——鼻子、耳朵和喉咙方面的专家——充足的时间,才使得后者能够提高和完善他们的技术水平。

　　知识的分工加深了市场化的程度。现代经济的增长主要归功于知识的创新。因此,知识分工的出现是最重大的转折时刻,也是贸易深化到足够支撑大量的科学家、工程师和企业家等来专业化生产新知识的时刻。

　　想想众多改善我们生活的思想和创新,从抗生素到高产量的抗病小麦,再到半导体。从这些产品能在一个地方出现,到它们传遍整个地球,并提高数百万甚至数十亿人口的生活水平,这些都是因为有贸易存在。

　　世界贸易的每一次增长,都是增加知识分工的机会,也是人类思想的力量得到进一步提高的机会。例如,在改革开放之前,中国就像一个从世界经济体系中隔离出去的孤岛：10亿人口同世界其他地区进行的物质贸易和思想交流都很有限。柏林墙的推倒和中国、俄罗斯、东欧,以及世界其他国家对世界经济的开放,大大增加了生产性科学家和工程师的存量,这也是有关世界未来的一个最有希望的征兆。知识分散在数十亿人的头脑中,这个世界的合作已经比以往任何一个时刻都要更深入。

8.1.2　规模经济和创造竞争

　　通过增加知识来增加产出,这是专业化和贸易增加总产出的一种方法。专业化和贸易也使得利用专业化机器进行生产变得有利可图。如果一个人必须自己种植小麦和自己烤面包,那么,他不可能负担得起联合收割脱粒机或流水生产线上所用的面包大烤箱。例如,联合收割脱粒机能够把谷粒脱壳的速度提高20%,如果你只有10英亩的稻谷需要脱粒,那么,买这样一台联合收割脱粒机所耗费的成本是不值得的。但是,如果你有1 000英亩,所节约的成本就非常显著了。同样,在现在的一个面包房里,每小时都要生产25 000块面包,它的单位成本要比每天只生产100块面包时的低得多。通过专业化和贸易,人们可以利用大规模生产所带来的成本节约优势。经济学家把这种类型的成本节约称为**规模经济**(economies of scale)。

规模经济是指单位成本随着生产规模的扩大而下降的现象。

为了利用规模经济的优势,很多欧洲国家都加入了欧盟,这是每一个成员国都一致同意在彼此之间消除贸易障碍,建立统一市场的组织。欧盟的成立是受到美国最初各州组成"合众国"时所创造的单一市场的启示。欧盟同样也获得很多的收益。不难理解,就像美国各州都有自己的汽车和飞机制造业一样,欧盟的各个国家也都有自己的汽车和飞机制造业。然而,通过形成一个统一的市场,欧盟的各个国家都能实行专业化,同时,由于汽车和飞机都能利用大规模专业化生产的技术,每个国家都能从中获得成本节约的好处。

规模经济还同国际贸易的另一种优势密切相关,即创造竞争。如果一个行业享有规模经济的优势,但是贸易阻止了来自国外企业的竞争,那么,这个行业就只有一些国内企业。没有来自国外的竞争,这些企业就有通过削减产量来提高价格的能力。

例如,在20世纪80年代,所谓的自愿出口限制减少了日本对美国的汽车出口。结果,美国消费者不得不为每辆日本汽车多支付大约1 300美元。而且,不仅仅是购买日本汽车的人面临着更高的价格,购买美国国内汽车的人也必须支付更高的价格,每辆汽车大约多付了660美元。国内汽车价格上涨是因为通用汽车、福特和克莱斯勒等公司知道,由于来自国外竞争的压力减少,它们能够提高价格。在此期间,这三大公司的利润增加了,但消费承担的成本也增加了。

国际贸易使得国内企业必须保持竞争力,并且从不敢怠慢。有趣的是,只要国内企业知道外国企业正随时准备竞争,国内企业就不敢涨价太多。因此,即使国际贸易没有实际发生,消费者也能从自由贸易政策中受益。

8.1.3 比较优势

贸易的第三个原因是它可以利用差异性。例如,巴西拥有天然适合种植甘蔗的气候,中国拥有丰富的低技术劳动力,而美国有全世界受教育水平最高的工人。如果巴西生产食糖,中国组装iPod播放器,美国致力于设计下一代的电子设备,利用这种优势的差异,可以使得全世界的产出达到最大。

差异性所带来的好处比看上去要大得多。如果一个国家能够比另一个国家用更少的要素投入来生产某种产品,我们就说这个国家具有**绝对优势**(absolute advantage)。但是,为了能从贸易中受益,一个国家不一定需要在生产中具有绝对优势。例如,即使美国拥有世界上最适宜种植甘蔗的气候,但是,同巴西相比,如果美国在设计iPod方面比在生产食糖方面拥有更大的优势,那么,由美国设计iPod,巴西生产食糖,也仍然是对双方都有好处的。

绝对优势是指一个生产者能够比另一个生产者更少的投入来生产同一种产品。

下面是另一个经济学家称之为比较优势的例子。玛莎·斯图尔特（Martha Stewart）自己从不熨衣服*。为什么呢？玛莎·斯图尔特实际上可能是世界上最好的熨衣工，但是，她也非常擅长于经营她的企业。如果玛莎花太多的时间来熨衣服，她照顾企业的时间就更少。她的衣服可能会熨得更整洁，但是，同让其他人照看她的企业所造成的损失而言，从更整洁的衣服中得到的收益可能更小。对玛莎来说，更好的做法是，她来专业经营她的企业，然后用她的一部分收入来交易其他商品，如熨衣服之类的服务，当然，还有很多其他的商品和服务。

比较优势的思想是很有创见性的，同时也是非常重要的。为了给出一个更精确的定义，我们用一个简单的模型再来探究一下比较优势。假设有两种产品，电脑和衬衫，同时还有一种投入要素，劳动力。假设在墨西哥，生产一台电脑需要 12 个单位的劳动力，生产一件衬衫需要 2 个单位的劳动力。在美国，生产每件产品都只需要 1 个单位的劳动力。注意，美国无论生产电脑还是衬衫，都比墨西哥用的劳动力更少。因此，在这个例子中，美国在生产电脑和衬衫上都具有绝对优势。如表 8.1 所示。

表 8.1　美国和墨西哥生产电脑和衬衫各自所需的劳动力单位

国　　家	1 台电脑	1 件衬衫
墨西哥	12	2
美　国	1	1

由于美国在生产电脑和衬衫上都比墨西哥所用的劳动力更少，美国人自然有理由怀疑，同一个具有更低生产力水平的邻居进行贸易，美国是否能从中受益。墨西哥人也同样有理由怀疑，同一个比他们有着更强生产能力的邻居进行贸易，他们是否会失去一切。这两种担心实际上都是不必要的。墨西哥和美国都能从贸易中受益。我们下面来看看这是怎么发生的。

首先，我们利用表 8.1 中的信息来计算一下衬衫和电脑的生产成本。回顾一下第 2 章，生产某种产品的真实成本不是货币成本，而是机会成本，即为了得到该产品社会所必须放弃的其他最好选择。因此，我们计算的是衬衫和电脑的机会成本。我们从美国的衬衫开始，因为这会更容易，它只要求一些使用方便的比率。美国可以通过少生产 1 台电脑来多生产 1 件衬衫，因此，一件衬衫的机会成本在美国是 1 台电脑。

墨西哥会怎么样呢？墨西哥可以通过少生产 1/6 台电脑来多生产 1 件衬衫。换句话说，通过从电脑的生产上转移 2 单位劳动力——这能生产 1/6 台电脑——到衬衫的生产上，墨西哥能够再多生产 1 件衬衫。

---

　*　玛莎·斯图尔特 1941 年生于美国新泽西州的一个的波兰移民家庭，父亲是药品推销员，母亲是教师。大学期间，她借同学的衣服参加了最佳服饰大学生比赛，被《魅力》杂志评为十大穿得体的女大学生，从此出人头地。毕业后她与一名律师结婚，发现日常的家居生活竟蕴藏着巨大商机。1982 年，她出版了第一本专业家居顾问指南《娱乐》，1991 年又与时代华纳公司合作，出版了著名的家居顾问杂志《玛莎·斯图尔特生活》，读者超过 200 万。1999 年，以玛莎·斯图尔特名字命名的公司上市，她本人拥有公司超过 63％的股份，2001 年上市公司年收入近 3 亿美元，她因此成为美国第二大女富豪。玛莎被称为"家政女皇"，她所创办的玛莎·斯图尔特家庭用品公司的产品，从杂志、书籍、电视节目到床上用品、花园用品无所不包。另外，她不仅事业成功，而且做家务的水平也是一流的。玛莎本人也成为美国人心目中典型的女性偶像。——译者注

下面是问题的关键了。1 件衬衫在美国的机会成本是 1 台电脑,但在墨西哥的机会成本只有 1/6 台电脑。因此,尽管墨西哥比美国的生产能力更低,墨西哥在生产衬衫上却具有更低的机会成本! 由于墨西哥生产衬衫具有更低的机会成本,我们称墨西哥在生产衬衫上具有**比较优势**(comparative advantage)。

一个国家在其机会成本最低的产品生产上具有**比较优势**。

现在我们来看看生产电脑的机会成本。同样,美国两种产品之间的换算更容易理解:通过放弃 1 件衬衫就可以多生产 1 台电脑,因此,1 台电脑的机会成本是 1 件衬衫。但是,在墨西哥,为了多生产 1 台电脑,必须放弃 6 件衬衫! 因此,美国在生产电脑上有更低的成本,或者如经济学家所说,美国在生产电脑上有比较优势,如表 8.2 所示:

表 8.2   机会成本

国　家	1 台电脑的机会成本	1 件衬衫的机会成本	墨西哥是衬衫低成本的生产者
墨西哥	6 件衬衫	1/6 台电脑	
美　国	1 件衬衫	1 电脑	

美国是电脑低成本的生产者

我们现在知道美国在生产衬衫上是高成本的,在生产电脑上是低成本的。墨西哥的情况正好相反:墨西哥生产衬衫是低成本的,生产电脑是高成本的。

比较优势理论认为,为了增加一国的财富水平,一个国家应该生产它能够以低成本生产的产品,购买它必须以高成本生产的产品。因此,这一理论认为,美国应该生产电脑并进口衬衫。同理,该理论认为,墨西哥应该生产衬衫并进口电脑。我们用一些数字来看看,在我们的这个例子中,这一理论是否成立。

假设墨西哥和美国都有 24 单位的劳动力。他们每个都用 12 小时来生产电脑并用 12 小时生产衬衫。根据表 8.1 中的数字,我们可以看到,墨西哥将生产出 1 台电脑和 6 件衬衫,美国将生产出 12 台电脑和 12 件衬衫。开始时,不存在贸易,因而每个国家的生产量就等于其消费量,如表 8.3 所示。

表 8.3   美国和墨西哥的生产量=消费量(无贸易)

国家的劳动力配置(电脑,衬衫)	电脑	衬衫
墨西哥(12, 12)	1	6
美国(12, 12)	12	12
总产量	13	18

注意,总产量是 13 台电脑和 18 件衬衫。现在,墨西哥和美国可以通过贸易改善它们的状况吗? 可以!

假设墨西哥把生产电脑的 12 小时劳动力转移到生产衬衫上。因此,通过把 24 小时劳动力都配置到生产衬衫上,墨西哥实行了完全专业化生产。同样,假设美国把 2 单位劳动力从衬衫的生产中转移出来,用于生产电脑——因此,生产了 14 台电脑和 10 件衬衫。现在的情况如表 8.4 所示。

表 8.4   美国和墨西哥的生产量=消费量(专业化)

国家的劳动力配置(电脑,衬衫)	电脑	衬衫
墨西哥(0, 24)	0	12
美国(14, 10)	14	10
总产量	14	22

通过比较表 8.3 和表 8.4 中的总产出可以发现,专业化生产提高了总产出水平! 根据比较优势实行专业化,两个国家能增加 1 台电脑和 4 件衬衫的总产出。

为了完成这个故事,你能找出一种能使得美国和墨西哥都得到改善的方法吗? 肯定能! 假设美国用 1 台电脑同墨西哥进行交易,换得 3 件衬衫。墨西哥现在可以消费 1 台电脑和 9 件衬衫(比贸易前多了 3 件衬衫,同表 8.3 相比),而美国能消费 13 台电脑(比贸易前多了 1 台电脑)和 13 件衬衫(同贸易前一样多)。美国和墨西哥都得到改善了,如图 8.5 所示。

表 8.5　美国和墨西哥的消费量(贸易)

国　家	电　脑	衬　衫
墨西哥	1	9(+3)
美　国	13(+1)	13(+1)
总消费量	14	22

因此,如果每个国家都按照比较优势进行生产,然后再进行贸易,总产量和消费量都会增加。更重要的是,即使美国在电脑和衬衫上的生产能力都比墨西哥更高,美国和墨西哥也都可以从贸易中获利。

比较优势理论不仅能解释贸易的方式,而且还能告诉我们一些值得注意的事情:一个国家(或一个人)将总是出售那些它能以低成本进行生产的产品。原因很清楚:一个国家在生产 A 产品上的优势越大,它生产 B 产品的机会成本就会越大。如果你是一个伟大的钢琴家,那么,你做任何其他事情的机会成本都非常高。因此,你在当钢琴家这方面的优势越大,你同其他人交易其他商品的激励就越大。这对一个国家也是一样。美国在生产电脑方面的生产能力越强,它用电脑来交换衬衫的需求就会越大。因此,具有高生产力的国家,总是可以从与相对较低生产力的国家进行的贸易中获利;而生产力较低的国家也不必担心在所有的产品上都竞争不过生产力较高的国家。

如果人们担心一个国家会在每件产品上都被竞争出局,那么他们就犯了一个常识性的错误,也就是说,混淆了绝对优势和比较优势。一个生产者能够用相同的要素投入比另一个生产者生产更多的产出,那么,这个生产者就具有绝对优势。但是,能使得贸易有利可图的是比较优势的差别。一个国家总是会有比较优势的。

因此,每个人都可以从贸易中受益。从世界上最伟大的天才,到智商低于平均水平的普通人,没有一个人或一个国家会具有如此好或者如此坏的生产力,以至于他们不能从世界劳动分工体系中受益。比较优势理论告诉了我们一些关于世界贸易和世界和平的至关重要的事情。贸易将全人类联合在一起。

比较优势和工资　比较优势是一个比较难领会的事情。这个世界上的大部分人都还没有掌握它。因此,如果你还要花费一些时间才能掌握它的话,也不要感到奇怪。由于我们还没有把工资解释清楚,你一开始可能会感到困惑。像美国这样的国家,在同墨西哥这样低工资的国家进行贸易时,不会被竞争出局吗?

实际上,工资就在我们的模型中,我们只需要把它们提到桌面上来就可以了。这样做将会给比较优势提供另一种视角。

在我们的模型中,只有一种类型的劳动力,它既可以生产电脑,也可以生产衬

看见"看不见的手"

衫。在自由市场中,所有同种类型的工人都获得相同的工资。*因此,在这个模型中,墨西哥和美国各自都只有一种工资水平。通过加总墨西哥所有消费品的总价值,并把它除以工人的数量,我们可以算出墨西哥的工资。**用同样的过程我们也可以计算出美国的工资。在这一计算过程中,我们只需要电脑的价格和衬衫的价格。我们假设电脑每台卖300美元,衬衫每件卖100美元(这与我们此前所说的1台电脑交换3件衬衫一致)。我们先来看看没有贸易时的情况(参见表8.3)。墨西哥消费的价值是 1×300 美元再加上 6×100 美元,总价值是900美元。由于总共有24个工人,墨西哥的平均工资是37.50美元。美国消费的总价值是 12×300 美元 $+$ 12×100 美元 $= 4\,800$ 美元。因此,美国的工资是200美元。

现在考虑有贸易时的情况(参见表8.5)。墨西哥消费的价值现在是 1×300 美元 $+ 9 \times 100$ 美元 $= 1\,200$ 美元,工资为50美元,而美国的工资是216.67美元(请验算此结果!)。两个国家的工资都提高了,同我们预期的一样。

但是,请注意,无论是在贸易前还是贸易后,墨西哥的工资都低于美国的工资。其原因在于,墨西哥劳动力的生产力更低。最终决定工资水平的仍然是一国劳动力的生产力。专业化和贸易使得工人能够最大限度地利用他们的生产力——在给定生产力的情况下它尽可能地提高工资——但是,贸易不能直接提高劳动力的生产力。***贸易可以使得爱因斯坦和不如他那样聪明的会计师的利益都得到改善,但贸易并不能使得那名会计师变成像爱因斯坦一样具有卓越科研能力的科学家。

8.1.4　亚当·斯密论贸易

正如我们本章开始时所说的那样,到现在为止,我们在谈贸易时,都还没有把贸易同"国际贸易"区别开来。亚当·斯密有一段非常优美的概括将为贸易的辩护推广到了国际贸易:

> 谨慎的一家之主们应该记住以下格言,千万不要在家里生产那些你能够以比你的生产成本更低的价格买到的东西。裁缝不会试图自己生产鞋子,而是从皮鞋匠那里买鞋。皮鞋匠也不会自己生产衣服,他会雇用裁缝来生产。对一个私人家庭来说是精明审慎的事情,对一个大的国家来说,也很少是愚蠢的。如果国外有一个国家,它能够以比我们自己生产更便宜的价格来提供给我们产品,那么,最好的办法就是,我们生产我们自己具有优势的产品,并用它来购买国外提供给我们的那种产品。②

---

　*　在自由市场中,同种商品将倾向于在任何地方都按照同一价格出售。假设电脑生产行业的工资超过了衬衫生产行业的工资。每个人都想要更高的工资,因此,衬衫生产行业的工人将会尽力转移到电脑生产行业。但是,如果电脑生产行业工人的供给增加,电脑部门的工资就会下降。同样,如果衬衫生产行业工人的供给减少,该部门的工资就会上升。只有当同一种类型的工人都被支付了相同的工资时,工人才没有激励在行业间进行转移。

　**　我们计算消费品的价值是因为,每天结束的时候,工人关心的是他们消费了多少,而不是他们生产了多少。

　***　贸易能够通过利用规模经济、提高知识的分工和传播先进的生产技术来提高生产能力。贸易在这些方面的好处也是非常重要的,但是,比较优势的逻辑并不要求有生产力的提高。

自我测验

1. 专业化生产对生产率有什么影响？为什么？
2. 贸易是如何让我们从专业化中获得好处的？
3. 亚历克斯·罗德里格斯(Alex Rodriguez)是一名优秀的棒球运动员。作为一位运动员，他也非常擅长于修整草坪，甚至比以修剪草坪为生的哈利(Harry)做得更好。为什么亚历克斯·罗德里格斯会出钱雇用哈利帮他修剪草坪，而不是自己干？

8.2　用供求分析贸易

现在，我们来讨论产生贸易的一些基本原因。我们将利用一些你非常熟悉的工具——供给和需求，来分析贸易和贸易管制。

图 8.1 给出了半导体的国内需求曲线和国内供给曲线。如果没有国际贸易，像通常一样，均衡状态将会是 $P^{\text{无贸易}}$ 和 $Q^{\text{无贸易}}$。但是，假设这种产品也能够在国际市场上按照国际价格买到。为了简化，我们假定美国市场相对于国际市场很小，因此，美国的需求者可以在不影响国际价格的情况下，买到他们需要的任何数量的半导体。在我们的图中，国际供给曲线是在国际价格下的一条水平直线(具有完全弹性)。

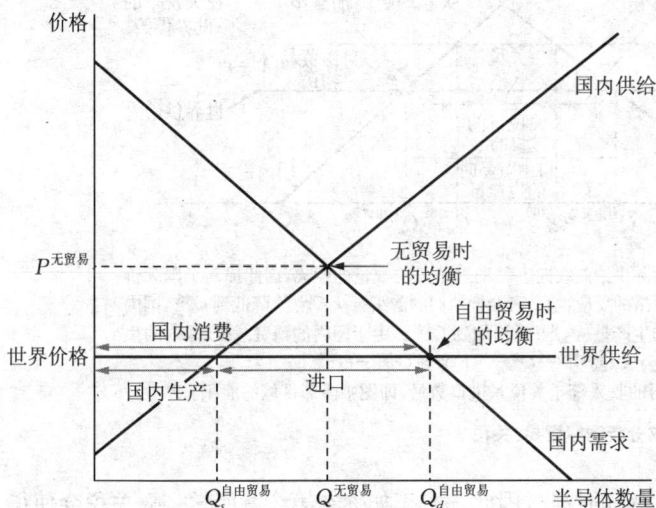

如果没有国际贸易，不难发现，同往常一样，均衡状态是在国内供给曲线和国内需求曲线相交的地方，即 $P^{\text{无贸易}}$ 和 $Q^{\text{无贸易}}$。在有国际贸易的情况下，美国消费者可以在国际价格下买入任何他们所需要数量的半导体。在这一国际价格下，美国消费者的需求量是 $Q_d^{\text{自由贸易}}$ 单位。在国际价格下，国内需求量 $Q_d^{\text{自由贸易}}$ 和国内供给量 $Q_s^{\text{自由贸易}}$ 之间的差额由进口来弥补。

图 8.1　利用供求分析国际贸易

假定美国消费者可以在国际价格下买到任何他们所需要数量的半导体，那么，他们会购买多少呢？同以前一样，我们可以在国内需求曲线上找到这一需求量。不难发现，在国际价格下，美国消费者将会需要 $Q_d^{\text{自由贸易}}$ 单位的半导体。国内供给者会提供多少数量的半导体呢？同以前一样，我们可以在国内供给曲线上找到国内的供给量，国内供给者将会提供 $Q_s^{\text{自由贸易}}$ 单位的半导体。请注意，由于 $Q_d^{\text{自由贸易}} > Q_s^{\text{自由贸易}}$，那么，这中间的差额从哪里来呢？通过进口。换句话说，当存在国际贸易时，国内的消费量是 $Q_d^{\text{自由贸易}}$ 单位，其中 $Q_s^{\text{自由贸易}}$ 单位由国内生产，剩下的部分，$Q_d^{\text{自由贸易}} - Q_s^{\text{自由贸易}}$，进口。

用供求分析关税

很多国家,包括美国在内,利用关税、配额,以及其他能够加重国外生产者的负担但不影响国内生产者的管制手段,来限制国际贸易——这被称为**保护主义**(protectionism)。**关税**(tariff)就是对进口产品进行征税。**贸易配额**(trade quota)是对进口的国外商品数量进行限制:超过配额数量的进口商品会被禁止或者被课征重税。

图8.2显示了对关税的分析。这个图看上去很复杂,其实它同图8.1一样。不过现在,我们要分析关税前和关税后国内的消费量、生产量和进口数量。在征关税前,情况同图8.1完全一样,$Q_d^{自由贸易}$单位是国内的需求量,$Q_s^{自由贸易}$单位是国内生产者的供给量,进口数量是$Q_d^{自由贸易} - Q_s^{自由贸易}$。

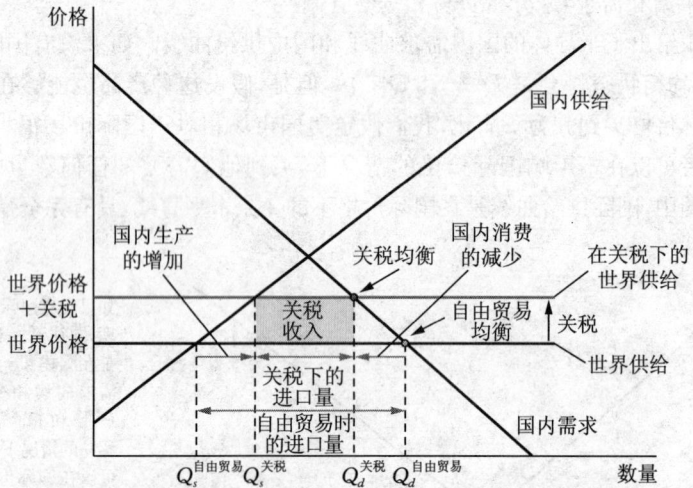

征收关税会使得国际供给曲线向上移动等于关税数量的距离,因此提高了国际价格。作为对更高价格的反应,消费者会把他们的购买量从$Q_d^{自由贸易}$降低到$Q_d^{关税}$,国内生产者会把他们的生产量从$Q_s^{自由贸易}$增加到$Q_s^{关税}$。由于国内的消费减少,国内的生产增加,进口数量会从$Q_d^{自由贸易} - Q_s^{自由贸易}$下降到$Q_d^{关税} - Q_s^{关税}$。

政府从关税中获得的收入等于关税×进口数量,即图中阴影区域的面积。

图8.2　利用供求分析国际贸易:关税

关税是对进口商品课征的税收,因此——正如你在第2章所学——关税会使得国际供给曲线向上移动等于税收数量的距离。例如,如果半导体的国际价格是每单位2美元,同时对每单位半导体课征1美元的关税,那么,国际供给曲线就向上移动到3美元。

当半导体在新的更高价格水平下,有两件事情将会出现。首先,国内生产者会通过提高产量来对更高的价格做出反应,因此,国内半导体的生产量将会增加。在图中,国内生产者的产量从$Q_s^{自由贸易}$增加到$Q_s^{关税}$。其次,国内消费者会通过减少购买量来对价格提高做出反应,国内的消费量从$Q_d^{自由贸易}$降低到$Q_d^{关税}$。由于国内供给者的产量增加,国内消费者的需求量减少,进口数量会下降。具体来说,进口量从$Q_d^{自由贸易} - Q_s^{自由贸易}$下降到更小的水平$Q_d^{关税} - Q_s^{关税}$。

图 8.2 也给出了一个更重要的思想。关税是对进口产品课征的税收,因此,关税提高了政府的税收收入。由关税所带来的关税收入等于税率乘以进口数量(被课税的数量)。由此,在图 8.2 中,关税收入为图中阴影区域的面积。

8.3 贸易保护主义的成本

既然我们已经知道,对进口产品征收的关税会增加国内的产量和降低国内的消费量,那么,我们就可以更详细地来分析保护主义的成本。例如,美国政府就严格限制了进口食糖的数量。结果,美国消费者对食糖支付的价格要比国际价格高出两倍多——在 21 世纪 10 年代的初期,美国消费者对每磅食糖大概要支付 29 美分,而同时期的国际价格只有每磅 9 美分。所以,我们接下来更详细地分析对食糖实行保护主义的成本。

为了简化分析,我们做出两个假设。首先,我们假设关税很高,因此,它完全限制了所有的食糖进口。虽然仍然有少量的食糖以很低的关税被允许进口到美国,但超出这一数量之外的任何进口都被征收重税,以至于没有进一步的进口。同现实情况相比,我们假设关税限制了所有食糖的进口并不是一个很差的近似。其次,我们假设,如果我们实行完全自由贸易,国内所有的食糖都会被进口。这也是一个比较合理的假设,因为,正如我们马上将要解释的那样,食糖在其他地方的生产成本比美国低得多。有了这两个假设之后,我们可以把我们的注意力集中在主要问题上。关于这一问题的更详细的分析,请参见本章末尾"挑战"部分的第 1 题。

在图 8.3 中,我们给出了食糖的市场状况。如果食糖是完全自由贸易,美国的消费者将能够在每磅 9 美分的世界价格上购买,而且这时他们的购买量是 240 亿磅。在每磅 9 美分的价格上,美国生产者完全无法同国外生产者竞争,因此,自由贸易下所有的食糖都会被进口。

食糖的进口关税非常高,以至于进口完全被阻止。美国食糖的价格——在国内需求曲线和国内供给曲线的交点——上升到每磅 20 美分。

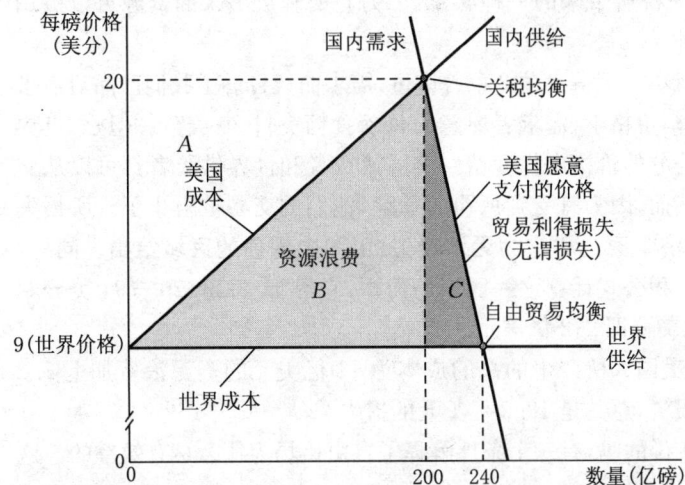

在自由贸易下,国内食糖的产量是 0。如果进口被限制,国内生产规模扩大到 200 亿磅,但是,美国的成本高于世界成本,因此,国内该产业的扩张造成了资源浪费(B 的面积)。在更高的价格上,被购买的食糖也更少,因此,进口限制也造成了贸易利得的损失(C 的面积)。

图 8.3 对贸易的限制浪费了资源,并造成了贸易利得的损失

回忆一下,关税有两重效应:它增加了国内的生产并减少了国内的消费。这每一重效应都具有成本。首先,国内产量的增加听起来似乎是件好事——正如我们以下将会看到，它对国内生产者确实是件好事——但是，国内生产者比国外生产者具有更高的生产成本。因此，关税意味着食糖不再是由低成本的卖者供给，这使得本来可以被用于生产其他产品和服务的资源被浪费在食糖的生产上。其次，由于成本更高，食糖的价格上涨，买食糖的人就更少，这使得贸易利得减少。我们下面将更详细地分析这每一种成本。

同世界上最大的食糖生产国巴西相比，在美国生产食糖的成本要高很多。这是因为，美国大陆的气候对于甘蔗的种植并不是很理想，同时也因为，在美国生产大量食糖的佛罗里达州的土地和劳动具有很多价值更高的其他用途。例如，为了提高产量，佛罗里达州的产糖农场主必须给他们的土地使用昂贵的肥料——这一过程对佛罗里达州的湿地造成了环境破坏。[3] 美国生产食糖过程中过度使用的资源——肥料、土地和劳动——本来可以用来生产像橘子或主题公园等其他产品，这些才是美国和佛罗里达更适合生产的产品。

回忆一下，第 2 章曾经讲过，供给曲线告诉了我们生产成本。因此，在均衡价格下，再多生产 1 单位食糖在美国的成本正好是 20 美分。换句话说，在美国，为了再多生产 1 磅食糖，需要花费价值 20 美分像土地和劳动这样的资源。同样这 1 磅食糖，本来花费 9 美分就可以在世界市场上买到。因此，关税导致在生产最后 1 磅食糖时，浪费了价值 11 美分的资源。

在图 8.3 中，被浪费的资源的总价值以浅色区域的面积表示，并标识有"资源浪费"字样，这一区域代表了在美国生产 200 亿磅食糖和从国外进口 200 亿磅食糖这两者之间的成本差异。利用三角形面积的计算公式，我们可以计算出这些被浪费的资源的总价值。

浅色三角形的高为每磅 20 美分减去 9 美分，即每磅 11 美分，三角形的底为 200 亿磅，因此，三角形面积为 1 100 亿美分，即 11 亿美元。对食糖征收关税浪费了价值 11 亿美元的资源。

注意，如果取消食糖关税，美国食糖的价格将会下降到每磅 9 美分的世界价格水平，美国食糖的生产量也会从 200 亿磅下降到 0 磅。最重要的是要理解，美国食糖产量的下降是取消关税所带来的一种收益，因为它所释放出来的资源可以被用于生产其他产品和服务。

关税还有另一种成本。记得在第 2 章曾讲过，需求曲线告诉了我们产品对需求者的价值。因此，在均衡价格下，需求者愿意为每磅食糖支付 20 美分。但是，世界供给者愿意以每磅 9 美分的价格出售食糖。美国消费者和世界供给者都可以从交易中获得贸易利得。然而，因为有受到惩罚的危险，他们的交易被阻止了。所损失的贸易利得的价值，经济学家也称它为无谓损失，由图中深色的区域给出。同样，我们可以利用三角形面积公式计算这一区域的面积，它等于[每磅（20－9）美分×40 亿磅÷2 ＝]220 亿美分即 2.2 亿美元。

因此，食糖关税对美国人所产生的总的成本为 11 亿美元的资源浪费加上 2.2 亿美元的贸易利得的损失，总共是 13.2 亿美元的损失。

还记得在第 3 章所说的吗，有三个条件解释了自由市场为什么是有效率的。这里再列举一遍：

1. 交易的商品由具有最高支付意愿的买者买到。
2. 交易的商品由具有最低成本的卖者出售。

3. 在卖者和买者之间不存在任何没有被利用的贸易利得,也不存在任何浪费资源的贸易。

限制消费者同国外生产者进行交易的关税或者进口配额都意味着,市场不是自由的,因此,我们应该想到,上面所列举的条件有些不成立。在这个例子中,条件2和条件3都不成立。关税降低了效率,因为供给的商品不再由那些成本最低的生产者供给。由于有了关税,在买者和卖者之间也存在没有被充分利用的贸易利得。

以上贸易利得的某些分析可能听起来有些抽象,但是,对于很多人来说,它们却是生死攸关的事情。如果巴西种植甘蔗的农民可以出售更多的产品给美国的消费者,就有更多的农民可以吃得更好,或者可以改善他们住房条件,为他们的住房提供更好的供水和排水系统。不过,千万不要认为,只有美国政府会犯错,巴西政府也对来自美国的食品设置了很多关税。对于很多巴西人来说,包括一些非常穷的人,这些举措都使得食品更加昂贵。其结果就是,美国消费者为食糖支付了高价格,而巴西的穷人吃的东西更少了,当他们到医院去为他们的孩子看病时,能花的钱也更少了。

贸易的受益者和受损者

我们还有另外一种富有启发性的方法,它同样也可以计算出所损失的总价值。关税提高了美国食糖消费者的价格,减少了消费者剩余。回忆在第2章,消费者剩余是指位于需求曲线下方和市场价格上方的面积。因此,存在关税时,消费者剩余就是位于20美分的价格水平之上和需求曲线之下这之间的面积(图8.3中没有全部显示出来)。当价格从20美分降低到9美分时,消费者剩余增加的面积为$A+B+C$,它们的总价值是24.2亿美元(请验算一下!)。或者换种说法,关税使得消费者损失了24.2亿美元的消费者剩余。

关税提高了价格,这增加了生产者剩余,即位于供给曲线之上和市场价格水平之下的面积。因此,关税使得美国生产者剩余增加了面积A,其价值为11亿美元。

注意,关税给美国消费者造成的损失是它给生产者带来收益的两倍多。美国人的总体损失为,美国消费者损失的24.2亿美元减去美国生产者获得的11亿美元收益,总的损失是每年13.2亿美元,这正好是我们前面得到的结果。

两种分析食糖关税成本的方法是等价的,但是,它们强调的事情是不同的。第一种方法直接计算社会损失,它强调了损失的来源:资源浪费和贸易利得的损失。第二种方法集中在谁受益、谁受损上。国内生产者受益,但消费者的损失更多。

如果美国消费者的损失比美国生产者的收益更多,为什么政府会支持食糖关税呢?答案的一条线索是,关税的成本分摊在数百万消费者的头上,因此,每个消费者的成本都很小。但是,关税的利得只流入到了一小部分生产者手中,他们每个人都获得上百万美元的利益。结果,这些生产者支持并为关税游说,要比消费者反对关税积极得多。

这种游说的成本使我们注意到贸易保护主义的另一种成本。当一个国家设立很多关税来反对国外竞争时,该国的生产者会花费大量的时间、精力和金钱来游说政府支持保护主义。同样,这些资源本来可以花在生产和创造上,而不是游说。贸易保护主义容易造成社会中的一个利益集团同其他利益集团的对立,从而为社会埋下不和谐的种子。相反,自由贸易鼓励人们合作,以达到大家普遍受益的结果。

理解现实世界

1. 谁从关税中受益？谁受损？
2. 为什么贸易保护主义会导致资源浪费？
3. 如果在贸易限制中存在受益者和受损者，为什么我们更经常听到的是贸易限制受益者的声音，而很少听到受损者的声音？

8.4　反对国际贸易的理由

如果要分析所有反对国际贸易的理由，也许需要写好几本书。我们这里近距离地来看看为贸易保护主义辩护的几种最常见的理由：

➤ 国际贸易减少了美国的工作岗位数量；
➤ 同利用童工的国家进行贸易是错误的；
➤ 为了国家安全，我们必须将某些产业留在国内；
➤ 由于某些产业对经济中的其他部门具有溢出效应，我们必须将这些"关键"产业留在国内；
➤ 我们可以利用战略性贸易保护主义来增加美国的福利水平。

8.4.1　贸易和就业

如果美国降低关税，从墨西哥进口更多的衬衫，美国的衬衫行业就会萎缩。结果，很多人都把自由贸易同失业问题联系在一起。然而，作为经济学者，我们希望能超越那些最直接和最明显的效应，来深入分析一下低关税的影响。因此，让我们来深入探讨一下，关税降低时可能会发生的情况，特别是要关注，它对就业的影响。

如果衬衫的价格下降，美国消费者口袋里就会有更多的钱来购买其他的商品。消费者花在透明胶带、"懒骨头"椅子、X光检验，以及其他成千上万种商品上的钱就会增加，这就会导致这些行业的工作机会增加。相对于美国衬衫行业中失业者的利益，这些工作所带来的利益也许更难以看见，不过，实际上它们并不小。但是，那些没有流向美国衬衫厂商，而是流向墨西哥衬衫厂商的钱呢？购买美国货，并把钱留在美国国内，是否要更好呢？

当墨西哥的生产者在美国出售衬衫时，他们获得的是美元。墨西哥人需要美元干什么用？从根本上讲，每个人的卖都是为了买。墨西哥的生产者也会用他们的美元来购买美国商品。在这种情况下，美国花在进口墨西哥衬衫上的钱增加，会直接导致墨西哥人花在美国商品上的钱也增加（即美国的出口）。

但是，如果墨西哥衬衫厂商想要购买的是墨西哥的产品，或者是欧洲的产品，而不是美国的产品，那怎么样呢？为了购买墨西哥或者欧洲的产品，墨西哥衬衫厂商将需要墨西哥比索或者欧元。幸运的是，他们可以在外汇市场上用美元兑换比索或欧元。假设墨西哥人用他们的美元从某个德国人那里换得了欧元，那么，德国人为什么愿意用欧元换取美元呢？记住，人们卖是为了买。因此，德国人想要美元是为了他们能买美国商品。因此，同样，花在墨西哥衬衫进口上的钱增加，会导致美国的出口增加（现在是对德国出口），从而，美国出口行业的工作岗位会增加。

我们的思想实验揭示出一个重要的事实：我们用出口支付进口。不妨这样想：如果不是为了再得到商品，别人为什么愿意出售商品给我们呢？因此，贸易不会消除工作岗位——它只是把工作从进口竞争型行业转移到出口行业。

当衬衫的关税下降时，局部地区的衬衫工厂失去的工作岗位很容易被看见，而像计算机生产等这些出口行业获得的工作岗位却很难被发现。但是，这些工作岗位的增加实际上是不少的。请记住，虽然贸易不会改变工作岗位的数量，它会提高工资，这正如我们在比较优势一节中所讲的。

当然，失去工作之后，并不是所有的工人都能很容易地从衬衫生产部门转移到电脑生产部门，而且失业的打击是巨大的。不过，在一个动态和发展的经济中，失去工作和获得工作就像同一个硬币的两个面。托马斯·爱迪生（Thomas Edison）1879 年发明的电灯泡结束了鲸鱼油产业。这对捕鲸者是件坏事情，但对于那些想要在夜间看书的人，却是件好事情（对鲸鱼更是件好事情）。留声机毁掉了钢琴行业的工作（又怪这位讨人厌的爱迪生！），CD 让录音行业的工作消失，今天的 MP3 又在摧毁 CD 产业的工作。然而，尽管所有这些工作都以某种方式被终结了，但就业和生活水平都在持续提高。

某些工作岗位的消失毕竟是任何一个增长型经济健康发展过程中的一部分，但是，这并不意味着我们一定可以忽略从一种工作转移到另一种工作的成本。失业保险、储蓄，以及一个健全的教育体系，都可以帮助工人来应对这种冲击。然而，贸易限制却不是一个应对冲击的好办法。贸易限制拯救了一些看得见的工作岗位，但它们却破坏了一些往往会被人们忽视的实际工作岗位。

8.4.2　童工

童工是限制贸易的一个理由吗？从某种程度上来讲，这是一个道德问题。对于这个问题，有理智的人们可能会有不同的观点。不过，我们相信，对这个问题的答案是"非也。"理由我们下面再给出。

1992 年，一些劳工积极分子发现，沃尔玛正在销售由孟加拉国一些承包商雇用童工生产的衣服。参议员汤姆·哈金（Tom Harkin）非常愤怒，他向国会提出了一项法案，禁止企业进口任何由 15 岁以下小孩生产的产品。哈金的法案没有通过，但是，孟加拉国的服装行业非常恐慌，他们解雇了 3 万到 5 万个童工。非常成功吗？在我们做决策之前，我们必须为那些失去工作的童工将要发生的事情想想。这些孩子去哪儿呢？去操场吗？去学校吗？去更好的工作岗位？都不是。被服装厂解雇之后，这些孩子会到其他的地方工作，很多人会干条件更差、工资更低的工作，比如卖淫。[④]

2009 年，全世界所有 5—14 岁的儿童中，大约有 18％的儿童每天会花相当长的时间来工作。这些儿童绝大多数都是在干农活，经常是和他们的父母一起做事，而不在出口行业。所以，限制贸易并不能直接减少童工的数量。同时，由于限制贸易会使得穷国更穷，它反而会增加童工的数量。实际上，有研究表明，贸易开放程度的提高能增加收入，减少童工数量。[⑤]

童工在穷国家更普遍，在 19 世纪的英国和美国，童工也很常见，当时的人们都比现在更穷。在发达国家,随着人们逐渐富裕起来,童工的数量也会逐渐减少。

发达国家促进童工数量减少的因素在发展中国家也同样起作用。在图8.4中,纵轴表示全世界132个国家中各国10—14岁的儿童占劳动人口的百分比,横轴表示相应国家的实际人均GDP。圆圈的大小体现了该国童工数量的大小。由图可知,虽然布隆迪的童工占劳动人口的比重(48.5%)比印度(12%)高很多,但印度的童工人数更多。图8.4给我们的启示就是,经济增长能够减少童工数量。

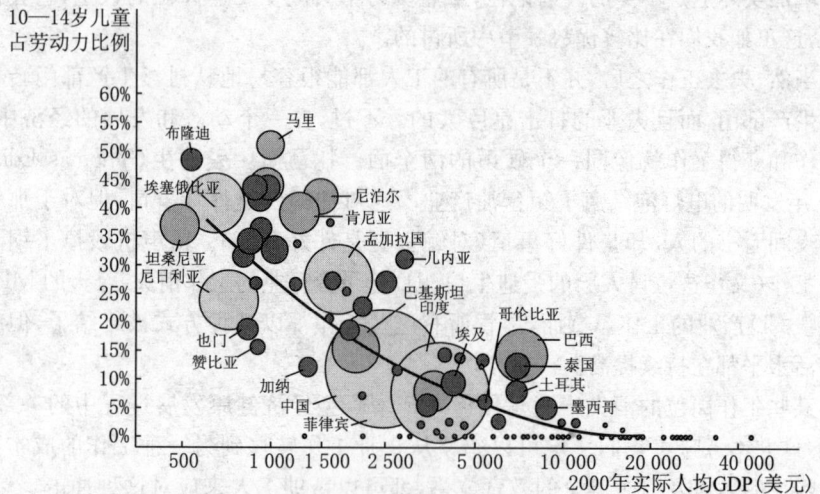

注:图中所示为比例尺度。
资料来源:Edmonds, E. and N. Pavcnik. 2005. "Child Labor in the Global Economy." *Journal of Economic Perspectives* 19(1):199—220。

图8.4 童工数量随着人均GDP的增加而减少

童工的真实原因是贫困,而不是贸易。因此,要想减少童工人数,我们应该把注意力放在减少贫困上,而不是限制贸易。加强贸易障碍对于减少童工可能不会有效果,甚至还可能会适得其反。

通过帮助发展中国家提高教育质量和降低教育的机会成本,发达国家的政府和一些非营利性组织可以帮助发展中国家减少童工的人数。在孟加拉国,在童工由于哈金法案被解雇的同时,政府也引进了一项"粮食救助教育"(Food for Education)计划。对那些在当月至少有一个小孩在上学的贫困家庭,该计划会按月给这些家庭免费提供大米或小麦。这项计划在鼓励上学方面非常成功。更重要的是,今天上学儿童人数的增加,意味着明天的父母会更富裕——这些父母将不再被贫困的压力所压垮,或者换句话说,这些父母将来会有足够的财富来抚养他们的小孩,送他们去上学。[⑥]

8.4.3 贸易和国家安全

如果某种产品对国家安全至关重要,但是,国内生产者比国外生产者具有更高的成本,那么,政府有必要对进口征税或者对国内生产者进行补贴吗?例如,我们似乎有理由支持国内的疫苗行业。1918年,美国有1/4以上的人口都染病上了流感,当时死亡的人数超过了50万人,有些人在被感染后的几小时内就死了。年轻人受到的打击特别严重,由此,美国的预期寿命也下降了 10 年。在 1918 年至 1920 年期间,全世界死于流感的人数占到世界总人口的 2.5％—5％,世界上没有任何一个地方是安全的。生产流感疫苗要求有高度复杂精细的生产过程,在这个过程中,自动控制系统会给数千万个鸡蛋注射流感细菌。在平常年份中,从其他国家购买疫苗基本上不会有什么问题。但是,如果再次发生像 1918 年流感席卷全世界这样的事情,美国保持有效数量的疫苗生产能力是非常明智的。[⑦]

不过,如果每一个处于困境中的国内生产者都宣称,它们的产品对国家安全是至关重要的,这也不会令人感到惊奇。从蜂蜡到马海毛的每一种产品,更不用提钢材和计算机芯片,都曾经以国家安全的名义被保护过。保护主义者在其他动机的伪装下进行游说是非常普遍的。很多人都关心起发展中国家的工作条件,这无可厚非。但如果告诉你,在代表"受压迫的外国工人"支持法案限制贸易的时候,美国劳工组织经常会是最大的一个游说集团,你会感到惊讶吗?正如埃及的财政部长尤塞夫·布特罗斯·加利(Youssef Boutros-Ghali)所指出的,"问题是,为什么会在突然之间,当发展中国家的劳工被证明具有竞争力时,工业化国家会开始关心我们的劳工? ……这不得不令人怀疑。"[⑧]

8.4.4 关键产业

为贸易保护主义辩护的另一个理由原则上也许是对的,它认为"生产计算机芯片比生产薯片更好"。这一思想认为,计算机芯片的生产是关键产业,因为它能产生外部性,它所产生的收益超出了计算机芯片本身(关于外部性更多论述,请参见第 9 章)。在这种情况下,保护主义不是最好的政策(在理论上,补贴可能更有效)。但是,在补贴不可能的情况下,保护主义也许是一种可以带来净收益的次优政策。

"原则上"和"也许"这两个词用得很好。单单从逻辑上来讲,"计算机芯片比薯片更好"的辩护理由是不可能有错误的,但是,它不是非常有说服力。就这个例子来说,大部分计算机芯片现在都是很便宜的大批量生产的商品。美国没有专注于这种类型的制造业可以说是明智的,我们的经济也因此而受益,尽管低成本的大规模生产曾是针对国外计算机芯片采取保护主义的常见理由。

其次,没有任何一个人能知道,哪一个行业是真正具有重要外部性的。在 20 世纪 80 年代,很多专家都认为,高清电视将是一种能够带动很多相关产业的技术。日本和欧盟对它们生产商的补贴都多达数十亿美元。当时美国是落后了。然而,日本和欧盟最终都选择了一种模拟技术,这种技术现在被认为已经过时,但高清电视还从未对经济体中的其他部门产生重要的收益,即使它确实给你的家庭带来了真正清晰的图像。

8.4.5 战略性贸易保护主义

在有些情况下,相对于纯自由贸易政策而言,一个国家可以利用关税和配额来攫取更大的贸易利得。其主要思想是,在向国际购买者出售产品的时候,政府帮助国内企业像一个卡特尔组织一样统一行动。奇怪的是,这样做的方法无非就是限制出口或者对出口征税。对出口征税或者限制出口减少了出口,但同时也使价格提高得足够高,所以净收入会增加。当然,只有国际上的买者对国内产品没有太多的替代品时,这一措施才可能见效。这一措施在现实中会有效吗?的确,从各方面来讲,欧佩克都可以说是一个成功的榜样。因为对石油的需求是缺乏弹性的,欧佩克限制出口增加了石油的收入。

但是,石油是一种特殊的产品,因为在世界上,只有很少的地方发现有大量石油的存在。美国在利用战略性贸易保护主义时会存在很多困难,因为美国生产的产品有很多替代品。美国经济或者说任何发达经济,都还存在另一个问题。石油是沙特阿拉伯唯一重要的出口,因此,如果它们提高石油的价格,世界其他国家不可能通过对沙特阿拉伯出口的其他商品征税来进行威胁报复。但是,如果美国试图攫取更大份额的贸易利得,比方说在计算机上,那么,其他国家的反应可能是对美国的谷物出口征税。贸易战争可能会使得双方都受害。试图按照你所想要的方式来分配馅饼,经常会导致馅饼变得更小。

自我测验

1. 在过去 30 年间,大部分美国服装制造企业都搬到了海外,比如搬到印度或者中国,因为这些地方的工资更低。这种趋势所导致的结果就是,美国服装工人的数量大规模下降。在对这些服装工人造成损害的同时,这种趋势为什么会给美国带来利益?
2. 如果美国政府认为计算机芯片制造业是一个国家战略性产业,政府会对硅谷的企业提供货币补助,这时会出现什么情况?你的分析应该包括这一政策对以下几个方面的影响:硅谷的企业、国外竞争者,以及美国消费者和纳税人的成本和收益。

8.5 贸易与全球化

理解国际贸易理论的时候感觉有困难吗?GrowingStars.com 为你提供了在线辅导员,一周 7 天,一天 24 小时,这些辅导员都可以帮助你理解经济学中一些困难的主题。* GrowingStars.com 的辅导员应该能理解国际贸易:这些辅导员住在印度。[9]

运输成本的下降、世界市场的一体化,以及信息流通的加速,这一切都使得这个世界越来越小。但是,全球化并不是一个全新的思想,至少从罗马帝国时期以来,全球化就成为了人类历史的一个主题。罗马帝国把世界不同地区连接成为一个经济和政治共同体。但是,当这些贸易网络解体之后,接下去的一个时代被称为"黑暗时代"(The Dark Ages)。

后来,当贸易航线振兴,商贸城市诞生,以及来自中国、印度和远东地区的科学开始传播时,欧洲出现了文艺复兴运动。贸易不断增加的时期,也是思想传播的时期,它们已成为人类进步的最好时期之一。正如经济学家唐纳德·布德罗(Donald Boudreaux)所言:"全球化是人类在跨国合作上的进步。"[10]

---

*　我们这里只是把 GrowingStars.com 作为全球化的一个例子。我们没有评估过 GrowingStars.com 或任何在线辅导员的服务价值,也不进行任何支持或反对这一服务的推荐。

○ 本章小结

专业化和贸易使得生产力得到了巨大的提高。没有贸易，整个经济体中被利用的知识大约等于单个人的大脑所能利用的知识。有了专业化和贸易之后，经济体中被利用的知识总量大大地增加，它远远超过任何单个人的大脑。专业化和贸易也使得我们可以利用规模经济的优势。

国际贸易是跨越政治边界的贸易。比较优势理论能解释：同个人一样，通过专业化生产那些它能以更低的（机会）成本生产的产品，并交换那些它只能以更高成本生产的产品，一个国家如何可以提高它的生活水平。当我们把机会成本的概念运用到贸易上，我们发现，每个人都会在某些事情上具有比较优势，因此，任何人都可以从全球市场的参与中受益。

限制贸易会把生产从低成本的国外生产者手中转移到高成本的国内生产者手中，因此，贸易限制会造成资源浪费。限制贸易也会阻止国内消费者利用来自国外生产者的贸易利得。国内生产者可能会从贸易限制中受益，但是，国内消费者损失的会比国内生产者得到的更多。贸易限制有时之所以会持续存在是因为：限制所带来的利益主要集中在少数人手中，这些人会游说贸易保护主义，但限制的成本分摊在数百万消费者身上，而每个人承担的损失可能都很小。

高生产力的国家有很高的工资水平，低生产力的国家工资水平也很低。贸易意味着，两国工人的工资都可以被提高到其生产力所能允许的最高水平。国际贸易并不能直接提高生产力，但可以帮助贫穷的国家通过知识分工和资本来间接提高它们的生产力。

我们已经列举了各种支持贸易限制的常见辩护理由。有些理由是合理的，但它们的适用性通常都是很有限的。

全球化并不是一个新的思想，但是，它在历史上却是一个非常重要的主题，它同人类的进步直接相关。

○ 本章复习 ···

关键概念

规模经济
绝对优势
比较优势
保护主义
关税
贸易配额

事实和工具

1. 利用"知识分工"概念来回答以下问题。

a. 哪个国家具有更多的知识：乌托邦（Utopia），在这个国家中，每个人只需要知道打猎、捕鱼和饲养牲口的知识，以便能够"上午打猎，下午捕鱼，傍晚从事畜牧"；苦干国（Drudgia），在这个国家，三分之一的人知道如何打猎，三分之一的人知道如何捕鱼，三分之一的人知道如何畜牧？

b. 哪个行星拥有更多的知识：求同星球（Xeroxia），在这个星球的 100 万居民中，每个居民都知道相同的 100 万件事情；存异星球（Differentia),在这个星球的 100 万居民中,每个居民都知道不同的 100 万件事情? 求同星球上有多少件事情被居民知道? 存异星球上有多少件事情被居民知道?

2. 在《国富论》中,亚当·斯密说,每个人都实行专业化可以使得人们更具有生产力,因为"一个人在把手从一种动作转换成另一种动作时,都会有一些随意性的动作"。根据这一观察,你如何才能改进你这学期四到五门大学课程的学习方式?

3. "机会成本"是经济学中最难理解的概念之一。我们用一些例子来促使它理解起来更容易些。在以下一些例子中,找出机会成本:你的答案应该是某种比率,如"每年 1.5 件"或者"每个月 6 次演讲"。不考虑在上一个问题中亚当·斯密所提出的思想,假设这些关系都只是线性的,因此,如果你投入两倍的时间就可以得到两倍的产出,投入一半的时间就得到一半的产出。

   a. 埃琳有以下两种选择:她可以每小时修复一条传送带,她也可以每小时修复两个喷油器。埃琳修复一条传送带的机会成本是什么?

   b. 凯蒂在一家顾客服务中心工作,她每小时都有以下两种选择:每小时接 200 个电话,或者每小时回复 400 封电子邮件。凯蒂接 400 个电话的机会成本是什么?

   c. 戴尔德丽今年可以选择写一本书,也可以选择写 5 篇文章。以文章来衡量,戴尔德丽今年写半本书的机会成本是什么?

4. a. 美国工人一般都比中国工人的工资更高。判断对错:这主要是因为美国工人一般比中国工人具有更高的生产力。

   b. 朱莉娅·蔡尔德(Julia Child)是一名美国的厨师(也是第二次世界大战中的间谍),他在 20 世纪 60 年代把法国厨艺重新引入到美国。朱莉娅·蔡尔德比美国大多数厨师得到的报酬都更高。判断对错:这主要是因为朱莉娅·蔡尔德比美国大部分厨师都具有更高的生产力。

5. 日本人为大米支付的价格是世界大米价格的 4 倍。如果日本消除贸易壁垒,日本的消费者就可以在世界价格水平下购买大米。谁将会变得更好,谁又会变得更差:日本的消费者和日本种植大米的农民? 为了支持或反对消除贸易壁垒,谁会更努力地去进行游说,日本消费者还是日本种

植大米的农民?

6. 日本大米的供给曲线是向上倾斜的,同任何正常供给曲线一样。如果日本消除了对大米的贸易壁垒,日本大米行业的雇用工人的数量会出现什么变化:它会上升还是会下降? 这些工人在接下去的一年中会去做什么? 他们会再次就业吗?

7. 在图 8.3 中,考虑三角形 B 和 C,其中有一个可以表示"可在经济中其他部分得到更好利用的机器和工人",而另一个则可以表示为"不得不为所购产品支付额外价格的消费者"。你分得清楚吗?

8. 在《选择》(The Choice)一书中,经济学家拉斯·罗伯茨(Russ Roberts)问道,选民们对一台能够把小麦转换成汽车的机器会有什么样的感觉?

   a. 你认为选民们会抱怨,这台机器应该被禁止,因为它破坏了汽车行业的工作岗位?

   b. 这台机器实际上破坏了汽车行业的工作岗位吗? 如果是,同样数量的工作岗位最终会在其他行业被创造出来吗?

   c. 以下就是罗伯茨的妙语:如果选民们被告之,这台神奇的机器实际上就是一艘轮船,它把小麦运送到国外,并把汽车从国外运进来,选民们对这台机器的态度会有什么变化呢?

9. 根据《华尔街日报》(2007 年 8 月 30 日标题为"In the Balance"的文章)报道,在美国组装一台汽车需要花费 30 个小时。我们利用这一事实,再加上一些虚构的数据,来总结一下全球劳动力在汽车行业的分配状况。在国际经济中,"北方"是东亚、北美以及西欧等一些高技术发达国家的简称,"南方"是世界其他地区或国家的简称。我们下面利用这一简称。

   a. 考虑以下生产力的表格:哪一个地区在生产高质量的汽车上具有绝对优势? 哪一个地区在低质量的汽车上具有绝对优势?

	生产 1 台高质量汽车的小时数	生产 1 台低质量汽车的小时数
北方	30	20
南方	60	30

   b. 利用以上关于生产力的信息,估计南方和北方生产高质量和低质量汽车的机会成本。哪一个地区在生产高质量汽车上具有比较优势(即更低的机会成本)? 对低质量汽车情况又如何呢?

	生产1台高质量汽车的机会成本	生产1台低质量汽车的机会成本
北方	——台 低质量汽车	——台 高质量汽车
南方	——台 低质量汽车	——台 高质量汽车

c. 在北方,可用于生产汽车的劳动力有100万小时,在南方也有100万小时可用于生产汽车。在一个没有贸易的世界,我们假设每个地区都有2/3的劳动力用于生产高质量的汽车,1/3的劳动力用于生产低质量的汽车。计算一下,南北双方生产的高质量汽车和低质量汽车各有多少,并把它们加总看看每种类型的汽车全球总产量是多少。

	高质量汽车的产量	低质量汽车的产量
北方		
南方		
全球产出		

d. 现在,进行专业化生产。如果每个地区都完全专业化生产各自具有比较优势的那种汽车,全球高质量汽车的产出是多少?低质量的汽车呢?在以下表格中填写你的答案。每种类型的汽车其全球产出比之前提高了吗?(我们将在"思考和习题"部分,来解决关于最终贸易分配的问题)

	高质量汽车的产量	低质量汽车的产量
北方		
南方		
全球产出		

思考和习题

1. 把下面各个例子同以下贸易的三个原因相配对:
   I. 知识的分工;
   II. 规模经济与创造竞争;
   III. 比较优势。
   a. 在20世纪50年代,美国汽车工业生产的普通汽车价格非常高。它们之所以能这样做,主要是因为它们面临改善生产的压力很小。到了20世纪70年代,当日本开始以很低的价格生产普通汽车之后,美国企业感到有改善其产品的压力了。
   b. 有两只最近被抛弃的猫,宾果和托比。为了生存,它们必须赶快学会抓老鼠。如果它们同时还能保持好的卫生条件,那么,它们存活的机会就会更大:好的卫生条件可以减少生病和寄生虫的危险。每只猫都可以独立生活,一门心思地学习捕鼠。还有一个替代的办法就是,宾果专门学习如何搞好卫生,托比专门学习如何更好地捕食老鼠。
   c. 美国前总统比尔·克林顿是耶鲁大学法学院的毕业生,雇用了一名不如他自己的律师来负责日常法律事务。

2. 我们来看看"规模经济"有多重要。假设建设一台新的计算机芯片生产设备需要花费10亿美元。(根据互联网关于"计算机芯片建厂成本"的搜索结果显示,实际的成本可能需要30亿美元。)一旦工厂开工之后,它只需要花费1美元就可以生产1块芯片。
   a. 生产1块芯片的总成本是多少?(记住要包括建造这个工厂的成本。)
   b. 生产10万块芯片的总成本是多少,平均每块芯片的成本是多少?(平均成本等于总成本除以芯片数量。)
   c. 如果生产100万块芯片,每块芯片的平均成本是多少?如果生产10亿块,每块的平均成本又是多少?(注意,这同第11章关于市场规模和研发行为之间的关系非常类似。这种"规模效应"在经济学中非常普遍。)
   d. 为了获得利润,计算机芯片的价格必须高于生产芯片的平均成本(在微观经济学中称为 $P > AC$)。加拿大的人口是3 400万:如果加拿大必须在一个花费数十亿美元的工厂中自己生产计算机芯片,并且需要为每个人生产1块,计算机芯片的出售价格能低于每块10美元吗?其出售价格能低于100美元吗?

3. 诺贝尔奖得主保罗·萨缪尔森曾经说过,比较优势是经济学中为数不多的"正确但并不显而易见"的思想之一。由于它不是显而易见的,我们针对它进行一些练习。在以下各个例子中,谁在每项任务中具有绝对优势,谁又具有相对优势?
   a. 在30分钟内,卡娜可以做1份味噌汤,她也可以把厨房整理干净。在15分钟内,米切尔也可以做 1 份味噌汤,但米切尔整理干净厨房需要 1 个小时。

b. 在 1 个小时内,伊桑可以烤 20 份曲奇,或者是铺好 2 个房间的墙板。在 1 个小时内,西恩娜可以烤 100 份曲奇,或者铺好 3 个房间的墙板。

c. 卡拉每天可以制作 2 件玻璃雕刻,或者设计 2 个全版面的报刊广告。萨拉每天可以制作 1 件玻璃雕刻,或者设计 4 个全版面的报刊广告。

d. 达塔可以每天写 12 首好诗,或者是解答 100 道物理学难题。赖克每天可以写 1 首好诗,或者是解答 0.5 道物理学难题。

4. a. 只是为了复习:回到第 6 章的最高限价,我们用一条位于均衡价格水平之下的水平直线表示最高限价。最高限价造成了短缺还是过剩?

b. 图 8.1 中的水平直线不代表过剩或者短缺。它代表什么?

c. 图 8.1 考虑了这样一种情形的国家:在世界价格水平上,它可以购买任何它想要的数量的半导体。为什么这个国家的人们只购买 $Q^{自由贸易}$ 单位的半导体?对于这种不太贵的产品,为什么他们不多购买些?

5. 图 8.1 考虑的是一种国内无贸易时的价格高于世界价格的情形。我们来看看国内无贸易时的价格低于世界价格的情形。我们来分析飞机市场的情况,如下图所示。

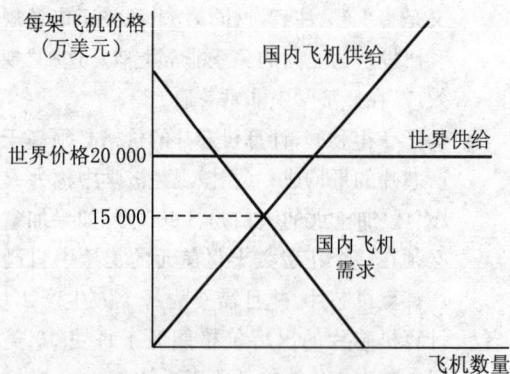

每架飞机价格
(万美元)

国内飞机供给

世界价格20 000 ━━━━━━━━━━ 世界供给

15 000 ┈┈┈┈

国内飞机需求

飞机数量

a. 在上图中的数量轴上标出 $Q_s^{自由贸易}$ 和 $Q_d^{自由贸易}$。这有点类似于图 8.1。

b. 你把 $Q_s^{自由贸易}$ 和 $Q_d^{自由贸易}$ 之间的差距称为什么?

c. 仿照图 8.1,在上图中标出"国内消费"和"国内生产"。

d. 在自由贸易下,同没有贸易的情况相比,国内飞机的购买者——航空公司以及像联邦快递这样的运输公司——将必须支付更高的价格还是更低的价格?如果存在飞机的自由贸易,国内飞机购买者将会购买更高的数量还是更低的数量?

e. 基于你在 d 问中的答案,你认为国内飞机需求者是会支持还是会反对飞机的自由贸易?

6. 以"不让任何一个孩子掉队"(No Child Left Behind)而著称的美国联邦教育改革法案,要求每个州都必须设立标准的考试,以检验是否每个学生都已经掌握了主要科目的知识。由于在同一个州中同一个年龄的学生都进行同样的考试,这就促使同一个州中的所有学校都使用相同的教学材料。根据知识的分散性,这一法案的成本是什么?

7. 在正文中,我们谈到美国佛罗里达州的甘蔗农场主通常会对他们的农作物使用大量的化肥。他们之所以要这样做是因为,他们的土地并不十分适合种植甘蔗。如果我们用供给曲线的语言来描述这一现象,那么,这些佛罗里达州的甘蔗农场主是位于供给曲线左下方的供给者,还是位于供给曲线右上方的供给者?为什么?

8. 在这一章中,我们经常强调,专业分工和交换可以产生更多的产出。但是,有时自愿交换中的产出是很难度量的,它也不能体现在 GDP 的统计中。在以下各个案例中,请解释,通过一项自愿交换,交易双方如何能够得到改善?

a. 艾伦收到了 2 份《战争机器》(Gears of War)游戏作为生日礼物,伯顿收到了 2 份《光晕》(Halo)游戏作为生日礼物。

b. 杰布免费获得了一份《野地狩猎》(Field and Stream)杂志的订阅,但是他对打猎不感兴趣。乔治免费获得了一份《迈阿密先驱报》(Miami Herald)的订阅,但是他对佛罗里达州的新闻也不感兴趣。*

c. 帕特非常喜欢赠送东西给别人,但是只有当东西能真正送到另一个人的手中时,赠予才是有意义的。特里同样面临这种让人遗憾的情形。

9. 根据中国政府的统计资料,中国 2007 年进口了 14 万辆小轿车。我们来看看,如果中国禁止小轿车的进口,消费者剩余和生产者剩余会出现什么情况?为了简单起见,我们假设如果小轿车被禁

─────────────

* 迈阿密位于佛罗里达州。——编者注

止进口,小轿车(质量保持不变!)的均衡价格会上升 5 000 美元。

a. 在下图中,标识出中国允许进口小轿车时的总贸易利得。

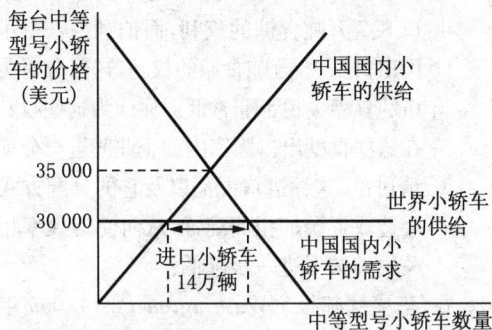

b. 一旦中国禁止小轿车的进口,它损失的贸易利得价值多少美元?(提示:本章提供了计算公式。)

c. 如果禁止小轿车进口,中国小轿车的生产者会得益,中国小轿车的消费者会受损。上图中有一个多边形体现了从消费者手中转移到生产者手中的剩余。请在这个多边形中标识出"转移"的字样。(提示:这个区域并不是你在 b 问中计算的结果。)

10. 这又是一个关于专业化和贸易的习题。这个习题完全是虚构的,所以,你无法根据你对国家或产品的直觉来回答问题。

a. 考虑以下有关生产力的表格:哪个国家在生产 rotid 上具有绝对优势? 哪个国家在生产 tauron 上具有绝对优势?

	生产 1 单位 rotid 的小时数	生产 1 单位 tauron 的小时数
Mandovia	50	100
Ducennia	150	200

b. 利用以上表格中关于生产力的信息,估计 Mandovia 和 Ducennia 生产 rotid 和 tauron 的机会成本。哪个国家在生产 rotid 上具有比较优势? 在生产 tauron 上呢?

	生产 1 单位 rotid 的机会成本	生产 1 单位 tauron 的机会成本
Mandovia	＿＿单位 tauron	＿＿单位 rotid
Ducennia	＿＿单位 tauron	＿＿单位 rotid

c. Mandovia 有 10 亿个小时的劳动力可用于生产,Ducennia 有 20 亿个小时的劳动力可用于生产。在一个没有贸易的世界,我们假设每个国家各有一半的劳动力用于生产每个产品。(在一门一学期长的国际贸易课程中,你会建立一个更大的模型来决定如何按照供给和需求来分配这些工人。)请填写下表。

	rotid 的产出	tauron 的产出
Mandovia		
Ducennia		
总产出		

d. 现在,允许专业化。如果每个国家都完全专业化生产它具有比较优势的产品,rotid 的总产出是多少? tauron 的总产出呢? 每种产品的总产出比之前更高吗?

	rotid 的产出	tauron 的产出
Mandovia		
Ducennia		
总产出		

e. 最后,我们实行开放贸易。贸易一定会使得双方都变得更好(至少不会变得更差),在这一问题中,同大多数价格协商的情形一样,有好几种价格都能够实现这一目的(只要想想关于汽车和住房的议价问题)。我们选出一种价格,以能使得某一方的境况得到改善,让另一方的境况同没有贸易时一样。双方都同意的价格是 2 单位 tauron 换 3 单位 rotid。一方输出 500 万单位的 tauron,另一方输出 750 万单位的 rotid(你必须自己来判断两种产品的输出国分别是谁)。在下表中计算出每个国家消费的数量。在这种价格体系下,哪个国家的境况会变得更好? 哪个国家的境况同之前一样。

	rotid 的消费量	tauron 的消费量
Mandovia		
Ducennia		
总消费		

f. 这次,贸易谈判有些变化:现在是 1 单位 tauron 换 2 单位 rotid。如果有一方输出了 1 000 万单位的 rotid,另一方输出 500 万单位的

tauron,请填写下表。有种能判断你是否出错的方法,就是看看"总消费"是否等于 d 问中的"总产出":我们不可能突然变出 rotid 和 tauron 来! 两个国家的境况都比没有贸易时更好吗? 在这种贸易方式中,哪一个国家比 e 问中的境况更好?

	rotid 的消费量	tauron 的消费量
Mandovia		
Ducennia		
总消费		

挑战

1. 在本章,我们集中分析了能够阻止所有食糖进口的关税。现在,我们来看看能部分阻止食糖进口的关税的情况。我们也考察一下实行食糖进口配额的情况。下图显示了一种食糖关税,它使得美国每磅食糖的价格上升 20 美分。但是,在这一价格水平下,即使征收了关税,仍然有部分食糖进口。

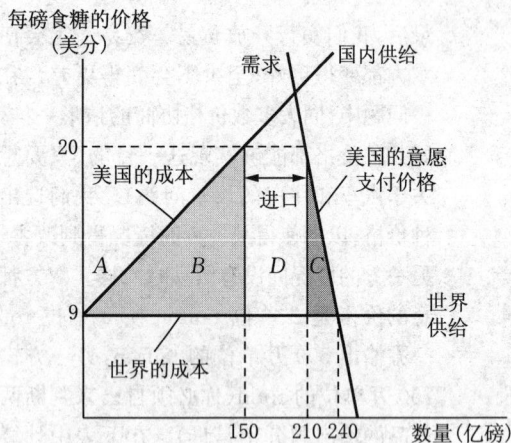

a. 在图中标识出自由贸易时的均衡点、有关税时的均衡点、资源浪费、损失的贸易利得,以及关税收入。

b. 现在,假设美国政府不是征收关税,而是利用配额来限制食糖的进口不得超过 60 亿磅。(等价于假设,对于 60 亿磅以内的进口关税为 0,超过这一数量的进口,关税立即跳到足以禁止进口的水平——这非常接近于这一体制实际的操作过程。)在进口配额体制下,区域 D 代表了什么? 食糖进口商更喜欢的是关税还是进口配额?

c. 食糖进口配额在各个出口国家之间的分配,是根据 1975 年到 1981 年期间这些国家对美国的出口份额来决定的(只做了一些微小的调整)。例如,2008 年澳大利亚获得了向美国出口 8.7 万吨食糖的权利,而伯利兹获得了向美国出口 1.15 万吨食糖的权利,这部分对美国出口的食糖关税都非常低。你认为这些权利如何在这些食糖出口国家内的企业间进行分配?

d. 请讨论,这种进口配额以及它的分配方式如何会造成资源的扭曲配置,从而使得效率相对于关税的情形进一步降低?

2. 在《华盛顿邮报》(*Washington Post*)2005 年的一篇文章中("The Road to Riches Is Called K Street"),杰弗里·伯恩鲍姆(Jeffrey Birnbaum)指出,在华盛顿特区有 3.5 万个正式注册的说客,这些人的主要工作就是向政府提出某种要求。一名具有长时间作为强权政治家助手经验的说客每年至少可以获得 20 万美元收入。很多游说员(不是全部)都企图限制贸易,以便把消费者剩余转变为生产者剩余。

a. 我们只关注那些限制贸易的说客。如果美国打算修改宪法,决定将永久性地禁止所有关税和其他贸易限制,那么,这些说客就会丢掉他们现在的工作,他们也就得离开华盛顿去找一份"真正的工作"。这种工作的变化是会提高还是降低美国的生产力?

b. 这项修正案通过之后,这些说客赚得的收入会更多还是更少?

c. 你如何解释 a 问的答案和 b 问的答案之间的矛盾?

3. 我们来进一步考察"思考和习题"中的第 9 题。如果质量并不能保持不变,当进口被禁止之后,你认为中国新增加生产的小轿车会出现什么情况? 它们会同进口的小轿车质量一样好吗?(提示:你考虑的是中国进口的哪一种小轿车? 低质量的还是高质量的? 为什么?)

4. 在"事实和工具"部分的第 9 题中,我们还有最后一步没有完成:贸易。能够让双方都同意交换的价格不止一个。这种使得双方都能够得到改善的价格(每辆高质量汽车所换得的低质量汽车的数量)的范围是什么?

外部性：当价格传递错误信号时

19 24年6月的一天，有一个年轻人在进行完一场网球赛后，脚趾上起了一个脓疱。一个星期之后，这个小伙子死于细菌感染。这个小伙子可能已经得到了当时最好的医务治疗，因为他是当时美国总统凯文·柯立芝(Calvin Coolidge)的儿子。当柯立芝总统得知，竭尽他"总统任期内所有的荣誉和权力"，也无法挽救他儿子死于这么一个简单的脓疱时，他哭泣了。

总统的儿子小凯文可能是死于一种被称为金黄色酿脓葡萄球菌的细菌，简称为葡萄球菌。青霉素可以很容易地治疗这种细菌的感染，但是，青霉素直到1928年才被发现。当青霉素和其他的抗生素在20世纪40年代被广泛使用时，它们被誉为神药。由于脓疱而致死的事情已经变成了过去——直到最近。

葡萄球菌已经进化了。现在，它能够抵抗青霉素了，一些超级细菌甚至能够抵抗所有的抗生素。在2007年，5名非常健康的高中生运动员也死于一种非常类似于杀死小凯文的细菌感染。具有多种耐药性的金黄色酿脓葡萄球菌现在又开始在全球传播。

抗生素耐药性是进化的产物。任何一群细菌中都包含有某些具有特殊遗传特征的细菌，比如说某种具有耐抗生素的能力。当一个人摄入抗生素时，这种药物会杀死一些没有抵抗能力的细菌，同时，那些特别强的细菌还会继续存活下来。没有其他细菌同它们进行竞争，这些比较强的细菌经过数代繁衍之后就会变得更强，这时抗生素对它们也就失去了它那神奇的药效了。

进化的力量是非常强大的，因此，葡萄球菌最终会对青霉素具有耐药性，这也就不可避免了。但是，同它原有的趋势相比，葡萄球菌现在已经进化得更快，而且更具有耐药性。现在的问题是，抗生素已经被过度使用了。

抗生素的使用者从抗生素中获得了很大的利益，但是，他们并没有承担所有的成本。需要某种抗生素的病人或者农场主必须为抗生素支付一种**私人成本**(private cost)，即该药品的市场价格。但是，因为细菌的广泛传播，每次使用抗生素都会造成细菌耐药性的少量增加，这又增加了其他人死于某种细菌感染的可能性。例如，当一个十几岁的年轻人由于痤疮使用了四环素时，他的家人皮肤上的耐抗生素的细菌就会增加。清洗皮肤时所用的杀菌清洗液进入到环境中后，也会增加我们周围耐抗生素细菌的数量。几乎有一半以上的抗生素是被用于农场的牲畜，这不是

私人成本是指消费者或者生产者支付的价格。

为了治疗疾病,而主要是因为这些抗生素能够增加或加速牲畜的生长。当农场中进化出的耐抗生素特性的细菌侵入到人身上时,就有可能会造成无药可治的感染。

从某种意义上来说,每次使用抗生素都对环境造成污染,因为它会产生具有更强的抗生素耐药性的细菌。因此,抗生素的每次使用都具有**外部性成本**(external cost),即一种不是由抗生素的消费者或生产者来支付,而是由同交易无关的其他人承担的成本。使用抗生素的**社会成本**(social cost)是指社会上所有人的成本,即私人成本加上外部性成本。

由于外部性成本不是由消费者或生产者支付的,它不会被计入到抗生素的价格中。因此,当病人或者农场主在考虑是否使用更多的抗生素时,他们比较的是他自己的私人收益和市场价格,他们不会考虑外部性成本,就像工厂不会考虑它排放到空气中的有害气体的成本一样(假设不存在禁止排放污染气体的管制)。由于抗生素的使用者没有考虑同他们的行为相关的某些成本,抗生素会被过度使用。或者说,由于抗生素的价格没有把使用抗生素的所有成本都包括进去,抗生素的价格传递的信号是不完全的——价格太低,从而抗生素会被使用过量。所以,耐抗生素的问题不仅仅是一个进化问题,也是一个经济学问题。进化产生了耐抗生素性,但是,这一进化过程之所以比我们原本所想象的要快得多,却是因为抗生素的使用者没有考虑他们使用抗生素的外部性成本。

9.1 外部成本、外部收益和效率

本章讲述的是像抗生素这样的产品,即一种其成本或收益会落在同该产品无关的旁人头上的产品。这些成本和收益分别被称为外部成本和外部收益,或者简称为**外部性**(externalities)。当外部性非常重要时,市场运行的结果就会很糟糕,这时,政府就可以采取行动增加社会剩余。

在第3章我们曾表明,市场均衡会最大化消费者剩余和生产者剩余之和(即贸易利得)。但是,在市场过程中,如果有其他人会被伤害到,那么,最大化消费者剩余和生产者剩余就不是那么完美了。每个人都应该被考虑到,不仅仅是某种特殊产品的生产者和消费者。因此,当我们评价具有外部性的市场的工作成效时,我们希望考察的是**社会剩余**(social surplus),即消费者剩余加上生产者剩余,再加上所有其他人的剩余。

为了表明具有外部性的市场为什么没有使得社会剩余最大化,我们有必要简短地回顾一下,为什么市场能够使得消费者剩余和生产者剩余之和最大化(也可参见第3章)。关键是要记住,你可以从需求曲线的高度读出第 n 单位该产品的价值,从供给曲线的高度读出第 n 单位该产品的成本。例如,假设买者和卖者正在交易第99单位的产品。如果再多1单位产品,即第100单位的产品,它对买者和卖者的价格各是多少呢?在图9.1中,你可以从需求曲线在第100单位上的高度读出买者的价值为22美元。你可以从供给曲线上在第100单位上的高度读出卖者的成本为10美元。因此,这第100单位产品的价值超过了它的成本,存在进行交易的动机。或者说,有一种增加消费者剩余和生产者剩余之和的机会。根据这一逻辑,直到第210单位的交易都是对买卖双方有利的。第210单位的产品对买者的价值是13美元,对卖者的生产成本是13美元。因此,在这一点上,没有进一步扩大交易的激励。

外部性成本是指市场交易中必须由生产者和消费者之外的人来承担的成本。

社会成本是指社会上所有人的成本,即私人成本加上外部性成本。

外部性是指外部性成本或外部性收益,即会落在同该产品无关的旁人头上的成本或收益。

社会剩余是指消费者剩余加上生产者剩余,再加上所有其他人的剩余。

如果交易的数量更少，就会存在没有被利用的贸易利得。如果交易的数量更多，那么，其最后一单位产品的成本就会超过该单位产品的价值。因此，在210单位的市场均衡水平上，贸易利得达到最大。

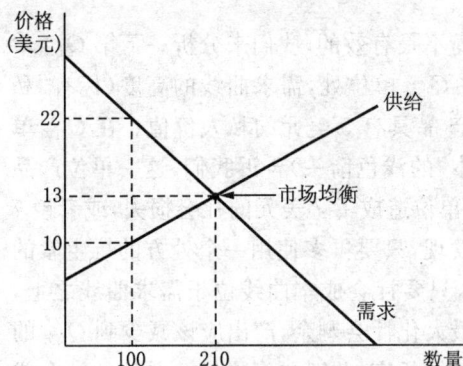

第100单位产品对买者的价值是22美元。卖者生产第100单位产品的成本是10美元。从这第100单位产品的交易中可以获得12美元的收益。当交易量为210单位时，贸易利得达到最大。注意，第210单位产品的价值正好等于第210单位产品的成本。

图9.1 回顾贸易利得

    我们称能使得社会剩余最大化的价格和数量为**有效均衡**（efficient equilibrium）。如果没有显著的外部性，市场均衡也是有效均衡（因为如果没有显著的外部成本和外部收益，最大化生产者剩余和消费者剩余之和等同于最大化社会中所有人的剩余）。但是，我们以下的分析将表明，如果存在显著的外部性，市场均衡不再是有效均衡。

有效均衡是指使得社会剩余最大化的价格和数量。

9.1.1 外部成本

    图9.2的左图显示了抗生素的市场均衡。像通常一样，市场均衡能够最大化消费者剩余和生产者剩余之和。但是现在，抗生素的使用具有外部成本，即它对那些同抗生素买卖无关的人产生了成本。在市场均衡下，一剂抗生素——就像你的医生为了给你治疗感染时所开给你的用药量——的价格是5美元，我假设它所产生的外部成本是7美元，这是一个同最近这方面的研究相一致的数字。[①] 私人成本加上外部成本就是使用抗生素的社会成本。

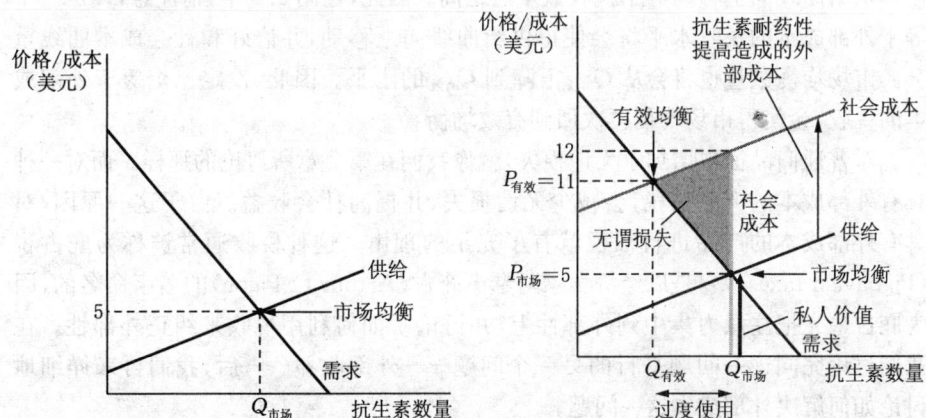

左图：不难发现，像通常一样，市场均衡位于供给曲线和需求曲线相交处。市场均衡使得生产者剩余和消费者剩余之和最大化。

右图：通过把外部成本加在供给曲线之上，我们可以得到社会成本曲线。注意，第 $Q_{市场}$ 单位产品的社会成本超过这一单位产品的私人价值。有效均衡位于社会成本曲线和需求曲线相交处。$Q_{有效}$ 小于 $Q_{市场}$，因此，在有显著的外部成本的情况下，市场生产的产品过多。

图9.2 当存在显著的外部成本时，产出会过高

在图 9.2 的右图中,我们把外部成本加在供给曲线上,得到社会成本曲线。社会成本曲线考虑了使用抗生素的所有成本,因此,我们用社会成本曲线来计算**有效数量**(efficient quantity),即最大化社会剩余的数量。不难发现,有效数量,$Q_{有效}$,位于需求曲线和社会成本曲线相交的地方。

有效数量即最大化社会剩余的数量。

为了更清楚地来理解,为什么市场均衡不是有效的,我们来分析一下第 $Q_{市场}$ 单位产品的社会成本和它对买者的价值。在 $Q_{市场}$ 单位处,需求曲线的高度(标有"私人价值"的深色箭头)告诉我们,这一单位产品具有 5 美元的私人价值。在 $Q_{市场}$ 单位处,社会成本曲线的高度(标有"社会成本"的浅色箭头)告诉我们,这一单位产品具有 12 单位的社会成本。因此,生产这一单位造成了 7 美元的社会损失,或者说 7 美元的无谓损失。根据这一逻辑,你可以发现,只要再多使用一个处方的抗生素的社会成本超过它对买者的价值,也就是说,只要社会成本曲线位于需求曲线之上,减少产出就会增加社会剩余。因此,为了最大化社会剩余,产出应该减少到 $Q_{有效}$ 的水平。在这一点上,社会成本曲线和需求曲线相交,此时再多增加一单位的社会成本正好等于其价值。

说明抗生素被过度使用的一种最终的方法是要注意到,如果使用者承担了使用抗生素的全部成本,也就是说,如果私人成本把 7 美元的外部性成本也包括在内,那么,供给曲线将会向上移动,并且正好等于社会成本曲线。这时,市场均衡将正好就是有效均衡,也就是说,买者将会购买 $Q_{有效}$ 单位产品。但是,为了确定有效数量,谁来承担这些成本其实并不重要——无论谁来承担,成本就是成本。因此,无论抗生素的使用者是承担了全部成本,还是只承担了部分成本,$Q_{有效}$ 都是有效数量——唯一的区别在于,当其他的人承担了部分成本时,抗生素的使用者会购买更多的抗生素,因此,$Q_{市场} > Q_{有效}$。

以上说明抗生素为什么会被过度使用的最终方法,暗含了一种能解决外部性问题的潜在方法。如果抗生素的使用者必须支付一种恰好等于外部成本的税收,7 美元,那么,他们将会刚好需要 $Q_{有效}$ 的数量。回顾一下在第 7 章,对供给者征税会使得供给曲线向上移动等于税收数量的距离。因此,在图 9.2 中,请注意,设定一个等于外部成本的税收水平将会使得供给曲线向上移动,并恰好和社会成本曲线重合。市场均衡数量也将会从 $Q_{市场}$ 下降到 $Q_{有效}$ 的水平。因此,设定一个等于外部成本的税收,会使得市场均衡再次回到有效均衡。

对普通商品征税增加了无谓损失,就像我们在第 7 章所讨论的那样。而对一种具有外部成本的产品征税,会减少无谓损失,并提高社会收益。由于这一原因,对具有外部成本的产品进行征税就有了充足的理由。这种税收通常被称为**庇古税**(Pigouvian taxes),它是以经济学家阿瑟·庇古(Arthur C. Pigon)的名字命名的,因为庇古最先把注意力集中到外部性上,并讨论了如何利用税收来纠正外部性。在我们讨论完同这一问题平行的另一个问题——外部收益——后,我们再来详细地讨论如何解决外部成本这一问题。

庇古税是对具有外部成本的产品征收的税收。

9.1.2 外部收益

外部收益(external benefit)是指在市场交易中,除消费者和生产者之外的其他人所获得的收益。例如,考虑另外一种医疗产品,疫苗。疫苗会使得注射疫苗的人

外部收益是指在市场交易中,除消费者和生产者之外的其他人所获得的收益。

受益。但疫苗也为没有注射疫苗的其他人创造了一种外部收益，因为已经注射疫苗的人是不太可能成为病菌携带者并传播疾病的。*

例如，在一个普通的年份里，会有 3.6 万个美国人死于流行性感冒，即一种由于流感病菌所造成的呼吸道传染病。所幸的是，上百万美国人都接受了一年一次性的疫苗——一种"流感注射液"——它对于预防流感通常都是很有效的。如果已经感染上流感的人咳嗽或打喷嚏，流感病菌就会从一个人身上传播到其他人身上。因此，如果一个人注射了流感疫苗，预期会被感染上流感的人数就会减少不止一个。因此，注射流感疫苗是一种真正的公共服务。注射一次流感疫苗后，你挽救的生命可能不仅仅是你自己。

那么，问题出在什么地方呢？问题不在于已经有上百万美国人注射了流感疫苗——还有更大数量的美国人没有注射疫苗。当一个人比较注射流感疫苗的私人成本和私人收益时，不注射疫苗也许是对的。注射疫苗需要花费时间和金钱，而且还经常会伴有轻微的发烧和咳嗽。问题在于，注射这种疫苗的人承担了所有的成本，而没有得到所有的收益。因此，实际注射流感疫苗的人数会比社会有效水平的人数更少。

例如，在图 9.3 中，我们显示了疫苗的供给和需求。需求者比较他们注射疫苗的私人收益和私人成本后，会在 $P_{市场}$ 的价格下购买 $Q_{市场}$ 单位。但是，疫苗会减少疾病传播的概率，因此，注射疫苗具有外部收益。社会价值曲线计算了使用疫苗的所有收益，包括私人价值加上外部收益。因此，不难发现，最有效的数量会在社会收益曲线和供给曲线相交的地方。

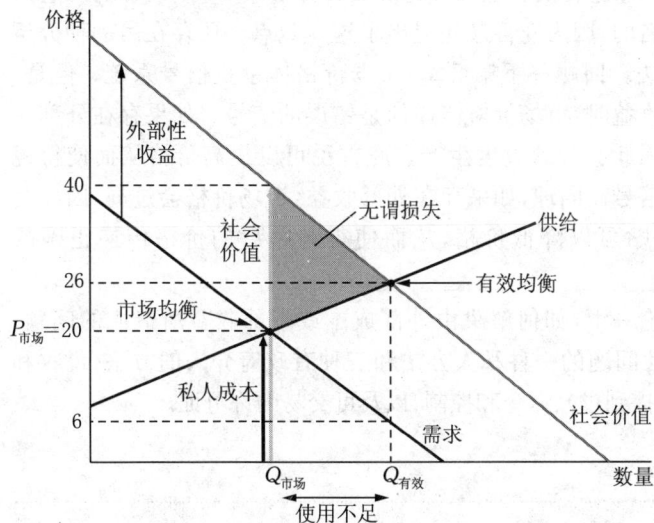

通过把外部收益加到需求曲线上，我们不难得到社会价值曲线。注意，第 $Q_{市场}$ 单位产品的社会收益超过这一单位产品的私人成本。不难发现，有效均衡位于社会价值曲线和供给曲线相交处。$Q_{有效}$ 大于 $Q_{市场}$，因此，在有显著的外部收益的情况下，市场生产的产品过少。

图 9.3　当存在显著的外部收益时，市场产出水平会过低

为了更清楚地理解市场均衡不是有效的，我们来考虑一下图 9.3 中 $Q_{市场}$ 单位疫苗的私人价值和社会价值。这一单位疫苗的私人成本是 20 美元（标有"私人成本"的深色箭头），但是，它的社会价值是 40 美元（标有"社会价值"的浅色箭头）。因

---

* 对于传染性极强的感染，抗生素可能也具有外部收益。但是，并不是所有的感染都会造成传播，来自抗生素耐药性的外部成本似乎比任何外部收益都要更大些。

此,再多消费一单位会增加社会剩余。根据这一逻辑,你不难发现,只要额外一单位流感疫苗的社会收益超过私人成本,也就是说,只要社会价值曲线位于供给曲线之上,增加产量就会增加社会剩余。因此,为了使得社会剩余最大,产出水平应该增加到 $Q_{有效}$ 的水平。这时,再多增加一单位的社会价值正好等于其生产成本。

说明疫苗使用不足的一种最终方法是要注意到,如果注射流感疫苗的人们得到了注射疫苗的所有收益,他们的需求曲线就会向上移动 20 美元,从而正好和社会价值曲线重合。市场均衡因而也正好就是有效均衡,也就是说,买者将会购买 $Q_{有效}$ 单位。但是,效率的决定同谁来得到这笔收益无关——无论是谁得到了它,收益始终还是收益。所以,无论注射疫苗的人是得到了注射疫苗的全部收益,还是只得到了部分收益,$Q_{有效}$ 都是有效的数量——这两者之间唯一的差异就是,如果注射疫苗的人只能获得部分收益,注射疫苗的人数就会更少,因此,$Q_{有效} > Q_{市场}$。

以上思考外部收益问题的最终方法,也暗含着一种能解决这一问题的办法。如果人们在每次注射疫苗的时候,都得到 20 美元的补贴,即一笔正好等于外部收益的钱,那么,人们最终的购买数量正好就是 $Q_{有效}$ 的数量。回忆一下在第 7 章,对买者的补贴将会使得需求曲线向上移动,移动的距离正好等于补贴数量。因此,请注意,在图 9.3 中,补贴设定在正好等于外部收益的水平上,这使得需求曲线向上移动,同时,市场产量从 $Q_{有效}$ 增加到 $Q_{市场}$ 的水平。换句话说,如果补贴的水平设定恰当的话,补贴可以使得市场均衡等于有效均衡。此外,同第 7 章我们所分析的普通情况下的补贴不同,对具有外部收益的产品进行补贴会减少无谓损失,从而增加社会剩余。

庇古补贴是对具有外部收益的产品进行的补贴。

对具有外部收益的产品进行的补贴被称为**庇古补贴**(Pigouvian subsidy),它同样也是以庇古的名字命名的,因为庇古最先提出了这一观点。还存在另一种分析庇古税和庇古补贴的方法。回顾一下第 5 章,市场价格体系是信号系统。但是,当存在外部成本或外部收益时,市场价格传递的是错误的信号。如果存在外部成本,市场价格就会过低,因此会导致过度生产。庇古税可以提高价格从而使得税后的价格传递正确的信号。同理,如果存在外部收益,市场价格会过高,因而会导致生产不足。庇古补贴可以降低价格,从而使得补贴后的价格传递正确的信号。

我们来更详细地讨论一下,如何解决由外部成本或外部收益所造成的问题。我们将讨论能解决外部性问题的一种私人方法和三种有政府介入的方法:税收和补贴(这一方法我们已经提到过)、命令和控制,以及可交易的许可证。

自我测验

1. 在我们对庇古税的讨论中,我们假设政府正好设定了正确的税收来达到有效均衡。如果政府行动过头从而设定的税收过高,情况会怎么样? 均衡产量比有效均衡时更高还是更低?

2. 在我们对庇古补贴的讨论中,我们假设政府正好设定了正确的补贴水平来达到有效均衡。如果政府行动不够积极,其设定的补贴过低,情况会怎么样? 均衡产量比有效均衡时更高还是更低?

9.2　外部性问题的私人解决办法

在一篇有关外部性的经典论文中，诺贝尔奖得主詹姆斯·米德（James Meade）认为，蜂蜜市场是没有效率的。当蜜蜂在酿蜜的时候，蜜蜂也在给水果和蔬菜授粉，而这对农场主是一项非常主要的收益。有助于授粉是蜂蜜生产过程中的一项外部收益，因此，米德认为，实际生产的蜂蜜可能太低。

米德关于蜜蜂的分析是正确的，但是，对于蜂蜜市场的分析他却错了。蜜蜂授粉是一项能给养蜂人赚钱的兴旺业务。实际上在美国，养蜂人大约经营了 5 亿只蜜蜂，这些蜜蜂被卡车装载着运到各个乡村出租给农场主。由于农场主会为蜜蜂给庄稼授粉付钱给养蜂人，这种"外部收益"被内部化了——养蜂人从蔬菜和水果的授粉中赚钱了。因此，生产数量被扩大到有效数量，这一有效数量包括了蜜蜂酿蜜的收益和蜜蜂给蔬菜和水果授粉的收益。[②]

授粉市场是相当复杂的。例如，当蜜蜂给杏树授粉时，这时生产的蜂蜜味道不好。因此，养蜂人会对杏树的种植者每群蜂收费 75 美元。但是，对于苹果种植者，每群蜂收费只有 25 美元，因为苹果授粉过程中酿造的蜂蜜味道更好，会更容易出售。利用这种方法，授粉价格的调整不仅考虑了蜂蜜生产对水果的外部性，而且还考虑了水果生产对蜂蜜的外部性。

蜜蜂这个例子给我们的启示是，也许我们早些时候的故事有些过于悲观。即使存在外部性，但是，只要这种外部性能够在系统内部进行交易，市场均衡也可能是有效的。为了能看清楚究竟哪一种类型的外部性能够被市场处理，我们来更仔细地研究一下，为什么授粉市场能够很好地运转。

授粉市场之所以能够运转是因为交易成本很低，而且产权能够很好地被界定。**交易成本**（transaction costs）是指为了达成交易所必须花费的所有成本。找到买卖双方、使他们能够走到一起、进行谈判、起草并签订合同，这些都是交易成本。对于养蜂人和农场主来说，交易成本是非常低的，因为农场很大，而蜜蜂也不会飞得太远。所以，当养蜂人把蜜蜂放在一个大农场的中心时，养蜂人和农场主都知道，这些蜜蜂是在给那些付过钱的农场主的庄稼授粉，而不是在给其他农场主的庄稼授粉。因此，来自蜜蜂的外部性在某一时间内被限制在一个农场主身上，从而可以被一次交易内部化。

农场和蜜蜂的产权也很容易界定。每个人都知道，养蜂人有权利获得蜜蜂在授粉过程中所创造的收益，因此，需要蜜蜂来为他的庄稼授粉的农场主必须付钱给养蜂人。交易对养蜂人和农场主是成功的。但是，正如你将会看到，在其他外部性的问题中，产权并不是很容易界定清楚，这会使得交易非常困难。也许也可以说，不清楚的产权本身就是某种类型的交易成本，因为有它们的存在，才使得交易很难达成。

养蜂人和农场主达成交易不是很困难。但是，使得某人注射流感疫苗所产生的外部性被内部化，这需要进行多少次交易呢？当一个人接种了疫苗，有上千人都会收益一点点，特别是当一个接种疫苗的人有很大一部分时间都在飞机上度过的时候。如果亚历克斯得了流感和咳嗽，并且正在飞机上，他可能就会把流感病毒传播给几十个不同的人，这每一个人可能又会把病毒再传染给其他很多人。如果亚历克斯注射了流感疫苗，所有这些人的情况都会得到改善。从理论上讲，为了让亚

交易成本是指为了达成交易所必须花费的所有成本。

历克斯注射流感疫苗,如果这些人每人都支付一点钱给亚历克斯,亚历克斯是更可能注射流感疫苗。不过,安排这样的一次交易所需要的交易成本是巨大的——仅仅是识别受益者就非常困难,接下来让这上千人来送支票给亚历克斯就更是不可能了(相信我们,我们已经试过了!)。

产权方面又怎么样呢? 刚才我们假设,由于流感疫苗造成了外部性,所以,其他人可能都愿意付钱给亚历克斯让他注射流感疫苗。但是,当亚历克斯传播流感时,他对其他人造成了外部成本。如果亚历克斯没有注射流感疫苗,他也许应该付钱给其他人。即使其他的交易费用很低,如果产权不能很好地被界定——也就是谁应该付钱给谁的问题——要想通过讨价还价来解决外部性问题也是很困难的。

科斯定理指出,如果交易费用很低,而且产权很容易界定,那么,即使存在外部性问题,私人谈判下所达到的市场均衡也肯定是有效均衡。

诺贝尔经济学奖得主罗纳德·科斯(Ronald Coase)对市场能够独立解决外部性问题的情形进行了总结,这一总结被称为**科斯定理**(Coase theorem)。科斯定理是说,如果交易费用很低,而且产权很容易界定,那么,即使存在外部性问题,私人谈判下所达到的市场均衡也肯定是有效均衡。换句话说,在这些情况下,交易肯定会使得刚好有恰当数量的外部性产品被生产。如果外部性产品的产量过低或者过高,交易会促使产量向最优水平推进。

回顾一下,在自由市场中,被销售的产品数量使得消费者剩余和生产者剩余之和达到最大。如果科斯定理的条件满足,我们就可以用一个更强的结论来代替它,即在自由市场下,被销售的产品数量会使得社会剩余,即消费者剩余、生产者剩余和其他所有人的剩余之和达到最大。

但是,科斯定理的条件经常很难满足。对于很多具有外部性的产品,其交易成本都很高,而且产权也经常无法被清楚地界定。因此,市场很难单独解决所有的外部性问题。

科斯定理的重要性不在于它指出了市场能够单独解决外部性问题,而在于它给出了一种解决方法——创造新的市场。如果产权能够被清楚地界定,并降低交易费用,那么,就可以创造出一种市场来交易外部性。如果这样一种市场被创造出来,根据科斯定理我们就可以知道,这时,它将会具有普通市场所具有的所有效率性质。这种市场不仅能够使得社会剩余(消费者剩余+生产者剩余+其他多有人的剩余)达到最大,而且它也能确保被供给的产品正好被那些具有最低成本的供给者卖出,同时也正好被那些具有最高支付意愿的需求者买到。

政府可以在产权的界定和降低交易费用方面发挥作用。实际上,最近几年,在政府的帮助下,很多具有外部性的产品都已经创建了有效的市场,这充分证明了科斯定理的洞见性。我们以下来进一步讨论这种新型市场中的一个例子:排污产权的市场。

自我测验

1. 如果你想星期六在你的房间里开一个派对,但是又担心你那些年纪比较大的邻居们会向警察投诉你。请利用你所知道的科斯定理,想一个办法来解决这一问题。

2. 假如你附近的工厂存在污染。你和你的邻居们准备同厂方谈判来减少污染,这一过程中的交易成本是什么? 存在私人解决这一问题的可能性吗?

9.3 外部性问题的政府解决办法

我们前面已经讨论了一种能够解决外部性问题的办法,即税收和补贴。还有其他两种解决办法也比较常见:对所涉及的行为进行命令和控制,以及发放交易许可证。在另一个外部性案例——酸雨的案例中,我们来看看这两种方法是如何被运用的。我们也会把它们同税收和补贴的方法做一些比较。

酸雨对森林和湖泊都具有破坏作用,它也会腐蚀金属和石头,在某些特殊情况下,它还会制造尘雾,并造成像哮喘和支气管炎这一类肺部疾病。酸雨主要是由于二氧化硫和氮氧化物被排放到大气中所造成的。在煤炭发电过程中,会产生大量的二氧化硫和为数不少的氮氧化物。下面我们来看看,政府是如何来减少酸雨的外部成本的。

9.3.1 命令和控制

我们知道,当外部成本非常明显的时候,$Q_{市场} > Q_{有效}$。因此,为了减少发电过程中的外部成本,政府最常用的办法(但不一定是最好的办法)就是强制要求企业减少用电(或生产电),这被称为命令和控制的方法。命令和控制的方法并不会总是有效。例如,政府最近要求制造商生产一些比过去更节约用电的洗衣机。《消费者报告》(*Consumer Reports*)杂志对这种新标准下生产的洗衣机进行了评论,评论者对结果非常不满意:[③]

> 不久之前,对于大多数洗衣机而言,你都还可以指望它能把你的衣服洗干净。现在没指望了。我们最新的测试发现,这些机器的性能存在巨大的差异。有些洗衣机洗过的衣服,上面留下的湿的污点同没有洗之前一样脏。这些洗衣机每台至少要花去你 900 美元。
>
> 这到底是怎么回事呢? 从(2007 年)1 月起,美国能源部要求洗衣机必须节能 21%,这样的目标我们当然会热心支持。但是,我们的测试发现,像那种具有我们所熟悉的带有中心搅拌器的传统立式洗衣机,现在要想在不降低清洗能力的情况下把衣服拧干净水——这正是你买一台洗衣机的主要原因——已经非常困难了。

命令和控制这一方法的问题在于,可能存在很多种方法都能实现同一目标,但是,政府不可能有足够的信息来选择成本最低的方法。例如,我们不妨假设管制洗衣机的能源部希望电的消费量减少 1%(这个数据太大,不过,它能说明我们的目的)。现在,我们把命令和控制的方法同对用电量进行征税的方法作一比较,因为通过对用电量进行征税也同样可以使得用电量减少 1%。[④] 面对价格的上涨,人们会如何想办法来减少他们的用电量呢?

如果电的价格上涨,一些人可能会更经常性地关灯,或者把灯管换成耗电量更低的荧光灯管,通过采用这些办法来削减用电量。另一些人的反应可能会是调低供热或空调,或者为他们的游泳池购买盖子,或者在他们的阁楼上安装隔热材料。人们选择节电的方法会各不相同。但是,请注意,在电价上涨的时候,可能很少有人会在一台能节电的洗衣机上花更多的钱,更不会去买一台虽然节电了,但却洗不干净衣服的洗衣机。因此,政府这一减少用电量的方法不是成本最低的方法。

采用对用电量征税的办法来减少用电量,可以花费更少的成本,达到同对洗衣机进行管制时相同的效果。征税的成本更小是因为,征税允许人们可以更灵活地采取他们自己认为更节约的方式来减少用电量。回顾一下第5章,价格体系是一种信号。对用电量征税也是对每个用电者传递了一种信号:"节约用电!"但是,征税的方法留给了每个人一定的空间,让他们能根据自己的局部知识和各自的偏好,选取成本最低的方式来节约用电。

同对洗衣机实行管制的方法相比,用征税的方法来减少用电量会更好。但是,我们可能还会有比这更好的方法。毕竟,我们并不是真正想要减少用电——我们想要的是减少像二氧化硫和氮氧化物这样的污染。事实情况是,这些污染是发电过程中的副产品,但是,除了减少发电外,还有很多其他的办法可以减少二氧化硫和氮氧化物。因此,就创造激励来减少污染这一目的而言,直接对污染进行征税是一种比对用电量进行征税更好的办法。直接对污染进行征税给了企业最大的灵活性,让企业自己决定采用成本最低的方法来减少污染。记住,是污染造成了外部成本,因此,直接对污染征税才传递了最正确的信号。

命令和控制这一方法并不总是一个不好的方法。灵活性是采用税收激励来控制外部性的优点。政府利用税收和补贴来纠正价格,因而价格能传递正确的信号,这使得人们能利用他们自己的信息和偏好来调整行为(具有我们在第3章和第5章中所讲的价格体系的好处)。但是,灵活性也并不总是件好事情。例如,来考虑一下人类最大的成果之一——天花的根除。由于天花而死亡的人数,仅在20世纪就多达3—5亿之多。最迟到1967年,还有200万人由于天花而致死,另有数百万人由于天花而留下疤痕,甚至失明。不过,就在这一年,世界卫生组织(World Health Organization,简称WHO)发起了一项大量接种疫苗、密集监控和立刻隔离的计划。WHO的计划依赖于命令和控制,因为只要在这个星球的某个地方还有任何天花的寄生宿主存在,这种病毒就可能会再次出现,并在世界范围内传播。为了获得成功,WHO不可能依靠收税,因为它需要每个人都遵循这一政策——灵活性是不需要的。幸运的是,WHO的计划成功了,到1978年,天花被消灭了——是第一种,也是迄今为止唯一的一种,被完全消灭的传染性疾病。*

总之,如果已经知道了处理某个问题的最好办法,并且它的成功要求绝对的服从,那么,命令和控制的方法就可以使用;如果最重要的是要利用最低的成本来控制外部性,并且政府又没有充分的信息,那么,像税收和补贴这种更灵活的方法就可能会更好。

9.3.2　可交易许可证

另外一种形式的命令和控制是要求企业减少一个特定数量的污染。例如,在20世纪70年代,政府为所有发电厂排放的二氧化硫总量设定了一个最大量。这一

---

* 今天,在处理其他传染性疾病上,命令和控制仍然被继续使用。例如,在注册入学之前,美国的学龄儿童以及学院和大学的学生必须证明,他们已经接种了麻疹、流行性腮腺炎和风疹疫苗。

方法的问题在于，由于地理位置、燃料以及技术上的差异，某些企业减少二氧化硫排放量的成本可能会比其他企业更低。如果同等地对待所有的企业，政府就会缺少某种灵活性，从而会增加消除给定数量的污染所需要的成本。

用一个简单的例子就可以说明数量限制所存在的问题，同时也可以提供一个解决方案。假设存在两家企业，我们开始利用命令和控制的管制方法，限定每家企业都必须把一年中二氧化硫的排放量减少到 100 吨。现在假设在高成本的行业减少污染的代价非常高，因此，如果该行业的厂商被允许排放的二氧化硫是 101 吨，而不是被限制在 100 吨时，它能节省 1 100 美元。低成本的行业可以很便宜地控制污染，因此，即使该行业的厂商进一步把污染减少到 99 吨，它所花费的成本也只有200 美元。

现在假设高成本企业和低成本企业的 CEO 都去向美国环境保护局（简称环保局）的官员提意见。这两个 CEO 建议，高成本的企业应被允许把排污量从 100 吨增加到 101 吨。高成本企业愿意为此付 500 美元给低成本企业。作为回报，低成本企业将把它的排污量从 100 吨降低到 99 吨。高成本企业和低成本企业愿意进行交易的理由很清楚——这中间存在利润。高成本企业控制污染所需要的成本下降了1 100 美元，为此它支付了 500 美元，从而能增加 600 美元的净利润。低成本企业控制污染所需要的成本增加了 200 美元，它获得 500 美元的支付后，因而能增加 300美元的净利润。但是，环保局会认可这项交易吗？

会的，如果环保局关心的是社会剩余，它就应该会认可这项交易。注意，排污量仍然保持不变，200 吨的排污量。因此，这项交易并没有对环境造成损害。然而，这一交易增加了 900 美元的利润（高成本企业的 600 美元和低成本企业的 300 美元）。环保局应该关心企业的利润吗？也许不会直接关心。但请注意，为什么在这个案例中利润会增加？利润之所以会增加是因为，降低排污量的成本下降了。通过交易，企业把降低最后一单位排污量的成本从 1 100 美元减少到了 200 美元——成本下降了 900 美元，这代表社会可用的资源增加了。

因此，我们现在可以用一种不同的方法来回答我们的问题。环保局应该关心减少控制排污量的成本吗？当然应该关心！如果我们能够以更低的成本减少同样的排污量，这就意味着有更多的资源可用在其他的商品上。并且，降低排污量的成本越低，排污量就可以降得更多。

我们所要说明的是，交易排污许可证就像是一项新技术，它能够以更低的成本来降低排污量。环保局应该总是支持能够减少排污量的新技术，因此，他们也应该支持对排污权利所进行的交易。

现实中的可交易许可证 我们刚才所描述的可交易许可证制度，它的一个正式版本是由 1990 年的《清洁空气法案》（Clean Air Act）创立的。在这一改革中，环保局把排污许可证分配给所有的发电厂，每张许可证都给予持有者排放 1 吨二氧化硫的权利。企业可以根据它们的需要来交易许可证，而且它们也已经成立了成熟市场来交易这种许可证。企业甚至可以存储排污许可证供未来使用。环保局对每家企业排放的二氧化硫进行监督，他们也会追踪每家企业所拥有的许可证数量。因此，没有企业的排污量能够超出其拥有的许可证的数量。美国国会设定许可证的总量。

环保局可交易许可证的计划已经取得了巨大的成功。从 1990 年以来，二氧化硫的排放量已经减少 35％,消减量超过 500 万吨。空气的质量已经提高了,疾病也被减少了。[5] 许可证的数量也计划减少,使得至 2010 年,发电厂的排放量将大概只有 1980 年的一半。非常值得注意的是,正如图 9.4 所示,虽然二氧化硫的排放量在减少,但发电量却在增加。

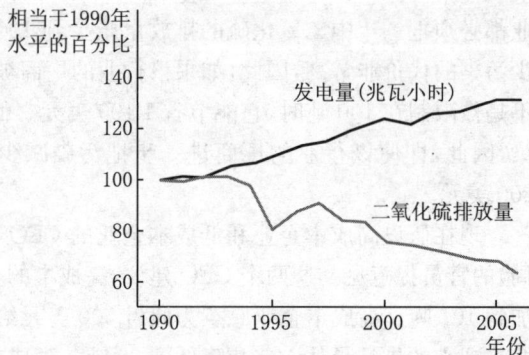

图 9.4　自 1990 年美国《清洁空气法案》颁布以来,发电量在增加,同时二氧化硫的排放量在减少

资料来源:美国能源信息署。

环保局制定的交易许可证制度是科斯定理的一个非常成功的运用。回顾一下,科斯定理是说,如果交易成本很低,而且产权能被清楚地界定,那么,市场可以把外部性内部化。1990 年的《清洁空气法案》清楚地界定了二氧化硫排放量的产权,通过发放许可证、监督排放量和建立数据来追踪所有权,环保局降低了交易成本。市场交易则按照最小化排污成本的方式,在企业间重新分配这些许可证。

二氧化硫排放产权市场中一个最有趣的方面就是,任何人都可以参与到这个市场中,不仅仅是发电厂。本书的两位作者最近就购买了 30 磅的二氧化硫排放权。我们不打算排放任何污染,相反,我们买这些权利是为了把它们扔掉,以便能创造更清洁的空气。环境保护主义者和工厂经常彼此对立,但是,在有关外部性的市场被建立起来之后,环境保护主义者可以购买排污权,而工厂也乐意卖——同大多数情况一样,交易使得双方都受益。

二氧化硫交易计划的一项重要结果就是,一些能够利用相对清洁的资源来发电的企业,如太阳能发电厂,能够通过出售它们的排污权赚得更多的钱。相反,那些利用比较脏的资源来发电的企业就必须购买许可证。从本质上来说,清洁能源得到了补贴,而脏能源被课征了税收——因此,可交易许可证正确地反映了这一事实:清洁能源比脏能源具有更低的社会成本。

以低成本减少二氧化硫排放量的酸雨计划的成功,以及对全球气候变化的关心,促使奥巴马总统为二氧化碳这种能促使全球变暖的温室气体,也提出了交易许可证计划。二氧化碳的可交易许可证将会改变所有能源的经济学,不仅仅是电。它也将创造激励,促使企业转向原子能、太阳能和生物能等一切有助于减缓全球变暖的新能源。由于气候变暖是一个全球性问题,从理论上讲,可交易许可证应该在全球范围内发放、购买和销售。然而,迄今为止,还没有足够的全球性合作来达成这一制度。为什么没有呢? 又是交易费用的问题——为了建立可交易许可证制度,一些国家和行业将会受到损害,其他的国家和行业则会从中受益。如果建立这样一个制度会阻止全球气候的变化,其整体结果肯定是好的,但是,即使整体结果是好的,也没有人愿意承担其中的一大部分成本。

9.3.3　比较可交易许可证和庇古税——高级阅读材料

利用庇古税来解决外部性问题和利用可交易许可证来解决外部性问题，这两者之间存在着密切的联系。如果税收正好等于外部成本，而同时可交易许可证的数量也正好等于有效数量，这两者是等价的。例如，在图9.5中，为了获得有效均衡，政府可以利用税收把价格提高到有效价格水平上，同时也可以利用许可证把数量减少到有效数量上。无论利用哪种方法，均衡结果是相同的。

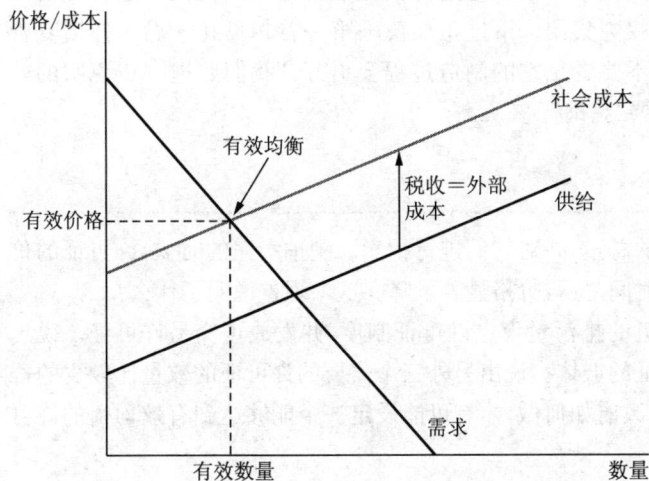

如果我们知道供给曲线和需求曲线的确切位置，我们就可以利用可交易许可证来达到有效数量，或者利用税收来达到有效价格，最终实现同样的均衡。

图9.5　比较可交易许可证和庇古税

如果存在不确定性，在庇古税和可交易许可证之间就会出现差别。例如，设想一下，如果我们知道：任何超出一固定数量水平的二氧化硫排放量都会使得成千上万的湖泊酸化，从而导致环境灾难。不过，任何低于这一固定数量水平的二氧化硫排放量都是可接受的，或至少是可容忍的。在这种情况下，可交易许可证是最好的方法，因为我们可以直接把许可证的数量设定在这一固定数量水平之下，从而就肯定可以避免灾难。但是，如果我们设定税收，并且我们不知道供给曲线的确切位置，那么，我们就很容易把税收设定得过低，从而导致二氧化硫的排放量超过这一固定数量水平。一个固定的数量，即便是可以进行交易的，它也像一种命令和控制的管制方法。这正如我们在讨论消除天花的例子中所说，当灵活性不再是一个优点时，使用命令和控制是最好的办法。

另一方面，有时我们对单位二氧化硫所造成的成本非常了解，但是，我们不一定能确定污染的有效数量是多少，因为供给和需求都在变化中。如果图9.5中的供给曲线向下移动，例如当发电成本降低时，有效数量就会增加。在庇古税的情形下，向新均衡状态的调整就会自动出现。但如果是许可证，我们可能会保持在原有许可证的数量上，这比新的有效数量低很多。在这种情况下，庇古税是最好的，因为它能更容易地根据供给和需求的变化进行调整。

税收和排污许可证的第二个差别不是经济学方面的问题，它同政治有关。使用税收时，企业必须为它所排放的每吨污染向政府支付。使用排污许可证时，企业或者必须使用发给它们的排污许可证，或者，如果它们想排放更多的污染，它们必须从其他企业那里购买许可证。无论是哪种情况，同必须支付税收相比，在初始分配许可证时就获得了许可证的企业，都获得了一笔丰厚的利润。因此，有人说排污许可证等同于矫正性税收加公司福利。

当然，以上也不一定是对待这一问题的最好方法。首先，许可证不一定要被无偿分配给企业，它也可以按照拍卖竞价方式来发放，就像一些正在被提议的二氧化碳交易许可证计划——这也会显著提高政府的税收。此外，要想在抵制全球变暖的运动中取得进展，可能需要建立某种政治联盟。碳税会招致一些大型能源公司，即那些具有巨大权力、同时又有直接相关利益的企业的反对。如果可交易许可证在一开始时就发放给企业，更有可能获得这些大型能源公司的支持。这也许会不公平，因为必须收买政治权力集团。不过正如德国第一首相奥托·冯·俾斯麦曾经所说："法律就像香肠，不要看见它的制造过程会更好。"我们要进一步说明的就是，制造法律和香肠都需要"猪肉"。*

理解你们的世界！

自我测验

1. 政府设定排污许可证的总量，并对它们进行拍卖。刚拍卖完的时候，许可证的价格非常高。过了一段时间之后，价格显著下降。这一现象说明了什么？

2. 地方政府决定对你附近的排污量设定许可证制度，并发放可交易许可证。说出三个会需要大量许可证的群体。说出另外三个需要的许可证的数量比较少的群体。考虑到这些团体，政府如何做，才有可能设定一个能够达到有效均衡的许可证数量？

○ 本章小结

在一个自由市场中，出售产品的数量会最大化生产者剩余和消费者剩余之和。如果消费者和生产者承担了交易中所有的成本和收益，市场数量也是有效数量。但是，如果存在外部成本或者外部收益，市场数量不是有效数量。如果发电厂没有承担所有的排污成本，它就会排放过量的污染。如果一个人没有获得注射疫苗的所有收益，他注射的疫苗就会过少。

政府有三种不同的方法来解决外部性问题：税收和补贴、命令和控制，以及可交易许可证。如果存在显著的外部成本或外部收益，市场价格就无法准确地传递有关成本和收益的真实信号。税收和补贴可以调整价格，以便它能够传递出正确的信号。如果外部成本显著，市场价格就会太低，这时，一个合适的税收会提高价格。如果外部收益显著，市场价格就会过高，这时，一个合适的补贴就会降低价格。

命令和控制的解决方法也可能会取得成功，但通常它的代价都太大，因为这一方法缺少灵活性，它无法利用以下优势：即在生产或消除外部性的过程中，不同经济主体在成本和收益方面可能存在着差异性。

科斯定理说明，外部性问题的最终根源在于市场太少。如果产权可以清楚地

---

　　*　"猪肉"（pork）这个单词在英文中也有政治恩惠的意思，即它也指政客们用以笼络选民们的政府基金、职位或补助金等。——译者注

界定，且能够降低交易成本，那么，有关外部性产品的市场将会解决外部性问题，而且这一解决办法成本最低。最近几年，针对排放二氧化硫的产权已经建立了成功的市场。也有人建议，成立新的市场来减少那些造成全球气候变暖的气体。

○ 本章复习 ···

关键概念

私人成本
外部成本
社会成本
外部性
社会剩余
有效均衡
有效数量
庇古税
外部收益
庇古补贴
交易成本
科斯定理

事实和工具

1. 把以下 8 项归入私人成本、外部成本、私人收益或外部收益中。注意，以下每一项都只有唯一正确的答案。

a. 你为 iTunes 下载付费。

b. 听到你弹奏的美妙音乐，你的邻居受益了。

c. 你的邻居非常烦恼，因为她不喜欢听你那伤感的传统音乐。

d. 听到自己从 iTunes 上下载的音乐，你非常高兴。

e. 你为你家里的防盗系统付费。

f. 有了防盗系统，你感受到很安全。

g. 一旦犯罪分子在你的窗户上看见"安全警报"的标识时，针对你邻居发生犯罪的可能性就更大。

h. 由于犯罪分子可能更愿意远离那些装有警报系统的小区，你的邻居也因此获得了安全。

2. 如果你们学校的学生都开始对那些注射了流感疫苗的朋友道谢，这会增加注射流感疫苗的人数吗？为什么？

3. a. 考虑一家工厂，它建在一个没有人的地方，并会散发出一种难闻的气味。如果没有人在附近体验到这一难闻的气味，还会有外部性产生吗？

b. 假设有一户家庭搬到了这家有异味的工厂附近。现在是否存在外部性问题？如果有，是谁造成的：生产异味的工厂，还是新搬到附近来的家庭，或者两者都是？

c. 假设这户家庭明白无误地有权拥有空气清晰的环境，这是否一定就意味着，这家工厂将被要求停止生产难闻的气体？还有哪些替代方案可以采取？这可能有很多答案。（提示：思考一下科斯定理。实际上，对于异味工厂、劳资纠纷、国际和平谈判，以及离婚协议等问题，无论是哪个，只要从科斯定理入手，总会有一些好的办法。）

4. 根据你从外部性中所学的知识，人类社会所造成的全球气候变暖问题应该完全被停止吗？利用社会收益和社会成本的语言来解释它。

5. 在以下各个案例中，市场都处于均衡状态，但是存在外部性。在每一案例中，判断它是正的外部性还是负的外部性，并估计外部性的成本或收益。最后，作为弥补外部性的最简单的方法，决定是该用税收还是用补贴。根据你的答案完成下表。

a. 在汽车市场上，再多生产一辆小型运动型多用途汽车（SUV）的私人成本是 20 000 美元，它的社会成本是 30 000 美元。

b. 在时尚服装市场上，每人再多一件衣服的边际社会收益是 100 美元，私人边际收益是 500 美元。附加题：你能想象一个关于外部性的情形，以使得这一数据变得有道理吗？

c. 在好思想的市场上，对于那些明显会促进世界变得更好的思想，每个人再多获得一个这种好思想的私人收益(来自演讲费、新书销售和专利等)是 100 万美元,它的社会边际收益是 10 000 万美元。

案　例	外部成本还是外部收益?	外部性收益或成本(用负号表示)的大小	应该征税还是补贴
运动型多用途汽车(SUV)			
时尚服装			
好思想			

6. 在以下哪些情况下,科斯定理的假设可能是成立的? 换句话说,什么情况下有关方面能够达成有效的谈判? 你为什么这么认为?

a. 我的邻居想要我砍掉我前面院子里的一片难看的灌木丛。当然,这片难看的灌木丛给他和他房产的价值带来了负的外部性。

b. 我所有的邻居都想要我把我前面草坪上那辆破旧的 Willys 吉普移走。毕竟,它现在已经呆在那很多年了。而且,要我把房子再油漆一遍,并填平我们前面院子里的那道 6 英尺深的壕沟,这是不是太过分了。所有的邻居都看它们不爽。

c. 一家烧煤的发电厂把它剩余的热水排放到附近的湖中,这导致某些自然生长的鱼类出现死亡。有上千家住户在湖岸边居住。

d. 一家烧煤的发电厂把它剩余的热水排放到附近的河中,这导致河流中某些自然生长的鱼类出现死亡。河下游一英里处有一家大型的养鱼场受到了影响。在养殖场的下游,河水又变得足够凉了,因此,问题不是很大。

7. 通过发电厂的例子,我们已经看到,重要的是对排污征税,而不是对最终产品本身征税。在下面的例子中,被提议的税收是会真正击中负的外部性的根源,还是仅仅是随意无效率的一击? 哪一种税收会更好?

a. 耗油越厉害的汽车造成的污染越严重,因此,政府应该对大型的运动型多用途汽车(SUV)征收高税率。

b. 整晚营业的酒品店似乎都会对它附近的地区带来一些不守规矩的野蛮行为,因此,这些整晚营业的酒品店老板应该被征收更高的物业税。

c. 喇叭裤每隔几年就会再来一次,它们的丑陋对所有看见它们的人都造成了负的外部性。因此,喇叭裤应该被课征重税。

d. 美国的父母都担心他们的小孩在电视上看到太多的粗俗言行。国会决定根据节目中粗俗言行的数量来对电视节目进行征税。

8. 如果政府扩大排污许可证的数量,这会增加排污的成本还是减少排污的成本? 当排污许可证的数量被削减时,情况又会怎么样?

9. Maxicon 公司正在新建一个煤炭发电厂。但是,政府想要降低污染。

a. 根据我们在本章所看到的,哪种方法对于减少污染更有效:命令 Maxicon 利用一种特殊的空气洗涤技术,这一技术能够减少 25% 的污染,或者直接命令 Maxicon 减少 25% 的污染。

b. 如果一个腐败的政府正好把这个国家中所有(可交易的)排污许可证都发给了 Maxicon(尽管有很多能源公司),这会造成 Maxicon 排放巨大数量的污染吗? 为什么?

思考和习题

1. 有人生病时,如果医生决定注射抗生素就会对其他人带来成本——它会加快细菌进化出耐药性。但是,它也给其他人带来了免费的收益:它会减缓传染病的传播,其原理同注射疫苗一样。因此,抗生素会同时具有外部成本和外部收益。在理论上,这两者可能会相互抵消。因此,抗生素的使用量正好合适。但是,经济学家认为,总的来说,抗生素使用过量了,而不是使用不足。为什么? 这里给个提示:从边际上来考虑。

2. 一支普通的流感注射液成本大约是 25 美元到 50 美元,不过,一些公司给他们的雇员提供了免费流感注射液。如果公司也可以通过用同样的成本来提高工资,那么,为什么一家公司更愿意给它的员工提供免费注射液?

3. 有这样的一种说法:"环境是无价的。"你用什么证据能证明这一说法是错的?

4. 文化的影响经常具有外部性,好的或者不好的。一部欢乐的电影可以使得人笑得更多,这会提高那些不看电影的人的生活质量。一种追求紧身衣服的时尚可能会伤害到一些人的形象,因为这些人会认为他们穿这种新潮的衣服不好看。

我们来考虑一种文化产品市场：言情小说，这种文化会不切实际地提高人们对男女双方关系的预期。在言情小说中，男人是危险的也是安全的，是富有的但是从不需要工作，他们骑着快速的摩托车，但从不会出现交通事故，他们看上去极其富有魅力，哪怕他们从来不在健身房浪费时间，如此等等。（当然，集中展现性感男模的广告也可能不切实际地提高了女人对异性的预期。因此，如果你愿意，你也可以把这里的言情小说换成男模广告。）

a. 考虑以下市场。言情小说对男人产生了外部成本，因为男人必须去实现那些不切实际的预期。在以下图形中表示出这种外部成本的影响。

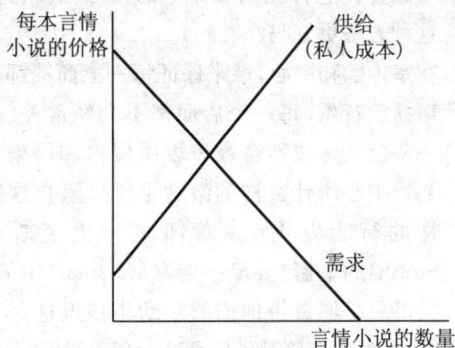

b. 在上图中标示出，在征税或者实施其他解决方法之前，这种外部性所造成的无谓损失。

c. 如果政府决定通过对言情小说征税来纠正外部性，税收应该高到能够使得任何人都不看这种小说吗？为什么？

d. 对每部小说征收的税收应该多高最好？请在图中标示出来。

e. 只要政府花钱是有效率的，那么，是不是政府把从言情小说上征收的税收花在任何地方都没有关系？换句话说，政府是否可以把这笔钱用在支付基本道路和桥梁的建设上，还是必须用这笔钱来弥补言情小说所产生的社会负面影响？

5. 开发商 Green Pastures Apartments 想要建一个操场来增加人们对它那些大型公寓的需求，但是，它担心，附近由另外两家地产商 Still Waters Mobile Estates 与 Twin Pines Townhomes 开发的小区所带来的房客，会使这个操场变得过度拥挤。

a. 这个操场的外部性属于哪一种：正的外部性还是负的外部性？

b. Green Pastures 可能会同 Still Waters 和 Twin Pines 达成哪种类型的妥协，以便这三个小区能够从这个操场中受益。答案可能不止一个，不过你只需要根据本章的原理给出一个就行。

6. 在第 7 章我们曾经说过，税收造成了无谓损失。如果我们对具有负的外部性的产品征税，我们是否应该担心会造成无谓损失？为什么？

7. 经济学家已经发现，增加小学和中学女孩的比例，会导致学生认知结果的显著提高（Victor Lavy and Analia Schlosser，2007，"*Mechanisms and Impacts of Gender Peer Effects at School*，" NBER Working Paper 13292）。一个关键的渠道可能是，平均来讲，男孩在课堂上制造的麻烦更多，这使得每个人都很难学好。用报刊体的表达风格，我们可以说："男孩是在每个小孩学习上所征收的一种税。"

a. 利用本章的工具，课堂上的女孩提供了正的外部性还是负的外部性？男孩呢？

b. 根据这一研究，如果你是一个男孩的父母，你更希望你的儿子是在一个男孩多的班级还是一个女孩多的班级？如果你是一个女孩的父母又会怎么样？

c. 在这种情况下，谁应该被征税？你能看出这种税收在执行过程中存在的问题吗？

8. 在蜜蜂的例子中，我们说农场主为授粉服务付钱给养蜂人。但是，为什么养蜂人不付钱给水果农场主呢？毕竟，养蜂人也需要水果农场主来酿造蜂蜜，因此，为什么支付是以这种方式进行，而不是按照相反的方式？（提示：银杏的例子可以提供一些线索。）

9. 政府正在考虑是用命令和控制的方式，还是用税收和补贴的方式来解决一个外部性问题。在以下每个例子中，请解释，为什么你认为一种方式会比另一种方式更好，利用本章的论据。

a. 假设由于很多人都喜欢吃鲸鱼肉，鲸鱼正有濒临灭绝的危险。各国政府在以下两种观点之间出现分歧：第一，除了一定的宗教仪式之外，禁止所有的捕鲸活动；第二，对所有的鲸鱼肉课征重税。假设在这个世界上只有某些国家食用鲸鱼肉,而且这些国家的政府部门非常有效率。

b. 火灾具有外部性,因为它很容易从一栋建筑物蔓延到另一栋。政府是应该鼓励对消防系统进行补贴,还是应该强制要求每个人都应配备有消防设施?

c. 在穷国的街道上,流浪动物随处可见。流浪动物的无序繁殖会造成外部成本。绝育可以解决这一问题,但是,税收和补贴与命令和控制,哪一种是鼓励绝育的更好方法? 这一更好的解决办法同动物的性别有关吗?

挑战

1. 在科斯提出他的理论之前,关心经济效率的经济学者都认为,人们应该对他们所造成的损害负责——这些人应该为他们的行为所造成的社会成本进行支付。这一建议同个人职责的概念非常一致。请解释,如何运用科斯定理来反驳这一传统观点。

2. 某国政府正在考虑,是每年出售排污许可证,还是征收年度排污税。同混乱的现实世界不同,这个政府相当肯定,这两种方法中的任何一种都可以实现同样的价格和数量。但政府希望选择一种能带来更多政府税收的方法。就政府的收入来说,出售许可证更好还是排污税更好? 或者两种方法都能获得相同的收入?(提示:回忆一下,税收收入是一个长方形。把图 9.5 中税收长方形的大小,同在有效水平上个人对排污许可证产权愿意支付的价格进行比较。)

3. 美国加利福尼亚州的 Palm Springs 市曾经是富豪和名流们的休闲胜地——例如,这座城市有弗兰克·西纳特拉(Frank Sinatra)大道、鲍勃·霍普(Bob Hope)大道和宾·克罗斯比(Bing Crosby)大道。* 这个城市曾经有一部法律规定,禁止建设任何在早上 9 点到下午 3 点给其他地产造成阴影的建筑结构。(资料来源:Armen Alchian and William Allen. 1964. *University Economics*, Belmont, CA:Wadsworth。)有其他解决的方法可以替代这种控制和命令的方法吗? 它们能比这种方法更好吗?

4. 在室内购物中心,谁来保证每一家商铺都不会大声播放音乐,每一个店面都不会经常关门,以及一些公共区域不会被垃圾所侵占和污染? 这些购物中心用什么样的激励手段来阻止这些外部性的行为发生? 就像凯文·史密斯(Kevin Smith)的电影《耍酷一族》(*Mallrats*)中的一样,父母总是愿意带他们的年幼小孩逛这些购物中心,你的答案能帮忙解释这一现象吗?

---

* 三人皆为美国娱乐巨星。——编者注

第三篇　企业和要素市场

竞争市场中的利润、价格和成本

我们在第5章已经解释,价格信号以及与此相关的利润和损失会告诉企业家,应该把劳动和资本投向什么地方。如果对健康的关注减少了对香烟的需求,同时增加了对24小时健身房的需求,企业家就会减少他们在烟草种植上的投资,同时增加在像StairMaster这样的健身器材上的投资。如果石油的价格上涨,企业家就会增加在太阳能研发上的投资,同时减少生产耗油的SUV越野车。我们现在来更详细地研究企业的决策行为,特别是竞争条件下企业的利润、价格和成本。

在这一章,我们主要集中在企业决策的三个方面:

➤ 制定什么样的价格?
➤ 生产多少产量?
➤ 什么时候进入或退出某个行业?

为了回答这些问题,我们假设企业唯一的目标就是实现利润最大化。不过,不同的企业所追求的目标以及它们想要达到的目的可能会不一样。因此,我们想看一看,如果所有的企业都是追求利润的,这个行业会出现什么情况。例如,如果所有的企业都追求比正常利润水平更高的利润,那么,就没有任何一家企业可以获得高出正常水平的利润!

最重要的是,在竞争市场中,对利润的追求会导致两个值得注意的、非常有益的结果。首先,在竞争市场中,产品的生产会以一种促使总成本最小化的方式在企业间进行分配。其次,在一个竞争经济中,资源会以一种使得总价值最大化的方式在行业间进行转移。

我们称市场的这两个特征为"看不见的手",因为没有任何一个企业试图要产生这些有益的结果,但是,引用亚当·斯密的话说(见第1章),看上去就好像有一只"看不见的手"在引导企业这样做。总之,这些思想解释了完全竞争市场是如何有助于解决经济中的大问题,即如何利用有限的资源来尽可能地满足人们无限的需求。

我们上面列出的三个问题中的第一个问题,即企业应该制定什么样的价格,是很容易回答的,因为在某些条件下,企业并不制定价格,它只是市场价格的接受者。因此,我们从价格的决策过程开始。

10.1   制定什么样的价格？

开车经过美国得克萨斯州的乡村，一个人站在麦田中，你经常会看见一头点头的驴子。在得克萨斯，所谓"点头驴"（nodding donkey）实际上指的并不是一只动物，而是一台石油泵。大部分石油都来自巨型油田，但是，在美国，有超过 40 万个"低产油井"，即一种每天产油为 10 桶甚至少于 10 桶的油井。这种油井的每一个产量都不是很多，但它们的总产量加起来每天接近 100 万桶，差不多是美国石油总产量的 19%。[1]

假设你是一口低产油井的所有者，你会为你的石油制定什么样的价格呢？如果石油的价格是每桶 50 美元，你能够以每桶 100 美元出售你的石油吗？当然不能。无论是世界上哪个地方出产的石油，它们的价格都是相当统一的（这不一定完全真实，但它对我们的分析已经足够精确）。因此，哪怕是你母亲来购买，她可能也不会因为买的是你家的石油而对你支付得更多。所以，你的要价显然不可能超过每桶 50 美元。那么，定一个更低的价格会怎么样呢？你可以定一个更低的价格，但是，你为什么要这样做呢？世界石油市场是如此之大，你可以很容易地在市场价格下卖完你生产的所有石油。因此，你的价格决策非常容易：你不能以高于市场价格的水平来出售你的石油，但你可以在这一市场价格水平上卖完你所有的石油。因此，为了利润最大化，你会在市场价格水平上出售你的石油。

为了更好地理解这一结果，我们回忆一下第 4 章关于需求弹性的概念：可替代性越大，需求弹性就越大。仅仅在美国就有超过 40 万口油井，你的石油的替代品可以说比比皆是。一个有用的近似就是认为，对你生产的石油的需求在世界价格上是完全富有弹性的（水平的需求曲线）。在图 10.1 中，我们在左图给中出了世界石油市场状况，右图给出了对你的石油的需求曲线。

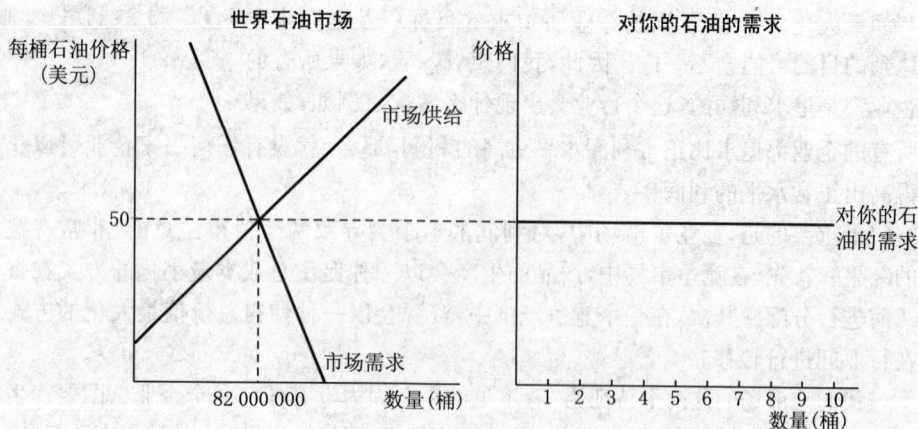

石油价格是由世界石油市场决定的。你无法在高于市场价格的水平上出售你的石油。在市场价格水平上，你想要卖出任何数量的石油都可以。

图 10.1   市场需求和企业需求

石油价格由世界石油市场水平决定，每天买卖的数量大概是 8 200 万桶。然而，你的低产油井每天最多能生产世界需求的很小一部分，也许是每天 10 桶石油。

因此,无论你每天是生产 2 桶、7 桶还是 10 桶,世界石油价格都不会发生明显的变化。* 这就是为什么在图 10.1 的右图中,我们把你的石油需求曲线画成等于市场价格水平的一条水平直线——无论你是出售 2 桶、7 桶还是 10 桶,价格都是一样的,每桶 50 美元。

如果你作为企业家不用决定价格的话,你的任务就非常简单了。这些就是我们作为经济学者想要理解的企业行为。所以,在这一章,我们将简单地假设,对单个企业的产品而言,它们的需求曲线在市场价格上是完全富有弹性的。

一口低产油井对石油的价格几乎没有什么影响,因为来自任何特定生产者的石油都没有什么特别的,同时存在很多石油的买者和卖者,它们中的每一个相对于整个市场而言都是微不足道的。一般来说,如果不同的企业出售的产品非常相似,而且市场上存在很多买者和卖者,且每个买者或卖者的数量相对于整个市场而言都非常小,那么,对于单个企业产出的需求而言,一条完全富有弹性的需求曲线是一个非常合理的近似。黄金、小麦、造纸、钢材、木料、棉花、食糖、有机塑料、牛奶、货车运输、玻璃、互联网域名注册,以及其他众多产品和服务,所有这些产品的市场都满足以上这些条件。

另外,不要忘记第 4 章的另外一条经验法则:需求曲线在长期更具有弹性。这一点在你考虑某一特定企业所面临的需求曲线时特别正确,因为在长期,其他卖者也可以进入到这个市场。假设你是一个小镇中唯一一家杂货店的老板,考虑到由于每个人都需要食物,而你是唯一卖者,由此,你认为你可以把价格提得太高吗?不可以。如果你把价格提得太高,其他的卖者就会开办新商店,你的生意也就会被毁掉。因此,即使在没有很多卖者的情况下,只要还有很多潜在卖者存在,完全富有弹性的需求曲线也是一个非常合理的假设,至少在长期是这样。

总之,如果单个企业对其产品的价格没有太大的影响能力,经济学者就说这个行业是竞争的(或者有时也称为完全竞争的)。至少在以下条件下,这是一个合理的假设:

➤ 不同卖者出售的产品都非常相似;
➤ 有很多卖者和买者,他们中的每一个相对于整个市场而言都是非常小;
➤ 存在很多潜在的卖者。

在什么情况下,企业对它们产品的价格具有很大的影响呢? 我们在下一章关于垄断的章节中会详细介绍。为了比较,简单来说,如果一家企业出售的是一种独特的产品,这种产品既没有很多其他卖者,也不存在潜在的卖者,那么,这家企业就有相当大的自由来选择其产品的价格。对某种有用的特殊药物拥有专利权的企业就是一个例子。同理,一个控制着某类产品很大市场份额的企业也对其产品价格具有明显的控制力。例如,沙特阿拉伯就对石油价格具有显著的控制能力,因为其产量在整个市场产量中占有很大的份额。在第 11、第 12 和第 13 章,我们将在这些条件下来分析企业如何选择价格和产量。

一个竞争型企业会在市场价格下销售它的产品。但是,它会选择什么样的产量呢?

---

* 这一不明显的价格变化是多少呢? 回忆一下第 4 章需求弹性的公式为 $E_D = \%\Delta Q / \%\Delta P$,通过变形为 $\%\Delta P = \%\Delta Q / E_D$。假设石油的需求弹性为 0.5。这意味着石油的数量增加 10%,价格将会下降 20% $= 10\% \div 0.5$。每天的供给增加 10 桶相当于数量增加了 $10 \div 82\,000\,000 \times 100\% = 0.000\,012\,195\,122\%$,所以价格下降的百分比 $0.000\,012\,195\,122 \div 0.5 = 0.000\,024\,390\,243\,9\%$。在每桶 50 美元的价格水平上,石油增加 10 桶将会使得价格下降到 49.999\,998\,7 美元,这确实是不明显的变化。

自我测验

1. 在一个完全竞争的市场中,如果一家企业把它的产品价格定在高于市场价格的水平上,会出现什么情况? 定在低于市场价格的水平上又会怎么样?
2. 完全竞争企业面临的需求曲线有什么样弹性?
3. 在石油需求缺乏弹性的情况下,为什么生产石油的单个企业面临的需求曲线会非常有弹性?

10.2 生产多少产量?

如果要想利润最大化,一口低产油井应该生产多少数量的石油呢? 利润等于总收益减去总成本,因此,企业希望最大化总收益和总成本之差。

$$利润 = \pi = 总收益 - 总成本$$

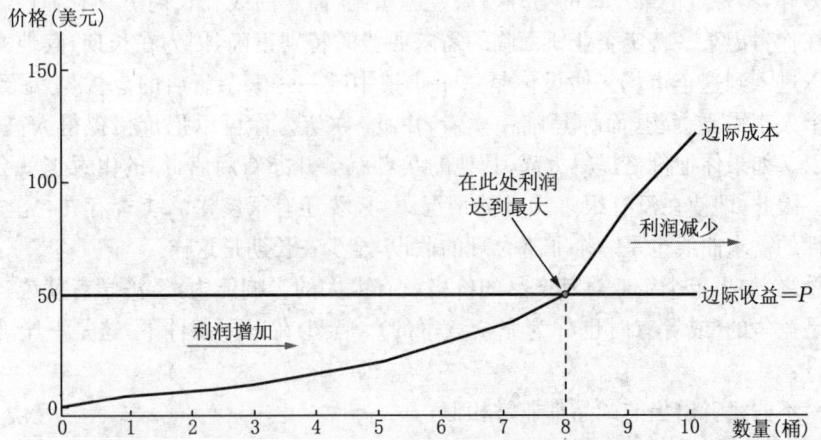

石油产量 (桶)	总收益 (TR) ($P \times Q$)	总成本 (TC)	利润 $TR - TC$	边际收益 $\dfrac{\Delta TR}{\Delta Q}$ = 价格	边际成本 $\dfrac{\Delta TC}{\Delta Q}$	边际利润
0	0	30	−30			
1	50	34	16	50	4	46
2	100	40	60	50	6	44
3	150	51	99	50	11	39
4	200	68	132	50	17	33
5	250	91	159	50	23	27
6	300	120	180	50	29	21
7	350	156	194	50	36	14
8 ←在此处利润达到最大	400	206	194	50	50	0
9	450	296	154	50	90	−40
10	500	420	80	50	124	−74

为了实现利润最大化,企业会比较再多销售一单位所带来的收益,即边际收益(对于竞争行业的企业,它就等于价格水平)和再多销售一单位所花费的成本,即边际成本。如果 $MR > MC$,则再多销售一单位就会增加利润。因此,当产量一直增加到 $MR = MC$ 的点时,利润达到最大。

图 10.2 当生产达到 $MR = MC$ 时利润最大

在图 10.2 中,我们给出了有关一口低产油井总收益和总成本的一组典型数据。**总收益**(total revenue)只不过是价格乘以数量($P \times Q$)。如果石油的价格是每桶 50 美元,那么,每天生产 1 桶石油的总收益就是 50 美元,每天生产 2 桶就是 100 美元,每天生产 3 桶就是 150 美元,依此类推。

总收益是价格乘以数量($P \times Q$)。

我们也给出了有关总成本的一些数据。**总成本**(total cost)就是生产一定数量产出水平的所有成本。我们把总成本分为两部分。为了生产石油,首先必须进行钻井,然后还必须把石油抽到地面上,并把它运送到消费者那里。我们假设企业钻井所需要的钱是借来的,因而它每天必须支付 30 美元的贷款利息。请注意,企业每天必须支付 30 美元,即使它不是每天都抽油上来。因此,表中生产 0 桶石油的总成本那一栏是 30 美元。实际上,无论企业每天生产多少桶石油,它都必须每天支付 30 美元的贷款利息。所以,我们说企业每天都有 30 美元的**固定成本**(fixed costs),这一成本是不随着生产量而变化的。

总成本是生产一定数量产出水平的所有成本。

固定成本是指不随产量而变化的那部分成本。

如果企业要抽取石油,它还必须支付额外的成本。为了抽取石油,企业还必须支付电费、维修保养费、储存石油所用油桶的成本、运送石油的运输成本,以及其他等等。这些成本被称为**变动成本**(variable costs),因为它们会随着产量而变化。总成本等于固定成本加上变动成本。我们本章稍后会再介绍这些成本,不过现在的关键点是要知道,总成本随着产出而增加:生产越多,总成本越大。

变动成本是指随产量而变化的那部分成本。

利润是总收益和总成本之差,它在表中的第 4 列中给出。所以,为了找到利润最大化的点,一种办法就是找到使得 $TR - TC$ 最大的产量水平。利用图 10.2 中的表格,我们可以发现,利润最大化的产量水平是每天生产 8 桶石油。

实践表明,利用第二种方法来寻找利润最大化的产量是非常有用的,特别是在用图形进行分析的时候。除了查看总收益和总成本之外,我们也可以来比较多出售一桶石油所增加的收益和多出售一桶石油所增加的成本,即比较**边际收益**(marginal revenue)和**边际成本**(marginal cost)。我们将会表明,为了实现利润最大化,只要边际收益大于边际成本,企业就会一直增加石油的产量。这也就意味着,企业生产的最后一滴石油一定是在边际收益等于边际成本的时候。下面我们来论证这一论点。

边际收益是指多出售一单位的产品而引起的收益的增加。$MR = \frac{\Delta TR}{\Delta Q}$ 在一个完全竞争的行业中 $MR = P$。

边际收益是再多销售 1 桶石油时总收益的变化量。假设每桶石油的价格是 50 美元,那么,边际收益是多少呢?如果老板再多销售 1 桶石油,他的收益会增加 50 美元,因此,边际收益正好等于 50 美元,即等于市场价格。这是很简单的,因为石油的价格不会因为该企业出售更多的石油而发生变化。换句话说,我们利用了这一假设,即低产油井是一个完全竞争的行业,因此,它面临的是一条在市场价格水平上完全富有弹性的需求曲线。所以,我们有一个简单的规则:对于一个完全竞争的行业,$MR = P$。

边际成本是指每多生产一单位产品所带来的总成本的增加。$MC = \frac{\Delta TC}{\Delta Q}$

边际成本是指再多生产 1 桶石油所带来的总成本的变化量。小油井的老板对于是否多生产一点或者少生产一点有一些选择的余地。例如,这名老板可以增加石油抽取速度来每天生产更多的石油,这只需要在用电和在维修保养上多花点钱,并且更频繁地装载和运送石油。由于再多生产一点石油所带来的额外成本被称为边际成本。例如,请注意,如果这口油井每天生产 2 桶石油时总成本是 40 美元,每天生产 3 桶石油时总成本是 51 美元,那么,生产第 3 桶石油增加了 11 美元的成本,也就是说,第 3 桶石油的边际成本是 11 美元。

达到某一点之后,边际成本一定会增加,因为你只能从岩层中获得一定数量的石油,再多就会非常困难。例如,油井抽油的时间就不可能每天超过 24 小时。当油井达到生产能力的极限时,再多生产 1 桶石油的边际成本接近于无穷大。

我们现在可以利用图 10.2 中的数据,采取第二种方法来寻找利润最大化的产量水平。只要再多生产 1 桶石油所带来的收益超过再多生产这 1 桶石油所耗费的成本,企业就会继续再多生产这 1 桶石油。企业生产第 1 桶石油增加了 50 美元的收益,同时增加了 4 美元的成本,因此,$MR > MC$,企业通过生产这第 1 桶石油可以增加 46 美元的利润。生产第 2 桶石油时,企业增加了 50 美元的收益,同时增加了 6 美元的成本。因此,生产这第 2 桶石油增加了 44 美元的利润。沿着这一思路下去,你会发现,直到生产第 8 桶石油时,每增加生产 1 桶石油都会使得利润增加。但是,如果企业生产第 9 桶石油,它的收益增加了 50 美元,同时成本增加了 90 美元,因此,企业不希望再生产这第 9 桶石油。所以,利润最大化的产量水平是 8 桶石油。注意,利润最大化的点是在 $MR = MC$ 的地方。由于对于一个完全竞争的企业来说,$MR = P$,因此,我们也可以说对于一个完全竞争的企业,其利润最大化的数量是在 $P = MC$ 的地方。

学生们经常会感到困惑,为什么经济学家会认为利润最大化的数量是 8 桶而不是 7 桶? 在 $P = MC$ 时的这一单位产量并不能带来利润,为什么要生产这第 8 桶石油呢? 来看一下这一表格上方的图形。注意,在任何 $P > MC$ 的地方,再生产 1 桶石油都意味着利润的增加;在任何 $P < MC$ 的地方,再生产 1 桶石油都意味着利润的减少。现在,想象一下生产的石油不是以桶衡量而是以滴来衡量。那么,图形告诉我们,在 7.999 9 桶的产量上,你仍然还希望再多生产一两滴,但是,在 8.000 01 桶的产量上你会希望减少一两滴。我们说利润最大化是在 $P = MC$ 的地方取得是因为,$P = MC$ 的点正好就是生产的太多和生产的太少之间的"分界点"。

当价格水平变化时,利润最大化的产量也会发生改变,如图 10.3 所示。如果价格水平是每桶 50 美元,利润最大化的产量是 8 桶。如果价格水平上升到每桶 100 美元,那么,企业将会扩大生产。但是,企业会扩大多少产量呢? 企业的产量会一直扩大到使得 $P = MC$,重新达到利润最大化。在图 10.3 中,我们显示了当价格水平从每桶 50 美元增加到每桶 100 美元时,企业是如何沿着 MC 曲线扩大产量水平的。

$P = MC$ 时的产量使得利润最大化。如果价格水平是 50 美元,利润最大化的产量是 8;如果价格水平提高到 100 美元,企业将会扩张生产。在 100 美元的价格水平下,利润最大化的产量大约是每天生产 9.4 桶。

图 10.3 当价格水平变化时,使得利润最大化的产量也会变化

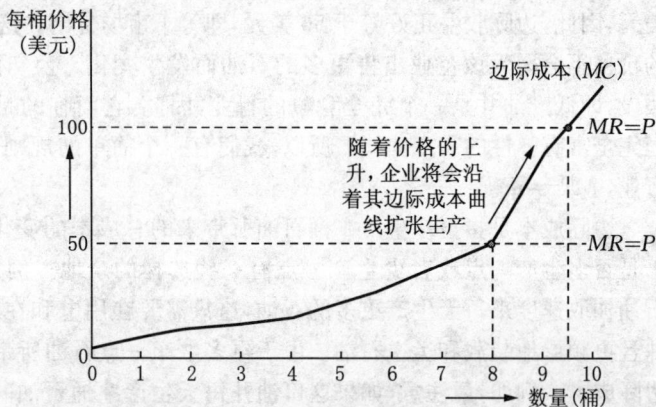

我们现在已经回答了第二个问题:为了使得利润最大化,企业生产的产量水平应该使得 $MR = MC$。对一个处于完全竞争行业的企业来说,这就意味着产量水平

会一直增加到使得 $P = MC$ 的水平。

我们的第三个问题是，是否进入或退出这个行业？在回答这个问题之前，我们先停下来强调一下，利润最大化的企业会使产量一直增加到 $P = MC$ 的水平这一事实所具有的重大而著名的经济学含义。

自我测验

我们来检查一下 $MR = MC$ 这一利润最大化条件。请看图 10.2 中的最后一列，它表示利润的变化情况。如果企业生产 4 桶而不是 3 桶时，额外的利润增加了多少？当产量从 7 桶增加到 8 桶时，情况又怎么样？从 8 桶增加到 9 桶呢？现在来看看 MC 列和 MR 列，并找到利润最大化的产量水平。把它同表中最后一列你所看到的结果相比，你能得出什么结论？

10.3 看不见的手性质一：生产总成本最小化

我们知道，一个处于完全竞争行业中的企业会把产量一直增加到 $P = MC$ 的水平。更重要的是，同一行业中的每个企业都面临着相同的价格。因此，在一个具有 N 个企业的完全竞争市场中，一定会有

$$P = MC_1 = MC_2 = \cdots = MC_N$$

其中 MC_1 表示企业 1 的边际成本，MC_2 表示企业 2 的边际成本，依此类推。为了理解这个条件的重要性，我们来看看一个稍微有点不同的问题。假设你自己是一个拥有两个农场的农场主，这两个农场都可以生产玉米。农场 1 位于丘陵地带，因此，它的播种和耕种成本很高。农场 2 是一个非常适合种植玉米的理想地块。每个农场种植玉米的边际成本如图 10.4 所示。

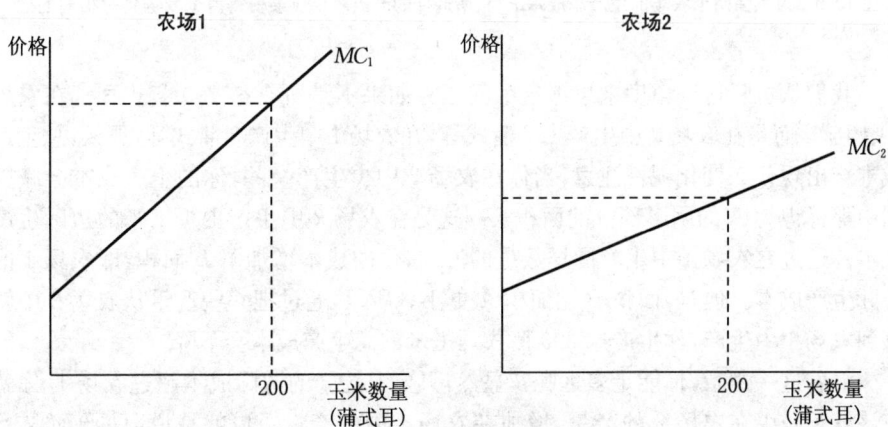

图 10.4　在农场 1 和农场 2 上生产 200 蒲式耳玉米的边际成本

假设你想要生产 200 蒲式耳玉米。从表面上看，生产这 200 蒲式耳的最低成本的方法似乎就是，让所有这 200 蒲式耳的玉米都由农场 2 来生产。因为，毕竟在任何产量水平上，农场 2 的边际成本都比农场 1 更低。

　　假设你让所有200蒲式耳的产量都在农场2中生产,而农场1不生产任何产量,如图10.5中上图所示。你能找到一种降低总生产成本的办法吗?

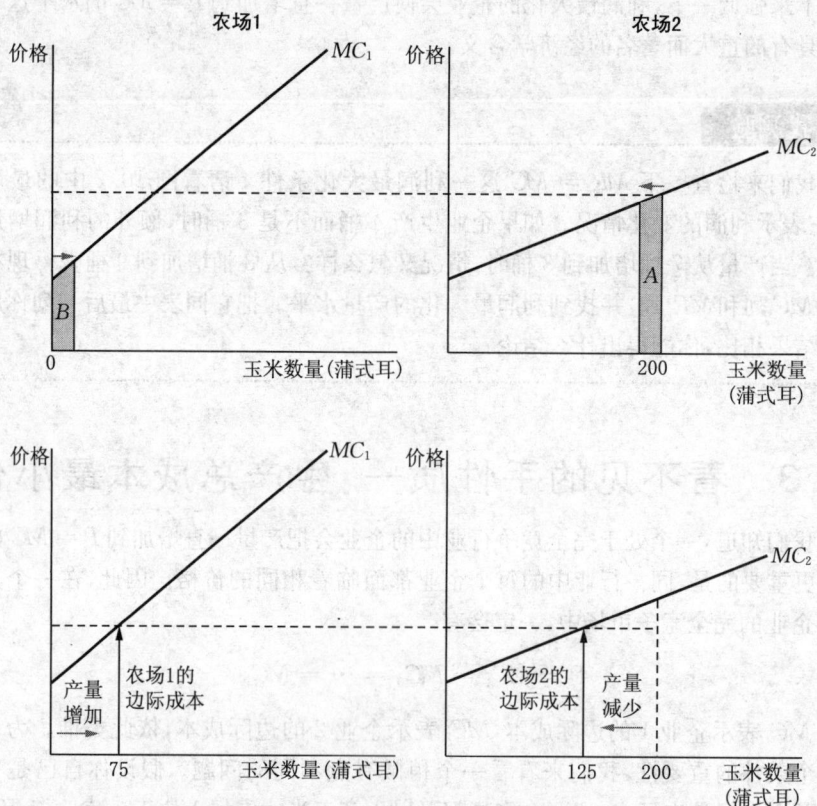

上图:如果我们在农场2中减少一点点产量,同时在农场1中增加一点点的产量,农场2中的成本将会减少A区域,农场1中的成本将会增加B区域,由于B区域的面积更小,所以总成本会下降。
下图:因此,为了使得总生产成本最小,对两个农场所设定的产量应该使得它们具有相同的边际成本。

图10.5　为了使两个农场的生产总成本最小,所选择的产出水平应该使得两个农场具有相同的边际成本

　　我们从边际这一角度来思考这个问题。如果不是所有这200蒲式耳都在农场2中生产,而是在农场2中生产197蒲式耳,在农场1中生产3蒲式耳,那么,总生产成本会出现什么变化呢? 注意,当你在农场2中少生产一些,你的生产成本会减少图中那标识为A的阴影部分的面积——这是在农场2中生产更少玉米的边际生产成本。通过在农场1中生产同样数量的产出,你的成本增加了B面积,即农场1的边际生产成本。但是,面积B比面积A更小。所以,通过把一些产量从农场2中转移到农场1中生产,你生产这200蒲式耳玉米的总生产成本会下降。

　　沿着这一逻辑,你能走多远呢? 显然,只要农场2的边际成本超过农场1,你就应该继续减少在农场2的产量,增加在农场1中的产量。也就是说,只要$MC_2 > MC_1$,就应该减少农场2的产量,增加农场1的产量。同理,如果$MC_1 > MC_2$,就应该把农场1中的产量转移到农场2中。根据以上这一推理,所以,使得总生产成本最小的方法应该是,在每一农场中生产的产量应该具有相同的边际生产成本,即$MC_1 = MC_2$。在图10.5下图中,我们给出了生产这200蒲式耳玉米成本最小的生产方法,即在农场1中生产75蒲式耳,在农场2中生产125蒲式耳。

现在我们回到真正重要的部分。如果你拥有两个农场,你可以像一个"中央计划者"一样行动,让产量在这两个农场之间的分配使得它们具有相同的边际生产成本,这时总的生产成本达到最小。但是,现在假设农场1在北卡罗来纳州,农场2在艾奥瓦州,比如说农场1由桑迪拥有,而农场2由帕特拥有。我们还进一步假设,桑迪和帕特都生活在他们各自的圈子里,他们永远不会相见。有什么办法来组织生产,以使得产量在他们之间的分配方法,同你自己拥有这两家农场时分配产量的方法相同吗?

桑迪和帕特在同一个市场中销售他们的玉米,因此,他们所看见的玉米价格相同。桑迪会如何最大化他的利润水平呢?帕特又会如何最大化他的利润呢?为了使得利润最大化,桑迪会设定 $P = MC_1$ 的产量,帕特也会设定 $P = MC_2$ 的产量,这就意味着 $MC_2 = MC_1$!但是,从以上的分析我们知道,如果 $P = MC_2 = MC_1$,那么,总生产成本最小。真是令人惊奇,为了追求他们自己的利润,桑迪和帕特在他们两家农场间分配产量的方式,正好就是一个中央计划者追求生产成本最小化的生产方式!

自由市场能够模仿一个理想的中央计划者,这真是令人惊奇。更令人惊奇的是,即使在一个理想的中央计划者不能做到的情况下,自由市场也可以按照总生产成本最小化的方式在两个农场之间分配产量。例如,假设只有桑迪知道 MC_1,也只有帕特知道 MC_2。在自由市场中,这不存在问题,桑迪和帕特各自都会根据他们自己的利益来选择产出水平,这会使得总成本最小化。但是,对于一个中央计划者,如果它不知道 MC_1 或者 MC_2,是不可能正确分配产量的。

自由市场能够最小化总生产成本,这是所有经济学中最深刻最惊人的洞见之一。亚当·斯密在《国富论》中也有一句名言,描述这一相同的情形。他在谈到每个个体时说道,"在这里,同其他很多情况一样,它被一只看不见的手引导着,最终达到一种并非每个个体自己有意想要达到的结果。"桑迪和帕特并没有打算要以最小的总成本来生产200蒲式耳玉米,他们想要的只是利润,但是,他们的行为正好就导致了这一有益的结果。实际上,在亚当·斯密和其他一些经济学家开始研究市场之前,不仅没有人想要现实行业成本最小化,更没有人知道,个人最大化他们的利润会使得行业成本最小化。

看不见的手性质一为考察自由市场提供了另一种视角。在第8章,我们已经解释过,通过让美国从最低生产成本的国家购买产品,自由贸易可以增加美国的财富水平。现在,我们可以从另外一个视角来看待这一问题。记住,$MC_1 = MC_2$ 时生产成本最小。因此,如果 $MC_1 \neq MC_2$ 则生产没有达到最小化。假设农场1和农场2是在两个没有贸易往来的不同国家。因此,桑迪和帕特面临着不同的玉米价格。由于桑迪和帕特面临的价格不同,$MC_1 \neq MC_2$,所以,生产玉米的总成本不可能是最小的水平。

看见"看不见的手"

看不见的手性质一是指,在自由市场中,$P = MC_1 = MC_2 = \cdots = MC_N$,此时生产的总成本达到最小,而这并非市场经济中任何一个行为人的刻意为之。

自我测验

如果桑迪的农场生产的边际成本 MC 比帕特的要高,为了使得总生产成本最小,应该如何重新安排生产?

10.4　利润和平均成本曲线

　　我们已经表明,通过在 $P = MC$ 的产量上进行生产,企业能够最大化利润水平。但是,一个企业可能是在利润最大化的产量上进行生产,但它仍可能具有很低利润,甚至是负的利润。仅仅是因为一个企业做到了自己的最好,并不意味着这个企业按照整个行业的标准也做得很好。因此,我们希望能用图形来显示盈利情况。为此,我们需要引入平均成本曲线。

平均成本 等于生产的总成本除以总产量。$AC = \dfrac{TC}{Q}$

　　简单地说,生产的**平均成本**(average cost)就是指每桶石油的成本。也就是说,生产 Q 桶石油的平均成本就是生产 Q 桶石油的总成本除以总产量 Q,$AC = TC/Q$。例如,在图 10.6 中,我们可以从表中看出,每天生产 6 桶石油的总生产成本是 120美元。因此,平均生产成本是 120 美元/6 = 20 美元。图 10.6 计算出了平均成本(在最后列),并把它同价格线和边际成本曲线画在了同一个图中。

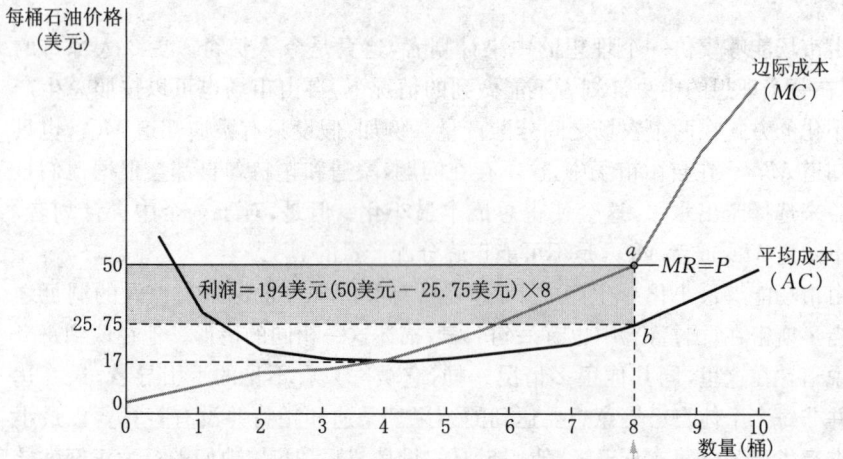

石油产量 (桶)	总收益 (TR) (P×Q)	总成本 (TC)	利润 TR−TC	边际收益 $\frac{\Delta TR}{\Delta Q}$ = 价格	边际成本 $\frac{\Delta TC}{\Delta Q}$	边际利润	平均成本 = TC/Q
0		30	−30				
1	50	34	16	50	4	46	34.0
2	100	40	60	50	6	44	20.0
3	150	51	99	50	11	39	17.0
4	200	68	132	50	17	33	17.0
5	250	91	159	50	23	27	18.2
6	300	120	180	50	29	21	20.0
7	350	156	194	50	36	14	22.29
8 ← 在此处利润 　　达到最大	400	206	194	50	50	0	25.75
9	450	296	154	50	90	−40	32.89
10	500	420	80	50	124	−74	42.0

利润是 $(P - AC) \times Q$,即每桶石油的利润乘以生产的桶数。如果价格是 50 美元,并且生产了 8 桶石油,图中显示了利润水平为阴影部分面积。注意,价格是点 a 的高度,AC 是点 b 的高度,因此面积 $(a-b) \times Q$ 就等于利润水平,或者 194 美元 = (50 美元 − 25.75 美元)×8。

图 10.6　利润 = $(P - AC) \times Q$

只要做点计算,我们就可以把利润显示在我们的图形中。回忆一下:

$$利润 = 总收益 - 总成本 = TR - TC$$

因此,我们也可以写成:

$$利润 = \left(\frac{TR}{Q} - \frac{TC}{Q}\right) \times Q$$

或者:

$$利润 = (P - AC) \times Q$$

(注意,为了得到最后一个等式,我们利用了两个定义:$TR = P \times Q$ 和 $AC = TC/Q$。)

最后一个等式表明,利润等于每桶的平均利润($P - AC$)乘以销售的桶数 Q。

我们已经知道,如果价格水平是 50 美元,利润最大化的产量是 8 桶,不过,现在我们在图 10.6 中给出利润水平。为了给出利润水平,从 8 桶的数量开始,向上找到点 a 的 50 美元。再从点 a 向下,从 AC 曲线的点 b 上找到平均成本,它是 25.75 美元。(你也可以通过验算图形下方表格中产量为 8 桶时的平均成本来检验这一结果)每桶的平均利润($P - AC$)为 50 美元 $-$ 25.75 美元,即每桶 24.25 美元。最后,由于产量是 8 桶,总利润水平为($P - AC$)$\times Q$,或者说为 24.25 美元 $\times$ 8 $=$ 194 美元,即图中阴影部分的面积。

正如我们之前所说,一个企业的利润已经最大化,并不意味着这个企业就一定能盈利。如果石油的价格水平下降到每桶 4 美元,会出现什么情况呢?价格等于 4 美元,并且企业在 $P = MC$ 的产量水平生产利润最大。看看表格中 MC 这一列,生产 1 桶石油时 $MC = 4$ 美元。因此,在价格等于 4 美元时,企业生产 1 桶石油。但在这一价格水平上,因为 $P < AC$,企业会遭受亏损。图 10.7 显示了这一情形。

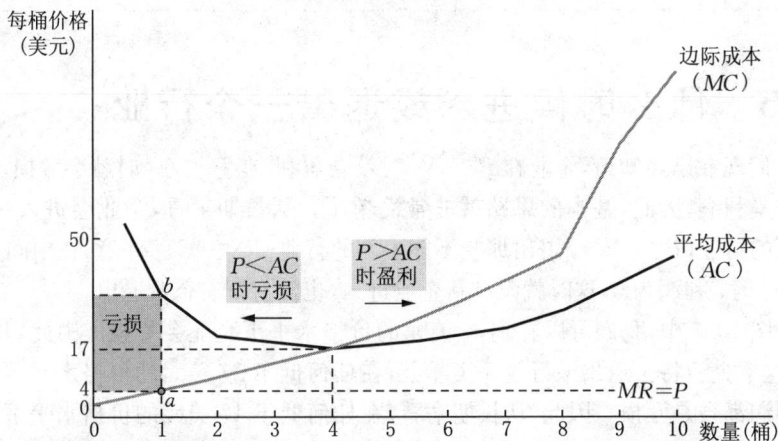

在价格等于 4 美元时,同往常一样,企业通过选择 $P = MC$ 的产量水平能使得利润最大。在 4 美元的价格下,利润最大化的产出是 1 桶,但是,即使企业已经使得利润最大化,由于 $P < AC$,最大的利润仍然是亏损。注意,在任何低于 17 美元($P = AC$)的价格水平下,企业都会亏损。

图 10.7 最大化的利润可能是亏损

能使企业盈利(而不是亏损)的每桶石油的最低价格是多少呢?只有当价格水平不低于平均成本,企业才会不亏损。看看图 10.6 中的最后一列,我们会发现,在任何低于 17 美元的价格水平下,企业都会亏损。记住,利润等于 $(P-AC) \times Q$。因此——假设企业是利润最大化的,因而在所有的时候都有 $P = MC$ ——当 $P > AC$ 时企业会盈利;当 $P < AC$ 时企业会亏损。AC 曲线的最低点是在 17 美元处,因此,任何低于 17 美元的价格都会使得企业亏损。

有一个更具有技术性的问题需要提起注意。再看一看图 10.7 就会发现,边际成本曲线同平均成本曲线在平均成本曲线的最低点处相交。这不是一个偶然的现象,它是数学上的一个必然结果。我们不打算去深究这一结果的细节,不过,假设你在一门课上的平均成绩是 75 分,而且在下一次测验中,也就是边际测验中,你获得了低于你平均水平的成绩,60 分。现在你的平均成绩会出现什么变化呢?平均成绩会下降!因此,无论什么时候,只要你的边际成绩低于平均成绩,你的平均成绩就会下降。现在假设你的平均成绩是 75 分,且在下一次的测验中,即边际测验中,你获得了超过你平均水平的成绩,80 分。你的平均成绩会出现什么情况呢?它会上升!因此,无论什么时候,只要你的边际成绩高于你现在的平均成绩,你的平均成绩就会上升。对于你的平均成绩和边际成绩正确的事情,对于平均成本和边际成本也同样正确。因此,请想一想,在平均成本和边际成本相交的点会是什么情形。边际成本在平均成本之下,平均成本就会下降;边际成本在平均成本之上,平均成本就会上升。AC 和 MC 在 AC 曲线的最低点相交。

现在转向我们的第三个问题,什么时候企业会进入或退出这个行业。

自我测验

1. 利用平均成本来定义完全竞争企业的利润。
2. 利用平均成本的概念,描述所有能使企业盈利的价格和所有会使得企业亏损的价格。

10.5   什么时候进入或退出一个行业

我们现在已经知道,企业在 $P > AC$ 时就会盈利,在 $P < AC$ 时就会亏损。企业追求的是利润,因此,基本的思路就非常简单了。从长期来看,企业会进入一个可以盈利的行业($P > AC$),退出那些不能盈利的行业($P < AC$)。注意,在中间点,当 $P = AC$ 时,利润为 0,这时就没有新企业进入,也没有现有企业退出。

在图 10.7 中,我们可以看到,4 美元的价格水平下企业会亏损。因此,从长期来看,这个企业将会退出该行业。实际上,在任何低于 17 美元的价格水平下,最大化的利润都会是亏损。因此,从长期来看,在任何低于 17 美元的价格水平下,这个企业都会退出该行业。在任何高于 17 美元的价格水平下,企业都会盈利,从而会进入该行业。

只有当 $P = AC$ 时,在这个案例中也就是当 $P = 17$ 美元时,企业会获得零利润,这时将不再有进入或退出该行业的激励。学生们经常会感到困惑,既然利润为 0,企业为什么还留在这个行业中呢?问题出在经济学所用的语言上。经济学所说的**零利润**(zero profits)是指大家日常生活中所说的正常利润。注意,平均成本包括工资和资本的利息,因此,即使企业获得的是"零利润",劳动和资本也已经被支付

零利润或者正常利润指的是 $P = AC$ 的情况。此时企业的收益正好等于其成本,这里的成本还包括了劳动力和资本正常的机会成本。

了它们在其他任何行业所能获得的报酬,即它们的机会成本。所以,当我们说一个企业获得零利润时,我们指的是产出的价格刚好可以支付该行业中劳动和资本的正常报酬。

企业会退出亏损的行业,进入盈利的行业,这一见解具有更重要的含义。资源从低利润的行业向高利润的行业转移,这增加了产出的价值。从长期来看,这种资源的转移以一种最大化产出总价值的方式平衡着各个行业。这一不同行业间的平衡以及产出总价值最大化的性质,是市场这一看不见的手的第二个性质,关于这一性质我们稍后再详细讨论。不过,在转向看不见的手的第二个性质之前,我们想从企业家的角度出发,来更详细研究一下企业进入和退出某个行业的决策。

10.6　不确定情况下的进入和退出以及沉没成本

我们以上给出的进入和退出规则对于理解经济学原理是非常有用的,但是,有一些企业在现实世界中必须考虑的重要因素也被我们忽略。我们上面说过,如果 $P < AC$,企业在长期就会退出该行业,但是,短期内会怎么样呢?如果 P 暂时性地低于 AC,企业会立即关闭吗?不一定。我们来解释一下为什么。

如果价格暂时性低于平均成本,企业不一定会立即关闭,这主要有以下两个原因。首先,关闭企业不能马上就消除所有的成本。例如,考虑一家位于鳕鱼海岛上的旅馆。在夏天的几个月里,这儿会有很多游客,因而旅馆会盈利。但是,在冬天的月份里,这儿的游客非常少,旅馆的收入不足以弥补它的所有成本。旅馆在冬天应该停业吗?不一定。如果这家旅馆在冬天停业,它可以减少它的变动成本——例如,这家旅馆不必再支付服务员和清洁工的工资。但是,这个旅馆仍然必须支付它的固定成本,这部分成本是不会随着产出而变化的,如土地的租金、企业在建造这个旅馆所借贷款的利息。如果冬天的收入足以支付这个旅馆的变动成本——服务员和清洁工的工资——和一部分固定成本,这个旅馆继续营业就会比停业损失更小。因此,即使它在冬季仍然是亏损的,继续营业对旅馆是仍然有利的。表 10.1 给出了一个小小的说明。注意,如果这个旅馆在冬天停业,它的变动成本为 0,但它的收入也是 0;如果这个旅馆在冬天继续营业,旅馆可以收回它的变动成本和部分固定成本,因此,可以减少它在冬天的亏损。

表 10.1　如果企业能够收回它的变动成本,短期内它会进行营业

决　策	固定成本	变动成本	冬季的收入	利润
关　闭	100	0	0	−100
营　业	100	50	75	−75

在 $P < AC$ 的情况下,企业不会立即关闭的第二个原因在于,关闭企业本身可能是需要成本的。例如,想象一下,你必须为解雇的工人支付解雇费,假设当你雇用新的工人时,你还必须得花费资源来培训他们。如果你在困难的时候继续保留这些员工,你可以避免这些解雇成本和雇用成本。因此,如果你希望你的企业能够在未来盈利,那么,在现在即使亏损的时候也仍保留这些员工,在某些时候这可能是一种非常明智的选择。

沉没成本是指一旦
支付就无法收回的
成本。

基于相同的理由,在 $P > AC$ 的时候就立即进入某一行业,这也不一定是合理的。我们继续用石油企业这个例子来进行说明。我前面说过,如果石油的价格上升到 17 美元以上,企业会进入这一行业(由于在这一点上 $P > AC$),进入这一行业就意味着要钻油井。钻一个油井的成本是**沉没成本**(sunk costs)(照字面的意思理解!),这意味着一旦支付了这些成本,它将永远不可能被恢复。如果石油的价格上升到,比方说,18 美元,但马上就又下降到 17 美元以下,这个石油企业就不可能赚得足够的钱来弥补它的沉没成本。因此,要想进入该行业能够盈利,价格就必须保持在 17 美元以上。企业也就必须预期价格能够在足够长的时间内都保持在 17 美元以上,这样它才能收回它的沉没成本。

我们总结一下以上的思想。如果一个企业能够迅速地无成本地进入和退出某个行业,那么,我们简单的规则,$P > AC$ 时进入,$P < AC$ 时退出,就是完全正确的。但是,如果进入和退出需要成本,而且未来的价格具有不确定性,那么企业就必须估计它们的决策对企业终生预期利润的影响。这不是很容易计算的。在墨西哥湾钻一个油井需要花费埃克森公司数千万美元。这样一个油井是否能够盈利也许依赖于石油在未来 20 年间的价格。由于石油的价格不稳定,在埃克森公司"沉没掉"它的钱之前,价格也许必须上升到非常高的水平。

总之,无论什么时候,只要存在不确定性以及进入或退出某一行业的沉没成本,做出最好的进入或退出决策就要求对未来的价格进行预测,因此,做出正确的决策是不容易的。

自我测验

假设在墨西哥海湾钻一口油井需要花费 1 亿美元。当石油价格位于每桶 60 美元或以上时,这口油井能够盈利。石油的价格达到了每桶 65 美元,现在是开始钻油井的时候吗? 为什么?

10.7   看不见的手性质二:产业平衡

利润鼓励企业进入,但是,当企业进入某一行业之后,价格和利润会出现什么情况呢? 当企业进入后,供给增加,价格下降,这会减少利润。亏损促使企业退出,当企业退出某一行业后,价格和利润会出现什么变化呢? 当企业退出后,供给减少,价格上升,这会增加利润(减少亏损)。

这些动态过程描述了完全竞争市场的一般性特征,这一特征我们称为**消除性**

消除性原理指的是
高于正常水平的利
润会被企业的进入
消除,低于正常水平
的利润会被企业的
退出消除。

原理(elimination principle):高于正常水平的利润会被企业的进入消除,低于正常水平的利润会被企业的退出消除。

之前我们曾说过,在自由市场中有 $P = MC_1 = MC_2 = \cdots = MC_N$,因此,总生产成本被最小化。但是,我们可能已经使得玉米的总生产成本最小化了,可生产的玉米仍然可能太多或者太少。知道我们是否以最小的成本生产了 2 000 万或者 2 亿蒲式耳玉米,这当然是好事。但是,到底生产多少蒲式耳玉米是一个合适的数量呢? 这是本章——进入和退出决策——所要讨论的第三个关键问题,这个问题确保了生产的玉米正好是合适的数量。

考虑两个行业:汽车行业和电脑行业。两个行业都需要利用劳动和资本来进行生产。然而,劳动和资本都是有限的。回忆一下第 5 章,经济大问题就是安排有限的资源来尽可能地满足人们无限多的需求。那么,如何把有限的资本和劳动在电脑行业和汽车行业之间进行分配,以尽可能地满足人们的多样需求?

电脑行业的利润等于总收入减去总成本。总收入衡量了电脑行业的产出——电脑的价值。总成本衡量了电脑行业投入要素——资本和劳动的价值。因此,高利润意味着正在利用低价值的投入要素创造高价值的产出。利润是一种信号,它体现了有限的劳动和资本正在非常有效地被用以满足需求。

现在假设电脑行业的利润比汽车行业要高——那么,同样多的资本和劳动等要素投入,它们在电脑行业中所创造的产出价值比在汽车行业中更多。因此,我们更希望劳动和资本从汽车行业流向电脑行业。或者换句话说,为了更有效地利用资源,我们希望资源流向具有最高价值的用途。

幸运的是,企业家有强烈的动机把资源转移到最高价值的用途上。企业家必须为资本和劳动支付它们的机会成本,即一个正常利润行业中资本和劳动所能获得的报酬。由此可见,那些从低价值的汽车行业中雇用资本和劳动,来生产高价值的电脑的企业家,其实是在低价买进(要素)高价卖出(产出),同时在这一过程中获取差额——利润。所以,通过把资源从低价值的行业转移到高价值的行业,企业家就可以获得利润。在这个过程中,产出的总价值也在增加。

变化总是存在的,因而盈利的行业和亏损的行业总是不断地出现。由此,我们从来都不能完全解决经济大问题。但是,消除性原理意味着在一个动态的经济中,资源总是朝着能够增加总产出的价值的方向转移。在一个动态经济体中,企业家听取价格的信号,然后他们把资本和劳动从亏损行业转移到盈利行业。看不见的手性质一表明,对自我利益的追求是如何最小化生产总成本的。**看不见的手性质二**则表明,追求自我利益的企业家在追求利润的过程中,如何以一种能够最大化生产总价值的方式,来平衡不同行业间的生产。

看不见的手性质二 是指,企业进入或退出某一行业的决策不但会促使利润和亏损的消除,还能够通过劳动力与资本在行业间的流动,最优化地平衡生产,确保有限的资源得到最有效的利用。

创造性毁灭

消除性原理表明,高于正常利润的情况总是暂时性的。好的想法总是会被其他人采用,这些想法总是会在整个经济中传播并成为一种常识。由于没有人能从常识中获得利润,为了获得比正常水平更高的利润,企业家就必须创新。

经济学家约瑟夫·熊彼特(Joseph Schumpeter)对这一点曾做过生动的描述。他曾经在教科书中说,竞争就是促使价格回归到平均水平。

> (但是)在资本主义现实中,同教科书上所描述的图景完全不同,不是那种能够计算的竞争,而是那些来自新产品、新技术、新供给的资源与新型组织等方面的竞争,这种竞争控制了决定性的成本或者质量优势,它摧毁的不是现存企业的产出和利润,而是这些企业的根基和生命力……这种创造性毁灭的过程是资本主义的本质特征。[2]

所以,消除性原理对企业家既是一种警示,又是一种机会。停止不前就会落后。向前突进就可能会获得利润。

自我测验

1. 在第 5 章，你已经看到价格是一种信号体系。在完全竞争市场，利润是如何成为一种信号的？

2. 在一个完全竞争市场，一个不能控制价格的企业是如何获取利润的？

10.8   行业供给曲线的推导

现在，我们已经分析了完全竞争企业的 MC 曲线以及它们进入和退出某个行业的决策，我们可以把这些分析放在一起，以便推导出整个行业的供给曲线，也就是你们从第 2 章开始一直在使用的供给曲线。供给曲线可能是向上倾斜的，也可能是水平的，在一些比较少见的情况下，甚至可能是向下倾斜的。我们将表明，通过考察成本如何随着行业产出的增加或减少而变化，可以解释供给曲线的倾斜状况。

成本递增行业中，单位产品的成本随着产出的增加而增加，表现为一条向上倾斜的供给曲线。

成本不变行业中，单位产品的成本不随产出的变化而变化，表现为一条水平的供给曲线。

成本递减行业中，单位产品的成本随产出的增加而下降，表现为一条向下倾斜的供给曲线。

在一个**成本递增行业**（increasing cost industry），单位产品的成本随着行业产出的增加而上升，这会产生一条向上倾斜的供给曲线。在一个**成本不变行业**（constant cost industry），单位产品的成本不随着产出的变化而改变，这时的行业供给曲线是一条水平的供给曲线。在一个**成本递减行业**（decreasing cost industry），单位产品的成本随着产出的增加而下降，这时会产生一条向下倾斜的供给曲线。成本递减行业较罕见。三种行业对应的三种供给曲线参见图 10.8：

一条向上倾斜的曲线意味着成本随着产出增加而上升，即一个成本递增的行业。一条水平的倾斜表示成本不会随着产出而变化，即成本不变行业。一条向下倾斜的曲线意味着成本随着产出增加而下降，即成本递减行业。

图 10.8   递增、不变和递减成本行业

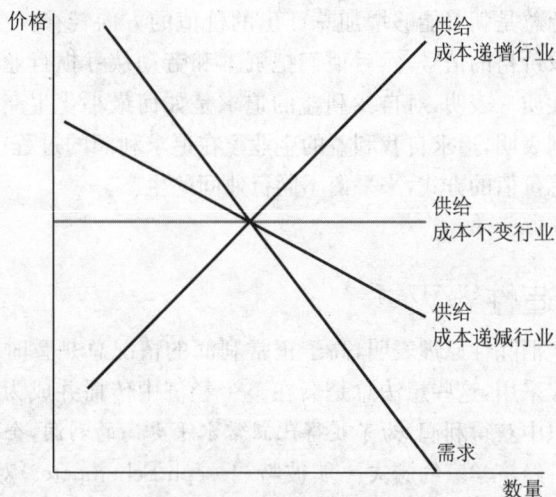

下面我们从成本不变行业开始介绍，它在概念上最简单。

10.8.1   成本不变行业

考虑一个域名注册服务行业。互联网上的所有网页都有一个标准的名称，叫做域名，如 eBay.com、MarginalRevolution.com，或者如本书的网页，它的域名为 SeeTheInvisibleHand.com。不过，这个常用的名字只是另一组比较难记的数字的面具，那一组难记的数字被称为 IP（互联网协议）地址。当你在浏览器上输入 www.

SeeTheInvisibleHand.com,浏览器就会向域名系统（Domain Name System,简称DNS)输送一条信息,DNS系统就会进行查找,并把它转换为其对应的IP地址,本例子中的IP地址是208.64.177.102。IP地址告诉你的浏览器,到哪里可以找到www.SeeTheInvisibleHand.com上的信息。所以,为了能够运转,每个域名都必须在DNS系统内进行注册,并被分配一个IP地址。域名注册服务商就是那些管理和注册域名的企业。

域名注册服务行业有两个重要的特征。首先,域名注册服务行业满足所有完全竞争行业的条件。

● 不同卖者销售的产品完全相似;
● 存在很多卖者和买者,其中的每一个相对于整个市场都非常小;
● 有很多潜在的卖者。

就用户而言,用 GoDaddy.com 注册同用 GetRealNames.com 注册之间的差别非常小,因此,不同卖者之间的产品非常相似。存在大量的卖者和买者。单单在美国就有成百上千家注册服务商。实际上,GoDaddy.com 是建在美国的,而 GetReal-Names.com 是建在印度的。所以,域名注册服务是世界范围内的自由贸易。此外,不仅在这个行业存在众多的竞争者,而且这个世界的任何人,只要它投资几千美元,都可以成为一个合格的注册服务商。所以,潜在的竞争者也是非常之多。

域名注册服务行业的第二个重要特征是,这个行业最主要的投入就是一个电脑库。但是,全世界所有域名注册服务行业的电脑加起来,同全世界的电脑供给相比,也只是微不足道。所以,域名注册行业可以在不造成其主要投入要素价格上涨的情况下进行扩张。也就是说,该行业可以在不提高它的成本的情况下扩大规模。一个可以在不改变其要素价格的情况下进行扩张和收缩的行业被称为成本不变行业。

这两个特征,自由进入和行业要素需求只是其主要投入要素需求的很小一部分,产生了以下一些性质:(1)域名注册的价格会迅速地回归到管理和分配域名的平均成本水平上,因而利润会迅速地回归到正常水平(消除性原理);(2)因为当行业扩张或者收缩时,平均成本不会变化,域名注册的价格也不会变化太大。因此,长期供给曲线是非常富有弹性的(水平的)。

我们来依次考察这些特征。最大的域名注册商之一是 GoDaddy.com,它对注册一个域名每年的收费是 6.99 美元。如果它把价格提高到每年 14.95 美元会怎么样呢? GoDaddy 将会迅速失去它的大部分生意。新的顾客会选择其他的厂商,而且,由于域名隔不了几年就要更新一次,老的顾客不久也会流失。由于竞争的结果,GoDaddy 和该行业的所有其他企业都会把它们服务的价格定在平均成本附近,从而获得零利润,或者说获得正常利润。

现在考虑一下,如果对域名的需求增加,情况会怎么样。在 2005 年,大约有6 000 万个域名。仅仅一年之后,域名数超过 1 亿个。如果石油的需求翻倍,石油的价格将会显著上升。但是,尽管域名的数量在规模上几乎增加了一倍,注册一个域名的价格却没有变化。当一个成本不变行业受到需求增加的冲击时,在短期内像所有行业一样,其价格会沿着它的 MC 曲线移动。但是,原有企业的扩张和新企业的进入会迅速压低价格,促使它回归到平均成本上。

图 10.9 显示了一个成本不变行业如何对其需求的增加做出反应。这幅图看起来有些复杂,不过只要我们一步一步地来,故事的逻辑就会逐渐清晰。在最上面的

两个图中，我们给出了初始均衡的情况。在最上面的左图中，我们描绘了行业情况。市场价格是 P_{lr}，在域名注册的例子中它等于 6.99 美元，市场数量是 Q_1，需求数量正好等于供给数量，因而行业位于均衡状态。在右图中，我们给出了该行业中的一个普通企业。由于 $P = MC$，该企业是利润最大化的。又由于 $P = AC$，该企业获得零利润或者说正常利润。注意，行业的产出是 Q_1，但是企业的产出是 q_1，这表明该行业中每个企业的产出水平只占行业总产出水平的很小一部分。

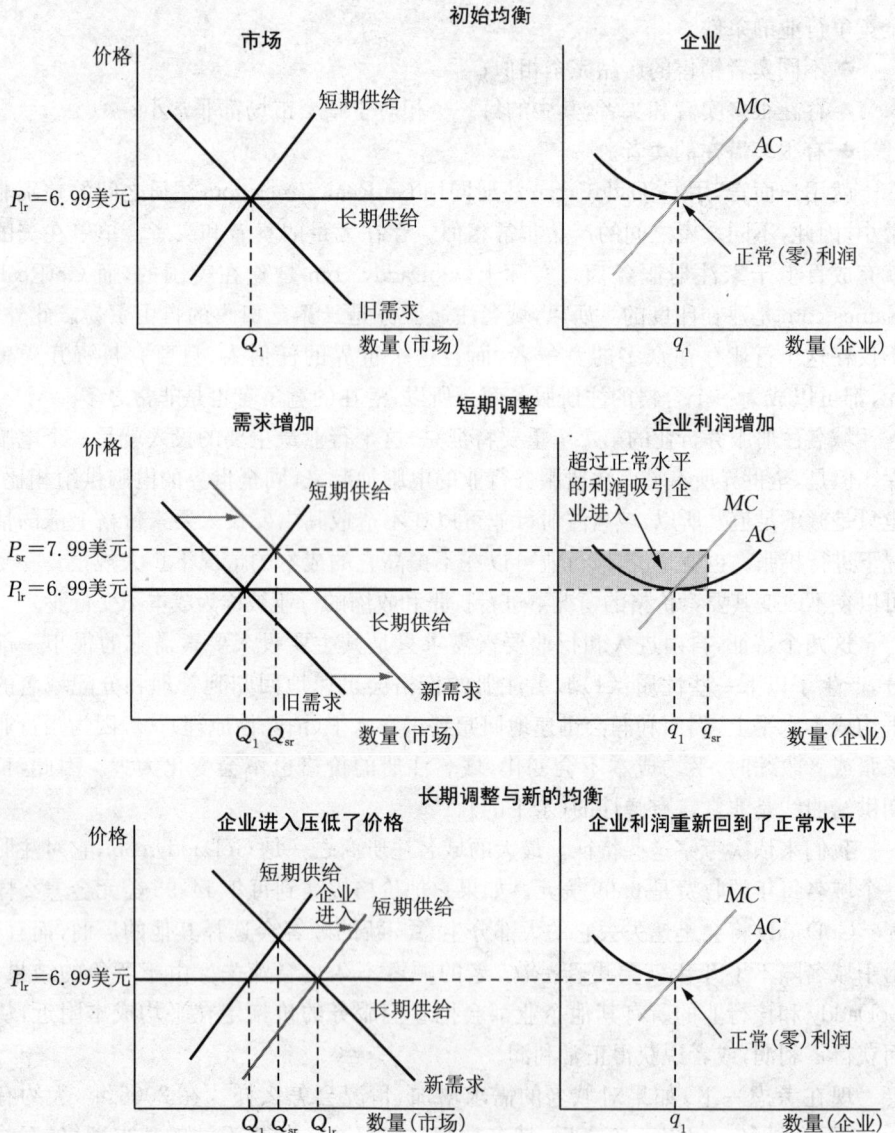

最上面的图形给出了行业和企业的初始均衡状况。域名注册行业的市场价格是 6.99 美元，每个企业都获得正常利润。中间的两幅图中，域名注册的需求增加，这促使价格上升到 7.99 美元。在短期内，行业中的每个企业都会沿着 MC 曲线扩大规模，因此市场数量增加到 Q_{sr}。每个企业都获得超过正常水平的利润。在最下面的图形中，高于正常水平的利润吸引了进入者。当更多的企业进入该行业，短期供给曲线向右移，它会促使价格下降。企业继续进入，价格继续下降，这一过程直到价格回归到 6.99 美元为止。在这一价格水平上，由于 $P = AC$，所有的企业再次获得正常利润（零利润）。

图 10.9 成本不变行业如何随着需求的增加进行调整

在中间那两幅图的左图中,我们描述了需求增加的情况,它使得老的需求曲线移到了新的需求曲线。在短期内,需求的增加把价格提高到 P_{sr},即 7.99 美元,这是新的需求曲线同短期供给曲线相交的位置。行业数量增加到 Q_{sr}。增加的数量从哪里来呢? 它来自该行业的众多企业。因为通过沿着 MC 曲线来增加产出,每个企业都会生产更多一些。在中间的右图中,我们显示出,该行业中一个普通的企业把产量扩张到了 q_{sr},由于价格在平均成本之上,该企业会获得利润,利润的大小如图中阴影部分的面积 $(P - AC) \times q_{sr}$ 所示。

在分析最下面的两幅图之前,我们需要澄清几点。我们所说的**短期**(short run)是指什么呢? 简单地说,短期就是指新企业进入之前的那段时间。在中间的图形中,我们给出的是对需求增加的第一个反应,即当价格上升后,该行业中每个企业的反应都是沿着边际成本曲线来提高产量。(实际上,简单地讲,短期供给曲线就是该行业中所有企业的 MC 曲线的加总。)

价格的提高使得该行业中每个企业都产生了高于正常水平的利润。在**长期**(long run)内,高于正常水平的利润会吸引新的投资和进入者。新企业的进入是对需求增加的第二个反应。在某些行业,像域名注册服务行业,新企业的进入可能需要几个月甚至几周的时间,而在另一些行业,在一个新企业能够正式进入之前可能需要几年时间。

如果出现了新企业的进入,短期供给曲线向右移动。由此,价格下降,利润减少,如图 10.9 中最下面的左图所示。只有当该行业的利润回到正常水平,新企业才会停止进入。因此,新企业的进入会一直持续,直到促使价格下降到等于 AC 为止(消除性原理)。当该行业扩张时,由于行业的投入要素价格不会变化,该行业中每个企业的 AC 曲线也不会变化。因此,在新的均衡状态下,均衡价格再次等于 P_{lr},即 6.99 美元。注意,正如图 10.9 最下面的右图所示,虽然普通的企业生产 q_1 的产出,同需求增加之前的产量一样,但由于该行业有了更多的企业,所以,该行业的总产量增加到 Q_{lr}。

因此,对于成本不变行业,关键点在于,相对于要素市场而言,该行业的要素需求非常小。因此,当该行业扩张时,它没有促使其要素价格上升,从而行业成本没有增加。

短期是指新企业进入之前的那段时间。

长期是指其长度足以吸引新的投资和新的进入者的一段时间。

10.8.2 成本递增行业

在一个成本递增行业,单位产品的成本会随着行业产出的增加而提高。石油行业是一个成本递增的行业,因为更大数量的石油只能使用更高成本的方法来生产,如钻井更深、在从没有钻井的地方钻井,或者从沥青砂中提炼石油。

为了进行说明,我们集中关注只有两个企业的情形。企业 1 是我们早期考查过的企业。它的石油位于地表附近,因而其平均成本很低,当石油价格上升到 17 美元时,它就会进入该行业。但是,企业 2 的石油比企业 1 要深得多,因而企业 2 钻井所花的固定成本更高,它的平均成本曲线比企业 1 要高很多。所以,只有当石油的价格达到 29 美元时,企业 2 才会进入该行业。我们现在可以画出行业的供给曲线。

在任何低于 17 美元的价格下,供给数量是多少呢? 零。在任何低于 17 美元的价格下,利润都是负数。因此,没有企业进入该行业,行业供给曲线将显示出零的供给量,如图 10.10 中右图所示。当石油价格水平达到 17 美元时,企业 1 进入该行业,其利润最大化的产量是 4 桶石油。因此,行业供给曲线在 17 美元的价格水平上跳到了 4 桶。当价格继续上升时,企业会沿着它的 MC 曲线扩大规模,行业供给也同样扩大。当价格达到 29 美元时,企业 2 进入该行业,其利润最大化的产量是 5 桶石油。为了得到行业供给数量,我们把该行业每个企业的供给量进行加总。在 29 美元的价格水平上,企业 1 供给了 6 桶石油,企业 2 供给了 5 桶石油,因此,行业供给量为 11 桶石油。如果价格再进一步上升,两个企业都会沿着它们各自的 MC 曲线来扩大产量。同样,在任何价格水平上,行业的供给量都可以通过对该价格水平下各个企业的供给量进行加总而得到。例如,在 50 美元的价格水平下,企业 1 生产了 8 桶石油,企业 2 生产了 7 桶石油。所以,在 50 美元的价格水平下,行业供给是 15 桶石油。

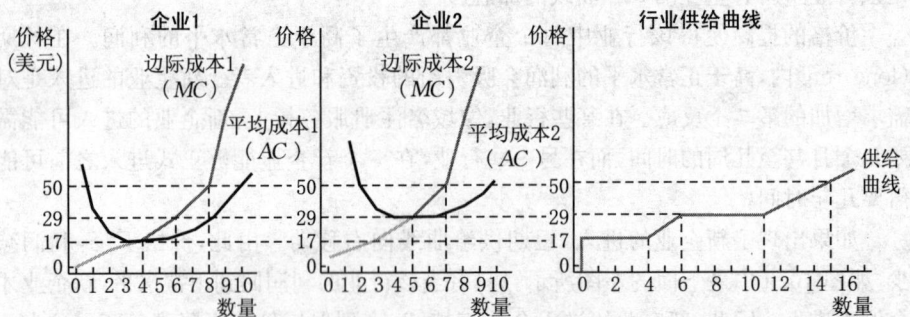

在任何低于 17 美元的价格水平下,企业 1 和企业 2 的利润都是负数,因此,行业供给量为 0。在 17 美元的价格水平下,企业 1 进入该行业,其利润最大化的产量是 4 桶,因此,行业产出跳到 4 桶。当价格继续上升,企业 1 沿着它的 MC 曲线扩张。在 29 美元的价格水平下,企业 2 进入该行业,其利润最大化的产量是 5 桶,因此行业总产量是 11 桶(企业 1 的 6 桶加上企业 2 的 5 桶)。如果价格继续上升,两个企业都会沿着它们的边际成本曲线扩张。在任何价格水平下,行业总产量都是各个企业产量的加总。当价格为 50 美元时,企业 1 的产量是多少? 企业 2 的产量是多少? 行业总产量又是多少?

图 10.10　把该行业中各个企业的供给数量进行加总,可以得到行业供给数量

我们以上对供给曲线的解释,只不过是第 2 章的一个更详细版本。在一个很低的价格水平下,唯一能够获利的石油来自像沙特阿拉伯这样的地方,它能够以很低成本开采的石油。如果石油价格上升,来自于北海和加拿大 Athabasca 沥青砂矿区中的石油,以及其他高成本的石油都变得有利润可得。第 2 章的分析主要集中在,一个更高的价格是如何吸引更高成本的生产者进入的。这一章在这个进入者的故事中增加了以下思想,即价格提高时,每个企业都会沿着它的边际成本曲线来扩大产量。

更一般地说,任何一个行业,如果其购买的要素是某个成本递增行业产出的很大一部分,那么,这个行业也会是一个成本递增行业。例如,汽油行业是一个成本递增行业,因为汽油需求的增加会促使石油的价格上涨,这反过来又促使汽油的价格上涨。电力行业是一个成本递增行业,因为对电的需求增加会要求有更多的煤炭,而且同石油一样的原因,煤炭也是一个成本递增行业。

消除性原理在成本递增行业发挥作用的方式同在成本不变行业中稍微有所不同。在一个成本不变行业,消除性原理意味着平均水平以上的利润在所有的企业中都会消失,因为所有的企业都具有相同的平均成本。但是,在这个具有两个石油

企业的例子中,企业1比企业2具有更低的平均成本,因为企业1获得了一种不可复制的要素,即土地以及土地下面的石油层。企业1的土地使得它能够以更低的平均成本生产石油,因此,它的利润不能被新进入者消除。但是,当价格提高时,新的企业一直会进入,直到边际企业获得零利润(正常利润)。因此,就像以前一样,看不见的手之性质二仍然成立:当劳动和资本从没有利润的行业转向有利润的行业时,有限的资源获得了最大的利用价值。

10.8.3　特例:成本递减行业

在一个成本不变行业,当行业扩大规模时,企业单位产品的成本保持不变,因此,长期的供给曲线是水平的。在一个成本递增行业,企业单位产品的成本会随着行业的扩张而上升,因此,供给曲线向上倾斜。当行业规模扩大,如果企业单位产品的成本下降,那么,这会使得成本递减行业产生一条向下倾斜的供给曲线吗? 会的。为了理解为什么会,我们必须问一个问题:为什么美国佐治亚州的 Dalton 市会成为"世界地毯之都"?

美国每年生产的地毯价值有 120 亿美元,令人惊叹的是,其中的 72% 都是由 Dalton 及其周边地区生产的。Dalton 境内有 150 个地毯厂,数百个设备生产厂、棉纺织厂、印染厂以及其他相关产业。为什么是在 Dalton 呢? Dalton 不像沙特阿拉伯:它没有生产地毯的显著自然优势。那么,为什么 Dalton 会成为世界地毯之都呢? 答案只不过是,一次偶然性的历史事件所产生的良性循环。

Dalton 的地毯工业开始于 1895 年,当时一个十几岁的姑娘为她哥哥的婚礼制作了一张特别漂亮的床单。参加婚礼的客人们看见这条床单后,就要求她再多做一些。为了满足这些人的需要,那位姑娘雇用了一些工人,并训练这些工人学会了她所发明的技术。随着需求进一步扩大,这些工人以及其他人就开始自己经营企业,并由此开创了一个床单产业。制造床单所需的技术对于制作地毯也是非常有用的,因此,地毯企业开始迁到了 Dalton。随着越来越多的企业搬到 Dalton,开办职业学校来培训地毯制作技术就成为一件有利可图的事情。反过来,这些职业学校又使得搬到 Dalton 的地毯企业更具有成本优势。同理,为了离他们的顾客更近,设备生产厂、棉纺织厂和印染厂也都搬到了 Dalton,而更接近于设备生产厂、棉纺织厂和印染厂从而更容易获得配套设备,又使得地毯企业在 Dalton 制作地毯的成本更低。这种良性循环的结果使得 Dalton 成为美国生产地毯最便宜的地方——不是因为 Dalton 拥有自然优势,而是因为它是制作地毯最便宜的地方,因为这里有很多的地毯制造商。

成本递减行业是非常重要的,但也是非常特殊的,因为成本不可能永远递减下去。Dalton 在很多年以前就成为了美国生产地毯最便宜的地方,这在短时间之内恐怕难以改变。但是,如果今天对地毯的需求增加,Dalton 生产地毯的成本也不会再进一步下降了。如果当地该产业的规模从 1 家扩张到 100 家,Dalton 制作地毯的成本会下降,但是,如果该产业从 100 家扩张到 200 家,它们的成本几乎不会再下降了。

经济学家利用成本递减行业的概念来解释产业集聚的历史:不仅是佐治亚州 Dalton 的地毯,而且还包括硅谷的计算机技术、好莱坞的电影产业、荷兰 Aalsmeer 的花卉展。但是,一旦这种产业群被建立起来之后,成本不变或者递增又成为一种常态了。例如,如果今天对地毯的需要继续增加,地毯的价格就会上升,而不是下降。

总之,行业供给曲线一般都是向上倾斜的,但是,在一定范围内,如果行业规模相对于其投入要素行业的产出规模来说非常小,它们也可能是水平的。行业供给曲线甚至还可能是向下倾斜的,不过,这种情况不常见,而是即使有也是临时性的,尽管成本递减行业这一概念对于解释产业群的存在非常重要。

自我测验

1. 汽车制造业是成本不变、递增还是递减行业? 为什么?
2. 美国大部分的电影都是由哪里生产的? 你认为电影产业为什么会集中在如此小的一个地区?

○ 本章小结

我们已经回答了本章开始时所提出的三个问题。如何定价? 答案:处于完全竞争行业中的企业按照市场价格水平定价。生产多少产量? 答案:为了利润最大化,一个完全竞争的企业应该在 $P = MC$ 的产量水平生产。何时进入或退出某个行业? 答案:在长期,企业应该在 $P > AC$ 时进入,在 $P < AC$ 时退出。

一个完全竞争的行业就是这样一个行业,在这个行业中,存在很多买者和卖者,不同卖者出售的产品非常相似,每个买者和卖者相对于整个市场的份额都非常小,或者存在很多潜在的卖者。

我们已经表明,利润最大化以及进入和退出的决策如何决定了供给曲线的形状。在一个成本递增行业,当更多企业进入时,成本会上升,因而行业供给曲线向上倾斜。在一个成本不变行业,当企业进入时,成本仍然保持不变,因而长期供给曲线是水平的。在少数成本递减行业,成本随着新企业的进入而下降,因而供给曲线是向下倾斜的。

消除性原理告诉我们,超出正常水平的利润会因为新企业的进入而消失,低于正常水平的利润也会由于企业的退出而消除。也许更重要的是,消除性原理告诉你们,要想获得超出正常水平的利润,就必须不断地进行创新。

我们已经讲了两条看不见的手的性质。看不见的手性质一是说,即使市场上没有任何参与者想要这样做,但是,在一个自由市场中,$P = MC_1 = MC_2 = \cdots = MC_N$,因此,生产的总成本最小。看不见的手性质二是说,进入和退出的决策不仅能够消除利润和亏损,它们也确保了劳动和资本为了优化平衡生产而在不同行业间进行移动,从而使得我们有限的资源获得了最大价值的使用。

○ 本章复习

关键概念

总收益

总成本
固定成本
变动成本

边际收益

看不见的手性质一

平均成本

零利润

沉没成本

消除性原理

看不见的手性质二

成本递增行业

成本递减行业

成本不变行业

短期

长期

事实和工具

1. 你已经被一个完全竞争行业中的 4 家不同企业雇用为经营顾问。它们每一家都希望知道，为了获得最大利润，它们是应该多生产一些还是应该少生产一些。这些企业都具有典型的边际成本曲线：企业生产越多，边际成本越高。

你的员工经过辛苦的工作后，已经为你计算出了各家企业在不同产出下的价格水平，以及在现有产量水平上再多生产一单位产出的边际成本。但是，他们忘记了收集各家企业当前实际生产的产量数据。幸运的是，这并不重要。在你的最终报告中，你只需要决定哪家企业需要增加产量，哪家企业应该减少产量，而哪家企业的产量刚好合适：

a. WaffleCo 是一家无牌冰冻蛋奶饼生产商。其产品的价格是每盒 4 美元，边际成本是每盒 2 美元。

b. Rio Blanco 是一家制铜企业。其产品的价格是每盎司 32 美元，边际成本是每盎司 45 美元。

c. GoDaddy.com 是一家域名注册公司。其产品的价格是每注册一个网址 5 美元，边际成本是每个网址 2 美元。

d. Luke's Lawn Service 是一家草坪服务公司。它收取的价格是每个月 80 美元，边际成本是每个月 120 美元。

2. 在一个完全竞争的电动机行业，Galt 公司的工人正在威胁罢工。为了避免罢工，Galt 公司同意提高工人的工资。该行业其他所有工厂的工资仍然保持不变。

a. 这一举动对 Galt 公司的边际成本曲线有什么影响？边际成本曲线是提高、降低还是保持不变？把你的答案画在下图中。

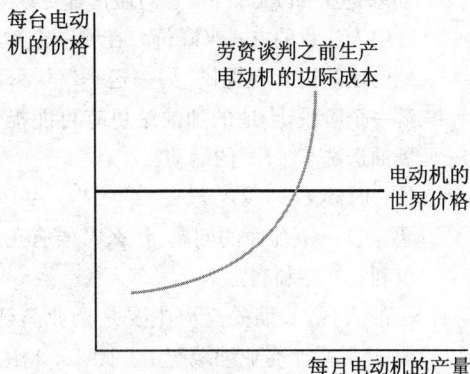

b. Galt 公司生产的电动机的数量会出现什么变化？在上图中的横轴上标识出"之前"的产出水平和"之后"的产出水平。

c. 在这个完全竞争的市场中，Galt 公司这份新的劳动协议对电动机的价格有什么影响？

d. 可以肯定，由于它支付了更高的工资，现在会有更多的工人想来 Galt 公司工作。在签订新的劳工协议之后，实际在 Galt 公司工作的工人会更多吗？为什么？

3. 在图 10.9 中，你已经看到，成本不变行业中需求上升时在长期会出现什么情况。我们现在来看看在这样一个行业中，如果需求下降，会出现什么情况：例如，考虑一个小城市中最大的纺织厂倒闭后的汽油市场或者比萨饼市场。在下图中，标识出三个不同时期内的产出数量和价格水平：

I. 需求下降之前的长期；

II. 需求下降之后的短期；

III. 需求下降之后的长期。

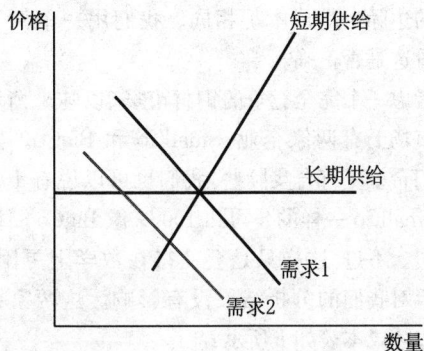

同时,关于市场会如何对这一需求下降做出反应,请回答以下的问题:

a. 什么情况下生产的边际成本最低:第 I 阶段、第 II 阶段还是第 III 阶段?

b. 如果企业要降低价格,它们通常都是以一种非常引人注目的方式来降价。在哪一个阶段,当地的比萨饼店会提供"买一送一"的活动。在哪一个阶段,当地的加油站更有可能提供"加满油送洗车一次"的活动?

c. 什么时候 $P > AC$?$P < AC$?$P = AC$?

d. 再重复一下前面的问题:什么时候有正利润?负利润?零利润?

e. 一般来说,长期的反应主要是企业离开该行业,还是单个企业缩减产量?图 10.9 中的"企业"这一栏应该有助于你回答本题。

4. 我们曾经提到过,地毯生产看起来像是一个成本递减行业。在 20 世纪 60 年代和 70 年代,美国家庭中非常流行铺全地板式地毯,现在,地毯已经不那么流行了。假设铺地毯变得比现在更不流行:需求的这一下降对长期地毯的价格可能会有什么影响?

5. 更换老爷车的零件是非常昂贵的,尽管这些零部件并不比新汽车的零部件更复杂。

a. 老爷车零部件市场是哪种类型的市场:成本递增行业、成本递减行业还是成本不变行业?你为什么这样认为?

b. 在美国,如果人们开始回收更多的老爷车——修复这些老爷车,而不是把它们丢进废弃物堆积场——那么,长期来说,备用零部件的成本可能会上升还是会下降?为什么你会这样认为?

6. 我们已经讲过,在同一行业中,不同企业间分配工作任务的最有效的方法就是,使得不同企业间的边际生产成本都相同。我们用一个例子来看看这是否正确。

考虑一个完全竞争的钢材市场(以吨来衡量),该市场上有两家企业:SmallCo 和 BigCo。如果我们希望更符合实际些,我们也可以说有 100 家像 SmallCo 一样的公司和 100 家像 BigCo 一样的公司。不过,这样只是会使得在数学上更困难些,但对我们的分析结果没有影响。这两家企业的边际成本表如下所示:

产量 Q	边际成本(美元)	
	SmallCo	BigCo
1	10	10
2	20	10
3	30	10
4	40	10
5	50	20
6	60	30
7	70	40
8	80	50

a. 为了简化,我们不考虑开办企业所需的固定成本。每家企业生产各种不同产量水平时的总成本是多少?请填写下表。

产量 Q	总成本(美元)	
	SmallCo	BigCo
1	10	10
2	30	20
3	60	
4		
5		
6		
7		
8		

b. 生产 11 吨钢材最便宜的生产方法是什么?生产 5 吨呢?

c. 在这个完全竞争市场中,为了使得这两家企业能生产 11 吨钢材,市场价格必须达到多少?生产 5 吨呢?

d. 假设有一个政府代理人知道 BigCo 和 SmallCo 的成本曲线。对该政府代理人来说,哪一家企业看起来是一个低成本的生产者?如果政府关闭高成本的生产者,这是一个好的主意吗?或者说是一项有效的政策?换句话说,在这一例子中,政府干预能比看不见的手做得更好吗?

e. 我们再对 d 问说得更具体些:如果 BigCo 是这个市场上唯一的企业,生产 7 吨钢材的总成本是多少?如果 SmallCo 和 BigCo 让市场来分配它们之间的市场份额,边际成本和总成本各是多少?

7. 我们来复习一下消除性原理的基本机制。

　　a. 如果 X 行业的需求增加，利润会如何变化？它会增加、降低还是保持不变？

　　b. 如果需求增加后，企业、工人和资本是倾向于流入，还是流出 X 行业？

　　c. 这一倾向会增加，还是会减少 X 行业的短期供给？

　　d. 在长期，当需求增加之后，X 行业的利润通常会如何变化？

8. 有一天晚上，你们宿舍里进行了一次经济学方面的辩论。你的朋友说，"在自由市场经济中，如果人们对某种东西支付的愿意越高，那么，企业对这种东西要求的价格也就越高。"有一种方法可以把你朋友的这句话转化为一个经济学模型，那就是，考虑一种基本上缺乏需求弹性的产品：如一种像救命用的药品或者基本食品一样的产品。我们考虑一个成本基本上保持不变的市场：当市场扩大时，也许成本会上升或下降一点点，但是不会太多。

　　a. 在长期，你朋友的说法对吗？

　　b. 在长期，对这种人们真正需要的产品，最能影响其价格的因素是什么：平均成本的位置还是需求曲线的位置？

9. a. 在一个高度竞争的电视机生产行业，出现了一项新的发明，它使得一台 50 英寸的等离子电视机的平均成本可能会从 1 000 美元下降到 400 美元。大部分的电视机生产商都迅速采用了这项新技术，并获得了巨大的短期利润。在长期，一台 50 英寸的等离子电视机的价格将会是多少？

　　b. 在高度竞争的存储器行业，有一项新的技术使得一种 20 M 的存储器，即一种小到能适合装在口袋里的存储器，其平均生产成本可能会从 5 美元下降到 4 美元。在长期，这种 20 M 的存储器的价格将会是多少？

　　c. 假设 a 问和 b 问中的市场都是成本不变行业的市场。如果对这两种产品的需求大量增加，这些产品的价格在长期为什么不会提高？

　　d. 在成本不变行业，需求对长期的价格有什么影响吗？

　　e. 当任何一个完全竞争行业的平均成本下降时，不考虑成本的结构，谁会百分百地获得成本下

降的好处：消费者还是生产者？

思考和习题

1. 假设萨姆在一个完全竞争上出售苹果，苹果是他从自己家的苹果树上摘下来的。假设所有的苹果质量都一样，但是，长在苹果树上的高度不同。萨姆具有恐高症，不过，对他的补偿越多，他愿意达到高度也越高：因此，对他来说，他爬得越高，摘一个苹果的成本也就越大，如下表中总成本栏所示。现在一个苹果的市场价格是 0.50 美元。

　　a. 萨姆出售苹果的边际收益是多少？

　　b. 萨姆最先摘下的是哪些苹果？是低树枝上的还是高树枝上的？为什么？

　　c. 这表明随着所摘下的苹果数量的增加，苹果的边际成本是递增的、递减的还是不变的？为什么？

　　d. 完成以下表格。

苹果数（个）	总成本（美元）	边际成本（美元）	边际收益（美元）	利润的变化（美元）
1	0.10	0.10	0.50	0.40
2	0.22			
3	0.50			
4	1.00			
5	1.73			
6	2.78			

　　e. 萨姆会摘多少个苹果？

2. "长期"是指多长的时间？它在不同的行业中一样吗？你估计以下各行业的长期是多长时间？

　　a. 纽约华尔街金融区街道上用手推车销售脆饼干和苏打的市场；

　　b. 在韩国料理店享用最近比较流行的韩式粥的市场；

　　c. 电气工程师市场；

　　d. 1999 年之后，有抄袭《黑客帝国》(The Matrix)嫌疑的影片的市场。*

3. 在创造性毁灭的过程中，哪些东西被毁灭了？被毁灭的是

---

* 《黑客帝国》在 1999 年上映。——编者注

企业

工人

机器

建筑物

商业计划

一些重要的关系

或者同时是以上这些中的某几项？本章本身包含有一些如何回答这一问题的思路,但是,你还必须努力思考以上每一项中的"机会成本"。

4. 在这一章中,我们讨论了佐治亚州 Dalton 及其成为"世界地毯之都"的故事。同样的故事也可以解释为什么在美国,60%的汽车旅馆都是由印度裔所拥有,或者为什么,从 1995 年起,加利福尼亚州 80%的甜甜圈店都是由柬埔寨移民开的。我们来看看最后一个例子。在 20 世纪 70 年代,柬埔寨移民倪文德(Ted Ngoy)开始在一家甜甜圈店工作。后来,他自己开办了一家甜甜圈店(后来成为了连锁店)。*

倪文德之所以沉浸在甜甜圈行业是因为,这一行业对英文、启动资本和技术要求都很低。不管怎么样,跟你的伙计说同一种语言总是会很方便。

a. 当为了躲避国内动荡局势的柬埔寨难民来到洛杉矶时,哪一群人——新难民和原来的居民——更有可能被倪文德雇用？为什么？

b. 这会使得其他柬埔寨难民更有可能,还是更不可能再开新的甜甜圈店？为什么？

c. 当更多的柬埔寨难民进来时,这会造成柬埔寨人所有的甜甜圈店的良性循环吗？为什么？

d. 就这个故事的当前阶段来说,你认为柬埔寨人开的甜甜圈店是哪一种成本类型的行业(不变、递增还是递减)？为什么？

e. 为什么这种良性循环不可能永远持续？加利福尼亚州的甜甜圈店现在可能是哪种类型的成本结构？

5. 每年,美国电视都会引进很多新的电视节目,其中只有三分之一在播完第一季之后还会继续播放。③不过,新的电视节目最后被证明都是非常有利润的。

a. 如果大部分新的电视节目都是失败的,为什么电视拍摄组还那么费力去制作新电视节目？如何运用创造性毁灭解释这一现象？

b. 2000 年,哥伦比亚广播公司(CBS)首次播放了一个非常流行的真人秀节目《幸存者》(*Survivor*),它播放每天在荒岛上生活的人的真实场景。CBS 和其他广播公司会对这一节目的成本做出什么样的反应？

c. 在接下来的几年里,《幸存者》带来的利润会出现什么变化？你不必去查阅 CBS 的财务报表,利用消除性原理就可以了。

6. 拉尔夫开了一家卖什锦果仁的小商品店。这些什锦果仁的价格是每袋 5 美元,什锦果仁市场是完全竞争的。拉尔夫的成本曲线如下图所示：

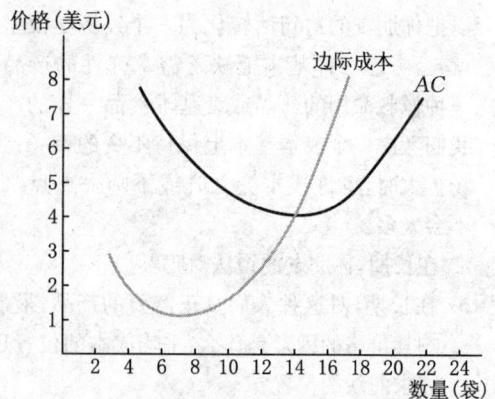

a. 拉尔夫会在什么数量水平上生产？为什么？

b. 如果价格是 5 美元,在图中画出利润或损失,并计算出拉尔夫的利润或损失是多少。

c. 如果所有其他什锦果仁出售者具有同拉尔夫一样的边际成本和平均成本,他认为未来会有更多或更少的竞争者吗？在长期,这些什锦果仁的价格是上升还是下降？你是如何知道的？什锦果仁的长期价格会是多少？

7. 假设加利福尼亚对过敏症专科医师的需求增加。看不见的手会如何对这一需求做出反应？正确的答案有很多:请给出两个答案。

8. 在一个完全竞争的儿童睡衣行业,政府新的安全

---

* 在美国,不仅 60%以上的这种小汽车旅馆是由印度人所拥有,而且这些人当中几乎有三分之一的人都有同一个姓,"Patel"。请参见 http://news.bbc.co.uk/2/hi/south_asia/3177054.stm。洛杉矶柬埔寨人甜甜圈店的故事来自于 Postrel, Virginia. 1999. *The future and Its Enemies*, by New York: Touchstone, pp. 49—50。

规章制度导致儿童睡衣的成本每套提高了 2 美元。

a. 如果这是一个成本不变行业，那么，在长期，儿童睡衣的价格会有什么变化？

b. 如果这是一个成本递增行业，睡衣的长期价格上涨会不会超过 2 美元？（提示：长期供给曲线的形状就像开始几章中一般的供给曲线。如果你把这一新规看成是每套 2 美元的税收，你就会得出正确的答案。）

c. 如果这是一个成本递增行业，在长期，这一新的安全规则制度会导致儿童睡衣的平均利润变化多少？

d. 根据你在 c 问中的答案，为什么完全竞争行业的企业经常会反对新的安全规章制度？

9. 在古代西方世界，熏香是最早被长距离运输的商品之一。熏香树只生长在阿拉伯半岛的南部[现在的也门，当时被称为"福地阿拉伯"（Arabia Felix）]，被骆驼运到了亚历山大城和地中海诸文明，即著名的罗马共和国。当共和国扩张成为一个富裕而强大的帝国后，对熏香的需求也随之增加，阿拉伯的农场主把熏香的生产增加为一年两季，然后是一年三季的作物（虽然这种熏香的质量不是很好）。耕种地区一直延伸到非洲之角（今天的阿曼），尽管这些地区距离罗马很远。④

a. 如何从这种新增农作物的质量下降，来理解熏香是一个成本递增的产业？（提示：从每单位货币所能生产的好产品的数量这方面来考虑。）

b. 如何从非洲之角这些更远地区生产熏香，来理解熏香是一个成本递增行业？

c. 在东非种植熏香比在福地阿拉伯成本更高。你认为哪个地方种植的熏香更多？

d. 正像本章所描述的，"看不见的手"会在不同的生产者之间分配产量。由于每个熏香的生产者都同其他生产者进行剧烈的竞争，最终他们各自的边际成本会出现什么情况？

10. 你正在经营一家企业。有两名经营顾问给你提供建议。第一个顾问说，你现在生产的每一单位产品都是亏损的。为了减少你的损失，这个顾问建议你削减产量。第二个顾问说，如果你的企业再多销售一单位，价格会超过你新增的

成本。为了减少损失，第二个顾问建议你增加产量。

a. 作为经济学者，你如何解释为什么这两个顾问所说的情况都有可能是对的？

b. 哪个顾问提供的建议是正确的？

11. 保莉特、卡米尔和霍滕丝每人都在法国拥有自己的酿酒厂。她们都生产便宜畅销的葡萄酒。在过去几年中，这种葡萄酒每瓶卖 7 欧元；但是，由于全球经济萧条，价格已经下降到每瓶 5 欧元。给定以下信息，我们来看看，在这三家酿酒厂中，哪一家应该临时性停产，直到时期好转。记住，无论她们是否停产，在一定的时间内（一段使成本"固定"的时间），她们都必须支付固定成本。

为了简单起见，我们假设，如果决定还要待在这个行业，每个酿酒厂都已经计算过最优生产量。你的工作仅仅是决定，她们是应该生产这一产量，还是应该停产？

价格等于 5 欧元时的年收入表

厂商	固定成本（欧元）	变动成本（欧元）	萧条时的收入（欧元）	利润（欧元）
保莉特	50 000	80 000	120 000	
卡米尔	100 000	40 000	70 000	
霍滕丝	200 000	250 000	200 000	

a. 首先，计算每个酿酒厂的利润。

b. 这些人当中，如果有的话，谁能够获取利润？

c. 在短期，谁应该继续待在这一行业，谁应该停产？

d. 填空：即使利润是负的，如果收入＿＿＿＿可变成本，那么，短期内最好的选择还是进行生产。

e. 如果有的话，在这些酿酒厂中，哪一家是 $P > AC$？在回答这个问题时，你不需要再进行任何计算。

12. 桑迪拥有一家企业，其年收入是 1 000 000 美元。工资、租金和其他成本总共是 900 000 美元。

a. 计算桑迪的会计利润。

b. 假设桑迪如果不自己当老板的话，他可能会获得一份具有以下年薪的工作：i)50 000 美元；ii)100 000 美元；iii)25 000 美元。还假设桑迪干这份工作获得的满足感同他自己当老

板时一样。在三种假设条件下,计算桑迪的经济利润。

挑战

1. 大多数金属的需求都会随着时间而增加。此外,就像我们在本章和第 4 章所讨论的那样,这种自然资源类型的行业一般都是成本递增行业。然而,同其他商品相比,在过去一段时间内,金属的价格在缓慢下降(虽然在这期间有很多峰值)。例如,下图显示了包括铝、铜、铅、银和锌等金属的综合价格指数在 1900 年到 2003 年的走势(根据通货膨胀调整后)。这一趋势是下降的。你认为什么会这样?

实际价格指数

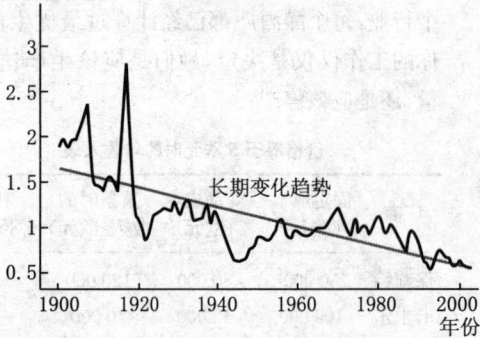

2. 看电影比较多的人经常会注意到,电影很少是原创的。大部分电影都是根据电视剧、电子游戏,或者更常见的是,根据小说改编的。为什么?为了帮助你回答这个问题,请从以下步骤开始。

    a. 电影和小说,哪种具有更高的固定生产成本?

    b. 2005 年,美国的制片厂制作了 563 部电影,⑤美国的出版商出版了 176 000 本新书。⑥如何用你在 a 问中的答案来解释这一巨大的差别?

哪一个风险更大:出版一本新书和拍一部新电影?

    c. 利用固定成本和失败风险上的差异来解释,为什么这么多的电影都是根据成功的小说改编的?由此,你认为在哪里能看到更多创新性的情节、对话和人物:在小说中还是电影中?

3. a. 在 19 世纪,经济学家艾尔弗雷德·马歇尔(Alfred Marshall)在他的《经济学原理》(*Principles of Economics*,可以免费在线阅读)一书中谈到了成本递减行业,他写道,"一个行业一旦固定在了一个地点……这个行当的秘密将不再是秘密,人人皆可从中受益。"在第 9 章我们提出了一个关于收益的概念,而那种收益正是不局限于一个企业内部,而是"人人皆可从中受益"的。具体是第 9 章中的哪个概念在企业集群的形成中发挥了作用?

    b. 在 21 世纪,哈佛大学商学院的迈克尔·波特(Michael Porter)也是这样来描述成本递减行业的:他称这一行业为"企业集群"(business cluster)。波特的工作在各个城镇的当地政府中产生了很大影响,这些政府都认为,有目的地减免税收和进行补贴能够吸引投资,从而在它们的城镇产生企业集群,这样它们就可以获得成本递减的利益。这种想法正确吗?注意,这个问题容易答错。

4. 在印度的加尔各答,在大街上通常都可以看见乞丐。假设加尔各答的居民和来这里旅游的人对于施舍都非常慷慨。这对加尔各答地区乞丐的生活水平有什么影响?利用供给和需求的概念,并在进行必要的假设后,回答这个问题。

附录　利用 Excel 绘制成本曲线

我们可以利用像 Excel 这样的软件,来轻松地绘制和计算边际成本和边际收益。在图 A10.1 中,我们给出了本章中有关一口油井的收益和成本的数据。注意,在单元格 B5 中,我们给出了 Excel 公式"＝＄A＄2＊A5",它表示用第 A2 个单元格中的价格乘以第 A5 个单元格中的数量,得到了总收入的数据。然后,我们把这一公式复制粘贴到这一列中的其他单元格中。我们利用＄A＄2 中的符号＄告诉

Excel,在进行复制粘贴的时候,不要调整参照单元格(在复制粘贴的时候,由于 A5 前面没有符号 $,因此,它会相应地自动调整到 A6、A7,等等)。

B5	▼	_fx_ =$A$2*A5		
	A	B	C	D
1	价格			
2	50			
3				
4	生产石油的桶数	总收益（P*Q）	总成本	
5	0	0	30	
6	1	50	34	
7	2	100	40	
8	3	150	51	
9	4	200	68	
10	5	250	91	
11	6	300	120	
12	7	350	156	
13	8	400	206	
14	9	450	296	
15	10	500	420	
16				

图 A10.1

F4	▼	_fx_ =(C4-C3)/(A4-A3)				
	A	B	C	D	E	F	G
1	生产石油的桶数	总收益（P*Q）	总成本	利润	边际收益（价格）	边际成本	
2	0	0	30	-30			
3	1	50	34	16	50	4	
4	2	100	40	60	50	6	
5	3	150	51	99	50	11	
6	4	200	68	132	50	17	
7	5	250	91	159	50	23	
8	6	300	120	180	50	29	
9	7	350	156	194	50	36	
10	8	400	206	194	50	50	
11	9	450	296	154	50	90	
12	10	500	420	80	50	124	
13							
14							

图 A10.2

利用所输入的总收益和总成本,很容易产生我们所需要的其他数据。利润不过是总收益减去总成本。在图 A10.1 中,我们在 D 列中给出了这一数据。边际收益和边际成本分别定义为 $MR = \Delta TR/\Delta Q$ 和 $MC = \Delta TC/\Delta Q$。我们在单元格 F4 中显示了如何在 Excel 中完成这一计算公式。公式"$=(C4-C3)/(A4-A3)$"表示,用单元格 C4 中生产 2 桶石油的成本,减去单元格 C3 中生产 1 桶石油的成本,然后再除以当我们从生产 1 桶变动到生产 2 桶时桶数的增加量。在这一例子中,$MC = (40-30)/(2-1) = 6$。MR 的计算公式也以类似的方式输入到 Excel 表中。

平均成本是 $AC = TC/Q$。我们在图 A10.3 中给出了这一计算公式。

	G13	▼	_fx_ =C13/A13				
	A	B	C	D	E	F	G
1	价格						
2	50						
3							
4	生产石油的桶数	总收益(P*Q)	总成本	利润	边际收益(价格)	边际成本	平均成本
5	0	0	30	30			
6	1	50	34	16	50	4	34
7	2	100	40	60	50	6	20
8	3	150	51	99	50	11	17
9	4	200	68	132	50	17	17
10	5	250	91	159	50	23	18.2
11	6	300	120	180	50	29	20
12	7	350	156	194	50	36	22.28571
13	8	400	206	194	50	50	25.75
14	9	450	296	154	50	90	32.88889
15	10	500	420	80	50	124	42
16							

图 A10.3

现在很容易就画出了 MR 曲线、MC 曲线和 AC 曲线。点击上"边际成本"(Marginal Cost)栏、"边际收益"(Marginal Revenue)栏和"平均成本"(Average Cost)栏,包括它们的标签;然后点击"插入"中的"折线图",我们就可以画出如图 A10.4 所示的图(为了得到准确的图,你必须告诉 Excel,X 轴上是第 1 列中的桶数——通过以下操作你可以输入这一数据:鼠标右键点击上图像,然后再左键点击"选择数据",之后再编辑"水平(分类)轴标签"。这是 Excel 2007 的操作。Excel 2003 操作与此类似)。

记住,利润最大化的数量位于 $MR = MC$ 的地方。你可以通过观察这张表格来检验这一结论。仅仅通过改变单元格 A2 中的价格,你就可以看看价格变化时利润最大化的数量如何变化。曲线图会自动变化。

	PivotTable	Table		Picture	Clip Art	Shapes	SmartArt		Column	Line	Pie	Bar	Area	Scatter	Other Charts
	Tables			Illustrations					Charts						

E4　　　　　▼　　ƒx　边际收益

Line

Insert a line chart.

Line charts are used to display trends over time.

	A	B	C	D	E		
1	价格						
2	50						
3							
4	生产石油的桶数	总收益（P*Q）	总成本	利润	边际收益（价格）	边际成本	平均成本
5	0	0	30	-30			
6	1	50	34	16	50	4	34
7	2	100	40	60	50	6	20
8	3	150	51	99	50	11	17
9	4	200	68	132	50	17	17
10	5	250	91	159	50	23	18.2
11	6	300	120	180	50	29	20
12	7	350	156	194	50	36	22.28571
13	8	400	206	194	50	50	25.75
14	9	450	296	154	50	90	32.88889
15	10	500	420	80	50	124	42

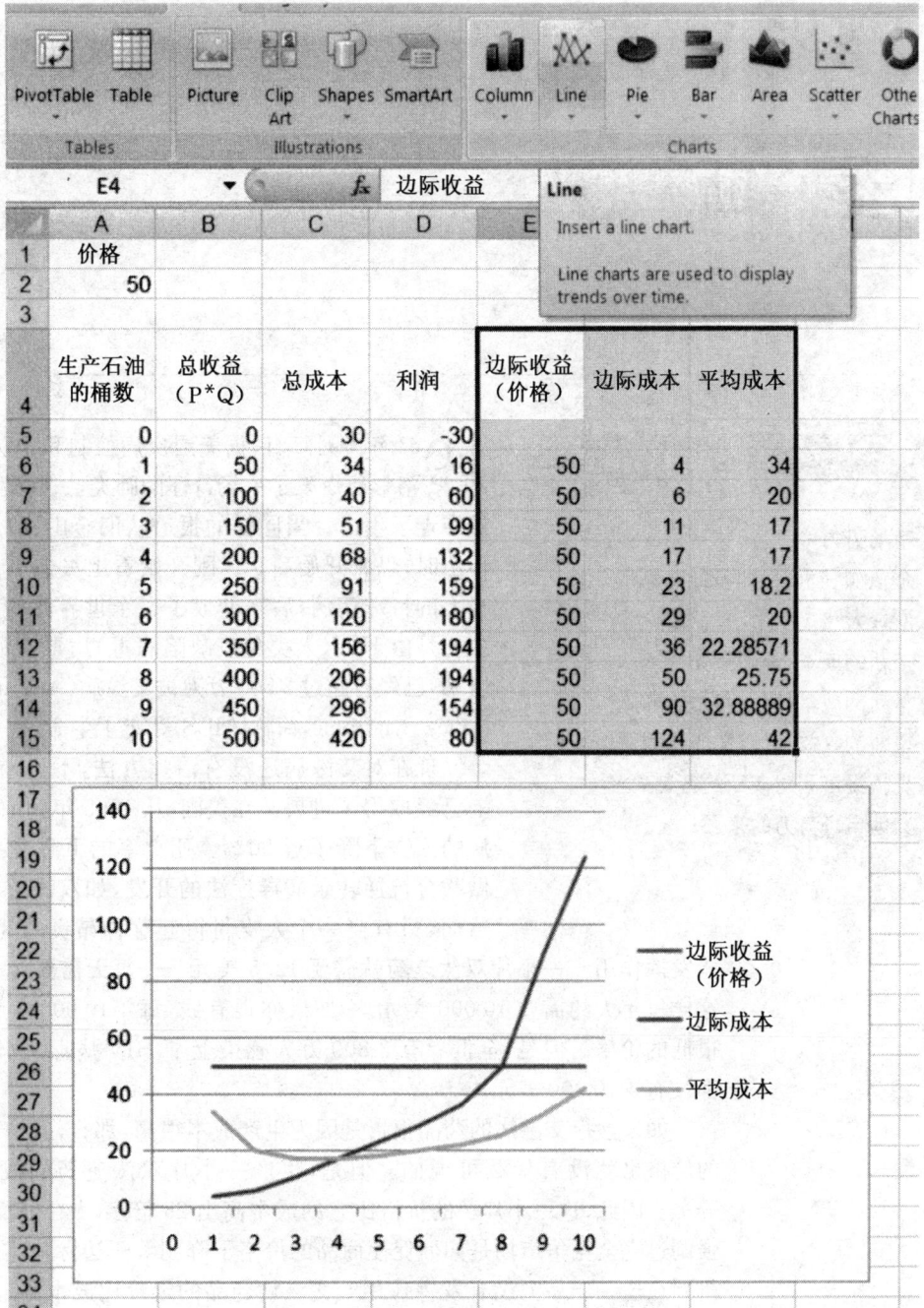

图 A10.4

垄　断

19 81年6月5日,据美国疾病控制和预防中心报道,由于洛杉矶爆发了一场奇怪的肺炎,一些健康的同性恋男子被夺走了生命。当同样的报道从旧金山、纽约和波士顿陆续传出时,恐慌开始蔓延。刚开始看上去似乎只是一种同性恋身上的特殊疾病,后来变成了一个世界性的杀手。这种疾病主要是由 HIV(人类免疫缺陷病毒)病毒造成的。从1981年以来,已经有超过2 500万人被艾滋病(Acquired Immune Deficiency Syndrome,简称 AIDS)夺走了生命。

现在对艾滋病还没有治疗方法,不过,在处理这种疾病上已经取得了进展。在美国,从1995年到1997年,死于艾滋病的人数下降了近50%。死亡率的下降主要得益于一种叫做联合抗逆转录病毒疗法的开发,如双汰芝(Combivir)等。[①]

然而,只有当一个人支付得起这种昂贵的药物,这种药物才能发挥作用。一小片双汰芝药就需要12.5美元——每天需要2片,天天都需要,这样每年大约需要10 000美元。[②]如果你很有钱,每年10 000美元对生命来说是很低的价格。但是,全世界有3 800万人感染上了 HIV 病毒,他们中绝大部分人都没有这10 000美元。[③]

如果治疗艾滋病的药品很贵是因为生产成本很高,那么,经济学家对这种药品的价格也就没有什么可说的。但是,生产一小片双汰芝药的成本不超过50美分——因此,这一小片药的价格比它的成本高出25倍多。[④]在前面的章节中,我们强调过完全竞争市场是如何促使商品的价格下降到等于边际成本的。为什么这一机制在这一产品上没有发挥作用?艾滋病药品的定价比成本高,主要有以下三个原因:

1. 市场势力;
2. "生不带来,死不带去"(you can't take it with you)效应;
3. "别人买单"(other people's money)效应。

治疗艾滋病的药品定价高于成本的主要原因是垄断,或者市场势力,这是本章的主要内容。"生不带来,死不带去"效应和"别人买单"效应我们本章也会讨论,它们导致药品定价过程中的市场势力特别强大。

11.1　市场势力

葛兰素史克(GlaxoSmithKline,简称 GSK)公司是全世界最大的艾滋病药品生产商,它拥有双汰芝药品的专利。专利是政府授予的,其拥有者可以独家生产、使用和消费该专利产品的专享权利。例如,GSK 就是双汰芝药品的唯一合法经销商。即使生产的方法已经公开,而且很容易复制,试图生产双汰芝药品或生产同双汰芝相似药品的竞争者也会坐牢,至少在美国和其他实行专利的国家是这样。

GSK 对双汰芝药品的专利给予了 GSK 公司一种**市场势力**(market power),这种市场势力使得 GSK 公司能够把价格提高到边际成本之上,而不用担心其他竞争者进入该市场。简单地说,**垄断**(monopoly)就是一家具有市场势力的企业。

印度并没有认可双汰芝药品的专利,因而在那个国家竞争非常盛行,同等疗效的药品每片只卖 50 美分。[⑤]因此,经济学非常正确地预测到,竞争会促使价格下降到等于边际生产成本;阻止竞争发挥作用的只是 GSK 的专利权。

专利不是市场势力的唯一来源。除了专利之外,政府管制、规模经济、独家拥有的重要投入要素,以及技术创新等,都可能为企业创造出市场势力。在本章稍后些,我们会详细讨论市场权力的来源及其适当的反应。现在,我们想问的是,企业如何利用它的市场权力来最大化利润水平。

> **市场势力**就是一种能够把价格提到高于边际成本的水平而不用担心其他企业进入该市场的力量。

> **垄断**就是一家具有市场势力的企业。

11.2　企业如何利用市场势力来实现利润最大化

我们知道,一个具有市场势力的企业会把价格定在高于边际成本的水平上——但是,能高出多少呢? 即使一家没有任何竞争对手的企业,它也会面临着需求曲线的约束,因而当它提高价格时,卖出的产品也会减少。因此,更高的价格对卖者并不总是会有好处——价格定得太高,利润就会下降。降低价格,利润也可能会提高。利润最大化的价格水平是多少呢?

为了使得利润最大化,企业的生产应该持续到再增加一单位产品的销售收益等于这一单位产品的成本。这一条件同我们在第 10 章中所发现的原理完全相同:生产持续增加到**边际收益**等于**边际成本**($MR = MC$)。不过,在第 10 章,边际收益很容易计算,因为如果一口产量很小的石油油井产量大量增加时,它对世界石油价格的影响非常小,几乎可以忽略不计。因此,对于一家小企业来说,多销售一单位产品的收益就是其产品的市场价格($MR = $ 价格)。但是,如果相对于整个市场上该产品(或者非常相近的替代品)的产量来说,一家企业的产出非常大,那么,该企业产出的大量增加将会导致该产品的市场价格下降。例如,如果沙特阿拉伯大量增加石油的产量,石油的价格就会下降。因此,对于一家其产量在整个市场总产量中占有非常大的份额的企业,多销售一单位产品的收益比当前的市场价格要小($MR < $ 价格)。

为了理解具有市场势力的企业如何对其产品进行定价,对于一家其产量足以影响产品市场价格的大企业,我们必须计算出它的边际收益。

在图 11.1 的左图中,我们演示了如何来计算边际收益。假设在 16 美元的价格

> **边际收益**,MR,是指再多销售一单位产品所带来的总收益的变化。

> **边际成本**,MC,是指再多生产一单位产品所导致的总成本的变化。为了实现利润最大化,企业的产量会持续增加到 $MR = MC$。

水平下,需求量是 2 单位,因此,总收益是 32 美元(2×16 美元)。如果垄断者把价格降低到 14 美元,它可以卖出 3 单位,这时的总收益是 42 美元(3×14 美元)。因此,边际收益,即再多销售 1 单位产品所带来的总收益的变化,等于 10 美元(42 美元－32 美元)。所以,通过考察产量变化 1 单位时总收益的变化量,我们总可以计算出 MR。

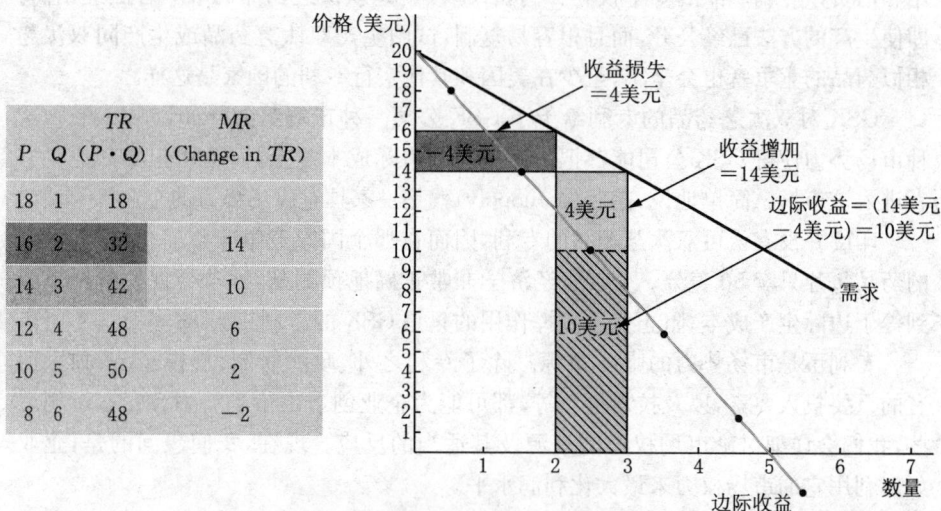

P	Q	TR (P·Q)	MR (Change in TR)
18	1	18	
16	2	32	14
14	3	42	10
12	4	48	6
10	5	50	2
8	6	48	−2

图中的表格显示,边际收益就是销售量变化 1 单位时总收益的变化量。例如,当销售量从 2 单位增加到 3 单位时,总收益从 32 美元增加到 42 美元,因此边际收益,也就是总收益的变化量,等于 10 美元。

右边的图形显示,我们如何可以把总收益的变化分解为两部分。当企业把价格从 16 美元降低到 14 美元时,它多卖出了 1 单位,因此次获得了 14 美元的收益,但是,由于企业必须降低价格,它在之前售出的每一单位上损失了 2 美元,因此,这里有 4 美元的损失。所以,边际收益就是在新销售产品上获得的收益减去它在之前销售产品上的损失。

图 11.1　边际收益

图 11.1 的右图给出了另外一种思考边际收益的方法。如果垄断者把它的价格从 16 美元降低到 14 美元,它的销售量增加了 1 单位,这使得收益增加了 14 美元——浅色区域的面积。但是,为了多销售这 1 单位,垄断者必须把它的价格降低 2 美元。因此,它原来在更高的价格下所卖出的每 1 单位产品都损失了 2 美元,总共损失了 4 美元——深色区域的面积。边际收益等于增加的收益(浅色区域的面积,14 美元)加上损失的收益(深色区域的面积,−4 美元),即 10 美元(浅色条纹区域的面积)。注意,MR(10 美元)小于价格水平(14 美元)——同理,这时因为了多销售 1 单位产品,垄断者必须降低价格,这对之前销售的收入带来一些损失。

既然你已经理解了边际收益的概念,下面给出一种简便方法,它可以很方便地找到边际收益:如果需求曲线是一条直线,那么边际收益曲线也是一条直线,并且它同需求曲线在纵轴上有相同的交点,且斜率是需求曲线的两倍。* 图 11.2 给出了三种不同的需求曲线及其对应的边际收益曲线。注意,如果需求曲线在横轴上的交点,比方

---

* 可以利用微积分的知识来证明这一绘制 MR 的简便方法。假设需求曲线可以写成 $P = a - bQ$ 的形式,这一需求曲线的斜率是 b。总收益是 $P \times Q = TR = aQ - bQ^2$。边际收益等于总收益对数量求导,或者说 $MR = dTR/dQ = a - 2bQ$。注意,MR 曲线的斜率是 $2b$,它正好是需求曲线的斜率的 2 倍。

说,是 Z,那么,边际收益曲线在横轴的交点将总是等于这一数值的一半,即 $Z/2$。

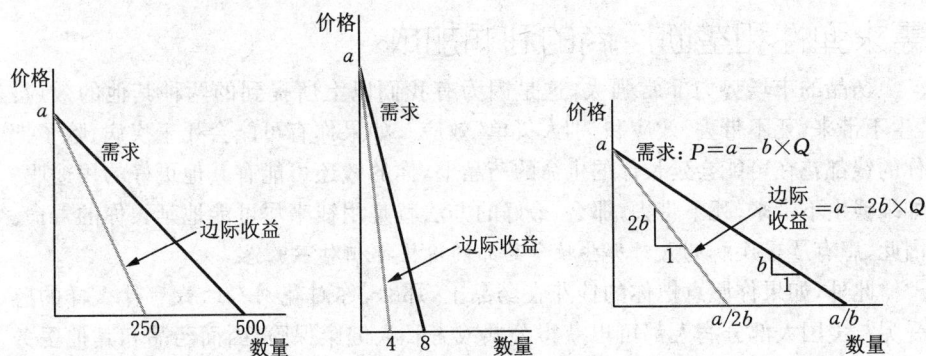

如果需求曲线是一条直线,那么边际收益曲线也是一条直线,并且它同需求曲线在纵轴上有相同的交点,但斜率是需求曲线的两倍。

图 11.2　绘制 MR 的简便方法

　　对于一家像 GSK 这样具有市场势力的企业,图 11.3 中在同一幅图中同时给出了其需求曲线、边际收益曲线、边际成本曲线和平均成本曲线。GSK 通过在 $MR = MC$ 的点上进行生产来实现利润最大化。在图 11.3 中,这一点是 a,其产量水平是 8 000 万个单位。为了销售出 8 000 万单位,垄断厂商能制定的最高价格是多少呢?为了找到消费者对这 8 000 万单位的最大愿意支付价格,请记住,我们可以从这 8 000 万个单位在需求曲线上所对应的点 b 上读出。如果供给量是 8 000 万个单位,消费者愿意支付的价格是每片 12.50 美元。因此,利润最大化的价格是 12.50 美元。

　　我们也可以利用图 11.3 给出这一垄断厂商的利润。记住,第 10 章讲过,利润可以通过 $(P-AC) \times Q$ 来计算。在 8 000 万单位的数量上,价格水平是 12.50 美元(点 b),平均成本(AC)是 2.50 美元(点 c)。因此,利润为(12.50 美元 $-$ 2.50 美元) $\times$ 8 000 万,共计 8 亿美元,如图中阴影区域面积所示。(另外,生产一种新的药品所需要的固定成本非常大,因此,平均成本的最低点会位于图中右边很远的地方。)回忆一下,一家完全竞争的厂商会获得零利润或者正常利润,但是,一家垄断厂商利用它的市场势力可以获得正的利润,或者说高于正常利润。

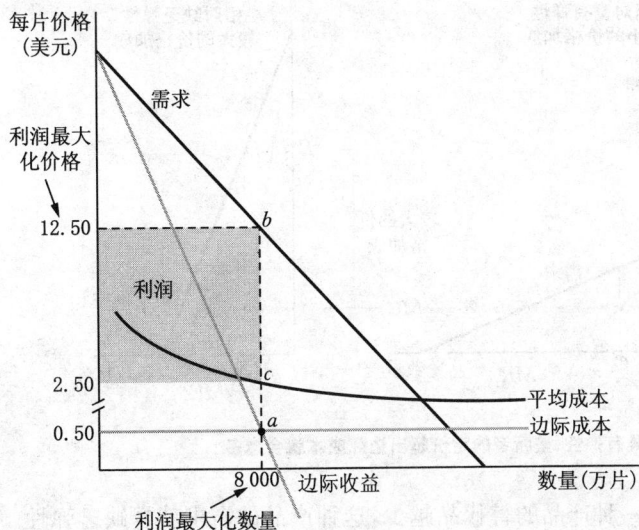

为了实现利润最大化,该垄断厂商会在 $MR = MC$ 的点(点 a)进行生产。从点 a 向下,我们找到了利润最大化的产量,8 000 万片。从点 a 向上,我们在需求曲线上找到利润最大化的价格,12.5 美元。利润是 $(P-AC) \times Q$,它由灰色的长方形面积给出。

图 11.3　一家垄断厂商如何实现利润最大化

需求弹性和垄断厂商的利润加成

药品的市场势力非常强大,这是因为有我们以上所提到的两种其他的效应:
"生不带来,死不带去"效应和"别人买单"效应。如果你有可能会死于疾病,除了把
你的钱都花在可能会延长你的生命的药品上,你的钱还可能有其他更好的用途吗?
如果钱生不带来,死不带去,那么,最好的办法就是用钱来尽可能地延长你的寿命。
因此,患有严重疾病的人对那些救命药品的价格都相对不敏感。

此外,如果你愿意把你的钱花在药品上,那么,你对花别人的钱有什么样的感
受呢?美国大部分病人都可以获得公共或者私人健康保险,因而药品和其他医务
治疗通常都不是由病人自己支付的。所以,"生不带来,死不带去"效应和"别人买
单"效应一起,使得患有严重疾病的人对那些救命药品的价格相对更不敏感——也
就是说,即使这些药品涨价再厉害,他们仍然会继续大量购买药品。

如果 GSK 公司知道,即使提高价格,消费者也愿意购买双汰芝,你认为 GSK 会
对此如何反应?是的,它会提高价格!当消费者对价格相对不敏感时,我们说消费
者具有哪一种类型的需求曲线呢?对,缺乏弹性的需求曲线!"生不带来,死不带
去"效应和"别人买单"效应都使得这一需求曲线更缺乏弹性。因此,我们说需求曲
线越缺乏弹性,垄断者的定价就会超出边际成本越多。

GSK 把它的价格定在边际成本之上,这在道德上有错吗?也许有。但是请记
住,在美国,研发一种新的药品平均需要花费 10 亿美元。一旦我们很好地理解了垄
断定价,我们再回到应该如何处理市场势力这一问题上来。当然,如果有处理办法
的话。

图 11.4 显示,需求曲线越缺乏弹性,垄断者的定价超出边际成本就会越多。在
左图,垄断者面临的是一条相对富有弹性的曲线,右图则是一条相对缺乏弹性的需
求曲线。同往常一样,为了实现利润最大化,垄断者选择使得 $MR = MC$ 的产量水
平和消费者愿意为此支付的最高价格水平。注意,即使两幅图中的边际成本曲线
一样,如果需求曲线缺乏弹性,超出边际成本之上的价格加成也会越大。

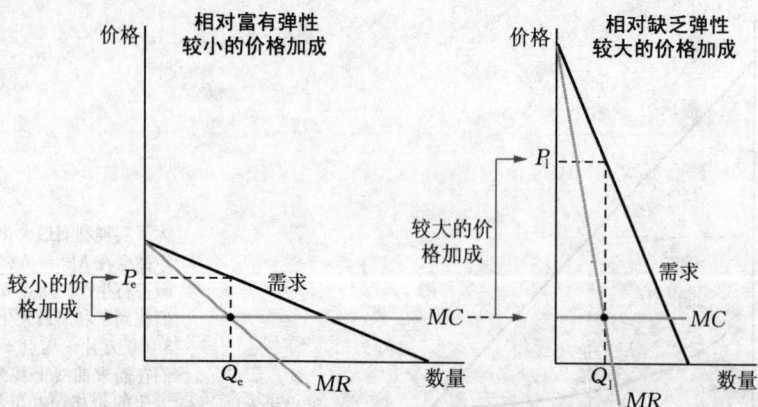

图 11.4　需求曲线越具有弹性,垄断者的定价超出边际成本就会越多

记住,第 4 章曾讲过,一种产品的替代品越少,这种产品的需求就越缺乏弹性。

根据这一点,我们来思考以下一个令人费解的现象。2006 年 12 月,美国航空(American Airlines)当时以 733.6 美元出售一张从华盛顿特区到达拉斯的机票。在这同一天,从华盛顿特区飞往旧金山的机票售价是 556.6 美元。这就有点令人困惑了。一般都会认为,距离越短票价应该越低,而华盛顿距离达拉斯比距离旧金山更近。然而,更令人困惑的是,从华盛顿飞往旧金山的飞机,中途还要在达拉斯停机中转。实际上,从华盛顿到达拉斯的这一班飞机正好是从华盛顿飞往旧金山的同一班飞机。[6]

因此,从华盛顿飞往达拉斯的机票,比从华盛顿飞往达拉斯,然后再飞往旧金山的机票要贵近 200 美元,而且在从华盛顿到达拉斯是同一班飞机。这是为什么?

这里给个提示。每一个主要的航空公司其跨越全美的航线都有一个中转枢纽,即一个作为各条航线网络节点的机场,而且,航线网络中心大部分都位于美国的中心位置。例如,达美航空(Delta Air Lines)的中转枢纽在亚特兰大。因此,如果你乘坐达美航空的飞机横越全美,你很有可能会途经亚特兰大。美国联合航空(United Airlines)的中转枢纽在芝加哥,jetBlue 的中转枢纽在达拉斯。现在你可以解开以上的谜题吗?

飞往达拉斯福特沃斯机场的航班中有 84% 的飞机都属于美国航空。因此,如果你想选一个很方便的时间从华盛顿坐飞机去达拉斯,你能选择的航空公司很少。但是,如果你想从华盛顿坐飞机去旧金山,你可以选择达美航空、美国联合航空或者 jetBlue 等任何一家航空公司。从华盛顿飞往达拉斯的旅客几乎没有替代航空公司可供选择,这条航线的需求是缺乏弹性的,就像图 11.4 中右图中的需求曲线。从华盛顿飞往旧金山的旅客有很多可替代的航空公司可供选择,这条航线的需求是非常富有弹性的,就像图 11.4 中左图中的需求曲线。所以,从华盛顿飞往达拉斯的旅客(缺乏弹性)被收取的费用,要比从华盛顿飞往旧金山的旅客(富有弹性)高出很多。

你可能会问,为什么那些从华盛顿去达拉斯的人不购买价格更便宜的到旧金山的机票,然后在达拉斯下飞机呢?实际上,聪明的人一直在试图钻这个系统的空子——但是,买了回程票的旅客请千万别这样做,否则,航空公司会取消你的回程票。作为合同条款,大部分航空公司都禁止这种行为,以及其他一些与此相似的行为——利润是直接的动机。

自我测验

1. 如果一家具有市场势力的企业沿着需求曲线向下移动,以便卖出更多的产品,对所有出售的产品它能索取的价格会出现什么变化?
2. 具有市场势力的企业更希望它的产品面临着哪种类型的需求曲线:富有弹性的还是缺乏弹性的? 为什么?

11.3 垄断的成本:无谓损失

垄断存在什么问题呢? 这个问题问得似乎有点可笑——不就是价格太高吗? 不要这么快就回答。高价格对消费者不是件好事情,但是,它对垄断者是好事。为什么要特别关注消费者的利益呢？垄断者也是人。因此，如果我们想要探讨垄断是好还是不好，我们需要同等对待垄断者的利得和消费者的损失。然而，事实证明，垄断者从垄断定价中获得的利得比消费者的损失要小。因此，垄断是不好的——它们之所以不好是因为，同完全竞争相比，垄断减少了总剩余，即总的贸易利得（消费者剩余加上生产者剩余）。

在图 11.5 中，我们比较了完全竞争下的总剩余和垄断下的总剩余。在左图中，完全竞争下的均衡价格和均衡数量分别是 P_c 和 Q_c。我们也把 Q_c 标识为最优数量，因为这一数量能够使得总剩余最大化（回忆一下在第 3 章，完全竞争市场最大化总剩余）。为了简化，我们假设这是一个成本不变行业。因此，供给曲线是水平的（$MC = AC$），且生产者剩余为 0。由此，总剩余等于消费者剩余，它由图中深色三角形面积给出。

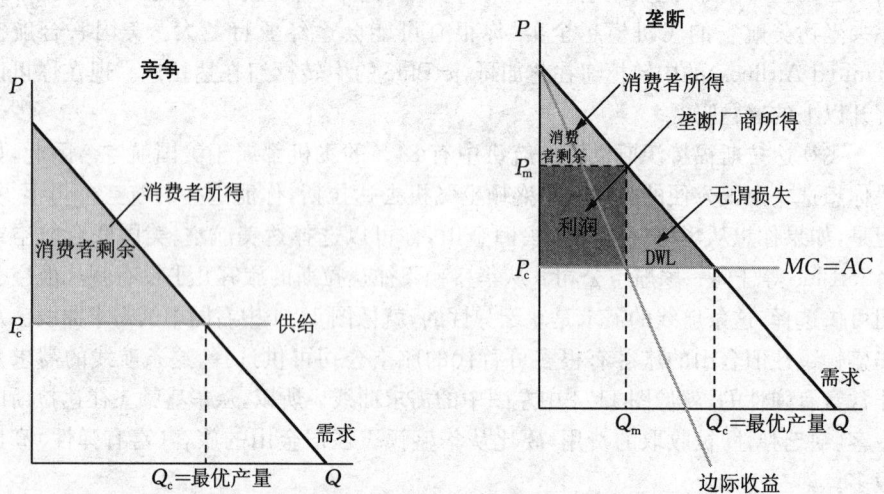

左图和右图比较了两个具有相同需求曲线和成本曲线的完全竞争市场和垄断市场。在垄断市场中，价格从 P_c 提高到 P_m，消费者剩余下降，利润增加。更重要的是，消费者剩余下降的比利润增加的要更多——它们之间的差额就是垄断所造成的无谓损失。

图 11.5 完全竞争市场最大化总剩余，垄断市场没有最大化总剩余

右图给出了一个具有相同成本的垄断厂商的行为。通过设定 $MR = MC$，垄断厂商生产 Q_m 的产量，这一产量小于 Q_c，同时设定价格为 P_m。现在的消费者剩余仍是深色的三角形部分，比左图中要小得多。这里的关键问题在于：一部分消费者剩余已经被转化为垄断者的利润，即图中浅色矩形的面积。但是，还有一部分消费者剩余没有转化为垄断者的利润，它既没有被消费者获得，也没有被垄断者获得。这部分消费者剩余没有被任何人获得，它被损失了。我们称这部分被损失的消费者剩余为无谓损失。

为了更好地理解无谓损失，记住，需求曲线的高度体现了消费者对该产品的最高支付意愿，边际成本的高度体现了生产者生产该产品的成本。现在请注意，在垄断厂商生产的产量 Q_m 同完全竞争市场下生产的产量 Q_c 之间，需求曲线位于边际成本曲线之上。换句话说，Q_m 和 Q_c 之间每单位产品对消费者的价值要高于该单位产品的生产成本。因此，如果这些单位的产品被生产出来，总剩余将会增加。但是，垄断者没有生产这些单位的产品。为什么不生产呢？因为为了销售这些单位的产品,垄断者必须降低产品的价格,而一旦它降低价格,新增加的收益将少于新增加的成本。也就是说,MR 将会小于 MC。因此,垄断厂商的利润会减少。

我们来看看现实中的无谓损失。GSK 对双汰芝药品的定价为每片 12.50 美元,这是利润最大化的价格。有大量的消费者付不起每片 12.50 美元的价格,但是,他们愿意支付的价格要高于每片 50 美分的边际成本。无谓损失就是由于垄断的定价高于完全竞争价格,从而使得这部分双汰芝药品无法出售所损失的价值。

自我测验

1. 垄断者对其产品的定价比完全竞争厂商的定价更高还是更低?
2. 垄断者生产的产量比完全竞争厂商生产的产量更高还是更低? 为什么?

11.4　垄断的成本:腐败和无效率

不幸的是,在当今的世界上,很多垄断者都是由政府腐败所造成的。例如,印度尼西亚前总统苏哈托(1967—1998 年在任)把具有大量获利空间的丁香垄断权给了他那花花公子的儿子,汤米·苏哈托(Tommy Suharto)。丁香听起来可能是一种不怎么重要的产品,但是,它是印度尼西亚雪茄中的一种关键成分。垄断给了汤米数亿美元的利润。很多有钱的花花公子都购买兰博基尼轿车——汤米却买下了生产兰博基尼的整个公司。

当被垄断的产品是生产其他产品的要素时,垄断的危害就更大了。例如,在阿尔及利亚,大约有十几个将军,他们每人都控制着一种关键性的商品。实际上,根据这些将军所垄断的主要商品,公众们都讽刺性地分别称他们为钢材将军、小麦将军、轮胎将军,等等。

钢材是生产汽车的主要要素。因此,如果钢材将军想利用他的市场势力来提高钢材的价格,那么,这就会增加汽车将军的成本。相应地,汽车将军就会提高汽车的价格,而且同完全竞争钢材市场下汽车的垄断定价相比,这时汽车价格提高得会更厉害。同理,同完全竞争汽车市场下钢材的垄断定价相比,钢材将军对钢材价格的提高也会更厉害。如果还有,比方说,一个轮胎将军、一个计算机将军和一个电力将军,我们就有了一份经济祸害者的名单了。每个将军都试图从馅饼中攫取更大的份额,但是,他们合起来导致的结果就会使这块馅饼越来越小。

比较一下完全竞争市场经济和垄断经济:完全竞争下的钢材生产者会尽量降低价格,以便他们能卖得更多。钢材价格的下降会促使汽车价格下降。一个部门成本的节约会传播到整个经济中,由此会促使经济增长。相反,在一个垄断经济中,整个过程正好反过来了。每个企业都想要提高其产品的价格,由此而导致的成本增加会传播到整个经济中,结果就是贫困和停滞。

经济学中最伟大的发现之一就是:好的制度会把对自我利益的追求引向社会繁荣,而坏的制度会把对自我利益的追求引向社会毁灭。美国的商业领袖对自我利益的追求并不亚于阿尔及利亚的将军们。那么,为什么前者主要是一种正面力量,而后者却大部分都成为了一种负面力量? 这是因为,完全竞争市场把商业领袖的自我利益引向了社会的繁荣,而阿尔及利亚的政治结构则把自我利益引向了社会的衰落。

11.5   垄断的收益：对研发的激励

GSK 把它的抗艾滋病药品的价格定在边际成本之上。如果 GSK 没有垄断权力，竞争者就会促使该药品的价格下降，也就会有更多的人能够买得起双汰芝，总剩余也会增加（即无谓损失将会下降）。因此，解决垄断问题的办法不是很显然吗？通过停止对这家企业专利权的保护，让这个行业对竞争者开放，或者强迫 GSK 降低其产品的价格。

实际上，很多国家实行的就是这两种政策中的某一种。例如，印度就没有对专利权提供有力保护的传统，而加拿大则对药品的价格进行了管制。印度和加拿大的政策都成功地把这两个国家的药品价格降到了很低的水平。很多人认为，美国也应该控制药品的价格。不幸的是，事情并没有那么简单。我们需要再来看看这个问题：垄断有哪些不对呢？

在美国，要研发并成功测试一种新药品，平均耗费的成本是 10 亿美元。[7] 如果人们还希望能有企业愿意投资新药品的开发，那么，企业就必须有利润来补偿这些成本。但是，如果竞争促使每片药的价格都降低到等于边际成本，研制新药的成本就无法补偿了。没有收割的希望，还有谁愿意来播种呢？

专利是回报研发的一种方法。再来看看图 11.3，图中显示的灰色长方形面积为垄断利润。正是由于准确地预期到能够获得这些垄断利润，企业才有激励从事新药品的研究和开发工作。

如果药品专利不能得到保护，新药品的数量就会下降。印度经济发展水平不高，加拿大的经济总量不大，因此，这两个国家对制药企业的全球利润都没有太大的影响。但是，如果美国对专利权进行限制，或者对药品价格进行管制，那么，新药品的数量就会显著下降。[8] 但是，新药品能挽救生命。正如我们在前文中所说，像双汰芝这样的抗逆转录病毒药品，是促使美国 20 世纪 90 年代中期艾滋病死亡率下降50% 的主要原因。在促使价格接近边际成本的时候，我们千万要小心，不要彻底错失了新药品。

在评估药品专利的时候，请记住，专利不是永远都有效的。一项专利最多只能持续 20 年，而且，到一种新药被美国食品与药品管理局批准的时候，其有效保护期一般只有 12—14 年。一旦药品的专利权结束，非专利药马上就会出现，无谓损失就会消失。

具有高开发成本和低边际成本的产品不仅仅只有药品类产品。所有类型的信息产品也经常都具有这样的成本结构。像《光晕》(Halo)、《疯狂橄榄球》(Madden NFL)和《模拟人生》(The Sims)等电子游戏，它们的开发成本一般需要 700 万美元到 1 000 万美元，开发《侠盗猎手 4》(Grand Theft Auto Ⅳ)的成本超过了 1 亿美元。但是，一旦程序写出来之后，复制一份手册和读写一张 DVD 或 CD 的边际成本也许只需要 2 美元。它们的价格一般都在 40 美元到 60 美元之间，价格远高于边际成本。价格高于边际成本就存在无谓损失。从理论上说，我们可以通过价格管制来减少这些无谓损失。但是，降低价格就会减少研究和开发新游戏的激励。你更想要哪一种结果：永远都是 2 美元的单调游戏，还是不断更新换代的 50 美元的游戏？

电子游戏似乎是可有可无的。但是,是否应该以未来永远都没有创新为代价,来换取今天的低价格,这种权衡是当代经济所面临的一个基本选择。实际上,现在经济增长理论强调,垄断——如果它是被用来保护创新——可能是经济增长的必要条件。

诺贝尔奖得主经济史学家道格拉斯·诺思(Douglass North)认为,在法律,包括专利法,被创造出来保护创新之前,经济增长都是缓慢和断断续续的:

> 在整个人类的过去,人们都一直在不断地开发出新的技术,但是,其步伐是缓慢的,时断时续的。其主要原因在于,开发新技术的激励都是零散的。从技术上讲,创新可以很容易地被其他人不花任何成本地复制,而且对发明者和创新者不支付任何报酬。没有发展出一种对创新进行保护的知识产权体系,这是近代之前技术之所以缓慢变化的主要根源。[9]

收购专利:一种可能的解决方案

有没有一种既可以消除无谓损失,又不会降低创新激励的方法呢? 经济学家迈克尔·克雷默(Michael Kremer)曾经提出过一个非常具有启发性的方法。[10]再来看看图 11.3。灰色长方形面积所代表的利润是专利给专利权所有者所带来的价值,8 亿美元。假设政府以,比方说,8.5 亿美元来购买这一专利权。垄断者会非常愿意在这一价格下出售这一专利。政府如何处理这一专利呢? 放弃这项专利的拥有权! 如果政府放弃这一专利权,竞争者就会进入该领域,促使价格下降到等于生产的平均成本,无谓损失就会消失。换句话说,双汰芝就会从每片 12.5 美元下降到每片 50 美分。世界上也就会有更多的穷人能够买得起这种药品来治疗艾滋病了。

克雷默建议的最大优点在于,它既降低了新药品的价格,又没有减少研发新药品的激励。实际上,通过提供比潜在利润更高的价格,政府甚至能提高创新的激励! 但是,同往常一样,世界上没有免费的午餐。为了购买专利,政府必须提高税收,而我们从第 7 章已经知道,像垄断一样,税收也会造成无谓损失。此外,如何决定一个合适的价格来购买专利权,这也不是件很容易的事情。另一些人所担心的腐败问题,也可能是一个大问题。

> **自我测验**
>
> 1. 列举一些企业,其所拥有市场势力合理地鼓励了创新。再列举一些企业,其所拥有的市场势力似乎并没有鼓励创新。
> 2. 如果我们用奖金,而不是用专利来回报创新,你认为对于一种治疗癌症的新药品,奖金应该是多少?

11.6　规模经济和对垄断的管制

政府不是市场势力的唯一来源。在存在规模经济的环境中,让一家大企业(或几家大企业)来独家生产,比让很多小企业来同时生产,所产生的成本要低得多。

这时垄断可能会自然出现。如果只需要一家企业,就可以比两家或者多家企业,以更低的成本供应整个市场,我们就称该行业存在**自然垄断**(natural monopoly)。

地铁就是一个自然垄断行业,这是因为,建造两条平行的地铁所花费的成本是建造一条地铁的两倍,但是,即使成本是两倍,产出(地铁旅行的人次)却是一样的。像自来水、天然气和有线电视之类的公用事业,都是典型的自然垄断,因为在这每一个例子中,在给定的家庭户数下,铺设一条管道或电缆都比铺设多条要便宜得多。

在图 11.5 中,我们把具有相同成本的完全竞争企业和垄断企业进行了对比,结果表明,完全竞争下的总剩余要更大。完全竞争企业和自然垄断企业的比较就完全不同了。虽然自然垄断企业生产的产量比最优产量更少,但完全竞争企业的产量也会比最优产量更少,因为完全竞争企业无法利用规模经济的优势。

如果规模经济足够大,自然垄断者的定价甚至有可能比完全竞争下的更低。图 11.6 给出的正是这样一种情形。注意,垄断者的平均成本远低于完全竞争企业的平均成本,因此,垄断企业的定价也低于完全竞争企业的价格。例如,每个家庭都用一台小型发电机或者一块太阳能电池板来发电以满足自家使用——这完全有可能,但是这种发电的方法其成本要比建筑一条大坝来发电的成本高得多,尽管大坝是一种自然垄断。

如果一家企业能够比两家或者多家企业以更低的成本供应整个市场,我们称该行业存在**自然垄断**。

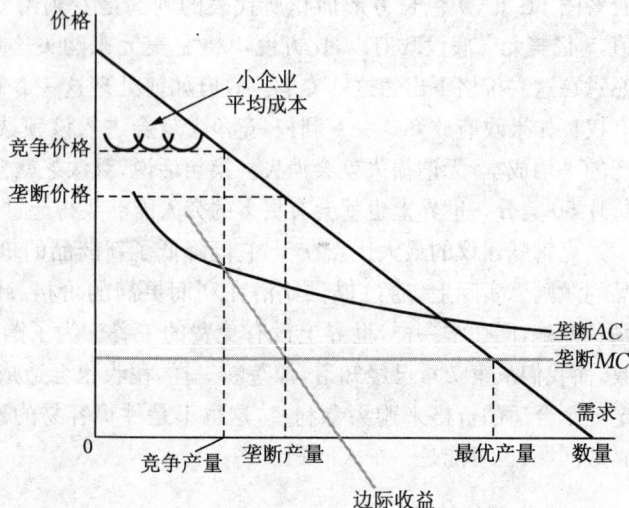

规模经济意味着垄断企业比完全竞争企业具有更低的生产成本。例如,用一条大坝为 100 000 户家庭发电比每户家庭都用太阳能电池板发电成本要低得多。如果规模经济足够大,垄断下的价格可能会比完全竞争下的价格更低,产出会比完全竞争下的更高。

图 11.6 当存在巨大规模经济的时候,垄断企业比完全竞争企业具有更低的价格

是否有一种鱼和熊掌可以兼得的办法呢?也就是说,是否有办法使得价格等于边际成本,同时又可以利用规模经济的好处呢?

从理论上讲,对这一问题的回答是肯定的,但不太容易。在第 6 章我们已经表明,把价格控制在市场均衡价格之下会造成短缺。但是,令人惊奇的是,如果是由垄断者定价,进行价格管制可以增加产出。下面我们来看看。

如图 11.7 所示,假设政府把垄断者的价格限定在 P_R 的水平。假设垄断者销售 2 单位,同时还假设它想卖出第 3 个单位。这第 3 个单位产品的边际收益是多少呢?它正好是 P_R。实际上,如果价格设定在 P_R 上,垄断者可以在不进一步降低价格的情况下卖出 Q_R 个单位。由于垄断者不必降低价格就可以卖出更多,图 11.7 中直到 Q_R 之前每单位产品的边际收益都是 P_R。注意,我们已经在图 11.7 中画出了一条新的边际收益曲线,它在 0 到 Q_R 之间都等于 P_R(在 Q_R 之后,为了再多卖出一单位,垄断者必须对这之前所有单位的产品都进行降价,因此,*MR* 曲线向下跳跃到原来的 *MR* 水平上,并变成了负数)。现在,问题就很简单了,因为同往常一样,垄断者希望在 $MR = MC$ 的产量上进行生产,所以,Q_R 是利润最大化的产量。

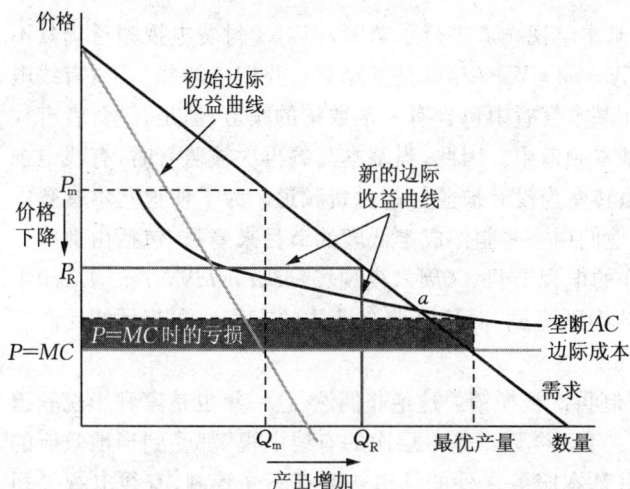

没有管制时,垄断者会选择 Q_m 的产量来最大化利润水平。如果政府设定等于在 P_R 管制价格水平,垄断者会选择一个更高的产量水平 Q_R。最优的价格是在 $P = MC$ 的地方,但是在这一价格水平下,垄断者会亏损,因而会退出该行业。能使得垄断者留在该行业的最低价格是 $P =$ 点 a 处的 AC。在这一价格水平上,垄断者获得了零(正常)利润。

图 11.7　对垄断者的价格管制可以提高产量

　　注意,如果政府对垄断者产品设定的管制价格下降,垄断者会生产更多。

　　那么,政府应该设定什么样的价格水平呢?由于最优数量是在 $P = MC$ 的地方,自然,政府应该设定 $P_R = MC$。不幸的是,如果规模经济很大的话,这一价格是无效的。因为如果价格被设定等于边际成本上,垄断者将会亏损。记住,利润 $= (P - AC) \times Q$,因此,设定 P_R 等于边际成本会导致亏损,如 11.7 中阴影区域的面积所示。

　　政府也可以在 $P_R = MC$ 的价格下对垄断者进行补贴以弥补其亏损。但是,同以前一样,税收本身也会造成无谓损失。如果在 AC 同需求曲线相交的点 a 处,政府设定 $P_R = AC$,垄断者正好盈亏平衡,产出也会比垄断产出水平更大,但是会比最优产量小。这似乎相当好了,不过,对垄断者的管制还存在其他问题。如果垄断者的利润被管制了,它就没有激励进行产品创新来改进质量或者降低成本。美国有线电视的奇特管制历史和加利福尼亚州试图撤销电力管制的失败都表明,管制和撤销管制实际上都存在一些问题。

11.6.1　我想要自己的 MTV

　　对有线电视零售订购价格的管制,早期似乎把电视的价格保持在了很低的水平上,那时基本上只有 3 个频道,美国广播公司(ABC)、哥伦比亚广播公司(CBS)和美国国家广播公司(NBC)。但是,在 20 世纪 70 年代,新技术的出现使得有线电视的经营商可以提供 10 个、20 个,甚至 30 个频道。但是,如果订购价格被固定在很低的水平上,因而利润率受到限制,有线电视的营销商就几乎没有任何激励来增加频道。意识到这一点之后,美国国会在 1979 年提高了付费频道收费率的上限,1984 年提高了所有有线电视的价格上限。

　　正如自然垄断理论所预见的那样,撤销对有线电视的管制会导致价格提高,但是，同时也出现了其他一些现象——电视台的数量和电视的质量都显著提高了。并且，同自然垄断理论相反，消费者似乎更喜欢新的电视频道，其程度超过了它们对价格提高的关心程度。这很显然，因为即使价格上升了，订购有线电视的人却更多。[11]

国会于 1992 年再次对基本电视频道进行了监管，但对于付费电视频道仍然不进行监管。《韦恩的世界》(*Wayne's World*)就是其结果。我们来解释一下：有线电视的经营者一般都被要求在基本套餐中包含有一定数量的频道，但是，经营者有权力选择把哪些频道包含在基本频道中。因此，当基本套餐再次被监管时，有线电视的经营者把一些最好的频道转变为没有被监管的付费频道。为了使得基本套餐中频道数量到达规定的要求，他们用一些制作成本低廉的节目来凑数，包括由那些正在白手起家的业余人士制作的电视节目。《周六夜现场》(*Saturday Night Live*)中有一部叫做《韦恩的世界》的幽默喜剧，对这种业余性质的有线电视节目的泛滥进行了嘲讽。

1996 年，对收费率的限制再次被撤销。这绝非偶然，这一年也是家庭影院频道 HBO 第一次赢得艾美奖的一年。今天，"基本层次的有线电视"都受到当地政府的管制，但是，任何超出这种最基本服务之外的频道普遍都不受管制，有线电视公司都可以按照市场价格对它们进行收费。同上次一样，管制被撤销后，价格已经上涨了，但是，电视频道的数量和电视节目的质量也都提高了。

如果你喜欢看《黑道家族》(*The Sopranos*)、《明星伙伴》(*Entourage*)、《美眉校探》(*Veronica Mars*)这一类的电视节目，那么，解除有线电视的管制就算是非常成功了。但是，解除对电力供应的管制被证明是非常糟糕的。

11.6.2 电价的逆袭

政府所有制是解决自然垄断问题的另一种可行的办法。在美国，大约有 3 000 家电力公司，其中的三分之二都是政府所有（其余的都受到严格管制）。公用事业公司的政府所有制始于 20 世纪早期，同时，各地市政当局则控制着当地的分销公司。在 20 世纪 30 年代，联邦政府变成了最主要的电力公司，它建设了当时最大的人工建筑，1936 年建成了胡佛大坝，1941 年建成了一座更大的大坝，大古里大坝。

在数十年间，政府所有制和政府管制都运转得相当成功，它给美国提供了便宜的电力供应。但是，由于缺乏竞争的约束或者某种利润激励，政府运行或管制的垄断企业往往都会变得缺乏效率。如果成本能够转嫁给消费者，为什么要降低成本呢？在 20 世纪 60 年代和 70 年代，当电力价格上涨时，为建造核电站超支的数十亿美元，引起了人们对该行业低效率的关注。

从历史上看，发电、远距离输电以及地方配电等环节，都曾经由单独一家企业掌控。但是，到了 20 世纪 70 年代，新技术减少了小规模发电的平均成本（在图 11.6 中，你可以认为标记为"小企业平均成本"的曲线正在向下移动）。虽然输电和配电环节仍然保持着自然垄断，但新技术的出现意味着发电环节不再是自然垄断。经济学家开始认为，把发电从输电和配电环节分离出来，可以在发电环节引入竞争，从而能降低成本。

11.6.3 屋漏偏逢连夜雨：加利福尼亚的电力市场

为了能从更低的成本和更大的创新中受益，加利福尼亚在 1998 年解除了电力批发价格的管制。在放开管制的开始两年，所有的一切看起来都很好。实际上，在新世纪开始时，加利福尼亚正变得蒸蒸日上。在硅谷，计算机科学的大学毕业生一夜之间就可以变成百万富翁甚至是亿万富翁。在 2000 年，加利福尼亚的个人收入水平提高了 9.5%，这是一个巨大的数字。更高的收入和一个异常炎热的夏天增加了电能的需求。但是，加利福尼亚的发电能力，由于一直处于破旧不堪和亟待维修的状态，现在变得非常紧张。为了满足需求，加利福尼亚必须从其他州输入电力，但是，其他的州也很少有多余的电力。炎热的天气提高了整个西部的电力需求，同时，由于前一个冬季降雪量的下降，水力发电的供给也减少了 20%。

2000 年的夏季，以上所列举的这些因素，和其他更多因素加一起，使得整个电的价格上涨到 2 倍、3 倍、4 倍，最后是 5 倍。平均价格从 4 月每兆瓦小时（MWh）26 美元上升到 8 月的每兆瓦小时 141 美元。秋季的价格稍微下降了一些，但到了冬天，价格又往上跳，有段时间曾经达到每兆瓦小时 3 900 美元。月平均价格在 12 月达到了顶峰，为每兆瓦小时 317 美元——大概比前一年 12 月的价格高了 10 倍。[12] 然而更糟糕的是，在没有足够电力供应来满足需求的时候，电力管制使得 100 多万加利福尼亚居民断电，从而生活在黑暗中。看起来新世纪并不是太光明。

加利福尼亚的这次困境并不全是由大自然所造成的。需求增加，供给下降以及放松管制的糟糕规划，这些都为各家发电厂创造了这次充分利用市场势力的绝好机会。

在电的需求低于生产能力的时候，每家发电厂都几乎没有市场势力。例如，在 1999 年，如果一些发电厂关闭了，那对价格的影响将会非常小，因为这些发电厂的电可以很容易地被其他发电厂的电或者输入的电所替代。因此，在 1999 年，每家发电厂的产品都面临着一个很有弹性的需求。但是，在 2000 年，每家发电厂都变得非常重要，因为几乎每家发电厂都必须开足马力才刚好能满足需求。电不是一种普通的商品，因为它的储存成本非常高，一旦需求超过供给失衡了，其结果就是灾难性的断电。因此，如果需求很接近产能，当电力公司需要不顾一切地购买足够的电来维持电网的正常运行时，供给方面一个小的下滑都会导致价格大幅度上升。所以，在 2000 年，每家发电厂所面临的需求曲线都是非常缺乏弹性的。当需求缺乏弹性时，提高价格的激励会导致什么事情出现呢？你还记得图 11.4 中的结论吗？或者如图 11.8 右图所示。

理解现实世界

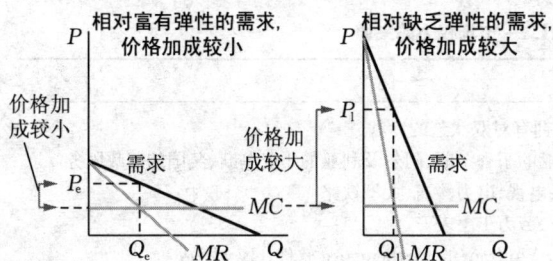

图 11.8 需求弹性对价格加成的影响 *

---

* 此标题为译者所加。原书标题缺。——编者注

2000 年的夏季和冬季,需求很接近生产能力,每家发电厂都面临着一条缺乏弹性的需求曲线。一家只拥有一个发电厂的企业不太能利用它的市场势力:如果它关闭它的发电厂,电的价格上升,但这家企业将没有电可供销售!! 然而,很多企业都拥有不止一个发电厂,在 2000 年,这就造成了一种可怕的激励。一家拥有 4 个发电厂的企业可能会关闭一个发电厂,比如说因为"维修",电的价格会上涨到这样的程度,即这家企业运转 3 个发电厂发电所赚的钱比它运转 4 个发电厂还要多! 2000 年和 2001 年早期因为"维修"而关闭的发电厂比 1999 年多得多,这不禁让人浮想联翩。[13]

在 20 世纪 90 年代,重组电力市场的不只是加利福尼亚州。其他如得克萨斯州和宾夕法尼亚州也放开了发电市场的竞争,其电力价格的上涨并不像加利福尼亚那么夸张。在英国、新西兰、加拿大以及其他地方也都出现了电力市场的重组。但是,加利福尼亚州的经验已经表明,把发电从输电和配电中分离开来,而让输电和配电仍然保持自然垄断,可能会带来风险。

自我测验

1. 请看图 11.7。如果管制者把价格控制在 $P = AC$ 的点 a 上,垄断者会生产多少?同没有管制下的垄断数量相比,这对消费者、垄断者或者社会会更好吗?
2. 电话服务通常都是一个自然垄断。为什么? 它在今天还是一个自然垄断吗? 讨论一下,技术如何可以影响一种产品是或者不是自然垄断。

11.7 其他市场势力的来源

进入壁垒是一些会增加该行业新进入企业成本的因素。

表 11.1 概括了一些市场势力的来源。除了专利、政府规制和规模经济外,任何时候,只要存在着显著的**进入壁垒**(barrier to entry),即存在一些提高该行业新进入企业成本的因素,垄断就会产生。比如说,一个企业可能拥有一种很难被复制或模仿的要素。例如,沙特阿拉伯在石油市场上拥有一些市场势力,因为石油的需求是缺乏弹性的,而沙特阿拉伯控制了世界石油供给的很大份额。石油特殊的地方在于,只在世界的某些地方发现有大量的石油,因此,如果一家企业恰好位于这个地方,它就可以垄断总供给的很大份额。如果沙特阿拉伯不是同其他供给者相互竞争,而是同它们一起形成一个卡特尔,即形成一个能协调行为以最大化总利润的企业集团,沙特的市场势力就会被加强。我们将在第 13 章再详细分析卡特尔。

表 11.1 市场权力的来源

市场势力的来源	例　　子
专　　利	GSK 公司拥有对双汰芝的专利
阻止竞争者进入的法律	印度尼西亚的丁香垄断、阿尔及利亚的小麦垄断、美国的邮政服务
规模经济	地铁、有线电视、电力输送、大型铁路
很难复制的要素投入	石油、钻石、劳力士手表
创　　新	苹果 iPod、Wolfram 的 Mathematica 软件、eBay 网站

品牌和商标也可能会给企业带来市场势力,因为这些品牌和商标所带来的声誉不能很容易地被复制。天美时手表同劳力士手表一样准时,但是,只有劳力士象

征着财富和身份。

如果一家企业进行创新并生产了一种其他企业都无法模仿的新产品,这时也可能会出现垄断。在 2006 年,尽管苹果 iPod 有很多竞争者,但苹果公司在 MP3 市场上拥有 70%的份额——iPod 确实比竞争产品有优势。[14] 对于专利型垄断,由创新所产生的垄断体现了某种权衡:iPod 现在的定价比它在完全竞争时要更高,但是,如果苹果公司认为得不到垄断利润,它也就丧失了创新的激励。

自我测验

1. 思考一下美国职业棒球联盟和美国职业橄榄球赛的门票。"进入壁垒"这一概念如何有助于解释它们的定价?
2. 以下每个例子中的进入壁垒有多久:音乐、NBA 篮球特许经营、美国一级邮件邮政投递、美国包裹邮政邮寄?

○ 本章小结

阅读完本章之后,给定一条需求曲线或者一张价格数量表(如图 11.1),你应该能够找出边际收益。给定一条需求曲线或者边际成本曲线,你应该能够找出并标识出垄断价格、垄断数量和无谓损失。再给出一条平均成本曲线后,你应该能找出并标识出垄断利润。你也应该能够说明,为什么需求越缺乏弹性,超出边际成本的价格加成越大——这一关系在下一章也将会被用到。

垄断究竟是好还是不好?答案并不总是很明显。这一点使得垄断理论变得有趣,并成为了经济学家经常争论的主题之一。相反,我们面临的却是一系列的两难选择。专利垄断,如双汰芝的专利垄断,造成了无谓损失和创新之间的两难选择。垄断者会把其产品的价格定得高于边际成本,但是,没有垄断利润的吸引,可能根本就没有任何新产品会出现。

自然垄断也包含着两难选择,这次是在无谓损失和规模经济之间的两难选择。存在无谓损失意味着垄断不是最优的,但是,如果规模经济很大,竞争的结果经常也不是最优的。对垄断进行管制似乎提供了一个逃离这种两难困境的办法。但是,正如我们在分析有线电视和电力管制时所看到的,管制的实施要比理论复杂得多。有线电视的管制维持了低价格,但是,它同时也维持了低质量。总的来说,解除对有线电视的收费管制做得相当成功,至少对于那些在价格上涨时仍蜂拥订购的消费者来看是这样的。相反,解除对电力的管制却导致了加利福尼亚州的电力企业充分利用其市场势力。

至于应如何解决无谓损失与创新和规模经济之间的两难困境,经济学家还没有一致意见。但是,很多垄断,从世界范围来看也许大多数的垄断,并不是自然垄断——它们既不支持创新,也没有利用规模经济。相反,它们只不过是制造了一种向政治权贵们的财富转移。对于这些垄断,经济学提供了指导性的建议——向竞争者开放这一领域!唉,至于如何说服政治权贵们接受经济学家们的建议,经济学几乎没有提出任何明确的建议。

○ 本章复习 ···

关键概念

市场势力
垄断
边际收益,MR
边际成本,MC
自然垄断
进入壁垒

事实和工具

1. 在下图中,请标识出边际收益曲线、利润最大化的价格、利润最大化的数量、利润和无谓损失。

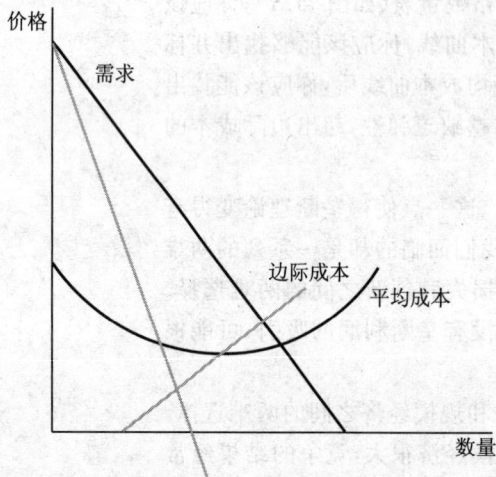

2. a. 考虑一个像图 11.5 所示的市场,其中所有的企业都拥有相同的平均成本。如果这个市场上有一家完全竞争的企业,它试图把价格设定在平均成本的最低点,它将会销售多少单位?

   b. 如果有一个垄断者在做同样的事情,它把价格提高到平均成本之上,它销售的单位数会出现什么变化:是会增加、减少,还是保持不变?

   c. 如何解释你对 a 问和 b 问中答案的差别?

3. a. 在教科书《应用价格理论》(*The Applied Theory of Price*)一书中,D. N. 迈克洛斯基(McCloskey)把等式 $MC = MR$ 看作是一个理性生活规则。谁会遵循这个规则:垄断企业还是竞争企业,或者两者都是?

   b. Rapido 鞋非常流行,这使得 Rapido 鞋业公司拥有垄断权力。该公司每年销售的鞋有 2 000 万双,获得了巨额利润。多生产一双鞋的边际成本非常低,而且如果它们多生产一些鞋,边际成本也不会变化多少。Rapido 的市场专家告诉它的首席执行官,如果它降价 20%,它将会卖出更多的鞋子,而且利润也会上升。如果这个专家是对的,在当前的产出水平上,是 $MC > MR$,还是 $MC = MR$,或者是 $MC < MR$?

   c. 如果 Rapido 的首席执行官接受了这个专家的意见,这对边际收益有什么影响:它是会上升、下降还是保持不变? Rapido 的总收入是会上升、下降还是保持不变?

   d. Apollo,另一家具有高额利润的鞋业公司,它也拥有市场权力。它每年销售 1 500 万双鞋,并且面临着同 Rapido 非常相似的边际成本。Apollo 的市场专家得出结论认为,如果它们把价格提高 20%,利润将会增加。对于 Apollo 来说,是 $MC > MR$,还是 $MC = MR$,或者是 $MC < MR$?

4. a. 在电子书、iTunes 上的音乐和软件下载的销售中,再多生产和销售一单位产品的边际成本本质上是 0:$MC = 0$。我们来考虑一下这种市场上的垄断情况。如果垄断者正在实施利润最大化,像这样的一个企业,其边际收益等于什么?

   b. 所有的企业都试图最大化其利润($TR - TC$)。第 4 题 a 问中的规则告诉我们,在这个边际成本等于 0 的特殊例子中,"利润最大化"等价于下面哪种说法?
   (1)"总收益最大化";
   (2)"总成本最小化";
   (3)"平均成本最小化";
   (4)"平均收益最大化"。

5. a. 在需求是更具有弹性,还是更缺乏弹性的情形下,垄断者定价时的价格加成会更高?

b. 在消费者是有更多的替代品,还是更少的替代品的情形下,垄断者定价时的价格加成会更高?

c. 在以下每组商品中,哪种产品定价时可能具有更大的价格加成? 为什么?

   I. 销售新款式鞋的人,还是销售普通鞋的人?

   II. 电影院销售的爆米花,还是纽约城市中街头小贩销售的爆米花?

   III. 销售一种新的强力抗生素的制药公司,还是销售治疗头皮屑的高效新药品的企业?

6. a. 你可以在网上找到答案:当"太空飞船1号"(SpaceShipOne)赢得载人太空飞行比赛安萨里X大奖(Ansari X Prize)时,它飞得有多高?

   b. 开发"太空飞船1号"的成本是多少? 1 000万美元的奖金够支付这一开发成本吗? 你认为,为什么微软的创办人之一,保罗·艾伦(Paul Allen),要投资这么多钱来赢得这一奖项? 艾伦的动机出现在我们垄断模型中了吗?

7. 如果一个垄断者正在生产利润最大化的产量,下面哪一项是对的? 答案可能不止一个。

   (1) 边际收益=边际成本;

   (2) 总成本=总收益;

   (3) 价格=边际成本;

   (4) 边际收益=平均成本。

8. a. 考虑一个像图11.3中的典型垄断企业。如果一个垄断者发现了一种能降低边际成本的方法,会出现什么情况:它会以更低的价格给消费者带来一些好处吗? 还是相反,它会提高价格以便能利用这更丰厚的边际利润? 或者这对它的价格没有任何影响?

   b. 在一个完全竞争行业,如果边际成本下降,这种情况会出现吗? 或者完全竞争市场和垄断市场对成本的下降反应会不同吗?

9. a. 哪种情况下的利润会更高些:是在专利性药品的需求高度缺乏弹性时,还是在它高度富有弹性时? (图11.4可能会有帮助。)

   b. 在这两种药品中,哪一种药品可能会更"重要"些? 为什么?

   c. 现在考虑利润方面的诱惑:如果制药公司正在考虑应该研制哪一种药品,是具有更少替代品的药品,还是具有更多替代品的药品更具有诱惑?

   d. 你在c问中的答案同一个全能的仁慈政府代理人所做的决定相同吗? 或者它正好同一个全能的仁慈政府代理人的行动相反?

10. 判断对错:

    a. 当一个垄断市场在最大化其利润时,价格会高于边际成本。

    b. 对于一个生产某一数量产品的垄断者来说,其价格小于边际收益。

    c. 如果一个垄断者最大化其利润,边际收益等于边际成本。

    d. 讽刺的是,如果政府管制者对一个垄断市场设定了一个比无管制时更低的价格,它往往提高了再多销售一些产量的边际收益。

    e. 在美国,政府对有线电视的管制令付费频道的价格降至平均成本。

    f. 当消费者有很多选择时,垄断者的价格加成会更小。

    g. 专利是由政府制造的垄断。

思考和习题

1. 除了本章所讲的丁香垄断之外,汤米·苏哈托,印度尼西亚前总统苏哈托(1967—1998年任职)的儿子,还拥有一家媒体集团 Bimantara Citra。经济学家雷蒙德·菲斯曼(Raymond Fisman)和爱德华·米格尔(Edward Miguel)在饶有趣味的《经济黑帮》(*Economic Gangsters*, Princeton University Press, 2008)一书中,比较了在1996年7月4日这天 Bimantara Citra 和其他企业的股价。也就是在这一天,印度尼西亚政府宣布苏哈托总统正前往德国进行健康检查。你认为相对于印度尼西亚证券交易所的其他股票,Bimantara Citra 的股票会出现什么变化吗? 为什么? 这对印度尼西亚的腐败和垄断说明了什么?

2. a. 有时,我们关于边际成本和边际收益的讨论无意中忽略了真正的议题:企业对最大化总利润的追求。下面是关于某家企业的一些信息:

   需求:$P = 50 - Q$。固定成本 = 100,边际成本 = 10。

   利用这一信息,计算以下表格中每一栏的总利润,并在下图中画出总利润曲线。标识出最大化的利润水平,以及能获得这一利润水平的产量水平。

数量	总收益	总成本	总利润
18			
19			
20			
21			
22			
23			

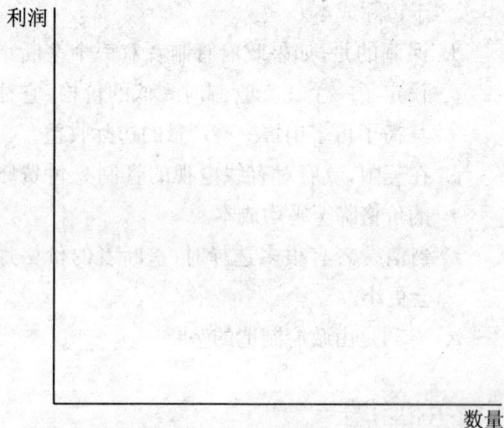

利润

数量

b. 如果固定成本从 100 增加到 200,这会完全改变这条曲线的形状吗？另外,它会使得这条曲线向左还是向右移动？向上还是向下移动？运用这一点如何来解释:很多时候在考虑垄断市场的决策过程时,都可以忽略固定成本？

3. 当一个运动队雇用了一个很贵的新队员,或者建了一座新的体育场地,你经常会听到这样的宣称,即必须提高价格以收回新增的高额成本。我们来看看垄断理论如何说。把这些新的费用看作是固定成本是非常合适的:无论消费者的数量增加还是减少,这些费用都不会改变。无论人们来不来看,你都必须支付给棒球手 A-Rod 同样的薪水,无论扬基队体育馆的座位有没有坐满,你都必须为它支付同样多的利息。在这个问题中,我们把整个运动队看作是一个垄断者,同时为了简单,我们假设只有一种价格的门票。

a. 只要运动队是有利润的,如果仅仅只是固定成本的提高,它会提高,还是会降低门票的均衡价格？或是对门票根本没有任何影响？为什么？

b. 实际上,在现实生活中更常见到的是,当一个

运动队由于建造时髦的新体育馆,或者雇用新的明星球员而提高固定成本之后,门票价格也会提高:在最近几年,这种情况已经在圣路易斯和圣迭戈的棒球体育馆中出现过。这种情况的发生是由于什么因素的变化？列举出两条曲线,并说明它们移动的方向。

c. 由此,如果运动队在明星身上花了很多钱,它们能把这些成本转嫁到消费者头上吗？按照垄断理论,它们为什么愿意在明星身上花很多钱？(注意:像《钱和球》(*Moneyball*) * 和《棒球经济学》(*The Baseball Economist*)这样的书都运用经济学模型来分析国民的休闲活动,而运动队的经理们也经常在经济学方法上接受了扎实的训练。)

4. 在早些时候,我们谈到过 $MC = 0$ 这种特殊情况下的垄断。当产品可以不需要任何额外的成本就可以被生产出来时,我来看看企业的最优选择是什么。由于很多电子产品都很接近这种情形——此时,发明这种产品的固定成本和令政府管制者感到满意是唯一需要关心的成本——在 $MC = 0$ 的例子中,未来可能会比过去更重要。在每个例子中,一定要看看利润是否是正数！如果"最优"的利润水平是负数,那么,垄断企业一开始就没有必要成立——这是它们能够避免固定成本的唯一方法。

a. $P = 100 - Q$。固定成本 $= 1\,000$。

b. $P = 2\,000 - Q$。固定成本 $= 900\,000$。

a. $P = 120 - 12Q$。固定成本 $= 1\,000$。

5. a. 如果只考虑自己的利益,谁更有可能会支持加强制药公司的专利权:年轻人还是老年人？为什么？

b. 谁更有可能支持加强电子游戏的专利权和版权保护:是那些真正喜欢老式电子游戏的人,还是那些希望经常玩最好和最先进的电子游戏的人？

c. a 问和 b 问其实是同一个问题,为什么这么说？

6. "常识"似乎在告诉我们,如果面临的是同样的边际成本,一个垄断者应该比一个竞争行业生产更多的产量。毕竟,如果你考虑的是利润,你总是

---

* 如果运动员参加某种球类比赛(通常是指棒球),把赚钱摆在首位,而球迷、球技等都退居其次,那么我们就说这项比赛就是"moneyball"。——译者注

希望销售量越大越好,不是吗? 这种推理有什么错误? 为什么垄断行业会比竞争性行业的销售量更少?

7. 在 20 世纪初,从纽约坐火车去旧金山比去丹佛更便宜,尽管去旧金山的火车会中途在丹佛停站。

   a. 丹佛是一个山地城市。除了坐火车,还可以如何从纽约去丹佛?

   b. 旧金山是一个靠近太平洋的城市。除了坐火车,还可以如何从纽约去旧金山?

   c. 为什么去旧金山会更便宜?

   d. 从哪一方面讲,这个故事同我们本章所讲的,关于从华盛顿特区飞往达拉斯或旧金山的机票价格的故事很相似?

8. 本章讲述了这样一个故事,即 2000 年放开的价格管制如何加重了加利福尼亚州的能源短缺。

   a. 假设你是一个企业家,正有兴趣趁着高能源价格建一座发电厂赚钱。看见正在上涨的能源成本,放开价格管制后,你是更有可能还是更不可能建这个新发电厂? 为什么?

   b. 要建立并营运一座新的发电厂,通常都是一件非常困难的事情,因为新电厂必须应对一大堆环境和安保方面的规制。同这方面规制较少的情况相比,这些规制如何影响建造和营运一个新电厂的平均总成本? 为什么?

   c. 这些规制使得这座新电厂是更可能还是更不可能出现? 为什么?

   d. 这些规制增加还是减少了现有发电厂的市场权力?

9. 在中世纪,香料的吸引力不仅仅是由于它有助于改善食物味道(欧洲生产的干藏红花粉、百里香、月桂树的干香叶、牛至,以及其他调料都有这种功能)。肉豆蔻、豆蔻香料和丁香的诱惑都来自它们的神秘性。香料成为了一种身份的象征(就像 Gucci 和法拉利在今天一样)。大部分欧洲人甚至都不知道,它们是在今天称之为香料群岛的一系列小岛上生产的。

   a. 假设你在香料群岛上种植了很多香料。而且知道,很少有人能同你竞争,你会如何调整你的产量来最大化利润?

   b. 假设你听到了谣言,说你的主要销售对象——欧洲人,现在也对一种新发明的机械钟很痴迷,这种新的发明正作为一种新奇事物迅速在欧洲传播,而且成为了另一种象征身份的标志。这将会如何改变你的最优产量? 为什么?

   c. 一旦欧洲人同美洲取得了联系,一种新的象征更高身份的新奇事物就出现了:巧克力。对你这个香料群岛的垄断者来说,这是一个好消息还是坏消息? (芝加哥的自然历史博物馆有更多关于巧克力出现的信息:http://www. field-museum. org/chocolate/history_european. html)

10. 中国人在欧洲人之前很早就已经发明了火药、造纸术、指南针、水力纺纱机,以及很多其他的发明。但是,在西方世界已经应用了很久之后,他们才开始采用大炮、工业化以及其他很多技术。

   a. 假设你是中国古代的一个发明家,而且突然意识到庆典时所用的烟花技术,可以被用来生产武器。它需要时间和金钱来开发,但你可以很容易地把这些最先进的技术卖给政府。如果当时有一个能够有力保护专利的制度,你会投入大量的资金来开发这种技术吗? 为什么?

   b. 假设没有专利制度,但是,你仍可以把你的发明卖给政府。同具有较好的专利立法的情况相比,你是会更愿意,还是更不愿意,或者说同等程度地愿意来投资开发这种技术? 为什么?

挑战

1. a. 对于以下三个例子,分别计算

     I. 边际收益曲线;

     II. $MR = MC$ 时的产出水平(即让方程 I 等于边际成本,再求解出 Q);

     III. 利润最大化的价格(即把你在 II 中的答案带入需求曲线);

     IV. 在这一产出水平上的总收益和总成本(你在最近一章所学到的);

     V. 企业家真正关心的东西:利润。

   例 A:需求:$P = 50 - Q$。固定成本 $= 100$,边际成本 $= 10$。

   例 B:需求:$P = 100 - 2Q$。固定成本 $= 100$,边际成本 $= 10$。

   例 C:需求:$P = 100 - 2Q$。固定成本 $= 100$,边际成本 $= 20$。

b. 在每一个例子中,价格加成是多少? 用两种来度量:首先用美元,即价格减去边际成本;然后再用百分比计算 $[100 \times (P - MC)/MC$,回答时请用百分比]。

c. 如果你正确地解答了 b 问,你会发现,当成本从例 B 上升到例 C 时,垄断者的最优价格提高了。为什么当成本最低时,垄断者不收取同样高的价格呢? 毕竟,他们是垄断者,因此,他们可以收取任何他们想要的价格。请用一种你的祖母也能听懂的语言解释它。

2. 在"挑战"部分第 1 题的每个例子中,垄断所造成的无谓损失是多少?(提示:边际成本曲线和需求曲线相交的地方在哪里? 在完全竞争市场中这两者的交点在同一个地方。)这一数字是以美元衡量的,还是以单位产品数量衡量的? 或者是以其他一些方法衡量的?

3. a. 在 2006 年新通过的美国联邦《医疗保障方案:D 部分》(Medicare Part D)规定,可以对处方药上的花费进行补贴。你认为医疗保障的这一扩张会对药品价格有什么影响? 本章的哪些原理可以解释这一结果?

b. 给定 a 问中你的答案,你预期这会对药品的研发产生什么影响?

c. 无论你在 a 问中的答案是什么,你能想出一种理由来为相反的预测结果进行辩护吗? 这里给你个提示,也许能帮助你找到答案:在起草《医疗保障方案:D 部分》的条款时,国会认为,对某些"被保护"的阶层,补贴项目应该覆盖所有的药品,包括艾滋病药品在内。但是,对于其他人群,获得贴补的药品要有所挑选。理解了这之间的差异性,也许就会得出不同的预测结果。

4. 1983 年,国会通过了《罕见疾病药品法案》(Orphan Drug Act),该法案赋予研制治疗罕见疾病药品的企业,对它研制的药品拥有 7 年特别经销权。这本质上相当于延长了专利权的寿命。换句话说,这一法案给予那些研制治疗罕见疾病药品的企业更大的市场权力。也许多少有些令人惊奇,一个患者组织——美国罕见疾病组织(National Organization for Rare Disorders)进行游说支持了该法案。为什么病人组成的机构会游说支持这个提高药品价格的法案,而这些药品都是病人们所需要的? 为什么你认为这个法案对罕见疾病特别有帮助?

5. 为了使得克雷默的专利购买计划(本章提到过)能够获得成功,政府需要支付一个足够高的价格,来鼓励制药公司开发新药品。政府如何能找出正确的价格? 当然,通过拍卖。在克雷默的计划中,大概是这样的:首先,政府宣布,如果有公司再研制出能治疗艾滋病的药品,它就将举行拍卖会。一旦这种药品已经被研制出来并通过检验,政府就举行拍卖会。很多企业来竞拍——就像在 eBay 网上一样——最高出价者获胜。

现在,不同的地方出现了:在拍卖结束后,由一个政府雇员来摇骰子。如果骰子出现了"1",那么,这个最高出价者获得专利权,它向发明者支付竞拍价格,然后它可以自由实行垄断定价。如果骰子出现了"2"到"6"之间的数,那么,无论最高竞价是多少,政府都按照这个价格向发明者支付,然后再宣布专利权作废。拍卖会必须举行,以便能找出支付价格,但是,在大多数情况下,都是政府掏钱。同理,在大多数情况下,市民们都按照边际成本支付这些药品的价格,但是,还存在 1/6 机会,这种新药品仍然被收取垄断价格。

a. 根据你的观点,纳税人愿意为这一计划买单吗?

b. 利用图 11.5 来说明,这些企业竞拍的价格将等于哪一个多边形?

c. 如果政府在摇骰子时获胜,消费者获得净收益是什么? 用图 11.5 中的多边形来说明你的答案。(记住要减去拍卖的成本!)

6. a. 假设下图中左边图形中的成本曲线是一家大型有线电视供应商的成本曲线,假设企业可以自由行动以实行利润最大化,请在左图中标识出利润最大化的价格、数量和企业的利润水平。

b. 现在假设这家企业被管制着,管制者设定的价格使得这家企业只能获得正常(零)利润。管制者设定的价格是多少? 这家企业的销售量是多少?(请在图中标识出这一价格和数量。)

c. 消费者更喜欢哪一组价格和数量,是 a 问中的还是 b 问中的? 消费者从价格管制中受益了吗?

d. 假设有线电视供应商可以通过投资铺设光纤维电缆（电视的清晰度更高），来改善电视节目、电影下载，或者其他一些服务的质量，这些服务的改善都可以增加产品的需求，如下图右图所示。如果这家企业仍然像 b 问中一样被管制，你认为它进行这种投资的可能性大吗？

e. 给定你在 d 问中的答案，重现思考一下价格管制的问题。一旦你考虑了动态的因素之后，举出一些价格管制可能会伤害消费者的理由。这些理由是对所有的消费者都适用，还是只适用一部分消费者？如果是只适用一部分消费者，是哪一部分消费者？

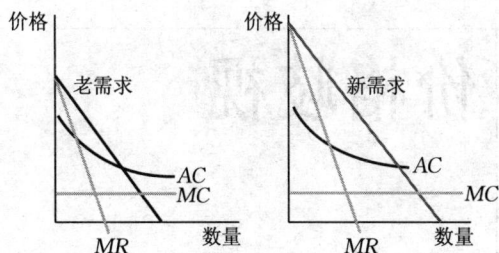

▶ 12

价格歧视

经过几个月的调查之后,国际刑警组织扑向了在比利时安特卫普港经营的国际药品辛迪加组织。这个辛迪加组织从肯尼亚、乌干达和坦桑尼亚等地走私药品到安特卫普港口,然后在全欧洲分售。这个辛迪加组织已经从药品走私中获得了数百万美元的利润。走私药品(drug,亦有"毒品"之意)? 是海洛因? 还是可卡因? 不,都不是。是一些更有价值的药品,双汰芝。既然在欧洲也可以生产双汰芝这种我们在第 11 章介绍的抗艾滋病药品,而且也可以合法地出售,那么,为什么还要从非洲非法走私双汰芝到欧洲呢?[①]

答案在于,双汰芝在欧洲每片的售价是 12.5 美元,而在非洲每片售价大约只有 50 美分,非常接近于成本价。那些在非洲买进双汰芝,然后在欧洲出售的走私者,每片药大约能赚取 12 美元,而且他们走私了数百万片。但是,这就提出了另外一个问题。为什么葛兰素史克公司(GSK)在非洲出售双汰芝的价格要比欧洲低很多呢? 回忆一下第 11 章,GSK 拥有双汰芝的专利,因此,它拥有定价的市场势力。GSK 降低双汰芝在非洲的价格,部分原因是出于人道主义,但是,在比较穷的国家定更低的价格也会增加利润。在这一章,我们来解释具有市场势力的企业如何利用**价格歧视**(price discrimination)——以不同的价格对不同的消费者出售相同的产品——来增加利润。

价格歧视指的是以不同的价格对不同的消费者出售相同的产品。

12.1　价格歧视

图 12.1 显示了价格歧视如何可以增加利润。在左图中,我们给出了欧洲双汰芝的市场情况,在右图中,我们给出了非洲的市场情况。非洲的需求曲线比欧洲更低,更具有弹性(价格更敏感),因为平均来说,非洲人比欧洲人更穷。

现在,我们先暂时假设只有欧洲一个市场。GSK 应该定一个什么样的价格呢? 我们从第 11 章已经知道,利润最大化的数量是在边际成本和边际收益相等的地方。从左图中 $MR = MC$ 的地方,我们可以找到利润最大化的数量是 $Q_{欧洲}$。利润最大化的价格是消费者购买 $Q_{欧洲}$ 的数量时所愿意支付的最高价格,我们把这一价格水平标记为 $P_{欧洲}$。利润由图中灰色区域的面积给出,我们把它标记为"利润$_{欧洲}$"。

同理,如果非洲是唯一的市场,GSK 也会选择 $Q_{非洲}$ 为利润最大化的产量,利润

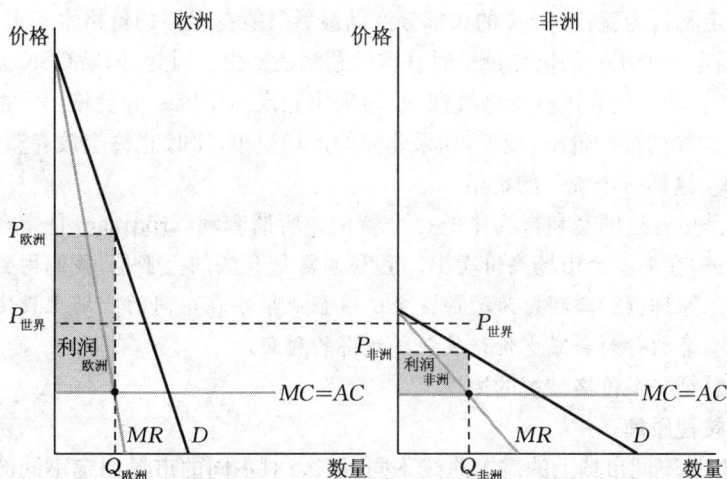

通过在欧洲选择 $MR = MC$ 的数量并定价为 $P_{欧洲}$，在非洲也选择 $MR = MC$ 的数量并定价为 $P_{非洲}$，垄断者可以获得最大的利润。如果垄断者选择一个统一的世界价格，$P_{世界}$，那么，它在非洲和欧洲的利润都会更低。因此，只要有可能，垄断者总是愿意分割市场。

图 12.1　价格歧视可以提高利润

最大化的价格为 $P_{非洲}$，由此而产生的利润为"利润$_{非洲}$"。

　　但是，如果 GSK 想要制定一个统一的价格，一个同时适用于欧洲和非洲的"世界价格"，它的定价应该是多少呢？如果 GSK 想要制定一个统一的世界价格，它应该降低欧洲的价格和提高非洲的价格，即制定一个位于 $P_{欧洲}$ 和 $P_{非洲}$ 之间的价格，比如说是 $P_{世界}$。（在一门更高级的课程中，我们会准确地求解出这一利润最大化的世界价格。不过，这里没有必要给出其详细求解过程。）

　　但是，请记住，$P_{欧洲}$ 是使得欧洲利润最大化的价格，$P_{非洲}$ 是使得非洲利润最大化的价格。因此，如果降低欧洲的价格，GSK 在欧洲获得的利润肯定会减少。同理，如果 GSK 提高非洲的价格，它在非洲获得的利润也会减少。所以，在统一价格 $P_{世界}$ 下获得的利润一定会少于 GSK 制定两个不同的价格时获得的总利润，即"利润$_{非洲}$＋利润$_{欧洲}$"。

　　我们现在已经获得了价格歧视的第一原理：(1a)如果需求曲线不同，在不同的市场上设定不同的价格，比在所有市场上设定一个统一的价格，会获得更多的利润。

　　根据第 11 章和图 12.1，我们已经知道垄断者是如何制定价格的。回忆一下，需求曲线越缺乏弹性，利润最大化的价格越高。在这个例子中，欧洲市场上双汰芝的需求曲线比非洲市场上的需求曲线更加缺乏弹性（对价格更加不敏感），因此，欧洲市场上的价格更高。这其实不是一个独立的原理，它是利润最大化所蕴含的结论，正如我们在第 11 章所表明的。但是，这是一个非常有用的结论，所以，我们把它添加到我们的第一原理中：(1b)为了实现利润最大化，垄断者对于越缺乏弹性的市场制定的价格越高。

　　价格歧视的第一原理告诉我们，GSK 希望双汰芝在欧洲设定的价格比在非洲更高。但是，根据本章引言中的介绍，我们已经知道，对双汰芝制定不同的价格会激励药品走私。走私者以 $P_{非洲}$ 的价格买进，以 $P_{欧洲}$ 的价格卖出，这会减少 GSK 的销售量。走私者的利润来自 GSK 的口袋。

如果走私行为盛行,GSK 的大部分产品最后只能在 $P_{非洲}$ 的价格水平上出售,这比 GSK 制定一个统一的世界价格时获得的利润还要少。因此,如果 GSK 无法阻止药品走私,它就会放弃进行价格歧视,改为采用制定一个统一的价格——也许是一个像 $P_{世界}$ 这样的统一价格,或者,如果非洲的市场很小,GSK 也许会放弃整个非洲,而设定 $P_{欧洲}$ 这样一个统一的价格。

走私是更普遍的套利行为中的一个特例。所谓**套利**(arbitrage)是指在一个市场低价买进,在另一个市场高价卖出。套利通常是合法的。于是,我们得到了价格歧视的第二原理:(2)套利行为的存在会使得企业很难在不同的市场上设定不同的价格,因此,套利行为会减少价格歧视所获得的利润。

> **套利**是指在一个市场低价买进,在另一个市场高价卖出,以利用同一种产品在不同市场间的价差的行为。

我们总结一下价格歧视的原理。

价格歧视原理:

1a. 如果不同市场上的需求曲线不同,那么,对不同的市场制定不同的价格会比制定一个统一的价格获得的利润更多。

1b. 为了使得利润最大化,企业应该对更缺乏弹性的市场制定更高的价格。

2. 套利行为使得企业对不同市场制定不同价格存在一定的困难,这一行为会减少价格歧视所带来的利润。

第一原理告诉我们,企业总是希望对不同的市场实行不同的价格。第二原理告诉我们,企业可能无法在不同的市场上制定不同的价格。为了成功实行价格歧视,垄断厂商必须阻止套利行为。

阻止套利

如果想要从价格歧视中获利,GSK 必须阻止非洲市场上的双汰芝在欧洲市场上被再出售。GSK 有很多手段来阻止走私行为。例如,GSK 在非洲市场销售的是红色的双汰芝,在欧洲市场上销售的是白色双汰芝。如果 GSK 的侦探在欧洲市场上发现了红色的双汰芝,他们就知道有 GSK 的分销商违反了协议。利用安装在每包药品上的特殊条形码,GSK 可以根据被走私的药片找到这些药片在非洲的分销商,并要求国际刑警进行抓捕行动。

除了根据地域之外,市场还可以通过其他很多方式来划分。罗门哈斯公司(Rohm and Haas)是一家塑料生产商。其产品之一,甲基丙烯酸甲酯(简称 MM),主要在工业上使用,但也会被牙科医生用作假牙的材料。MM 作为工业塑料的用途有很多替代品,但是作为假牙材料,其替代品很少。因此,罗门哈斯对作为工业用途的 MM 每磅售价是 0.85 美元,对于设计用来制作假牙的形式稍有不同的 MM 每磅售价是 22 美元。在利益的面前,有人开始买进工业用的 MM,然后把它转换成假牙用的 MM。就像 GSK 一样,罗门哈斯也需要一种办法来阻止这两个市场间的套利行为。

一位善于动脑子的人士为罗门哈斯想出了一个狠招,并被罗门哈斯的内部文件称为"控制非法贩卖出境的良好办法"。该创新者建议,罗门哈斯应该把工业用的 MM 加入砒霜。这将会降低工业用 MM 的价值,但是,它肯定会阻止人们用它来制造假牙!罗门哈斯的法务部门拒接了这项建议,但是,公司想出了一个几乎同样好的办法:他们散布谣言说工业用的 MM 加入了砒霜![2]

尽管罗门哈斯从没有实行过这一投毒的想法,但美国政府却实行了。政府对酒征税,但对酒精燃料提供补贴。为了阻止套利行为,也就是,为了阻止企业买入酒精燃料来转换为酒精饮料,政府要求在酒精燃料中下毒。

相对于另一些产品来说,有些产品阻止套利行为非常容易。例如,女按摩师可以很容易地对不同的顾客实行不同的价格,因为一名以低价买进一次按摩的顾客很难再以高价把它转让给其他顾客。一般来说,服务业很难进行套利。

自我测验

1. 为什么垄断企业希望分割市场?
2. 一个实行价格歧视的企业对那些更缺乏弹性的细分市场是会设定更高的价格还是更低的价格?
3. 什么是套利? 套利行为如何影响垄断者实行价格歧视的能力?

12.2　价格歧视很普遍

一旦你理解了这些特征之后,价格歧视是随处可见的。例如,电影院经常对老年人的收费要比对年轻成年人的收费更低。这是因为电影院的业主对老年人特别关心吗? 可能不是。更可能是,电影院的业主意识到年轻人比老年人对电影的需求更缺乏弹性。因此,影院的业主对年轻人制定了一个较高的价格,对老年人制定了较低的价格。如果电影院能够对正在约会的人比对已经结婚的人收取更高的价格,那利润可能会更高(没有人愿意让自己的约会看起来很便宜)。不过,电影院很容易判断年龄,但却很难识别谁正在约会,谁已经结婚了。

无论如何,学生们通常都不会付很高的价格。Stata 软件是一个非常有名的统计软件包。商业用途购买 Stata 软件需要 1 295 美元,但是,在校学生购买只需要支付 145 美元。因此,这不是一个年龄问题——年轻人有时付得很多,有时付得很少,问题是年龄与企业实际所关心的消费者的支付意愿在多大程度上有关系。

这里还有一个例子。航空公司知道,同那些度假人士相比,商务人士一般都对机票的价格更不敏感(即商务人士的需求更缺乏弹性)。因此,航空公司都愿意对商务人士制定更高价格,而对度假人士制定低价,如图 12.2 所示。

但是,航空公司不可能对他们的顾客说,"你是商务飞行吗? 那好,票价是 600 美元。去度假吗? 票价 200 美元。"那么,航空公司如何区分市场呢?

航空公司根据那些同支付意愿有关的特征来设定不同的价格。例如,度假人士通常都可以提前几周,甚至提前几个月就计划好他们的出行。但是,商务人士可能会发现,他们明天需要坐飞机出行。因此,如果一名消费者打算在两周后飞往福罗里达州的 Tampa,他可能就是一名度假人士,航空公司会对他收取一个低价;如果这名消费者想在明天坐飞机出行,价格就很高。在笔者写到这里的时候,US Airways 航空公司对于两个星期前就通知要从华盛顿特区飞往 Tampa 的人,收取 113 美元的机票,而对于明天就要飞行的人,收取的费用要比这高将近三倍,机票是 395 美元。除了日期外,飞机的座位也可以作为区分市场的依据。图 12.3 表明,航空公司如何在同一班飞机中收取了很多不同的价格。

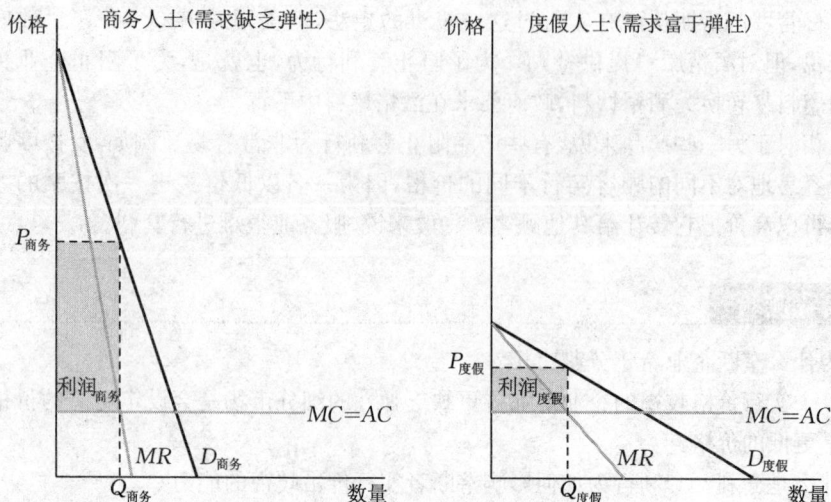

航空公司希望区分市场,以便对那些需求曲线更缺乏弹性的消费者,如商务人士,能收取更高价格,而对像度假者那样的需求曲线更富有弹性的消费者,收取更低一些的价格。

图 12.2   通过对商务人士收取比度假人士更高的费用,航空公司可以增加利润

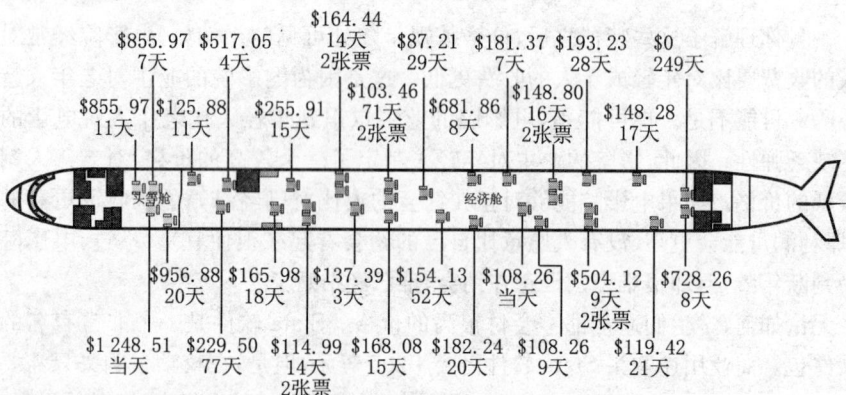

资料来源:Wald, Matthew L. 1998. "So, How Much Did You Pay for Your Ticket?" *New York Times*, April 12, 1998。

图 12.3   同一班飞机中的不同价格

同理,出版商也知道,哈利·波特的铁杆书迷们愿意为最新的哈利·波特小说支付一个很高的价格,而其他人只是在很低的价格时才愿意购买。出版商想要对这些铁杆书迷们收取一个很高的价格,而对那些相对不那么忠诚的读者收取一个低价格。有一个办法就是,开始发行时收取一个很高的价格,然后等那些铁杆书迷们已经都买完书了,再降低价格。因此,当《哈利·波特与"混血王子"》(*Harry Potter and the Half-Blood Prince*)刚上架时,它的精装本零售价为 34.99 美元。但是,一年之后当它的简装版发行时,售价仅为 9.99 美元。生产一本精装本花费的成本更高吗? 是的,也许会高出一美元或两美元,但肯定没有高出这么多。铁杆书迷们支付了更高的价格,这不是因为成本更高,而是因为出版商知道,这些人愿意支付一个更高的价格。

如果厂商为了把消费者分隔为不同的市场而推出不同的产品品种时,就会出现一种更巧妙的价格歧视。例如,IBM 推出了两种形式的激光打印机:正规版本和E 系列(E 代表"经济")。正规版的每分钟打印 10 页,E 系列每分钟打印 5 页。令人惊奇的是,正规版比 E 系列要贵很多。实际上,正规版和 E 系列之间唯一的差别就在于,E 序列多了一个芯片,它降低了打印速度。IBM 对正规版打印机收取更高的价格不是因为正规版的生产成本更高,而是因为它们知道,对速度的需求直接同愿意支付的价格有关。

大学和完全价格歧视

大学是价格歧视的最大践行者之一,不过,它们都在"资助学生"的外衣下隐蔽地实施着价格歧视。资助学生是一种在同一种产品上针对不同的学生收取不同价格的方法。以一所规模不大但声名显赫的文理学院威廉姆斯学院(Williams College)为例。2001 年,威廉姆斯学院那些按照明码标价付学费的学生支付了 32 470 美元的学费,对于完全相同的教育,其他一些学生仅支付了 1 683 美元的学费。为什么会有这么大的价格差异呢?

其部分原因是因为威廉姆斯学院在做善事,它对一些最贫困家庭的学生提供了经济资助。但是,威廉姆斯学院也做得非常成功。为了来看看为什么能这样做,请注意,威廉姆斯学院其实很像一家航空公司。假设无论如何,US Airways 都得有一架班机要从纽约飞往洛杉矶。只要消费者愿意支付的价格超过其飞行的边际成本(比如说额外的燃料成本),那么,尽可能地减少飞机上的空座位,总是可以增加 US Airways 的利润。当然,如果某个消费者愿意为飞往洛杉矶的机票支付 800 美元的价格,US Airways 就希望对这个消费者收取 800 美元,不会更少。但是,如果飞行的边际成本是 100 美元,那么,只要消费者愿意支付的价格不少于 101 美元,减少空座位就可以增加 US Airways 的利润。

威廉姆斯学院很像这家航空公司,因为如果无论如何,学院都要开设古希腊历史的入门课程,那么,只要学生愿意支付的价格不低于教学的边际成本,增加这个班的学生名额总可以增加威廉姆斯学院的利润。当然,如果一个学生对每年在威廉姆斯接受教育愿意支付的价格是 32 470 美元,那么,威廉姆斯学院就希望对这名学生收取 32 470 美元,不会更少。但是,如果每年的教学边际成本是 1 682 美元,那么,只要学生愿意支付的价格不低于 1 683 美元,让这些学生来就读总可以增加威廉姆斯学院的利润。

威廉姆斯学院大约有一半的学生支付了明码标价的 32 470 美元的学费,但也有一半没有支付这么多。根据"助学金"调整之后,按照从高到低的顺序,表 12.1 给

理解现实世界

表 12.1 威廉姆斯学院的价格歧视:2001—2002 学年

收入等级	家庭收入范围(美元)	根据助学金调整后的净学费(美元)
低	0—23 593	1 683
低中	23 594—40 931	5 186
中	40 932—61 397	7 199
中高	61 398—91 043	13 764
高	91 044 以上	22 013

注:那些没有申请助学金的学生支付了 32 470 美元。

资料来源:Hill, Catharine B., and Gordon C. Winston. 2001. *Access: Net Prices, Affordability, and Equity at a Highly Selective College*. Williams College, DP-62。

出了 5 个不同收入等级学生的平均支付价格。

这一价格的差别是非常极端的。即使是航空公司,价格歧视的高手,也很少能使得对一些消费者收取的价格是另一些消费者的 20 倍。不过,威廉姆斯学院比航空公司有一个更大的优势。威廉姆斯对它的消费者具有极其丰富的信息。

为了获得助学金,威廉姆斯学院要求学生和他们的父母向它提供纳税申报单。因此,威廉姆斯学院掌握了其消费者的详细收入信息,它利用这些信息制定了很多不同的价格。表 12.1 给出了每个收入等级中的平均价格。但是,实际上,威廉姆斯学院区分的价格差比这还要精细得多。例如,家庭年收入 30 000 美元的学生,同家庭年收入 35 000 美元的学生,其学费都不相同。从理论上讲,威廉姆斯学院可以对每一名学生都实行不同的价格,即可以按照每名学生的最大意愿支付价格收取学费。这被经济学家称为**完全价格歧视**(perfect price discrimination)。

完全价格歧视是指按照每个顾客的最大支付意愿收费。

图 12.4 表明,在一个像教育这样的市场中,当每个消费者都只购买一单位产品时,如何实行完全价格歧视。亚历克斯对教育的估价最高,泰勒估价第二高,罗宾第三,如此排列一直到布莱恩,布莱恩认为教育几乎没有什么用途。一个对亚历克斯、泰勒、罗宾和布莱恩等具有充分信息的企业可以设定四种不同的价格,对每个人都按照他的最大意愿支付价格进行要价(或者,如果你愿意,比他们的最大支付意愿小 1 便士也行)。因此,亚历克斯被索取的价格最高,布莱恩最低。

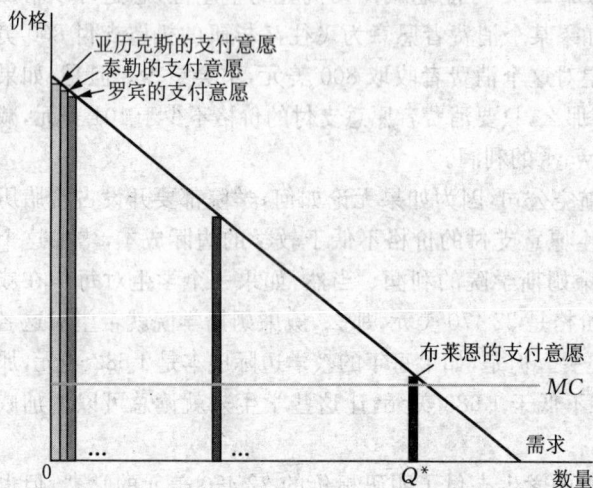

图 12.4　实行完全价格歧视的厂商会沿着需求曲线,对每一位消费者都按照其最大的支付意愿进行要价

由于实行完全价格歧视的垄断厂商对每个消费者都按照他的最高意愿支付来要价,所以,消费者最终获得的消费者剩余为 0。所有的贸易利得都被垄断厂商获得,这对消费者是非常不利的。但是,它也有有利于社会福利水平的一面:由于实行完全价格歧视的垄断者获得了所有的贸易利得,贸易利得被最大化了,这就意味着没有无谓损失。

在第 11 章中我们已经表明,实行单一价格的垄断者会造成无谓损失。但是,实行完全价格歧视的垄断者不会造成无谓损失。在图 12.4 中,请注意,无论什么时候,只要消费者的意愿支付价格高于边际成本,消费者都可以买到这一单位商品——而这就意味着实行完全价格歧视的垄断者生产的产量是最有效率的产量!实际上,实行完全价格歧视的垄断者的产量会一直增加到 $P = MC$ 的水平(即 Q^* 单位），这正好就同完全竞争厂商的产量相同。

　　另一种理解为什么完全价格歧视的垄断者会生产出有效产量的方法是，记住所有的企业都希望在 $MR = MC$ 的产量水平进行生产。对于完全竞争厂商，$MR = P$，因此，完全竞争厂商在 $P = MC$ 的产量水平上生产。对于单一定价的垄断者，$MR < P$，所以，单一定价的垄断者生产的产量比完全竞争厂商要少。但对于实行完全价格歧视的垄断者来说，它的 MR 等于什么呢？它的 MR 就等于 P。因此，实行完全价格歧视的垄断者也会在 $P = MC$ 的产量水平上生产。为什么当完全价格歧视的垄断者沿着需求曲线对其新增的消费进行销售时，它的 MR 会总是等于价格，你能解释吗？

　　对其消费者拥有充分的信息，这可以帮助威廉姆斯学院对每个学生都设定一个非常接近于其最高支付意愿的价格，从而最大化威廉姆斯学院的收益。你知道为什么很多零售商在登记你的购物时，总是会询问你的邮政编码吗？更多的信息就意味着更多的利润。知道为什么二手车的销售员总是这样友好吗？肯定，友好的态度有助于销售汽车。但是，你所认为的友好交谈其实是一种聪明的策略，它可以让销售员知道你的尽可能多的信息，从而使得销售员可以采取相应的定价。在买新车的时候，本书的作者之一总是对销售员自称是学生。唉，随着时光的流逝，这一伎俩已经变得越来越行不通了。

自我测验

1. 早客特惠餐（早上 6:00 或 6:30 以前在餐馆用餐）是一种价格歧视吗？如果是，是根据什么来分隔市场的？你能对这一定价类型想出其他的解释吗？
2. 为什么在电影院看一部电影要比等几个月后在家中看 DVD 更贵？你能利用价格歧视这一概念来解释吗？

12.3　价格歧视是坏事吗？

　　价格歧视听起来肯定是不好的。但是，刚才我们已经表明，完全价格歧视的垄断者可以比单一定价的垄断者生产更多的产量，这是件好事情。所以，价格歧视也可能不一定总是坏事。如果价格歧视是不完全的呢？如果一个垄断者制定了两种（或者很多种）价格，这会提高还是会降低总剩余呢？答案很微妙，不过实行完全价格歧视垄断者的情况在直观上可以给我们一些指导。如果价格歧视下的总产量下降或保持不变，价格歧视是不好的。但是，如果价格歧视下的总产量增加，那么，价格歧视通常会增加总剩余。

　　为了看清楚这一点，我们再回到在欧洲和非洲同时销售双汰芝的例子。假设 GSK 被禁止实施价格歧视，因此，它必须制定一个统一的世界价格水平。GSK 会制定一个什么样的世界价格呢？它是会增加还是会降低总剩余呢？

　　一种可能就是，如果被迫只制定一个单一价格，GSK 将会把价格降低得足够低，以便有些非洲人也能买得起双汰芝——例如，像图 12.1 中的 $P_{世界}$。一个单一的价格 $P_{世界}$ 也许对欧洲人是好事，因为 $P_{世界} < P_{欧洲}$。但是，由于 $P_{世界} > P_{非洲}$，它对非洲人是不好的。因此，根据在 $P_{世界}$ 的价格下欧洲人改善的程度和非洲人恶化的程度,价格歧视可能比单一价格更好,也可能更差。

然而,GSK 把价格降低到 $P_{世界}$ 的可能性有多大呢?有 6.3 亿人生活在非洲,其中三分之二的人每天的生活费用不到 1 美元。因此,即使 GSK 以接近于每片 50 美分的价格在非洲销售双汰芝药品,大部分染上艾滋病的患者可能还是买不起双汰芝。因此,GSK 不可能通过在非洲市场上增加的销售量来弥补其价格的降低。由此可见,如果 GSK 不能提供两种不同的价格,它将可能会放弃整个非洲市场,并以一个等于 $P_{欧洲}$ 的价格在全世界销售。在 $P_{欧洲}$ 的价格下,只有欧洲人能买得起双汰芝。

在 $P_{欧洲}$ 的单一价格下,欧洲人会比在价格歧视下的情况更好吗?不会,这一价格对欧洲人没有任何变化。因此,欧洲人消费的双汰芝的数量在两个价格体系下一样。非洲人怎么样呢?在 $P_{欧洲}$ 的单一价格下,非洲人对双汰芝支付的价格比价格歧视情况下更高,他们也会消费更少。因此,最可能的情况是,强制 GSK 制定一个统一的价格不但不会改善欧洲人的福利,而且还会损害非洲人的福利。换种说法,这种情况下实行价格歧视会增加总剩余,因为价格歧视会提高总产出——在价格歧视下,欧洲人消费的双汰芝同单一价格下一样多。但是,同一个更高的单一价格相比,非洲人增加了他们的消费量。

为什么人们希望有难同当,以及价格歧视如何有助于弥补固定成本

在具有固定成本的行业中,价格歧视还具有其他的好处。为了解释为什么会这样,我们问一个有点奇怪的问题。假设有两种疾病,如果不治疗都会死亡。一种是非常罕见的疾病,另一种是普通疾病。如果你必须选择,你更愿意感染上哪一种:罕见疾病还是普通疾病?请多花几分钟来思考这个问题,因为它有确定的答案。

感染上普通的疾病当然更好些,因为普通的疾病比罕见的疾病有更多治疗的药品,而治疗的药品越多,就意味着预期寿命越长。染上罕见疾病的患者在 55 岁以前死亡的可能性比染上普通疾病的患者高55%。*

普通疾病之所以有更多的治疗药品是因为它有更大的市场。简单说,开发治疗罕见疾病的药品和开发治疗普通疾病的药品需要的成本相同,但是,开发治疗普通疾病药品的收益更高。因此,市场越大,为这种市场开发药品的利润也更大。

利润随市场规模而增加,这一事实解释了为什么价格歧视可以使得非洲人和欧洲人都受益。我们已经表明,由于价格更低,非洲人可以从价格歧视中受益。欧洲人可以从价格歧视中受益,因为价格歧视增加了药品生产的利润,而更多的利润意味着更多的研究和开发、更多的新药品和更长的预期寿命。

药品不是具有高固定成本的唯一产业——航空路线、化学药品、大学教育、软件和电影等,都具有类似的成本结构。例如,对度假人士收取低价可以使得商务

---

* "罕见"(rare)一词定义为位列 1998 年美国发病率排名最低四分之一端的那些疾病;"普通"(common)一词定义为位列发病率最高四分之一端的那些疾病。参见 Lichtenberg, Frank R. and Waldfogel, Joel, *Does Misery Love Company? Evidence from Pharmaceutical Markets Before and After the Orphan Drug Act* (June 2003). NBER Working Paper No. W9750。SSRN 上链接网址:http://ssrn.com/abstract=414248。

人士受益,因为航空公司从度假人士的销售中获得的额外利润,激励着航空公司在更多的时间里,向更多地方,提供更多的航空线路。Kevlar 人工合成纤维的承重量比钢材强 5 倍,除了汽车轮胎外,它还可以用于防弹衣。用作防弹衣,Kevlar 纤维几乎没有替代品,但是用作轮胎,它有很多替代品。因此,杜邦公司对用作防弹衣的 Kevlar 纤维收取的价格,要比用作包装袋的高出很多。如果杜邦公司在所有市场上都收取相同的价格,Kevlar 纤维根本不可能被用作包装袋,杜邦公司的利润也更低,其创新的激励也会更低。

自我测验

1. 在什么情况下,价格歧视更有可能会增加总剩余?
2. 价格歧视如何促进了具有高固定成本的产业?用大学作为例子进行说明。

12.4　搭售和捆绑销售

　　每个人都知道,航空公司对同一班飞机上的不同消费者收取不同的价格。对老年人和学生的优惠是很明显的。大学总是大力宣传它们的奖学金政策,但是它们不会宣传奖学金政策能带来巨大的利润!但是,其他形式的价格歧视就更微妙些,也更难以被发现。下面我们来看看搭售和捆绑销售。对没有受过训练的观察者来说,这两种形式的价格歧视是很难被发现的。

12.4.1　搭售

　　为什么打印机这么便宜而墨却这么贵?正如我们本章所写的那样,一台名牌惠普彩色打印/扫描/复印三用机仅卖 69 美元。但是,如果你再买一盒彩色墨盒,其价格却要 44 美元。在这种价格下,每次你的墨用完后,再买新墨盒的价格几乎可以再买一台新的打印机(它还会配有一个墨盒)。显然,惠普是在低价格出售打印机,然后通过出售墨盒来获取利润。实施这种策略的不止惠普一家。Xbox 游戏机的价格低于其生产成本,而 Xbox 的游戏软件定价高于其生产成本。手机的定价低于其成本,用手机打电话的价格高于其成本。

　　惠普实行的战略是一种被称为**搭售**(tying)的价格歧视。不要把惠普公司出售的产品看作是打印机和墨,而要把它看作是一种组合产品,即"打印彩色图片的能力"。惠普公司想对具有较高支付意愿的消费者收取高价格,对低支付意愿的消费者收取低价格。对这种"打印彩色图片的能力"具有很高支付意愿的消费者可能想打印很多彩色图片,具有低支付意愿的消费者可能只是偶尔想打印一些彩色图片。通过墨盒的高价格,惠普公司就对具有高支付意愿的消费者收取了一个很高的价格。而因为打印机的价格很低,那些具有低支付意愿的消费者支付的价格会很低。

　　惠普的这一定价策略是非常成功的,因为这种价格非常灵活。它不仅仅只有两种,而是有很多种价格:一个月打印 10 张图片的消费者是一种价格,一个月打印 15 张图片的消费者又是一种价格,而对于一个月打印 100 张图片的消费者又是另外一种价格。

搭售是指这样的一种价格歧视形式,其中一种商品(基本商品)与另一种商品(变动商品)同时出售。

理解现实世界

除了价格歧视之外,惠普可能也利用了一些消费者的非理性。如果是比较打印机,消费者考虑的应该是总价格,即打印机的价格加上打印机在整个使用寿命期间所用的墨盒的价格之和。但是,估计出总价格是一件很费力的事情,一些短视性的消费者可能只会关注便宜得令人吃惊的打印机,而没有考虑贵得令人震惊的墨盒。

要想惠普的定价策略取得成功,关键就是要保证,除了惠普之外,没有任何其他人能以低价为惠普打印机提供墨盒——惠普公司必须把它的打印机和它的墨盒捆绑在一起。如果竞争者可以很容易地进入墨盒市场,墨盒的价格就会下降到等于其边际成本的水平,惠普公司的定价策略就会失败。惠普用一种非常聪明的办法,成功地把它的竞争者排除在了墨盒市场之外——惠普的墨盒不仅包括墨,而且还包含有一种关键性的专利性部件——打印机针头。由于法律禁止其他企业生产这种打印机针头,而打印机针头与油墨包装在一起出售,所以,惠普就成功地把其竞争者排除在墨盒市场之外。好吧,基本上排除在外。还有一个非常活跃的市场,即为惠普打印机针头重新注墨的市场。装一个打印机针头比买新的打印机要便宜很多。

惠普的策略既说明了价格歧视的收益,也说明价格歧视的成本。价格歧视,同大多数情况一样,由于对那些只想偶尔打印图片的用户降低了价格,它可以增加产出。价格歧视也使得有更多的用户来分摊研究和开发的固定成本——这对彩色打印机是非常重要的,因此,它会鼓励更多的创新。但是,把打印机针头安装在墨盒上而不是安装在打印机上,这可能会提高打印的总成本。虽然一次性打印机针头能带来一些好处,但是,惠普公司花费的这笔额外的钱对消费者并没有好处,它只是为了把其竞争者排除在墨盒经营之外。由于额外的生产成本对消费者没有好处,它构成了价格歧视的一种成本。

12.4.2　捆绑销售

捆绑销售要求几种商品必须捆绑在一起同时购买。

如果某些产品必须被**捆绑**(bundle)在一些销售,这些产品就称为是捆绑销售。耐克不会把左脚的鞋子和右脚的鞋子分开销售,它只会把两只脚的鞋子捆绑在一起出售。*丰田公司不会出售发动机、方向盘转轴和轮胎,它出售的是一整辆汽车。就像这些例子所表明的那样,大部分捆绑销售都很容易被解释为一种减少成本的方法。但是,为什么微软公司会把 Word、Excel、Outlook、Access 和 PowerPoint 打包在一起以一种称为 Microsoft Office 的软件出售呢?

同一个零件一个零件地购买汽车不同,消费者分开逐个购买 Office 产品,然后再按照各自的需要来组装,这并不困难。几乎每辆汽车都需要一个发动机和四个轮子。但是,不是每个 Office 的买者都想要 Access。那么,为什么微软公司要捆绑销售呢?注意,对于 Office 软件包中的所有产品,微软公司也同时分开出售。但是,这些单个产品的总价远远高于捆绑销售的价格。所以,大部分销售者都购买了

---

　　* 搭售和捆绑销售的区别在于,捆绑销售的商品是一对一地销售。每一只右脚的鞋子都配有一只左脚的鞋子。搭售的产品是一对多地销售。每台惠普打印机可以同任意数量的墨盒绑在一起销售,墨盒的具体数量取决于消费者的需求。

Office。

　　捆绑销售也是价格歧视的一种类型。假设我们有两个消费者，阿曼达和伊冯娜，她们对 Word 和 Excel 的最大支付意愿如表 12.2 所示。

表 12.2　对 Word 和 Excel 的最大支付意愿

	阿曼达（美元）	伊冯娜（美元）
Word	100	40
Excel	20	90

　　微软公司可以分开销售每一件产品，也可以把 Word 和 Excel 捆绑在一起销售。我们来计算一下每种可选方案下的利润。为了简单起见，我们假设生产的边际成本是 0（这基本上符合实际——新刻录一张 Word 光盘的成本非常小）。

　　如果微软分开定价，Word 的定价有两种合理的选择方案：40 美元或者 100 美元。如果微软对 Word 定价为 40 美元，阿曼达和伊冯娜都会购买，总利润是 80 美元。如果微软设定 100 美元的价格，只有阿曼达一个人购买，但是总利润为 100 美元，利润会更高。同理，微软对 Excel 也可以设定两种合理价格，20 美元或 90 美元。由于 2×20 美元 = 40 美元 < 90 美元，定价 90 美元的利润会更高。因此，如果微软公司分开设定价格，它会对 Word 定价 100 美元，对 Excel 定价 90 美元，总的利润是 190 美元。

　　现在，考虑把 Word 和 Excel 捆绑在一起作为 Office 出售的情况。微软公司应该制定什么样的价格呢？为了计算这一问题，我们需要知道阿曼达和伊冯娜对 Word 和 Excel 总的最大意愿支付价格。在表 12.3 中我们给出了计算结果。

表 12.3　对 Office 软件的最大支付意愿

	阿曼达（美元）	伊冯娜（美元）
Word	100	40
Excel	20	90
Office = Word + Excel	120	130

　　阿曼达愿意为 Office 软件包支付 120 美元，伊冯娜愿意支付 130 美元。要使得利润最大化，Office 软件包应该定价多少呢？微软会把这一软件包的价格定在 120 美元，卖出两个软件包的价格并获得 240 美元的利润。同分开设定价格的情况相比，微软公司的利润有什么变化呢？如果微软公司对 Word 和 Excel 分开定价销售，它可以获得 190 美元的利润。如果微软公司把 Word 和 Excel 打包成 Office 出售，它的利润增加了 50 美元，或者说增加了 26% 还多。为什么？

　　注意，在这个例子中，捆绑销售等价于一种非常复杂的（几乎）完全价格歧视的方案。在 120 美元的捆绑销售价格下，我们可以认为对阿曼达在 Word 上收取了 100 美元，在 Excel 上收取了 20 美元；而对伊冯娜，在 Word 上收取了 40 美元，在 Excel 上收取了 80 美元。但是，为了直接实现这一价格歧视方案，微软必须知道很多关于阿曼达和伊冯娜对 Word 和 Excel 支付意愿的信息，而且必须阻止伊冯娜以 40 美元购买了 Word 之后，再把它转售给阿曼达（同理，也必须阻止阿曼达把 Excel 转售给伊冯娜）。但是，当微软实施捆绑销售时，实行价格歧视就很容易，因为虽然阿曼达和伊冯娜各自对 Word 和 Excel 的估价不同，但是，他们对 Office 软件包的估价很接近。因此,微软公司对 Office 软件包的需求知道的信息比对 Word 或 Excel 知道的要更多,而微软对需求知道得更多,实行价格歧视也就更容易。

同其他形式的价格歧视一样,捆绑销售可以提高效率,特别是在固定成本很高而边际成本很低的情况下。在我们的例子中,如果微软公司分开定价,只有阿曼达会购买 Word,只有伊冯娜会购买 Excel。这是没有效率的,因为阿曼达对 Excel 估价是 40 美元,而市场 Excel 的成本是 0(同样,对伊冯娜和 Word 也是如此)。如果微软公司实行捆绑销售,阿曼达和伊冯娜都同时购买了 Word 和 Excel,这增加了总剩余。

没有捆绑销售的总剩余是 190 美元。实行捆绑销售的总剩余是多少呢? 是 250 美元。验算一下,你是否理解这一数字是如何得来的?

此外,生产软件的成本主要是研究和开发的固定成本。捆绑销售意味着这些固定成本能在更多的消费者之间分摊,这会提高创新的激励。

12.4.3　捆绑销售和有线电视

理解现实世界　　捆绑销售现象非常普遍。美国律商联讯(LexisNexis)数据库把上千种报纸、杂志和文献打包在一起,设置成一个登录账号出售。迪士尼乐园把很多景点都打包在一起,并用一张门票出售这所有景点。中餐馆 China Garden 的自助餐也是一种捆绑销售的食品。但是,对捆绑销售可能也存在争议。有线电视的经营者把所有的电视频道打包在一起进行捆绑销售。最近,这一做法受到了很多政客的攻击,其反对的理由是应该按"照菜单点菜"来定价,也就是说,应该按照电视频道来定价。捆绑销售的批评者抱怨道,不应该强迫消费者为他们不喜欢的频道付钱。这一理由乍听上去似乎很合理,但是,它真的很合理吗? 批评者是否也可以说,China Garden 的自助餐不应该强迫宫保鸡丁的消费者为他们不想要的芙蓉蛋付钱?

捆绑销售对于有线电视的经营者来说是合理的,因为消费者对某些电视频道有很高的支付意愿,对另一些频道的支付意愿很低,而且价值高的频道和价值低的频道对不同的消费者并不相同。但是,对打包在一起的所有电视频道的需求在不同的消费者之间是非常相似的。由于有线电视公司向每个销售费者都提供所有的电视频道,其所花费的成本非常小,所以,捆绑销售可以增加利润并提高效率。这其中的道理同我们刚才所讲的 Office 的例子完全相同。在表 12.3 中,请把 Word 改成美食频道,把 Excel 改成 CW 电视网(同时请参见本章末尾"挑战"部分的第 1 题)。

同往常一样,在具有高固定成本、低边际成本的行业中,捆绑销售能提高福利的可能性最大。有线电视是一个高固定成本、低变动成本的行业。例如,在过去的 10 年中,经营有线电视的 Comcast 公司花费了 400 亿美元来铺设新电缆。一旦这些电缆铺设好,再增加一个频道的边际成本非常低,对于高性能的宽带光纤维电缆就更是如此。在这种情况下,捆绑销售不仅不会增加成本(甚至还有可能比分开销售更便宜),而且还由于会增加利润而提高激励,促使企业把更多的资源用于具有固定成本形式的开发项目上。

自我测验

1. 如果不允许手机公司把手机和手机服务捆绑在一起销售，你认为手机的价格会如何变化？手机的服务费又会如何变化？
2. 什么情况下捆绑销售最有可能会增加总剩余？

○ 本章小结

价格歧视——把同一产品以不同的价格出售给不同的消费者——是很多市场的一个共同特征。最明显的一种价格歧视就是企业对不同的市场制定不同的价格。例如，GSK 对欧洲市场上的双汰芝药品设定了高价格，而对非洲市场设定了低价格。企业也会根据那些同支付意愿有关的特征来设定价格，所以，对学生和老年人的折扣也是价格歧视的一种形式，这同航空公司根据提前预订机票的时间来对同一班机票设定不同的价格一样。

价格歧视并不是很容易做到。为了实行价格歧视，企业必须能阻止收取低价的消费者向收取高价的消费者进行转售，即阻止套利行为。价格歧视也要求企业知道很多有关消费者的信息。企业知道的信息越多，就越能更好地实行价格歧视。如果企业能准确地知道每个消费者对其产品的估值，那么，它就能根据消费者的最高支付意愿来对每个消费者进行要价——这被称为完全价格歧视。大学收费最接近于完全价格歧视，因为在提供奖学金的过程中，大学可以获得很多关于学生及其家庭收入的信息，而且学生也很难再转售教育。

搭售和捆绑销售是一种更隐蔽的价格歧视。通过对打印机制定一个较低的价格并对墨盒制定一个较高的价格，惠普其实对"打印彩色图片的能力"制定了不同的价格——那些偶尔打印的人价格很低，那些经常打印的人价格很高。基于同样的原因，手机的定价低于成本，而手机服务费的定价高于成本。

把商品打包进行捆绑销售可能也是价格歧视的一种形式。如果消费者对商品组合中单个商品的估价差别很多，但是对整个商品组合的估价很相似，捆绑销售可以提高利润。

企业希望实行价格歧视，因为价格歧视提高了利润。价格歧视也可能会提高总剩余。如果价格歧视能提高产出，或者当产品开发的固定成本很高的时候，那么，价格歧视最有可能会提高总剩余。例如，对药品实行价格歧视就既降低了穷困国家消费者的价格，同时又由于会提高利润，价格歧视会增加研究和开发新药品的激励。

○ 本章复习

关键概念

价格歧视

套利

完全价格歧视

搭售

捆绑销售

事实和工具

1. 判断对错：实行价格歧视的企业通常会对一些消费者的要价高于其边际成本，对另一些消费者的要价低于其边际成本。

2. 两名顾客弗雷德和拉蒙特同时走进了二手皮卡商店 Grady's Used Pickups。拉蒙特那样的人非常擅长逛商场，弗雷德那样的人知道自己喜欢什么，也只卖他们所喜欢的东西。哪一类人对其在 Grady's 看上的皮卡更缺乏弹性：拉蒙特那样的人还是弗雷德那样的人？

3. 谁对赫兹车行（Hertz）出租汽车的需求可能更具有弹性：出行几周前就在网上订购汽车的人，还是那些坐了 4 小时的飞机后刚走出飞机来到赫兹柜台前的人呢？谁被索取的价格可能更高些？

4. 当存在价格歧视的市场很容易出现套利时，谁更有可能被价格踢出市场：富有弹性的需求者还是缺乏弹性的需求者？

5. 如果议会通过隐私法案禁止大学索要学生父母的报税单，这将会有利于高收入家庭的学生还是低收入家庭的学生？

6. 为什么商家更愿意为其商品发放优惠券而不愿意降低价格？提示：在你们学校，哪一类学生用优惠券去购买比萨饼？哪一类学生从不会用优惠券去买比萨饼？

7. 你在哪里能见到更多的价格歧视：在只有一些商家的垄断型市场，还是在具有很多商家的竞争型市场？为什么？

8. 什么时候垄断能带来更多的产出：是在允许并能实行价格歧视的情况下，还是在政府禁止实行价格歧视的情况下？

9. 有些剃须刀，如吉列牌的锋隐剃须刀和 Venus 女士剃毛刀，都用一次性的刀片。这种剃须刀有 3 到 4 片刀片同剃须刀一起出售，之后，你需要再单独购买换装刀片。

   a. 你认为吉列公司在哪方面能获得更多的收益：销售初始的刀片和剃须刀组合体，还是销售重装的刀片？

   b. 下次你买新剃须刀的时候，你会花更多的时间来看剃须刀的价格，还是换装用刀片的价格？

思考和习题

1. 赛百味（Subway）是一家速食商品连锁店。最近它开始销售以每条 5 美元的价格特卖 1 英尺长的三明治。但是，赛百味同时还以远超过每条 2.5 美元的价格销售 6 英寸长的三明治，它的价格按单位英寸计算要更高。*

   a. 你能想出一种从理论上能从赛百味的定价方案中赚钱的方法吗？这种办法实际上能管用吗？你能从这一点上体会出套利行为的局限性吗？

   b. 在我们很多价格歧视的例子中，我们都认为商家会试图把消费者分成两组："价格敏感组"和"价格不敏感组"。赛百味的哪一类顾客属于第一组？哪一类属于第二组？

   (1) 只有 20 分钟午餐时间的律师；

   (2) 大学生；

   (3) 非常看重健康的中产阶级家庭主妇；

   (4) 长途运输的卡车司机。

2. 有一家干洗店在它的窗户上贴了一张告示："可上网领取优惠券"。干洗店列出了它的链接网址，而凭优惠券的确可以享受很好的折扣，但大部分顾客都没有使用这种优惠券。

   a. 用优惠券的顾客和不用优惠券的顾客之间最主要区别可能是什么？

   b. 有些人可能认为："干洗店提供优惠券是想让顾客先进门看看，但是，之后这些顾客会支付更高的常规价格。"但是，优惠券总是在那里，因此，即使回头客也可以长期使用优惠券。这是店主的失误吗？提示：考虑一下边际成本。

3. a. 一家厂商会发现什么时候实行价格歧视更容易些：是在 eBay 在线拍卖网站出现之前，还是之后？

   b. 这同两条"价格歧视原理"中的哪一条有关？

4. 正如我们在本章所说，药品公司的同一种药品，它在美国的售价总比其他国家更高。美国国会经常想要通过法律来促使从低价格的国家进口药品变得更容易（国会也经常想通过法律禁止进口这些药品，但是那是另一个问题）。

   如果有一项这样的法律被通过，那么，从非洲购买艾滋病药品或从拉美国家购买抗生素药品将非常容易——这些药品都是由一家公司生产的，而且它们本质上也同美国的药品具有相同的疗效，药品公司会如何改变它们在拉丁美洲和

---

* 1 英尺＝12 英寸。——编者注

非洲的定价？为什么？

5. 有人认为商家会通过打击竞争来形成垄断，而这可能也多少是对的。但是，正如我们从欧比旺·肯诺比（Obi-Wan Kenobi）那里所知道的那样＊，"你将会发现，很多我们坚持的事实，都极大地依赖于我们自己的信念。"例如，很多人（图方便的购物者）喜欢在某一特殊的商店购物，只要在特别贵的时候才换商店购买，而其他的一些人（图便宜的购买者）喜欢花很多时间，通过看报纸上的广告来寻找最合算的商品。

　　a. 如果这两种人，图方便的购物者和图便宜的购物者，同时在沃尔玛购物，谁更有可能坚持他们原定的购物计划，谁更有可能会在一些东西上浪费钱？

　　b. 沃尔玛对哪一种人更具有垄断权力？对哪一种人沃尔玛没有垄断权力？

　　c. 这是否意味着同一个商店可以同时对某些消费者是"垄断者"，对另一些消费者是"完全竞争厂商"？为什么？

　　d. 这是否意味着达斯·维达（Darth Vader）真的一定会替代天行者阿纳金（Anakin Skywalker）？＊＊

6. 在哪种地方你更可能看到商家把很多商品打包在一起进行捆绑销售：具有高固定成本和低边际成本的行业（比如电脑游戏或电影拍摄），还是具有低固定成本和高边际成本的行业（比如医院，这里医生的时间非常昂贵）？

7. 斯莫基·罗宾逊（Smokey Robinson）和贝里·戈迪（Berry Gordy）在以下一首歌中给出了他们对价格歧视的洞见，＊＊＊整首歌你可以通过谷歌搜到：

可要给自己挑位好姑娘/Try to get yourself a bargain son

别随便碰到谁就谈婚论嫁/Don't be sold on the very first one

……

妈妈告诉我，最好货比三家/My mama told me, 'You better shop around'

　　a. 斯莫基·罗宾逊和奇迹演唱组（The Miracles）所唱的是哪一种"市场"？（歌词中这一点很清楚。）

　　b. 在这一市场中，如果一个顾客"货比三家"，妈妈认为他会得到怎样的回报？注意：罗宾逊和戈迪对这一点都非常清楚。

8. 尽管电影所用的经济资源通常要比舞台演出多很多，但是，电影票的价格很少能达到 10 美元，而舞台演出的票价却很容易就要 100 美元，这不是很令人奇怪吗？

　　例如，比较一下莎士比亚的《哈姆雷特》的话剧表演和《哈姆雷特》的电影。

　　a. 哪一个再重新演出一次的边际成本更低：舞台表演还是电影放映？

　　b. 在电影院或舞台演出中，"捆绑销售"可能会以一种增加特殊视效、聘请著名演员和以名贵服饰道具亮相出场等形式出现：一些消费者可能对伊丽莎白一世时代的复仇故事不太感兴趣，但是，他们会赶来观看利亚姆·尼森（Liam Neeson）挥舞中世纪的真实宝剑。＊＊＊＊这种额外的费用应被看做是"固定成本"还是"边际成本"？

　　c. 在哪种情况下，商家更容易收回它的总成本：捆绑销售舞台演出还是捆绑销售影片？

9. 哪种情况下制药公司更愿意花费 1 亿美元去研究一种新药：当它知道它可以在不同的国家收取不同的价格，还是当它获知它必须在不同的国家收取统一价格？

10. 判断对错：一家实行价格歧视的厂商有时愿意花钱使得一种产品更差。

11. 我们来计算一下价格歧视所带来的利润。Paradise Grille 是一家高档休闲饭店，每天对该饭店晚餐的平均需求如下所示：

老年人对晚餐的需求是：$P = 50 - 0.5Q$, $MR = 50 - Q$

其他人对晚餐的需求是：$P = 100 - 0.5Q$, $MR = 100 - 2Q$

＊　欧比旺·肯诺比是系列影片《星球大战》中的人物之一，一个有坚毅性格的绝地武士。——译者注

＊＊　达斯·维达（旧译黑武士或达斯·瓦德）是系列影片《星球大战》中主要人物之一，原名天行者阿纳金，后来由于投靠了黑暗势力，同时也由于肉身被毁坏而成为半机械装置的人物，改名为达斯·维达。他分别作为正面人物天行者阿纳金和作为反面人物黑武士达斯·维达，两次改变决定了光明与黑暗两股势力的消长。——译者注

＊＊＊　斯莫基·罗宾逊和贝里·戈迪是美国的著名音乐人。——编者注

＊＊＊＊　利亚姆·尼森是爱尔兰著名演员。——编者注

两者的边际成本都是 10。

a. 对每一个人群利润最大化的价格是什么?

b. 把这一结果转化成真实世界里的一句行话:如果你是这家饭店的老板,你会对老年人提供什么样的"折扣",按百分比计算?

c. 不考虑固定成本,Paradise Grille 饭店这种做法能带来多少利润?

d. 如果按照年龄实行价格歧视是非法的,你将只面临着一条需求曲线。把这两条需求曲线加总得到

$$P = 67 - (1/3)Q, \quad MR = 67 - (2/3)Q$$

在这个统一市场下,最优的价格和数量是多少? 在这一没有价格歧视的市场中,销售的饭餐总量比 a 问中的更高还是更低?

e. 在没有价格歧视的市场中获得的总利润是多少?

12. 在华盛顿特区的肯尼迪表演艺术中心,如果你每年捐赠 120 美元,你可以在演奏会之前走进一间小房间,免费品尝咖啡和各种甜点。如果你每年捐赠 1 200 美元,在演奏会之前,你可以获准进入另一间不同的小房间,免费品尝同样的咖啡和甜点。在演奏会之前,两个房间里总是都有很多人:为什么不是每个人都支付 120 美元,而是有人愿意支付更多?

挑战

1. 在以下表格中,假设有线电视有两个频道:CW 电视网和美食频道,我们来考虑在"照菜单点菜"定价下和在捆绑销售定价下,有线电视对亚历克斯、泰勒和莫妮克分别会如何收费。

亚历克斯和泰勒喜欢看都喜欢看《美眉校探》(Veronica Mars),因此,他们每个人对 CW 电视网的评价都比美食频道更高。莫妮克正在网络世界中练习成为一个"料理铁人"(Iron Chef),因此,她对美食频道的评价比对 CW 电视网更高。

最高支付意愿

	亚历克斯	泰勒	莫妮克
CW 电视网	10	15	3
美食频道	7	4	9
捆绑评价	15	19	12

a. 如果这两个频道被分开定价,对有线电视经营者来说,最能获利的定价是 CW 电视网 10 美元,美食频道 7 美元。在这些价格下,三人各会买哪些频道? 公司的利润是多少?

b. 我们来检查一下这些价格是否真的使得利润最大化了。如果有线电视公司把 CW 电视网的价格提高到 11,把美食频道的价格提高到 8,利润将会是多少?

c. 在这些价格下,三个人的总消费者剩余是多少?(回忆一下,消费者剩余就是每个消费者的意愿支付减去他们各自的实际支付价格。)

d. 现在考虑一下捆绑销售下的情况:消费者要么对两个频道进行一次性支付,要么什么也不要。利润最大化的捆绑销售价格被证明是 12。在这个价格下,亚历克斯、泰勒和莫妮克都会订购。这一价格下的消费者剩余是多少? 利润是多好? 最重要的是,如果有线电视公司把价格提高到 13,利润将会是多少?

2. 考虑以下一种演奏会大厅的座位安排:

前排只安排了 2 个人的座位。第 B—H 排,大约同第一排的相距 50 英尺远,每排安排了 20 个人的座位。

a. 这个大厅中前排的座位比普通大厅中第一排位置的定价会更高还是更低? 为什么?

b. 为什么我们没有看见过像这样安排的演奏会大厅?

3. a. 在完全竞争市场的长期,如果存在两种牛排,普通的牛排和"高质量的安格斯牛排",而普通牛排都以一个更低的价格出售,这是一个价格歧视的例子吗?

b. 这一例子同本章惠普打印机的故事有什么不同?

4. 阿曼达和伊冯娜正准备一起出去看电影。阿曼

达更喜欢看一些动作影片,但是伊冯娜则喜欢更浪漫一些的影片。华纳兄弟公司正在决定今年推出哪种类型的电影。它是应该只拍摄一部具有一点浪漫色彩的动作影片供今年夏季发行,还是同时拍摄两部影片——一部动作影片和一部浪漫剧片——供今年夏季发行?

下表是他们两人对不同类型影片的支付意愿。你可以看出,阿曼达和伊冯娜都不喜欢那种混合型类型影片的理念:每个人都更愿意看他们所喜欢的那种电影。

对电影片的最大支付意愿

	阿曼达	伊冯娜
纯动作影片	10 美元	2 美元
纯浪漫影片	2 美元	10 美元
浪漫动作型影片	9 美元	9 美元

现在,我们从华纳兄弟公司的角度来看看这个问题。假设你是一名中级主管人员,必须决定可以给哪一种项目亮绿灯。你的营销人员已经为你计算出在美国像阿曼达和伊冯娜这样的人都各有 500 万人,他们每年夏天都只愿意看一部电影。为了简化,假设再放映一次电影的边际成本是 0,电影票的价格固定在 8 美元。

a. 如果这三种影片的任何一个其生产成本都是 3 000 万美元,应该如何选择:是拍摄两部电影还是只拍摄一部混合型的电影? 当然,找到正确答案的方法是计算一下,哪种选择能为华纳

兄弟公司带来更多的利润。

b. 当然,混合型的影片可能花费的成本更多。如果混合型影片的拍摄成本是 4 000 万美元,纯动作片需要 3 000 万美元,浪漫影片仅需要 1 500 万美元,利润情况会怎么样? 最好的选择是拍一部混合型影片还是拍两部影片?

c. 为了改变这个问题的答案,我们来看看价格必须如何变化。假设所有其他条件都不变,如果要使拍摄两部影片的计划能通过,纯浪漫影片的成本必须下降多少?

d. (较难)有一个基本原理:要让非捆绑销售两部影片的方案得到通过,两部影片的总成本不得高于多少? 答案不是一个数字,而是一个理念。这在现实世界中可能发生吗? 为什么?

5. 想象一下,有一个 40 多岁的人,拿着一个显然过期的、褪了色的学生证,到电影院买打折电影票:你认为他对全价电影的意愿支付是多少? 如果电影院让他买了学生票,电影院的做法正确吗?

6. 我们提到过,即使是对同一班飞机,航空公司对提前订票的人,比对临时订票人要价会更高。这是因为那些临时订票的人缺乏需求弹性。考虑一下可供航空公司用于定价依据的其他个人特征:你认为这些特征是否同商务出行或其他缺乏弹性的需求类型有关? (如果你不太经常坐飞机,就问问那些经常坐飞机的人:"要想获得尽可能低的机票,关键是什么?")

附录　利用 Excel 求解价格歧视的问题(高级部分)

Excel 的"规划求解"(Solver)工具可以被用来求解各种形式的价格歧视问题。假设有两组消费者,他们具有以下形式的需求曲线:

$$Q_1^D = 330 - 2 \times P_1$$
$$Q_2^D = 510 - 4 \times P_2$$

其中,Q_1^D 表示组 1 在 P_1 价格下的需求数量,Q_2^D 表示组 2 在 P_2 价格下的需求数量。同我们在正文中的做法一样,我们可以把这两个市场分别看作欧洲市场和非洲市场,或者看作商务旅行人士和度假人士。垄断者具有以下成本函数:

$$成本 = 1\,000 + Q^2$$

其中 Q 表示垄断者生产的产量。

垄断者的目标很简单:他想选择 P_1 和 P_2,以使得利润最大化。我们假设这两个市场是分割的,因此不可能存在套利。虽然目标很简单,求解却很困难。实际上,这个问题比我们在正文中所处理的任何问题都要更难。在正文中,我们假设边际成本是固定不变的(一条水平的 MC 曲线)。假设固定不变的边际成本使得问题简单了,因为它意味着垄断者在市场 1 上增加产量时,它在市场 2 上再多生产 1 单位的成本不会变化。在我们此处的问题中,边际成本是递增的——这意味着如果垄断者在市场 1 中增加产量,它在市场 2 中再多生产 1 单位的成本也会增加。在一门中级或者研究生高级经济学课程中,你会用微积分来求解这样的问题。

在真实世界中,商业经理或者企业家必须每天都要解决这样的问题,他们也都不懂微积分知识。因此,我们将告诉你,如何利用 Excel 来求解这个问题。首先,我们写下我们所知道的条件。在图 A12.1 中,我们先输入了 Q_1^D 的方程,"$=330-2*B2$",并把它加亮显示,然后再把组 1 的价格输入到单元格 B2 中。我们希望找到一个组 1 的价格能使得利润最大化。但是,到目前为止,我们还不知道它是多少。因此,我们仅在单元格 B2 中输入一个 0。组 2 的方程和价格也按照同样的方式输入。

B3	f_x	=330-2*B2	
	A	B	C
1		组1	组2
2	价格	$0.00	$0.00
3	需求量	330.00	510.00
4			

图 A12.1

现在,我们输入垄断者的成本公式。垄断者生产的总产量等于组 1 生产的产量加上组 2 生产的产量。因此,我们可以重写垄断者的成本公式为:

$$成本 = 1\,000 + (Q_1^D + Q_2^D)^2$$

在图 A12.2 中,我们在单元格 B5 中输入垄断者的成本公式,"$=1000+(B3+C3)^2$"。

B5	f_x	=1000+(B3+C3)^2	
	A	B	C
1		组1	组2
2	价格	$0.00	$0.00
3	需求量	330.00	510.00
4			
5	总成本	$706,600.00	
6			

图 A12.2

需要明白的是,这里最重要的是成本的计算公式;图中的数字"$706,600.00"

只不过是垄断者在以下情况下的成本：即垄断者把 P_1 和 P_2 都设定为 0，并生产出消费者在这些价格下所需求的产量！

最后，我们输入利润的计算公式，如图 A12.3 所示。

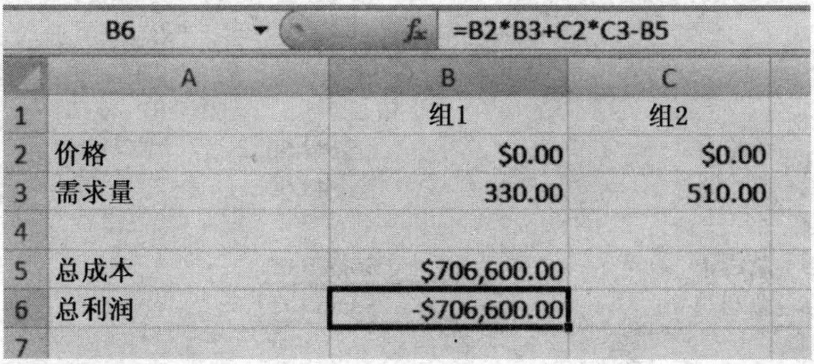

图 A12.3

利润等于收入减去成本，所以我们在 Excel 表中输入"= B2* B3＋C2* C3－B5"，它表示价格乘以组 1 的需求量，加上价格乘以组 2 的需求量，再减去总成本。Excel 表中现在有足够的信息来求解这一问题。在 Excel 2007 中，可以从数据栏中找到"规划求解"（但是，你首先需要加载"规划求解"程序——参见"帮助"中关于如何加载的指导）。点击"规划求解"就会出现图 A12.4。

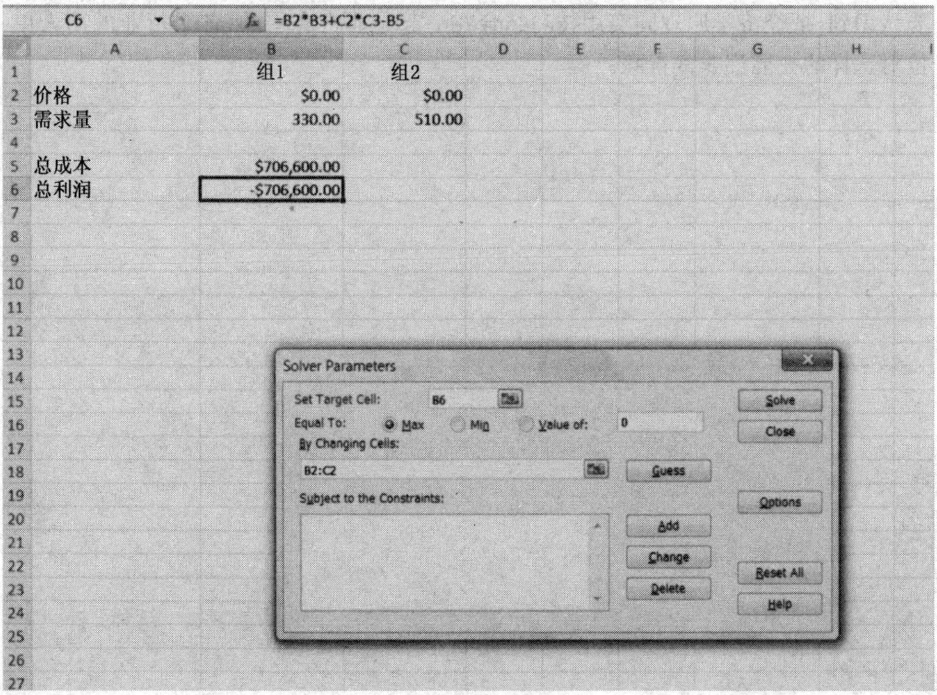

图 A12.4

我们的目标是利润，因此，在"设置目标单元格"（Set Target Cell）后的空格中，我们输入 B6。我们希望最大化利润，因此，在"等于"（Equal To）后面的选项中点击上"最大值(M)"(Max)。最后,我们是通过变化价格来使得利润最大化,所以,在"可变单元格"(By Changing Cells)下的空格中输入"B2∶C2"。现在,我们点击一下"求解"(Solve)按钮,Excel 程序就会找出答案,如图 A12.5 所示。

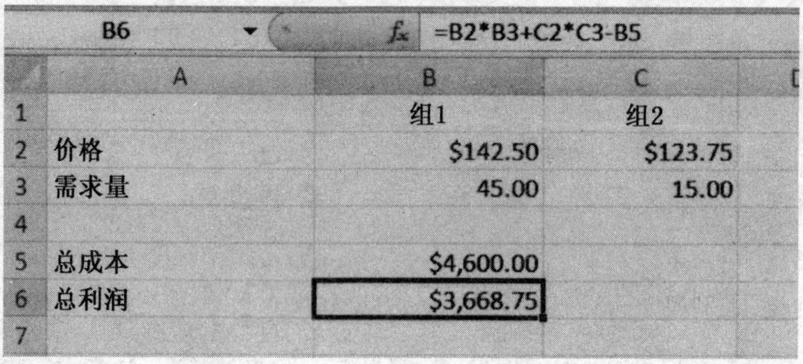

B6	▼	f_x	=B2*B3+C2*C3-B5	
	A	B	C	D
1		组1	组2	
2	价格	$142.50	$123.75	
3	需求量	45.00	15.00	
4				
5	总成本	$4,600.00		
6	总利润	$3,668.75		
7				

图 A12.5

　　Excel 告诉我们,利润最大化的价格为组 1 的价格 142.5 美元,组 2 的价格123.75 美元。在这些价格下,组 1 的消费者购买 45 个单位,组 2 的消费者购买 15个单位,垄断者的总利润是 3 668.75 美元。

　　一旦你理解了基本思想,通过增加更多的要素,比如说增加更多的分组,可以很容易地就把这些模型设置得同现实更接近。注意,我们同时利用了经济学原理和实用技巧求解了这一问题(在这个例子中运用了一些 Excel 的知识)。重要的是要认识到,把经济学原理同实用技巧结合在一起是非常有用的,各个行业的用人单位对这样的技能都非常青睐。

▶ 13

卡特尔、博弈和网络产品

当石油价格在 1979 年 7 月接近历史最高价位时,杰米·卡特(Jimmy Carter)总统向全国发表了讲话。引用一名关心此事的美国人的话,卡特总统说道,"我们的脖子已经伸过了国界,而欧佩克却有一把小刀。"欧佩克是指什么? 欧佩克有什么力量来控制石油价格呢?

欧佩克(OPEC)是石油输出国组织(Organization of the Petroleum Exporting Countries)的简称,它是一个**卡特尔**(cartel),一群试图联合起来一起减少产量提高价格从而增加利润的供给者。换句话说,一个卡特尔就是一群供给者联合体,它们试图联合起来如同一个垄断者一样行动。

我们在第 11 章分析了垄断。因此,我们对卡特尔试图达到的目标有很好的理解。但是,本章我们讨论的问题是,什么时候卡特尔能够实现其目标。正如我们将要看到的那样,一群企业很难做到像一个垄断者一样行动。

在本章,我们也要介绍一种新工具,博弈论。博弈论研究的是**战略决策**(strategic decision-making)。用一个例子可以说明我们的意思。在拉斯维加斯,掷骰子的玩家进行的是判断决策,而扑克的玩家进行的是战略决策。掷骰子是一种骰子游戏,它决定什么时候赌以及赌多少。这种游戏可以非常复杂,但是,其结果仅依赖骰子和赌注,同其他人如何赌的行为无关。与掷骰子的游戏不同,扑克是一种战略性的游戏,因为一个好的扑克玩家必须预测其他玩家的决策,并知道这些玩家反过来会如何预测他自己的决策。博弈论把玩家在这种相互作用情形下的决策行为模型化。

虽然我们用扑克的例子引进了博弈论(game theory),但"博"(赌博)、"弈"(下棋)这类活动只不过是日常生活中的简单游戏(game)罢了,而博弈论则可以被用于研究任何相互作用情形下的决策行为。博弈论也被用于研究战争、爱情、商业决策、演化、投票,以及很多其他具有相互作用行为的情形。

这一章中,我们利用博弈论来看看卡特尔的经济学和网络产品。网络产品是这样一种产品,该产品对一个消费者的价值随着使用该产品的消费者数量的增加而增加。手机是一种网络产品,因为使用手机的人数越多,手机就越有用。我们将表明,网络产品具有很多特殊而有趣的特征。在网络性质非常重要的时候,绝对意义上最好的产品可能经常不是最畅销的产品。此外,竞争和垄断的含意在网络产品的行业中也发生了变化。

卡特尔是一群试图联合起来一起减少产量提高价格从而增加利润的供给者。

战略决策是指在相互影响的情形下的决策。

我们下面先从卡特尔开始。

13.1　卡特尔

图 13.1 显示了 1960 年到 2005 年间每桶石油的价格变化。

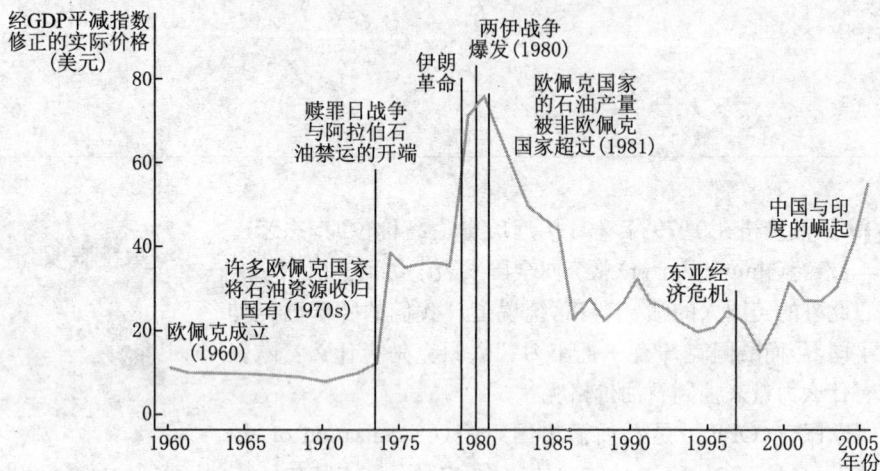

注：利用 GDP 平减指数对通货膨胀的影响进行了调整（以 2005 年美元计）。
资料来源：BP Statistical Review of World Energy, June 2006。

图 13.1　石油的价格：1960—2005 年

变化是非常显著的。石油价格有几十年都非常低，而且也很稳定。从 1973 年到 1974 年，石油价格突然急剧地上涨。从 1979 年到 1980 年，石油价格再次突然急剧地上涨。在 1985 年，石油的价格直线下跌。从 20 世纪 90 年代末到 2007 年，石油的价格大部分时候都在上涨。

为什么石油的价格在 1973—1974 年期间会翻了两倍多，从每桶 8 美元上涨到了每桶 27 美元呢？答案很简单：由沙特阿拉伯带头，一个石油输出国的卡特尔组织削减了它们的石油产量。*

图 13.2 中的左图给出了一个具有固定成本的完全竞争市场，其供给曲线是水平的（固定成本的假设是为了简化分析，它不是一个必需的假设条件）。记住，在完全竞争市场中，每个供给者都获得零经济利润。右图给出了一个相同的市场，不过，它如同由一个垄断者控制，利润被最大化，由图中灰色面积所表示。卡特尔不是一个垄断者，但是，如果一个市场中所有的企业都被说服削减产量，因此，总供给从 Q_c 下降到 Q_m，那么，每个企业都可以分享到"垄断"利润。因此，卡特尔是一个供给者的组织，它试图把市场从图 13.2 中左图的情形转变为右图的情形。也就是说，

---

　　* 欧佩克组织从 1960 年起就已经存在了，但是，直到 20 世纪 70 年代，它在提高价格方面都没有取得很大的成功。在整个 20 世纪 60 年代和 70 年代，随着很多参与国对油井实行国有化和加入欧佩克的国家逐渐增多，欧佩克变得越来越具有市场权力。1973 年，欧佩克成员国从伊朗、伊拉克、科威特和沙特阿拉伯，扩大到卡塔尔、利比亚、阿联酋、阿尔及利亚、尼日利亚、厄瓜多尔和古巴。厄瓜多尔 1992 年离开了该组织，但 2007 年又重新加入。古巴 1995 年离开了欧佩克，安哥拉 2007 年加入，印度尼西亚于 2009 年离开。

从"完全竞争"市场转变为"像一个垄断者所控制"的市场。

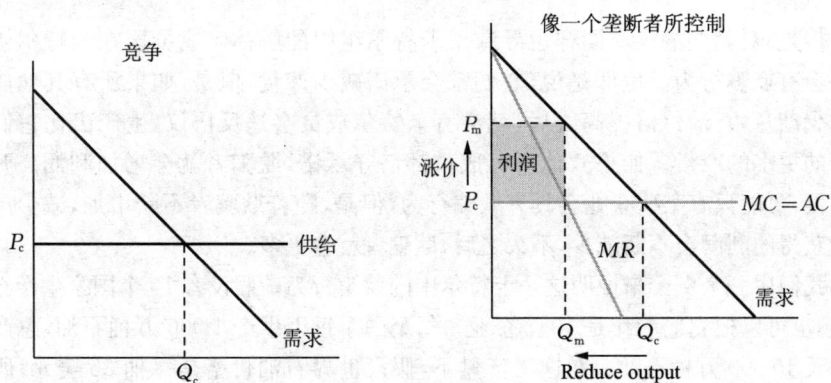

左图给出了完全竞争行业的价格和数量。右图则显示,如果一个相同的市场被"垄断化"或者"中央集权化",即被一个能像垄断者一样行动的卡特尔所控制,这将会如何导致价格上涨和产量下降。

图 13.2　卡特尔试图把市场从"完全竞争"转变为"像一个垄断者所控制"

　　能够把一个完全竞争的行业完全转变为纯垄断市场的卡特尔很少,但是,图 13.2 显示,卡特尔基本上倾向于降低产量和提高价格。

　　从对欧佩克的这一简单分析来看,似乎卡特尔都很有市场势力。但是,实际上,很少有卡特尔——除非它们有政府的强烈支持——对市场价格具有长期的控制力。卡特尔是一种协议,在这份协议中,其参与者都承诺:"如果你们能做出同样的承诺,我也将提高价格并削减产量。"但是,这种承诺能执行下去吗?

　　卡特尔往往都会失败,并由于以下三方面的原因而失去市场势力

　　1. 由于卡特尔组织成员的欺骗行为;

　　2. 新的进入者和需求的反应;

　　3. 政府起诉。

　　虽然从历史角度来看,欧佩克是一个相当成功的卡特尔,但是,它仍然无法使得石油价格长期维持在较高的水平上。到 1985 年,石油的价格从它的历史最高位每桶 75 美元,直线下降到每桶 10 美元的低价位。有时,某个波斯湾国家也会以每桶 6 美元的价格出售石油。尽管欧佩克国家非常不高兴,但是,它们几乎没有什么措施能维持石油的高价格。

　　这些现象是怎样出现的呢?为了理解它,我们首先转向卡特尔失败的第一个原因,即卡特尔成员的欺骗行为。

13.1.1　欧佩克卡特尔内部的欺骗行为

　　欧佩克成员国对石油市场具有很大的依赖性。例如,在 1981 年,石油价格相当高的时候,沙特阿拉伯获得了 1 190 亿美元的石油收入。到 1985 年,石油价格很低的时候,沙特阿拉伯仅获得 260 亿美元的石油收入。随着石油收入的减少,沙特必须削减公共项目、政府开支,以及王室家族的津贴。

　　所以,毫不奇怪,石油输出国会寻求合作,共同来减少产量和提高价格。如

果卡特尔成功了,对于抽到地面上的每桶石油,卡特尔成员国都会获取更高的利润。

但是,对利润的渴求同样也导致了卡特尔组织的解体。成员国在卡特尔协议之外会有欺骗行为。也即是说,它们都会承诺减少产量,但是,如果所有其他成员都减少产量,石油价格提高之后,就会有卡特尔成员会违反协议,生产出比它们所承诺的更多的产量。如果其他所有成员都恪守承诺,欺骗者就会增加利润。开始的时候,可能只有某些企业会具有欺骗行为,但是,随着欺骗者不断增加,减少产量所能获得的利润会不断减少,不久之后,欺骗者就会更多。

我们用一个例子来说明这一卡特尔中的欺骗行为。假设有 10 个国家生产石油(我们也可以把它们看作是 10 个企业),每个国家每天生产 1 000 万桶石油,总产量是每天 10 000 万桶石油。在这一产量下,假设世界石油价格是每桶 36 美元,所以每个国家每天获得 36 000 万美元(每天 1 000 万桶×每桶 36 美元)。我们把这些信息总结在表 13.1 中:

表 13.1　没有卡特尔时

国家数	每个国家的产量(万桶)	产量(万桶)	每个国家每天的收入(万美元)
10	1 000	10 000	36 000
	世界产量	10 000 万桶	
	世界价格	36 美元/桶	

现在,假设这些国家形成了一个卡特尔,它们每个都把产量削减到每天 800 万桶,世界总产量是每天 8 000 万桶。在更低的产量上,石油的价格上涨到,比如说,每桶 50 美元。现在,每个国家每天不是获得 36 000 万美元,而是获得 40 000 万美元(每天 800 万桶×每桶 50 美元)。如果每个国家能够遵守承诺削减产量,这个卡特尔就会是非常有利润的,如表 13.2 所示:

表 13.2　成立卡特尔后

国家数	每个国家的产量(万桶)	产量(万桶)	每个国家每天的收入(万美元)
10	800	8 000	40 000
	世界产量	8 000 万桶	
	世界价格	50 美元/桶	

但是,假设有一个国家进行欺骗,它不是每天生产 800 万桶,而是偷偷地把产量恢复到每天 1 000 万桶。如果只有一个卡特尔成员欺骗,世界产量将会增加到 8 200 万桶,石油价格将会下降到,比如说,47.5 美元*。尽管价格已经下降了一些,但欺骗者的产量增加得更多,所以,其欺骗行为所带来的总收入会增加到每天 47 500 万美元(每天 1 000 万桶×每桶 47.50 美元)。欺骗会带来利润。那些没有欺骗行为的成员就不会那么幸运了:它们的收入从每天 40 000 万美元下降到每天 38 000 美

---

　*　你可能会有疑问,这个例子中的一些数据是从哪里来的呢?回忆一下,第 4 章估计过石油的需求弹性,它大概是−0.5。因此,如果石油的价格在产量 10 000 万桶时是 36 美元,产量下降 20%(下降到 8 000 万桶)将会使得价格上涨 40%,即价格上涨到 50.40 美元。同理,增加 2.5%后产量上升到 8 200 万桶将会使得价格下降 5%,即下降到 47.50 美元。

元(每天 800 万桶×每桶 47.50 美元)。如表 13.3 所示:

表 13.3　只有一个欺骗者的卡特尔

国家数	每个国家的产量(万桶)	产量(万桶)	每个国家每天的收入(万美元)
9	800	7 200	38 000
1	1 000	1 000	47 500
	世界产量	8 200 万桶	
	世界价格	47.50 美元/桶	

同遵守承诺削减产量相比,卡特尔中的每个国家都可能通过欺骗行为来获得更多收入。但是,如果有很多企业这样欺骗,情况会怎么样呢?

如果其他国家遵守承诺削减了产量,欺骗行为是可以获利的。但是,这不是卡特尔所面临的唯一的问题。在其他成员国不遵守承诺削减产量时,欺骗行为也是有利可图的。其中的逻辑很简单:卡特尔的单个成员对市场的垄断力量不是很强,因此,它削减产量所提高的世界价格不足以弥补其销售量下降所带来的损失。

为了更清楚地理解这一点,假设 9 个国家都进行欺骗,每天都生产了 1 000 万桶石油,只有一个国家遵守了承诺,把产量维持在每天 800 万桶。我们在表 13.4 给出了这些信息。在每天 9 800 万桶石油的世界产量水平下,石油的价格可能是 37.75 美元。因此,每个欺骗者都获得每天 37 500 万美元的收入(每天 1 000 万桶×每桶 37.50 美元)。而那个遵守承诺削减产量的国家获得每天 3 000 万美元的收入(每天 800 万桶×每桶 37.50 美元)。注意,如果最后一个无欺骗行为的成员把产量增加到每天 1 000 万桶,这就又回到了表 13.1 的情形,这时石油的价格是 36 美元,无欺骗行为的成员获得了每天 36 000 万美元的收入。换句话说,这时它每天获得收入比遵守承诺每天生产 800 万桶石油时要多 6 000 美元。

表 13.4　九个欺骗者和一个非欺骗者的卡特尔组织

国家数	每个国家的产量(万桶)	产量(万桶)	每个国家每天的收入(万美元)
1	800	800	30 000
9	1 000	9 000	37 500
	世界产量	9 800 万桶	
	世界价格	37.50 美元/桶	

因此,当其他成员遵守承诺时,欺骗行为有利可图;而当其他成员欺骗时,欺骗行为同样也有利可图。

通过把卡特尔的一个成员同一个垄断者进行比较,我们可以换另一个角度来看待欺骗的激励问题。如果一个垄断者把产量提高到超过利润最大化的产量水平,垄断者会使它自己遭受损失。但是,如果一个卡特尔成员把产量提高到超过利润最大化的产量水平,欺骗者会使得自己受益,但其他卡特尔成员会遭受损失。如果一个欺骗者损害了其他卡特尔成员,这个欺骗者不会感到内疚。这对欧佩克这个卡特尔是特别真实的。例如,伊朗和伊拉克从 1980 年到 1988 年进行了一场战争,这场战争中死亡的人数超过了 80 万人。这场战争中使用过毒气和化学武器,甚至使用过童子军作为先遣侦察员来排雷。在进行这场战争的时候,伊朗和伊拉克都是欧佩克成员。实际上,每个国家在以低价出售更多石油的同时,它都在承诺不会通过降价来同其他成员国进行竞争。你真的以为它们会觉得有义务遵守承诺吗?

正是由于这些原因,大部分卡特尔都失败了。卡特尔在提高组织成员的利润方面越成功,进行欺骗的激励就会越大。一旦该卡特尔解散了,就很难再重新把它组织起来。每个人都会正确地预见到,欺骗属于正常行为。

没有人能在欺骗博弈中获胜　还有另一种非常有用的办法可以说明欺骗的激励,即利用所谓的收益矩阵。对于一个具有 10 个企业的例子,收益矩阵非常复杂,它很难在一个二维图表中给出,但是,欺骗行为的逻辑同样也适用于一个只有两个企业的例子。因此,假设石油市场是由两家大企业控制,沙特阿拉伯和俄罗斯。

沙特阿拉伯有两种选择,或者说两种策略:合作(通过削减产量)和欺骗。这些策略在图 13.3 中由收益矩阵的行给出。俄罗斯同样也有两种战略,由收益矩阵的列给出。

		俄罗斯的战略	
		合作	欺骗
沙特阿拉伯的战略	合作	(4,4)	(2,5)
	欺骗	(5,2)	(3,3)

沙特阿拉伯的收益　俄罗斯的收益

(亿美元)

图中的数据是在给定的战略组合下每个参与者的收益组合,以每天亿美元计算。如果俄罗斯选择"合作",沙特选择"欺骗",沙特的收入是 5 亿美元,俄罗斯的收入是 2 亿美元。在这个博弈中,无论对手采取什么样的策略,欺骗对每个参与者来说都是一种更好的战略。因此,这个博弈的均衡(标上阴影的地方)是(欺骗,欺骗)。

图 13.3　欺骗困境

矩阵中每一栏的两个数字都表示参与者的收益组合,组合中的第一个数字表示沙特阿拉伯的收益,第二个表示俄罗斯的收益。例如,如果沙特和俄罗斯都选择合作的策略削减产量,收益组合为沙特阿拉伯 4 亿美元,俄罗斯也是 4 亿美元。如果沙特阿拉伯欺骗,俄罗斯合作,那么,沙特阿拉伯的收益是 5 亿美元,俄罗斯是 2 亿美元。

现在,我们来看看这些"玩家"在这个"游戏"中会如何做?考虑沙特阿拉伯所面临的激励。如果俄罗斯合作,那么,沙特选择合作能获得 4 亿美元的收益,选择欺骗获得 5 亿美元的收入。由于 5 亿美元比 4 亿美元更多,所以,如果俄罗斯合作,沙特阿拉伯最好的策略是欺骗。

如果俄罗斯欺骗,沙特阿拉伯最好的策略是什么呢? 如果俄罗斯欺骗,沙特阿拉伯合作可以获得 2 亿美元的收益,选择欺骗可以获得 3 亿美元的收益。同样,欺骗也是更有利可图的策略。如果无论其他对手采取何种策略,一种策略都比任何

> 如果无论其他对手采取何种策略,一种策略都比任何其他策略有更高的收益,那么,这种策略就被称为**占优策略**。

其他策略有更高的收益,那么,这种策略就被称为**占优策略**(dominant strategy)。在这个框架中,欺骗对沙特阿拉伯来说就是一种占优策略。

对俄罗斯来说,欺骗也是它的占优策略。如果沙特阿拉伯合作,俄罗斯选择欺骗获得 5 亿美元的收益,选择合作获得 4 亿美元的收益。如果沙特阿拉伯欺骗,俄罗斯选择欺骗获得 3 亿美元的收益,选择合作获得 2 亿美元的收益。因此,沙特阿

拉伯和俄罗斯都会选择欺骗,我们把(欺骗,欺骗)标上了阴影,以表明它是该博弈中的一个均衡结果。

这里的逻辑是非常有说服力的,但也是非常令人惊奇的。如果沙特阿拉伯和俄罗斯都选择欺骗策略,这对它们自己来说是最合理的,那么,每个人都获得 3 亿美元的收益。如果沙特阿拉伯和俄罗斯都选择合作,这是一个对它们各自来说都不是很合理的策略,它们将都获得 4 亿美元,这是一个更高的收益。因此,如果沙特阿拉伯按照自己的利益行动,俄罗斯也按照它自己的利益行动,最后的结果却对它们任何一个都没有好处。这是一个已经由理论和实证都证实了的困境。

我们刚才所给出的对卡特尔欺骗行为的分析,是经济学的一个分支,它被称为博弈论。图 13.3 是一个非常著名的博弈——**囚徒困境**(prisoner's dilemma)的一个版本。囚徒困境描述了这样一种情形,每个人都追求自己的利益,最后导致的整个结果对任何人都不利。

囚徒困境描述了这样一种情形,每个人都追求自己的利益,最后导致的整个结果对任何人都不利。

作为这一现象的另一个例子是,世界渔业资源正在迅速地枯竭。为了理解为什么会这样,把图 13.3 中沙特阿拉伯和俄罗斯换成另外两个大型捕鱼企业或者国家,比如说美国和日本。合作现在意味着"减少捕鱼量"(代替减少石油产量)。如果双方都选择合作,捕鱼收入可以达到最大化,渔业资源也可以维持供后代继续使用。但是,如果一方合作,另一方就有激励过度捕鱼来进行欺骗。当然,如果一方欺骗,另一方也有激励进行欺骗。每一方都有同样的激励这样做,因此,双方都会进行欺骗。这就使得鱼的存量水平下降到最优水平之下,并最终导致渔业资源完全枯竭。这就是为什么有如此多的人担心,世界上有很多种类的鱼正濒临灭绝。

我们在第 17 章将会对过度捕鱼问题做更多的讨论。

13.1.2 新的进入者和需求的反应——卡特尔的瓦解

欺骗不是导致卡特尔解散的唯一原因。通常来说,卡特尔所带来的高价格会吸引新的进入者;当然,这些进入者并不认为它们有必要遵守现有协议。例如,欧佩克的高价石油鼓励对新石油供给的寻找。墨西哥国家石油公司 Pemex 在几十年里都是该行业的一个小角色。但是,在石油价格上涨的时候,墨西哥进行了越来越多的石油勘探和钻井,生产的石油也越来越多。在 2006 年,墨西哥成为了世界第五大主要石油生产国。英国、荷兰和很多非洲国家也扩张了它们在石油市场中的业务。不久之后,非洲供给的石油将会超过沙特阿拉伯,巴西不久之后可能也会成为石油的主要生产国。[①]

这不仅仅是石油的问题。高价石油带来了更好的环境保护、对天然气和太阳能兴趣的不断增加,以及其他诸多方面的调整。总的来说,所有这些需求方面的调整,都使得欧佩克国家提高石油价格所能带来的利润更少。如果对卡特尔化的产品的替代产品越少,也就是说其需求越是缺乏弹性,卡特尔成功的可能性就会越大。我们在第 4 章已经知道,长期的替代弹性一般比短期更大。因此,随着时间的推移,需求曲线会变得越来越具有弹性,这也就会越来越限制卡特尔的市场势力。

卡特尔会受到新进入者的限制,这一事实解释了为什么相比制造品行业,卡特尔在自然资源行业更容易维持。要阻止对产品市场的进入是非常困难的,产品的生产可以在世界的任何地方进行。相反,能大量找到某种自然资源的地区是很少的,因此,如果你控制了这些地区,你就能控制供给。

石油和钻石是两个很好的例子,世界上拥有这些自然资源的地方都很少,而卡特尔在这两种产品上也都已经部分取得了成功。同理,印度尼西亚和格林达纳加在一起,控制了世界肉豆蔻供给的98%。肉豆蔻是一种在很多烘烤方法中都要用到的调料品,它很少有替代品。肉豆蔻卡特尔已经取得了一些成功。铜也是一种自然资源,但是,铜在全世界的分布广泛得多。铜卡特尔(铜出口国政府间协会,Intergovernmental Council of Copper Exporting Countries)控制的铜资源不到全世界铜资源储备的三分之一。因此,它也不能以任何显著的方式来提高铜的价格。铜在很多用途上也有很好的替代品,包括塑料、铝,以及回收的铜。在现实中,像铜这样的情况比钻石和石油要更普遍得多。[2]

13.1.3 卡特尔可持续存在的市场环境

能够限制供给的不只是自然资源。在某些情况下,卡特尔可能会控制一些无法轻易复制的关键性要素的供给。在这些情形下,由于担心关键性要素被切断,单个企业可能都不希望脱离卡特尔。

例如,职业协会型的体育运动就被卡特尔化了。比如说,美国职业篮球联盟NBA是由30支篮球队组成的,球队相互之间进行比赛。这些球队在篮球赛场上相互竞争,但在球员市场上却相互勾结。他们利用NBA篮球联盟来压低球员的薪水,即一种所谓的"最高薪水"(salary cap)。最高薪水制度非常复杂,但大体上来说,就是这个联盟告诉各个球队,它们雇用球员的花费不能超过一定数目的钱(2008—2009赛季的最高金额5 868万美元),否则,将会受到重大的经济惩罚("奢侈税")。加入NBA的每支球队都同意限制它们在球员上的花费。这是一个买方卡特尔,它所导致的后果就是,职业篮球队员的薪水比没有这种组织时要低得多。球队的老板赚的钱更多了,但球员获得收入减少了。

任何一支打破卡特尔协议对球员支付更高薪水的球队,最终都将会被踢出联盟。联盟准入是卡特尔控制其成员进行欺骗的手段。菲克尼斯太阳队是一支非常强大的球队,但是,有多少球迷想看它击败大学球队的比赛呢? 没有多少! 球迷们想看的是太阳队在NBA的比赛,这就是为什么太阳队必须遵守联盟(卡特尔)规则的原因。

当然,普通的企业不必像体育运动队一样进行合作,因此,它们之间结成的卡特尔不能维持太久。一个愤怒的照相机经销商卡特尔也许会把一个降价的异类踢出当地的商会,但是,这几乎不是一个大问题,它不像失去NBA的会员资格那样严重。

是的,可能在NBA最高薪水上也存在欺骗行为。球队不能对球员支付得过多,但是,球队可以给球员赠送私人飞机、好的设施,以及其他很多甜头。也许一些老板会在暗中给他们的球员塞现金,或者签订一些比较复杂的暗含有某些额外好处的合同(同一名三年后就将退役的球员签订一份五年的合同)。但是,总的来说,体育运动卡特尔能压低薪水,这也是为什么运动员对它们抱有怨言的原因。球员初入联盟的时候是被"选秀"(drafted)而不是被雇用,这绝非偶然。

当然,NBA卡特尔仍必须吸引消费者的注意力。NBA有很多竞争对手,如大学体育比赛和其他职业体育运动,当然还有很多其他的活动,如电脑游戏、听音乐,或者出去参加一些街头比赛。实际上,消费者可能从 NBA 卡特尔中受益了,因为消费者想看的是球赛的竞争性,而最高薪水限制阻止了有钱的球队通过买断所有好的球员来减少这种竞争性。也正是这最后一个原因,它为 NBA 卡特尔的另一个不寻常的特征提供了解释;不像大多数的其他卡特尔,NBA 卡特尔是合法的。

13.1.4　政府的起诉和管制

在美国,自从 1890 年《谢尔曼反托拉斯法》(Sherman Antitrust Act)通过以后,大部分卡特尔都是非法的。[“托拉斯”不过是垄断的一个旧称而已。**反托拉斯法**(antitrust)给予政府禁止和管制反竞争性商业行为的权力。]例如,在 20 世纪 90 年代早期,4 家企业控制着世界市场上 95% 的赖氨酸,这是一种促进猪、牛和鸡等生长的氨基酸。这些企业——ADM(美国)、味之素(日本)、协和发酵(日本)和世元(韩国)——在世界范围内进行秘密协定,它们同意联合起来行动,以减少产量和提高价格。

反托拉斯法给予政府禁止和管制反竞争性商业行为的权力。

这些同谋者们所不知道的是,它们之中有一个内奸。ADM 的一位高管把这一卡特尔的事情告诉了美国联邦调查局(FBI)。借助于 FBI 提供的设备,这一内奸把这些同谋者讨论如何分割市场和维持高价格的会议拍摄了下来。你可以到本教材的网址 www. SeeTheInvisibleHand. com 上在线观看这一录像的某些片段。

根据手头上的证据,FBI 和美国司法部对这些共谋者进行了审判。ADM 的三名高级主管,包括副总裁迈克尔·D. 安德烈亚斯(Michael D. Andreas)在内,都被判监禁并处罚款。有一名日本的高管也被判入狱,不过它逃离了美国,目前正是美国法律的逃犯。

政府支持的卡特尔　政府并不总是会起诉卡特尔,实际上有时它们甚至会支持成立卡特尔。其实,大部分成功的卡特尔都是在政府和法律的明文支持下运作的。政府是卡特尔的终极执行者,因为它们能够把欺骗者投进监狱。例如,欧佩克就是石油出口国政府间的卡特尔。在美国,政府控制的牛奶卡特尔提高了牛奶价格。这个卡特尔非常稳定。任何违反它的卖者都会被处罚款,或者被送进监狱。③在过去,美国政府曾经支持过煤矿卡特尔、农业卡特尔、医药卡特尔,以及其他领域的卡特尔。不过,有些卡特尔的限制已经取消了,但有些还仍然存在。

然而,即使在今天,政府强制实行的垄断和卡特尔,也仍然是很多贫穷国家所面临的最严重的问题之一。这一问题仍在折磨着墨西哥、俄罗斯、印度尼西亚和非洲大部分贫穷国家,以及其他很多地方。在尼日利亚,警察设立路障索取贿赂,付钱给老师就会有好的成绩,这样的现象非常普遍。那些要成立新企业的企业家们发现,法律(或者被法律默许的暴力威胁)令他们无法同那些所谓的不能碰的大人物进行竞争,而这些大人物已经把整个经济中主要的资源都结成了卡特尔。④最近,尼日利亚政府已经着手打击腐败,但是腐败问题仍然很严重。

一个由政府支持的卡特尔通常都意味着高价格和低质量,而且还缺乏创新。那些具有创新思维的人发现,要进入这个市场相当困难,有时甚至根本不可能进入。此外,人们会花费大量的精力试图从政府那里获得垄断或者卡特尔的特权,而不是去进行创新,或者去寻找新的方法来为消费者服务。政府也会变得越来越腐

理解现实世界

败。由于这些原因,大部分经济学家都反对绝大多数由政府强制执行的卡特尔。这些卡特尔被用于为一些特殊利益者服务——通常是在政治上同卡特尔有关的人员——而不是为消费者或普通的市民服务。

13.1.5   总结:成功的卡特尔

回忆一下,卡特尔的瓦解主要是因为卡特尔成员之间的欺骗行为、新的进入者、需求的反应,以及可能存在的法律惩罚。因此,只有当这些因素都很弱时,卡特尔才会成功。一个行业中的企业越少,卡特尔成员的欺骗行为带来的利润就越少,也越容易被察觉到。当被卡特尔化的产品受到供给的限制,或者该产品被发现只存在于世界上的某些地方,那么新的进入者就能够被阻止。替代品越少的产品,组成卡特尔也越容易,而且利润也越丰厚。这也是 De Beers 愿意花那么多钱来宣传一句"钻石恒久远,一颗永留传"的原因。如果卡特尔获得政府或者法定权力的支持,它也就更容易取得成功。

自我测验

1. 当英国发现北海存有大量的石油时,它为什么不立即加入欧佩克组织?
2. 囚徒困境会有什么令人意外的结论?

13.2   网络产品

有时市场势力并不是来自卡特尔,而是来自一种网络的建立或者整合。

至 2009 年,Facebook 已经有超过 2 亿的活跃用户。* 为什么你会把自己的照片贴在 Facebook 上呢? 很简单:Facebook 是一个任何人都可以上传照片,任何人都可以上去看照片的网站。如果你是一个十几岁的小伙子,除非你想做一个隐士,否则,和你的朋友上同一个网站就是你最好的选择。同理,世界上最大的婚恋网站 Match. com 宣称已经拥有超过 2 000 万的用户。[5] 如果你想找个对象,Match. com 上有最多的潜在选择对象,因而你也最有可能选择它。

我们用微软 Word 写这本书,而不采用其他的软件包。为什么? 这并不是因为我们确信 Word 比其他的软件程序更好。实际上,我们几乎很难使用大部分的其他软件程序。相反,我们知道我们两人都装了 Word,而我们也都非常熟悉用 Word 写作。更重要的是,我们知道我们的编辑和出版商也能用 Word 文件来开展他们的工作。请注意,即使还有其他一些免费的软件包如 OpenOffice,我们还是会选择 Word。

---

* Facebook 是美国的一个社交网络服务网站,该网站的每个用户在 Facebook 上有自己的档案和个人页面,用户之间可以通过各种方式发生互动:留言、发站内信、评论日志。Facebook 还提供方便快捷的聚合同好的功能,帮用户找到和自己有共同点的人,同时还针对大学生提供其他特色栏目,因而它也是在美国大学生中最流行的一个网站。该网站于 2004 年 2 月 4 日上线。从 2006 年 9 月到 2007 年 9 月间,该网站在全美网站中的排名由第 60 名上升至第 7 名。同时 Facebook 是美国排名第一的照片分享站点,每天上载 850 万张照片,这甚至超过一些专门的照片分享站点。——译者注

在以上每个例子中,其产品的价值都取决于有多少其他人正在使用该产品。Facebook、Match.com 和微软 Word,这些产品都只有当其他人也使用这些产品时才更具有价值。因此,**网络产品**(network good)是这样一种产品,这种产品对消费者的价值随着使用该产品的其他消费者人数的增加而增加。

这些例子暗示着网络产品的一些有趣的特征,我们将在本章剩余的部分来阐述它们。当网络特征非常重要时,我们一般可以看到以下现象:

网络产品的市场特征

1. 网络产品一般都是由垄断者或者寡头垄断者出售;
2. 当网络非常重要时,"最好"的产品不一定是赢得市场的产品;
3. 在建立网络产品的时候,标准之争非常普遍;
4. 网络产品市场中的竞争是为争夺整个市场,而不是为争夺市场中的一个更高的份额。

下面我们依次来看看这些特征。

13.2.1　网络产品通常都是由垄断者或者寡头垄断者销售

微软是这个世界上最赚钱的公司之一。该公司的利润都来自其操作系统的销售,而且它的软件定价都远高于其边际成本。微软之所以可以按照高于边际成本的价格出售其产品,这不是因为它们的产品在绝对意义上一定是最好的,而是因为大多数人都想同其他人使用同一种软件。在绝大多数情况下,微软的产品可能都是同其他产品、其他的读者和作者,以及出版商最具有兼容性的产品。

由于同其他办公之类的软件具有强大的兼容性,所以,微软公司才可以数百美元的价格出售 Office 软件,尽管市面上还有一些免费的同类产品,如 OpenOffice、Think Free Office 和 Google Docs,而且所有的这些软件在质量上同 Office 基本都类似。但是,不要错误地认为,如果这些产品成了主流产品之后,我们还可以免费使用它们。这些产品之所以免费提供给大家使用,唯一的原因就是它们的所有者希望这些产品能成为主流产品,这样它们就可以收取一个高价格!

有时,虽然兼容性方面的要求非常重要,但是,由于其他的因素,市场上也可以有不止一个企业在竞争。eBay 是在线购物市场上的领导企业,利用其所拥有的市场势力,它收取的价格比一个标准完全竞争市场上的价格高得多。但是,在这个行业还存在数百家其他企业,它们提供了一些具有不同特色的产品。例如,Craigslist 就有能力同 eBay 竞争,因为它为买卖双方提供了一种在当地买卖的方式,这种方式对于那些运费特别昂贵的产品是非常有用的。另外,经济学家把这种由少数几家企业控制的市场称为**寡头垄断**(oligopoly)。

婚恋网站市场也是一个寡头垄断市场,这仅仅是因为大多数人都希望加入到一个拥有很多其他人的网络。但是,它不是一个垄断市场;通过提供一种不同的匹配算法,Yahoo! Personals 和 eHarmony 同领导企业 Match.com 在进行着竞争。此外,还有一些竞争性的特色服务网站,如 JDate.com(它专门提供寻找犹太人伴侣服务)。但是,请注意,在这一特色服务内,对其竞争者而言,JDate.com 居于主导地位。

网络产品是这样一种产品,这种产品对消费者的价值随着使用该产品的其他消费者人数的增加而增加。

寡头垄断是指由少数几家企业控制的市场。

13.2.2 "最好"的产品不一定总是能赢得市场

在网络产品的市场上,市场很有可能会被锁定在一种"错误"的产品或网络上。我们可以用一个合作博弈来说明这一点,如图13.4所示,该博弈的结构同我们之前所说的囚徒困境博弈相似。亚历克斯和泰勒在选择是用苹果软件还是用微软软件来写他们的教材。亚历克斯的选择或者说策略用行表示,泰勒的用列表示。他们两人都想避免与对方使用不同的软件。如果亚历克斯选择了微软,而泰勒选择了苹果,那么,他们俩合作起来就非常困难,因此,他们的收益都很低,只有(3,3)。如果亚历克斯选择了苹果,而泰勒选择了微软,情况也一样。如果两人使用的是同一种软件,他们获得的收益会比较高。因此,如果亚历克斯选择用苹果软件,比较合理的就是泰勒也选择用苹果软件,反之亦然。换句话说,如果亚历克斯和泰勒两人都选择苹果软件,那么,谁都不会有激励改变他们的策略。

		泰勒	
		苹果	微软
亚历克斯	苹果	(11, 11)	(3, 3)
	微软	(3, 3)	(10, 10)

亚历克斯　泰勒
的收益　　的收益

支付矩阵给出了亚历克斯和泰勒在各种不同策略组合下的收益。如果泰勒和亚历克斯选择了苹果,任何一方都没有激励去改变策略。如果泰勒和亚历克斯都选择了微软,同样没有人有激励去改变策略。因此,(苹果,苹果)和(微软,微软)都是纳什均衡。

图13.4　合作博弈

更正式一点说,如果博弈中任何一个参与人都没有激励去单方面地改变自己的策略,经济学家就称这种情况是一个均衡。这种均衡也称为**纳什均衡**(Nash equilibrium),它是以数学家纳什的名字命名的。纳什对博弈论的这一贡献使得他获得了诺贝尔经济学奖,纳什传奇的一生成为了电影《美丽心灵》(*A Beautiful Mind*)的主要情节。结果(苹果,苹果)是一个均衡,因为亚历克斯和泰勒都不会单方面地改变他们的策略。也就是说,在对方不改变选择策略的情况下,亚历克斯和泰勒谁都没有激励去做出改变。

纳什均衡出现时,博弈中任何一个参与人都没有激励去单方面改变自己的策略。

但是请注意,(苹果,苹果)不是唯一的均衡。如果亚历克斯选择了微软,那么,泰勒也希望选择微软,反之亦然。因此,(微软,微软)也是一个均衡策略。(微软,微软)这一均衡下的收益比(苹果,苹果)均衡下的收益要低一些。然而,(微软,微软)仍然是一个均衡,因为一旦亚历克斯和泰勒选择了微软,谁都没有激励去改变。那么,在(苹果,苹果)和(微软,微软)这两个均衡中,哪一个均衡会是亚历克斯和泰勒的最终选择呢?

如果亚历克斯和泰勒是这个博弈中仅有的两位参与者,他们可能会相互商量,在最好的均衡(苹果,苹果)上进行合作。但是,在现实中,这一合作博弈是在亚历克斯、泰勒以及其他很多人之间进行的。当参与人数众多,而且大家很难对"是否苹果就一定会比微软更好"达成一致意见时,在最好的均衡上进行合作是很难做到的。那么,最终的均衡由什么决定呢? 最经典的回答就是:"由历史的偶然性决定。"

由于历史的偶然性,计算机键盘现在被设计成 QWERTY 格式(按照最上排左边的键来命名)。但是,QWERTY 格式是最好的键盘设计方式吗? 根据一项研究认为,用一种被称为 Dvorak 的键盘设计方式打字会更快和更容易些。那么,为什么现在是 QWERTY 格式的键盘设计呢? QWERTY 格式最先被采用,而一旦人们学会了用 QWERTY 格式的键盘,打印机制造商就有激励出售 QWERTY 格式的打印机。当然,一旦制造商出售的是 QWERTY 格式的打印机,自然就应该学习如何用 QWERTY 格式的键盘。因此,QWERTY 格式的键盘设计方式就被"锁定"。如果你们感到好奇,我可以告诉大家,本书的两位作者只会用 QWERTY 键盘打字。

不过,对于 QWERTY 键盘的故事,还存在一些疑虑。首次发现 Dvorak 键盘比 QWERTY 键盘更好的是美国海军 1944 年的一项研究。但是,是谁发起了 1944 年的这项研究呢? 正是海军少校奥古斯特·德沃夏克(August Dvorak)本人。关于究竟是谁创造了 Dvorak 键盘,你会作何猜想呢? 最近的一些研究并没有发现,这两种键盘中的哪一种会更具有优势。所以,非常合理的结果就是,尽管现在按照任何一种设计来重新设置键盘按键都非常容易,但也很少有人会耗费精力去学习 Dvorak 键盘。*

当网络非常重要时,产品设计不只是单独某一个产品的问题,它也是关于如何确保该产品同该行业中其他产品相匹配,以及如何使得尽可能多的用户用起来更方便的问题。微软的竞争对手,如苹果,经常可以证明在某些品种上它们的产品更好。但是,苹果却无法确保其产品具有更好的兼容性,以及其产业标准能更方便使用。设计出一种每个人都能使用的产品,一般都要求产品具有一定的简易性和便捷性。那些不喜欢大众兼容性产品的人一般都是专家。这也就是为什么会有人抱怨说"微软是祸害"。但是,从某种程度上讲,抱有这种指责的人是在想当然地认为,每个人都是计算机高手。

13.2.3 标准之争普遍存在

在合作博弈中,差的均衡可能会被锁定。但是,比合作博弈更常见的却是争夺行业标准的竞争。在标准之争中,一般都存在两种好的均衡。但是,不同的博弈者对于哪种均衡更好看法各不相同。

最近几年,有两个制造商团体正在为争夺高清晰 DVD 光碟的标准进行战争。由东芝领导的团体支持高清 DVD 光碟,由索尼领导的团体支持蓝光 DVD 光碟。高清 DVD 光碟是一种比较简单而又便宜的技术,但是,蓝光 DVD 光碟可以储存更多的信息。东芝和索尼各自都想赢得这场标准之争,但是,它们都知道,消费者不可能大量购买任何一种标准的产品,除非他们已经确切知道哪种标准会获胜。由此,图 13.5 中显示,(高清,高清)的均衡对东芝公司更有利,而(蓝光,蓝光)的均衡

---

* QWERTY 键盘的故事是由 Paul A. David(1985,"Clio and the Economics of QWERTY."*American Economic Review* 75:332—337)提出。不过 Stan J. Liebowitz 和 Stephen E. Margolis(1990,"The Fable of the Keys."*Journal of Law and Economics* 33(1):1—25)对此事提出了质疑。

对索尼公司更有利。但是,如果存在两种相反竞争的标准,对哪一家公司都不利。

		索尼	
		高清	蓝光
东芝	高清	(10, 8)	(0, 0)
	蓝光	(0, 0)	(8, 10)

在标准之争中有两个纳什均衡(标上了阴影的策略组合)。索尼和东芝两家都
认为有统一标准比没有统一标准更好,但是,索尼认为蓝光标准更好,而东芝
认为高清晰标准更好。

图 13.5　标准之争

在这场蓝光的标准之争中,索尼和东芝都在争夺制造商,如迪士尼、20 世纪福克斯电影制片公司和环球唱片公司,以及分销商,如沃尔玛和 Netflix,它们都希望能同这些公司就使用某种标准签订协议。高清 DVD 光碟起初居于领导地位。但是,当索尼在 PlayStation3 游戏机中嵌入了蓝光 DVD 光驱后,就为它们的标准赢得了受众。越来越多的企业开始签订协议使用蓝光标准。在华纳兄弟于 2008 年 1 月宣布,它将全部使用蓝光光碟来制作电影后,东芝开始放弃,由此也结束了高清 DVD 机器的生产历史。

13.2.4　为争夺整个市场而竞争,而不是为争夺市场中一个更高的份额而竞争

蓝光的标准之争反映了网络产品的另一个特征,即竞争的出现是为了争夺整个市场而非市场中的一个更高份额。例如,一旦获胜的那种标准出现,失败的标准可能就会迅速地消失。同样,获胜的那种标准也无法保证会永远维持下去,甚至不可能保证能维持很久。下面我们来更详细看看这一点。

网络产品通常都是由垄断者或者寡头垄断者出售的。但是,同标准的垄断者或者寡头垄断者所不同的是,这个市场中垄断者可以很容易很迅速地就被其他垄断者所代替。1988 年,电子数据表程序 Lotus 1-2-3 拥有这个市场 70% 的份额,但它面临着来自 Quattro Pro 和 Excel 的竞争。起初,Quattro Pro 的销售份额相当于 Excel 的两倍,看起来似乎要获胜。但是,对这三种程序的比较评论给 Excel 带来了优势。到 1998 年,Excel 占有这个市场的 70% 的份额,而 Lotus 1-2-3 逐渐被挤出了市场。

微软的 Word 现在是一种占有统治地位的字处理程序,但是,本书的两位作者都记得,曾几何时,WordStar 和 WordPefect 都曾是这个市场的领导者。你听说过 Friendster 吗? 在 2003 年,Friendster,这个社交网站曾拥有 2 000 万成员。但是,由于它没有成功地提升质量,今天,Facebook 和 MySpace 都比它更大。

像电子数据表程序、字处理程序和社交网站这一类的网络产品,在其市场发展的某些时点上,都曾经有一家或者几家企业位居过主导地位。但是,随着时间的推移,这些市场的主导型企业都发生了改变。我们有一个垄断者序列,而不是一个唯一稳定的垄断者。微软在字处理软件市场上和电子数据表市场上的份额今天似乎

很大。但是,谷歌断言,它那以网络为基础的字处理程序和电子数据表程序在未来可以超过微软。这也许可能,也许不可能。但是,不要错误地认为,只要拥有很大的市场份额就意味着没有竞争者。为市场而争的竞争可以迅速地废黜现有的市场领导者。

2000 年,美国司法部对微软提起法律诉讼,理由是该公司试图垄断操作系统,并利用其操作系统提高了该公司其他产品的价格。例如,Windows 操作系统是同 IE 浏览器捆绑在一起出售的,这有助于 IE 浏览器取代 Netscape 浏览器而成为浏览程序的市场领导者。据估计,1996 年 Netscape 拥有浏览器市场 80％的份额。但是,到 2002 年,IE 浏览器已经夺走了 Netscape 的绝大多数市场份额。[6]

诚然,根据反托拉斯法的条款,微软公司似乎犯有"有意垄断"的过错。但是,微软的行为是否损害了消费者的利益呢？这一点还不是很清楚。今天,Netscape 的开放源代码项目为我们带来的 Firefox 浏览器随处可得,谷歌的 Chrome 浏览器、苹果的 Safari 浏览器等也同样如此。因此,这个市场上还有相当多的竞争者。换一个浏览器很容易,但是,我们当中的很多人并不愿意这样麻烦,因为所有的浏览器质量都很高。更一般地说,在 20 世纪 90 年代,微软的价格下降了,软件增加了很多新的特色。例如,Windows 95 和 Windows XP 都比它们先前的版本更便于使用。

反托拉斯当局所面临的困境在于,我们已经知道,网络产品的市场总是被几家企业所主导。因此,这不是一个垄断对竞争(从市场上存在众多企业的竞争这一意义上讲)的问题,而是一个这个垄断者对另外一个垄断者的问题。Netscape 控制 80％的市场份额是否就一定会比 IE 浏览器控制 80％的市场份额对消费者更有利呢？这一点并不是很清楚。重要的是这种争夺整个市场的竞争没有受到阻碍。管制者宣称,通过免费把 IE 浏览器同 Windows 系统捆绑在一起,微软确实阻碍了争夺整个市场的竞争。也许事实确实如此,但是,这其实是一个既难以被证实又难以被反驳的断言。

微软在 2001 年同政府达成了协议。协议规定,微软必须把能同 Windows 系统完全对接的软件生产技术和信息向其竞争对手公开。但是,在欧盟地区,很多针对微软的反托拉斯指控仍然存在。

13.2.5 音乐是一种网络产品

最后,网络产品不仅仅只限于高技术产品。大部分人都喜欢听流行音乐,因此,音乐也是一种网络产品。如果你听一些正在流行的音乐,你可能会同你的朋友交换歌曲,一起去听音乐会,或者对同一些人物发表评论。因此,正在流行的音乐是一种更具有价值产品。或者说,这种音乐比那些不怎么出名的音乐能给听众带来更大的收获。

实际上,一项由哥伦比亚大学社会学家,邓肯·沃茨(Duncan J. Watts)所进行的独特实验发现,对音乐的品位具有极强的社会成分。[7]沃茨邀请了数千人来听一些他们从没有听过的乐队,并请他们对这些歌曲进行评价。如果他们喜欢某一首歌,参与者可以免费下载它。实验设计的技巧在于,有些参与者只能看见歌曲和乐队的名字,但是,另外一些参与者还可以看见这些歌曲之前曾经被其他人所下载的次数。如果个人对音乐的品位同其他人所听的音乐没有关系,那么,知不知道之前其他人下载某一首歌的次数应该不重要。你应该只下载你喜欢的歌曲,对吗?

但是,沃茨发现,一首歌曲被下载的次数越多,想下载这首歌曲的人也越多!由此,如果一些早期的参与者碰巧喜欢并下载了某一首歌曲,那么,这首歌曲就会获得更多的下载。所以,如果参与者看见之前的下载次数,历史的偶然性将会使得一些歌曲和乐队变得越来越受欢迎,而其他的歌曲则会慢慢地被淡忘。更加令人惊奇的是,在沃茨不断重新进行他的实验时,那些受欢迎的歌曲每次都不相同。

理解现实世界   那么,这意味着什么呢? 好吧,来看看我们前面为网络产品行业所列举的两条原则:即最好的产品不一定总是能赢得市场和标准之争非常重要。这两条规律你在音乐市场中都能发现。一些乐队有一个幸运的开始,从而很快就变得越来越流行。流行能自我反馈,因此,开始时领先一小步都会成为很大的市场优势,哪怕这个乐队其实并不一定是"最好的"。小甜甜布兰妮(Britney Spears)属于娱乐界的这样一种人物吗? 当不同的团体、歌手或者演艺风格进行竞争,以便吸引所有那些可能会影响时尚潮流的人的支持,从而成为市场领导者,这时,标准之争就出现了。明星可以迅速升起,也可能会瞬间陨落,这都取决于公众对流行的感觉。同其他网络产品一样,在任何一个时间点上,总会有一些艺人统治着整个娱乐圈,并赚取了大量的金钱。但是,今天的一个很大的市场份额并不能保证在未来也能流行,因此,年纪大一些的明星害怕被新走红的年轻明星赶下王位。

自我测验

1. 一个已经建立起网络产品的企业,如拥有 Office 软件的微软,还会面临着竞争吗? 为什么?
2. 考虑蓝光与高清晰 DVD 之间的竞争。如果目前市场的标准还没有确立,为什么继续等待对你来说是明智的? 一旦标准确立之后,你认为两者的销售会出现什么情况?

○ 本章小结

欧佩克卡特尔没有表现出长期控制石油价格的能力。大多数的市场卡特尔也都不稳定。有时是由于企业对卡特尔协议存在欺骗行为,有时是由于新的竞争者进入了该市场。政府解散了一些卡特尔,但它们也强制形成了一些卡特尔。如果你发现一个有害的卡特尔,你应该问,是否一些政府的规则或者管制出现了错误。囚徒困境能解释,为什么欺骗在卡特尔中普遍存在,或者更一般地说,个人对自我利益的追逐如何能够导致合作难以出现,即使对这个团体中的任何人,合作都比不合作更好。

有时,一个企业可以通过出售或创造一种网络产品来获得市场势力。对于网络产品而言,使用该产品的消费者越多,它对单个消费者的价值也会越大。一旦这种网络被建立,它们就会迅速地变得强大起来,而且一般都只由某一个或几个企业出售。由于产品网络经常发展得很快,很多企业家都会努力建立起它自己的网络标准,由此,就导致了标准之争。虽然网络产品经常由垄断者出售,但是,随着新企业的创新及其对曾经的市场领导者的超越,垄断者的身份经常随着时间而发生改变。

○ 本章复习

关键概念

卡特尔
战略决策
占优策略
囚徒困境
反托拉斯法
网络产品
寡头垄断
纳什均衡

事实和工具

1. 我们从解答几个例题开始,来看看组成卡特尔的诱惑。为了简化供给方面的因素,我们假设固定成本为 0,从而边际成本等于平均成本。我们来比较一下完全竞争下($P = MC$)的结果和所有厂商都按照它们组成一个垄断者时行动下的结果。在这两种情况下,我们都使用以下图形中的术语。

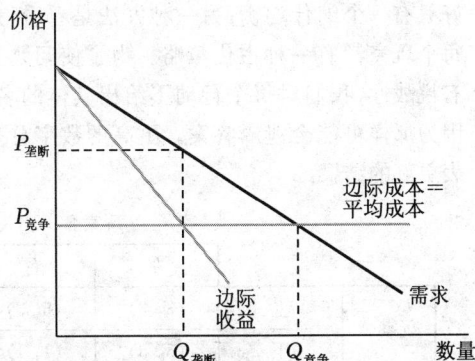

a. 首先,我们来看看利润是什么。把这一图形同图 13.2 进行比较,把垄断利润所对应的长方形涂上阴影。

b. 利用价格、成本和数量这些术语,写出这一长方形面积的计算公式。

c. 我们把这个市场看做是某一特定类型的苹果市场:嘎啦苹果(Gala)。假设存在 300 个嘎啦苹果的生产者,且 $MC = AC = 0.40$ 美元/磅。在一个完全竞争市场上,价格会被压低到等于边际成本。我们假设当 $P = MC$ 时,每个苹果种植者生产 200 万磅苹果,市场的总产量是 60 000 万磅。现在再假设苹果种植者形成了一个卡特尔,每个种植者都同意把产量削减到 100 万磅,这使得价格提高到 0.70 美元/磅。当苹果种植者能够像他们是一个垄断者一样行动,并能够按照下表一样进行生产时,计算每磅苹果的利润和行业总利润。

$P_{垄断}$	$Q_{垄断}$
0.70 美元/磅	30 000 万磅
每磅利润$_{垄断}$	行业总利润$_{垄断}$

d. 如果某个苹果种植者打破卡特尔协议,多生产了 100 万磅苹果,这个苹果种植者将会获得多少额外的利润(大概)?

2. 来看看这一章所提出的卡特尔失败的原因。在以下每一组中,选出卡特尔可能更稳固的一方。

a. 一个新企业可以很容易进入的行业 vs. 一个能被同一些企业坚守数十年的行业。

b. 政府认为所有的企业就价格进行协商是合法的 vs. 政府认为该行业所有的企业就价格进行协商是违法的。[注意:1890 年的《谢尔曼反托拉斯法案》使得后者一般都是违法的,但是,弗兰克林·罗斯福总统的《国家产业复兴法案》(National Industrial Recovery Act)使得联合定价的卡特尔在大危机时期暂时被合法化。]

c. 卡特尔中所有的行业领导者都在同一所学校就读而且住在相同的区域 vs. 卡特尔中所有的领导者都相互不认为或者彼此不信任。(提示:正如亚当·斯密在《国富论》中所说,"从事同一行业的人难会聚在一起,哪怕是为了休闲和娱乐。但是,一旦他们的交谈结束后,就会达成一些违背公众利益的共谋,或者是想出一些提高价格的损招。")

d. 企业可以很容易在不被人发觉的情况下出售更多产品的行业(如音乐的下载量)vs. 所有的销售量都是公开的和可看得见的行业(如音乐会的门票)。

e. 高价格会刺激产品创新的行业 vs. 供给高度缺乏弹性的行业。

3. 囚徒困境博弈在所有社会科学中都是最重要的模型之一:大部分有关信任方面的博弈都可以看作是某种形式的囚徒困境。囚徒困境博弈的经典情境是这样:有两个人抢劫了一家银行并都立即被逮捕了。警察没有找到任何可靠的证据,他们现有的证据只能够判处每人一年的有期徒刑。对一个重刑犯而言,这只相当于在他的手腕上拍了一下。

如果警察有了更多的证据,他们就能把这些罪犯关得更久一些。为了获得更多的证据,他们把这两个人分开关在两个房间进行审讯,并给每个人都提供了一笔同样的交易:如果你指证你的同谋者,我们将解除所有对你的指控(同时判处另一个人 10 年有期徒刑)。当然,如果两人同时接受了这笔交易,警察将拥有足够的证据把他们两人都处理掉,因而他们每个人都被判处 6 年有期徒刑。但是,正如以上所说的,如果任何一个人都不来指证对方,两个人将都被判处 1 年有期徒刑。对这两个人来说,最好的结果是什么呢?

在以下表格中的每个单元格中,给定布奇和桑丹思选择的策略,第一个数字表示布奇在监狱中的时间,第二个数字表示桑丹思在监狱中的时间。在年数前面加个负号,那么,我们可以把它写成以下的形式:

		桑丹思	
		保持沉默	指　证
布　奇	保持沉默	(−1, −1)	(−10, 0)
	指　证	(0, −10)	(−6, −6)

a. 如果桑丹思保持沉默,布奇最好的选择(最高的收益)是什么:是保持沉默还是指证?

b. 如果桑丹思选择指证,布奇最好的选择(最高的收益)是什么:是保持沉默还是指证?

c. 布奇最好的选择是什么? 桑丹思最好的选择是什么?

d. 你认为事情的结局是什么?

e. 这如何有助于解释为什么警察从不把两个嫌疑犯关在同一个审讯室审问?

4. 你的教授可能是按照某种分布曲线来给成绩的,如果不是显然的也可能是隐含的。这就意味着你和你的同班同学可以协商,大家都只学习一半,也可以同没有这种协商时获得同样好的成绩。如果你努力去维持这个协议,你认为会出现什么结果? 为什么? 本章的哪一个模型同这种共谋行为最相似?

5. 在很多大学城,有很多谣言说大学城的加油站相互勾结来提高价格。如果这事是真的,你认为这种违背公共利益的共谋行为在哪些地方能够获得成功? 为什么?

a. 在一个有几十个加油站的城市,还是在一个不超过 10 个加油站的城市?

b. 在一个地方议会有很多环境和区域管制,从而使得新开一个加油站非常困难的城市,还是在一个有很多土地可供开发的城市?

c. 在一个所有的加油站都同样繁忙的城市,还是在一个有一半加油站总是很忙,而另一半加油站总是很空闲的城市?

6. 在以下三个博弈中,哪一个是合作博弈,哪一个是囚徒困境? 检验的最好办法就是看看,是否正好只有一个纳什均衡;另一种办法是看看,是否每个玩家都有一种占优策略。为了使问题更具有挑战性,我们对每个行动不给出具体的名称,因为那样可能会泄露答案。更高的数字总是代表更好的结果:

a.

		玩家 B	
		左	右
玩家 A	上	(3, 3)	(5, 5)
	下	(5, 5)	(1, 1)

b.

		玩家 B	
		左	右
玩家 A	上	(100, 100)	(600, 50)
	下	(50, 600)	(500, 500)

		玩家 B	
		左	右
玩家 A	上	(8, 6)	(7, 5)
	下	(3, 0)	(9, 9)

7. 亚马逊的首席执行官杰夫·贝索斯(Jeff Bezos)的口头禅是"尽快做大"。正如我们在第 11 章谈到垄断时所看到的,"尽快做大"的一个原因就是因为,在某些行业,当企业扩大规模时,它的平均成本会快速下降——因此,规模在供给面是有帮助的。在这一章,网络效应表明,规模在需求方面也是有帮助的。根据这些思想,解释以下现实世界中尽快做大的动机:你认为它主要是因为规模报酬递增还是因为网络效应? 并解释为什么?

a. Second Life 是一个网络虚拟世界,它的很多头像都允许人们免费使用。但是,如果你想用最新的头像,你就必须付钱。

b. 同样,在 Match. com 这个婚恋网站上,人们可以免费张贴照片和查看他人的照片,甚至还可以免费收取其他人发来的电子邮件。但是,如果你想给其他成员发送电子邮件,你就必须付钱。

c. Adobe Acrobat 阅读器是免费使用的。但是,制作复杂的 Adobe 文档的软件不是免费的。

d. 金·吉列(King Gillette,真实的人名)在 1885 年曾免费发放过他的第一款一次性刀片。购买一盒古巴雪茄就可以免费获赠这些刀片。

e. 亚马逊网站本身。

思考和习题

1. 通常,我们都认为欺骗不是一件好事情。但是,在这一章,欺骗被证明在某些重要的情况下是一件非常好的事情。

a. 如果一个卡特尔由于欺骗行为而解体,谁会受益:消费者还是生产者?

b. 这种收益一般是以低价格的形式出现,还是以高质量的形式出现,或者两种形式都有?

c. 欺骗行为增加的是消费者剩余还是生产者剩余? 或者两种剩余都增加了?

d. 因此,欺骗是对欺骗者有好处还是对其他人有好处?

2. 在一个卡特尔中,每个企业都有降价的激励。

a. 假设政府管制设定了一个最低价格。这种管制是倾向于加强卡特尔还是削弱卡特尔? 或者没有任何影响?

b. 企业在卡特尔中实行欺骗行为的另一种方法是,向消费者提供高质量的产品。假设政府管制规范了产品质量的标准,这种管制是倾向于加强卡特尔,还是会削弱卡特尔? 或者没有任何影响?

3. 决定汽车在路的哪一边行驶是一种合作博弈。在某些国家,人们开车时靠路的右边,在另一些国家(最著名的是英国和它的一些前殖民地国家),开车时走左边。这些习惯几百年以前就产生了。如果有一个世界标准,汽车公司可能会节省一些钱,因为它们不必再同时生产左边类型的车和右边类型的车,汽车可能也会更便宜些。你认为为什么这些习惯会持续? 换句话说,什么原因使得世界被"锁定"在两种完全不同的汽车类型上?

4. 15 世纪晚期,欧洲每年胡椒粉的消费量大约是 200 万磅。威尼斯(由一群人数不多但联系很紧密的商人统治着)是这一时期胡椒粉的主要贸易地点。但是,当葡萄牙探险家瓦斯科·达伽马(Vasco da Gama)于 1498 年发现了一条绕过非洲进入印度洋的路线后,威尼斯发现自己面临着来自葡萄牙贸易路线的竞争。到 16 世纪中期,欧洲每年胡椒粉的消费量有 600 万到 700 万磅,其中的大部分都经由里斯本。达伽马成功之后,胡椒粉的价格下降了。

a. 15 世纪时,可能是一个卡特尔在限制着胡椒粉的进口吗? 为什么?

b. 如果 1498 年以前胡椒粉的价格已经很低,达伽马是会更愿意,还是会更不愿意绕过非洲的好望角航行? 为什么?

c. 在本章所列举的卡特尔被削弱的三个原因中,哪一个能更好地解释威尼斯对世界胡椒粉贸易影响下降的原因?

d. 统治威尼斯市场的商人在欧洲其他地方没有政治权力。这一点对理解以下事实非常重要,即欧洲胡椒粉的消费量在仅仅半个世纪期间增长了 3 倍多。为什么?

5. 假设你和你的朋友埃米一起开发了一种独特的魔术戏法。这种游戏你们俩都可以一个人表演。

这种魔术戏法也被证明是一种非常流行的特技，你们俩都可以像职业魔术师一样成功。假设你们决定合谋，共同限制这种魔术特技表演的次数。如果你们俩都每人每周表演一次，每人每次表演可以获得 10 000 美元的收入。如果你们俩每人每周表演 5 次，则每人每周可以获得 6 000 美元的总收入。如果一个人表演一次，而另一个人表演 5 次，则前者获得 3 000 美元的收入＊，而后者获得 15 000 美元的总收入。

a. 利用以上信息完成下表。（提示：它看起来非常像图 13.3）

		埃米	
		表演 1 次	表演 5 次
你	表演 1 次		
	表演 5 次		

b. 假设埃米表演 1 次，你最想选择的策略是什么？

c. 假设埃米表演 5 次，你最想选择的策略是什么？

d. 你的占优策略是什么？

e. 假设你表演 1 次，埃米最想选择的策略是什么？

f. 假设你表演 5 次，埃米最想选择的策略是什么？

g. 埃米的占优策略是什么？

h. 均衡结果是什么？

i. 魔术师都非常不愿意公开他们魔术的秘密，即使只是对其他魔术师公开。根据你在这一问题中所了解的道理，为什么他们不愿意？让其他魔术师知道你自己的魔术秘密是一种占优策略吗？

6. 在 1890 年，参议员谢尔曼（他提出了《谢尔曼反托拉斯法案》，我们之前提到过）促使通过了一项后来以他的名字命名的法案。该法案给予政府强大的权力来"粉碎"卡特尔，其主要目的是为了增加产出。大概一个世纪之后，经济学家托马斯·迪洛伦佐（Thomas J. DiLorenzo）检验了那些通常被指控为由卡特尔控制的行业。他发现，在 1880 年到 1890 年的 10 年间，这些行业的平均产量增加了 175％——是同一时期经济增长率的 7 倍。

假设这些行业存在共谋。实际上，我们不妨假设，在谢尔曼法案通过之前的 10 年，这些卡特

尔已经变得足够强大。如果事实的确如此，我们就能预期这些行业的产量会增加这么多吗？换句话说，迪洛伦佐的证据同有关谢尔曼法案的标准说法一致吗？

7. 2005 年，经济学家托马斯·谢林（Thomas Schelling）获得了诺贝尔经济学奖，部分是因为他发展了博弈论中"聚焦点"这一概念。聚焦点理论是解决合作博弈的一种方法。如果两个人都会因做出了相同的选择而受益，但却无法交流，那么，他们就会选择最被公认的选项，这个选项被称为聚焦点。当然，至于什么是最被公认的选择，在不同的文化中可能会不相同。是穿商业服装还是穿短裤和体恤？是用苹果还是用微软？是准时到会还是晚一点到？在所有的这些案例中，存在一个一致同意的聚焦点，比究竟是哪个聚焦点让大家一致同意更重要。因此，人们为了找到聚焦点，他们将通过文化来寻找线索。[谢林写了两本为他赢得诺贝尔奖的具有高度可读性的书：《微观动机与宏观行为》（*Micromotives and Macrobehavior*）和《冲突的战略》（*The Strategy of Conflict*）。]

a. 假设你们正在玩一种游戏，在这个游戏中，你和另一个玩家都必须从三个盒子中选一个。但是，在游戏结束之前，你和其他的玩家不能交流。三个盒子中有一个是蓝色的，两个是红色的。如果你们两人选择了相同的盒子，你们将赢得 50 美元；如果选择不相同，你们什么也得不到。你们会选择哪一个盒子：是蓝色的盒子还是两个红色盒子中的一个？

b. 假设你和另一个玩家都必须在一张纸上写出一个精确到美分的价格，这个价格要位于 90.01 美元和 109.83 美元之间。如果你们俩写下的价格相同，你们每个人将都获得这个数量的货币。如果你们俩写的价格不相同，那你们就什么也得不到。同样，你们在游戏结束之前不能交流。你们俩最有可能选择的数字是什么？

＊ 原文这里是 1 000 美元。但是，由于两个人的情况完全一样，所以，他们的表演价格应该相同。由此，如果表演一次是 1 000 美元，那么，表演 5 次应该是 5 000 美元。这同本题的其他假设，特别"后者获得 15 000 美元的总收入"相矛盾。所以，译者认为这里改成 3 000 美元更合理，且不影响本题的原意。——译者注

c. 很多"滑坡推理"其实都是关于聚焦点的故事。*
在美国,在讨论禁止枪支或讨论限制言论时,
人们会争辩说,任何限制都会导致"滑坡"。他
们这样说是什么意思?(提示:律师经常担心
"灰色地带",他们更喜欢"界限明显的检验
标准"。)

d. 谢林用聚焦点这个概念来解释关于战争限制
方面一些不成文的协议。例如,毒气在第二次
世界大战中没有被使用,而且这一协议大部分
都是不成文的。由于聚焦点并不是很显然的,
请解释,为什么没有不成文的协议来规定,某
些毒气可以使用,另外更多的一些毒气不能被
使用。

8. 考虑船运集装箱(装在货轮或者大卡车上的大箱
子)。如果所有的集装箱都是相同大小和相同形
状的,那么,集装箱可以在不同的船只、卡车和吊
车之间随时顺畅地转移。今天,标准的集装箱都
是宽 8 英尺,高 8.5 英尺,长 40 英尺。[最近的一
本新书《集装箱改变世界》(The Box)讲述了一个
引人入胜的故事,它告诉大家这一尺寸是如何成
为标准的,以及它如何降低了世界范围内的运输
成本。]我们来看看如何运用这一标准尺寸来说
明纳什均衡这一概念的含义。

a. 假设某个发明者设计了一种新的集装箱,这种
集装箱生产起来更便宜。但是,它必须是 41
英尺长。考虑到标准化,该发明者能成功吗?
为什么?

b. 假设某一集装箱制造商降低了其集装箱最后
一面墙的承载强度(这为他生产每个集装箱节
约了 100 美元)。这种集装箱在船运时跟标准
集装箱没有差别,但对于火车运输时,如果火
车突然刹车,集装箱碰撞到平板货车时会存在
一定风险。谁会反对这种不够结实但更便宜
的集装箱:有货物需要运输的公司还是物流公
司? 或者两者都反对?

c. 为什么提供隔夜到货服务的联邦快递要求每
个人在运货时都使用联邦快递的包装?

9. 在其他人都购物的时候去购物一般会更有效率,
这是对圣诞节为什么能成为购物季节的一种解
释。很多实际上并不庆祝圣诞节的人也会在这
期间大量购物和赠送礼物。在另一个极端,"冷

场"(dead mall)是现代消费资本主义最害怕的场
景之一。我们来看看"愉快的购物经历"为什么
也是一种网络产品。

a. 逛商场的快乐部分是来自看和被看的快乐。
什么时候你能看见更多的人:是圣诞前的几
个月还是其他时间? 因此,如果你喜欢人多
的热闹,你最愿意什么时候去市场? (这是
一个在经济学中很常见的"乘数效应"的
例子)

b. 在高中的时候(或者也许是初中),你可以花很
多时间闲逛商场。这时的商场哪一方面同
Facebook、MySpace 或者其他的社交网络网
站比较相像?

c. 如果商场可以把装饰和娱乐表演的成本转嫁
给大量的消费者,它们都愿意在那上面花更多
的钱。同样,你预期在什么时候更能地看到这
种额外的成本出现:在圣诞前的几个月还是其
他时间?

d. 如果圣诞节对商场如此重要,为什么它们不每
个月都举办圣诞活动,经常进行一些装饰和演
唱活动? 当然,它们在复活节、开学时期和情
人节等时期也会这样做。但是,为什么同圣诞
节的巨大成功相比,这些时候的活动所带来的
效果要惨淡得多? 请用网络产品的概念来回
答。(提示:一旦有数量巨大的人都决定使用
Facebook,重新建一个山寨的 Facebook 会有
什么样的收获?)

挑战

1. 囚徒困境在现实生活中非常普遍。但是,并不是
现实中所有博弈的结局都像囚徒困境一样悲惨。
一种被称为"猎鹿博弈"的博弈模型描述了这样
的情形:其中合作是可能的,但并不牢固。哲学
家让-雅克·卢梭描述了这种博弈。他认为很多

---

* "滑坡推理"(slippery slope)是一种逻辑谬误,它试图论
证一个步骤或行动的小小改变,就可能引致非常糟糕的结果,
但是其谬误之处在于起因与结果之间并未经过严格推理。举
例:"如果你偷懒,就会令公司蒙受损失;公司赚不到钱,就要
解雇员工;遭解雇的人因为失去收入,就会打劫;如果打劫时
遇到对方反抗,就会杀人。所以如果你偷懒,你就是杀人
犯。"——编者注

社会情形都像同朋友去狩猎：如果你们俩都同意猎取一头大雄鹿，那么，你们每个人都必须守住山谷的一头，以确保动物跑不了。如果你们俩都守住自己的位置，你们俩肯定可以获得你们的猎物。但是，如果一个人离开位置去抓一些更容易捕捉到的兔子，那么，鹿肯定会逃跑掉。抓兔子的活一个人就能干得很好，但是，要捕捉一头鹿就需要团队努力。这一博弈通常可以如下表述：

		休谟	
		捕鹿	抓兔
卢梭	捕鹿	(5, 5)	(0, 3)
	抓兔	(3, 0)	(3, 3)

a. 如果卢梭相当肯定，休谟也会捕鹿，他也会捕鹿吗？

b. 如果卢梭相当肯定，休谟会抓兔，他仍然会捕鹿吗？

c. 这里有两个纳什均衡，它们各是什么？（仔细看看这个收益矩阵，并问自己，"在兔和鹿之间，选手会在哪一个策略上单方面地改变自己的策略？如果选手会改变策略，那么，它就不是一个均衡。"）

d. 在这两个均衡中，经济学家称其中的一个为"收益占优均衡"，另一个为"风险占优均衡"。运用排除法，你能判断出哪个是哪个吗？怎样的风险最有可能促使一个人选择"风险占优均衡"？

e. 这是一个合作博弈吗，或者有一个占优策略吗？

f. 在我们本章以及前面问题所讨论的合作博弈中，如果合作失败了，事情会变得很糟糕。这个博弈中是这样的吗？

g. 任何时候，如果有人说，"只要别人这样，我也这样"，他可能说的就是一种猎鹿博弈的情况。穿鸡尾服去参加晚宴，努力维持团队的合作，勤修你家的草坪——所有的这些可能都是猎鹿博弈。在一个猎鹿博弈中，如果你认为其他对手够意思，那么，你也希望你自己够意思。但是，如果你怀疑他们不够意思，可能你也会是一个"彻底的个人主义者"（rugged individualist），会一个人去抓你自己的兔子。记住这些，举出两个以上你自己身边的猎鹿博弈的例子。

（在生活的很多领域中，人们是如何同意合作起来猎鹿的？对于这个问题的一个非常好且有点技术性的分析，请参见 Skyrms, Brian. 2004. *The Stag Hunt and the Evolution of Social Structure*. Cambridge：Cambridge University Press。Skyrms 是一个哲学家，他利用博弈论的工具研究了很多重要的社会问题。）

2. 我们提到过由利博维茨（Liebowitz）和马戈利斯（Margolis）的研究，它对 QWERTY 键盘的故事提出了一些质疑。特别是，他们强调，在打字机开始变得普遍时，很多公司都有一个成员众多的打字小组，由十多名女士（很少有男人）组成，她们只打印别人手写的东西。如果 DVORAK 真的比 QWERTY 键盘更快，那么，通过对这些打字员进行一段时间的培训以学会使用 DVORAK 键盘，这些公司可能会在小时工资上节省上百万美元。换句话说，个人可能会选择错误的标准，但是，对于这么容易赚得的钱，大企业一般都会去赚取，特别是，这笔钱的数额高达数百万美元。这就给予这些大的相关利益者们巨大的激励来采取新的标准。

a. 了解到这些，哪些大的市场参与者可能有动机来推进蓝光 DVD 标准？换句话说，哪些组织可能会请很多专家来检查其竞争对手高清 DVD 格式的每一个环节？哪些组织会在意，要选择一种消费者在两三年后实际上会更喜欢的格式？

b. 在未来的标准之争中，你认为早期的销售努力是应该直接针对普通消费者，还是应该针对那些"强势用户"——大的零售网络，以及其他能控制销售渠道的组织？

3. 为什么大家不改为都只使用同一种语言？

4. 诺贝尔经济学奖得主保罗·克鲁格曼（Paul Krugman）曾经问道："没有奖金的激励，谁会去参加那种自杀性的撞车比赛？"（资料来源：Krugman. 1998. "Soft Microeconomics：The Squishy Case Against You-Know-Who," *Slate*。）

a. 他所说的"自杀性的撞车比赛"指的是不同的互联网浏览器之间的竞争：参与这场竞争的很多，但最终只有一个（或者两个）能幸存下来。

不过,我们要把他所说的故事照字面意思描述一下:如果一次撞车比赛中有两辆小轿车,每辆轿车的生产成本是 20 000 美元,比赛中有一辆将会被完全破坏。如果比赛失败的机会是 50％,要使得这两个人都愿意参加比赛,奖金必须达到多少?

b. 假设我们要举办一次真正刺激的撞车比赛:有 10 辆车参加,但只有 1 辆能取胜。现在,奖金必须达到多少?

c. 我们从网络产品中总结出一些经验:由于网络产品市场上的竞争是为赢得整个市场而竞争,它就像是在一次撞车比赛中赢大奖。如果建立一个社交网站需要固定成本(你需要有很多电脑、很多 IT 宅男和很多做广告的人),那么在什么时候你会看到很多企业为在这个市场中胜出而展开角逐:当赢得市场后会获得丰厚利润的时候,还是这个市场利润惨淡的时候? 因此,如果我们希望有很多为赢得整个市场而进行的竞争,我们一定要限制赢者的利润吗?

▶ 14

劳动力市场

在美国,一个清洁工可以每小时赚得 10 美元的工资,而在印度,一个普通清洁工每小时的工资不到 1 美元。为什么会有这么大的差距呢? 为什么一些人赚得的收入会比另一些人高出这么多呢? 毕竟,两个国家的清洁工所做的很多事情都相同:他们的工作都是擦拭门窗、清洗厕所,以及清扫垃圾等等。

如果你认为工资的差异一定是同供给和需求有关,那么,你的思路是对的。

像其他商品价格的决定一样,工资也是由劳动力市场决定的。

在这一章,我们来更深层次地看看劳动力供给和劳动力需求的决定因素。更深的理解可以告诉我们:工资从根本上是如何决定的? 为什么大部分美国人赚得的收入会比全球的标准水平高出那么多? 为什么教育能提高工资水平? 工会是否以及如何会给工人带来帮助? 为什么说今天的劳动力市场仍然存在歧视?

14.1　劳动力需求和劳动力的边际产出

劳动力的边际产出(MPL) 是指多雇用一个工人给企业所增加的收益。

如果一个工人给企业带来的收入超过了企业雇用他的成本,企业就会雇用这个工人。经济学家把多雇用一个工人为企业增加的收益称为**劳动力的边际产出**(marginal product of labor,简称 MPL)。对于完全竞争企业来说,多雇用一个工人所增加的成本只是工人的工资(包括如健康福利等其他所有薪酬的成本)。因此,我们可以说,如果一个工人的劳动边际产出大于工资,那么,企业就会雇用这个工人。

当波士顿凯尔特人队买入凯文·加内特(Kevin Garnett)后,凯尔特人队在 NBA 赛场上从一支 24 胜 58 负的平庸球队一跃成为一支拥有最好战绩的球队。凯尔特人队雇用了加内特后,不仅赢得了更多的比赛,而且也增加了球队的吸引力,它们经销的商品也卖得更好了。从长期来看,凯尔特人队的电视转播合约的价值也提高了很多。在凯尔特人队买入加内特之后,他们的收入增加了很多——凯文·加内特具有很高的边际产出——这就是为什么凯尔特人队愿意花费近 2 400

万美元买入凯文·加内特的原因。

当麦当劳为了保持饭店的清洁卫生和维持良好的营运次序而雇用更多的人手时,公司考虑的是边际产出。没有人愿意在一个看起来不干净的饭店里吃东西。因此,一个更加清洁卫生的饭店能增加利润。但是,要有多干净才够呢? 在某一点上,干净的成本会超过它的价值。因此,为了利润最大化,只要多雇用一个清洁工所增加的收益超过清洁工的工资,麦当劳就会再雇用新的清洁工。

为了讲得更清楚些,我们来看看当清洁工的人数变化时劳动的边际产出水平,如表 14.1 所示:

表 14.1　劳动力的边际产出

清洁工人数	任　　　　　务	劳动力的边际产出(每小时 MPL)
1	打扫休息室,一天一次	35 美元
2	清理垃圾	30 美元
3	打扫休息室,一天两次	24 美元
4	擦洗地板	20 美元
5	清理门口的垃圾	16 美元
6	打扫休息室,一天三次	12 美元
7	擦洗窗户	11 美元
8	去除桌子底下的口香糖等物	8 美元

从以上这些数字中你会注意到一些事情。首先,劳动的边际产出会随着雇用劳动人数的增加而下降。如果只有一个清洁工,他将主要从事一些最重要的工作,因此,劳动的边际产出很高。随着麦当劳清洁工人数的增加,每次增加的清洁工都被分配到一些相对不太重要的任务。因此,劳动的边际产出递减。

从表 14.1 中我们可以看出,如果麦当劳雇用 3 个清洁工,其边际产出(每小时)是 24 美元,如果麦当劳雇用 4 个清洁工,劳动的边际产出是 20 美元,如此等等。但是,麦当劳会雇用多少个清洁工呢? 这取决于工资水平。

如果每个清洁工的工资超过每小时 35 美元,麦当劳一个清洁工也不会雇。如果工资下降到,比如说,每小时 32 美元,麦当劳会比较雇用一个清洁工所增加的收益(MPL)——每小时 35 美元——和雇用这个清洁工的成本——32 美元。由于 MPL 大于工资 W,麦当劳会雇用这个清洁工。如果工资下降到 28 美元,麦当劳会雇用第二个清洁工。如果工资下降到 22 美元,麦当劳会雇用第三个清洁工。依此类推。

注意,当工资下降时,麦当劳雇用的清洁工也越多,给他们分配的任务也相对更不重要了。所以,当工资下降时,MPL 也会下降。只要 MPL 大于工资水平,麦当劳就会继续增加雇用工人。所以,工资水平和劳动的边际产出总是紧密联系在一起的。

如果我们知道了劳动的边际产出,我们就可以推导出劳动的需求曲线。例如,在图 14.1 中,我们给出了麦当劳对清洁工的需求曲线。从图 14.1 和表 14.1 中你们可以看到,如果工资是 10 美元,麦当劳会雇用 7 个清洁工。

当然,我们仍然没有解释清楚工资由什么决定。为了解释工资的决定,我们必须记住,有很多企业都需要清洁工。因此,清洁工的工资由清洁工的市场需求和供

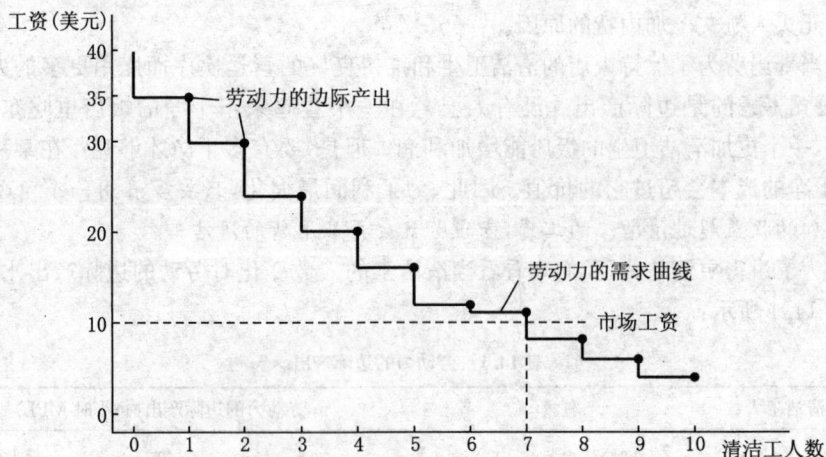

第一个清洁工的边际产出是 35 美元。如果工资在 35 美元以上,麦当劳不雇用任何清洁工。如果工资下降到 35 美元以下,麦当劳发现雇用一个清洁工是有利可图的。第二个清洁工的边际产出是 30 美元。如果工资下降到 30 美元以下,麦当劳将会雇用第二个清洁工。如果工资下降到 24 美元以下,麦当劳发现雇用第三个清洁工仍有利可图。依此类推。

图 14.1   劳动的边际产出决定了一个企业对劳动的需求曲线

给决定。但是,不用担心,清洁工的市场需求非常类似于麦当劳对清洁工的需求。在很高的工资水平上,只有某些企业(和某些消费者,如非常富有的人)愿意对清洁工有需求。随着工资的下降,会有更多的企业需要清洁工,而且每个企业需要的清洁工人数也会更多,正如我们在麦当劳的例子中所看到的那样。因此,同往常一样,对清洁工的市场需求是向下倾斜的。

自我测验

为什么劳动的边际产出会随着雇用工人的增加而下降?

14.2 劳动力的供给

同普通商品一样,劳动力的市场供给曲线是向上倾斜的。换句话说,更高的工资会鼓励劳动力供给的增加。这一点是非常直观的,但是,我们必须来重新考虑它的复杂性。单个人的劳动力供给曲线在整个范围里不一定是向上倾斜的。当布鲁斯·斯普林斯廷(Bruce Springsteen)每晚只有 100 美元的收入时,他不断地进行巡回演出也只够支付房租。现在他一晚上能获得几十万美元的收入,斯普林斯廷巡回演出的次数就少多了。如果工资水平已经很高了,那么,即使是清洁工乔也可能会决定,在更高的工资水平上,他更愿意花更多的时间同家人呆在一起,而不愿意更长时间地工作。

图 14.2 描述了这一情形。在左图中,如果每小时工资在 7 美元和 16 美元之间,乔会每周工作 40 个小时。因此,在这一范围内,乔的劳动力供给是垂直的。如果工资上涨到每小时 20 美元,乔愿意加班工作,他每周投入 50 小时工作(一个正斜率的劳动供给曲线)。在每小时 20 美元时,乔获得了一个舒适的收入水平——这个

收入水平足够了。因此,如果工资水平进一步上涨,乔更愿意减少工作时间,不再享受钱所带来的快乐,而是更愿意享受闲暇。所以,非常合理的是,当工资上涨到每小时 28 美元,乔要求他的老板减少加班时间(一个负斜率或者向后弯曲的劳动力供给曲线)。

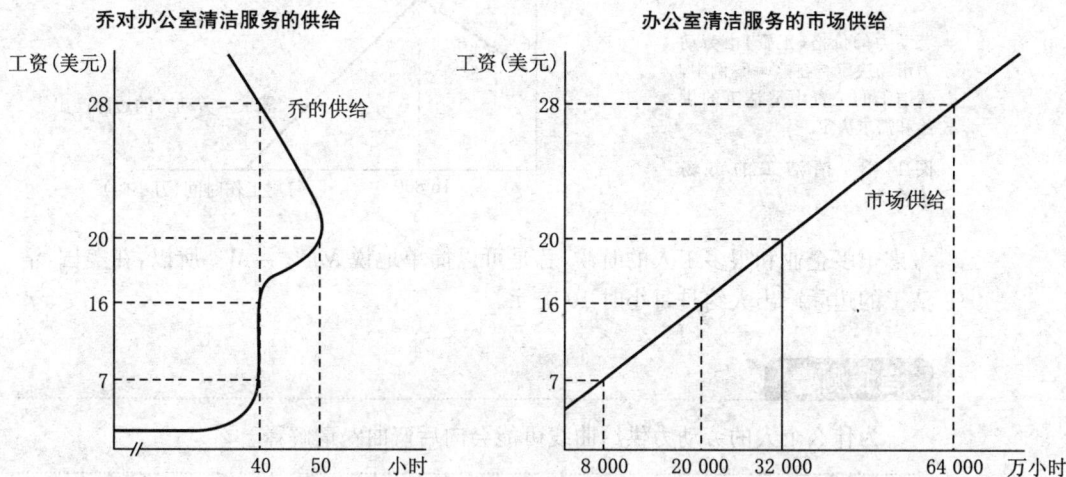

左图:当每小时的工资在 7 美元到 16 美元之间时,乔每周工作 40 个小时。但是,工资每小时 20 美元时,乔愿意每周工作 50 个小时,而当工资继续上升时,乔会把更多的时间花在闲暇上,工作时间会更少——因此,在更高的工资水平上,乔的劳动力供给曲线可能会向后弯曲。

右图:市场的劳动力供给曲线在全部范围内都是正斜率的,因为即使工资提高时(在某些区间),乔的工作时间会缩短,而很多其他的工人会随着工资的提高而加入到清洁工行业。

图 14.2 个人的劳动力供给曲线和市场劳动力供给曲线

虽然乔的劳动力供给曲线可能是零斜率、正斜率,或者甚至是负斜率的,但是,整个市场的劳动力供给曲线更可能是正斜率的。为什么? 我们再来看看,当乔每小时工资为 7 美元时,他每周工作 40 个小时。当工资提高到每小时 16 美元,乔并没有工作更长的时间。但是,在更高的工资水平上,正在餐饮业工作的玛丽,也许就有可能改为从事办公室清洁工的工作。因此,在右图中,我们给出了清洁工的市场供给。当工资提高时,市场供给会因为两方面的原因而增加:首先,一些工人——尽管不是所有的——有可能会随着工资的提高而工作更长的时间;第二,更重要的是,当清洁工的工资提高时,会吸引更多其他行业的工人进入这个行业。这两个因素加在一起就意味着,即使某些个人在工资提高时会减少劳动时间,更高的工资也会增加市场劳动力供给的总体数量。

因此,正常情况下,市场劳动力供给曲线是向上倾斜的。

像往常一样,我们现在可以把清洁工的供给曲线和需求曲线放在一起,来描述清洁工的市场情况。

在美国,大约有 420 万名清洁工,每个清洁工每周大约工作 40 个小时(每周共有 16 800 万小时),他们的平均工资是每小时 10 美元。由此,清洁工的市场可以用图 14.3 来表示。同往常一样,价格(工资)在清洁工的供给曲线和需求曲线相交的地方决定。

此外,请回忆一下我们早先所说的,工资和劳动的边际产出总是紧密联系在一起的。这是因为,只要劳动的边际产出大于 W,企业总是会继续雇用工人。在我们

工资(美元)

供给

10

需求＝劳动力的边际产出

劳动力的价格（工资）由劳动力市场决定。在这一案例中，清洁工的工资由清洁工的供给和需求决定。

图 14.3　清洁工的市场价格 *

16 800　　每周工作时间(万小时)

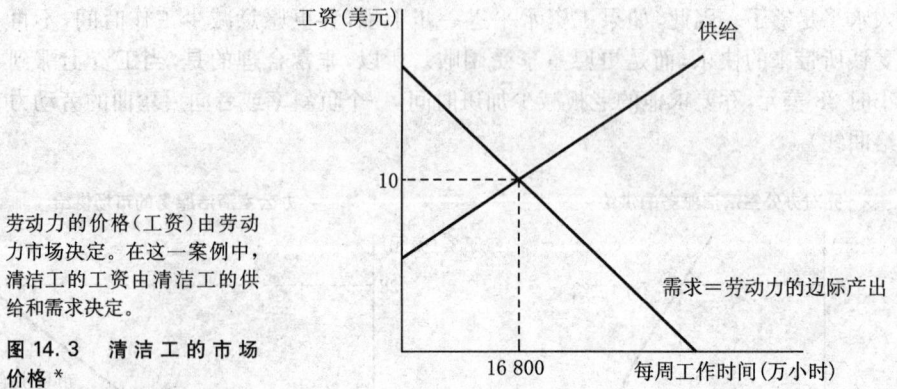

考虑很多企业和很多工人的时候，总是可以简单地说 $MPL = W$。所以，在美国，清洁工的边际产出大约是每小时 10 美元。

自我测验

为什么个人的劳动力供给曲线可能会向后弯曲？请解释。

14.3　有关劳动力市场的一些议题

既然已经知道了决定劳动力供给和劳动力需求的一些基本原理，我们现在来看看一些有关劳动力市场的具体议题，这些都能用我们的原理来解释。

14.3.1　为什么美国的清洁工比印度的清洁工收入更高,尽管他们在做同样的事情?

为什么做同样的工作，美国的清洁工要比印度的清洁工赚取的收入更高？简单的回答就是，因为美国的清洁工都在为一些生产力非常高的企业工作，如麦当劳。美国的企业和办公室的生产力通常都会提高其劳动力的边际产出，并由此提高美国清洁工的工资水平。印度的清洁工可能同美国清洁工一样努力工作，甚至可能更努力。但是，由于他们在生产力更低的企业工作，所以，他们的生产力也就更低，从而工资水平也更低。

我们来更详细地看一看，普通的美国办公大楼和印度办公大楼有什么区别。美国的办公大楼内有更多更好的设备、更多的传真机、更多的电脑和更多的复印机。总的来说，美国的工作场所有更多的投资品。美国办公大楼中工人的平均受教育水平也比印度办公室的工人更高。这些都使得美国办公大楼中的生产力更高。美国办公大楼中也有更好的营销部门、更长的全球销售网链，以及在品牌的建设上进行了更多的投资。最重要的是，美国办公室正在生产一些更有价值的产品。

---

* 原书此处是"清洁工的市场需求"，但这张图其实是描述清洁工市场价格的决定。所以，译者把名称改为"清洁工的市场价格"。——译者注

同一个生产力相对更差的工作场所相比,在一个更有生产力的工作场所从事卫生保洁工作更有价值。所以,美国清洁工的工资水平要比印度高很多。

一句话,美国的清洁工得益于美国很多其他经济部门的高生产力。一个普通的印度清洁工一年的收入不超过 1 000 美元。同样是这个工人,如果他获得了美国的绿卡并来美国从事相同的工作,他每年可以获得 20 000 美元的收入,有时甚至可能会达到 30 000 美元,这取决于工作的地理位置和工作时间长度。这并不是由于这名印度工人突然学会了新的保洁技能,而是因为他现在是在一个更具有生产力的经济环境中工作。

毫无疑问,你是一个非常具有生产能力的人——也许你知道如何使用计算机,你颇具艺术天赋,或者你写作能力很强。现在来看看全世界——在其他的国家,你凭这些技能能赚得多少收入呢? 你的技能是你自己的,但是,你的工资不是仅由你的技能决定,而且还同整个经济环境的生产力有关。

当然,除了需求之外,工资还同供给有关。印度比美国有更多的工人,但是,比印度总人口更重要的因素是,印度的低技术工人更多,这些工人都在为清洁工这一工作岗位而激烈地竞争。例如,同美国相比,有更大比例的印度人认为,在一个现代化的办公室做一个清洁工,是一份非常有吸引力的工作。由于有更多的印度人在为清洁工这份工作而竞争,清洁工的工资也就被压低了。

图 14.4 显示了这两个使得印度清洁工比美国清洁工工资更低的原因。首先,由于美国企业整体来说比印度企业更具有生产力,美国对清洁工的需求更高。其次,印度低技术工人的供给比美国更多。

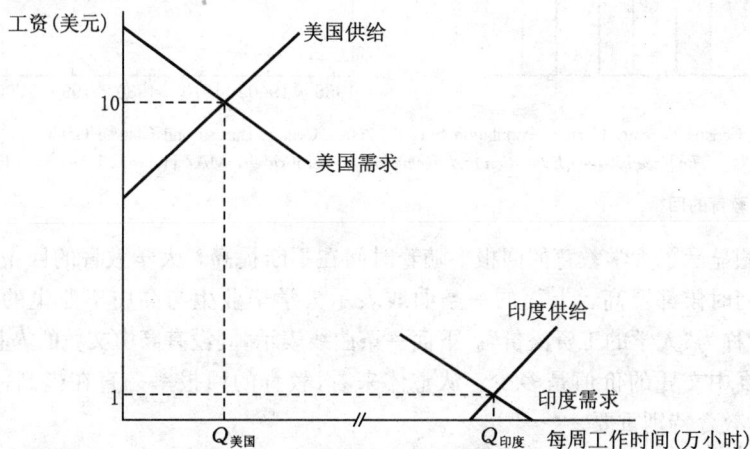

美国清洁工的工资比印度更高是因为:(1)美国企业比印度企业更具有生产力,这提高美国对清洁工的需求;(2)印度低技术工人的供给比美国更多。

图 14.4 印度和美国清洁工的工资

14.3.2 人力资本

美国人非常幸运,能在一个非常具有生产力的经济环境中工作。但是,高工资不仅只同幸运的出生地点有关。美国国内不同工人之间的工资差异也非常大,我们来看看这是为什么。

人力资本是人脑中的工具,即人脑中所拥有的能够使得其拥有者更具有生产力的东西。

一些工人比另一些具有更高的工资水平,这是因为前者具有更多的人力资本。物质资本是一些像电脑、推土机和传真机之类的工具。**人力资本**(human capital)是人脑中的工具,即人脑中所拥有的能够使得其拥有者更具有生产能力的东西。人力资本不是我们生来就有的——它是通过在时间上,以及在其他如教育、培训和经验等资源上的投资所获得的。

当然,人力资本投资通常需要成本;它的成本不只是一个医生交给医学院的学费,而是他这 8 年时间如果不在医学院学习时可能获得的所有收入。换句话说,是他在医学院学习 8 年所花的机会成本。但是,一般来说,人力资本投资在美国能带来更好的回报率。最近几年,大学毕业生获得的收入几乎是高中生的两倍。

图 14.5 的左图中给出了 2005 年不同受教育水平下的年工资水平。显然,平均来说,受教育水平越高,工资水平也越高。

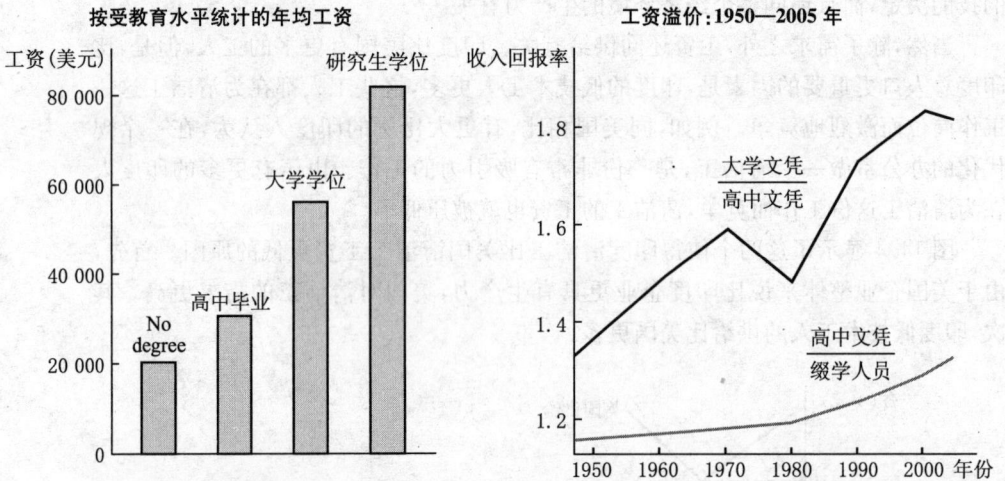

资料来源:Census Bureau, Current Population Survey, 2006; Census Bureau and Claudia Goldin and Lawrence F. Katz. 2008. *The Race between Education and Technology*. Cambridge, MA: Harvard University Press。

图 14.5　教育的回报

右图显示了大学教育的回报率随着时间在不断提高。大学教育的回报现在比以往任何时候都要高。上面的一条曲线表示大学毕业生与高中毕业生的工资之比,或者称为"大学的工资溢价"。下面一条曲线表示,同没有高中文凭的人相比,拥有一张高中文凭的价值是多少。从整体来看,教育的回报率一直在提高,但是现在,大学教育特别重要。

为什么人力资本的回报提高得这么快? 一些经济学者认为,用电脑进行工作的能力使得教育比过去更具有价值。不过总体来说,我们对这一点还不是很肯定。另一种观点则认为,由于美国的初等教育是一个瓶颈,它降低了学生的质量,限制了进入大学教育队伍的人数,因此提高了大学教育的回报。在任何一种情况下,完成大学教育都比过去更重要,至少从你希望获得更高工资的角度来看是这样的。

另外,我们还应该提一下,教育回报不仅仅只是同人力资本有关。你是否曾经有过疑惑,为什么一个艺术史专业的大学生会比一个高中毕业生的工资更高,尽管他们都不在艺术史领域工作? 雇主想雇用大学毕业生可能不是因为大学毕业生从大学中实际学到了什么,而是因为他们的大学文凭向雇主们提供了某种信号。也就是说,它能向雇主证明,拥有大学文凭的人具有足以获得大学文凭的智力、技能和责任心,这使得他们更能胜任其工作岗位。正是由于同样的原因,如果你曾经参加过铁人三项赛,你可能会在你的简历中写下这一记录(比方说在兴趣爱好栏下),尽管你所申请的工作并不需要运动能力。参加铁人三项赛不会增加你管理一个广告部门的能力,但是,它能表明你是一种不会轻易言败的人,而这种精神正是雇主们所需要的。

14.3.3 补偿性工资差异

劳动力的供给依赖于实际工资,但是,一项工作的实际工资不仅包括货币收入,也包括这项工作是否开心。有些人的老板很好,还有些人则在为"暴君"打工。有些工作很危险,另一些工作则非常安全。有的工作很有趣,有的工作则非常单调乏味。

目前,在美国当渔夫是最危险的工作,它甚至比做警察和消防员都更危险。水面上总是有很多意外发生。最常见的是,很多人只不过是因为滑倒了,就掉进了水里。当一名卡车司机也很危险,主要是因为交通事故。这就是为什么这些职业的工资都相当高的原因,尤其是考虑到从事这些工作都不需要有大学文凭。[1]

它们只是供给和需求的问题。高危工作的危险性降低了劳动力的供给,从而促使劳动力供给曲线向左上方移动,如图 14.6 所示。

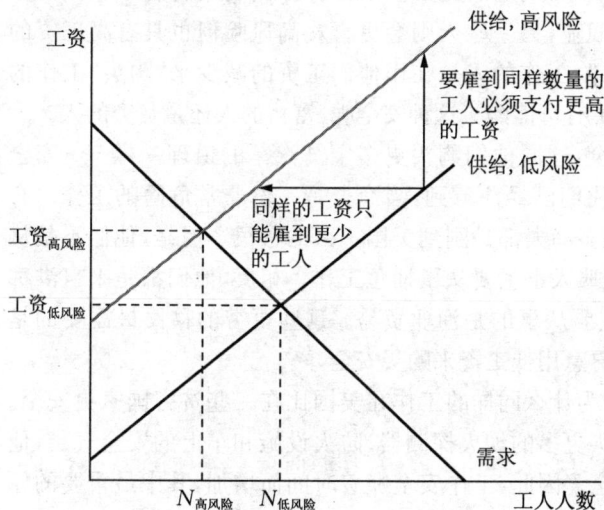

风险的增加减少了劳动力的供给——也就是说,劳动力的供给曲线会向左上方移动——提高了工资水平。

图 14.6 当其他条件相同时,风险越大的职业报酬越高

高危工作的最终工资比普通工作要高很多,这被经济学家称为补偿性差异。它之所以被称为**补偿性差异**(compensating differential)是因为,工资上的差异是为了弥补工作环境上的差异。

> **补偿性差异**是指为了弥补工作环境上的差异而出现的工资差异。

这里有一个经验。人们总是在说,想找一份有趣的、好玩的和报酬高的工作。不过请注意:当一名会计可能非常乏味,但在其他条件都相同的情况下,这种乏味就是高工资的一种标志。搞音乐非常有趣,然而,大部分搞音乐的人都赚不到很多钱。会计职业的高工资是对会计乏味工作的一种补偿,或者换句话说,当一名艺术家所获得的快乐弥补了其金钱上的损失。

为了更详细地看清楚这一点,考虑以下原理:类似的工作必须得到类似的补偿性回报。假设当一名会计人员和当一名音乐人要求有差不多数量的技能、教育、训练以及其他条件。现在,如果音乐人得到的报酬比会计人员更高,情况会怎么样呢? 更高的工资和更多的乐趣总是大家梦寐以求的,因此,音乐人的供给会增加,而会计人员的供给会减少。但是,音乐人供给的增加会降低音乐人的工资,而会计人员供给的减少会提高会计的工资。实际上,音乐人的工资会一直下降,会计人员的工资会一直上升,只有当一个普通年轻人在选择职业时认为这两种职业差不多时,两种职业的工资才不会继续变化:高工资加上更少的乐趣等于低工资加上更多的乐趣。图 14.7 体现了这里的主要思想。

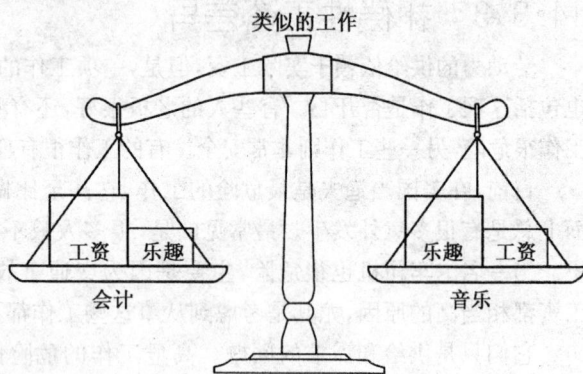

图 14.7 工资会调整到使得类似的工作获得类似的补偿性回报

不同职业在工资、补贴、乐趣、风险以及其他条件等方面的组合各不相同。一些人会选择低风险低工资的职业,另一些人则会更喜欢高风险但也具有高工资的职业。实际上,那些选择低风险工作的人是在用他们工资的减少来"购买"工作的安全。现在,想想看,哪些人更有可能购买这种安全呢:富裕的人还是贫穷的人?

有钱人会购买更多的安全,这同他们购买更多宝马汽车的道理一样——安全是钱所能买来的好处之一! 我们已经注意到,当渔夫是一份非常危险的工作。有一个并不意外的现象就是,很多渔夫都是刚到美国不久的移民。但是,他们不是从有钱的瑞典来的移民,虽然瑞典人也主要从事捕鱼工作。相反,他们都是来自洪都拉斯的贫穷移民,洪都拉斯主要从事的是渔业贸易。这些更穷的移民最需要的是钱,而且在选择工作时,也不愿意用低工资来购买安全。

同样的道理也可以解释,为什么同样的工作在美国比在一些贫穷国家更安全。美国的工人用他们的财富购买更多的烟火探测器、防火设施和车上的安全气袋,他们也"购买"了更多的工作安全。因此,工作安全随着时间而增加,其中最重要的原因之一就是经济增长。

换句话说,当经济增长使得工人变得更富裕时,他们更不愿意接受风险。如果你需要钱要养家糊口,你可能会从事一份高危工作。但是,如果你需要钱让你的家人在美国最好也是最贵的饭店之一 The French Laundry 进餐,你也就不会选择高危工作了。

此外,政府的管制也提高了美国工作的质量(见以下进一步的分析),不断增加的财富和利润激励是这一过程的主要推动力。对利润的追求会提高工作的安全性,你感到奇怪吗? 记住,为了使得工人接受更高的风险,企业必须给工人支付补偿性工资差异,这一点我们在前面已经说过。但是,这个问题也可以用另一种方式来解决——如果企业使得工作更具有安全性,它们就可以降低工资,从而可以增加利润。

以煤矿工人这样的职业为例。美国一个煤矿工人每年的收入大约在 50 000 美元到 80 000 美元之间。为了讨论方便,我们就假设它是 70 000 美元吧。② 如果对你来说这听起来还是一份相当不错的工资,那就是因为煤矿工人这一工作缺乏乐趣。但是,如果在美国当煤矿工人像在其他国家一样危险——一些制造业大国开采每吨煤的死亡人数是美国的 100 倍,煤矿工人的工资必须达到多少呢? 可能需要 100 000 美元,煤矿工人才愿意接受这额外的风险。如果工作条件更危险,企业将必须对每个煤矿工人每年多支付 30 000 美元。如果煤矿公司能够花更少的钱来维持煤矿工人的安全,显然,它们就有激励在安全方面进行投资。

为了使得美国工人愿意在危险的工作环境下工作,企业应该再多支付多少工资呢? 经济学家已经对此进行过估计,并发现这一数值非常大,最近几年的估计值大约是 2 450 亿美元。相比之下,美国劳工部职业安全与健康管理局(Occupational Safety and Health Administration,简称 OSHA),每年大约都要征收 1.5 亿美元的罚金。这些数据表明,同因工作的危险性而必须支付给工人的高工资相比,政府的罚金并不是多大的成本。换句话说,市场竞争——雇主通过高报酬来吸引劳动力——是提高工作安全性的最主要因素。

理解现实世界

所以,当工人们变得更富裕而更不愿意从事危险性的工作时,企业就具有强大的激励来提高工作的安全性——这一结论能够解释,为什么今天的工作比过去更安全,以及为什么富裕国家的工作比贫穷国家更安全。对利润的追求不一定总是能导致更安全的工作环境,这就是为什么政府管制也能起到一定的作用。只有在工人已经了解到工作的危险性时,补偿性工资差异才能够激励企业提高工作的安全性。如果工人不知道或者不了解工作中的危险性,他们就不会要求高工资。像 OSHA 这样的政府机构,可以有助于确保企业不至于隐瞒工作中的危险性。更重要的是,美国要求企业为工人购买职工赔偿保险——该保险对工人的工伤进行赔偿。最关键的是,公司购买这份保险所支付的风险金是以过去的经验为基础的,这就意味着企业过去的工伤越多,它为购买保险所支付的钱就越多。因此,为了节省购买工伤保险方面的开支,工人的赔偿条例就增加了企业降低工作危险性的激励。由于企业支付的保险金是以实际的工伤来计算的,所以,即使工人不知道或低估了工作的危险性,这一激励措施仍然会起作用。

14.3.4 工会可以提高工资吗?

我们通常都认为,工会是导致某些国家工资很高而另一些国家工资很低的根本原因。然而,支持这些观点的证据并不明显。工会化程度越高的国家并不一定具有更高的工资。例如,美国和瑞士的工会化程度(2009 年两国工会化的水平分别是 13% 和 25%)都比西欧国家更低,西欧国家工人的工会参加率可能在 30% 到 80% 之间。但是,同西欧国家相比,美国和瑞士的工资水平同样也很高,甚至可能更高。

同样的工人,在已经加入工会的工作岗位上工作,比在没有加入工会的岗位上工作,工资会更高。例如,有些研究对加入工会的电工和没有加入工会的电工进行了比较,这些研究一般都发现,加入工会的电工的工资比没有加入工会的电工大约高出 10%到 15%。不过,这并不意味着工会能提高所有工作的工资水平,因为工会用以提高工资的主要方法就是减少行业中的就业水平。[3]

如果你对工会如何能通过减少就业来提高工资感到疑惑,看一看供求曲线图就很容易明白了。通过限制工会成员,并以罢工相威胁,要求雇主雇用工会成员,工会减少了对某一行业的劳动力供给。劳动力供给的减少使得劳动力供给曲线向左上方移动,如果图 14.8 所示。注意,劳动力供给的减少增加了工资,但使得就业水平从 $N_{无工会}$ 降低至 $N_{有工会}$。

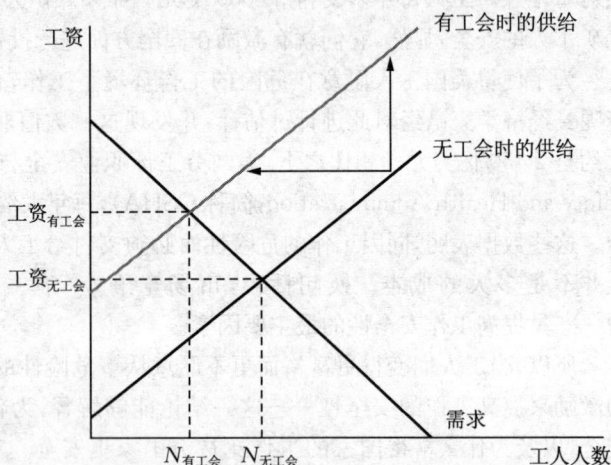

图 14.8　通过减少劳动力供给,工会提高了工资

在确保雇员们被公平对待和改善劳资关系上,工会可能是有用的。但是,工会能提高工资的主要原因是限制劳动力的供给。在这方面,工会完全类似于一个卡特尔,就像我们在第 13 章所讨论的那样。欧佩克石油卡特尔通过限制石油的供给提高石油价格,而工会通过限制劳动力的供给提高劳动者的工资。

工会也能够降低工资,虽然这种效应很难看到。首先,来看看那些没有被工会组织掌控的行业所雇用的工人会出现什么情况——这些工人必须在其他行业寻求就业,这就增加了其他行业的劳动力供给,从而促使其他行业的工资下降。其次,工会有时会举行罢工或造成停产,这可能会降低整个经济的生产水平。例如,英国经济在 1970 年到 1982 年是高度工会化的;这正好同英国相对于其他国家长期经济下滑的时期相吻合。[4]在 1970 年,码头工人罢工的时间很长,英国所有的主要港口都几乎因此而关闭。1972 年煤矿工人也举行了罢工,这导致了电力供应的短缺。为了缩短时间来节约用电,英国实行了一周工作三天的政策。1974 年,煤矿工人再次罢工,一周工作三天的政策再次被实施。10 年之后,他们又决定一场罢工,并持续了几乎一年。20 世纪 80 年代,英国首相玛格丽特·撒切尔限制了政府给予英国工会的特权。从那时起,英国的经济迅速增长,现在已经是一个比法国和德国更富裕的国家,而后两个国家的工会力量更强。

你可能也曾经经历过或者听说过职业体育赛事停工的事情(棒球运动员在 1972 年、1980 年、1981 年、1985 年和 1994—1995 年罢工过,美国职业篮球联赛 NBA 在 1998—1999 年停赛过;美国国家橄榄球联盟 NFL 在 1987 年停赛过),或者你可能还记得好莱坞编剧 2007—2008 年的罢工。当它们不再播放你喜爱的电视节目时,你的有线电视的节目质量就差了。或者换句话说,有线电视的实际价格就上涨了。这就意味着每个人的实际工资,如果按照对有线电视的购买能力来计算,就更不值钱了。这只是一个小小的例子,但是,这种停工已经够多了,整个经济也受到很大的损害。所以,工会也可能会伤害到工人,就如它能帮助工人一样。只不过,帮助可以立即显现出来,而伤害则可能是长期的,而且很难被发现。

当人们谈起工会时,他们通常想到的都是码头工人工会组织,或者某些电工工会组织。但是,需要记住的是,医生、律师、牙医、会计,以及其他职业都有它们各自的组织,它们一般被称为行业协会。例如,美国医学会(American Medical Association,简称 AMA)的工作就是为了限制医生的供给,其目的同电工工会组织减少电工供给的目的一样。比如说,要进入一所医学院校就非常困难。AMA 宣称,限制医生的供给对于维持该行业的高水平是必要的。也许这是真的,但是,限制医生的供给也维持了医生的高工资水平。AMA 游说支持一项阻碍医生竞争的法律。例如,它们限制了法律允许护士、助产士、脊骨神经治疗师和药剂师等可以进行的医疗操作,它们也使得一些在国外接受教育的医生更难在美国行医。像以上所提到的一样,AMA 也宣称这些限制对维持行业的质量水平是必要。这种说法有一定的真实性。但是,像往常一样,如果某个团体的成员说他们的高工资对你有好处,你肯定会有所怀疑。

从本质上来说:工会可以提高某些就业群体的工资,但是,工会并不是富裕国家高工资的根本原因。

自我测验

1. 假设一些便宜的新技术提高了矿工的安全。你预计这对矿工的工资会有什么影响?

2. 企业经常会通过给员工提供像存货管理这样的课程培训,或者报销雇员们读 MBA 这类高级学位时所交的学费,来帮助其雇员提高人力资本。企业也经常为这种 MBA 教育附加一定的约束条件,如要求在它所支持下获得 MBA 的雇员在获得学位后要在企业再干 5 年。但企业通常都不对存货管理这类的课程培训附加约束条件。这是为什么?

14.4　劳动力市场歧视有多糟糕,或者莱基莎能交好运吗?

我们大家都认为我们已经知道什么是歧视。歧视是不好的。歧视就是种族歧视者或者心胸狭隘者们所做的事情。然而,以下观点部分也是正确的:歧视经常在道德上令人讨厌。事实是,歧视的类别有很多种,但并非所有的歧视都是出于偏见。我们来近距离地看看两种主要的歧视,统计性歧视和偏好性歧视。

14.4.1　统计性歧视

假设你正走在一条漆黑的胡同里,而且是在深夜,在你们城市的仓库区。突然,你听到你背后有脚步声。你回过头一看,看见有位老太太正在遛她的腊肠犬。

这时,你会松一口气吗? 也许会。如果你看见的是一个穿着黑色皮夹克的年轻人,在愤怒地喃喃自语,你还会同样轻松吗? 如果他还正拿着一把刀子,你会有什么样的反应? 如果他是用推车推着他两岁大的女儿在散步,你又怎么想呢?

解读这则故事的方法之一就是,它表明,相对于老太太或者旁边带有小女孩的男人而言,你在歧视一般的青年男子。另一种读解这则故事的方法是,你正在理性地利用信息。一个穿着皮夹克的发怒的男子比一个遛狗的老太太更有可能抢劫你。也许两种读解方法都体现了这个事情的真实的一面,但是,这下歧视不再是那么简单的一个概念了。

统计性歧视就是利用关于不同群体的已有信息来对不同的个体做出一般性的判断或评价。

统计性歧视(statistical discrimination)就是利用关于不同群体的已有信息来对不同的个体做出一般性的判断或评价。不是每个穿着皮夹克上衣半夜在仓库区溜达的年轻人都会抢劫,也不是每个带着小女孩的年轻男子都安全,但是,这是进行判断的一种方法。虽然统计性歧视对于决策是一种看似复杂的但确实有用的便捷方法,但是,它们也经常误导人们犯错。它们可能会对那些本应该认真被对待的人做出拒接处理的判断。它们也可能对那些很适合某项工作的人们做出拒绝雇用的决定。我们早先曾经给出过这样一个例子——雇主不可能仔细地调查每个没有大学文凭的工人,尽管某些没有文凭的工人也可能同那些有文凭的工人一样聪明和勤奋。这就是统计性歧视,因为,从本质上来说,雇主把工人看做是一个抽象的统计量。虽然统计性歧视并不是出于恶意,但长期来说,它却对那些统计上处于不利地位的人群造成了伤害。

随着时间的推移,市场会发展出一些更精巧、更细致的方法,来判别不同的人群和不同的职位候选人。雇主可以对应聘者进行多轮面试和心理测试,用谷歌搜索求职者之前的历史或作品,到 Facebook 网站查看资料,要求更多的推荐信等等,所有这些都是为了对应聘者有更精确地认识。最终,这些方法的实施打破了统计性歧视这种最粗陋的方法。当然,总有一些统计性歧视仍会存在。

如果人们的相遇是一种纯偶然的情况,双方不会再有任何相互交往的可能性,如深夜在一个黑暗胡同里的偶遇,统计性歧视往往会更持久些。对于追求利润最大化的雇主来说,他们是想通过发现并保留最好的雇员来赚钱,他们有最大的动机来克服这种不公平。

14.4.2 偏好性歧视

第二种歧视——偏好性歧视——完全是出于对某些人群的公开厌恶,如对某个种族、某种宗教,或者某种性别。我们将列举三种不同形式的偏好性歧视:雇主歧视、顾客歧视和雇员歧视。对于市场经济而言,第一种歧视最容易克服,而最后一种歧视最难以解决。

雇主歧视   大部分人在谈论歧视的时候,他们所指的都是带有偏见的雇主。某些雇主就是不想雇用某一特定种族、民族、宗教和性别的人。如果这种歧视广泛传播,由于对这种被歧视的人群的劳动力需求减少,他们的工资将会下降。不过幸运的是,如果只考虑这种类型的歧视,由于两方面的原因,它很容易被克服:雇主歧视对于雇主来说代价很高,同时它也使得有偏见的雇主处于不利的竞争地位。

例如,假设黑人工人普遍被歧视,因此,他们的工资比白人低很多。比如说,某家企业可以按照每小时 10 美元雇用白人工人,而具有同样生产能力的黑人工人是每小时 8 美元。再假设这家企业需要 100 个工人。如果他雇用的是黑人而不是白人,这家企业在每个工人身上每小时可以增加 2 美元的利润。因此,通过雇用黑人,这家企业可以每天增加 1 600 美元的利润(100 个工人每天工作 8 小时,每小时节约 2 美元),每个星期是 8 000 美元(一星期 5 天),或者说一年是 400 000 美元(一年 50 个工作周)。只要雇主想死守住他那狭隘的偏见,他就必须放弃一笔数目不小的钱。

即使某些雇主存在歧视,从而使得其他雇主有雇用黑人来提高利润的机会,但是,由于利润饥渴的雇主们会为那些因歧视而被压低报酬的工人们而相互竞争,这些工人的工资仍然会上升,直至接近于所有工人的边际产出水平,像我们以上所讲的一样。

1947 年,布鲁克林道奇队(Brooklyn Dodgers)的总经理布兰奇·里基(Branch Rickey),雇用了杰基·鲁宾逊(Jackie Robinson),现代美国职业棒球大联盟的首名黑人球员。鲁宾逊已经在那时黑人联盟的棒球联赛中积累了很好的经验,他也被证明是一名新星。鲁宾逊赢得了年度最佳新人奖,之后,在他的第三个赛季,他又赢得了 MVP 奖。美国联盟的第一个黑人球员,拉里·多比(Larry Doby),也被证明是克利夫兰印第安人队(Cleveland Indians)的明星。那些首先雇用黑人球员的棒球队获得了竞争优势,最后,所有的球队,无论是否有偏见,都雇用了黑人球员。

当然,这个故事是关于棒球的,但是,它对世界上所有的商业行为都适用。如果雇主型歧视是不公平地压低了某一特定人群的工资,你就可以通过雇用这群人来赚钱。

如果对利润的追求提高了工资,因此,所有的工人都获得了等于其边际产出水平的工资,为什么女性比男性的收入更少呢? 例如,经常有人说,在男性获得 1 美元的工作上,女性只能挣到 80 美分。然而,这种广泛被传播的统计所带来的误解,是由于把所有的男性的工资同所有女性的工资进行了比较——这种统计并不意味着做同样的工作时,能力相同的女性会比男性的收入更低。

作为一个群体,导致女性工资更低的一个原因是,女性的经验一般比具有相同年龄的男性更少,因为她们有时被迫要离开工作场所,最典型的就是要照顾孩子。实际上,如果我们比较单身男性和女性的工资,单身女性的工资正好同单身男性一样高。没有孩子的已婚女性同没有孩子的男性也有几乎一样高的收入。

在从事高收入工作的人群中,可能也是男性更多些,而且男性工作的风险性也更大些。还记得我们早先所讨论的煤矿工人吗? 他们的平均工资有 70 000 美元。煤矿工人大部分都是男的,这也许是因为女性更喜欢低风险低工资的工作吧。

随着时间的推移,女性也逐渐进入高收入的工作部门了(例如,更多的女律师和女经济学家),而生育率也已经出现了下降的长期趋势。由于生育的孩子更少,她们花在孩子后期抚养上的时间也更少,这些都有助于提高女性的工资水平。

不过,一些对女性的歧视仍然存在,但这可能要比雇主歧视少得多。为了更好地理解其他形式的歧视,下面我们需要来看看顾客和雇员的作用。

顾客歧视 当顾客存在歧视时,老板们就不一定那么热衷于雇用价值被低估的歧视受害者了。如果雇用低工资的黑人员工会让顾客不爽,那就不一定能保证雇用黑人员工的雇主们会更赚钱了。

我们再来看看以上所讨论的杰基·鲁宾逊和拉里·多比的故事。你可能会感到奇怪,为什么布兰奇·里基在1947年雇用鲁宾逊,而不是在1946年。并不是到那一天,布兰奇·里基才停止了对非裔美国人的偏见,可能他一开始就没有偏见。只不过到了1947年,里基已经感觉到,购买门票的顾客已经有观看黑人棒球手在布鲁克林道奇队打球的念头了。这里的启示就是,有时歧视是来自企业的顾客,而不一定总是来自老板或者经理。

我们还是来看看美国南部各州的快餐店,或者汉堡热卖店在1957年的情况吧,那时美国国内民权运动还没有太大的影响。问题部分出自州法律,它们禁止白人与黑人共用同样的公共设施。但是,问题也部分来自顾客。在当时,很多白人顾客都不喜欢在他们吃汉堡的时候,旁边有黑人在坐着吃东西。这些白人顾客要求同黑人分开就餐,所以,在美国很多地方,通常都有供白人和黑人分开就餐的快餐店和饭馆。经营快餐店的老板可能有种族主义,也可能没有种族主义。但是,在很多情况下,其顾客的偏好要求他实行歧视,把黑人顾客挡在门外。

不要错误地认为,顾客歧视现在已经在美国消失了。它现在一般是以一种更难以觉察的方式存在着。但是,很多国家的俱乐部、餐馆以及其他商业场所都试图鼓励"正确类型的顾客"。他们不一定关心顾客的种族。但是,他们经常热衷于服务某些特定的顾客,如要求顾客穿得很体面,从事某一特定类型的工作,来自城市某一特定的区域,等等。有时,结果就是某种事实上的隔离,尽管饭店或者俱乐部的老板只不过是为了迎合其顾客,以满足他们对某一特定文化风格或"感觉"的偏好。

此外,雇主歧视的减少,通过市场力量,往往会削弱顾客歧视。市场交易行为使得不同的群体相互之间频繁发生联系。在20世纪50年代,很多白人开始在唱片机上听黑人音乐,或者看杰基·鲁宾逊打棒球。这些白人也开始问自己:允许黑人和白人混合用餐的快餐店真的有什么错吗?普遍的经济增长也可以削弱歧视。如果一个小镇上只有两家快餐店,也许任何一家都不会冒险采用混合用餐的模式。如果这个小镇不断扩大,同时,新开一家快餐店的成本也下降了,突然之间,小镇上有了7家快餐店。这时,也许就会有人开始尝试混合用餐的模式了。长期来看,任何一个成功的市场经济都不可能以某种公开的方式来成功地维持正式的隔离主义。

雇员歧视 歧视可能不只来自顾客和雇主。有时雇员们也会不愿意和其他不同的人群在一起工作。在印度,很多工人都不愿意和达利特人(Dalit)一起工作,因为达利特人被认为是最肮脏的人。在美国,有些消防队员——无论对错——不愿意同女性在消防队拥有相同的身份。同样,军队里有些男人认为,女人不应该参加战斗;而一些想在托儿所工作的男人则会招致怀疑的目光。

利润动机不一定能消除这种类型的歧视。例如,在印度,雇用达利特人的老板会发现,为了补偿同达利特人在一起工作的负面影响,他必须给其他的工人支付更高的工资。因此,歧视性雇用比平等雇用更便宜。同理,在一个全部都是男性成员的消防队中,如果这些男消防员都不想同女性一起共事,这时,雇用一名女队员,整个消防队的士气就会下降,而且有些人可能还会离开。因此,对于来自这样一个歧视受害者群体的人,即使他或她具有很强的生产能力,雇主也不太可能雇用。

当然,雇主可能会去雇用达利特人。或者,如果女性在消防队不受欢迎,雇主可以建立一支新的消防队,这个消防队只有女性和没有偏见的男性。但是,以这种方式来处理问题不一定总是那么容易。

这种歧视可能会自我强化,而且难以辨别。如果同女人一起在消防队工作令人不快,那么,很多本来想要当消防队员的女性就会放弃在消防队工作的念头。被雇用的女性很少有,但是雇主可能会说,因为很少有女性来申请这份工作。也许看起来根本不像歧视,但是,仍然是歧视这种力量在起作用。

政府歧视　到现在为止,我们已经讨论了市场上的歧视。但是,请记住,政府歧视也很重要。有时,政府会制造成问题,而不是解决问题。我们之前已经提到过,在美国民权运动之前,美国南部支持种族隔离的政策就是来自政府。政府要求黑人和白人的医院分开,要求白人与黑人不得共用同样的私立学院和公立学院,要求白人与黑人不得共用同样的教堂、公共墓地、公共厕所,还要求白人与黑人不得共用同样的饭店、旅馆和列车服务。在美国内战之后和支持种族隔离的立法出台之前的这段时间里,南部很多地方都正朝着(虽然有时有些停滞)种族混合化的方向发展。

普遍的政府种族隔离的一个最著名的例子是南非的种族隔离制度(apartheid system),它从1948年到20世纪90年代都一直在被实行("apartheid"一词就是南非的公用荷兰语,它翻译过来就是"分开"的意思)。在这种制度安排下,黑人必须住在特定的区域,他们在很多工作上都完全不可能同白人竞争。但是,这种极度不公平的境况被政府法规强制执行了,并被少数派的白人政府制定成法律(黑人公民也不可能进行投票)。这些法律被废除之后,黑人进入到很多工作领域,并得到了更高的工资。在南非,很多潜在的种族隔离形式仍然存在,但是,大部分极端形式的歧视已经不存在了。很多雇主也乐意雇用他们所能找到的最具有生产能力的工人,而不再在乎在他的肤色和种族背景。

14.4.3　为什么歧视不太容易识别

两个经济学家有了一个巧妙的想法。他们投了两组同样的求职简历出去。在第一组简历中,求职人的名字是相当传统的,而且很难辨别出求职者的个人背景。例如,求职人的名字叫"约翰·史密斯"(John Smith),这个名字可能是白人,也可能是黑人。第二组简历中,求职人的名字就不是那么常见,他们俩给他命名为"莱基莎·华盛顿"(Lakisha Washington)或者"贾玛·琼斯"(Jamal Jones)。你知道,这些名字都同非裔美国人的名字非常相似。名字可以告诉你很多有关某人的信息。在最近几年,出生在加利福尼亚州的黑人女婴中有40%以上都取了这样一些名字,这些名字在加利福尼亚同期新出生的大约100 000白人女婴中没一个人取过。*

结果非常令人震惊:有"黑人"名字的求职简历很少收到面试的通知。有"白人"名字的求职信收到的回复超过了50%。

但是,这还不是故事的最终结果。史蒂芬·列维特[Steven Levitt,因《魔鬼经济学》(Freakonomics)而出名]和罗兰·弗赖尔(Roland Fryer)(哈佛大学教授、非裔美国人)设计出一项计划来测试非裔美国人的名字在现实中会对长期的收入有多

---

　*　这个例子来自 Bertrand, Marianne and Sendhil Mullainathan. 2004. "Are Emily and Greg More Employable than Lakisha and Jamal? A Field Experiment on Labor Market Discrimination." *The American Economic Review*, 94(4):991—1031. 关于收入的研究,请参阅 Fryer, Jr., Roland G. and Steven D. Levitt. 2002. "The Gauses and Consequences of Distinctively Black Names." *Quarterly Journal of Economics*, 119(3):767—805。

大的影响。看起来好像是,有一个"黑人名字"似乎不会妨碍某人一生中的机会,只要我们不考虑这个人来自哪一个居民区。换句话说,一个人开始时多得到面试的次数长期来看不一定那么重要。列维特和弗赖尔认为有两种可能性。可能有黑人名字的人得到的面试机会很少,但最终他们都能得到相同质量的工作。另一种可能是,具有非裔美国人名字的人可能在白人社会中的机会更少,但是在黑人社会中的机会更大,而这两种倾向会相互平衡抵消。

有一点需要注意,在投递简历的实验中,有一点对白人和黑人求职人都一样——无论是什么名字,投简历最常见的结果都是,没有得到任何面试的机会。这里的启示就是,正如每个人所预期的,找到合适的工作以前都会收到一大堆拒信。

其他经济学家也检验过体育界劳动力市场的歧视问题。看起来篮球队似乎不存在对黑人球员的歧视。根据对种族类型的不同定义,NBA球队大约75%到80%的球员都是黑人,包括非裔美国人、非洲人和非洲后代的巴西人。统计上来看,如果有任何歧视的话,那也是对欧洲球员(通常是白人)的歧视。这些欧洲球员,无论对错,有时都被认为是"防守软柿子"。在棒球赛中,大多数来自多米尼加共和国的球员最终都成为了游击手,包括超级巨星米格尔·特哈达(Miguel Tejada)和亚历克斯罗德里格斯(Alex Rodriguez)(在成为三垒手之前),以及最近更出名的何塞·雷耶斯(Jose Reyes)和汉利·拉米雷斯(Hanley Ramirez)。

即使拥有同样的职业文凭,长相好的人也能赚得更多,这你知道吗?对的,长相好的人会多赚得5%的收入。同有相同文凭的矮个子相比,长得高的人也会赚得更多。有篇文章报道,身高每多长1英寸能使得工资增加1.8个百分点。[*]

但是,这些研究也正好表明,要辨别出真实的歧视是多么困难。例如,也许长得高的人能获得更高的收入是因为他们更有自信,而并不是因为对长得矮的人存在任何歧视。一项研究发现,在这方面,对工资最具有预测能力的是个人在高中时的身高,而不是这个人成年后的身高。因此,如果你在高中时是一个高个子,也许你就建立起了对自己的自信,这使得你现在是一个更好的领导,哪怕你之后再也没有长高,而你的朋友还在继续长个。[**]

有一个问题就是,为什么雇主会更喜欢雇用长得高的人,而且对他们付的钱也更多呢?一种可能就是雇主对矮个子有一种无理性的厌恶感。另一种可能就是,雇主潜意识里就认为,长得高的人更适合当领导,即使他并没有意识到这一点。还有一种可能就是,长得高的人真的更适合做领导(对企业来说),因为下属更有可能尊重个子高的人。同样,我们并不知道正确的答案,这也再次说明,要辨别出劳动力市场中歧视的范围是多么困难。

在很多例子中,市场力量已经成功地消除了某些歧视,或者至少市场把歧视的负面效应缩小到了最低限度。但是,几乎不用怀疑,歧视今天仍然是我们这个世界的一大特征。

---

[*] 关于这方面的文献,参见 Engemann, Kristie M. and Michael T. Owyang, April, 2005. "So Much for That Merit Raise: The Link between Wages and Appearance." *The Regional Economist*. http://www.stlouisfed.org/publications/re/2005/b/pdf/appearance.pdf。

[**] Persico, Nicola; Andrew Postlewaite, and Dan Silverman. 2004. "The Effect of Adolescent Experience on Labor Market Outcomes: The Case of Height." *Journal of Political Economy*, 112(5):1019—1053。

自我测验

1. 从利润最大化的角度来看，为什么雇主歧视解释起来很无力？
2. 在三种歧视类别当中——雇主歧视、雇员歧视和顾客歧视——哪一种受市场的影响最大？哪一种最小？为什么？

○ 本章小结

一些国家的工人赚得的收入比另一些国家要高，这绝不是偶然的。在富裕的、高工资的国家，工人配备有更多的物质资本，他们受到的教育和职业培训（人力资本）也更多。因此，他们是在一个更具有效率和更灵活的环境中工作。这些是高工资的根本原因。

补偿性工资差异理论解释了为什么好玩的工作工资都很低，而危险性高的工作工资都很高。当财富水平提高时，工人们变得更愿意为了工作安全而放弃部分货币收入。因此，工作的安全性会随着时间而增加，而且富裕国家的工作安全性比贫穷国家更高。

工会可以提高某些工人的工资，但它经常是以另一些工人为代价的。工会不是富裕国家具有高工资的根本原因。

在劳动力市场，至少存在两种类型的歧视。统计性歧视和偏好性歧视。随着时间的推移，市场具有消除歧视的趋势，因为追求利润的雇主希望雇用最具有生产能力的工人。但是，这种力量是不完全的，因而歧视经常会持续存在。

○ 本章复习

关键概念

劳动力的边际产出
人力资本
补偿性工资差异
统计性歧视

事实和工具

1. 在第 2 章，我们列举了六种使得需求移动的重要因素。由于劳动力需求同其他任何商品的需求一样，所以，这些因素在劳动力需求中同样也适用。我们来看看一些能影响我们所讨论的麦当劳清洁工需求的因素。在以下每个例子中，说出劳动力需求是上升还是下降，并指出每个例子中导致需求移动的因素各属于这六种中的哪一种。

a. 在麦当劳的街对面新建立了一个初级中学。

b. 顾客变得更关心饭店的清洁卫生状况了：如果地面很脏他们就会离开。

c. 当像 Roomba 吸尘器这样的机器变得更便宜时，麦当劳购买了一些机器，清洁工的一半工作都由它们做了。

2. 现在，我们来分析影响图 14.2 中乔的劳动力供给移动的因素。我们在第 2 章列举了五种能影响供给移动的重要因素。在以下每个例子中，当发生变化之后，说说你认为乔的劳动力供给是增加还是减少，并指出每个例子中导致供给移动的因素各属于这五种中的哪一种。

a. 政府提高了乔的收入税税率，因此，现在他的工资中支付给政府的税率由 10% 上升到 20%。

b. 穿起来很舒服的工作鞋大幅度降价了。现在工作了一整天之后,他的脚几乎不痛了。

c. 周末在拉斯维加斯乔赢得了 100 万美元的赌注。

3. 我们来用补偿性工资差异的概念分析保洁工作。假设在同一个城市有两家非常类似的饭店,Orangebee's 和 City Inn。两个饭店对清洁工的需求一样。但是,这个城市的所有清洁工都知道,在 City Inn 工作更快乐。

a. 哪一家饭店支付给清洁工的工资更高?为什么?

b. 哪一家饭店雇用的清洁工更多?为什么?

4. 根据补偿性工资差异的理论,在美国,哪一种低技术的工作收入会更高:

a. 安全的工作还是危险的工作?

b. 有趣的工作还是乏味的工作?

c. 没有升职机会的工作还是有升职机会的工作?

5. 我们已经提到过,OSHA 会因为工作场所不安全而对公司进行罚款。同时,劳动力市场也对那些不能保障工人工作安全的公司进行"惩罚"。市场的惩罚比美国政府的惩罚要大得多,大约要翻多少倍:翻 10 倍、100 倍、1 000 倍还是 10 000 倍?

6. ToyCo 公司人力资源部的主管在招聘新的工程师。她收到了 250 份申请简历表,所以,她将要做一些研究工作。她坐下来用电脑对所有 250 人进行了网上搜索,并得到了以下结果:

Ⅰ. 有 150 人在 Facebook 网站上有网页,其中,有 50 个人的照片上正拿着一瓶啤酒,另外 100 个人没有。

Ⅱ. 有 100 个人拥有自己的网站,其中,有 20 人在网站上出现了打字错误。

Ⅲ. 在那 150 个在 Facebook 网站上有网页的人当中,通过快速检查公共部门的记录发现,至少有两个朋友坐过牢的人有 25 个。

a. 以上每一项都给出了一种坏的信号。在以上每一项中,说说你认为这种坏的信号可能是什么?

b. 在以上每一项中,它所给出的坏的信号是 100% 正确吗?例如,在 Facebook 网页上有 3 到 4 处打字错误的人,一定会比没有打字错误的人更差吗?

c. 在以上每一项中,有这一坏的信号相对于没有

信号而言,是更好还是更不好?换句话说,如果人力资源部主管的唯一目标就是招聘到最好的雇员,那么,在综合评定是否录用的时候,这些坏的信号是否至少应该占有一定的比重?

7. 通常都认为,即使是做同样的工作,男人赚得 1 美元的时候,女人只能得到 80 美分。我们先假设这是真的,来看看企业家会如何对这一事实做出反应。

a. Netrovia 公司,一家电池生产企业,它雇用的全部都是男性工人。这些工人的薪水每年是 1 000 万美元,公司年利润是 100 万美元。假设你刚好被雇用作为该公司的外部咨询师,帮助 Netrovia 提高利润。你的建议是把所有的男性工人都换成女性工人。如果 Netrovia 接受了你的建议,它的工资成本会下降多少?这一决定会为 Netrovia 带来多少利润?

b. 在 Netrovia 获得成功之后,你开始得到了更多的咨询工作。你对其他所有的公司都给出了相同的建议,以期能增加利润:解雇男工人,所有的工人都雇用女性,这样能减少 20% 的工资。这对女性劳动力的需求有什么影响?这种趋势的发展对女性的工资有什么影响?

8. 迈克尔·林恩(Michael Lynn)是康奈尔大学酒店管理学院的社会心理学家,已经花了多年的时间研究小费问题(他的网页上有已经被验证了的如何增加你的小费的建议)。他发现,男人对女性服务员给的小费比较多,而女人对男性服务员给的小费比较多。这听起来很像是顾客歧视。

a. 如果这是事实,谁更会来申请卡车停靠站餐馆里的服务员这一工作:几乎都是男性还是几乎都是女性?

b. 如果这是事实,谁有可能来申请牛排餐厅里的服务员这一工作:几乎是都男性还是几乎都是女性?

c. 如果这是事实,谁更有可能来申请素食餐厅里的服务员这一工作:几乎是都男性还是几乎都是女性?

d. 在这三个例子中,你的经历同这一简单理论的预测结果相一致吗?如果不一致,你认为这个简单模型中还漏掉了什么?

9. 判断对错:

a. 劳动力的边际产出就是企业再多雇用一个工

人所能多赚得的利润。

b. 20世纪60年代以来,大学文凭的收益增加了。

c. 20世纪60年代以来,中学毕业生和中学辍学者之间的工资差距已经缩小了。

d. 根据定义,劳动力供给曲线不可能有负斜率。

e. 补偿性工资差异是政府补贴给受工伤工人的一项计划。

f. 当某人从阿尔及利亚移民到法国之后,他赚得的收入之所以会提高,其主要原因在于法国有更强大的工会。

g. 如果顾客是种族主义者和性别歧视者,那么,对自我利益的追求倾向于使得企业家在雇用工人的时候也会存在种族歧视和性别歧视。

h. 如果一些雇主是有偏见的人,而另一些人不是,有偏见的人可以用更少的钱雇用到更好的工人,从而会把心地善良的雇主驱出市场。

思考和习题

1. 新重庆(New Chongqing)的建筑工人每小时工资是20美元。* 这项工作不是很安全:有很多很尖锐的东西,从建筑物上掉下来的可能性也很大。新重庆的市政厅决定要加强建筑行业的安全管制。假设政府非常有效而公正地执行了这些新管制措施,因此,工作中受伤的工人减少了一半。再假设市政厅用纳税人的钱支付这些安全措施的实施成本。因此,对劳动力的需求几乎没有变化。

a. 这些新的安全管制实施之后,工人们比以前是更愿意,还是更不愿意从事这一工作?

b. 这更像是劳动力供给的增加还是劳动力供给的减少?

c. 我们把以上两个因素放在一起:这些安全管制对新重庆的建筑工人的工资有什么影响?

d. 这一现象说明本章的哪一个原理?

e. 在美国,OSHA并不用税收来支付提高工作安全所花的成本,相反,OSHA要求雇主自己花钱来提高工作的安全性。因此,OSHA的要求就像是对劳动力需求所征的税收。这对建筑工人的劳动力需求曲线可能会产生什么影响:它会增加还是减少对建筑工人的需求?

2. 有一种思考不同工作岗位工资的方法就是,把它作为一价定律的又一个应用。我们在第5章讨论预期的时候曾经涉及这一定律,在第8章讨论国际贸易的时候又谈到它。它的基本思想是,工人的供给会不断调整,以使得需要同一种技术的工作获得相同的工资报酬。如果相似的工人获得不同的工资水平,那么,那些低工资报酬工作的工人就会减少他们的劳动力供给,高工资报酬工作的工人会面临着来自低工资报酬工人的竞争。

我们来看看下面一个例子,假设有100个电脑程序员,他们正在考虑要到以下两家公司中的哪一家去工作:Robotron公司和Korrexia公司。为了简化,假设在这两家公司工作是一样有乐趣,因此,在这里你不用考虑补偿性工资差异的问题。劳动力的边际产出(每额外1小时工作)如下表所示:

每个企业程序员的数量	Robotron公司劳动力的边际产出(美元)	Korrexia公司劳动力的边际产出(美元)
10	220	110
20	150	80
30	120	60
40	110	50
50	80	40
60	60	20
70	50	10
80	40	0
90	20	0
100	10	0

a. 整个市场就只有这两家企业对程序员劳动有需求。在以下表格中,通过加总不同工资水平下两家企业对程序员的需求量,估算出程序员的需求曲线。例如,在每小时80美元的工资水平下,Robotron公司会雇用50个程序员(由于最开始50个程序员都有 $MPL \geqslant 80$),Korrexia公司雇用20个程序员,因此,总的需求是70个程序员。

---

* “新重庆”(或译“纽重庆”)是作者假想的一座用美元的城市。——编者注

工资(美元)	对程序员的需求数量
220	
150	
120	
110	
80	50 + 20 = 70
60	
50	
40	
20	
10	

每个企业程序员的数量	Robotron公司劳动力的边际产出(美元)	Korrexia公司劳动力的边际产出(美元)
10	220	110
20	150	80
30	120	60
40	110	50
50	80	40
60	60	20
70	50	10
80	40	0
90	20	0
100	10	0

b. 该城市的程序员将肯定在这两家公司工作:他们的劳动力供给是垂直的,换句话说,是完全无弹性的,且供给=100。由此,均衡工资是多少? 正好同图14.1一样,数字可能不那么凑巧——因此,请用你自己的判断来得出一个好的答案。

c. 现在,再回到第一个表格:大约有多少程序员在 Robotron 公司工作? 有多少在 Korrexia 公司工作? 同样,利用你自己的判断给出一个好的答案。

d. 假设这个城市又新增加了50名程序员。现在工资会是多少? 每个企业各有多少个程序员在工作?

3. 我们已经看到如果实施强制安全管制会出现什么情况。现在,我们来看看如果撤销强制安全管制会出现什么情况。

a. 如果一个激进自由市场的、反管制的政府在 Pelerania 这个国家上台,并开始废除工作安全管制,这对 Pelerania 的危险岗位的劳动力供给有什么影响:是会上升还是会下降?

b. 这促使危险岗位的工资上升还是下降?

c. 这对安全岗位的劳动力供给有什么影响? 它对在安全岗位就业的人数有什么影响?

d. 总体上来说,在这一事情上,雇主是必须为他们提供的危险岗位进行额外支付,还是通过新政府得到了免费午餐?

4. 正如我们所见,通过限制某个部门工人就业的数量,工会可以提高经济中该部分的工资水平。我们来看看,对于那些没能加入工会的工人来说,将会出现什么情况。我们把计算机程序员的数据描述如下:

a. 同以前一样,有100个程序员。在2084年, Robotron 公司的程序员抱怨了低工资几十年之后,他们进行了一次不记名投票并成立工会。新成立的工会通过谈判要求每小时80美元的工资,新成立工会组织的程序员们都很兴奋。在这一更高的新工资下,Robotron 公司雇用了多少程序员?

b. 有多少程序员被 Robotron 公司解雇了? 比较第2题 c 问和本题 a 问中的答案会来回答。

c. 对于其他程序员来说,最自然的选择就是在 Korrexia 公司找到工作:同以前一样,现有的程序员对劳动力的供给是完全缺乏弹性的。因此,所有这100个程序员都将在这两个公司工作。没有成立工会组织的 Korrexia 公司的程序员工资是多少? 有多少程序员在 Korrexia 公司工作?

d. 你可能认为解决的办法是两个公司都成立工会来提高所有程序员的工资。如果这两个工会组织达成一个协议,要求在两家企业工资都提高到110美元,那么,这100个程序员中有多少人会有工作?

5. 假设我们对 CEO 的薪水征收非常高的税,就如美国有些人所建议的那样。你预测 CEO 的特殊津贴,如喷气式飞机和公司内部的厨师,将会出现什么变化?

6. a. 人们一般都不喜欢上夜班。根据补偿性工资差异理论,夜班的工资比白班会更高还是更低?

b. 大部分公司都在白天做一些要求较高技术水平的工作:大型的会议、主要的货物交割、关键性的维修工作都是在白天进行。由此,企业更愿意让那些更具有人力资本的工人在白天上班,而喜欢让那些低技术水平的工人上夜班。根据人力资本理论,夜班的工资比白班会更高还是更低?

c. 根据以上两种理论,平均来说,夜班的工资比白班更高还是更低?或者在现有信息下你无法回答?

d. 在《政治经济学期刊》(*Journal of Political Economy*)1990年的一篇文章中,经济学家彼得·科斯蒂克(Peter Kostiuk)对美国工人中是否真的存在补偿性工资差异理论进行了检验。他有关于美国工人的工资、教育背景和工作经验的信息,他也知道这些工人是上白班还是上夜班。平均来说,那些上夜班的工人赚得的收入比白班的工人低4%。这一结果是因为补偿性工资差异,还是因为人力资本的差异?

e. 科斯蒂克利用统计技术来估计,如果一个低技术工人从白班转到夜班,他们的收入将会是多少?答案是什么呢?这个低技术工人的收入平均会提高44%。这44%的工资增加额是由于夜班更低的劳动供给造成的,还是由于夜班更高的劳动需求造成的?

7. 判断对错:殡仪馆的工人比其他工人获得的工资更低,因为很少有人愿意从事同死人打交道的工作。

8. 执行吉姆·克劳(Jim Crow)种族隔离法案的做法之一就是,为黑人学生提供更糟糕的学校。这一做法扩大了黑人工人和白人工人之间的人力资本差距(20世纪60年代美国民权运动的成功,已经显著地缩小了这一人力资本的差距)。这种形式的政府种族隔离是会提高,还是会降低有关种族方面的统计性歧视?你为什么会这样判断?

9. 在美国,没有工资的工作是合法的:我们称它为"没有工资的见习期"。

a. 在大学生们可以找到具有最低工资工作的情况下,为什么他们还愿意从事这种零工资的工作?

b. 这听起来像是本章的哪一个概念?

c. 仅供思考:你认为为什么联邦法律会允许人们无薪工作,而不是每小时1美元?这仅仅是政府方面的失察吗,或者你认为这是工作中非常巧妙的一个设计?

挑战

1. 在美国内战后的数十年中,南方大部分的电车公司都对某一类市民存有歧视:吸烟者。那些想吸烟的顾客必须坐在车厢的后面。大约在1900年,南方很多政府通过法律强制执行种族隔离。正如珍妮弗·罗巴克(Jennifer Roback)在《经济史杂志》(*Journal of Economic History*)1986年的文章中所证实,很多电车经营商反对这种新形式的种族隔离。假设这些企业家是从自己的利益出发,而不是出于平等的思想,那么,他们为什么要反对?

2. 我们提到过"(大学)文凭向雇主们提供了某种信号……也就是说,它能向雇主证明,拥有大学文凭的人具有足以获得大学文凭的智力、技能和责任心,这使得他们更能胜任其工作岗位。"这一观点首先由诺贝尔奖得主迈克尔·斯宾塞(Michael Spence)提出,它现在已经作为一种教育信号理论而为大家所熟知。极端一点说,信号理论学家认为,你痛苦地熬过了大学的学习,不是因为你能得到一个很有价值的工作技术,而仅仅是因为它是一种能证明你在上大学之前就已经非常聪明和能干的好方法。

a. 假设你想证明这一理论是错的:你想证明,大学教育的确增强了你的工作能力,就像人力资本理论学家所说的那样。你如何着手证明你的这一想法?记住,只表明大学毕业生能赚得更多并没有证明你的想法!

b. 如果以上问题很难,那么,请至少解释,为什么以下关于人力资本理论与信号理论孰是孰非的检验听起来似乎很有道理,但其实根本不是一个好的检验:

I. 对照一下有文凭的人的工资和没有文凭的人的工资;

II. 比较一下那些父母能供得起上大学的人的工资和父母供不起上大学的人的工资。

3. 在市场经济中,企业雇用的工人越多,它生产和销售的产品就越多——这几乎不用说。劳动力的边际产出告诉你,每新增一个工人能增加的收益是多少。经济学家往往会利用某个特殊的方程来总结工人人数、收益和劳动力的边际产出之间的关系:我们称它为生产函数。我们在这里来练习一下。

a. 在 Dunder Mifflin 公司,每小时的产出函数如下:

$$收益 = 100 \times \sqrt{半熟练工人数}$$

就是说,为了销售产品,你实际上需要工人来工作。利用这一公式,计算并完成以下总收益那一列。

工人人数	总收益(美元)	劳动力的边际产出(美元)
0	0	NA
1	100	100
2	141	41
3		
4		
5		

b. 就像我们在本章所提到的那样,劳动力的边际产出是再多雇用一个工人所增加的收益。它是再多增加了一个工人所带来的收益变化。请完成以上表格中那一列。

c. 如果市场上半熟练工的工资是每小时 25 美元,Dunder Mifflin 公司会雇用多少工人?

4. 在第 7 章,我们用一般的方法分析了最低工资。作为最低工资限制,我们的分析表明,最低工资限制造成了失业。现在,假设企业必须支付最低工资,但它们可以调整工人的工作条件,如加快工作节奏,减少午餐休息时间,减少对雇员的优惠,如此等等。如果企业可以用这种方式进行调整,最低工资会造成(同样多的)失业吗? 提示:想一想图 14.7 中的天平。

恰当的激励:对商业、体育、政治和生活的启示

NBA篮球运动员蒂姆·哈达维(Tim Hardaway)被球队许诺,如果他助攻的次数足够多,他就会获得一大笔奖金。这一激励计划很有效。哈达维传了很多球,特别是在那个赛季快结束时,当时看起来好像他已不可能得到这笔奖金了。但是,球队的老板采取的激励恰当吗?哈达维后来承认,为了得到奖金,有时即使在他本可以投篮的时候,他也选择了传球。

激励很重要——这是本书的关键启示之一——但是,采取恰当的激励并不是件容易的事情。企业和体育运动队的老板、选民、政治家、父母,所有的人都必须考虑和选择激励的方式。这一章将分析如何采取恰当的激励方式,以及如果我们采取了错误的激励,会出现什么结果。

15.1 经验之一:付出多少,就得到多少

每年5月,芝加哥公立学校都会进行一次标准化测验。学生们已经习惯了测验、等级评分,然后是获得相应等级的奖学金。但是,从1996年5月开始,教师和院长们都比以往有更多的事情要做:那些学生等级评分很低的学院将被关闭,教师会被重新分配,院长则被解雇。当然,这样做的主要目的是要加强对教员们的激励,以促使他们能更好更努力地工作。如果实行等级评分对学生有好处,为什么不对老师们也实行呢?

更强的激励措施激励着教师和院长们投入更多的时间和研究来改善教学方法。但是,教师们还有其他方法可以提高学生的等级评分吗?给你个提示:一些学生也经常用这种方法来提高成绩。对——他们会作弊。实际上,教师作弊比学生作弊更容易,因为他们知道正确答案!有两位对激励问题理解得非常好的经济学家,布莱恩·雅各布(Brian Jacob)和史蒂芬·列维特(后者以《魔鬼经济学》一书而出名),开始通过仔细地研究实验数据来回答这样一个问题:教师们真的会通过作弊来提高等级评分吗?[①]基本上可以说,肯定会!雅各布和列维特在数据中发现了很多怪异的现象——很难的题目学生们能答对,但容易的题目却做错;成群的学生正确和错误的答案都完全一样;上一年测试成绩很高的学生下一年的测试成绩却很低。对一个经济学家来说,最明显的就是,在对业绩很差的学院进行处罚这一措

施实施之后,作弊的迹象比以前明显多了。

也许你会认为,通过作弊来提高学生的等级评分,这对教师们来说是一个好主意。但是,这不是那些主张加强对教师激励的人所想要的结果。虽然,不是所有的教师都在作弊,但是,作弊行为是出人意外地普遍存在。据雅各布和列维特估计,至少有 4% 到 5% 的教室中出现了作弊行为。另有研究发现,在实施更强的激励措施之后,更多的学生被宣布为"存在学习障碍"(learning disabled)。[②] 为什么?在评估学院的业绩并对教师和院长们进行奖赏的时候,那些"存在学习障碍"的学生的测验分数一般是不考虑的。

所有的这些现象是否都意味着加强对教师的激励是一个坏主意呢?不一定。那些学习更认真的学生,收获也更多了。如果加强对教师的激励提高了真实成绩,哪怕只是提高了一点点,加强激励也是一个好的想法,尽管有一些分数的提高是通过作弊得来的。[③]

公司财务方面也有一个激励引起作弊行为的案例。在 20 世纪 80 年代,CEO 们有极强的激励来提高其企业的股票价格。公司不是直接给他们支付薪酬,而是支付股票期权。这些是非常复杂的金融衍生品,不过你需要知道的是,只要股票的价格上涨到一定的价格,CEO 们就会被支付报酬。如同给教师的强大激励一样,这一强大的激励措施也刺激了 CEO 们更加努力和更加机智地工作。同时,它也激励了 CEO 们作弊,他们通过控制收入报表来使企业显得比实际更具有盈利性。安然事件[*] 以及 20 世纪 90 年代和 21 世纪前 10 年的其他一些公司丑闻,在一定程度上,都是由于这一原因所导致的结果。这样来加强激励值得吗?一般来说,如果股东们认为,作弊的成本超过激励 CEO 们努力工作所带来的收益,他们就会给 CEO 更少的期权,并提供其他一些更强的激励措施。但是,到目前为止,尽管对潜在作弊行为的监控已经被加强,但大部分激励措施仍然保持原样。[**]

在设计一项激励计划的时候,请记住:付出多少就会得到多少。这听起来是件好事,但它确实是个问题。如果你所为之付出的并不是你所想要的,那会怎么样呢?如果你为了得到高的考试分数而付出了,你就会得到高分。但是,考试分数并不能完全衡量你真正所想要的东西——教学水准更高的教师和学得更多知识的学生。你所付出的是更高的股票价格,但是,你真正想要的是更有盈利能力的企业。股票的价格一般都能反映出企业的基本价值,但是,股票市场有时也可能会被愚弄!

---

　　* 安然公司曾是美国得克萨斯州的一家能源类公司。2001 年破产之前曾是世界上最大的电力、天然气和电信公司之一,2000 年其营业额达到 1 010 亿美元,并连续六年被《财富》杂志评选为"美国最具创新精神公司"。但是,在 2001 年年初,短期投资机构老板吉姆·切欧斯公开对安然的盈利模式表示质疑。据他分析,安然投资回报率仅 7% 左右,远低于其财务报出的收益率。切欧斯的质疑引起了人们对安然的怀疑,并开始关注安然的盈利情况和现金流向。到 8 月中旬,人们对于安然的疑问越来越多,并最终导致其股价下跌。8 月 9 日,安然股价从年初的 80 美元左右跌到了 42 美元。11 月 8 日,安然被迫承认做假账,虚报数字让人瞠目结舌:自 1997 年以来,安然虚报盈利共计近 6 亿美元。11 月 30 日,安然股价跌至 0.26 美元,市值由峰值时的 800 亿美元跌至 2 亿美元。12 月 2 日,安然正式向破产法院申请破产保护,成为美国历史上最大的破产企业。从那时起,持续多年精心策划、乃至制度化系统化的财务造假丑闻,使得"安然"成为公司欺诈以及堕落的象征。——译者注

　　** 当一个像安然这样的公司倒闭时,由于该公司对 CEO 激励计划的选择没有反映出社会的最优规划,因此,股东可能并不是这一事情的唯一受害者。在第 9 章,我们已经讨论过这样的问题,更确定地说,它被称为外部性问题。

你付出的越接近于你所想要的，你就越能信赖强大激励所产生的作用。精心设计激励计划，可以缩小你要的和你付出的之间的差距。值得称赞的是，在雅各布和列维特发表了他们的研究结果之后，芝加哥公立学校的管理层解雇了一些教师，同时也制定了一些新的程序，这使得作弊更加困难了。安然丑闻之后，投资者也要求加强财务审查的独立性。激励越强，投在控制和审查方面的费用也就更多，反之亦然。

如果你不能消除你付出的和你想要的之间的差距，那么，相对于一个很强的激励计划而言，一个更弱的激励计划也许会更好。

15.1.1　监狱应该追求利润吗？

监狱的经营管理应该承包给个人吗？私人企业的老板有强烈的激励去缩减成本和提高生产能力，因为这些举措有助于提高最终的利润。如果某个公共监狱能缩减成本，这会为财政部节约很多的钱。但是，谁也不能用所节约的钱来购买快艇，所以，缩减成本的激励非常弱。

1985 年，肯塔基成为全美第一个把监狱承包给营利性企业的州。在美国，私人监狱已经有 12 万名囚犯，大约占美国囚犯总数的 5%。有效率的私人监狱应该取代无效率的公共监狱吗？有三位经济学家——奥利弗·哈特（Oliver Hart）、安德烈·施莱弗（Andrei Shleifer）和罗伯特·维希尼（Vishny）——都认为不应该。他们并不怀疑，利益动机能促使私人监狱比公共监狱有更强激励来削减成本——他们认为，这一更强的削减成本的激励恰恰就是问题的所在！我们关心成本，但我们也关心犯人的健康、人权，以及监狱因犯暴力和狱警暴力状况。我们所支付的是监狱的低成本，但是，我们希望得到的不仅仅是低成本，而且还包括高质量的监狱。如果我们不能监控监狱的质量，并对它支付成本，那么，更强的激励可能会鼓励牺牲质量来降低成本。

这条原则非常具有一般性。一项激励计划如果对错误的事情进行了激励，那么，它可能比一项弱一点的激励计划更糟糕。加利福尼亚的一家汽车经销商打出广告说，他们的销售员不按销售比例提成。④为什么一个商家要宣传说它的销售员没有很强的激励来帮助你呢？对于那些想买汽车的人，答案是非常显然的。具有更大压力的销售员会在你刚走进车展室时就抓住你不放，连珠炮似地向你施展各种营销手段，让你感到喘不过气（"我能给你 15% 的折扣，但你必须现在就买"）。这样的销售员可能会向第一次来光顾的顾客卖出汽车。但是，这一战略是非常令人不愉快的，它很难赢得回头客。依赖于做回头生意的汽车经销商，一般都更想要一个对顾客没有压力感的、能给顾客提供信息的销售员。

从理论上讲，汽车营销商如果按照销售员的销售业绩来支付他们的报酬，可能会增强激励和拓展业务。但是，在现实中，监控销售人员同顾客打交道的方式的成本也非常高，销售员的欺诈行为很难被发觉，因此，它可能会普遍存在。给销售员支付固定的薪水而不是按业绩提成会让销售员的心态更平和些。当然，更弱的激励同样也是有代价的。假设乔的本田公司按业绩对销售员支付报酬，而皮特的斯巴鲁公司支付销售员固定薪水。你认为在夜间和在星期天，哪一家公司的经销商仍然会营业呢？

监狱会怎么样呢？三位经济学家关于弱激励的公共监狱比强激励的私立监狱

更好的说法是对的吗? 不一定! 他们假设削减成本的方法是降低质量。但是,有时提高质量也是降低成本的一种途径。例如,减少监狱囚犯暴力和狱警暴力就可能会降低成本。那么,增加对囚犯人权的尊重会怎么样呢? 这可以减少法律诉讼费用。如果提高质量和削减成本是同方向变化的,那么,私人企业就有强大的激励来提高质量。

三位经济学家也低估了人们测度质量的能力。当激励很高时,测度产出也就会更成功。因此,毫不奇怪,经营私人监狱的公司和政府采购者已经就如何测度私人监狱的质量做出了巨大努力。

最后,不要忘记,更弱的激励降低了削减成本的激励,但是,它们并没有增加提高质量的激励! 公共监狱可能会利用它们宽松的预算约束来提供高质量的健康计划,但它们也可能给狱警提供高于市场水平的工资。你认为那种情况更有可能发生呢?

理解现实世界

不过,无论三位经济学家关于私立监狱的观点是对还是错,他们的辩护理由都是很巧妙的。通常反对政府官僚的理由都是认为,没有利润激励,政府官僚不可能有动力去降低成本。他们则认为,这恰恰是为什么有时政府官僚可能比私人企业更好的原因。[5]

15.1.2 计件工资和计时工资

绝大多数工人都是按计时工资来支付报酬的,但是,也有相当一部分工人是按计件工资来支付报酬。计时工资是按照工人的投入(时间)来支付报酬,**计件工资**(piece rate)是直接按照工人的产出水平来支付报酬。例如,对于农业工人经常是按照他们采集蔬菜或水果的数量来支付报酬的。对于服装工人则经常是按照他们所完成的商品件数来支付工资的。销售员的工资也经常部分同他们所完成的销售量挂钩。什么时候应该按照计时工资支付,什么时候又应该按照计件工资支付呢?

计件工资是直接按照工人的产出水平来支付报酬。

计件工资增加了工人工作努力的积极性,而且当产出能很容易计算时,计件工资可能会非常有效。因此,你付出的同你想要的非常接近。计件工资在农业工作中非常普遍,因为摘取苹果的数量很容易计算,它同雇主所想要的也很接近。但是,即使在农业工作中,雇主想要的也不仅仅是苹果的数量,还包括苹果的成熟程度和破损状况。因此,在使用计件工资时,通常对质量也有一定的要求。当质量非常重要,而且控制质量的成本又很高时,计件工资通常都会出现问题。

在计算机出现的早期,IBM 公司是按照编码的行数来对它的程序员支付报酬的。你能看出这有什么问题吗? 如果 IBM 按照代码行数支付报酬,IBM 的程序员就会编一些代码行数非常多的程序。但是,在程序员急于用这种方式赚钱时,他编出的代码质量经常很低。IBM 的激励计划激励了它所能度量的东西——代码的行数,但却牺牲了 IBM 非常想要的且难以度量的东西——代码的质量。IBM 很快就停止了这种按照代码行数支付报酬的方式,并转而实行计时工资。计时工资降低了工人工作努力的积极性,但是,它也降低了工人在还没有准备好之前就仓促开工的激励。

计件工资的好处在于,如果你利用得恰当,它们能极大地提高生产力。在 1994年,从事汽车玻璃安装的 Safelite Glass 公司从计时工资制度改为计件工资制度。Safelite 能够解决质量控制问题,因为它能把每一项工作都同某个固定的工人联系起来。所以,一旦出现了质量问题,负责安装该挡风玻璃的工人就必须用自己的时间去修理。该公司实行这一措施之后，生产力迅速提高了，提高的幅度简直惊人，达到了44％。⑥生产力的提高有一半是由于同样的工人工作更加努力了，包括减少旷工和生病的天数。不过，生产力提高的另一半原因来自计件工资的另一种重要效应，计件工资制度能吸引高生产能力的工人。

考虑两家企业，一家企业按照计件工资支付报酬，另一家企业按计时工资支付。现在，考虑两个工人，一个工人每天能安装5块挡风玻璃，另一个能安装3块。这两个工人各自会选择到哪一家企业呢？显然，计件工资的企业对高生产能力的工人会更具有吸引力，因为计件工资给了高生产能力的工人更多赚钱的机会。计时工资将会吸引生产能力相对更低或者更"懒"的工人。

工人在生产能力方面的差别可能会大得惊人。加利福尼亚有一家自己种植葡萄自己酿酒的企业，它把对葡萄工人的付薪方式从按小时支付改为按重量支付。之前，这家企业每小时付给工人6.20美元。在计件工资下，每小时平均支付的工资是6.84美元，这同之前小时工资差不多。但是，有些工人每小时可以赚得24.85美元。

如果有些工人比其他工人更具有生产能力，计件工资就会增加收入方面的不平等。在计时工资下，每个葡萄工人每小时都赚取6.20美元。在计件工资下，有些人每小时赚取6.84美元，而有些人每小时可以赚取24.85美元。信息技术的发展使得所有不同工种的工人其产出都更容易被计算了，不仅是葡萄工人。因此，绩效工资（计件工资、佣金、奖金以及同产出直接相联系的其他报酬）在美国经济中变得越来越普遍了，这也是为什么美国的收入不平等正在不断增加的一个重要原因。⑦

计件工资对支付效率的改进解释了为什么企业和雇员都可以从计件工资中受益。在计时工资下，即使工人具有以更低成本进行生产的能力，他们也没有动力去努力这样做。通过给高生产能力的工人提供他利用自己的技术赚钱的机会，计件工资使得高生产能力的工人能够从中受益。由于产出的增长高于工资的增长，计件工资也使得企业能从中受益。

即使企业和工人都可以从计件工资中受益，但是，由于存在信任问题，计件工资有时也不能被实施。工人会担心，一旦他们在计件工资下提高了生产力（因此工资被提高），企业会在下一阶段减少计件工资中单件产品的工资率（例如，每摘取1磅葡萄所得到的钱会更少）。在苏联，当新的激励措施提高了生产业绩之后，工厂经理经常会指责工人，说工人们所提高的业绩证明这些工人以前都在偷懒。当然，这就极大地降低了对提高生产力的激励。同理，如果工人们预期到，作为惩罚，更高的生产力将会带来更低的计件工资率，他们也不会努力工作。希望引进计件工资的企业必须建立起同工人之间的信任。

自我测验

1. 林肯电气（Lincoln Electric）是一家因使用计件工资而知名的企业。林肯电气也有一种保障工人就业的制度。这两种政策之间有什么关系？

2. 在美国，账单之外还需再给多少小费，餐馆顾客是有选择权的；在欧洲的很多地方，这种小费已经被自动算进账单中了。你认为，哪个地方的服务员会更热情一些？

15.2 经验之二：把报酬同业绩挂钩以降低风险

考虑一家汽车经销商，它想加强对销售员的激励。我们假设这家汽车经销商所关心的就是销售量，因此，它不用担心激励过大会导致销售员让顾客过于有压力。现在，激励是越强越好吗？不一定。

汽车的销售量不只依赖于销售员的努力。销售业绩还依赖于很多销售员无法控制的因素，如汽车的质量和价格、汽油的价格以及经济状况等。如果销售员有很强的激励，在经济形势好的时候他们会是做得很好，但在经济萧条的时候可能会很糟糕。

当销售业绩由于各种同个人努力程度无关的因素变化而变化时，更强的激励所带来的成本可能会超过其价值。大部分人都不喜欢风险。以下哪一种情况你更喜欢：确定地获得 100 美元，还是以 0.5 的概率获得 200 美元同时以 0.5 的概率什么也得不到？拉斯维加斯的赌博可能非常有趣，但是，大部分人都愿意确定地获得 100 美元，而不愿意进行那种有同样预期收入的赌博。同理，假设有两份工作：一份工作是每年肯定会支付你 10 万美元，另一份工作是在好的年份里付给你 20 万美元，但在差的年份你什么也得不到。假设好的年份和差的年份出现的可能性一样，因此，平均来说，第二份工作也可以平均每年获得 10 万美元。你更喜欢哪一份工作呢？第二份工作的平均工资要达到多少，你才愿意接受第二份工作呢？11 万美元？15 万美元？或者 17 万美元？具体的数字其实不重要，重要的是这其中的原理：工人面临的报酬风险越大，企业支付给工人的平均报酬也必须越高。因此，如果企业的销售员必须承担坏的经济形势或者汽车低质量所带来的风险，他们也会要求每笔业务有更高的奖金。但是，如果员工要求有一个很高的奖金，老板能留下什么呢？如果销售员对风险的担心过于强烈，老板和员工也许很难就一个对双方都有好处且具有很强激励的计划达成协议。*

弱的激励避免了销售员的风险。如果老板比销售员更能承担经济萧条所带来的风险（也许是因为他们更富有），弱的激励可能对双方都有好处。本质上来说，通过支付给销售员固定工资或者几乎是固定的工资，老板其实是在向员工出售"经济萧条保险"。通过接受更低的奖金，获得更稳定的收入流，销售员在"购买"这份保险。

如果员工们的工作努力程度是影响销售业绩的关键因素，那么，让销售员们承担经济萧条的风险也许是值得的。但是，如果经济形势是销售业绩的重要决定因素，那么，加强激励会造成风险，但它在激励方面的优势却很小。想象一下，如果报酬只依赖于运气——什么样的激励措施才能调动起大家的积极性呢？同理，如果报酬大部分都依赖于运气，能调动起大家积极性的激励很低，而且在老板愿意支付的报酬下，潜在雇员也不愿意去面对这些风险。

---

* 或者更糟糕的是，销售员可能会在经济形势好的时候急切地销售汽车，但是当经济形势变糟的时候，他们会辞职不干。

15.2.1　锦标赛理论

如果销售量严重依赖于一些外部因素，比如经济形势，把奖金同销售量绑在一起，就会因为某些当事人无法控制的外部原因而对销售代理人进行奖励或者惩罚——因此，这种做法对促使代理人努力工作没有任何激励作用，但却增加了代理人风险。作为经理，有一种方法能使他减少代理人的风险，那就是，把报酬同销售代理人能控制的行为绑在一起。其中一种令人惊奇的做法就是，不是按照每个销售代理人的绝对销售量，而是按照他们之间的相对销售量来发放奖金——例如，对销售量最高的、第二高的和第三高的销售代理人发放奖金。基于某种很显然的原因，经济学家把这种依赖于相对业绩来进行支付酬金的方案称为**锦标赛**（tournament）。

如果锦标赛使用得当，它能紧密地把报酬同代理人能控制的行为绑在一起，从而能提高生产能力和报酬。为了来看看锦标赛是如何在商业领域运转的，我们来看一看体育运动会，这是一个我们大家都习惯于用锦标赛来思考的领域。

设想一下，如果有一种高尔夫球赛，其中的运动员都是按照完成一次比赛所用的总杆数来支付报酬（根据高尔夫球的既有规则，杆数越少意味着球打得越好。因此报酬越高）。如果天气很糟糕，那么，即使球员很努力，他的得分也会很大，因此，赚的钱也会很少。如果天气很好（天空晴朗，没有风），得分就会很小，球员就是不怎么努力，也会赚得很多钱。不管怎样，当球员们是按照他们的绝对得分来获得报酬时，随机的因素——如天气——就会影响球员们的收入。

现在设想一下这样的情况，即球员们进行的是一种具有固定奖金数额的锦标赛，这也是比赛奖金通常设定的方式。奖金数额固定意味着球员们是在彼此之间进行竞争，而不是在按照一些外部的标准进行竞争。由于每个球员都面临着同样的天气，天气不会再影响报酬。因此，锦标赛限制了来自外部环境的风险。很多运动项目，不仅仅是高尔夫球，都是按照锦标赛的形式来组织的。锦标赛在商业领域也非常普遍。

例如，按照销售代理人的相对业绩来支付报酬就可以减少环境风险，这是一种由外部因素所造成的、所有代理人都会同样面临的风险。当销售代理人按照相对业绩获得报酬时，那些代理人所无法控制的因素，如经济形势，就不会再影响代理人的报酬。最关键的是：如果代理人无法控制的因素不再影响报酬，那么，那些代理人可以控制的因素——如个人努力程度等因素——在决定个人报酬时就成为一种更重要的因素。因此，按照相对业绩来支付报酬，就像锦标赛中那样，可以减少风险，并且把报酬同代理人能控制的那些因素更紧密地联系起来。这就意味着，代理人的工作会更努力，他面临的风险也更小，产出则会更多，而代理人获得的报酬也会更高。

> **锦标赛**是指，根据相对业绩来支付工资的薪酬方案。

15.2.2　根据相对业绩来提高经理人员的报酬

一项好的酬金计划应该把报酬同代理人所能控制的行为联系起来。根据按照相对业绩支付报酬这一理念，你如何才能把高管们的薪酬同高管们所能控制的行为更紧密地联系起来呢?

今天,在高管们的薪酬中,有很大一部分都同他们企业的股票价格联系在一起。当他们企业的股市价值上升时,高管们通常可以按照一个具有丰厚利润的价格来兑现股票期权。但是,除了高管们的努力和能力之外,还有其他很多因素也会影响到股票的价格。例如,如果经济形势很好,大部分股票的价格都会上涨。同理,如果石油价格上涨,石油行业企业的股票价格也趋于上涨——奇怪的是,尽管这时石油的价格同石油行业的高管们没有任何关系,这些高管们的报酬也仍然会上涨。[8] 当然,在石油价格下降的时候,这些高管们的报酬也会减少,尽管这时他们也可能工作得比以前更加辛苦,更加努力。总之,高管薪酬的很大一部分似乎都主要取决于运气。但是,无论是在形势好的时候,还是在不好的时候,报酬主要取决于运气都不是一种很好的薪酬计划。

对于高管薪酬计划还有其他更好的办法吗? 如果不是按照其企业股票的绝对业绩,而是根据其企业股票相对于该行业中其他企业股票的相对业绩,来决定高管们的薪酬,这会怎么样呢? 如果高管们主要是按照相对业绩来支付报酬,那么,在经济形势好的时候(不是由于高管们的努力所产生),他们将不会获得意外的好报酬,但是,在经济形势不好的时候(不是由于高管们的失误所造成),他们也不一定会降低报酬。

按照相对业绩来支付报酬似乎很有道理,但是,目前采用这种薪酬方式的还不多。因此,一些观察者怀疑,目前用于支付高管薪酬的复杂的股票期权计划,更多的是导致高管们利用分散股东无法监控高管报酬这一优势来伪造假账,而不是在为高管们创造激励。有意思的是,那些至少有一个非常大的股东的企业——因此至少有一个股东有激励去严格监管企业——似乎都主要是按照相对业绩来支付高管薪酬。[9]

15.2.3　环境风险和能力风险

锦标赛把报酬同那些外部因素所造成的风险隔离了,这些外部因素是所有的参与者所共同面临的。但是,锦标赛增加了另一种类型的风险——能力风险。假设你必须在高尔夫球赛中同泰格·伍兹竞争。按杆数付酬同按比赛的胜负来付酬相比,哪种情况下你会更努力呢? 你在高尔夫球上打败泰格·伍兹的概率是非常小的,因此,如果你关心的只是钱的话,马上放弃这场比赛可能更符合常理——为什么要在一个毫无希望的目标上浪费精力呢? 当然,基于同样的理由,泰格·伍兹同样也没有必要太努力了!

记住,一个理想的激励计划是把薪酬同代理人所能控制的因素,如个人努力,联系起来。但是,在高尔夫球赛上获胜所需要的不仅仅是努力,它还同你的能力有关。就代理人来说,他关心其他人的能力就像他关心天气和经济形势一样,因为这些都是他所不能控制的因素。在两个能力差距很大的球员之间进行高尔夫锦标赛,是无法把报酬同努力联系起来的,他只能把报酬同能力联系起来,由此,他也经常导致人们退缩和松懈。所以,只有在来自外部环境的风险比能力风险更重要时,锦标赛才会运行得更好。

锦标赛也可以被设计成具有较低能力风险的形式。例如,在职业高尔夫球赛上,球员们在刚开始的几轮中一般都同一些很弱的选手比赛,这些弱的选手在最初的几轮中就会被淘汰。因此,在进行最后的决赛或者最重要的比赛时,球员们的能力都相差不大。同理,锦标赛也经常会按照年龄或者经验来进行分组(初级组、中级组和高手组),这样就使得大家都具有差不多的能力水平,因而每个球员也都有同样的积极性去努力比赛。在一些业余选手参赛的重要高尔夫球赛中,如果不同能力的球员在一起比赛,高能力的选手通常会被人为地设置一些障碍,这就使得竞争对所有的选手都同样的激烈。对于一名希望手下更努力工作的经理,他也可以通过设计竞标赛的形式,来使得报酬同努力程度联系得更紧。例如,经理可以把销售员分为初级组和高级组两个级别,然后在每个级别内部进行锦标赛。

在商业中,锦标赛可能看上去很独特,其实它们也非常普遍。大约有三分之一的美国公司会按照相对业绩来评估职员。[⑩]当讲求实效的杰克·韦尔奇(Jack Welch)成为通用电气的 CEO 时,他要求经理们把他们手下的职员都分为三类——最好的 20%、中间的 70% 以及最差的 10%——最差的 10% 经常会被扫地出门。即使是在没有明文规定要按照相对业绩来支付职员的报酬的情况下,锦标赛也经常是隐含存在的。例如,律师们会为成为合伙人这一奖励而相互竞争。又如,谋求当公司的总裁也很像是在赢一场锦标赛。假设一家公司有八个副总裁和一个总裁——这些副总裁为谋求成为下一届的总裁而相互竞争。公司内部的升迁实际上非常类似于锦标赛中的竞争,这一事实多少也说明了很多公司的总裁为什么可以获得那样的高额薪酬和巨大好处。私人主厨、公司的直升机,以及奢侈的宴会,这些可能都是滥用权力的某种信号,但是,当总裁的这些好处也直接激励着这八个副总裁。从某种程度上来说,公司总裁所获得的巨大报酬也是对底下职员的一种激励。

锦标赛在鼓励竞争方面是非常得力的,但是,有时竞争可能会过于激烈。在一场锦标赛中,如果某个当事人对其他竞争对手的获利眼红,那么,锦标赛可能会破坏合作。一名公司的副总裁如果发现其竞争者正在等着接替自己的位置,他可能会不愿意指导后者。因此,像往常一样,薪酬计划一定需要仔细设计,以便能平衡各方面的目标。

15.2.4　锦标赛和等级评分

我们来把锦标赛理论中的一些见解应用到你非常熟悉的一种竞争中,即等级评分方面的竞争。一些教授按照某种曲线分布给分,而另一些教授则用某种绝对成绩给分。如果某位教授"按照某种曲线分布给分",那么,每个班级都会有一些固定数量的"奖金":A 级、B 级、C 级。为等级评分而进行的竞争就变成了一种锦标赛。

按照曲线分布来进行等级评分的收益和成本,与对一般形式的锦标赛的分析相同。按曲线分布进行评分降低了环境风险,同时也增加了能力风险。你能想出一些环境风险方面的例子吗?假设你的教授讲课非常难听懂——也许这位教授有很重的口音,或者讲课太快,或者他根本就不是一位好老师(不像我们!)。非常幸运的是,如果这位教授按照曲线分布给分,他课讲得不好并不意味着你一定会不及格。课讲得不好会降低你学习的效果,但是,课讲得不好也会妨碍其他人学习的效果。如果这位教授是按照曲线分布给分,课讲得不好不一定会降低你的等级评分或者降低你的学习积极性。

但是,如果一位讲课讲得不好的老师按照绝对成绩给分,就会带来双重麻烦。首先,课讲得不好意味着你学不到多少东西。其次,如果等级评分是按照绝对分数来评定,学不到东西就意味着即使你很努力地学习,你也会得到很差的评分。在这种情况下,就没有太大的积极性去努力学习了。

不过,按照曲线分布进行等级评分也有不好的地方——按照曲线分布给分意味着你将直接和同一个班上的其他同学竞争。如果你所在的班上碰巧有一些非常优秀的学生,就像在打高尔夫球时遇到了泰格·伍兹一样(除非你是考场上的泰格·伍兹)。即使你学了很多而且也很努力,你也拿不到很高的评分,这会降低你学习的积极性。

因此,当最大的风险来自教授讲课的好坏时(环境风险),按照曲线分布来进行等级评分会激发起学生努力学习的积极性。但是,如果学生之间的能力差距很大时(能力风险),它也会降低学习的积极性。在学生能力差距很大的时候(能力风险),按照绝对成绩进行等级评分能激起学习的积极性;但是在教授讲课的好坏成为最大的风险时(环境风险),它会降低学习的积极性。

按照曲线分布给分还会带来其他的后果吗?记住,锦标赛往往会降低合作。如果你的教授按照曲线分布给分,其他的同学可能会更不愿意在家庭作业上帮助你(你可能也会更少帮助他们!)。学习小组可能就会更少见了。一些学生甚至可能会对其他同学进行蓄意的破坏。锦标赛也可能会鼓励各种错误的合作行为。如果一位教授按照曲线分布给分,从理论上讲,同学们可以坐在一起协商,大家都不努力学习。这在一个很大的班级中不会成为一个问题,但是,如果是两个销售员定期地为"月度销售员"奖金而竞争时,他们可能会勾结起来减少努力,并轮流获得这笔奖金。

这里还有另外一个问题值得你思考。假设大的环境风险不是来自教授讲课的好坏,而是来自学习材料的难易程度。例如,假设一些课程比其他课程更难学(比较一下量子物理导论与手球入门)。如果你真的想学一点量子物理,但是你又担心这门课会降低你的 GPA,那么,你更愿意它是哪一种类型的评分系统呢?或者问一个经济学家所问的问题:在什么条件下你会愿意?关于这一问题的进一步讨论,参见"思考和习题"中的第 6 题。

自我测验

1. 在一所非常优秀的大学中,一位教授的名字和中间名分别是"Harvey C."。本科生都称他为"Harvey C⁻",因为大家都知道这位教授给学生打的分都很低。是什么激励让这位教授不愿给学生高分?他会吸引什么样的学生来听他的课?为什么这位教授不愿按照曲线分布给分?
2. 锦标赛是如何造成过度竞争的?竞争是一件好事吗?

15.3　经验之三：金钱不是万能的

激励是很有威力，但是，并不是所有威力强大的激励都来自金钱。如果你希望商务会议或者学校俱乐部的会议更简短些，那么，就让每个人都站着开会，直到会议结束为止。这样，谈话的成本就突然增加了，因而大家都有激励说话更简短些。

除了金钱之外，其他有威力的报酬还包括，成为团队中一部分的认同感和归属感、从出色的工作中所获得的快乐感，以及从自己所属团队的成功中所获得的身份和地位。内在的激励来自你只是为了快乐和自豪而做某件事。从最理想的状态来说，企业都希望它们的员工除了被金钱这样的外在报酬所激励之外，还受到做好一件事所带来的自豪感这样的内在报酬所激励。

一个好的经理会让他的员工从自己想让他做的事情中感到快乐。这样做的办法之一就是鼓励员工们认同合作以及合作的目标，这一方法与体育迷们认同他们的体育运动队一样。例如，很多公司都给它的工人配送本公司的股票。目前，美国大约有2 000万雇员都持有自己受雇企业的股票。[11] 由于大部分雇员都对整个公司的价值没有太多的控制能力，因此，从货币激励角度来看，这起不了什么作用。但是，如果工人们也部分是他们自己公司的老板，他们会更有可能认同自己的公司。认同自己公司的个人会把公司的成功看作是他们自己的成功。当波士顿红袜队在世界职业棒球大赛获胜时，波士顿人会进行庆祝，虽然这些球迷们并没有获得任何货币报酬。在一个公司中，如果员工对自己的公司具有强烈认同感，那么，公司获得高利润就是员工们举行庆祝的一个理由，尽管员工的薪酬并不会有任何变化。对自己所在的公司具有认同感的工人，也更有可能会把其他工人看作是自己同一条船上的人，从而会像一个团队或者有时甚至会像一个家庭一样思考和行动。这就是为什么很多公司都会定期组织员工活动，或者投资建立公司的垒球队。

成功的公司会花很多努力来建立恰当的**企业文化**（corporate culture）。企业文化是一个组织或企业内部成员所共有的，用以指导他们相互作用方式的一组行为规范和价值观。有时，企业文化也被称为"在这里处理事情的方式"。

企业文化是一个组织或企业内部成员所共有的，用以指导他们相互作用方式的一组行为规范和价值观。

美国的军队是创建雄厚"企业文化"最成功的组织之一。在美国军队中，一个团队中的成员可以为了这个团队牺牲他自己的生命。商业组织对这种强烈认同感的依赖程度可能不是很大，但是，更强的企业文化也许有助于工人提升。回想一下，货币激励最大的问题之一就是，企业不可能总是能度量它所想要的东西。例如，一家无法对质量进行度量的企业可能会担心，是否对数量的激励太大。但是，如果某家企业的员工自己就对质量评价很高，那么，这家企业就会在两个方面都达到最佳——高质量和高数量。企业文化有助于解决度量所带来的困难。

企业文化可以部分解释沃尔玛从20世纪70年代以来的优势地位。在20世纪70年代，沃尔玛的CEO山姆·沃尔顿每个星期都花好几天去参观各个商铺。他一般都喜欢在一种活跃的公司氛围中同员工们聚在一起。然后，他在商铺中到处走动，鼓励大家同他谈论公司中存在的问题，或者公司现在有哪些地方做得不对。大部分经理都被他鼓励去参观商铺，听取员工们的想法和意见。把有用的信息传达给老板,这已经成为公司的一种惯例,员工们也越来越愿意和老板分享他们所知道的一切。如果公司里出现了某些不对的地方,它一般都会被迅速发觉,并马上有专人来纠正它。

在另一些情况下,企业文化可能会导致其功能错位。当沃尔玛正处于成长期的时候,Kmart 公司,沃尔玛的最大竞争者之一,正在走向破产。在 Kmart,员工们往往会向经理们隐瞒问题,而不是自愿解决问题。管理都是集中化的,Kmart 的员工一般都认为,总公司最了解情况。每次当公司出现问题时,都是寻求快速处理,而不是解决问题的根源。失败是在习惯中形成的,Kmart 的成员们只不过是没有很好地在一起工作罢了。Kmart 已经走出了破产的困境,但是,未来它是否能很好地经营下去,这一点还不是很清楚。很多顾客都用脚进行了投票,他们都去了沃尔玛。⑫

良好的人际关系和士气不仅在商业中很重要。你会发现,在你们的日常生活中,这一同样的原理也在发挥作用。

内在激励和外在激励有时可以配合得很好,但不一定总是能配合好。如果内在激励过强,付钱作为报酬有时就会被人们认为是一种侮辱。如果你让你的朋友用车送你去机场,你的朋友可能会说"没有问题"(好吧,有一些朋友会……不是你所有的朋友都那么爽快)。如果你付给他 20 美元,你的朋友会突然感到你把他当作出租车司机,而不是朋友。这位原本愿意免费送你去机场的朋友,将会因为这 20 美元而拒绝送你。有一条建议栏说,有名女士抱怨,她丈夫竟然许诺用钱来买她减肥(这条建议栏没有说这名丈夫是不是经济学家)。这桩婚姻可能算不得幸福,但是,我们不要期望,刚才所提到的那种交易能使它变得幸福。

同理,想用钱来"买动"你儿子或者女儿,让他们洗碗碟,这也经常是不可能的。唠叨不一定总是有效,但付钱就可能会更糟糕。如果父母付了钱,儿女们就意识不到这是家庭义务。一旦他或她对自己说"洗碗碟是一项赚钱的事情",这个儿子或女儿就会认为,在家里帮父母的洗碗碟,同他或她在餐馆里工作时洗别人的碗碟是同样的事情。

在这些情况下,付钱导致外部激励替换了内部激励。但是,对于某些任务,内部激励是可以见效的,在这种情况下,外部激励可能会起到相反的作用。

注意,餐馆付钱会让你的儿子或女儿准时到场工作。拥有一份他或她自己的工作——这是成年和独立的标志——是非常酷的事情,会让他们感到自己已经长大了。但是,来自父母的钱感觉就像是给小孩的零花钱,或者就像父母控制自己的一种方式,不能激发起儿子或女儿洗碗的内在激励。

这里给我们的启示就是:当货币报酬获得了内在激励的支持,并成为社会地位的标志时,它是非常有效的。优秀的企业家能理解这其中的关联性,他们会以一种能让金钱、内在动机和身份激励相互协调的方式来设计工作场所。但是,金钱买不到爱心,有时爱心才是使得家庭和人际关系和谐的内在激励。金钱买不到你的责任感和荣誉感,即使是在企业内部,或者是在其他像军队这样的组织中,也是一样。一定要小心使用货币激励!今天,要理解内在报酬和外部报酬什么时候互补,什么时候冲突,这与其说是一种科学,不如说是一门艺术。这一类的问题属于社会心理学和行为经济学的交叉学科。

1. 圣诞节是一种浪费吗？反正钱可以拿来买任何自己想要的东西，不送圣诞礼物而直接给钱是不是一种更有效的办法？为什么用钱作为礼物更少见？
2. 一些家长和越来越多的学校都用钱来奖赏成绩好的学生。这是一个好办法吗？

○ 本章小结

激励是一把双刃剑。如果能同社会利益配合得好，激励会让你事半功倍，但如果配合得不当，激励同样会导致你事倍功半。经济学的目标之一就是要理解，在什么情况下激励能产生好的效果。

从小的方面来看，对于那些想要调动员工积极性的经理们，想要激发经理积极性的股东们，想要启发子女积极性的父母们，以及在其他很多领域中，想要调动房地产经纪人、医生、律师等人的积极性的消费者们，采取恰当的激励手段都是至关重要的目标。

在本章，我们讨论了有助于产生恰当激励的三个方面的经验。经验之一就是：只要你付出，你就会得到回报，但是，你得到的不一定就是你所想要的。有时，由于激励设计不当，你为之付出的和你想要的之间会存在偏差。这种偏差的出现经常是由于你想要的方面很难度量，因此，你必须以那些很容易度量，但实际上并不是你真正想要的东西，作为支付依据。如果你支付的和你想要的之间偏差太大，强的激励可能会比弱的激励更糟糕。但是，当像质量这类的东西变得很容易度量时，较强的激励计划就会更普遍存在。

经验之二就是，根据个人的行为来支付报酬，这样可以减少风险。激励越强，当事人所面临的风险也就越大，而这些风险都是由当事人所无法控制的因素所决定。为了使得当事人愿意承担这一风险，就必须支付给他们更高的补偿报酬。例如，按销售提成的代理人承担了来自经济形势的风险以及所代销产品质量的风险。由于增加了这种风险，支付给销售代理人的平均报酬就必须比销售员的平均工资更高。一个企业必须问自己，通过委托营销增强的激励所增加的销售量，是否足以弥补更高的平均工资。

一项好的激励计划通过把报酬同当事人所能控制的行为挂钩，会降低不必要的风险，而且这对增加产出也是非常有效的。不同的激励计划，如委托营销、奖金和锦标赛等，这些对当事人都具有不同类型的风险。究竟哪一种计划更好，取决于不同风险之间的相对重要性。

经验之三就是，金钱不是万能的。除了获得货币收入外，员工们还希望能享受到工作的快乐，获得团队的认同感，以及受到尊重等。成功的企业除了提供货币报酬外，还能提供这些方面的报酬。货币报酬能够对那些可以测度的方面进行支付。但是，一种成功的企业文化有助于企业在那些无法测度的方面解决激励问题。如果能够获得内在激励的支持，并成为社会地位的标志，货币报酬是最有效的。

○ 本章复习

关键概念

计件工资
锦标赛
企业文化

事实和工具

1. 这一章有三条重要的经验。以下每一个例子都符合其中的一条经验(我们是这样认为的),而且也只符合其中的一条。请指出分别是哪一条。

   a. 全世界的军队都对那些执行任务特别优秀的军人颁发奖章、嘉奖令以及其他荣誉。

   b. 人们用完餐之后,都会为好的服务给小费。

   c. 房地产经纪人是按照销售量提成的,而对房地产办公室的经理们都是直接支付薪水的。

   d. 2009 年,在美国宾西法尼亚州,有两名法官收到一个少年犯管教所 260 万美元的贿赂。法官们送进监狱的人越多,他们从监狱所有者那里收到的钱就越多。有人向检察官检举说,这些法官对那些犯罪很轻的少年判罚过于严厉。有一名少年犯被送进了监狱,仅仅是因为他在 Facebook 网站上开了自己的网页,并在网页上说了一些对校长不敬的话。另有一名少年犯只不过是不小心买了一辆被盗窃来的自行车。(这两名法官都认罪了。)

2. 一所美国教堂把 10 名传教士送到巴拿马去发展新教徒,他们将在那里呆上 3 年。在每 6 个月内,那些发展新教徒最多的传教士将在接下来的 6 个月中成为管理者。这基本上就意味着这名传教士会有车开,而其他 9 名传教士必须走路或者骑自行车。显然,这是一种锦标赛制度。现在考虑以下两种情况。在哪种情况下,教堂的这一激励计划会运行得更好?(提示,从能力风险和环境风险来考虑。)

   情况一:传教士按照不同的区域进行分工:有些人 6 个月都待在比较富的地方,而其他人则 6 个月都待在穷的地方。

   情况二:传教士每几个星期就变化区域,每个传教士在巴拿马的每个地方都待有一段时间。

3. 不只是奖励,惩罚也可以成为一种激励。就比如说在装配线上。为什么你不愿意对装配线上最快的工人进行奖励?还有其他激励制度可以见效吗?

4. 很多职业运动员在赢得冠军时,才会获得奖金。这种激励方式比本章最开始介绍的蒂姆·哈达维的助攻奖金更好还是更差?为什么?

5. 我们再回到第 1 章的第四个大理念(从边际进行思考)。为什么要求对毒品犯和绑匪进行严厉惩罚的呼声经常会遭到经济学家们的警告?

6. 相对于其他工人,为什么销售人员更有可能是按"计件工资"获得报酬的(即按销售量提成)?这种工作的哪些特征使得均衡结果会出现这种高提成＋低底薪的薪酬方式?

7. 与上面第 6 题的情况不同,有时计件工资并不是很有效。为什么以下这些激励机制都被证明是一些得不偿失的制度?

   a. 一家工业材料公司按照焊接工每小时焊接的数量来付工资。当然,这家公司只对那些必须焊接的活计付钱。

   b. 有一家杂志社,作者每写完"系列小说"的一章就付一次钱。作者都是按照字数来获得稿酬的(这是 19 世纪的行规:这就是狄更斯和陀思妥耶夫斯基谋生的手段)。

8. 对公司高管的典型激励方式一般会在公司股票好的时候给高管们高报酬。对于这种绩效报酬,有一个建议就是,应该根据高管们所在企业的股票是否比该行业中平均业绩企业的股价更好还是更差来支付高管们的报酬。这条建议解决的是环境风险问题,还是能力风险问题?你为什么会这样认为?

思考和习题

1. 1975 年,经济学家萨姆·佩尔兹曼(Sam Peltzman)发表了一篇有关近来汽车安全管制效果的研究。他的研究非常令人吃惊:汽车安全标准的提高对乘客的死亡率没有明显的效果。但是,汽车事故中行人的死亡率却上升了。（这一结果现在被称为"佩尔兹曼效应"，它在这几十年间一再被验证。）

a. 为什么当汽车具有更好的安全特性时，行人的死亡率却更高？

b. 经济学家已经找到了解决佩尔兹曼困境的办法，下面就是一个可能的解决方案：我们在乔治梅森大学的同事戈登·塔洛克（Gordon Tullock）认为，要是能在汽车的方向盘上竖起一个直接指向驾驶员心脏的尖状物就好了。了解了佩尔兹曼的论文和激励的作用，你认为这一安全机制会导致汽车事故死亡率上升还是下降？或者是没有影响？为什么？

c. 汽车司机和从不开车的路人，谁会更支持塔洛克的建议？为什么？

2. 管理者很难建立起一个好的激励体系，一个原因就是因为，雇员们很容易就他们对激励做出的反应说谎。例如，出版商 Simple Books 付钱请玛丽·休校对新书的书稿。当某位作者写好了一本书的手稿后，Simple 就把这些书稿送交给像玛丽·休这样的校勘人员，以确保书中的拼写、标点以及基本的事实不要出错。

你可以想到，有些书是很容易校对的（比如西部小说和言情小说），而有些书是很难校对的（也许是工程类教材）。但是，哪些难校对哪些容易校对，往往只是仁者见仁的：Simple 不可能分辨得出哪些书玛丽·休校对起来很容易，哪些书对她来说很难校对。因此，只能由休自己说了算。我们来看看这一事实会如何影响出版业。

在下图中，Q^* 表示新书《烤焦：吐司秘史》（Burned：The Secret History of Toast）章节的数量。它是一本混有化学知识和历史知识的奇怪书籍，因此，Simple 无法确定玛丽·休对校对这样一本书的感觉如何。边际成本曲线表明，玛丽·休是愿意接受这项工作的：她需要阅读的章节越多，你付给她的钱就越多。如果 Simple 每章付给她 50 美元，如图所示，那么，她实际上将会完成这项工作。

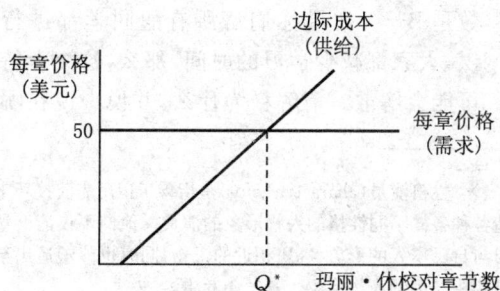

a. 如果玛丽·休说谎，她抱怨说这本书读起来很头疼，这等价于什么？

　i）供给曲线向左移动；

　ii）供给曲线向右移动；

　iii）需求曲线向下移动；

　iv）需求曲线向上移动。

一旦你做出了决定，请在以上图中把相应的曲线移至合适的位置。

b. 出版商刚好必须让玛丽·休来校对《烤焦》一书中所有的章节 Q^*：其他所有的校对员都很忙。出版商将尽可能地按照其所能支付的报酬给玛丽·休，让她来完成这本书。这也相当于某一条曲线在某个方向上的移动：在上图中画出这一曲线的移动。

c. 玛丽·休的抱怨对每章的价格有什么影响？对她的工作量有什么影响？

d. （附加题）你已经看到玛丽·休的说谎是如何影响结果的。Simple 有什么好的办法来阻止这种事情发生吗？

3. 你认为，谁更会支持在棒球合同中禁止按照打球的技术水平来支付奖金的条款？老板还是球员？为什么？

4. 在篇幅不大但值得一读的经典著作《事关选举：美国国会的政治解读》（Congress：The Electoral Connection）一书中，戴维·梅休（David Mayhew）以一个关于激励和信息的基本思想为透镜，用它来观察国会的议员。他看待问题的方法很简单：每一件事情都是由议员们再次被当选的欲望所驱使的。因此，议员们在自我利益的驱使下，会给自己所在地区的选民们尽可能多的利益。当然，选民在判断国会议员的时候，也同样面临着经理们在评估雇员时所面临的问题：相对其他产出而言，有些产出是很难度量的。因此，选民们将主要关注于那些可以度量的产出。从这一角度考虑，选民们最可能关心的是什么？从以下每一组中选择一个答案，并简单地说明你为什么选择它？

a. 有多少钱会投入到本地区用于新建医院和高速公路 vs. 有多少钱会花在最尖端的军事研究上；

b. 该议员在同中国领导人会面时的表现如何 vs. 该议员在访谈节目《与媒体见面》（Meet the

Press)上如何发言;

c. 该议员在司法部改革问题上的表现 vs.上个感恩节该议员在本地区的火鸡投掷游戏中的表现。

(你已经看到,选民们主要关注那些能够看得见的事情,这几乎可以决定议员的整个仕途。梅休的书是早期关于"公共选择"理论的一项重要工作,他运用了像"自利"和"策略"等这类微观经济学的概念研究了政治行为。关于这一主题更多的研究,我们强烈推荐你阅读肯尼思·谢普斯勒(Kenneth Shepsle)和马克·邦契克(Mark Bonchek)所写的简短教科书《政治学分析》(*Analyzing Politics*)一书。也可参见本书第 19 章。)

5. 在电影行业,性格演员 * 一般都是按照固定费用支付报酬的,而电影明星一般都是按照票房收入的一定比例提成来获得报酬。为什么会存在这一差异? 根据本章的思想,给出两种解释。

6. 我们回到在本章所提出的问题:假设大的环境风险不是来自教授讲课的好坏,而是来自学习材料的难易程度。例如,假设一些课程比其他课程更难学(量子物理学导论与手球入门)。如果你真的想学一点量子物理学知识,但是,你又担心选这门课会降低你的 GPA,这时你就面临这一个很棘手的选择。对你来说,曲线分布给分可能会比按绝对成绩给分更好。但是,即使你的教授按照曲线分布给分,你仍有可能在你所选课的班上遇到很多受过很好训练的物理学专业的同学。我们来看看是否可以找到一个解决方案。

a. 在你们的学校,那些贪玩不认真的同学是不是喜欢选修某些时段的课? 如果是,那是什么时间? 如果你也选修这些时间段的课,在曲线分布的成绩上,你可能看上去会更好些。

b. 一些学校经常对一些很难的课程开设一个简化版(我们可没说它是为笨学生开的)的课程班。你们的学校是否有这样的做法? 如果有,那么,它允许专业学科的学生选修这些为非专业学生开设的课程吗? 这种分类同锦标赛理论有什么关系?

c. 如果你是一位教授,你会更喜欢哪一种教学安排:专业学生同非专业的学生混在一起上课,还是专业学生和非专业的学生分开单独开课?

7. 当一名被指控的被告被带到法官面前等待接受审判时,法官可以根据该被告的"自付保释金"决定是否释放他,法官也可以主动要求被告缴纳一定的保证金,即被告必须交给法院一笔现金,如果被告没有准时出庭的话,这笔现金就会被没收。很多被告都没有现金,因此,他们从保释担保人那里借钱。如果被告没有出庭,保释担保人就要损失钱,除非被告在 90—180 天内被再次抓捕。为了收回他们的钱,保释担保人会雇用保金追讨人,即所谓的赏金猎人,来追捕逃跑的被告人。如果赏金猎人找不到逃匿的被告,他们就会被解雇。

a. 如果被告是自己缴纳保释金后被释放的,他没有出庭时会由警察追捕。但是,如果被告是从保释担保人那里借钱缴纳保证金后被释放的,他没有出庭时将会由赏金猎人追捕。你认为哪一种被告更有可能逃跑而不出庭? 而如果逃跑的话,哪一种被告更有可能会再次被抓捕? 为什么?

b. 也许有些令人惊讶,赏金猎人一般都很有礼貌,很尊重人,哪怕是对那些已经试图逃跑的被告。你认为这是为什么?

8. a. 像马拉松赛跑、徒步旅行、5 千米长跑之类的慈善活动,它们都会向参与者"免费"发放 T 恤衫、腕环、帽子、车尾贴等物品。这是为什么?

b. 慈善组织可能会通过在它们的网站上销售这些物品而赚到很多钱。但是,你必须真正参加了"2012 年抗癌长跑",才能获得"2012 年抗癌长跑"的 T 恤衫。这是为什么?

挑战

1. 我们把本章关于激励的介绍同第 13 章关于卡特尔的介绍联系在一起。假设你的经济学课的教授是按照曲线分布给分的:每次测试的平均分数是 B—。如果你们班所有的同学都进行合谋,大家都减少学习的时间,那么,这个卡特尔可能会解散。请解释为什么,并说一说在哪些

---

* 性格演员(character actor)是指善于运用表演技巧来塑造各种各样不同性格的人物形象的演员。他们不仅能够塑造出与自己本人的形象、气质相近的人物,同时也能塑造出与自己相距甚远的人物形象。——译者注

方面它同欧佩克卡特尔在几十年中的解体是一样的？

2. 美国的哪一类体制有助于克服医生让病人进行不必要的体检的激励？

3. 政治科学家盖瑞·米勒（Gary Miller）在他开创性的著作《管理困境：科层的政治经济学》（Managerial Dilemmas）中认为，一种好的企业文化能够促使工人在工作中合作，哪怕是面临着囚徒困境（我们在第 13 章详细讨论了囚徒困境）。在一种健康的企业文化中，如果你正在偷懒而你的同伴正在工作，你会有负罪感。我们尽可能简单地来概括"负罪感"：数量"X"表示你的感受。下图是根据图 13.3 改编的。

	斯坦 工作	斯坦 偷懒
凯尔 工作	(4, 4)	(2, X)
凯尔 偷懒	(X, 2)	(3, 3)

a. 为了使得这个博弈不再是一个囚徒困境，X 必须是多少？请给出一个范围（比如大于 12.5，小于 −2）。

b. 现在，在这个问题中有两个纳什均衡。它们是哪两个？利用第 13 章的语言，这个博弈变成了哪种类型的博弈？

c. 第 13 章的问题中隐含着一个办法，它能使得斯坦和凯尔走向一种更好的结局。这个办法是什么？（记住，好的企业文化在这里也管用。）

4. a. 在某种程度上，很多 HMO* 都根据医生每天接诊病人的数量来支付医生的报酬。这一激励体制存在什么问题？

b. 如果 HMO 按照固定的薪水来支付医生的报酬，这一激励体制又会存在什么问题？

c. 从理论上来讲，我们希望根据医生所接诊过的病人能活多久来支付医生的报酬。这样的制度执行起来会存在什么问题？

---

* HMO 是"Health Maintenance Organization"的缩写，是美国常见的医疗保险的形式之一。HMO 的参保人在定期缴纳保险费后，看病时只需支付少量挂号费，基本不用承担其他费用。——编者注

股票市场和个人理财

19 92年,电视记者约翰·斯托塞尔(John Stossel)决定要挑战华尔街的专家。在做学生的时候,斯托塞尔曾经上过经济学家伯顿·马尔基尔(Burton Malkiel)的课。马尔基尔在《漫步华尔街》(*A Random Walk down Wall Street*)一书中宣称,股票高手所获得的金钱和声誉都是假象和徒劳。马尔基尔写道:"让一只蒙上眼睛的猴子向报纸的金融版面扔飞镖来选择股票,所获得的结果也会同专家们精挑细选的股票一样好。"

不用猴子,斯托塞尔自己来向一面墙那么大的《华尔街日报》的巨幅股票版面扔飞镖。斯托塞尔追踪了一年来他所选择的股票,并把它同华尔街的主要专家推荐的股票进行对比。斯托塞尔选择的股票胜过90%的专家所选择的股票!毫不奇怪,没有任何一个专家愿意在镜头上回应这羞辱性的失败。按照斯托塞尔的说法,这里的经验就是,如果你正在花很多钱向专家咨询股票,你可能无异于那只猴子。

在这一章,我们将解释,为什么斯托塞尔的滑稽实验能得到经济学理论以及很多实验研究的支持。我们也将在这一章给你一些投资建议。不过,我们不能保证给你的是致富秘诀。大部分在书中售卖的赚钱秘诀、投资培训和内幕消息都是骗局。但是,经济学能给你一些如何明智投资的重要经验。我们不会告诉你如何迅速地赚钱。但是,我们可能会帮助你慢慢地致富。

理解现实世界　　　整个这一章,我们都强调一个经济学的核心原理:天下没有免费午餐!这只不过是换种说法表明,你不应该期望不花任何代价就得到某项好处,或者说,得失的权衡无处不在。我们来看看这一原理如何应用到个人理财上。

16.1　被动型投资与主动型投资

很多人通过互助基金在股票市场进行投资。互助基金是从很多消费者那里募集资金,然后把这些钱投资到很多企业上。当然,作为回报,它需要收取管理费用。有些互助基金被称为"主动型基金",这些基金在经营时,其股票是由管理者积极挑选的——这些基金通常要收取比平均水平更高的费用。另一种互助基金被称为"被动型基金",因为这些基金只是简单地模仿某种股票大盘指数,例如标准普尔500指数(S&P500),由能广泛代表美国经济的500家大型企业所构成的一种指数。

图16.1显示了在一个普通年份里,在标准普尔500指数上的被动型投资比

60％的互助基金都要更好。在任一给定年份里,都有一些互助基金的表现要好过该指数,但是,需要说明的是,表现比指数更好的基金几乎每年都不一样! 换句话说,那些在某一年能比指数表现更好的基金只不过是在那一年运气好罢了。有人研究了 10 年的数据,发现被动型投资的表现要胜过 97.6％的互助基金!① 总之,显然,很少有互助基金的业绩能够一直高于市场平均水平。

百分比

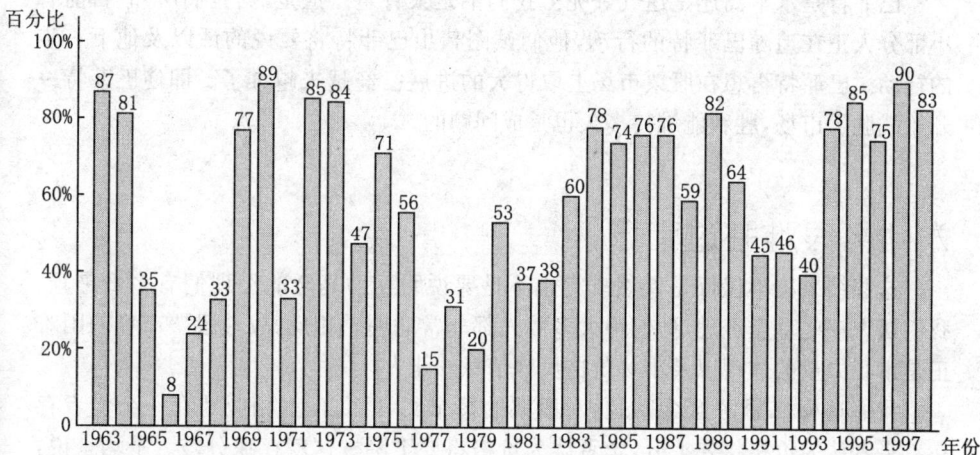

资料来源:Bogle, John. 2000. *Common Sense on Mutual Funds*: *New Imperatives for the Intelligent Investor*. John Wiley and Sons, New York。

图 16.1 比标准普尔 500 指数业绩更好的互助基金占基金总数的百分比

也有可能,有很少一部分专家可能会系统性地在股票市场上获胜。沃伦·巴菲特(Warren Buffett)就经常被认为是能比市场上其他人看得更远的一个典型人物,他主张进行长期价值投资。巴菲特开始时是一名报童,后来,通过购买价值被低估的股票,他逐渐使得自己的财产达到了 520 亿美元。

有些经济学家认为,甚至连巴菲特这样的人,也只不过是运气好罢了。如果有足够多的人都在那里挑选股票,那么,总会有人会接连很多次都撞大运。来看一看图 16.2。在图的顶端,我们开始时有 1 000 名专家,他们每人都通过抛硬币来预测

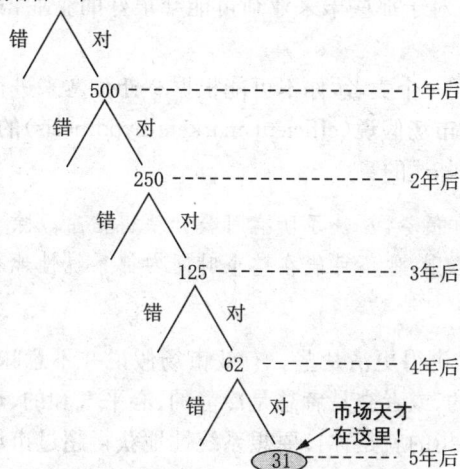

图 16.2 如何成为市场天才

市场下一年的行情是看涨还是看跌。一年之后,有 500 名专家的预测将会被证明是正确的。第二年之后,有 250 名专家的预测被再次应验。第五年之后,在这 1 000 名专家中,只有 31 名专家的预测 5 年来一直都正确。那些每年都预测正确的专家将被美国全国广播公司财经频道(CNBC)吹捧为天才,他们的建议也将会让大众趋之若鹜。但是,其实他们不过是运气好罢了。

巴菲特是水平高还是运气好呢? 我们不是太肯定。但是,据我们所知:目前有小部分人正在追随巴菲特的行动,他们试图猜出巴菲特将要说的话以及他下一步的行动。巴菲特再想在股票市场上取得大的进展已经越来越难了。即使巴菲特一开始战胜了市场,胜利能维持多久也是成问题的。

为什么很难胜过市场

这些结果决不仅仅是偶然。它也不是要说明互助基金的经理们有多么愚蠢。我们认识一些基金经理,他们绝大多数人都非常聪明。相反,战胜股票市场的困难正是市场力量的体现以及市场价格反映信息的能力。

我们这样来思考这个问题:对股票的每个买者而言,都相应地有一个卖者存在。买者认为价格将要上升,卖者认为价格将要下降。这就存在分歧。平均来说,你认为谁更可能正确,买者还是卖者? 当然,答案是两者都不正确。但是,平均来说,如果买者和卖者具有相同数量的信息,股票的价格就可能不会很好地运行了。

考虑以下一条不靠谱的投资建议。到 2020 年,城市里的老年人将会翻一倍。因此,赚钱的方法就是向那些为老年人提供产品和服务的企业进行投资,如提供像辅助生活设备、老年医疗服务和退休家庭护理之类的企业。婴儿潮一代可能是你发财的一次机会,如果你现在就投资的话! 听起来好像非常有道理吧? 那么,这一论证有什么地方不对呢?

在这一论证过程中,所有的前提条件都是对的:婴儿潮一代正要退休,对老年人所需要的产品和服务的需求在未来将会增加。但是,向为老年人提供产品和服务的企业进行投资不一定就是发财之路。为什么不一定呢? 如果它一定是,那么,为什么还会有人出售这些企业的股票呢? 记住,任何一个买者都相应地有一个卖者存在。如果你认为这种股票是买进的好时机,为什么卖者会出售它呢? 婴儿潮一代正要退休不是一个秘密,因此,对于那些未来业绩可能会很好的企业,其股票的价格已经反映了这一信息。

由于对于每个买者,都一定存在一个卖者,你不可能根据公开信息来进行买卖而赚钱。这一思想就是所谓的**有效市场假说**(efficient markets hypothesis)的基础。有效市场假说最著名的形式是这样陈述的:

> 已经交易的资产,如股票和债券,反映了所有可公开获得信息。除非投资者是基于内部信息进行交易,否则,他不可能在整个时间内都系统性地获得比市场更好的业绩。

我们来把有效市场假说的含义讲得更清楚些。有效市场假说并不意味着,市场价格总是对的,市场总是强有力的,或者交易者总是冷静的、心平气和的、理性的人。它只是说,普通投资者(那可能指的就是你!)要想系统性地获得超过市场平均

有效市场假说认为,已经成交的资产价格反映了所有可公开获得的信息。

水平的业绩是很难的,除非交易者具有内部信息——即其他人都不知道的信息。这再次表达了我们上面的观点,你还不如通过在股票版面上扔飞镖来决定,究竟哪家企业的业绩会高于市场平均水平。有效市场假说只不过是世界上没有免费午餐这一原理的另一种表达方式。

那么,如果你获得了其他人所没有的信息会怎么样呢? 你能在股票市场上赚钱吗? 是的,但是,你必须赶快行动! 在俄罗斯切尔诺贝利核电站爆炸的几分钟之内,美国核电厂的股票就暴跌了,石油的价格向上跳涨,还有马铃薯的价格也暴涨。为什么马铃薯的价格会暴涨呢? 华尔街聪明的交易者认为,切尔诺贝利灾难意味着乌克兰种植的马铃薯被污染,因此,为了从马铃薯未来的价格上涨中获利,他们购买了美国的马铃薯期货。那些行动迅速的交易者赚了很多钱,但是,当他们进行买卖的时候,价格发生了变化,这就发出信号告诉其他人,某些事情要发生了。马上,这一内部消息就变成了公开信息,盈利的机会就不复存在了。

你利用其他人所不知道的信息为自己谋利的唯一办法就是,开始大量买卖股票。但是,一旦你开始买卖时,市场上的其他人就知道,某些事情要发生了。这就是为什么秘密在股票市场上不能持续很久的原因,它也是为什么很难在整体上战胜市场的另一个原因。

有些人相信,他们已经发现了有效市场假说的一些例外情况。例如,通常都认为,在股票价格很低的时候或者在价格刚下降时候买进股票,你可以赚取更多的钱。这听起来很好,对吧? 在价格很低的时候买进。它感觉就像是你去沃尔玛时所做的事情。但是,股票并不像买草坪长椅或者香蕉一样。股票的价值不过是它在未来一段时间内的价格。相比之下,对于香蕉,无论它未来的价格是多少,你都可以愉快地吃掉它。通常来说,更低的价格意味着价格将会继续停在低价位上,甚至可能会进一步下降,这也就意味着持有股票的收益非常低。某些研究发现,在价格刚下跌时就买进,这种方法能使你的投资效果更好。但是,你知道吗? 如果按照你在额外交易时必须支付给经纪人的佣金来对这些更高的收益率进行调整,那么,收益率中那高出的部分差不多就没有。

有一类被称为"技术分析"的研究,对股票和债券的价格进行了更深入的分析。也许你在财经新闻中已经听到过,股票已经"突破了关键支撑点位",或者"进入了一个新的交易区间"。如果你研究得更深入,你就会发现有人宣称,股票价格表现出了某种可预测的数学模式。例如,如果某种股票一直在每股 100 美元的范围内徘徊,但都没有超过这个价格,而在某一天,它突然突破 100 美元,那么也许就可以断言,这只股票现在预期可以飙升到一个更高的价格水平。事实上很难说。对于研究股票市场,非常好的一件事情就是有大量的数据存在。有一组经济学家对 7 846 个不同的投资战略进行了技术分析的研究,他们的研究结论认为,任何一种投资战略都不可能一直系统性地战胜市场。

对于大部分投资者来说,有效市场假说看起来都是一种对现实非常好的描述。

自我测验

投资于一种 5 年来业绩一直很好的互助基金比投资于一种 5 年来业绩很糟糕的互助基金更高吗? 利用有效市场价格说明理由。

16.2   如何在现实中认真挑选股票

好了,如果你没有好的运气,你是不可能战胜市场的。但是,我们仍然有四条重要的建议给你。非常重要的建议!如果你在生活中接受这些建议,你可能会节省上千美元的钱,如果你变成了有钱人的话,你可能会节省上百万美元。(突然之间,这本教科书似乎真像一件特价商品!)不,我们没有能让你迅速成为富翁的秘诀。但是,我们能让你避免一些简单的错误,它不需要任何的实际成本,只需要一点时间和注意力就够了。我们下面来对这些建议进行逐项说明。

16.2.1   分散投资

挑选股票的第一个秘诀就是,要尽量多选几只股票。由于要挑选到好的股票非常难,明智投资的秘诀就是,要尽量多在几只股票上投资——做到分散投资。分散投资能降低你投资组合的风险,即降低你投资组合的价值随着时间而波动的幅度。

通过多挑选几只股票,你就能限制任何单个公司的失败对你总体风险的影响。当能源公司安然在 2001 年破产时,安然公司的很多雇员几乎把他们一生中所有的财富都投在……你能想象得到吗……安然的股票上。无论你是否在这家公司工作,那都是一个巨大的错误。如果你把所有的鸡蛋都放在同一篮子里,一旦这个篮子破了,那将是一场灾难。相反,你应该买很多不同的股票,它们分布在经济中的各个部门,并且是的,最好也分布在很多不同的国家。这样投资的结果就是,你可能会碰上一些像安然这样的公司,但是,你也有很多巨大盈利的公司,如谷歌和微软。如果在本书已经出版之后,谷歌和微软也变得像安然一样破产了,那你就更应该分散投资了!

在现代金融市场上,已经很容易进行分散投资了。互助基金让你在一次性购买中就投资了上百种股票。由于挑选股票的工作很难,分散投资没有坏处——它减少风险,但却不会降低你的预期收益率。

我们现在讲的是在不同股票上的分散投资,但是,这个世界上有各种各样的风险,你应该尽可能多地分散各种风险。例如,美国股票的价值会随着美国经济增长率一起波动。你可以通过在你的投资组合中加入大量的国际性企业来减少这种风险。债券、艺术、住房和人力资本(你的知识和技术),所有的这些都有同其对应的收益和风险。对于一个给定的收益率,你可以通过在不同资产上的分散投资来最小化风险。

如果你接受有效市场假说,并且你也接受了分散投资的价值理念,那么,你最好的交易战略总结起来就很简单了。那就是**长期持有**(buy and hold)。对的,买一大堆股票并且把它们保留在手上。你不需要再做任何事情。你已经分散投资了,只要你不要试图获得超过市场平均水平的收益率,你就可以过上平静而安宁的生活。

长期持有这一简单的方法意味着你在复制一些著名的股票价格指数。为了提高你的知识,下面列出了一些指数:

长期持有就是购买股票并长时间地持有它,不管这些股票的价格短期内如何变动。

道琼斯工业平均指数（或者简称为道琼斯指数）是最著名的股票价格指数。道琼斯指数是由 30 只主要的美国股票组成，无论各个公司大小如何，每只股票都取相同的权重。

标准普尔 500 指数（S&P 500 指数）是一种比道琼斯指数更广的股票价格指数。正如它的名字所说的那样，它包括了 500 只不同股票的价格。同道琼斯指数不同，在 S&P 500 指数中，大公司占的权重比小公司更大。总体而言，S&P 500 指数能比道琼斯指数更好地反映市场情况。

纳斯达克综合指数（NASDAQ 指数）对在纳斯达克证券市场［也称为全国证券交易商自动报价协会（National Association of Securities Dealers Automated Quotations）］上市的所有公司的价格进行了平均。这一指数通常都包含有几千只证券，如 2009 年有 2 916 只。当然，这一数字也经常在不断地随时间进行调整。NASDAQ 指数给小股票和高技术类股票的权重特别高，至少相对于道琼斯指数和 S&P 500 指数可以这样说。

注意，分散投资改变了我们对股票风险来源的认识。刚开始时你可能会认为，一只风险性的股票就是价格会剧烈上下波动的股票。其实这并不准确。如果投资者分散投资——实际上大部分投资者也都是这样投资的，那么，投资者的风险就取决于其投资组合的总价值上下波动的幅度，同单只股票价格上下波动的幅度关系不大。单只股票的价格在所有的时间内都可能会上下波动，但是，对一个总体上来说分散化的投资组合而言，其价值不会有太大的变动，因为在你的某些股票向上波动时，其他的股票可能在向下波动。

根据金融经济学家的观点，风险最大的股票是那些同市场一起上下波动的股票。例如，很多房地产股票都非常具有风险性，因为它们的价格是高度顺周期性的。当经济形势好的时候，这些股票会价格高涨（这时市场上其他股票的价格也很高）；当经济形势很差时，这些股票会急剧下降。如果出现了经济萧条，很多人都可能买不起新房子。与之对照，作为一种相对安全的股票的一个例证，我来考虑一家打折经销店——沃尔玛商场。当经济不好的时刻来临时，是的，沃尔玛也会失去一些业务。但是，沃尔玛也获得了一些业务，因为那些以前去高端的 Nordstrom 商场购物的人们现在钱变少了，他们中间有些人就可能会改去沃尔玛购物。从这方面来讲，沃尔玛会部分免受经济萧条的影响。由于同样的原因，很多医疗股也是安全的。即使不好的经济时刻来了，你可能也不会延迟做心脏搭桥手术。如果你真的延迟了，那么，你可能就看不到经济好转的时刻到来了。换句话说，如果你关心某只股票的风险，不要只看这只股票的价格如何波动，还要看看它的价格如何随着市场其他股票的价格而波动。用金融经济学家或者统计学家的话来说，最具有风险的股票是那些同整个市场具有最高协方差的股票。

这里给我们的启示就是，如果你担心风险，就从整体上来考虑你的投资组合，而不要过分关注单只股票。或者说得更具体些：如果你将要成为一名航天工程师，就不要买太多航天公司的股票。你的人力资本的价值——它非常值钱——已经同这个行业绑在了一起。不要在一个篮子里放太多的鸡蛋，这会增加你投资组合的整体风险。如果要买的话，就买那些业绩能在航天业不好的时候表现得很好的股票。更一般地说，金融理论家认为，对于你来说，风险最小的资产是那些同你的总资产负相关的资产。这就意味着，你应该尽量购买那些在你的其他资产价值降低时其价值会上升的资产。你害怕能源价格的上涨会影响你的职业前景吗?那么,就请买在沙特阿拉伯修路的工程公司的股票。如果石油价格维持高价格,这家工程公司的收益将会部分弥补你在其他方面的损失。这一道理的适用范围不仅限于股票投资。如果你是一名牙科医生,会消除龋齿的新技术就是你所面临的风险。因此,尽量通过分散你的总资产来控制风险:跟一名眼镜商人或者工程师结婚,而不要跟另一名牙科医生结婚。

16.2.2　避开高服务费

对于挑选股票,我们还有其他一些建议。避开收取高服务费的投资项目和互助基金。它们不值得去投资。

例如,假设你想要在 S&P500 上进行投资。有些互助基金对你的投资收取 0.09% 的管理服务费。但是,对于同样的事情,其他的基金可能会每年收取 2.5% 的费用!表 16.1 给出了一些投资在 S&P500 上的不同基金以及它们的收费率,即你每年必须支付给基金管理公司的费用在你的投资总额中所占的百分比。

表 16.1　不要对同样的服务支付更高的服务费

标准普尔指数基金	费　率
Vanguard 500 Index Mutual Fund Admiral Shares(VFIAX)	0.09%
Fidelity Spartan 500 Index Mutual Fund(FSMKX)	0.10%
State Street Global Advisors S&P500 Index Fund(SVSPX)	0.16%
United Association S&P500 Index Fund II(UAIIX)	0.16%
USAA S&P500 Index Mutual Fund Member Shares(USSPX)	0.18%
Schwab S&P500 Index Fund—Select Shares(SWPPX)	0.19%
Vantagepoint 500 Stock Index Mutual Fund Class II Shares(VPSKX)	0.25%
T. Rowe Price Equity Index 500 Mutual Fund(PREIX)	0.35%
California Investment S&P500 Index Mutual Fund(SPFIX)	0.36%
MassMutual Select Indexed Equity A(MIEAX)	0.67%
MassMutual Select Indexed Equity N(MMINX)	0.97%
ProFunds Bull Svc, Inv(BLPSX)	2.50%

那些收费更高的基金并不能给你更高的价值回报。这就给我们一个非常简单的启示:不要支付更高的服务费!

通常来说,当你的经纪人打电话邀请你买股票时,这一交易都包含着一个相当高的手续费(你是否疑惑过,为什么经纪人会经常打电话呢?)。在这种情况下,你在买卖股票之前都应该先问问自己,这笔交易的服务费用是多少。理解了同你进行交易的人的动机,你就会理解,经纪人让你交易的次数越多,他赚的钱也就越多。这些可以解释为什么经纪人总是告诉你要买或者要卖。当然,也有可能,这种买卖真的是你"一生只能碰到一次的好机会"。

即使是一笔很小的服务费用,随着时间的推移,也可能会导致收益出现巨大的差别。假如你正在用 10 000 美元进行 30 年的投资。如果你投资一家年服务费率 0.10% 的企业,股票市场上的年实际收益率是 7%,那么,在 30 年后,你将获得 74 016 美元。如果你投资一家年服务费率 1% 的企业,那么,在 30 年后,你将获得 57 434 美元。更高费率带给你的成本是 16 582 美元。而且,正如我们前面所说的,你可能因为这笔额外的费用而一无所获。收益率或者损失率上一点小小的差别，如果随着时间而累计的话，都会变成巨大的差距。这对你的总资产组合也是一样。

根据以上分析，我们可以得到一个推论式的原理，下面我们转向这一原理。

16.2.3　用累计收益来积累财富

如果一种投资比另一种投资每年都能获得更高的收益率，从长期来看，这两种投资将会产生巨大的差别。假如你买了一种分散投资的股票组合，每一年你都把你获得的红利进行再投资。有一种被称为 70 法则的简单近似法则，它能计算出在给定收益率的情况下，使你的投资价值翻倍所需要的时间长度。

70 法则：如果某种投资的收益率（包括红利在内的价值年增加值）是 $x\%$，那么，经过 $70/x$ 年之后，投资的价值会翻一倍。

通过计算不同收益率下投资价值翻一倍所需要的时间，表 16.2 对 70 法则进行了解释。在 1% 的收益率下，投资的价值大约每 70 年翻一倍（$70/1 = 70$）。如果投资收益率提高到 2%，投资的价值每 35 年会翻一倍（$70/2 = 35$）。考虑年 4% 的收益率对投资的影响。如果这一收益率是可持续的，那么，投资的价值每 17.5 年翻一倍（$70/4 = 17.5$）。70 年后投资的价值翻了 4 倍，它是初始投资价值的 16 倍。

表 16.2　利用 70 法则计算价值翻倍的时间

年收益率	价值翻倍的时间(年)	年收益率	价值翻倍的时间(年)
0%	永无可能	3%	23.3
1%	70	4%	17.5
2%	35		

70 法则只是一种数学上的近似，不过它证明了一个关键的思想，即如果累计计算的话，投资收益率上微小的一点差别也可能会产生巨大的影响。说得更具体些吧，如果你有长期的视角，你就应该（分散）投资在股票上，而不应该投资在债券上。

在长期，股票比债券有更高的收益率。例如，从 1802 年以来，股票拥有平均每年 7% 的实际收益率，而债券只有接近于 2% 的年收益率。利用我们所熟悉的 70 法则，我们知道，以年收益率 7% 增长的钱 10 年后会翻一倍，而以年收益率 2% 增长的钱 35 年翻一倍。或者说，在年 7% 的增长率下，10 000 美元在 30 年后的收益是 76 122 美元，但是在年 2% 的增长率下，收益只有 18 113 美元。

不过，股票潜在的损失也比债券更大，因为同股票持有者相比，债券持有者和其他的债权人都是被优先支付的。如果你购买评价等级高的公司的债券或者政府债券，你几乎不会损失钱。而股票市场具有极大的不稳定性，它会周期性地下跌。但是，在美国历史上，股票的业绩几乎总是比债券好，无论你检验哪一段 20 年的时间，包括大萧条时期和第二次世界大战时期。通常来说，股票都是更好的长期投资对象。

当然，这并不意味着每个人都应该大量地投资股票。在很多特殊的年份，或者甚至在某个月、某一周或某一天，股票价值都可能会跌得非常厉害。如果你已经 80 岁了，正在打理你的退休金，你可能不应该投资股票。如果你在两年之后必须送你的双胞胎去念大学，你可能也需要一些比较安全的投资方式。过去的事情不一定能预测到未来——仅仅因为股票的业绩在过去比债券好,并不意味着将来也一定会这样。记住,分散投资!

16.2.4　没有免费午餐原理,或者说,没有无风险的收益

作为投资方式,股票和债券之间的差别反映了一个更一般的原理。存在一种系统性的**风险收益转换**(trade-off between return and risk)。例如,图 16.3 显示了四种不同资产的风险收益转换。美国国债是最安全的,但是收益也最低。购买大企业的股票,如 S&P500 指数中的企业股票,你可以获得更高的收益,但是,这些企业的价值比美国国债具有更大的不稳定性。因此,为了得到更高的收益,你需要承担更高的风险。*

风险收益转换意味着更高的收益是对更高风险的一种价格。

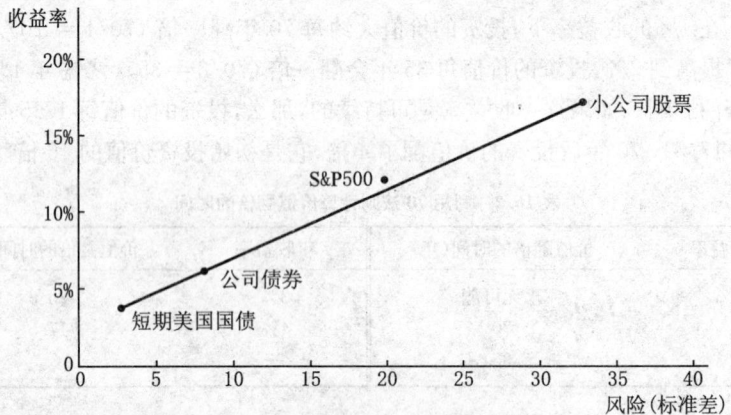

注:收益和标准差是 1926—2006 年名义收益率的算术平均。
资料来源:Ibbotson Associates 2007 Classic Yearbook。

图 16.3　没有免费午餐原理:高收益的代价就是高风险

如果你想承担比股市投资还要更大的风险,那么,有很多计划都能给你突然赚大钱的机会。最简单的方法就是带上你所有的钱,坐飞机去拉斯维加斯,并在旋转轮盘赌的"黑"颜色上下注。是的,你有 47.37％的机会使得你的财富翻倍。可以说,这是非常高的收益。遗憾的是,你也有 52.63％的机会失去你所有的一切,包括你的信用等级,以及子女和配偶对你的信任。这就是我们所称的高风险。

当你听到某种雄心勃勃的"对冲基金"或者其他动听的投资计划时,请记住上面这个故事。如果你可以连续几年都幸运地赢得翻倍下注(把所有赢的钱再下赌注),那就很容易产生高收益。再看一看图 16.2 吧。但是,高收益是以高风险为代价的。

---

　*　我们用资产组合收益的标准差来度量风险。标准差是对收益在其平均值上下波动大小的一种度量;因此,标准差越大,风险越大。有一个经验法则就是,收益在其均值±1 个标准差之内的概率是 68％。例如,对于 S&P500,平均收益率大约是 12％,标准差大约是 20％。因此,在任意一个年份内,收益率有 68％的概率大约在−8％到 32％之间。当然,也有 32％的概率出现其他的情况! 但是要小心! 这条经验法则只是一个近似。在真实世界里,风险可能很少能被模型化到具有完美的数学精确性。

没有免费午餐原理也可以帮助你评估其他一些投资。比方说,假设你得到了一笔数量可观的钱,你开始犹豫了,是否应该把它投资到艺术品上呢? 总的来说,同整个股票市场相比,你认为艺术品应该是更好还是更差的投资方式呢?

很多人——可能是绝大多数人——都购买了艺术品,因为他们想要欣赏它。他们把这些艺术品悬挂在他们的墙壁上,并从中享受到了乐趣。用经济学家的话来说,艺术品具有"非货币性收益",也就我们所说的,欣赏能带来快乐。现在,假设在艺术品上投资获得的收益同股票投资相同。在这种情况下,艺术既能被挂在墙上带来快乐,又是一种很好的投资品。但是,请等一下,这听起来就像是一种免费午餐,不是吗? 因此,根据没有免费午餐原理,我们会对此有什么样预测呢?

我们知道,不同资产的预期收益率,根据风险进行相应地调整后,应该是相同的。因此,如果某些资产产生了一种更高的"快乐"收益,平均来说,这些资产就应该具有更低的金融收益。这也正是我们在艺术品上所发现的事实。你可以把这一更低的收益率看作是你在墙上挂这些漂亮艺术品的价格。同样,这也是没有免费午餐原理在起作用。

这种分析不仅仅只适用于艺术品,它也适用于房地产。比如说你想要买一栋房子。你认为它会带来更高还是更低的金融收益呢? 这是一个比艺术品更棘手的问题,因为有两种相反的力量同时在其中起作用。下面我们依次来看看它们。

首先,房子对大部分购买者来说都是一种风险资产。我们就假设你花了300 000美元买了一栋房子,其中你自己投入了200 000美元,其余的部分是借来的。这栋房子可能是你全部财产中非常大的一块,而且它使得你的资产处于一种相对来说无法分散化的状态。这就是风险,人们通常都不太喜欢风险,正如我们上面所看到的,在其他方面都相同的情况下,风险资产通常都有更高的预期收益率(风险和收益之间的权衡)。

其次,可能更重要的是,如果你买了一栋房子,你会住进去。这栋房子,就像油画一样,给你提供了某种私人服务。在这种情况下,这些服务是相当有价值的。很多人都很享受他们自己的后院,享受自己有家的感觉,享受可以把墙壁粉刷成任何他们喜欢的颜色的感觉。这些非货币性的回报意味着房子可能会有一个相对较低的预期金融收益。

的确如此,如果我们来看房产所获得的长期金融收益,就会发现房产的长期收益是比较低的。事实上,在相当长的时期,房产的平均金融收益率基本上是0。这告诉我们,要抵消在收益率上的损失,拥有房产所带来的满足感一定不小。

如果你想看看房产投资的下降是不是只是最近的现象,那么请看看图16.4吧。

从1947年到1997年这50年里,除了20世纪70年代后期和80年代后期有一些短暂的上升之外,房产价格几乎很少变化。从1997年开始,楼市的繁荣促使价格上升到比美国历史上的任何时候都要高。但是,你可能知道,从2006年以来,价格已经下跌了很多,而到你读这本书的时候,它甚至可能更低。

这其中的经验就是,在大部分时间里,住房都适宜居住,而不适宜投资。当价格在1997年开始上涨,而且之后一直在涨,很多人认为房产是世纪投资品——"它已经停产了",人们都这样说。但是,没有免费午餐原理告诉我们,由于住房适宜居住,所以,我们不应该期望它们也适宜投资。在其他条件都相同的情况下,有乐趣的活动会比没有乐趣的活动具有更低的金融收益。

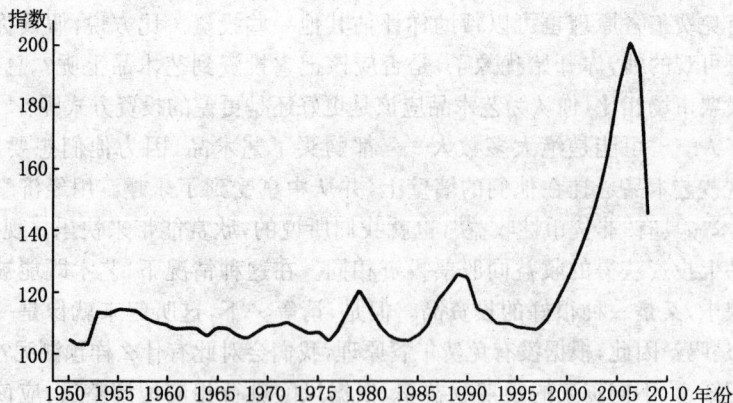

资料来源:Robert Shiller's *Irrational Exuberance*, updated http://www.irrationalexuberance.com。

图 16.4 美国实际房价指数:1950—2008 年

理解现实世界

　　在价格上涨的时候,很多人都运气好,大赚了一把。但是,当其他人也都试图这样做时,结果就是崩盘。因此,不要指望在房产市场上大赚一把,记住要分散投资! 还有,你也是个不喜欢修剪草坪的人吗? 选择房屋保险之类的事情让你头痛?你担心屋顶什么时候会掉下来? 这里的经验很简单:不要买房子,你不会有快乐,而且财务回报也不值得你这样做。

自我测验

1. 购买其他国家的股票是如何有助于分散你的投资?
2. 很多人梦想拥有自己的橄榄球队或者棒球队。你认为这些资产的收益会很高还是很低?

16.3 股票市场上的其他收益和成本

　　在整个这一章,我们已经一再向大家建议,不要把所有的钱或者绝大部分钱都用来投机。我们建议大家在分散投资的基础上,长期持有。但是请注意,也许你们当中某些人正在投机。你知道吗? 如果你想为了投机而投机,那么,美国股市能为你提供这个世界上最好的投机机会,远比去拉斯维加斯和你们当地的赛马下注要好。在美国股票市场上,人们一般都能赚钱,因为美国经济的生产能力正在随着经济增长而不断提高。这里有足够的利润可供分配,这就意味着你有很好的可以真正赚钱的投资机会。

　　股票市场的作用不仅是用于投资。首先,新股票和新债券的发行是为新投资(投资现在指的是经济学上的含义,即指存量资本的增加)项目筹集资金的一种重要手段。股票市场也对成功的企业家进行奖赏,因而会鼓励人们开办新公司和提出新思想。谷歌的创办者们现在非常富有,但正是因为能在股票市场上出售公司的股票,才成就了他们的富有。一个运行良好的股票市场能帮助谷歌这样的公司创建和发展起来。

其次，在企业的经营业绩方面，股票市场能给我们提供一些更好的信息。股票价格是关于企业价值的一种信号。如果某只股票价格正在上涨，特别是当它相对于其他股票正在上涨时，那么这就在释放出一种信号，它表明该企业正在进行正确的投资，未来将会盈利。如果某只股票正在下跌，特别是它相对于其他股票正在下跌，那么，这也是在释放出一种信号，它表明该企业可能存在某些问题，或者需要更换企业的管理层。某些批评家宣称，谷歌已经统治了搜索引擎服务，但是，它在在线地图、博客搜索和电子邮箱等方面是失败的。在这些方面进行努力是否一定能够为公司赚钱呢？这一点还不是很肯定。谷歌会使 YouTube 盈利吗？* 像"谷歌在这方面已经失败"这样的指责是否公平？这些问题在理论上都很难回答。但是，我们可以看看谷歌股票的价格，看看它是在上涨还是在下跌。关于各家公司管理层的成功或失败情况，市场价格每天都在给公众提供报告。

理解现实世界

第三，股票市场也是转换公司控制权的一种方法，它能使公司的控制权从不称职的人手中转换到有能力的人手中。比如说，如果有某一群人认为，他们知道如何正确经营某家公司，那么，他们可以在股票市场上买下这家公司，然后自己来经营它。也许某家公司应该要被合并、拆分，或者仅仅是需要找一名新的总裁。股票市场为大家通过竞标来决定公司的决策权提供了最终场所。

泡沫泛滥，辛苦白干，麻烦不断

必须指出，股票市场（以及其他资产市场）有不好的一面，即可能会助长投机性泡沫。当股票价格上涨得太快、太高，超过了公司的基本业绩所代表的价值时，就会出现投机性泡沫。泡沫是基于人类的心理预期而产生的，它经常难以被理解。但是，在泡沫出现的时候，看上去好像是，投资者经常会简单地被未来的获利前景所吸引，而对未来的损失都缺乏足够的敏感。例如，大约在 2000 年的时候，很多网络股或".com"股价格都很高，即使很多这样的公司从来没有赚过一分钱的利润，或者从不会赚取任何收入。很多技术股在纳斯达克股票交易所上市。正如图 16.5 中所示，在 5 年时间里，纳斯达克综合指数从每月平均大约 1 200 点上升到 4 000 点，翻了三倍，之后它又再次下降到了原来的位置。很多人在这次股市的飞涨中赚了很多钱，同时，也有很多人——可能是同一批人，也可能是另一批人——在其后股市的飞跌中损失了很多钱。

如果你能根据某种一致性的标准辨别出投机性泡沫，你可能会变得非常富有。但是，当然，同泡沫正在发生的时候相比，投机性泡沫通常事后都很容易被辨别。微软和谷歌可能一度看起来也存在投机性泡沫，唯一的问题是它们从没有破裂过。赌这种高价格马上就会结束也会导致破产。

投机性泡沫以及它们的破灭，可能会破坏经济。在泡沫上升期间，资本会被投向那些实际上没有很大投机价值的地方。2000 年前后的很多网络公司就是这种情况。在导致 2007—2008 年房地产泡沫破产前的几年中，房地产企业也属于这种

---

　　* YouTube 是世界上最大的视频分享网站，该网站允许用户自由下载、观看及分享影片或短片。该网站 2005 年 2 月创建，早期公司的总部位于加利福尼亚州。2006 年 11 月，谷歌以 16.5 亿美元收购了 YouTube，并把它当做一家子公司来经营。但是对于如何通过 YouTube 盈利，谷歌一直保持非常谨慎的态度。——译者注

纳斯达克综合
指数收盘水平

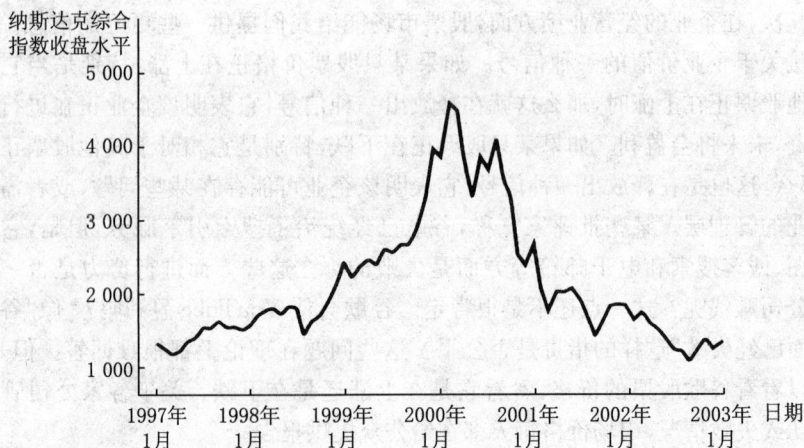

资料来源:纳斯达克。

图 16.5   技术股的涨跌:纳斯达克综合指数每月收盘水平,1997—2002 年

情况。顺便提一下,这种泡沫同股票本身关系不大,但它同抵押资产所支撑的金融资产有很大的关系。对这些"资产支撑型证券"(asset-backed securities)的分析非常类似于对股票的分析。

当泡沫破灭时,第二波问题就会出现。股票价格下降(或者住房价格下降)意味着人们会感到更穷,因此他们会消费得更少。泡沫的破灭也意味着工人必须从一个部门转移到另一个部门,利润从高技术产业转向零售部门,从房地产转向出口产业。劳动力从经济的一个部门向另一个部门转移造成了劳动力的调整成本。

是的,泡沫可能会带来问题。但是,很少有人会怀疑,股票市场和资本市场上的活跃交易是利大于弊的。有一个办法也许可以部分解决泡沫问题,那就是增加评估资产和公司价值的透明度。但是,至少就现在来说,还没有一个能够彻底解决资产泡沫问题的好办法。

自我测验

美国联邦储备银行被批评没有主动着手挤掉房地产的泡沫,本来这样可以阻止房地产崩盘。根据你在本章所学的知识,你认为这种批评合理吗?

○   本章小结

我们已经强调了几个简单而又实用的要点。投资者很难长期持续地打败市场。你最明智的做法就是分散你的投资。避免手续费,并尽量获取高一点的复合收益率。记清楚,高回报率的获利前景往往伴随着高风险。

从整体来看,股票市场和其他交易市场给投资者提供了机会,让他们能够赚钱,分散他们的投资品,在市场过程中表达他们的看法,以及规避风险。股票市场也在创新性新企业的融资方面发挥了重要的作用。股票市场似乎容易产生投机性泡沫,但是,活跃的股票市场也是经济健康成长的一个重要组成部分。

○ 本章复习

关键概念

有效市场假说

长期持有

风险收益转换

事实和工具

1. 在我们进入金融世界之前,我们来回顾一下 70 法则。假设这学年结束的时候,你那位非常有钱的阿姨给了你 3 000 美元支票。她告诉你这是给你上学用的。但是,你真正会用这笔额外的钱来干什么呢? 我们来看看,如果你把它储存一段时间,它会带来多少收益。

   a. 如果你把它存在某家银行,平均每年的收益率是 2%,问需要多少年时间你的钱会变成 6 000 美元? 多少年之后又会变成 12 000 美元?

   b. 如果你把它投资到标准普尔 500 指数基金上,每年的平均收益率是 7%,问需要多少年你的钱会变成 6 000 美元? 多少年之后又会变成 12 000 美元?(注意:3 000 美元是很多低服务费互助基金的最低投资额。)

   c. 假设你为了安全起见,把一半少一点的钱投资到银行,把一半多一点的钱投资到互助基金,因此,你预期能年平均 5% 的收益率。问需要多少年你的钱会变成 6 000 美元? 多少年之后又会变成 12 000 美元?(对了,不考虑 3 000 美元的最低投资额对你投资的计划的影响。)

2. 为了把关键点阐述清楚,我们来做一些繁琐的事情:在图 16.1 中,有一半以上的基金都战胜了标准普尔 500 指数,我们来计算以下它们的年数。(回忆一下,标准普尔 500 指数只不过是 500 家美国大企业的一个清单——这个清单中有很多企业同《财富》美国 500 强是重叠的。)这些行家战胜标准普尔 500 指数的实际时间是百分之多少?

3. 考虑一下对橙子的需求和供给。温度在冰点以下,橙子的收成就会受到影响。

   a. 如果天气预报说,这周暴风雪之后,橙子可能会被冻坏。在暴风雪之前,今天对橙子的需求可能会出现什么情况?

   b. 根据简单的供给—需求模型,给定你的在 a 问中的答案,今天橙子的价格会出现什么变化?

   c. 这一例子如何体现以下思想:即今天的股票价格已经把未来事件的信息考虑进去了? 换句话说,微软的股票同橙子有什么相似的地方?(注意:华尔街上的人们在谈论有效市场假说的时候,他们经常说的话就是“那条消息已经被考虑到价格中了”。)

4. 在美国,公司的高管人员必须向公众说明他们买进或卖出他们自己公司股票的时间。他们必须在股票买卖之后的几天内做出这种说明。如果新闻报道出这些真实的“内部交易”,你认为什么情况可能会出现? 从以下 a、b、c 和 d 中选择。(注意:理论上正确的答案实际上在现实中也是真的。)

   a. 当出现内部出售行为之后,价格会上涨,因为投资者增加了他们对该公司股票的需求。

   b. 当出现内部出售行为之后,价格会下跌,因为投资者增加了他们对该公司股票的需求。

   c. 当出现内部出售行为之后,价格会下跌,因为投资者减少了他们对该公司股票的需求。

   d. 当出现内部出售行为之后,价格会上涨,因为投资者减少了他们对该公司股票的需求。

5. 我们来看看服务费是如何妨碍你的投资战略的。假设你的基金按照 7% 的平均收益率增长——在扣除各项服务费之前。利用 70 法则:

   a. 如果服务费是每年 0.5%,你的钱翻一倍需要多少年时间?

   b. 如果服务费是每年 1.5%(在基金行业这是很少见的),你的钱翻一倍需要多少年时间?

   c. 如果服务费是每年 2.5%,你的钱翻一倍需要多少年时间?

6. a. 如果你问一名推销高服务费基金的经纪人,“如果我支付了更高的服务费,我付出的费用是否值得?”他可能会同你说些什么?

   b. 根据图 16.1,经纪人的回答在大部分时间内是对的吗?

思考和习题

1. 你的兄弟在电话中告诉你,谷歌的股票在过去的几天内已经下降了25%。现在,你只需要用每股430美元的价格(这是我们写这一问题当天的价格),就可以自己也拥有谷歌的一小部分了。你的兄弟说,他能相当肯定,不久之后这只股票就会回到600美元,你应该买进。

   你应该相信你兄弟的话吗? 提示:记住任何时候,在有人买进股票的时候,一定会有其他人在卖出。

2. 在你生命早期的大部分理财决策中,你都是一个买者。但是,我们来考虑一下那些出售股票、债券和银行账户,以及其他金融产品的人,考虑对他们的激励问题。

   a. 有一天在逛购物商场的时候,你看见了一家新商铺:一元店。当然,你之前已经看见过相当多的一元店。但是这家一元店同它们不同,它的窗户上告示说:"让利促销:每件50美分。" 为什么这家商店不久后就会没有生意了?

   b. 如果商店的老板们都是追求自己的利益的,而且是相当理性的人,那么,他们在刚开始时是否会开这种"一元店"? 为什么?

   c. 这种"一元店"同人们所谈论的"便宜股票"的故事非常相似。你可能也在新闻里听说这种"便宜股票"。在以下空白处填写上一个合理的价格:"如果这些公司的股票实际上值____，那么,就没有人愿意以_____的价格出售。"

3. "在股票市场上分散投资"同把钱存入一个银行账户,它们之间有什么相似的地方?

4. 沃伦·巴菲特经常说,他不希望他的资产组合过于分散。他说,分散化意味着要同时买进上涨的股票和下跌的股票;但是,你只想买进上涨的股票。从典型的投资者的观点来看,这样的推理犯有什么错误?

5. 你拥有PillCo制药公司的一些股票。通过雅虎网站上金融版中的新闻,你得知PillCo今天早晨正被提起诉讼。起诉者是该公司治疗心脏病的新药Amphlistatin的使用者。PillCo的股票今天已经交易了好几个小时。

   a. 当关于法律诉讼的坏消息出现之后,PillCo股票的价格几分钟之内可能会出现什么变化?

   b. 根据有效市场假说,在坏消息出来数小时之后,你现在是否还应该抛售PillCo的股票?

   c. 很多关于股票市场的统计研究发现,最好的策略是长期持有。这就意味着它听起来就像是:你买进了一批不同公司的股票,无论经济形势的好坏,你都持有它们。不过,人们经常在坏的形势下都很难坚持住。关于这个现象,你在b问中的回答说明了什么?

挑战

泡沫为什么不好? 如果网络股或者房地产价格上涨,然后再下跌,这是一个大的问题吗? 毕竟,有些人说,价格上涨时大部分的收益都是"纸面上的收益",价格下跌时的损失也是"纸面上的损失"。请对这种观点进行点评。

第四篇　政　　府

▶ 17

公共产品和公共地悲剧

世界末日在 2004 年 9 月 29 日差一点就出现了。我们现在所说的不是《圣经》中所描述的那场最后战争，我们说的是《世界末日》(*Armageddon*)这部电影中所发生的事情。在电影《世界末日》中，人类发现一个小行星正在向地球撞击过来，并且马上要撞上地球。美国航空航天局招募了一批石油钻井工人，并把他们用火箭运送到太空，这批工人将设法改变小行星的轨道，从而挽救人类文明。《世界末日》这部电影有一点荒唐，但是，它也说明了一些很正确的事情。即使是一个房子大的小陨石撞击到地球，它所产生的威力就相当于一个 400 万吨的核弹。在 2004 年 9 月 29 日，一颗被称为 Toutatis 的小行星，有 2.9 英里长 1.5 英里宽，同地球擦肩而过。如果小行星 Toutatis 真的撞上地球，这将意味着地球文明的终结。

由于小行星撞击而致死的概率是非常高的，根据某些计算结果，这一概率同客机失事致死的概率相同。这怎么可能呢？虽然小行星撞击地球的概率非常小，但是，一旦撞击上地球，很多人都会死亡。因此，小行星撞击致死的概率比人们想象的要大得多。这种事情不会经常出现，但是，当它要出现的时候千万要小心。*

假设我们已经说服你相信，小行星撞击地球的危险是真实存在的，因此去做那种使小行星改变运行方向的事情是有价值的。市场给我们提供了各种有价值的商品，如食物、衣服、手机以及电子游戏等。但是，你却无法在市场上买到"使小行星改变运行方向"这类服务型商品。即使每个人都已经相信，使得小行星改变运行方向这件事是有益的，可能你也从来都无法在市场上买到这种服务型商品。为了说明为什么会这样，我们需要更仔细地来看看普通商品的共同性质和"使小行星改变运行方向"这类商品的特殊性质。

如果你花 100 美元买了一条新的牛仔裤，你就独自拥有了使用这条新牛仔裤的特权。如果你不花 100 美元来买这条新牛仔裤，你就不能使用这条牛仔裤。换句话说，这 100 美元使得你在是否能得到这条牛仔裤上产生了巨大的差别。这是很显

---

* 每个人都可能由于某些事情而致死。在美国，由于车祸致死的概率大约是 1/100，由于客机失事而致死的概率大概是 1/20 000。Chapman 和 Morrison(1994)估计，小行星碰撞致死的概率大约也是 1/20 000。参见 Chapman, Clark and David Morrison. 1994. "Impacts on the Earth by Asteroids and Comets：Assessing the Hazard." *Nature* 367, 33—40.

然的。

现在,考虑支付100美元来使得小行星改变运行方向这件事。你从支付100美元中得到了什么呢? 这里实际上只有两种情况可以考虑:要么是,即使没有你那100美元,也已经有足够多的人来付钱使得小行星改变运行方向,因此,小行星将会被改变运行方向;要么是,即使你支付了100美元,也还是没有足够多的人付钱,因此,小行星的运行方向将不会被改变。* 不管是哪种情况,对于你想要得到的"小行星改变运行方向"这件事,你那100美元对结果没有任何影响。换句话说,在小行星是否会改变运行方向这件事上,无论你是否付钱,你都会得到同样的结果。

由于你那100美元对于你想要的"使小行星改变运行方向"这件事的结果没有太大影响,而这100美元却直接决定了你是否能得到牛仔裤,所以,大部分人都会去买牛仔裤,而不会去买"使小行星改变运行方向"这一服务。其结果就是,我们看见很多企业在销售牛仔裤,但是,却没有人去出售"使小行星改变运行方向"这类服务。这就存在问题,因为使得小行星改变运行方向对地球上的每个人都非常重要。

牛仔裤是私人产品的一个例子。"使小行星改变运行方向"是经济学家所称的公共产品的一个例子。公共产品就是依靠市场不可能生产出有效数量的产品。我们来更详细地看看这些术语,以及牛仔裤和"使小行星改变运行方向"这两者之间的差别。

17.1　产品的四种类型

有两个方面的原因使得牛仔裤与"使小行星改变运行方向"不同。首先,就像我们所说的,人们愿意付钱买牛仔裤是因为,是否付钱对是否能得到牛仔裤有影响——不付钱的人可以很容易被排挤出或者说被阻止使用牛仔裤。但是,人们不愿意为"使小行星改变运行方向"付钱是因为,是否付钱对于你所"消费"的"小行星改变运行方向"这一结果没有太大的影响——不付钱的人不能被排挤出享有"小行星改变运行方向"的好处。如果一个人能够很容易地被阻止使用某种产品,经济学家就称这种产品是排他性的。如果不能很容易地排挤出一个人对某种产品的使用,经济学家就称这种产品是**非排他性**的(nonexcludable)。牛仔裤是排他性的,"使小行星改变运行方向"是非排他性的。

"使小行星改变运行方向"同牛仔裤不同的第二个原因在于,当某个人穿着某条牛仔裤的时候,其他人就很难再穿这同一条牛仔裤。但是,两个人可以同时享用"小行星改变运行方向"所带来的好处。实际上,数十亿的人都可以同时享用"小行星改变运行方向"所带来的好处。但是,不可能数十亿人都同时穿着同一条牛仔裤。

如果一个人对某件产品的使用会降低其他人使用者该产品的能力,经济学家称该产品是竞争性的。如果一个人对某件产品的使用不会降低其他人使用该产品的能力,经济学家称该产品是**非竞争性**的(nonrival)。牛仔裤是竞争性的,使小行星改变运行方向是非竞争性的。

如果不能很容易地排挤出一个人对某种产品的使用,经济学家就称这种产品是非排他性的。

如果一个人对某件产品的使用不会降低其他使用该产品的能力,经济学家称该产品是非竞争性的。

---

　* 由于你那100美元对"使小行星改变运行方向"能否成功的概率产生的影响非常小,所以,我们对此忽略不计。

　　根据这两方面的因素,即根据一种产品是排他性的还是非排他性的,以及它是竞争性的还是非竞争性的,可以把产品划分为四种类型,如表 17.1 所示。我们已经给出了一个私人产品的例子,即同时具有排他性和竞争性的产品。牛仔裤是一种私人产品,汉堡和隐形眼镜也是我们所熟悉的私人产品的例子。"使小行星改变运行方向"是非排他性的和非竞争性的。国防也是这样的一个例子。我们来近距离地看看私人产品和公共产品之间的区别,然后我们再来检验其他类型的产品,即非竞争性的私人产品和公共资源。

表 17.1　产品的四种类型

	排他性	非排他性
	私人产品	**公共资源**
竞争性	牛仔裤 汉堡 隐形眼镜	海洋中的金枪鱼 环境 公共道路
	非竞争性的私人产品	**公共产品**
非竞争性	有线电视 无线网络 数字音乐	使小行星改变运行方向 国防 蚊虫治理

17.2　私人产品和公共产品

　　私人产品(private goods)具有排他性和竞争性。由于私人产品具有排他性,它们可以由市场提供——不付钱的人就不能得到它;因此,这就有激励让消费者为它付钱,从而也就有激励让生产者生产它。此外,由于这种产品是竞争性的,排他性不会导致无效率——在一个完全竞争的市场上,那些被阻止消费私人产品的人正是那些不愿意为该产品支付生产成本的人,这就是效率。

私人产品具有排他性和竞争性。

　　公共产品(public goods)具有非竞争性和非排他性。由于公共产品是非排他性的,这就很难使得人们自愿为这种产品付钱。因此,市场一般都提供不了足够的公共产品。

公共产品具有非竞争性和非排他性。

　　公共产品也是非竞争性的,这就意味着一个人对公共产品的使用并不会降低其他人使用该公共产品的能力。因此,保护 70 亿人免受小行星撞击的成本同保护 100 万人免受小行星撞击的成本相同。由于公共产品是非竞争性的,不提供这些公共产品的损失可能会特别大。

　　我们来看看另一个公共产品的例子——治理蚊虫。蚊子是一种很令人讨厌的虫子。从西尼罗河病毒在美国的传播上来看,蚊子也是非常危险的。通过喷洒灭蚊剂可以消灭蚊子。但是,如果只是在自己的房间里喷洒灭蚊剂,对房屋的主人来说,其用处不太大,因为从其他地方来的蚊子可以在任何一个小角落中迅速地繁殖。因此,你必须把整个城市或你居住的小区都洒上灭蚊剂。但是,谁又会花钱去为整个城市或者自己的邻居喷洒灭蚊剂呢?如果有些人付钱这样做了,那么,其他很多人就可能会**搭便车**(free ride),坐享其成,但却不承担他们所应该分摊的那部分成本。蚊子更少意味着每个人都更少会受到蚊子的叮咬,而不仅仅只是那些付钱

搭便车是指享用公共产品,却不承担自己所分摊的那部分成本的行为。

进行蚊子治理的人。如果很多人都搭便车,那么,蚊虫治理就无法由市场提供,哪怕它是一件非常有价值的"商品"。

公共产品的好处是税收和政府提供产品的最好理由。通过对每个人都征税,并生产出公共产品,政府可以使大家生活得更好。例如,很多城市和国家进行蚊虫治理的钱都来自政府的税收收入。国防是另一个公共产品的例子,它是很难由私人自愿提供的,因此,通常都是由政府提供。

要求人们做一些他们自己不愿意主动做的事情,实际上却能够改善他们的状况,这似乎是一个悖论。不过这个悖论有办法解决。假设有 100 万人,他们都需要国防,但是,却没有一个人愿意为国防出钱,因为大家都想搭便车。现在假设给这些人提供一个计划:"政府将对你们每个人都征税,然后用这些钱来建设国防。但是,只有所有的人都同意这个方案时,这个方案才可以实施。"极有可能的是,虽然每个人都不愿意出钱,但是,只要所有其他的人都出钱了,每个人都会赞成这个计划。

当然,每个人都可能得到改善,并不意味着每个人都会得到改善。一些人想要大规模的国防,另一些人想要小一点规模的国防,和平主义者不想要任何国防。因此,税收意味某些人会变成**被强迫坐车者**(forced riders),即这些人必须为公共产品出钱,尽管他们从公共产品中获得的收益很低,甚至是负的。

被强迫坐车者必须为公共产品出钱,尽管他们从公共产品中获得的收益很低,甚至是负的。

政府应该生产多少数量的公共产品? 从理论上说,政府应该生产的公共产品的数量是使得消费者剩余加上生产者剩余达到最大,或者说使得公共产品的收益减总成本后的差达到最大。但是,实际上要把这个差值计算出来非常困难。例如,公共产品的总收益是所有单个人的收益的加总。但是,有些人对公共产品的估值可能比其他人更高,而又没有一种方法能够确切地计算出每个人对公共产品的估值。

我们在第 3 章已经讲过,在某些条件下,市场自动生产出来的产品数量,正好使得消费者剩余加上生产者剩余达到最大。我们现在知道,它所要求的条件之一就是,这种产品必须是私人产品,即这种产品必须具有竞争性和排他性。不幸的是,还没有一个人曾经找到过一种可行的办法,就像"看不见的手"那样,能够使得生产出来的具有非竞争性和非排他性的产品的数量,即公共产品的数量,也能达到最优。

投票和其他的民主程序能有助于提供有关公共产品需求方面的信息。但是,在提供最优公共产品数量方面,这些程序仍然不可能像市场提供最优数量的私人产品那样良好地运行(第 19 章将进一步说明)。因此,同每年在国防上的最优支出(5 490 亿美元)相比,* 或者同在"使小行星改变运行方向"上的最优支出(接近于 0 美元)相比,我们对每年销售的最优牙膏数量(最近几年是价值 23 亿美元)会更确信。在有些时候,我们提供的公共产品可能过多,从而使得很多人被强迫坐车;而在另一些时候,我们提供的公共产品可能又太少。然而,由于市场在提供公共产品方面的失灵,我们也许应该感到幸运,因为毕竟政府可以提供公共产品,尽管这种提供公共产品的方法不是很完美。

关于公共产品,还需要强调的一点就是:公共产品不能定义为"由公共部门生产的产品"。例如,如果政府开始生产牛仔裤,这并不意味着牛仔裤是公共产品。尽管邮递服务不是公共产品,政府会提供邮递服务。同样,使小行星改变运行方向

---

* 5 490 亿美元是美国政府向国会提交的 2011 财年的国防预算总额。——编者注

是一件公共产品,尽管到目前为止,政府还没有提供多少这样的服务。

自我测验

如果政府提供的公共产品数量比有效水平更多,会出现什么情况?谁会受到损害?谁会从中受益?用国防作为例子来说明?

17.3　非竞争性私人产品

非竞争性私人产品(nonrival private goods)是指那些具有排他性和非竞争性的产品。例如,像《黑道家族》(*The Sopranos*)这样的电视剧就是排他性的——你必须成为 HBO 电视网的用户才能观看这部电视剧[①],至少在它首次播放时是这样——但是,它是非竞争性的,因为当某人观看这部电视剧时,并不会妨碍其他人观看这部电视剧。显然,市场可以提供具有排他性和非竞争性的产品,但是,市场是在以某种无效率的价格水平来提供这种产品。例如,HBO 阻止了某些人观看《黑道家族》这部电视剧,而这些人其实是愿意支付成本(新增用户的边际成本接近于 0)来观看该电视剧的,但是不愿意支付市场价格(比如说每户每月 25.99 美元)。

<aside>
非竞争性私人产品是指那些具有排他性和非竞争性的产品。
</aside>

实际上,大部分供给不足的非竞争性私人产品,如电视、音乐和软件,其所带来的无效率并不是很大。生产这些产品的固定成本总是可以某种方式收回,我们不想失去的是市场提供的多样性、创造性和应变能力。

企业家一直在寻找把具有非排他性和非竞争性的产品转变为非竞争性私人(排他性)产品的方法,如把电视变成有线电视,这样他们就可以获得利润。此外,即使不依靠排他性,企业家有时也可以巧妙地从非竞争性产品中获利。

特殊案例:广告

无线电台和无线电视是特殊的产品,因为它们尽管是公共产品,具有非竞争性和非排他性,它们还是在市场上被大量供给。这是如何做到的呢?在无线电台刚开始出现的时候,没有人能想到可以从中谋利的办法。大部分人都认为,如果人类想从这一伟大的发明中受益,它就必须由政府提供。但是,经过很多次实验之后,企业家终于发现了既能免费提供无线电台(有效解决方案)又能获取利润的办法——他们发明了广告业务。做广告的人为那些免费提供的节目支付成本。

当然,广告业务并不是解决非排他性和非竞争性问题的完美办法。但是,对于无线电台和广播电视来说,广告已经运营得非常好。广告业务运营得如此之好,以至于很多非竞争性的产品,即使排他性的提供方式很便宜,也会以非排他性的方式提供。例如,谷歌花费数十亿美元建立了网页搜索,并开发了搜索程序,然而它却把其产品免费提供给全世界的任何人使用。谷歌本来可以阻止那些不付费的人使用这一服务,但是它发现,免费提供这一服务而只销售广告业务所带来的利润更大。

最后,无线网络 Wi-Fi 是具有非竞争性但也具有潜在排他性公共产品的一个有趣的例子,因为它现在正以各种可能的方式被提供着。无线网络由 Sprint 这样的公司所提供,这些公司会通过安全代码来阻止没有付费的人使用无线网络。其他公司也免费提供 Wi-Fi，但你必须收看他们的广告。Panera Bread 那样的咖啡屋也提供免费 Wi-Fi 以招徕顾客。无线网络也由那些不关闭无线访问接入点的人免费提供。在费城，当地政府用市民的税收来支付网络费用，然后免费提供访问接入口。这每一种方法都各有利弊。

自我测验

1. 能利用广告来为公园的维护筹资吗？这种广告在什么地方可以见到？
2. 很多飞机场都有付费无线网络。为什么机场不提供免费无线网络？

17.4　公共资源和公共地悲剧

公共资源是那些具有非排他性但又具有竞争性的产品。

公共地悲剧是指任何一种无人具有所有权、因而不具有排他性的资源都倾向于面临过度使用和维护不足的局面。

　　公共资源（common resources）是那些具有非排他性但又具有竞争性的产品。一个例子就是海洋中的金枪鱼。除了那些已经被捕获的金枪鱼外，金枪鱼不属于任何人，因而它是非排他性的，因为要阻止任何人捕捞金枪鱼都非常困难。但是，金枪鱼不是公共产品，因为一个人捕捞并消费了一条金枪鱼后，其他人能捕捞到的金枪鱼就更少了。非排他性和竞争性导致的结果就是**公共地悲剧**（tragedy of the commons），即公共资源会被过度使用，且维护不足。作为公共地悲剧的结果，金枪鱼正处于濒临灭绝的地步。

　　从 1960 年以来，金枪鱼的捕捞数量已经减少了 75％（参见图 17.1）。南方南鳍金枪鱼是寿司中的精品食材，随着寿司的日益流行，金枪鱼的需求也在增加。需求的增加和捕捞数量的下降导致了价格上涨。在东京的渔业市场，一条上等的金枪鱼可以卖到 50 000 美元，有时甚至更高。高价格带来的结果就是，很多公司都用快速舰艇跨洋捕捞金枪鱼，并装备有人造卫星和复杂的雷达技术，以及船上直升机等设备。现实的悲剧就是，由于大量的金枪鱼正在被捕捞，很多寿司种类可能在不久之后就会成为过往历史了。

资料来源：Commission for the Conservation of Southern Bluefin Tuna。

图 17.1　捕捞量都去哪了？

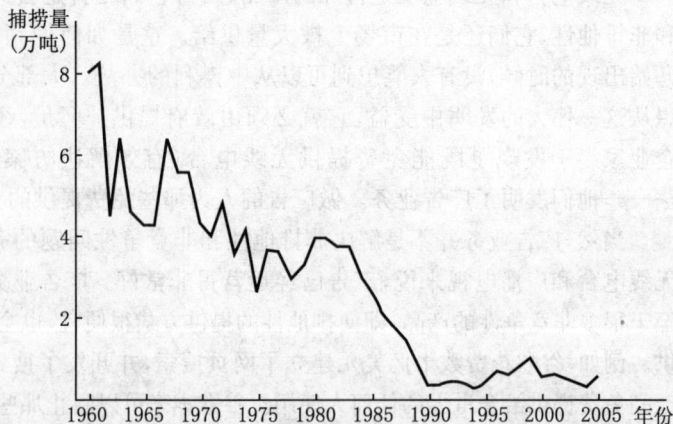

　　正趋于灭绝的鱼类不只是金枪鱼一种。2006 年《科学》（Science）杂志上的一篇文章估计，如果目前的趋势长期继续下去，那么到了 2048 年，世界上所有的主要海鲜食品种类都会崩溃。已经有近 30％ 的海鲜类资源已经崩溃了（以捕捞量下降

90％为界限）。当海鲜类食品资源下降时,那些在食物链中依赖于这些海鲜种类的所有其他物种也会减少。过度捕捞正在造成整个海洋鱼类资源的枯竭。

但是,过度捕捞主要并不是由于需求的增加造成的。人们喜欢吃鸡肉的偏好远远超过对金枪鱼的偏好,但是,鸡类并不会被灭绝。为什么鸡不会呢?这之间的差异在于,鸡是有产权的,而金枪鱼,这种"海洋中的鸡",是没有产权的。

为了理解为什么产权关系的不同意味着鸡会大量存在,而金枪鱼却会变成稀缺产品,我们来近距离地看看渔夫和养鸡场场主各自所面临的激励问题。

每一个人,包括以金枪鱼为生的渔夫在内,都知道金枪鱼正由于捕捞而濒临灭绝。由此,你可能会认为,对于捕捞金枪鱼的渔夫而言,他们所能做的最符合逻辑的事情应该是减少捕捞。但是,这是不正确的。如果一名日本的金枪鱼渔夫,春,减少捕捞量,那么,未来是否会有更多金枪鱼供他捕捞呢?不会有。如果春减少捕捞量,他只不过是留下了更多金枪鱼供其他渔夫捕捞罢了——减少捕捞量对春本人没有任何好处,因为春对金枪鱼不具有所有权,除非他对他的鱼具有控制能力。由于春对海洋中的金枪鱼没有所有权,他没有任何办法来保护他控制捕捞量后所带来的成果。

我们来比较一下春所面临的激励问题和著名养鸡企业家弗兰克·珀杜(Frank Perdue)所面临的激励问题。弗兰克·珀杜会让他的肉鸡沦落到灭绝的地步吗?当然不会。珀杜利用他的肉鸡赚钱,因此,为了利润最大化,珀杜将会保持他的肉鸡资源健康发展。如果珀杜"过度捕杀"他的肉鸡,他会付出代价。如果珀杜进行节制并保持他的肉鸡不断增长,他会获得好处。总之,弗兰克·珀杜从不会捕杀那些下金蛋的鸡。

过度捕鱼的问题是公共地悲剧中的一个例子,任何所有权不确定的资源都有被过度使用、维护不足的趋势。这一理论至少可以上溯到亚里士多德,他在批评柏拉图关于小孩公共抚养的思想时说:"那些由最多人数所共同拥有的东西所得到的关注会最少。"[②]

你和其他同学住在一起吗?来看看你们的厨房——那就是公共地悲剧。其他公共地悲剧的例子还有:19世纪对开放牧场中水牛的屠杀,对非洲萨赫尔地区森林的滥砍滥伐,以及造成大象濒临灭绝的肆意捕杀。

公共地悲剧特别适用于像渔业、森林和农用草地等之类的资源,因为这些资源都必须得到维护才能保持其持续可用性。但是,当资源的所有权没有归属时,用户都没有太大的激励来进行投资维护资源,因为维护性投资所创造的几乎都是外部性收益,私人收益所占比例极小。换句话说,那些对小鱼放生的渔夫增加的几乎都是其他人的未来捕捞量,而不是他自己的。所以,像我们在第9章所讲的那样,公共地悲剧是典型的外部性问题。

如果对某项资源维护的缺失太严重,以至于对它的滥用超过了这种资源能够自然再生的程度,我们一般就称它是一种公共地悲剧。例如,为了维持健康的渔业资源,每年的捕捞量一定不能超过其新增加的鱼的数量。如果有100条鱼,它们的数量每年按照10％的速度增长,那么,渔夫永远只能捕捞10条鱼。但是,哪怕渔夫仅仅只是多捕捞了一条鱼,每年捕捞了11条,那么,在26年之后,这种渔业资源就会灭绝(其证明可以参见附录)。因此,那些过度捕鱼的渔夫不仅是在驱使鱼类走向灭绝,同时也是在使他们自己的生活走向绝路——这就是悲剧。

公共地悲剧问题:令人满意的解决方案

公共地悲剧在小群体中有时可以避免。一些小部落和小乡村已经通过强制规定某些准则,成功避免了湖泊中的过度捕鱼和牧场上的过度放牧。在公共湖泊中过度捕鱼的部落成员将会被禁止继续捕鱼,就像禁止那些在公园中乱扔垃圾的人再进入公园一样。节制捕鱼和对小鱼进行放生的部落成员会受到尊敬。但是,当有很多彼此间没有任何关系的人都有权利使用公共产品时,公共地悲剧问题就很难解决了。

命令和控制,以及晚近一些时候出现的可交易许可证,这些都已经被用来解决公共地悲剧问题,就像第 9 章讨论它们曾经被用于解决其他外部性问题一样。例如,当渔业资源快要耗尽的时候,政府已经试图实行命令和控制的方法了,如限制渔船的数量等。为了保护当地的大马哈鱼渔业资源,加拿大不列颠哥伦比亚地区在 1968 年限制了渔船的数量。不幸的是,这项计划没有得到很好的执行,因为渔夫装备了更强大的发动机和更好的电子设备来寻找鱼群——这些经常被称为“资本过载”(capital stuffing),因为渔夫使用了更昂贵的资本设备来装备渔船,因而渔船可能会更有效率。作为资本过载所导致的后果,仅在 10 年之间,一条普通渔船的价值就增加了三倍。毫不奇怪,大马哈鱼渔业资源继续下降。当政府采取限制允许出行捕鱼天数的措施时,同样的问题也会出现。

理解现实世界

新西兰在 1986 年最先采取了另一种新办法,个人可转让定额(简称 ITQs, individual transferable quotas)。ITQs 就像我们第 9 章所讲的排污许可证。拥有 ITQs 的人可以有权利捕捞一定吨数的鱼。个人所拥有的 ITQs 的总量等于所允许的捕捞总量,这一总量由政府设定。[③] ITQs 可以被买卖,政府并不限制渔夫所用渔船及设备的类型,因此,资源不会被浪费在资本过载上。

ITQs 体制已经非常成功了。图 17.2 表明,在 ITQs 体制投入实施之后,新西兰渔业捕捞量增加了——换句话说,*阻止渔夫过度捕捞会增加渔夫捕鱼的数量!* 这似乎是一个悖论,但是,它只不过说明了为什么公共地悲剧会是悲剧——当每个渔夫都选择无限制地捕鱼而不是节制捕鱼时,它的直接后果就是每个人捕鱼的数量都在减少。*

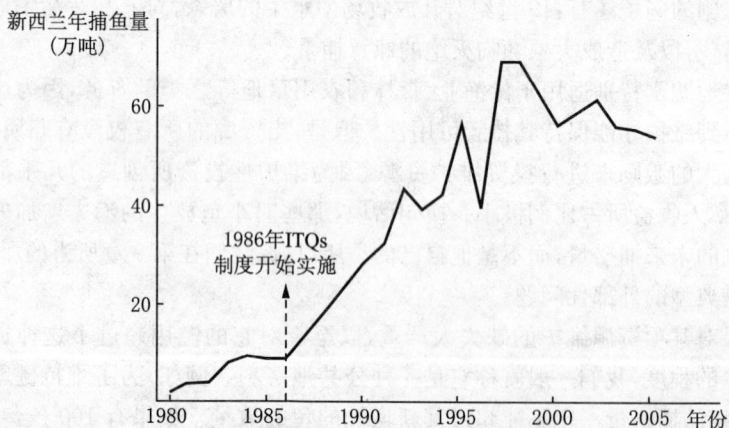

资料来源:Fishery Statistics: Food and Agriculture Organization of the United Nations。

图 17.2　合适的产权可以避免公共地悲剧

---

* 因此,公共地悲剧也可作为我们在第 13 章所讲的囚徒困境来理解。

　　新西兰之所以能够创建一种 ITQs 制度,从而挽救它的渔业资源,是因为大部分新西兰的鱼都生长和分布在新西兰海岸 200 英里的范围内——这一区域是国际法赋予新西兰国家的经济专属区。因此,新西兰政府能够建立适当的产权,并排除任何没有这一产权(即一份 ITQ)的人到这一水域来捕鱼。在其他公共资源中,如非洲大象,合适的产权也已经被建立起来,并带来了实质性改善。

　　不幸的是,要在所有的公共资源中都建立起合适的产权是不容易的。例如,南方南鳍金枪鱼在整个太平洋中迁徙,一些金枪鱼身上曾被装上跟踪器,人们发现它们的足迹横跨几千里的海域。因此,要解决金枪鱼这种公共资源的悲剧,要求多国协调行动。这不是不可能的。在 20 世纪 70 年代,科学家发现,气溶胶中常用的某些化学药品会破坏臭氧层,而臭氧层有助于保护地球免受紫外线的辐射。保护臭氧层是一种公共产品,因为它具有非排他性和非竞争性。幸运的是,在联合国 196 个成员经济体中有 195 个都已经签订了国际性条约《蒙特利尔协议》,这一协议限制使用破坏臭氧层的化学药品。这种国际性条约普遍被认为是一种最成功的环境条约,因为破坏臭氧层的化学药品的排放量已经降低了,而臭氧层也已经开始恢复。[④]

　　同理,如果存在全球范围内的协议,就可以用技术来为金枪鱼装上追踪器从而建立合适的产权。但是,正如我们从第 9 章科斯定理的讨论中所知,要求签订协议的参与方越多,交易成本就会越大,问题能被解决的可能性也就越小。此外,现在,绝大多数国家的政府不但不致力于建立合适的产权,或者把捕捞量限制在能维持可持续发展的水平上,而且还对渔民进行大量地补贴,这就使得公共地悲剧更加糟糕。由此可见,金枪鱼这种公共资源的悲剧问题近期内不可能会有一个令大家都满意的解决办法,无论是对寿司爱好者而言,还是对金枪鱼而言。

自我测验

1. 为什么一些较小的社区处理公共资源问题比一个州或者一个国家要容易得多?
2. 为什么解决某些公共资源问题的最关键办法是建立合适的产权?

○　本章小结

　　公共产品是有价值的,但是,市场对这种产品经常供给不足。我们已经知道,非排他性和非竞争性是公共产品重要的性质,但是,非排他性通常是一个更重要的问题。具有非竞争性的和排他性的产品,如有线电视或者数字音乐,经常可以通过私人提供。尽管这种提供方式把没有付钱的人排除在外,因而可能存在无效率,但是,私人提供给企业创新和市场开拓留下了空间。然而,如果某件产品是非排他性的,需求者没有任何激励来为这一产品付钱,由此,供给者也没有激励提供这一产品。这就是为什么,比方说,这个世界没有足够的保护措施来防止小行星对地球的撞击。提供公共产品所能带来的好处,是它由政府通过征税来供给的一个理由。

　　具有非排他性和竞争性的资源往往会被过度使用和维护不足。公共地悲剧解释了当今世界所面临的很多重大环境问题。有时,这种公共地悲剧会有一些创造性的解决方案,如建立一种合适的产权。不幸的是,建立合适的产权不是自动的,它可能要求充分理解透经济学原理,并在世界上众多政府之间达成协议。

总之，当公共产品的合适产权不可能被建立，或者建立之后无法得到保护或执行时，很多世界性的问题就会出现。

○ 本章复习

关键概念

非排他性
非竞争性
私人产品
公共产品
搭便车
被强迫坐车者
非竞争性私人产品
公共资源
公共地悲剧

事实和工具

1. 看看下面一些产品和服务：
   苹果
   开胸手术
   有线电视
   人工养殖的大马哈鱼
   Yosemite 国家公园
   纽约中央公园
   中国话
   微积分的思想
   a. 以上每一项是排他性的还是非排他性的？有时界限是非常含糊的，不过，如果你认为界限不确定，请说明理由。
   b. 是非竞争性的还竞争性的？
   c. 根据你在对前面两问的答案，把以上每种产品或服务归类到表 17.1 中每一类中。
   d. 你如何能把人们排除在公园之外。

2. 下面哪些是属于搭便车，哪些属于被强迫坐车，哪些正好是对公共产品付钱的人？
   a. 在英国，阿利斯泰尔缴税支持英国广播公司。他自己没有收音机或电视机。
   b. 莫妮卡为她自己缴纳地方财产税和州收入所得税。警察定期在她家附近巡逻。

   c. 理查德，洛杉矶 20 世纪 40 年代的一名年轻小伙子，没有付钱就跳上了一辆有轨电车。
   d. 在美国，莎拉为儿童免疫基金缴税。她住在森林里，没有家人，也很少看见其他人。
   e. 在日本，一名美国的旅行者戴夫在公园里很享受。

3. a. 教育——例如大学课程——是排他性的吗？
   b. 教育是竞争性产品吗？也就是说，如果你的班上有更多的学生，平均来说，你受到的教育会更糟糕吗？学生（和父母）一般都喜欢小班授课吗？教授们一般更喜欢小班授课吗？一般来说，学校接受更多的学生会花费更多的成本吗？
   c. 根据经济学家关于公共产品的标准定义——我们在本章所用的定义——教育是公共产品吗？
   d. 在表 17.1 中的四个类别中，教育似乎最合适归在哪一类？

4. 埃默里尔说："我从经济学课上得知，为公共产品筹资的唯一办法就是政府通过对市民征税来为这些产品付钱。你学到的是这样的吗？"雷切尔回答说："实际上，在我的课上，我们用的是《微观经济学：现代原理》一书，我们了解到还有其他的办法也可以为公共产品筹资，如_____。"请填写完雷切尔所说的话。

5. a. 美国野牛过去在美国大平原上自由漫游。在 19 世纪 20 年代，美国大约有 3 000 万头野牛，但是，1889 年的调查显示只有 1 091 头野牛。为什么野牛到了接近于灭绝的地步？野牛同金枪鱼有什么相似的地方？
   b. 在一些餐馆和食品杂货店，你可以买到野牛肉汉堡，它是人工养殖的野牛牛肉。如果我们需要更多的野牛，这是一条好消息还是坏消息？

6. a. "阿尔法城"（Alphaville）这个国家的捕鹿行为已经使得鹿濒临灭绝。政府颁布法令限制捕猎的人次，以及每个猎人每次捕猎所能携带的弹药数量。像渔夫一样，猎人们也是非常有创造力的：在这一例子中"资本过载"会以怎样的形式出现？

b. 在这个例子中的 ITQs 制度会是什么样的？

c. 政府真的会利用这种 ITQs 制度来控制鹿的数量吗？如果你不能回答，就问问你们班的同学：在你们的课上也许就有一到两个猎手。

7. 这一章提到，虽然鸡和"海洋中的鸡"（金枪鱼）都是食物，但是，从数量上来看，它们存在本质上的不同。实际上，被吃掉的鸡的数量远超过金枪鱼，但同金枪鱼相比，鸡的数量要丰富得多。

a. 这两种动物之间的哪一类差别，被本章用来解释这一看似奇怪的谜题？

b. 当人口增加，经济繁荣时，对鸡的需求也增加了。由此，鸡的价格会出现什么变化？为什么？

c. 根据人们处理鸡的方式，当鸡的价格上涨之后，养鸡的人数会有什么变化？为什么？鸡的数量会有什么变化？为什么？

d. 当人口增加和经济繁荣时，金枪鱼的价格会出现什么变化？为什么？

e. 根据人们处理金枪鱼的方式，当金枪鱼的价格上涨之后，去捕捞金枪鱼的人数会有什么变化？为什么？

8. a. 在新西兰，当每个渔夫能捕捞的数量受到配额限制之后，为什么鱼的捕捞量会增加？

b. 根据你在 a 问中的回答，如果一个新西兰的渔夫知道没有其他人会发现，他会捕捞超过允许捕捞量的鱼吗？

c. 因此，根据你在 b 问中的答案，新西兰的 ITQs 制度是靠政府强制执行的，还是渔夫出于自我利益的保护而自愿遵守的？

思考和习题

1. 2008 年，让·努维尔（Jean Nouvel）赢得了普利兹克建筑奖（Pritzker Architecture Prize，建筑界的最高奖）。他最杰出的作品之一就是阿格巴大厦，一座耸入云霄的摩天大楼，借助于 4 000 只发光二极管，它点亮了整个夜晚——这是一种极其昂贵的纯装饰性设计特色。

a. 很多人都喜欢来观赏阿格巴大厦。如果只从它的观赏性来看，你把阿格巴大厦归为哪一类：竞争性的还是非竞争性的？为什么？

b. 阿格巴大厦是巴塞罗那第三高的建筑物。如果仅仅只是观赏它那光彩绚丽的外观，你把阿格巴大厦归为哪一类：排他性的还是非排他性的？为什么？

c. 基于你的答案，二极管灯光所产生的外表是一种公共产品吗？

d. 公司经常会聘请努维尔这样的建筑师来设计一些漂亮的建筑物。这些建筑物的设计、建设和维护都非常昂贵，但是，公司是不可能对前来观赏的人收费的。本章对这一难题提供了一种可能的解释。这一解释是什么？它如何解释建立观赏性建筑物的原因？［提示：这幢建筑是阿格巴集团（Grupo Agbar）的总部所在地。阿格巴集团为世界各地的多个国家提供水的输配和处理服务。对读者中的大多数人来说，这是你们第一次听说这家公司。］

2. a. "公共产品只是一种具有巨大外部性的产品。"请讨论。

b. "如果使用某种产品造成了巨大的负的外部性，公共地悲剧就会发生。"请讨论。在 a 问和 b 问中，比较第 9 章的定义和本章的定义。

3. a. 网络和共享文件的出现把电影和音乐这类媒体变成公共产品了吗？为什么？

b. 考虑一下你在题 a 问中的答案，政府征税并建立音乐基金会，这能提高社会福利吗？在你的答案中，至少要列举出这种做法在实际中所遇到的困难。

4. 我们提到过，公共地悲剧是囚徒困境的一种形式，如我们在第 13 章所看到的。就像经济学中经常见到的那样，同一个模型可以适用于很多不同的情况。为了说明这一点，我们再次回到第 13 章"事实和工具"中的问题 6b：

		玩家 B	
		左	右
玩家 A	上	(100, 100)	(600, 50)
	下	(50, 600)	(500, 500)

a. 我们给出的是非常一般的策略"上、下、左、右"。请更新这一矩阵中的策略名称，使得这一博弈可以用来分析渔夫和公共地悲剧问题。

b. 哪一种策略可以给渔夫带来最高的收益？

c. 哪一组行为同以下选择是等价的："一个渔夫决定不节约资源，他的捕捞量超过他应得的份额。"（这里有两个正确的答案。）

d. 哪一组行为是唯一的纳什均衡？你如何从两个渔夫的角度来描述这一均衡？

5. 我们已经提到过，"公共产品"和"私人产品"之间的界限其实非常模糊。公路上的电子收费系统正使得排他性每年都变得更容易实现。从你的观点来看，我们仍然应该把公路看作是公共产品吗？（更准确地说，应该这样表述，"我们应该继续认为在不拥挤的道路旅行是一种公共产品吗？"）

6. 复活节岛上散落的巨石人面像几个世纪以来一直令人迷惑不解。这个建造了众多人面像的复活岛文明究竟发生了什么事情？有一条线索就是，这个岛屿现在不生长任何树木。树木对于滚动石头以及造船来把石头运到这个岛屿都是必不可少的。考古挖掘工作已经发现，这个岛屿很早以前是有树木生长的。但是，人们认为这里的居民用完了岛上的所有树木，之后在别无选择的情况下离开了这个岛屿。你能对这个岛上居民的这种行为提供一种解释吗？以下问题也许对答案会有一些启示。

a. 谁承担了种植新树木的成本？谁从种植新树木中受益？

b. 当这个岛上的居民增加后，树木的数量出现什么变化？为什么？

c. 生物学家贾里德·戴蒙德（Jared Diamond）就复活节岛上的树木写道："当他们砍倒最后一棵树的时候，他们在想什么？"你认为那个砍倒最后一棵树的人当时想的是什么，如果他像一个面临着公共地悲剧的人一样行动的话？

7. 经济学家通常都提醒人们要掂量一项行动的成本和它的收益。下面我们举出一些例子。在这些例子中，要解决本章所讨论的实际问题，要么成本太高，要么风险太大。

a. 以下的情况是有可能出现的：即保护地球免受小行星撞击的成本太高，因而在这件事上，在考虑了所有的事情之后，最好的选择就是听天由命。设想一个会出现这种极端情况的例子——也许是受到了科技水平或者社会制度

等方面的限制。

b. 挽救金枪鱼的情况如何？设想一个情形，在其中最好的选择还是任由渔夫为所欲为，即使金枪鱼最后走向灭绝。

1. 两个女孩正在共享一杯冰巧克力牛奶，一人一根吸管同时在杯中吮吸。你认为她们喝完这杯牛奶需要多长时间？如果每个女孩都自己有一个玻璃杯并且都有半杯牛奶，你认为她们喝完半杯牛奶需要多长时间？你能看出两人共享同一杯牛奶所存在的问题吗？

2. 一些媒体公司（特别是在音乐和电影行业）在广告中宣称，下载和复制媒体内容产品与从商店里偷一张CD和DVD是同一回事。我们来看看是不是这样。

a. 一张DVD是非竞争性产品吗？为什么是或者不是？

b. 假设有人从零售柜台偷了一张DVD。不考虑这个人对这张DVD的评价，这次偷窃行为对电影公司的收入带来了损失吗？为什么？

c. 假设有人非法下载一部电影，而不是去购买。还假设这个人对这部电影的估价很低（他们对这部电影的估价低于合法购买它所要求的价格）。作为这次盗版的结果，电影公司损失了收入吗？为什么？

d. 假设有人非法下载一部电影，而不是去购买。还假设这个人对这部电影的估价很高（他们对这部电影的估价高于合法购买它所要求的价格）。作为这次盗版的结果，电影公司损失了收入吗？为什么？

e. 非法下载媒体内容同零售偷窃在哪些方面相同，在哪些方面不同？

3. 公共产品的经济学理论给出了非常明确预测：如果某一行动的好处会由陌生人获得，而不是你自己获得，那么，你就不会采取这一行动。经济学家已经做过几十次实验来验证这一预测结果。埃莉诺·奥斯特罗姆（Elinor Ostrom）2000年在《经济展望期刊》（Journal of Economic Perspectives）上一篇论文对此进行了总结。

在一般的"公共产品博弈"中，情况非常简单：在每次实验中都给一个人，比如说，5美元。如果这

个人愿意,他可以把这 5 美元拿回家。同时这个人也被告知,如果他把钱捐献到共同基金中去,基金中所有的钱都会增加一倍。无论参与者是否对共同基金捐过钱,共同基金的钱都在所有参与者之间平分。这就是整个游戏的规则。我们来看看追求纯自我利益的人在这一环境中会如何做。(提示:一个公共产品博弈就是一个囚徒困境,只不过是人更多罢了。)

a. 如果有 10 个人在玩这个游戏,他们都把他们自己的那 5 美元钱捐献到公共基金中去,当它翻倍之后,基金的钱是多少?

b. 如果每个人都把自己的那份钱捐献到基金中,最后每个人能得到多少钱?

c. 现在,假设你是一个参与者,你已经看见其他 9 个参与者都已经把钱捐献到基金中了。如果你保留自己的那 5 美元,基金中的钱在你们 10 个人中间平分,你总共得到多少美元?

d. 那么,如果你保留自己那 5 美元,你会变得更好还是更差?

e. 如果其他 9 个人都没有往基金中捐钱,情况会怎么样:如果你是唯一一个把钱捐献到共同基金中的人,最后你会得到多少钱?同你保留自己的那份钱相比,这是更好还是更差?

f. 如果你是一只追求自我利益的人,不管其他人如何做,你最好的做法是什么:把所有的钱都捐献给基金,或是把部分钱捐献给基金,还是不往基金中捐献任何钱?(用百分比回答。)往基金中捐钱所带来的好处是由你获得还是由其他人获得?

g. 如果人们只关心"集体",他们肯定就会 100% 地去捐献。在 f 问中,你只回答了一个纯自我利益的追求者会如何做。在奥斯特罗姆所总结的几十次研究中,平均来说,人们捐献了 30% 到公共基金中。由此,这些研究中的人们是接近于 f 问中的纯自我利益追求者,还是接近于纯利他主义模型中人们的行为?

4. 加拿大的拉布拉多半岛(包括今天的纽芬兰省和魁北克省的大部分)曾经是土著人蒙塔涅人(Montagnes)的所在地。与南美洲的土著人不同,蒙塔涅人建立了土地的产权。这一制度性的变化是欧洲商人来到后毛皮交易量增加所带来的直接后果。⑤

a. 在欧洲商人出现之前,拉布拉多半岛土地的数量远远超过当地居民的需求。捕杀动物获取毛皮还不是普遍的行为。关于土地或动物的稀缺性你能得出什么结论?为什么?

b. 在欧洲人来之前,土地是公共所有的。给定你在题 a 问中的答案,公共地悲剧在土著蒙塔涅人中会出现吗?(记住:空气也是大家共有的。)

c. 欧洲商人到来之后,对毛皮的需求增加了。你认为在这种情况下,公共地悲剧会出现吗?为什么?

d. 通过分配家庭狩猎区域,蒙塔涅人在从事毛皮贸易的过程中建立了合适的产权。这就导致了一系列规则的出现,从什么时候一只动物是在邻居的领域内意外被杀死的,到处理遗产的规则。为什么蒙塔涅人只是在欧洲贸易商来到之后才建立了合适的产权?

5. 美国历史最具有讽刺性的事情之一就是,当清教徒们第一次踏上普利茅斯的土地时,他们立即建立了一种公有社会,在这一社会中,每个人都平等享受他们土地上的产出。结果,这些清教徒不久就因为饥荒而饿死了。幸运的是,"经过多次讨论之后",总督威廉·布拉德福德(William Bradford)结束了谷物的公有制,他规定每个家庭都应该保有它自己生产的谷物。在政治经济学史上最有洞见的文章之一中,布拉德福德描述了新旧体制的后果:

> (谷物公有制的结束)产生了很好的效果,因为它使得所有人都变得非常勤劳,因此,种植的谷物更多了。它比前任总督或其他任何人用任何方式所能得到的谷物还要多,而且还节省了很多麻烦,提供了更好的内容。妇女现在更愿意下地了,带着她们的小孩一起种植谷物。以前她们会说自己太虚弱了,没有能力做事,那些被强迫去做事的妇女也肯定被认为是遭遇了暴行和压迫。
>
> 在这一过程中和这些条件下,在这些冷静而正直的人中间,几年来进行各种尝试后所获得经验完全可以证明,柏拉图及其之后其他先贤们所怀有的,关于取消产权实行财富公有的社会可以使人们幸福和社会繁荣的想法是虚幻的。他们的这一想法就好像他们比上帝还要睿智一样。在这一社会中

（至少就他面前的情况来看），招致了很多的混乱和不满，阻碍了很多本来能给他们带来利益和舒适生活的劳动。对于那些体力很好，很适合劳动或提供服务的年轻男人们，他们不满的是，他们不应该花费时间和体力来为其他男人的妻子和孩子工作而没有任何回报。那些能力很强的人，或者说一部分男人，他们分配到的食物和衣服，并不会比那些体质虚弱、干活还不到其他人四分之一的人更多，这一点也被认为是不公平的。那些更年长、更受尊重的男人们在劳动、衣服和食物等方面同那些德行平平的年轻人都同样分配，这也被这些老年人认为是侮辱和不敬。而对于男人的妻子被命令去为其他男人服务，如为他们煮饭，帮他们洗衣服等，这也被认为是一种奴役，很多人作为丈夫几乎不能忍受。在这种情况下，所有的都一样，所有的人做的事情也都一样，由此，他们认为大家都处在同等的条件下，每个人都做得同样好；因此，这即使还未切断上帝在男人之间所设定的关系，也至少减少或者降低了这种在男人之间所应保持的相互尊重的关系。并且，如果他们是处在其他条件下，可能会更糟糕。但愿没有任何人会不认为，这只是男人的堕落，同我们的事业无关。我

的回答是，鉴于所有的男人都已经堕落，上帝已经以其聪明的才智为他们设计了一种更适合的道路。

资料来源：Bradford, William. *Of Plymouth Plantation*, 1620—1647. Edited by Samuel Eliot Morison. New York: Modern Library, 1967。

a. 假设你是一名清教徒，处在这种公有（公有产权）制度下。如果你整天在田地里努力工作，你每天分到的食物会增加很多还是很少？描述一下在公有制度下工作的积极性。

b. 在这种制度下，清教徒收获的是哪一种类型的产品？

c. 根据布拉德福德的描述，这种公有制度"阻碍了很多本来能给他们带来利益和舒适生活的劳动"。为什么公有制度会减少那些本来有利于这些清教徒的事情呢？你如何利用经济学的工具来解释这一现象？

d. 根据布拉德福德的描述，在公有制度被取消后，大家都能够大部分地保留自己所生产的产出，这时所生产的食品和劳动量都出现什么样的变化？

e. 仔细阅读布拉德福德的描述。公有制度还会带来其他哪些影响？（注意，经济学家一般都忽略了这些方面的影响。）

附录　公共地悲剧：有多快？

　　我们可以利用一个简单的 Excel 表格来看看，公共资源被悲剧性地过度使用，从而被耗尽的速度有多快。假设我们开始时有 100 个存量。这可以是 100 亿条鱼，也可以是 100 万头大象，或者是 100 个单位的农业质量标准，或者其他公共资源。假设这种资源自己生长或者再生的速度是每年 10％。我们可以建立如图 A17.1 所示的表格。关键的单元格是 B3，它含有公式 ＝ B2＊(1＋\$C\$2)－\$D\$2。这一公式把单元格 B2 中前一年鱼的存量，乘以 1 加上单元格 C2 中的增长率（前面加上美元符号"\$"是为了确保当我们把它复制到其他任何地方时，这个参照单元格保持不变），然后再减去每年的捕捞量或者说单元格 D2 中的变量（我们开始时把它设定为 10），这样就得到每年的存量水平。

　　我们现在复制单元格 B3 并把它粘贴到单元格 B4 上。显然，如果存量 100 按照每年 10％的增长率增加，每年 10 条的捕捞量是永远都可以持续的，这就是我们这张电子表格所显示的。

　　令人更感兴趣的是，捕捞量增加多快能够使得存量耗尽呢？例如，如果我们把

单元格 D2 中的捕捞量改为 11，我们将得到如图 A17.2 中的结果。

	B3		▼	fx	=B2*(1+$C$2)-$D$2
	A	B	C		D
1	年份	存量	自然增长率		年捕捞量
2	1	100		0.10	10
3	2	100			
4	3	100			
5	4	100			
6	5	100			
7	6	100			
8	⋮	⋮			
9					
10					

A17.1

	A	B	C	D
1	年份	存量	自然增长率	年捕捞量
2	1	100	0.10	11
3	2	99		
4	3	97.9		
5	4	96.69		
6	5	95.359		
7	6	93.8949		
8	7	92.28439		
9	8	90.51283		
10	9	88.56411		
11	10	86.42052		
12	11	84.06258		
13	12	81.46883		
14	13	78.61572		
15	14	75.47729		
16	15	72.02502		
17	16	68.22752		
18	17	64.05027		
19	18	59.4553		
20	19	54.40083		
21	20	48.84091		
22	21	42.725		
23	22	35.9975		
24	23	28.59725		
25	24	20.45698		
26	25	11.50267		
27	26	1.652941		
28	27	-9.18177		
29				

A17.2

注意，下降速度开始很缓慢，但是 27 年之后，鱼的存量变成了负数，也就是说，这种鱼灭绝了。你可以用不同的增长率和不同的捕捞量来试试，看看在不同的情况下，存量水平各可以维持多长时间。

经济学、伦理学和公共政策

富国可以向穷国出口污染吗？当拉里·萨默斯（Larry Summers）在担任世界银行首席经济学家的时候，他不但认为可以出口污染，而且还认为应当鼓励这种污染出口。萨默斯，如果你还不了解这个人的话，他是哈佛大学的前任校长，美国财政部的秘书，现在是奥巴马总统的首席顾问。在给他同事的一份备忘录中，萨默斯写道：

> 我也就跟你讲讲，你别拿出去说啊。难道世界银行不应该鼓励更多的肮脏产业转移到欠发达国家吗？……
>
> 对于妨碍健康的污染，其成本的度量取决于发病率和死亡率的增加所损失的工资收入。根据这一观点，对于某一给定数量的有害健康的污染，它应该在成本最低的国家被制造，也就是在工资最低的国家被制造。我认为，将有毒的废物倾泻于工资最低的国家，这在经济学逻辑上是无懈可击的，我们必须敢于面对这一事实。*

对于萨默斯来说，不幸的是，他的备忘录并不仅仅"也就跟你讲讲"。当这一观点被新闻界泄漏出来之后，立即引来了一场争论风暴，不仅仅是针对萨默斯的，而是针对整个经济学，以及在智力上将萨默斯征服的那种"无懈可击"的经济学推理。

如果你发现拉里·萨默斯的备忘录令人不安，那么，诺贝尔经济学奖得主加里·贝克尔（Gary Becker）的一些观点又怎么样呢？贝克尔说，我们应该使得买卖人肾的交易合法化。实际上，在一项调查中，罗伯特·惠普尔斯（Robert Whaples）发现，在他所调查的经济学家中（美国经济学会的 128 名成员），有 70% 的人都同意，甚至强烈赞同这一观点。[①] 目前，有超过 75 000 名美国人正在等待肾移植。他们中的很多人将会死亡；其他的人将会经受着令人痛苦而又疲惫不堪的透析手术，一周三天，一天四小时。为了得到某位捐赠者的一个肾，要在医院排队等候 5 年或者更久。也许你不知道，法律是不允许进行肾脏买卖的，因此，在 0 价格水平上，我们面临着严重的肾短缺（参见第 6 章关于对价格控制如何运行的讨论）。

贝克尔说，为了避免短缺，我们应该允许人们出售他们的肾（你有两个肾，你只

---

* 萨默斯的这一备忘录可以在网上随便找到。

需要一个就够用了）。很多贫穷国家的人本来愿意以几千美元或者更低的价格出售他们的肾。实际上，在这些人当中，目前有些人正在黑市中出售他们的肾。

因此，我们有两位杰出的经济学家，一位说我们应该把垃圾出口到穷国，另一位说我们应该从穷国家进口肾。毫无疑问，这两位经济学家也可能会彼此赞同对方的观点。

经济学家有时会在实证经济学和规范经济学间做划分。**实证经济学**（positive economics）主要是对经济事件进行描述、解释和预测。例如，如果用配额限制食糖的进口，食糖的价格就会提高，人们购买的食糖就会减少。无论我们是否认为食糖对人们有好处，这一结论都是正确的。**规范经济学**（normative economics）是关于如何就经济政策应该是什么提出建议。食糖配额是一项好的政策吗？这取决于我们认为什么是好的，以及在衡量收益和成本时我们考虑的是哪些人。

这一章不都是关于经济学的——这一章当中的很多涉及伦理和道德——但是，作为理解世界的一种更宽视野的方法，它对于理解经济学仍然是非常重要的。首先，经济学是有局限性的，你需要知道它的局限性是什么。这有助于了解哪些伦理道德观是经济学没有考虑的。其次，你有时可能会听到一些不好的或者误导性的对经济学的诋毁，这时你就有必要知道本章的知识，指出它们的错误所在。

但是，我们有言在先，在这一章中，我们的主要目标是提出问题，而不是解决问题。本章没有试图给出我们自己的一些规范性观点。相反，我们考虑了其他人的，特别是经济学批评者的一些规范性观点，同时也考虑了这些问题如何同你们在其他章节所学的实证经济学相互交叉。

实证经济学主要是对经济事件进行描述、解释和预测。

规范经济学就经济政策应该是什么提出建议。

18.1 出口污染和进口肾脏的例子

出口污染和进口肾脏实际上是各位非常熟悉的一种情形：贸易能改善人的状况。一个人需要肾超过需要钱，另一个人需要钱超过需要肾。通过交易两个人都能得到改善。

同理，也不奇怪，富国愿意付钱给穷国，让穷国为富国处理污染。从边际上讲，富国评估健康的价值比钱更高，穷国认为钱的价值比健康更重要。因此，双方都能通过交易得到改善。

这些交易有什么地方不对呢？在很多人看来，这样的交易存在很多问题。他们认为经济学推理忽视了一些重要的价值观。经济学家据称已经知道每一件事物的价格，但不知道任何事物的价值。

我们将要讨论如下这些对标准经济学推理的批评：

1. 剥削的问题；
2. 爱管闲事的偏好；
3. 公正和公平对待；
4. 文化产品和父权主义；
5. 贫困、不平等和收入分配；
6. 孰重孰轻？一些人比另一些人更重要吗？

我们下面来依次分析它们。它们可以帮助你理解为什么不是每个人都认为自愿交换在任何情况下都是一个好主意。

18.2　剥削

卖肾的人被剥削了吗?为了更清楚地考虑这个复杂的问题,我们假设卖肾者头脑清醒,且完全知晓摘除一个肾后所面临的各种风险。即使在这种情况下,很多人也认为那些卖肾的人遭受了剥削。弗朗西丝·德尔莫尼科博士(Dr. Francis Delmonico),一名外科移植手术医生,同时也是一名肾交易的著名反对者,称"付钱最终会导致对个人的剥削。卖肾的都是穷人"[②]。

穷人比富人更有可能去卖肾,在这一点上德尔莫尼科是对的。但是,这意味着卖肾的穷人就一定受到了剥削吗?我们来考虑以下三种情形。

➢ 情形一:亚历克斯从阿杰伊那里买了一个肾。

➢ 情形二:亚历克斯付钱雇阿杰伊打扫房间。

➢ 乔治梅森大学付钱请亚历克斯批改试卷。

在以上三种情形中,如果卖者很富有的话,他都不会去卖。因此,卖者(前两种情形中是阿杰伊,第三种情形一个是亚历克斯)被剥削了吗?我们可能会认为,卖肾可能会有所不同,但是,要区分出在交易中剥削的界限在哪里是很困难的。在富国和穷国都同样有很多人去从事那些具有很大风险的工作。例如,在美国阿拉斯加,职业渔民每年的死亡率比卖肾的人的死亡率要高 7 倍——那么,卖肾与在阿拉斯加打鱼有什么不同呢?[③]

有一种回答认为,对于穷人来说,钱是被剥削的,因为穷人的环境迫使穷人除了出售那些他们本应该持有的东西之外,几乎没有选择。不过,请思考一下,下面三种情形中哪一个是最受剥削的。

➢ 情形一:有人要求你捐献一个肾,但不给你任何回报。

➢ 情形二:有人出 5 000 美元买你一个肾。

➢ 情形三:有人出 500 000 美元买你一个肾。

很少有人会说情形一包含有剥削。但是情形二和情形三又如何呢?如果情形二是被剥削的,情形三也一定是被更剥削了——毕竟,这时卖肾的诱惑更大。实际上,很多人,包括富国中的很多人,都愿意接受 500 000 美元卖一个肾。但是,说情形三最具有剥削性似乎有些奇怪。通常都认为,买者是通过付给卖者更少的钱来剥削卖者,而不是更多的钱!但是,如果付钱更多,剥削就更少,那么,情形二也不可能是剥削,因为情形二是情形一再加上一笔钱,怎么给某人一笔钱反倒成了剥削他的一种方式?

如果有人出 500 000 美元来买你的肾,你会感到被剥削了吗?恐怕不会。毕竟,你总是可以说"不"。但是,如果情形三没有剥削你,那就很难看出更早先的情形二是如何剥削阿杰伊的。也许阿杰伊比你更需要钱。但如果我们假设,有 10％的印度人都愿意接受 5 000 美元卖一个肾,而 12％的美国人都愿意接受 500 000 美元卖一个肾,这是否意味着提供的钱越多剥削越大?

记住,每个人都同意,令人绝望的贫困本身就是一个问题。总的说来,如果人们能获得干净的水源、良好的健康保健和更多的财富,那总是更好。现在的问题是,是否仅仅因为对方的贫穷,所以向穷人提供他出售自己物品的机会就一定是错误的?我们下面将会再回到贫困和收入分配这一问题上来。

更重要的一点是：为了讨论方便，我们假设卖肾的人头脑清醒，而且完全了解各种风险。一种可能的回答是说，没有一个人可以完全理解卖肾这种交易所带来的风险。实际上，每年都有上千人自愿捐出自己的一个肾，我们也总是把这些人当作英雄。但是，我们不允许任何人去买卖肾，尽管这样做可以挽救成千上万条生命。

18.3　爱管闲事的偏好

即使剥削不是一个问题，很多人也本能地感到，为了钱来买卖肾是不对的。当我们试图理解什么是正义的时候，这种直觉应该在多大的程度上被考虑呢？

请思考这样一个问题：吃马肉可以吗？在加利福尼亚就不可以。上百万的加利福尼亚人都投票赞同这样的法律："任何餐厅、饭馆以及其他公共用餐场所都不得提供马肉供人消费。"但是，马肉市场在欧洲和日本是开放的，你在任何餐馆的菜单上都可以找到它。在日本，作为寿司的一种，你可以很容易地找到待出售的生马肉。美国马匹保护联盟（National Horse Protection League）不希望任何人都吃马肉——特别是外国人——因此，它在《纽约时报》上刊登了一整个版面的广告，呼吁禁止马匹出口，以改变马匹"注定要填充国外人肚囊的悲惨命运"。

在美国，马可以说是一种神圣之物（不像印度，那里母牛是神圣之物）。由此，马肉应该被禁止吗？如果马肉被禁止是由于人们憎恨有人吃马肉这一想法，那么，是否也应该由于人们憎恨有人买卖肾这一想法而禁止肾的出售呢？那么，同性恋、跨种族约会及各种宗教仪式又怎么样呢？这些行为也远没有得到所有人的认同，这些现实中的行为也经常会令某些人感到不适。由此，这种爱管闲事的偏好应该在多大的程度上被考虑到呢？

即使其他人的行为没有直接干涉到你，你也会在意其他人的行为，这样的一种偏好有时被称为爱管闲事的偏好。爱管闲事的偏好同其他诸如人身自由、正义或宗教自由等一些非常重要的价值观之间存在着矛盾，要解决它们之间的矛盾是非常困难的。本书的两位作者，亚历克斯和泰勒，通常都认为，爱管闲事的偏好在考虑规范问题的时候不应该有太大的重要性（我们俩都认为"互相宽容"（live and let live）应该是一种更受欢迎的做法）。但是，这只是我们的一种价值判断，而不是作为经济学家的固有思想。

18.4　公正和公平对待

公正和公平对待的思想也可能会成为反对贸易和效率的一种理由。我们来考虑一些能使残障人士在大众通行入口也能方便行动的设计规划。在纽约市，公共汽车长期以来都要为坐轮椅的障碍人士上车提供方便。实际上就是，公共汽车先"弯下膝盖"让轮椅上车，然后汽车再升高至正常高度。

具有这种功能的公共汽车成本是非常高的。公共汽车改换时期的纽约市市长埃德·科克（Ed Koch）估计，让所有坐轮椅的人士以及其他残障人士都坐出租车，所花费的成本比重新整修所有的公共汽车还要便宜。不仅仅是所花的成本更小，而且前者也会方便得多。但是，那样做正确吗？等式的一边是效率的问题。如果残障人士坐出租车，纳税人可以节省更多的钱，而残障人士自己也会有更容易和更舒适的交通选择。但是,进行公共汽车投资的那些人会极力辩护说,相对于政府出钱让残障人士一生都免费搭乘出租车来说,"公平对待"原则更为重要。即使纳税人和残障人士都同意出租车是更好的选择,批评者也会说,公共交通所包含的东西比单纯地把一个人从 A 地运送到 B 地要多得多。公共交通涉及公平对待这一神圣的价值观,它不会使人感到差异或处于弱势。

经济学家不能回答这些有关神圣与世俗之间的问题,但是,这些问题是引起很多公共政策争论的原因。当考虑到这些权衡时,我们需要意识到可能会引起的冲突和微妙之处,它们本质上大多属于伦理问题。

18.5　文化产品和父权主义

一个密切相关的问题是,即使在公众不愿意付钱的情况下,政府是否仍应该提供某些产品。例如,法国政府每年花费 GDP 的 1.5‰来补贴文化以及与其相关的"更高的价值观"[④]。这里隐含的假定就是,文化比人们花在其他方面的钱"更有价值",而且对于"什么是最好的",政府比私人能做出更好的判断,至少对于这部分具有特殊用途的钱是这样。

法国对于电视台应该播放多少部法语电影也做了最低限额的规定,具体来说就是不得低于总数的 40%。有一段时间,为了支持法语流行音乐的出品,甚至有一支政府部门的摇滚乐队。同样,其目的是要给人们一些同他们原本会进行的选择所不同的东西。政府试图给法国人一些法国摇滚乐,以代替法国人本来想要购买的美国或英国摇滚乐。这一政策的支持者说,对法国文化进行补贴就其本身而言是有价值的,市场的审美判断不应该是终极判断。

对法国政策的实用主义的批评者反驳道,这些补贴有适得其反和浪费的倾向。如果让法国的消费者而不是进行补贴的法国官僚们来左右电影业的发展,也许法国电影会更成功。更具有哲学意味的批评者则认为,应该允许人们按照自己的选择来使用他们的钱。在后一种观点中,自由选择这一价值本身从道德上讲就值得尊重。

当然,对某些文化给予特殊的支持不仅仅只是法国。美国政府对一个主要生活在俄亥俄州、宾夕法尼亚州和印第安纳州的一个小宗教团体阿米什人(Amish)免除很多种形式的税收和义务教育要求。美国大约有 300 个印第安人保留区有自己特殊的法律地位,这部分是因为美国政府想要特殊照顾这些文化。美国联邦政府也花了大量的钱财来支持艺术(虽然美国政府在这方面的开支比法国要少),这部分是因为,相比于那些他们认为是由市场和自愿捐助所产生的艺术,一些人想要鼓励具有更高质量的艺术。只在 2008 年这一财政年度,美国对国家艺术基金会(National Endowment for the Arts)的财政捐助就超过了 1.44 亿美元。

18.6　贫困、不平等和收入分配

也许卖肾和向穷国出口污染这一问题并不在于贸易本身,而在于导致贸易发生的贫困和不平等。我们也许会承认穷人把肾卖给富人后双方都会得到改善,但是对于穷人仍然很穷会感到很遗憾。

　　但是,公正的收入分配是什么呢? 穷人应该得到多少? 富人又应该拥有多少? 像这一类的问题一直是很多争论的核心,包括国外援助、贸易、税收、健康医疗和移民等,准确地说,在很多引起争议的问题上都是如此。

　　很多经济学家已经开始从道德哲学中来寻找对他们实证判断的支持,有三种观点已经被证明具有特殊的影响:约翰·罗尔斯(John Rawls)的最大最小值原理、功利主义和罗伯特·诺齐克(Robert Nozick)的资格正义理论。这三种观点,对于我们作为公民应该如何判断收入分配,对于自由市场交换的地位,持有不同看法。

18.6.1　罗尔斯的最大最小值原理

　　在 1971 年出版的《正义论》(*A Theory of Justice*)一书中,罗尔斯认为收入和财富的分配是评价社会政策的关键。罗尔斯,这位哈佛的哲学家,提出了**最大最小值原理**(maximin principle),也就是说,政府应该(在不侵犯人们的基本权利的条件下)最大化社会中最弱势群体的利益。"最大最小值"这一概念导致了"maximin"这一术语的出现。对于罗尔斯而言,改善穷人的状况比提高众多富人的状况要重要得多。罗尔斯刻意反对经济学家那种利弊权衡的思想,他认为穷人的利益应该放在第一位优先考虑。

最大最小值原理是说,政府应该(在不侵犯人们的基本权利的条件下)最大化社会中最弱势群体的利益。

　　罗尔斯对穷人优先的辩护理由是,如果任何人都不知道他们将在社会中处于怎样的地位,也就是说,如果人们处在"无知之幕"(veil of ignorance)之后,那么,他们就会希望最大化最贫困者的境况,以防万一他们自己就是社会中的最贫困者。用经济学的术语来说,罗尔斯认为人们是极端害怕风险的。

　　为了看看最大最小值原理如何在实际中操作,考虑一个具有三个人的最简单的例子:雷德、布卢和格林。

　　现在我们来比较两种社会状态:在状态 A 中,雷德、布卢和格林三人各自都有100 的收入,在状态 B 中,三人分别有 150、100 和 50 的收入。罗尔斯的最大最小值原理认为社会状态 A 比社会状态 B 更好或更公正,因为社会状态 B 中最穷的人格林在社会状态 A 中有更多的收入。注意,社会状态 A 和 B 唯一的差别在于收入分配在状态 A 中比状态 B 中更平等;两种状态的平均收入水平是一样的,因此,认为状态 A 比状态 B 更好似乎并非不合理。

社会状态	雷德	布卢	格林	平均收入
A	100	100	100	100
B	150	100	50	100
C	600	600	99	433
D	1 096	102	101	433

　　现在我们来比较社会状态 A 和社会状态 C。在社会状态 C 中,雷德和布卢都比在社会状态 A 中更好,但是格林稍微变差了一些。注意,社会状态 C 中的平均收入水平比社会状态 A 的 4 倍还要高。你会认为哪一种社会状态更好呢? 哪一种社会状态最大最小值更高呢? 最大最小值原理会认为社会状态 A 比社会状态 C 更好,因为状态 C 中最穷的格林比社会状态 A 中最穷的格林更好。最大最小值原理认为雷德和布卢所增加的收入一点也不重要,只有最穷的人的收入水平提高才有用。

有人会认为最大最小值原理会更偏好于收入分配更平等的社会,这种看法不一定正确。我们来比较社会状态 A 和社会状态 D。尽管社会状态 A 中收入分配平等得多,最大最小值原理仍然认为社会状态 D 会更好。因为同样,在状态 D 中,最穷的人的收入水平更高。最大最小值原理甚至认为社会状态 D 比社会状态 C 更好,即使社会状态 C 在同样的平均收入水平下具有更平等的收入分配。

最大最小值原理在哲学界很有影响,但是,它对经济学家影响很小。因为你知道,经济学家倾向于从价值之间取舍的角度来思考问题。如果给其他人带来的收益足够大,那么,最穷的人收入减少一点也许是可以接受的。如果收入分配的平等程度增加得足够多,那么,平均收入降低一些也是可以接受的。如此等等。

18.6.2 功利主义

功利主义试图实现的是能给社会带来最大效用加总或者最大"快乐加总"的结果。

在**功利主义**(utilitarianism)下,我们试图实现的是能给社会带来最大效用加总或者最大"快乐加总"的结果。今天,最著名的功利主义哲学家是彼得·辛格(Peter Singer),你可能知道,他也是动物权利的拥护者。

当涉及分配问题时,功利主义者会首先设法确定哪些人对新增加的收入具有最大的需求。例如,穷人多得到一美元可能会用来去看病,而富人多得到一美元可能会用来再买一条真丝领带。穷人多得到一美元所带来的幸福可能会更大。功利主义者可能会建议,从富人那里拿走一些钱再分配给穷人。但是,同罗尔斯不同,功利主义者并不总是想要最穷的人尽可能地得到改善。功利主义者主张收入再分配只要达到这样一点就可以,即再分配所带来的效用的边际变化为正。* 他们试图最大化效用总和,而不是最穷的人的效用。因此,从原理上来讲,功利主义者(不像最大最小值原理)允许穷人遭受一些额外的痛苦,只要这些额外的痛苦能够被经济中其他人所获得的足够多的收益所弥补。

当功利主义者把富人的财富再分配给穷人时,再分配的财富数量可能会受到什么限制呢? 激励! 把钱从富人那里取走,这会降低富人赚钱的激励,因此,如果总财富减少得足够多,那么总的效用水平也会被降低。因此,功利主义者给出的处方可能只允许相对温和的收入再分配,特别是在人们对激励做出的反应非常强烈的时候。功利主义者也会考虑再分配对穷人的激励效果。就提高穷人的福利而言,把钱直接给穷人并不总是最好的办法。正如米尔顿·弗里德曼曾经所说,如果你只是把钱给那些穷人,那么,你将会有很多穷人。

注意,在经济学中,通常都假设一美元的收益就是一美元的收益,无论谁得到都一样,因此,功利主义必须做出一个能超越这一经济理论假设的假设。经济理论没有假设一美元对富人比对穷人更有价值,标准的经济学工具中没有能供我们用于测度幸福或效用的任何便利方法。实际上,很多经济学家都相信,比较两个人的幸福程度并不是很科学。我们可以认为,穷人从新增加的一美元财富中得到的幸福比富人更多,但是,也许穷人是一个既不需要钱也不想要钱的僧侣,而富人才真正想再要一条真丝领带。也许富人之所以富裕就是因为富人爱钱,因而能努力去

---

* 确切地说,应该达到再分配所带来的效用的边际变化为 0 时为止。因为,只要效用的边际变化为正,继续进行再分配就可以增加社会总效用。——译者注

赚钱。我们不是说实际情况就一定是这样;我们只是想指出,不存在测度效用的自然单位,而人们也有着各不相同的偏好。

　　大部分经济学家都相信,富有的社会中会有一种安全网络体系和一种国家福利来照顾穷人。但是,这种信念不一定要建立在富人和穷人之间严格的效用比较之上。经济学家经常把社会安全网络系统描述为,能在遭遇破产、重大健康医疗问题,以及其他重大悲惨事件时获得保险的一种途径。如果你认为保险具有价值,而且仅凭私人市场不可能提供这些社会保险(这种观点还是有争议),那么社会安全网的存在就是有理由的。不过,功利主义者甚至走得更远,他们还想就应该从富人那里转移多少钱给穷人提供更具体的解决方案。

18.6.3　罗伯特·诺齐克的资格理论

　　无论我们是接受罗尔斯的最大最小值原理,还是更喜欢功利主义,或者是选择其他的正义理论,有一件事情很清楚。那就是,永远无法保证,由市场力量所主导的收入分配,会达到这些理论所描述的那种分配状态。因此,大部分正义的理论家都主张,通过运用政府的力量来施行一定数量的税收和再分配。少数的几个例外之一就是罗伯特·诺齐克的**资格正义理论**(entitlement theory of justice),这一理论也以正义的自由理论而著称。

> **资格正义理论**认为,只要财产的取得是正当的,商品的交换是自愿的,那么一个社会中的收入分配就是正义的。

　　罗伯特·诺齐克,另一位哈佛的哲学家,提出了一种同罗尔斯非常不同的道德体系。诺齐克比罗尔斯要更赞同市场经济。在 1974 年的《无政府、国家和乌托邦》(*Anarchy, State, and Utopia*)一书中,诺齐克为市场进行辩护。诺齐克认为,收入分配的方式并不重要;重要的是,收入的差距是否通过公正的手段所获得。由此,诺齐克主要关注收入分配的过程。

　　诺齐克说,如果约翰希望同玛丽进行交易,并且假设他们的交易不会妨碍到其他人的权利,那么,决定就应该由约翰和玛丽他们自己来决定。用诺齐克的话说,所有成年人间自愿的资本主义行为都应该被认可。诺齐克承认甚至强调,随着累积效应的显现,这种交易将会导致人们在机会和结果上的差异以及实质性的不平等,但是,他认为这种不平等并没有任何不对的地方。诺齐克走得更远,他明确赞同这种基于自由选择、没有强迫力量和欺诈行为的市场交换所导致的不平等。

　　诺齐克对罗尔斯和其他正义理论提出了一种非常经典的反驳。诺齐克说,假设某一天我们创造了这样一个世界,其中财富的分配正好如某些正义论所描述的那样。比如说财富的分配就正好符合你对正义理论的描述。现在,诺齐克接着说,假设有某个像 J. K. 罗琳(J. K. Rowling),《哈利·波特》系列丛书作者这样的人[诺齐克实际上举的是威尔特·张伯伦(Wilt Chamberlain)这个例子,威尔特·张伯伦是 20 世纪 60 和 70 年代的篮球明星]。

　　我们假设,罗琳又写了一本哈利·波特的书,而且她能把书卖给任何愿意购买该书的人。当然,很多人都非常愿意购买罗琳的书,因此,钱源源不断地从购书者手中流进了罗琳的口袋。罗琳变得非常富有(她是第一个通过写作成为亿万富翁的作者),以至于最后财富的分配同开始时非常不同。而且根据假设,所有的一切都符合正义。那么,在新的财富分配状况下,罗琳一个人变得非常富有,这怎么就不正义呢? 在这个过程中,任何人的权利都没有被侵犯,而且实际上,每个人,包括书迷和罗琳,在每次罗琳卖书时都得到了改善。所发生的一切都是自愿与和平的交易。诺齐克的理论认为这种交易是正当合法的。那么,对于任何一个局外人来说,为什么他可以不赞成这种财富分配方式呢?

注意,这个例子并不是凭空想象的:在她开始写第一本书的时候,罗琳是一位失业的单亲母亲,正在靠社会福利救济生活。今天,她的收入比她的普通书迷要高一千倍。

诺齐克举出的例子对以下观点是一个直接的批评:结果的平等很重要。诺齐克认为,我们应该关心的是那些会导致财富差距的过程的正义性——偷窃是不对的,应该受到指责和矫正,但是,非强迫的自愿交易不应该受到指责,即使它会导致财富的极大差异。

在自由论者的法庭中,正义就是对个人权利的尊重。理解自由论者之权利的方法之一就是,它们会对政府的合理行为产生"边界约束"(side constraint)。自由论者会按照一些普通的直觉来思考问题。例如,我们前面已经讨论过,世界上有很多人需要肾,否则,他们就需要做透析,甚至将会失去生命。因此,很多人都需要肾,而你有两个健康的肾。但是,你只需要一个肾就可以正常生活,并且很健康。违背你的意愿从你身上拿走一个肾,你能同意吗? 为了更大的善而征召你的肾,这样做可以吗? 进行肾的再分配对吗?

如果你认为对这个问题的答案是否定的,那么,你已经朝向自由论者的正义理论迈出了一大步。如果你想进一步思考,自由论者会问你:如果征召你的肾不行,那为什么可以征召你的整个人呢? 如果再分配肾不对,那么,基于同样的道理,进行收入再分配就不是错的吗?

思想家们还在继续就罗尔斯、功利主义和诺齐克这三种观点在其他思想领域之间的关系进行争论。经济学家的一个贡献只不过是坚持认为,人们应该更关注财富的生产,而不是财富的再分配。道德哲学家们有时在讨论问题时,就好像所有的东西都已经摆在桌上等着分配,但是,经济学家知道,实际并不是这样的。经济学家一般都强调,财富的生产是第一重要的。

18.7　孰重孰轻? 移民

经济学家在评估贸易或移民这样的公共政策时,他们一般都是同等程度地计算所有个人的收益和成本,无论这些人在哪里生活。但是,政治并不是按照这种方式运转的。一国的政府通常都把本国公民的偏好看得很重,本国公民的偏好在政治中的权重比国外居民要重要得多。

在今天的美国,移民是最能最能体现这一观点的议题,因为在移民这一问题上,本国公民的偏好要比外国公民的偏好重要得多。一些人认为,移民损害了美国公民的利益,因为低技术的移民降低了美国那些低技术人员的工资。另一些人则认为,移民的企业家才能和他们吃苦耐劳的精神增强了美国经济。

从净效应来看,一些严谨的研究表明,移民既具有正效应,也具有负效应,但是,美国经济如此巨大,总体来看,移民不是一个大问题——那些支持和反对移民的经济学家都认同这一结论。人们在争论着应该增加还是减少新的移民,这通常都是一个道德问题。但是,同样,无论你持什么样的观点,相对于整个美国经济来说,这一问题的净收益或净成本都非常小。⑤

因此,我们不妨假设移民对美国公民的净收益或净成本都很小。但是,每个人都同意,移民对移民者本人具有巨大的收益。今天,墨西哥的移民一般都来自 Chiapas、Guerrero、Oaxaca,或者墨西哥其他一些穷困地区。这些乡村的人们通常一天所赚的收入不超过一二美元。如果他们来到美国,他们每小时能赚 10 美元甚至更多。当然,他们把很多钱都寄回老家给他们的家人。汇款是墨西哥的第一大"进口"行业,而这些汇款大部分来自美国。汇款经常会造成饥饿和富余之间的差距,或者造成村庄是会崩溃瓦解还是重获生机之间的差距。对于每年那 40 万会跨过边界或者如果很容易的话将要跨过边界的墨西哥人来说,移民是非常重要的。

因此,如果美国正在就移民政策进行决策,那么,移民对墨西哥人所带来的利益在美国人的决策中应该占多大的权重呢? 我们所谈的不仅仅是那些已经来到美国的墨西哥人(这些人当中有些可能已经成了美国公民),而且也包括那些在家中收到汇款的墨西哥人。经济学倾向于当一个世界主义者,它会主张同等地对待所有的人,无论这些人生活在何处。如果同样对待外国人的利益和本国人的利益,那么,墨西哥人移民到美国将是特别有益的事情。但是,同样,不是每个人都认为,外国人的福利应该同美国公民的福利一样对待。持这种假设来进行竞选的总统候选人不可能会赢得大选。

对外援助是另一个政策议题,在这个问题中,我们必须问,政府应该照顾的是美国公民还是其他国家的人民。在现实中,美国政府花在对外援助上的开支是非常少的。具体的总数目很难确定,因为在政府预算中,"对外援助"和"军事援助"不是完全独立的项目。但是,根据标准账户,正式的对外援助金额每年不足 300 亿美元,还不到联邦预算的 1%。⑥ 当然,简单地送钱给其他国家并不能改善他们;对外援助通常都会被腐败的上层人士攫取,或者被用于糟糕的目的。你也可以说,美国政府用于国内的某些钱也同样如此! 问题在于:选民们有权让联邦政府在美国公民身上少花些钱,而把更多的钱花在国外那些穷困的人身上。为什么不让直升机飞往贫困的国家,再扔些美元下去?

我们是否应该这样做呢? 这部分取决于你如何看待以下两个问题,即"应该考虑哪些人的利益?"和"应该在多大的程度上考虑他们的利益?"这是一个执重执轻的问题。

18.8　经济伦理学

当经济学家提出像出口污染或买卖人肾这样的建议时,他们经常被认为是忽视道德因素的。经济学家有时同意这种看法,也许还不无自豪。但是,近距离的考察会表明,实际并不是这样。尽管经济学家的预测独立于任何伦理学的理论,但在规范经济学推理的背后,却存在着伦理学的思想。例如,一个认为人肾买卖并非剥削的经济学家,是很尊重卖肾者的——他把卖肾者看作是能够为他自己做出选择的人,哪怕是在困难的境况中。

同理,经济学家没有对人们的偏好进行过多的假设。如果人们喜欢摔跤比歌剧多一些,那么这就是偏好。真正的经济学家不会认为某些偏好会比另一些偏好更好。用规范的术语来说,经济学家再次会倾向于尊重人们的选择。

尊重人们的偏好和选择自然会导向尊重交易——一种人类能够使得自己得到

改善的关键行为。正如我们在第 9 章关于外部性的讨论中所看到的那样,经济学家已经认识到,交易有时也可能使得人们比没有交易时更糟。然而,人们可以进行决策并且知道他们自己的偏好,这一基本信念导致经济学家非常赞同非强迫性交易这一理念。

经济学家也倾向于同等地看待所有的市场需求,无论需求来自哪个人。不管你是白人还是黑人,男人还是女人,沉默者还是健谈者,美国人还是比利时人,在对一项政策进行经济评估时,你的消费者剩余和生产者剩余都被同等地对待。

这并不是说,经济学家在他们伦理方面的假设总是正确的。正如我们在本章开始所说,这一章的问题要多于答案。但是,经济学家的伦理道德观——尊重个人选择和个人偏好,支持自愿进行的交易,以及同等对待所有人——是具有广泛基础的伦理道德观,它在各种伦理和宗教传统中都被支持和认可。也许你曾经听说过托马斯·卡莱尔(Thomas Carlyle),一位维多利亚时代的作家,他称经济学为"沉闷科学"(dismal science)。你可能不知道,卡莱尔是奴隶制度的辩护者,他这是在攻击经济学的伦理道德观。像约翰·斯图亚特·穆勒这样的经济学家认为:所有的人都能够进行理性选择;非强迫性交易是通向财富的最佳路径;每个人都应该同等对待,不分种族。因此,穆勒和 19 世纪的自由主义经济学家都反对奴隶制,相信每个人都有权享有自由。这就是卡莱尔所认为的沉闷的伦理道德观。* 我们希望有不同的见解。

○ 本章小结

经济学家强调贸易利得这一核心理念。然而,在很多经济环境中,并不是每个人都赞同贸易利得,这主要是由于伦理道德的原因。不是每个人都认为人肾可以买卖,也不是每个人都认为污染应该出口到贫穷国家。有关公正、平等对待、分配以及其他一些问题的直觉,经常会同经济学有关增加贸易利得的观念产生冲突。

我们认识到实证经济学(预测未来会怎么样)同规范判断(应该怎么样)之间存在着差别。因此,我们没有试图去回答这些伦理道德方面的悖论,也没有试图给你们提供一些我们认为是最好的伦理学理论。但我们知道,你需要理解这些争论中的某些事情,至少在你想知道经济学在现实世界中的争论时会如此。不是每个人都认同经济学关于贸易利得的概念,我们已经试图举出一些观点,让你知道为什么会这样。

○ 本章复习 ....

关键概念

实证经济学
规范经济学

罗尔斯的最大最小值原理
功利主义
诺齐克的资格正义理论

---

* David M. Levy 和 Sandra J. Peart 写了一篇优秀的文章,对沉闷科学之秘史进行了讨论。这篇文章的链接网址为 http://www. econlib. org/library/Columns/LevyPeartdismal. html♯ 。

事实和工具

1. a. 在本章,我们实际上从没有对"剥削"(exploita-tion)进行过定义。字典上对这个词的定义是什么?

 b. 判断一下,我们本章早些时候所讨论的 6 个关于剥削的例子是否符合字典中对剥削的定义。不错,这其中多少包含着一些个人的主观判断,就像本章的大多数问题一样。

 c. 在你看来,是否会把某些自愿的交换视为剥削,字典上的定义是走得太远,还是不够远?

2. 在我们所讨论的三种道德理论(罗尔斯理论、功利主义和诺齐克理论)中,哪两种理论同第三种理论存在巨大的差别? 从哪方面来讲,我们说这两种理论同第三种理论存在差别?

3. 诺齐克反对功利主义的理由之一是"效用怪物"(utility monster):有这么一个人,他从新增加的一美元中总是能获得巨大的快乐,而且他的快乐比社会中任何人的快乐都要多。如果有这么一个人存在,功利主义的解将会把社会中所有的财富都给这个诺齐克设想的效用怪物;任何其他形式的收入分配都将会造成不必要的浪费。对诺齐克来说,这种可能性是极其糟糕的。诺齐克的理由是有点故意走极端,但是,我们可以利用它作为一个比喻,来思考真实世界中的收入分配问题。

 a. 在你自己的生活中,你认识哪个人是"效用怪物":能够从购物、占有和出入某些场所中获得巨大快乐的人? 可能是家庭中的一个成员或者是中学里的某个人吗?

 b. 你认识任何"效用吝啬鬼"(utility miser)吗? 他是那种不能从自己所做的任何事情中,或者自己所拥有的任何东西获得快乐的人,甚至当他有很多钱来买他所需要的任何东西的时候,他也不会快乐。

 c. 以你的观念来看,如果政府把现实世界中"效用吝啬鬼"的收入拿走分给"效用怪物",这种分配道德吗? 为什么?

4. a. 来想想你自己吧,如果你预先不知道你自己是雷德,还是布卢或格林,在本章罗尔斯那一节中所讨论的 A、B、C、D 四种社会中,你会更愿意在哪个中生活? 为什么?

 b. 你最不喜欢哪一种社会? 为什么?

5. 罗尔斯支持政府对社会上最穷的人实行收入再分配。如果"社会"是指整个世界,应该涉及多少再分配? 换句话说,在富裕国家中,有多少比例的人应该让出他们的大部分收入,给最穷国家的人? 记住,最穷的美国人也有干净的水源、有保障的食品券和免费的医疗保健,而全世界数十亿的人口都缺少这种保障。

6. 一个生活在美国的"全球功利主义者"(这些人会同等程度地对待世界上的每个人,不会给他们自己国家的人任何更高的权重),会希望有更多来自穷国的移民,还是更多来自富国的移民?

思考和习题

1. 对于一个罗尔斯主义者,少了哈利·波特系列小说和一个亿万富翁,这个世界会更好吗?

2. 有些人说,被平等对待的权利是无价的。但是,看上去好像大部分人实际上都不相信:这些只不过是我们彼此相互交往时所说的客气话。考虑以下情形:

 a. 如果每辆能"下跪"的公共汽车要花 1 000 万美元,你认为还必要做到同等对待吗?

 b. 如果雇用一个翻译把选票翻译成一种只有不到 10 个选民说的语言,需要花费 10 000 美元,你认为还必要做到同等对待吗?

 c. 如果为了确保遭迫害的少数民族的选举权利,需要以几十名警察的生命为代价,你认为还必要做到同等对待吗?

 d. 在这些价格下,平等对待的社会代价很高吗? 在每个案例中,说说你认为在什么样的价格(以生命或者美元)以上,应该停止同等对待,并简单解释一下理由。为什么不是这一价格的两倍? 为什么不是它的一半?

3. 在"爱管闲事的偏好"和"意识到外部性的存在"这两者之间,没有一条很清晰的界限。根据这两者都可以说,"你所做的事情妨碍了我"。像我们在本章所指出的那样,"爱管闲事的偏好"对于那些具有逻辑推理的人来说,其实是不用太担心的问题。与此相反,"意识到外部性的存在"则可能会促使这类主题被提出来供公众讨论,也许甚至会被投票表决。在你所生活的城市中,以下哪些问题是一些应该让个人自己决定的事情,哪一些又是应该提出来用投票来进行表决的事情?你有什么区分这两者的好办法吗?

a. 由当地的工厂所排放的污染数量;

b. 晚上 11 点之后噪音的分贝上限;

c. 亲兄弟姐妹之间可否通婚,即便双方都出于自愿;

d. 卖烈性酒的商店应该设在什么地方;

e. 在公共场合应该如何穿着;

f. 一个家庭应该生育多少个子女。

4. 我们来看看一个功利主义的独裁者会如何安排亚当、夏娃和莉莉思之间的事情。功利主义者所做的一个勇敢假设是,你实际上可以比较不同人之间的幸福和痛苦:在现实中,大脑的扫描使这逐渐变得容易做了,但是,在很多时候仍然只能靠猜。我们假设这个功利主义者有 8 个苹果需要分配:下面的表格表示每个人获得他们的第一个苹果的效用(很大),但是,再多增加一个苹果增加的幸福会更少。(用经济学的术语来说,苹果具有递减的边际效用。)

每个苹果的效用	亚当	夏娃	莉莉思
第一个	1 000	600	1 200
第二个	140	500	200
第三个	20	400	100
第四个	1	300	50

a. 那么,如果独裁者希望最大化亚当、夏娃和莉莉思的效用总和,每个人应该分别得到几个苹果?

b. 如果莉莉思第一个苹果获得的效用变为 2 000 个单位,这会如何改变最优的功利主义分配?

5. a. 菲莉帕·富特(Philippa Foot)提出的“电车难题”(trolley problem)是一个著名的伦理学难题:你是一名有轨电车(或者是地铁、街道公共汽车或火车)的驾驶员,这辆电车在轨道上失去了控制。有 5 个人正绑在车前方的轨道上。如果你让电车驶向他们,他们肯定会被压死。如果你拉一下方向杆,电车就会驶向另一条轨道,在这条轨道上,不幸也有一个人绑在上面。你可以让 5 个人被压死,你也可以主动选择杀死一个人,这就是你面临的所有选择。你将会如何选择?为什么?这一章的哪一种观点适合你的推理?(如果你在谷歌上搜索一下“电

车难题”,你会找到很多其他有趣的道德难题供你和你的朋友讨论。)

b. 另一个道德难题听得来有点不同:你是一名医生,正试图找到 5 个器官捐献者来挽救 5 个无辜人的生命。一个新的病人正好来检查,你发现这个病人正好有 5 个器官非常适合那 5 个无辜的病人。你会杀死这个无辜的病人来挽救那 5 个无辜的病人吗?假设你不会被逮捕:也许是你所在的国家的人们从不关心这类事情。这与“电车难题”是否相同?对于功利主义者来说,这是同样的问题吗?

6. 毒品交易不合法,你认为最大的原因是什么:担心被剥削、爱管闲事的偏好、正义的观念、父爱主义、对平等的关心,或者还有其他一些的原因?

7. 根据这一章所提供的工具,一个人可以如何为禁止赌博辩护?

8. 关于是否应该准许免费复制电影和音乐,比较一下罗尔斯主义的观点和功利主义的观点。

挑战

1. 应该允许一个能承担责任的成年男子卖肾吗?为什么?如果应该,你认为对这一销售行为应该施加什么限制,如果有必要的话?

2. a. 从你的观点来看,什么时候政府应该实行“互相宽容”的原则:是在一些对人们非常重要的问题上(如关系到生与死的问题、关系到多少收入应该交给政府的问题、同宗教信仰有关的问题、同性有关的问题),还是在对人们不那么重要的问题上(餐桌上应该允许什么样的香料存在,或者公共场合哪一种类型的着装是可以接受的)?

b. 欧洲人在 16 世纪出于爱管闲事的偏好进行了很多战争。回想一下你的历史课,欧洲人干涉了什么样的偏好?

c. 在 16 世纪有什么理由可以为干涉他人偏好的行为提供支持?

3. 哲学家阿拉斯泰尔·诺克罗斯(Alastair Norcross)提出了以下问题。假设有 10 亿人正在遭受一定程度的头痛,而且还会持续好几个小时。消除这些人头痛的唯一办法就是有一个人要以一种恐怖的方式死去。这个人的死可以从成本收益的角度来辩护吗?

4. 如果富国可以直接把钱送到穷国人民的手中,从而绕过腐败的政府,你认为富国应该出钱让穷国接受来自富国的高污染的工厂吗? 如果可以,你认为每年应该给每个家庭支付多少钱? 如果不可以,为什么?

5. 你也许会愿意为了整个人类而牺牲自己的生命,但是,你可能不愿意为了拯救一个陌生人而牺牲自己的生命。你的门槛人数是多少:必须至少挽救多少人,你才会愿意牺牲自己的生命?

6. 如果人们具有不平等的结果是由于人们自愿承担了不同的风险,一些人就会觉得不平等是可以接受的,只不过是有人输,有人赢而已。假设有两个人,每个人都花了 10 000 美元去买彩票,但是,只有一个人会赢。我们最后有一个穷人和一个百万富翁。同一个人出生在富人家里,而另一个人出生在穷人家里相比,这种愿赌服输的不平等是更好还是更坏? 两者之间的差异是什么? 为什么会有这种差异?

7. 有些穷国是人口大国。印度有 10 多亿人口,而印度人相对较穷。我们知道,当一个家庭变得富有时,会趋向于限制生育子女的数量。因此,一个更富有的印度,随着时间的推移,将可能会具有大大少于 10 亿的人口数量。这将会导致一个更好的印度还是一个更差的印度? 虽然每个印度人都拥有了更多,但是,印度人却更少了。由此,为了使得印度能有一个更高的人口数量,有理由继续维持印度的穷困吗? 如果没有理由,为什么? 一般来说,就一个社会中的最优人口数量,经济学能告诉我们什么? 或者什么也不能告诉我们?

8. 我们假设有一个叫汤姆的人,25 岁,他想要抽烟。考虑下面两者情况。

a. 汤姆正在抽烟。突然,政府跑过来告诉汤姆,他不能抽烟。政府说汤姆抽烟对其他人具有"负的外部性"。这一政策是好政策还是坏政策?

b. 汤姆正在家里抽烟,周围没有其他人。突然,政府跑过来告诉汤姆,他不能抽烟。政府说汤姆抽烟对另一个人具有"负的外部性"。汤姆问,对谁造成了负的外部性。政府说,65 岁的你将会由于今天抽烟的你而受到伤害。政府说,今天的汤姆所做的事情没有很好考虑未来的汤姆。这种辩护理由能成立吗? 从道德上讲它是对的吗? 如果是,我们是否可以或者应该信任,政府为未来的我们所做出的这些决策?

▶19

政治经济学

读到这里,你现在可能会问:"这个世界出了什么问题?"经济学家总是倾向于赞同自由竞争的市场,并且总是会对价格控制、关税、命令和管制,以及高通货膨胀率之类的政策表示怀疑。然而,在全世界各地,市场总是被管制,垄断总是被支持,以上所列举的这些政策非常普遍。为什么无人理会经济学家的主张?

一种可能的答案就是,政治家们拒绝承认主流经济学是对的。我们在第 18 章已经表明,有些人认为,主流经济学忽视了一些重要的伦理价值观。或者也有可能,主流经济学对经济学的分析简直就是错的。当然,这不是我们的观点,因此,你必须去找其他的书来看,然后自己对这一问题进行判断。对"这个世界出了什么问题"的第三种回答,也是我们在本章将要讨论的,就是……你能猜到吗? 错误的激励!

再次重申(但次数再多也不为过!),激励很重要。一种好的激励体制会促使个人利益同社会利益协调一致。我们在第 5 章和第 9 章已经分析过,在什么条件下,市场能或者不能促使个人利益和社会利益协调一致。现在转向对政府的分析。这里最关键性的问题是:什么时候政治家和选民的自我利益同社会利益是协调一致的,什么时候这些利益之间会相互冲突?

在本章开始的时候,我们先看看在民主制度中,指导选民和政治家行动的一些主要制度和激励是什么。我们将会看到,民主存在很多问题,包括选民们的信息无知、特殊利益集团的政治控制,以及政治经济周期。但是,引用温斯顿·丘吉尔的话,"没有人会认为民主是完美的或者万能的。实际上,据说除了那些不时会被实行的其他政府形式之外,民主是最糟糕的一种政府形式"[①]。因此,在本章的后半部分,我们来研究一下非民主制度,以及为什么非民主制度一般既不能为它的市民成功地生产财富,又不能成功地提供政治和经济自由。

我们从选民及以下问题开始:"选民有激励去获得政治方面的信息吗?"

19.1   选民和信息无知的激励

了解信息知识是一件好事。但是,有时信息知识的价格太高。想象一下,假设你的教授改变了评分规则。他不是按照每个人的考试成绩来给分,而是把所有考试分数进行平均,然后对每个人都给一个相同的评分。在这种新的评分规则下,你学习会更努力还是更不努力? 我们认为大部分人会更加不努力,因为在新规则下学习得到的回报很低。比方说,假如在评分规则改变前,多学习几个小时会让你的成绩提高 10 分。在新的评分规则下,多学习带来的回报是什么呢? 假设你们班上有 100 个人,那么,同样的学习时间现在只能把你的成绩提高 10/100,或者说提高 0.1 分。* 在第二种评分规则下,学习不能带来回报。因为你的成绩主要是由其他人的行为决定,而不是由你自己的行为所决定。

现在,我们把这同样的道理用在政治上。当你选择一名政客的时候,你的努力有很高的回报吗? 没有。学习有关当前形势的论文,研究选举历史,听取政客的演说,这些有时是一种娱乐,但是,它不能带来任何具体的回报。即使你通过学习改变了自己的投票,你的投票也不可能改变整个选举的结果。了解政治不会带来回报,因为任何选举结果的决定都主要取决于其他人的行为,而不是你自己的个人行为。

经济学家认为,由于获得相关信息的激励太低,选民们对政治会选择**理性的信息无知**(rational ignorance)。

如果要了解实情的收益少于了解实情所付出的成本,**理性的信息无知**就会出现。

不难找到证据证明,美国人对政治方面的事情其实知道得非常少。我们来考虑以下两个问题吧。谁是美国众议院的发言人?《哎呀,我又犯傻了》(*Oops . . . I Did It Again?*)这首歌是谁唱的? 说实话,对你来说,哪个问题更容易回答? 而哪一个问题又更重要?〔在写作本书的时候,南希·佩洛西(Nancy Pelosi)是众议院的发言人。《哎呀,我又犯傻了》是布兰妮·斯皮尔斯(Britney Spears)。〕

不知道谁是众议院的发言人也许不是很重要。但是,对于一些重要的政治问题,美国人同样也不了解,甚至更糟糕的是——被误导。例如,有一份调查,要求接受调查的美国人从以下六项政府开支中,选出开支最大的两项:

> 福利;
> 联邦国债利息支出;
> 国防;
> 对外援助;
> 社会保险;
> 医疗卫生。

令人吃惊的是,有 41% 的人认为,对外援助是政府最大的两项开支之一。但是,对外援助是这六项中占政府支出最小的一项。你知道正确的答案吗? 最大的两项开支分别是国防和社会保险。对于正确答案,美国人甚至边都没有挨上。例如,被选择第二多的是福利。这一项至少还是一类大项,但是,它仍然比国防和社会保险小得多。[②]

同理,美国人自己也承认,他们对像《美国爱国者法案》(USA Patriot Act)这样一些重要的法律"了解不多",或者"根本不了解"。大部分美国人对通货膨胀率或失业率的估计数值,都无法准确到实际数值的 5 个百分点之内。在过去的几十年内,

---

　* 有可能某些人已经详细研究这一新的给分标准。在旧的标准下,学习只提高自己的成绩,但是新的标准下,它能提高每个人的成绩。因此,如果有些学生具有利他主义倾向,那么在新的给分标准下,他可能会更努力学习。我们还没有遇到这样的学生。你遇到过吗?

有几百项调查显示，大部分美国人对政治事件知道得很少。当然，我们都有可能会改变——我们很高兴你在读这本书！——但是，在那之前，事实仍然如此，而且似乎不太容易改变。

为什么理性的信息无知很重要

至少从以下三个方面的来说，对政治事件的信息无知是一个非常重要的问题。首先，如果选民们不知道《美国爱国者法案》是什么，或者失业率是多少，那么，他们就很难做出明智的选择。而且，同他们了解实际失业率的情况下相比，那些认为失业率比实际水平更高的选民，就有可能做出完全不同的选择。如果选民们不知道政治家在这些问题上的立场，问题就变得复杂了。如果选民们还不了有哪些可能的途径能解决失业这样的问题，情况就变得更糟糕了。选民本应是民主的掌舵人。但是，如果掌舵人不知道他们处在什么地方，或者不知道他们想要去什么地方，那么，他们就不可能到达理想目的地。

其次，那些理性地选择信息无知的选民们，他们经常会根据一些低质量、同事实情况完全不符的、存在潜在误差的信息来进行决策。不是每个人都很好地阅读过经济学教科书中的一些原理，同其他完全了解实情的人相比，这些人就有可能会按照完全不同的方式来进行投票。* 例如，一点也不令人奇怪的是，即使好的长相同政策没有任何关系，长相好看的政治家也会得到更多的选票。再说一遍，如果选民们是理性地信息无知的，我们对政府是否能明智行事的方式就不应该有太高的期望。

认为理性的信息无知很重要的第三个原因是，并非每个人都是理性的信息无知。我们来更详细地看看这一点。

自我测验

全国的选民对全国性问题和本地的选民对地方性问题，你认为哪一个更有可能选择理性的信息无知？对两种可能的回答都给出理由。

19.2　特殊利益和信息灵通的激励

我们再回到第 8 章所讨论的食糖配额问题。你可能还记得，政府对于能进口到美国的食糖数量进行了限制。由此，美国食糖的价格大约是世界食糖价格的两倍。在美国，糖果、苏打汽水和其他甜点食品的消费者，对其消费的产品支付的价格比没有配额限制时要高出很多。为什么政府要损害食糖消费者的利益呢？要知道，他们很多人都是选民。

虽然食糖的消费者由于配额受到了损害，但是在这些人当中，甚至很少有人知道有食糖配额制度的存在。这也是理性的，因为即使配额给消费者带来了超过 10

---

*　关于这个问题一个非常好的讨论，参见 Caplan，Bryan. 2007. *The Myth of the Rational Voter：Why Democracies Choose Bad Policies*. Princeton，NJ：Princeton University Press。

亿美元的成本,但这些成本分散在数百万消费者的头上,平均每个人大约每年只有5到6美元。即使食糖消费者知道配额制度,他们也可能不会花太多的时间或精力去反对它。你会吗?毕竟,就是写一封信到你们当地的媒体去反对配额,你就可能要花上价值5到6美元的时间和麻烦,你的信能改变政策的可能性有多大呢?

因此,食糖的消费者不太可能去反对配额。但是,食糖的生产者会怎么样呢?美国食糖的生产者从这一配额政策中获得了巨大的利益。我们在第8章已经看到,如果取消配额,由于巴西食糖生产者竞争的压力,美国佛罗里达州的大部分食糖生产者都会破产。因为巴西有更好的天气,这使得巴西生产的食糖更便宜。但是,在配额制度下,美国生产者规避了竞争,佛罗里达州的食糖农场主变得非常有利润。此外,虽然存在上百万的食糖消费者,食糖的生产却主要集中于十几个生产者,每个生产者从配额政策中的受益都是上百万美元。

与食糖的消费者不同,食糖生产者有很多钱都与配额政策直接有关。因此,他们是理性的信息灵通(rationally informed)。食糖的生产者知道,什么时候对食糖配额政策进行投票;他们也知道,谁是参众两议院农业委员会的委员,而正是这些委员对配额政策具有很大的决策权;他们还了解,哪些政治家正在参与下次选举,而且正需要竞选资金;他们会采取相应的行动。例如,表19.1列出了2008年参议院农业委员会的成员名单,以及2006年到2008年这些委员们从美国砂糖政治行动委员会获得的大量资金。美国砂糖政治行动委员会是一个支持食糖配额的行业游说组织。

表 19.1　特殊利益集团的信息灵通是理性的

2008 年参议院农业委员会的成员	来自美国砂糖政治行动委员会的捐赠:2006—2008 年(美元)
Tom Harkin,艾奥瓦州民主党议员	15 000
Sherrod Brown,俄亥俄州民主党议员	15 000
Saxby Chambliss,佐治亚州共和党议员	10 000
Mitch McConnell,肯塔基州共和党议员	10 000
Robert Casey, Jr. ,宾夕法尼亚州民主党议员	10 000
E. Benjamin Nelson,内布拉斯加州民主党议员	8 000
Amy Klobuchar,明尼苏达州民主党议员	7 000
Patrick J. Leahy,佛蒙特州民主党议员	6 000
Max Baucus,蒙大拿州民主党议员	6 000
Pat Roberts,堪萨斯州共和党议员	3 000
Kent Conrad,北达科他州民主党议员	2 000
Ken Salazar,科罗拉多州民主党议员	2 000
Debbie Stabenow,密歇根州民主党议员	1 000
Richard G. Lugar,印第安纳州共和党议员	
Thad Cochran,密西西比州共和党议员	
Blanche Lincoln,阿肯色州民主党议员	
Lindsey Graham,南卡罗来纳州共和党议员	
Norm Coleman,明尼苏达州共和党议员	
Mike Crapo,爱达荷州共和党议员	
John Thune,南达科他州共和党议员	
Charles Grassley,艾奥瓦州共和党议员	

资料来源:OpenSecrets.org 网站上的联邦选举委员会数据。

你可以看到,在农业委员会的 21 个成员中,有 13 个(也许不是碰巧地刚好超过多数!)获得过美国砂糖政治行动委员会的捐赠。委员会中有很多参议会的议员,也获得过美国甘蔗联盟、佛罗里达甘蔗联盟、美国甜菜种植者协会和美国甜菜糖协会的捐款!糖业的一些主要参与机构的所有者和领导者,还作为个人捐献过竞选基金。例如,"食糖大亨"何塞·范胡尔(Jose Fanjul)和阿方索·范胡尔(Alfonso Fanjul)都是 Florida Crystals 公司的高级主管,而 Florida Crystals 是全美最大的甘蔗种植者之一。范胡尔家族捐钱给佛罗里达甘蔗联盟,该联盟然后再把钱捐给代表他们的政客。有意思的是,何塞自己直接支持的大部分都是共和党,而他的兄弟阿方索支持的是民主党。你认为这两兄弟的政治立场有差别吗?或者你能为他们这种捐款行为提供其他的解释吗?其他范胡尔家族的兄弟们、妻子们、女儿们、儿子们,甚至是女婿们,也都是积极的捐赠者。

一条成功的政治法则:分散成本、集中收益

食糖配额背后的政治学说明了一条成功的政治法则:分散成本,集中收益。食糖配额的成本分散在数百万消费者头上,因此,没有一个消费者有很大的激励去反对这一配额。但是,这一配额的收益集中在十几个生产者身上。他们有极强的激励去支持这项配额政策。因此,食糖配额对政治家来说是一项必赢的政策。受到损害的人都是理性的信息无知者,他们很少有激励去反对这项政策。受益的人都是理性的信息灵通人士,他们有强烈的激励去支持这项政策。所以,我们可以理解,为什么政治家们的自我利益不会和社会利益一致。

这条成功的政治法则在很多种公共政策上都有效,而不仅仅是在贸易配额和关税上。例如,农业补贴和价格支持就适合分散成本和集中收益的这一原则。有意思的是,当农民在人数上的比例减少时,农民们在政治上的权力反而会增加。为什么?当农民在数量上减少时,例如,价格支持所带来的收益就变得更加集中(在农民之间),而成本就变得更加分散(在非农民之间)。

很多政府项目的收益,如公路、桥梁、大坝和公园等,都集中在当地居民和生产者身上,而这些项目的成本可能分散在每个联邦纳税人的身上。结果,即使这些项目的收益小于成本,政治家们也有激励去为这些项目进行游说。

考虑一下臭名昭著的"无人大桥"(Bridge to Nowhere)吧,即一座被提议要修在阿拉斯加的大桥。这座大桥把 Ketchikan 镇(人口 8 900)同它在 Gravina 岛(人口 50)上的机场连接起来,建这座大桥要花费联邦纳税人 3.2 亿美元。现在是渡船送人去岛上,但镇上有些人抱怨,说渡船收费太高(每次 6 美元)。如果这个镇上的人必须自己花费 3.2 亿美元的成本去建这座桥——也就是每人 35 754 美元——你认为他们还想建这座桥吗?当然不会。但是,如果大部分成本都由其他纳税人来承担,镇上的居民当然很乐意看到这座桥被建起来。

就 Ketchikan 当地的居民来说,建桥的成本属于外部成本。回忆一下第 9 章,如果一种产品的成本是由其他人支付的——而不是该产品的生产者或消费者来支付——那么,我们在该产品就会得到一个无效率的更高产出水平。在第 9 章,我们给出了一个企业污染的例子——由于企业没有支付其产出的所有成本,它会生产得过多。同样的事情在这里也是对的,除了外部性是由政府造成的之外。当政府

使某种产品的成本可以转嫁给其他人——外部化成本——的时候,我们就会得到太多的该种产品。在这个例子中,我们会建太多的无人大桥。

无人大桥并不是唯一的例子。众议院议员约翰·卡特(John Carter,得克萨斯州共和党议员),也是美国众议院军事建设筹款小组委员会的委员,他为胡德堡军事基地拨发了近 700 万美元的基金来筹建一个健身中心,而这座健身中心正好位于他所在的选区内。为胡德堡的军队提供健身中心是一个好主意——但是,它们已经有六个健身中心!每个健身中心都包括两个男女通用的桑拿室,三个壁球场,一个有八条 25 米长泳道的游泳池,以及其他更多设施。

在胡德堡已经有六个健身中心的情况下,再建一家健身中心的收益可能会小于其成本。但是,由于收益集中,而成本分散在每个纳税人的头上,因此,无论如何这项计划都会筹到资金。这种为特殊利益集团提供的现象非常普遍。你能猜出,是谁支持给查尔斯·B. 兰热尔公共服务中心(Charles B. Rangel Center for Public Service)200 万美元的基金的吗?又是哪个议员提议,为艾奥瓦州教育部的哈金拨款计划(Harkin Grant Program)提供 750 万美元的基金?

除了政府开支之外,这条成功的政治法则在税收减免和扣除方面也适用。联邦免税代码,包括各种条例和规程,有 6 万多页长。而且,随着政治家们为各种特殊利益集团不断增加条款,它每年还在增加。例如,对各种制造行业的税收减免条款长期以来都很普通的,但是,在 2004 年,"制造业"这一术语的条款明显增多,以至于矿产、木材、石油和天然气钻井等都被包括在制造行业内。新的税收减免条款所涉及的企业价值达 760 亿美元。最后一项条款甚至把"咖啡烘烤"都定义为制造行业的一种子类。这一条款对那些著名的公司可谓是价值非凡。

每年,国会都会往那些重大立法议案中加入成千上万条件特项开支计划、豁免条例、规章条例和税收减免条款等。在这一体制上,有一个价值数十亿美元的、代表不同的利益集团的游说行业在工作。从本质上说,这些游说集团提出,甚至撰写那些即将出台的法案的细节,这都是很平常的事。在 1975 年,注册的游说员有 3 000 多个,到 2000 年,这一数字猛增到 16 000 多个。现在,注册过的游说员超过 35 000 个——所有这些人的游说对象都只是那 535 个政客(435 个众议员和 100 个参议员),以及他们身边的工作人员。很多说客自己就是卸任的政客,因为这些人发现,游说他们的朋友是件非常有利可图的事情。

当利益很集中,而成本很分散时,资源就可能会被浪费在一些低收益高成本的项目上。考虑一个特殊利益集团,它代表着整个社会中 1‰ 的人口,再考虑一项简单的政策,它能给特殊利益集团带来 100 美元的收益,同时花费整个社会 100 美元成本。因此,这项政策对特殊利益集团的收益是 100 美元,而特殊利益集团花在它上面的成本只是 1 美元(如果你很奇怪这是如何计算来的,那是因为总社会成本的 1‰ 正好是 1 美元)。这一特殊利益集团将肯定会游说这样的一项政策。

但是现在,请想象一下,假设这项政策能为特殊利益集团带来 100 美元的利益。但是,它的社会成本是这一收益的 2 倍,即社会成本为 200 美元。对整个社会来说,这项政策是非常糟糕的。不过,它对特殊利益集团有好处,因为利益集团能以 2 美元的成本(为了游说)获得 100 美元的收益(2 美元是社会总成本的 1‰)。实际上,一个代表 1‰ 总人口的特殊利益集团,会从任何能给他们带来 100 美元好处的政策中受益,哪怕这些政策所花费的社会成本几乎是其收益的 100 倍。

　　如果每项政策,就其本身而言,都浪费价值几百万甚至是几十亿美元的资源,那么,这个国家就会非常贫穷。一个国家如果出台了很多这样无效率的政策,那么,这个国家的财富就会越来越少,经济增长也会更加缓慢。如果出台了很多收益小于成本的政策,任何国家可能都会变穷。

　　在极端的情况下,如果在一个经济中,争取馅饼更大的分配份额比把馅饼本身做大更有利可图,那么,这个经济就可能会衰弱甚至崩溃。例如,罗马帝国灭亡的部分原因就是因为糟糕的政治制度。随着罗马帝国的扩大,追求权术是一条比开发新商业更安全可靠的致富之路。在帝国快要灭亡的时候,皇帝对农民课征的税赋极重。税收也不是被用在能使罗马变强变富的道路,以及其他有价值的建设上,而是被用于特权内部的开支,以及作为"面包和马戏"来安抚罗马城内的公众。当罗马帝国最终于公元 476 年灭亡时,收税员已经是一个非常令人憎恨的形象,而政府也极少受到尊重。[③]

自我测验

1. 里根总统组建了一个委员会来监管政府和裁减浪费开支。它取得了一定的效果。如果在特殊利益集团上的支出是个大问题,为什么我们不再成立一个联邦委员会来监督政府的浪费? 谁会力挺这个委员会? 谁会反对它? 这个委员会成功的前景如何?
2. 一家地方图书馆扩建了一栋新的建筑,并希望建立一个地方历史收藏和展览室。这个州的参议员筹集了一些钱,并把它捐献给了图书馆。谁会从这一扩建行为中受益? 谁最终会为这一扩建行为付钱?

19.3　选民的短视和政治经济周期

　　我们现在从政治经济学的微观经济学转到它在宏观经济学的运用上。理性的信息无知同另一个因素——选民的短视——加在一起,可能会鼓励政治家们为增加他们再次当选的机会,而在选举前推动经济高涨。

　　总统选举似乎是一种多条战线的联合作战。总统候选人在教育、战争、医疗保健、环境和经济等各方面的问题上进行较量。为了预测候选人在民意中的进退,专家们密切关注每日的事态进展。个人魅力和"领导才能"变得越来越重要,并被认为会直接以某种方式左右选民的选情。在这场选举大战结束的时候,历史学家们会记下胜利者的名字及其主张,认为那反映了"选民们的意愿"。

　　但是,经济学家和政治科学家们已经惊奇地发现,这种表面上看似混乱无序的独特重大事件背后,有一种简单的逻辑关系在支撑着。在过去的 100 年间,如果经济形势很好,美国选民就会支持执政党;如果经济形势很糟糕,他们就会反对执政党。选民对经济形势的反应非常强烈,即使一个人对那些表面上似乎对选举很重要的个人魅力、政治主张或者政治事件一无所知,他也可以相当准确地预测总统选举的结果。

　　图 19.1 中浅色的线表示,在从 1948 年以来的历届总统选举中,执政党一方在两党总票数中所获得的得票率(更确切地说,得票率超过 50%一般意味着执政党总

统候选人当选,小于50%一般意味着总统会在政党间轮换)。深色的线是根据以下三个变量所预测的执政党的得票率:大选年份(人均)个人可支配收入的增长率、当年的通货膨胀率,以及执政党掌权的时间长短。注意,只需要这三个变量就可以让我们很准确地预测到选举结果。(但是,这一模型对2004年选举的预测结果不准。你认为这可能是由于什么原因造成的?)

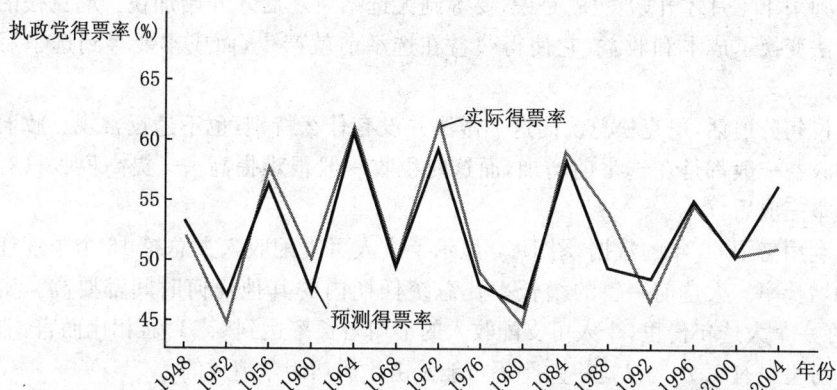

注:预测得票率是根据选举年份的个人可支配收入的增长率、当年的通货膨胀率,以及执政党执政的时间长短来预测。实际得票率是指执政党一方在两党总票数中所获得选票率。

图19.1　用总统选举年份的经济形势预测选举结果

更具体地说,如果个人可支配收入正在提高,当年的通货膨胀率很低,而且执政党在上台之前已经有很多届没有当选,那么,执政党会在选举中再当选。个人可支配收入是指个人的税后收入。它包括工资收入、津贴和利息,同时也包括转移支付、失业保险和社保收入。通货膨胀率是指价格水平的全面提高。最后一个变量,执政党掌权的时间,会减少政党的选票率。一个政党掌权的时间越长,选民似乎就越厌烦或者越想要该政党落选。因此,在其他条件相同的情况下,自然就有一种总统在政党之间轮换的趋势。

图19.1表明选民们会受到经济形势的影响,而且更清楚地表明,选民们只受到大选当年经济形势的影响,这有点出乎人的预料。选民是短视的——他们不会去看总统整个任期内的经济形势。相反,他们只会集中关注最近身边所发生的事情,即大选当年的经济形势。因此,那些想再次当选的政治家们,会很聪明地去做一些能增加大选当年个人可支配收入和降低该年通货膨胀率的事情,尽管这意味着其他时间段的收入水平会降低、通货膨胀率会提高。有证据证明政治家们的这一行为吗?有!

一个最明显的例子就是理查德·尼克松总统。就在1972年选举前的两个星期,尼克松给社会保险部门送去了一封信,这封信给后者带去了2 400万美元的社会保障基金。尼克松总统的信中写道:

更高的社会保障支出

根据一项由国会批准,并由理查德·尼克松总统于1972年7月1日签署的新法令,从这个月开始,你们的社会保险支出计划已经被增加了20%。

另一项条款也被总统签署生效,这一条款将允许你们社会保障部门的保险基金随着生活成本的提高而自动增加。自动增加的社保基金将在未来的年份里,按照法律设定的条件,自动增加到你们的账户中。

当然,更高的社会保障支出一定会通过更高的税收来筹集资金。但是,尼克松已经安排好了各件事情的时间表。支出增加的计划从 10 月开始,而增加税收一直要等到来年 1 月才开始,也就是说,要等到大选结束之后才开始加税。尼克松的这种做法变换了成本和收益,它使得收益在选举前就产生,而成本要等到选举后才出现。

说句公道话,尼克松总统的这一做法并没有什么特别,也不违反常规。政府的各种收益一般都是在选举前增加,而这时税收一般很难提高——提高税收只有等到选举完成后!

利用美国 60 年的数据,图 19.2 显示了个人可支配收入在总统 16 个季度任期内的增长率。大选前一年的增长率比总统任期内的其他任何时间都要高。实际上,在一个大选年份里,个人可支配收入的平均增长率达到 3.01%,相比而言,非大选年份里只有 1.79%。这一差距不可能是由于偶然因素造成的。

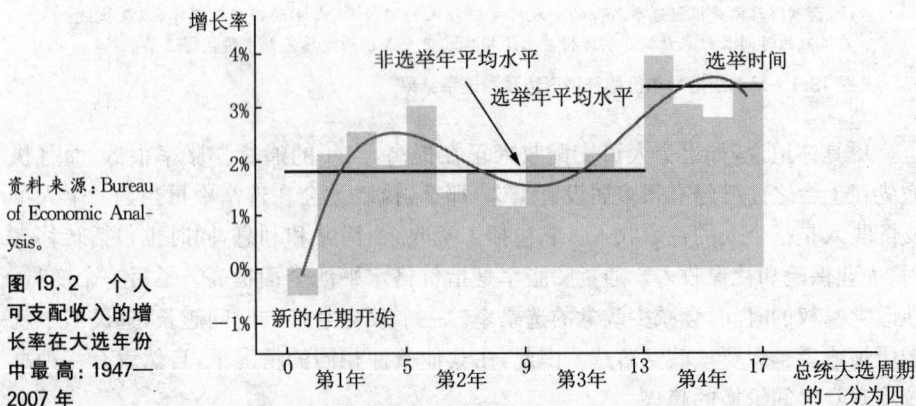

资料来源:Bureau of Economic Analysis。

图 19.2 个人可支配收入的增长率在大选年份中最高:1947—2007 年

通货膨胀率也存在同样的周期性行为。不过,由于选民讨厌通货膨胀,所以,通货膨胀一般在大选年份里下降,等到在大选之后再提高。不仅仅是在美国,在其他很多国家,也可以观察到这种行为。我们还可以在更低一层的政治层面上看到这种政治行为。例如,市长和州长在选举年份里会增加街道上的警察,因此,这时的犯罪率会下降,人们也会感到更安全。

由于总统所能做的能影响经济形势的事情总是有限的,因此,总统并不能总是在一个大选年份里成功地增加收入。相对于经济增长而言,总统影响转移支付和税收可能会更容易些。这就是为什么周期性行为在个人可支配收入上很容易出现,而在 GDP 的统计上很难看到。

自我测验

如果选民们是短视性的,对于现在收益很小未来成本很大的政策和现在成本很小未来收益很大的政策,在这两种政策中,政治家们会更喜欢哪一种?

19.4　有保留地赞同民主

你现在可能有些困惑：为什么联邦政府不是每件事情都向特殊利益集团寻求帮助呢？为什么政治家们并不总是会再次当选呢？选民们能按照他们自己的意愿来行事吗？实际上，在一个民主制度中，选民的力量是非常强大的。如果你想知道什么时候选民更最重要，什么时候游说和利益集团更最重要，那就得回到激励这一概念上来。

如果一项政策的影响非常集中，又很难被理解，而且它只影响到经济中的一小部分人，那么，游说和利益集团有可能会达到他们的目的。我们来说说这样一个问题吧：投资税收减免中的折旧减免应该加速还是应该减速？尽管这个问题对很多大的公司都非常重要，但你可以想象得到，对这个问题，大部分选民可能从来都没有听说过，因而这个问题只能由相当一小部分人关起门来决定。

但是，如果一项政策是大家非常熟悉的，又经常在新闻报纸和电视上出现，而且对数百万美国人的日常生活都有重要影响，那么，选民们极有可能会表达出他们的意见。问题的关键不在于选民们的意见是否熟悉情况或者合乎理性，而在于他们会关心一些最重大的问题，如社会保险、医疗和税收等问题。一旦选民关心这些问题，政治家们就有激励去为选民服务。但是，选民的观点如何能够被准确地转化为政策呢？毕竟，观点总是很分散的。在民主制度下，哪些选民能够如愿以偿呢？

19.4.1　中间选民理论

为了回答上面提出的问题，我们提出了一种被称为中间选民模型的选票理论。假设有 5 个选民，对于社会保险支出的理想数量应该是多少，他们每个人的观点都各不相同。马克斯想要尽可能小的支出，索菲娅、伊内兹和彼得的要求依次更大些，最后是亚历克斯，他想要的社保支出数量最大。在图 19.3 中，我们在一条直线上按照从小到大的顺序依次列出了每个选民的理想政策。我们还假设每个选民都会投票给最接近他理想目标的候选人。

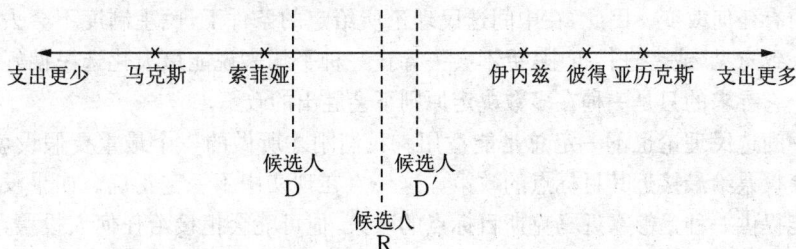

每个选民都有一个理想的目标政策，在直线上用一个 × 来表示，并按照从小到大依次排列。选民们会投票给其政策最接近选民目标政策的候选人。中间选民是指这样一个选民，总选民中有一半人想要的支出比该选民更多，同时有另一半的选民比该选民想要的支出更少。在多数原则下，中间选民的目标政策将会战胜其他所有的政策。我们来考虑任何两个候选人的政策，比如说候选人 D 和候选人 R。候选人 D 会获得两张选票（马克斯和索菲娅），候选人 D 会获得三张选票（伊内兹、彼得和亚历克斯）。但是，候选人 R 的位置可以被更接近于中间选民目标政策的政策，如候选人 D′ 的政策所击败。随着时间的推移，竞争会使得两名候选人都会向中间选民的目标政策靠近，中间选民的目标政策是唯一不能被击败的政策。

资料来源：Bureau of Economic Analysis。

图 19.3　中间选民理论

中间选民被定义为这样一个选民，即总选民中有一半人想要的支出比该选民更多，同时有另一半选民想要的支出比该选民更少。在这个例子中，伊内兹是中间选民，因为同伊内兹相比，有一半选民（彼得和亚历克斯）想要的支出更多，有一半的选民（马克斯和索菲娅）想要的支出更少。

中间选民理论认为，如果选民都投票给在直线上最接近于他们目标点的政策，那么，在多数决定的选举制度下，中间选民的目标政策将会击败其他所有的政策而胜出。

中间选民理论（median voter theorem）认为，在以上条件下，中间选民拥有决定权。或者更正式一点说，中间选民理论认为，如果选民都投票给在直线上最接近于他们目标点的政策，那么，在多数决定的选举制度下，中间选民的目标政策将会击败其他所有的政策而胜出。

我们来看看为什么会这样，以及民主制度如何会促使候选人向中间选民的目标点靠近。首先，考虑任意两个由候选人 D 和候选人 R 所采取的政策。哪一个候选人的政策会在多数决定的原则下胜出呢？马克斯和索菲娅会投票给候选人 D，因为候选人 D 的政策比候选人 R 更接近他们的目标点。但是，伊内兹、彼得和亚历克斯会投票给候选人 R。根据多数决定的原则，候选人 R 会赢得这一选举。注意，在所给出的两种政策中，更接近于中间选民目标政策的候选人会赢得选举。

大部分政治家都不喜欢放弃。因此，在下一次选举中，候选人 D 可能会改变她的位置，变成候选人 D'。根据之前同样的推理过程，现在候选人 D' 会赢得选举。如果我们重复这一过程，唯一有望胜出的位置就是中间选民（伊内兹）的目标政策点。当候选人 D 和 R 都靠近中间选民的目标政策点时，候选人之间的差异性就几乎没有了，每个人都有 50% 的可能性赢得选举。[*]

还可以对中间选民理论进行更一般的解释。例如，我们也可以把这条直线解释为从左到右的标准政治立场，而不是把它看作是在社保支出上想要更多或者更少的支出。在这种情况下，在一个像美国这种只有两个政党的国家中，中间选民理论就可以被解释为一种民主制度理论。

中间选民理论告诉我们，在一个民主制度中，起决定作用的是人头数——选民的人数——而不是他们自身的状况。例如，假设马克斯决定想要稍微少一点的支出，而亚历克斯决定想要稍微多一点的支出。这一政治结果会改变吗？不会！根据中间选民理论，中间选民拥有决定权。如果中间选民的情况没有变化，那么，政策就不会有任何改变。因此，在中间选民理论所给定的条件下，民主制度不会去寻求达成一致意见，或者进行折中，更不会去寻找一种平均来说能最大化选民偏好的政策——它寻求的只是一种在多数决定原则下会胜出的政策。

中间选民理论也不一定总是能适用。我们刚才所做的一个最重要假设就是，选民会投票给最接近其目标点的政策。这一点在现实中不一定正确。如果没有候选人能提供一种足够靠近马克斯目标点的政策，他可能会拒接给任何人投票，甚至包括其政策相对来说最接近于马克斯目标点的候选人。在这种情况下，一个离选民们太远的候选人，即使他的位置最接近于中间选民，也可能会在选举活动中丢失选票。因此，选民们的这类行为意味着，候选人不一定会集中在中间选民的目标点。

我们还假设了投票只针对一个主要维度进行。在实际中，这一假设也不一定正确。假设选民们同时关心两个问题，比如税收和战争，同时还假设我们无法把这

---

[*] 用我们在第 13 章讨论博弈论时所用的术语来说，中间选民的目标政策是唯一不能被其他政策占优的政策，因此，在有两个候选人的博弈中，唯一的纳什均衡就是两个候选人都选择这一政策。

两个问题转化为一个可用左右立场来表示的系列(所以,知道一个人在税收方面的观点,不一定能预测出他在战争问题上的观点)。对于这种两维度的选举问题,在多数决定原则的竞争中,没有任何一种政策能够击败所有其他的政策。因此,不同的政治派别可能永远都不会集中在某一稳定的政策上。

为了理解为什么有时不存在一个能全胜的政策,我们用体育运动来打个比方。假设将要举行一个系列拳击比赛,来决定谁是最伟大的重量级职业拳击运动员。还假设穆罕默德·阿里(Muhammad Ali)击败了伦诺克斯·刘易斯(Lennox Lewis),伦诺克斯·刘易斯击败了迈克·泰森(Mike Tyson),但是,泰森又击败了穆罕默德·阿里。那么,谁是最伟大的职业拳击运动员呢?如果存在不止一种类型的拳击技巧,因而阿里具有击败刘易斯所需要的那种技巧,刘易斯具有击败泰森的那种技巧,而泰森具有击败阿里的那种技巧,那么,这个问题也许永远没有答案。同理,如果政治上存在不止一个方面的问题,也许就不存在一种能击败所有其他政策的政策。就政治而言,其结果就是,每次投票或者选举都会产生一个新的获胜者,或者换句话说,制度或者程序的设置可能会延缓政治变化的速度。例如,美国的宪法要求,新的法律生效必须获得众议院和参议院两院的通过,而且没有被总统否决,这比通过一个简单地多数决定的投票要困难得多。

作为政治学的预测性理论,中间选民理论在某些情况下是适用的,但并不是在所有的环境中都适用。不过,这一理论也提醒我们,政治家本质上是有激励就选民们所关心的问题来听取选民的意见的。这就是民主制度的权力特征,尽管你所获得的民主质量无疑会依赖于民主社会中选民的智慧。

19.4.2 民主和非民主

迄今为止,我们对民主所做的描述,已经使民主的图景多少有点幻灭了,至少同你在高中的公民学课上所学的相比,感觉是这样的。不过,当我们环视全球各国时,我们会发现,民主往往会出现在最富裕的国家,尽管这些国家也存在着某些强权的特殊利益集团;民主也容易出现在以下国家,即那些在支持市场、产权、法制、公平政府,以及在其他有助于经济增长的制度上有着良好记录的国家。

在图 19.4 中,横轴表示一种测度经济政策好坏的指数,即所谓的经济自由指数(这一指数越大表示经济自由程度要高),纵轴表示其对应国家或地区的生活水平(以 2007 年的人均国民总收入衡量)。这一图形说明了两件事。首先,在经济自由程度和生活水平之间存在很强的相关性。其次,那些最民主的国家或地区(标记为"完全民主化"的国家或地区,并以深色的点表示)都是世界上最富裕的国家或地区,这些国家或地区也都是经济自由程度最高的国家或地区。在这一规律中,唯一有趣的两个例外是新加坡和中国香港。这两个经济体在经济自由程度和生活水平上的得分都非常高,但是,它们都不是完全民主化的。

然而,请注意,民主化和生活水平之间存在联系,部分是因为,更多的财富造成了人们对民主有更强烈的需求。当人们对食物、住所和安全方面的基本需求都得到了满足时,他们就有更多理智方面需求,如参与政治过程的权利。这就是在韩国所发生的事情。随着这个国家逐渐变得富裕,它也变得越来越民主。但是,不仅仅是富裕能造就民主,民主似乎也可能会带来富裕和一些更好的制度。一定是民主

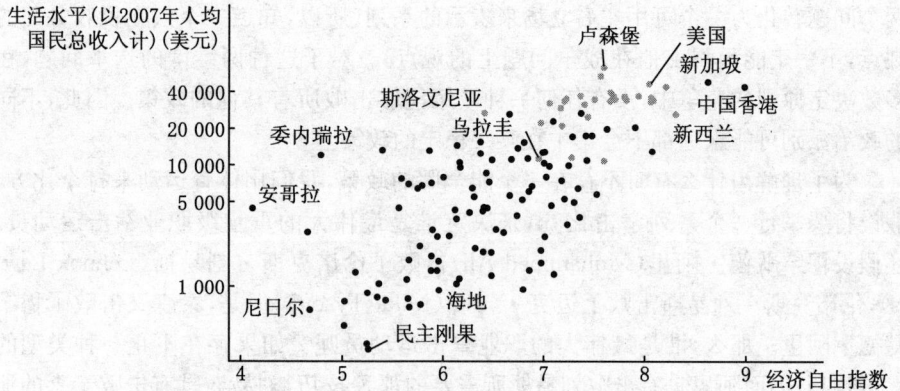

注:人均国民总收入用比例标尺表示。完全民主化用深色的点表示。

资料来源:经济自由指数来源于 Gwartney, J., R. Lawson, S. Norton. 2008. *Economic Freedom of the World*: *2008 Annual Report*. The Fraser Institute。人均国民总收入(2007)来源于世界银行。

图19.4 经济自由、民主化和生活水平

制度做对了有些事情。因此,我们需要检验进行民主决策所带来的收益。

我们已经讨论了民主制度下的理性的信息无知。但是,请注意,公众的信息无知在非民主的国家经常更严重。[④]在很多伪民主和非民主的国家,公众都无法很好地获得信息,因为媒体都被政府控制着,或者要经过政府部门审核。

例如,在非洲,大部分国家都禁止私人电视台。实际上,71%的非洲国家都是由国家垄断着电视广播。大部分非洲政府也都控制着它们国内最大的新闻报纸业。媒体由政府所有或者掌控,这在大部分中东国家中也非常普遍。

控制媒体所产生的后果,同我们预期在研究民主制度中理性的信息无知所产生的后果一样——它使得特殊利益集团能够按照他们自己的意志来控制政府。例如,政府对新闻报刊的所有权越大,公民的自由和政治权利水平就会越低,管制就会越糟糕(像经济学家所分析的价格管制这类无效的和浪费资源的政策会更多),腐败程度就会越严重,产权被征用充公的风险也会越大。一些研究媒体所有权的作者都得出结论认为:"新闻报刊的政府所有权,限制了向公众披露的信息,也降低了政府的质量。"[⑤]

民主制度下的公民可能会选择"理性的信息无知"。但是,总体来讲,同伪民主和非民主的国家相比,民主制下的公民对自己的政府还是非常了解的。此外,在一个民主制度中,公民们利用他们的知识,通过投票花很低的成本就可以影响公共政策。在民主制度下,知识就是权力。在非民主制度下,仅有信息知识是不够的,因为胁迫和政府暴力会制造很多障碍来阻止公众参与政治。很多人都只有放弃,或者变得愤世嫉俗,或者成为政府宣传的牺牲品。他们开始接受当权者自己对自己的粉饰,并天真地认为他们真的是人民的朋友。

信息知识和选举权的重要性,可以通过历史上那些令人震惊的大规模饥荒事件得到验证。

19.4.3 民主和饥荒

初看起来,饥荒的原因很显然——食物的匮乏。但是,这一显而易见的解释是错误的,或者至少是不太全面。大规模的饥荒已发生过很多次。但是,即使在食物匮乏是一个起作用的因素时,它也很少就是导致大规模饥荒出现的决定性因素。

在最近的世界历史上,很多饥荒都是人为造成的。例如,20世纪30年代发生的乌克兰大饥荒的背景是,当时对农民进行了集体化,征收了富农的土地,把他们从自己的家中赶走,把数十万富农送到了西伯利亚的古拉格集中营。

乌克兰的农业生产力在强制性集体化后直线下降,人民开始挨饿。但是,当地的食物仍然被继续征走,那些试图逃离荒灾地区的农民被逮捕或者被遣送回边境。尽管乌克兰人吃过狗肉、猫肉,甚至树皮,仍有上百万人被饿死。⑥

乌克兰的饥荒是人为的。显然,乌克兰人对政策没有影响力。由民主选举产生的政治家不会忽视上百万人的选票。

即使是一些非人为因素造成的饥荒,在民主制度下也可能会避免。1974年孟加拉国的饥荒没有乌克兰那么严重,但是,仍然有26 000—100 000人在饥荒中被饿死。这可能是第一次有电视转播的饥荒,它描述了经济和政治之间相互关联中的一些重要问题。

1974年,洪水毁坏了很多水稻作物,与此同时,世界上大米的价格也由于其他原因正在上涨。洪水意味着很多无地的农村劳动力无事可做,而在正常年份里他们都会被雇用来收割稻谷。

工作中获得的收入更少,而大米的价格又更高。这两个因素加在一起,导致了饥荒的出现。但是,在1974年,孟加拉国总体来说并不缺少粮食。实际上,从所有的时间来看,1974年的人均粮食是很高的,如图19.5所示。

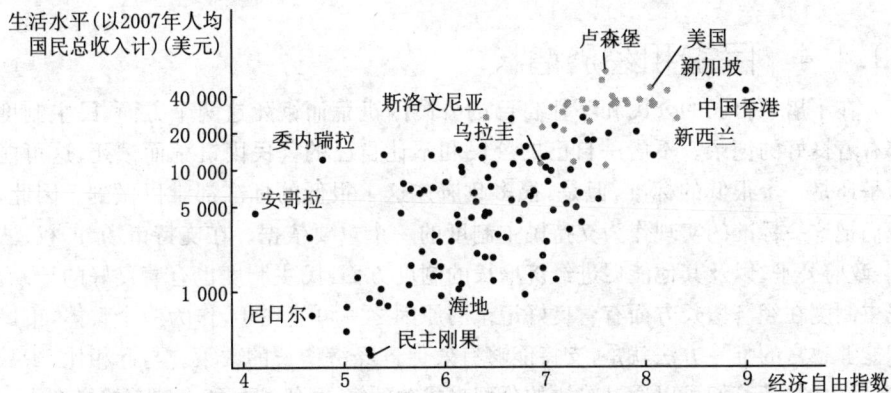

资料来源:Sen Amartya. 1990. Public Action to Remedy Hunger. Arturo Tanco Memorial Lecture given in London on 2 Auguest 1990。

图 19.5　孟加拉国人均可获得的食物

大规模饥荒的出现本质上不是因为缺少食物,而是因为一些贫困劳动力缺少经济权力和政治权力。缺少经济权力意味着他们无法购买食物。缺少政治权力意味着管理孟加拉国的精英们不用想办法来防止饥荒。孟加拉国持续地施行着糟糕的经济政策;例如,政府管制使得购买外汇非常困难,因而资本家很难从临近的泰国或者印度进口粮食。实际上,为了规避大米管制和其他管制政策,那时候大米甚至正从孟加拉国走私出境,流入到印度。

阿玛蒂亚·森(Amartya Sen),诺贝尔经济学奖得主和哲学家,曾经这样认为,无论一个国家是穷或富,"世界历史上从未有哪次饥荒出现在功能健全的民主制度下"。这个主张本身可能会引起争论,因为这依赖于一个人如何定义"功能健全的民主制度"。但是,森给我们的如下启示是正确的:

> 在非洲和亚洲,也许能够有助于消除饥荒的最重要的改革,就是加强实施民主制度,解放新闻报刊和——更一般地说——引入竞争性的政治。[7]

理解现实世界　　经济学家蒂莫西·贝斯利(Timothy Besley)和罗宾·伯吉斯(Robin Burgess)用印度的民主制、新闻报刊和救济饥荒的情况,对森的结论进行了检验。[8]印度是一个联邦民主制国家,它包括 16 个主要的邦。各个邦在食物危机、新闻报刊环境、教育、政治竞争以及其他方面的情况存在相当大的差异。

贝斯利和伯吉斯想要弄清楚的问题是,是否一个邦的政治竞争越激烈,报刊越多,这个邦的政府对食物危机作出的反应就会越灵敏。注意,在所有的因素中,这两个因素是非常重要的。没有政治竞争,报刊就无法运转,而没有报刊,政治竞争也无法进行。信息知识和权力结合在一起,就会产生作用。

贝斯利和伯吉斯发现,激烈的政治竞争往往同高水平的公众食物分配有很大的关系。公众的食物分配在选举年和选举的前一年特别敏感。此外,按照森的预测,如果报刊环境越好,政府在食物供给出现危机时的反应就会越敏感。也就是说,如果食物的产量下降或者出现洪水灾害,在报刊环境越好的邦,政府增加的食物分配会更多,救济灾难的情况会更好。报刊和自由媒体会给公众传播消息,并刺激政客们采取行动。

19.4.4　民主和经济增长

在不屠杀自己的公民和不让自己的公民因饥荒而饿死这两个方面,民主制度都有着良好的记录。不屠杀自己的公民和不让自己的公民因饥荒而饿死,这可能似乎还是一个很低的标准,但是,很多政府连这个很低的标准都难以做到。因此,我们把这一标准的实现作为支持民主制度的一个重要依据。在支持市场、产权、法制、政府公平,以及其他能促进经济增长的制度方面,民主制度也有着良好的记录。民主制度在经济增长方面有着良好记录的原因之一可能在于,作为一个整体,市民们能够致富的唯一方法就是,支持能够有效促进经济增长的政策。与此相比,少数(非民主的)精英们可以通过馅饼的分配来成功致富,尽管这可能意味着馅饼变小。

我们来回忆一下,为什么少数人群可以通过馅饼的分配来成功致富,即使这种行为会使得馅饼变得更小。回忆一下我们此前所讨论的占总人口 1% 的特殊利益集团。考虑一项能够以 4 000 美元的社会成本给特殊利益集团带来 100 美元的政策。这一集团会为这项政策进行游说吗?会的。因为这个集团得到了 100 美元的利益,但是,它只需要承担 40 美元的成本(4 000 美元的 1%)。

根据定义,寡头政治或者说伪民主制度是由少数人群进行统治。因此,这些国家的统治者没有激励去注意它们的政策给广大公众所带来的巨大成本。统治精英们的激励甚至可能是,制定或维护那些使得其国民继续穷困潦倒的政策。例如,地位巩固的非民主的精英人士,可能不想去支持平民教育。这不仅是因为受过更多教育的人口会同精英们进行竞争,而且受教育的民众可能会决定,他们再也不需要这些精英。当然,这些精英也知道民众不需要他们。因此,精英们通常都愿意公众软弱和无知,这两者对经济增长,或者说对于防止饥荒,都是不利的。

但是,现在我们来考虑一下占人口 20% 的特殊利益集团。这一利益集团会支持一项给它带来 100 美元的利益,但却要花费 4 000 美元社会成本的政策吗? 不会。这个利益集团得到了 100 美元的利益,但是,它所承担的成本现在是 800 美元(4 000 美元的 20%)。因此,即使是对这一特殊利益集团而言,这项政策也是一种净损失。所以,某一群体的人口量越大,这个群体也就越有激励去考虑无效政策所带来的社会成本。

大的集团更关心它们的政策所产生的社会成本,这仅仅是因为它们在整个社会中所占的比重很大。因此,大的集团往往会支持更有效率的政策。此外,某个集团所拥有的成员越多,能使得他们致富的财富转移途径也就越少。一个小集团有很大的激励从 3 亿人手中每人拿走 1 美元,并转移给他们自己。但是,如果一个拥有 1 亿人口的集团,从剩下的 2 亿人手中每人拿走 1 美元,那么这个集团中的每人只能得到 2 美元。即使你从这 2 亿人手中每人能拿走的钱增加到 100 倍,即拿走 100 美元,并把它分给其余的 1 亿人,每个人也只能获得 200 美元。这是非常小的一点收获。对于人数很多的集团来说,把注意力集中在能够做大馅饼的政策通常会更好。

理解你的世界

换句话说,拥有权力的人口在总人口中所占的比重越大,政策就越有可能会给每个人都带来好处,而不仅仅是让一小部分精英变富。

当然,大的集团并不是总会支持经济增长。正如我们所看到的,理性的信息无知可能会造成麻烦。但是,在一些大的问题上,一个民主制的领袖是不会希望事情变得太糟糕的。民主制为什么是个好东西——虽然不完美——一个更大的理由就是经济增长。

自我测验

自由的观念有助于市场运行。自由的观念如何有助于民主制度的实施?

○ 本章小结

激励很重要,因此,好的制度应该把私人利益和社会利益结合起来。民主制能把私人利益和社会利益结合在一起吗? 有时候可以。从负面来看,民主制下的投票不能激励人们去关心政治问题。选民们会理性地选择信息无知,因为获得信息的收益很小——如果你信息充足,你可能会愿意在投票时做出更明智的选择。但是,你的投票并不能增加社会也做出明智选择的可能性。因此,为什么要浪费精力去获得信息呢? 信息灵通具有正的外部性,因为你基于正确信息所做出的投票会使得每个人都受益。但是,从第 9 章我们知道,具有正的外部性的物品通常都供给不足。

理性的信息无知意味着特殊利益集团可以部分掌控政治过程。由于利益集中而成本分散,政治家们经常可以树立起对他们政治的信任感,尽管他们的政策花费的成本要比其所带来的收益大。

在位的政治家可以利用他们所掌控的政府,来增加他们连任的可能性。政治家一般都在选举前增加政府支出,然后在选举后增加税收。选民们都只注意当前的经济形势,尽管这种繁荣只是暂时的,它是以未来的经济形势为代价人为制造出来的。

我们对政治经济学的研究是很有用的,它可以被看作是对政府失灵的研究。这可以作为我们在第9章提出的外部性和第11章提出的垄断等这些市场失灵理论的补充。如果市场不能把私人利益和社会利益结合在一起,就会出现市场失灵。如果政府的制度不能把私人利益和社会利益结合在一起,就会出现政府失灵。没有一种制度是完美的,选择无处不在——这就是我们在考虑市场和政府时所得到一个关键启示。

近距离地考察民主可能会使我们对民主感到失望。但是,民主制度在一些大的问题上都有着非常良好的记录。在民主制下,政治家们很难忽视选民们的重大利益。如果事情出了问题,民主制下的选民们总可以让平庸者下台,在新思想的指导下重新开始。部分是因为,民主制在避免大规模饥荒、维护公众言论自由、支持经济增长等方面有着良好记录;最重要的是,民主政府一般不会屠杀他们自己的公民,他们毕竟都是潜在的选民。

○ 本章复习

关键概念

理性的信息无知
中间选民理论

事实和工具

1. 以下哪一项在美国联邦预算中所占的比重最小?哪两项在联邦支出中是最大的两项。

 福利

 国债的利息

 国防

 对外援助

 社会保险

 医疗卫生

2. a. 在功能健全的民主制下,发生了多少饥荒事件?

 b. 在没有实行功能健全的民主制的国家中,发生饥荒的百分比是多少?

3. 大约有1.3亿选民参加了2008年的美国总统选举。假设你正在决定是否在下一次总统选举中参加投票。你认为,你的投票影响选举结果的可能性有多大? 它是大于1%,还是位于1%和0.1%之间,或者位于0.1%和0.01%之间,或者甚至小于0.01%(小于万分之一)?

4. 如果政府的具体政策——如决定是否进行战争或者是否提高税收——只有在公众详细了解之后才能实施,这对以上政策的通过有利还是不利?

5. 判断对错:

 a. 在孟加拉国最严重的饥荒期间,人均食物比平时少了很多;

 b. 同其他各种形式的政府相比,民主制屠杀其公民的机会更小;

 c. 令人奇怪的是,新闻报刊对于选民们获得有关遭受饥荒市民的消息并不是如此重要;

 d. 同独裁体制或者寡头体制相比,民主制有更强的激励来促进经济馅饼被做大;

 e. 同大部分其他国家相比,完全民主倾向于对市场和产权设置很多的限制;

 f. 当谈到可支配收入时,美国总统似乎更愿意

"建立一个好的第一印象",而不是"去做一些实质性的事情";

g. 当政府对大部分的电视台和广播台都拥有产权时,它们有动机去为公众服务,因此,选民们会获得更好和更真实的信息。

6. "中间选民理论"有时也被称为"关键选民理论"。后者对理解该理论实际上是一种更好的方法。为什么?

7. 我们来更详细地考察一下中间选民理论。考虑一个拥有三个选民的小镇。这三个选民分别为恩里克、南迪尼和托斯顿。在即将要举行的大选中,一个重大的问题就是,销售税应该多高为好。就像你在宏观经济学中所学到的那样(在实际生活中也是这样),平均来说,一个想要进行更多开支的政府就必须征收更多的税收,因此,"更高的政府开支"等同于"更高的持续性税收"。恩里克想要很低的税收和小规模的政府,南迪尼想要一个中等程度的税收和中等规模的政府,托斯顿在三人中想要的政府规模最大。每个人都是一个顽固分子,因此,在这个问题上,他所中意的立场——经济理论家称为"理想状态"——从来都不会改变。如果用×来表示每个人最中意的税率,它们的偏好可以总结如下:

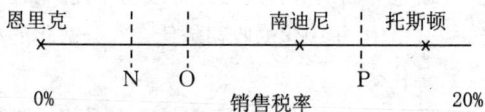

a. 假设有两个政客,N 和 O,来参与竞选。谁会投票选 N? 谁会投票选 O? 哪一位候选人会赢得选举?

b. 在当地报纸报道说 O 有好几年都没有支付销售税之后,O 放弃了竞选活动。P 来参与竞选,他提出了一个更高的税率。因此,现在是 N 对 P 之间的竞选。同正文中一样,选民会偏好于最接近于他们理想目标的候选人。谁会投票选 N? 谁会投票选 P? 哪一个候选人会赢得选举? 哪一个候选人会输?

c. 在 b 问中,你已经知道了哪一个候选人会失败。假设就在大选前的一个月,你得到了一份工作,就是做这一即将失败的候选人的竞选总策划。你建议他改革竞选方案,重新设计一个新的销售税率位置。当然,政治同生活一样,

能够获胜的方法不止一个。因此,请给你老板一个选择的机会:给他提供两种不同的税率位置,即两种都能击败 b 问中潜在获胜者的办法。让你的候选人他自己来做最终的决策。

d. 相对于该候选人原来的位置而言,你在 c 问中所推荐的两种办法是更接近,还是更远离中间选民的理想位置? 因此,在这一例子中,中间选民理论是基本上正确,还是基本上错误?

8. 也许在上小学时你就开始意识到,如果这个世界上每个人都给你一分钱,你就会变得超级富有。这一见解是现代政治的核心。把以下一些政府政策分别归类到"集中化的受益"和"分散化的受益"这两个类别中。

a. 社会保险;

b. 削减家庭税收;

c. 给予严重丧失劳动能力人士的社会残疾保险;

d. 国家公园服务中心在偏僻小路上所进行的支出;

e. 国家公园服务中心在华盛顿特区的国家购物中心所进行的支出;

f. 对年收入超过 25 万美元的人士所进行的税收减免;

g. 食糖配额政策。

思考和习题

1. 在第 15 章"思考和习题"的问题 4 中,我们提到过戴维·梅休的经典著作《事关选举》。梅休认为,国会议员有强烈的激励要把他们所有的努力都花在一些看得见的活动上,如出国访问和剪彩仪式等活动,而不是去进行实际的政府管理。如何运用选民们理性的信息无知来解释:为什么政治家们要花这么多的努力去从事这些高度可见的活动?

2. 为了推动亚利桑那州 2006 年的投票,每场选举都拿出了 100 万美元作为博彩奖金:进入博彩的唯一方法就是在初选或大选中投票。你认为这种博彩会如何影响选民们的信息无知问题?

3. 我们提到过,选民们都是短视的,大部分人都只关心总统选举前最近几个月经济形势的好坏。如果他们要想成为理性的,他们应该做些什么? 特别是,他们应该关心所有四年中的经济形势

吗？还是只关心开始的第一年？或是只关心最后的两年？或者是其他不同时间点上经济形势的组合？

4. 在《理性选民的神话:为何民主制度选择不良政策》(*The Myth of the Rational Voter*)一书中,我们在乔治梅森大学的同事,布赖恩·卡普兰(Bryan Caplan)认为,选民们不仅可以是理性的信息无知,他们甚至可能会理性地选择非理性。人们一般都似乎很乐意相信某些类型的错误思想。如果这是对的,那么,除非坚持自己信念的成本非常高,否则,选民们不会改变他们的信念。相反,他们非常乐意坚持自己的错觉。

我们来看两个例子:

a. 约翰已经看过很多李小龙主演的电影,而且他很愿意相信自己是一名武术冠军,可以在战斗中击败任何对手。一天晚上,约翰进了一家酒吧,并同另一名男子发生了矛盾。约翰是会坚持自己的信念并采取好斗的行为,还是会更理性地计算自己受伤的概率,并寻求避免冲突？

b. 约翰看过很多战争方面的电影,并愿意相信他的国家是世界上军事最强的国家,能在战争中打败任何国家。约翰的国家同另一个国家产生了纠纷。约翰和他们国家中的每个人都就是否要进行战争进行投票。约翰是会坚持自己的信念并投票支持战争,还是会更理性地计算自己国家被打败的概率,并寻求避免冲突？

5. 在电视剧《实习医生风云》(*Scrubs*)中,电视主角约翰·多里安(John Dorian)是一名能力强而且知识丰富的医生。但他对医学领域以外的东西知道的很少,他承认自己不知道众议院议员和参议院议员有什么区别,他甚至相信新西兰就在"旧西兰"附近。

a. 假设约翰·多里安花一些时间学会这些普通的常识,他能从中获得什么收益？（假设知识本身并不能带来任何收益。）

b. 假设约翰·多里安花一些时间来学习如何诊断罕见病,这种病有可能会出现他的病人身上。他能从中获得什么收益？（同样,假设知识本身并不能带来任何收益。）

c. 运用经济学解释:给定你对 b 问的答案,选民们也几乎没有激励去获得同政治有关的信息。

6. 驾车沿着美国州际公路行驶,你将会注意到,在休息区域很少有人开店。自动售货机是唯一可以获得食物和饮料的地方,这对于那些想找一点热食的疲惫旅行者来说,是件很烦恼的事情。这要感谢全美卡车站运营协会(NATSO),他们不断地游说政府,要求取消商业化。他们是这样辩解的:

*公路互通枢纽处的商店*不能同休息区域的商店进行竞争,因为这些休息区域都在高速公路上最方便的公路上……对私人所营运的公路互通枢纽处的商店而言,休息区域的商店会造成不公平的竞争环境,从而最终也会破坏一种成功的经济商业模式,而这种商业模式已经被证明是对消费者和企业都有益的。[9]

a. NATSO 是如何使得旅行对消费者来说更昂贵的？

b. 你认为大部分美国人曾经听说过 NATSO 以及要商业化营运休息区域的立法吗？你的答案如何解释理性的信息无知？你认为公路互通枢纽处的商店（如饭店、加油站和其他位于高速公路附近,但不在高速公路上的便利性商店）的主人了解 NATSO 吗？

c. 尽管有你在 a 问中的回答,为什么 NATSO 在游说方面的努力还会经常成功？提示:在这个故事中,集中化的收益是什么？分散化的成本是什么？

7. 下图显示了 101 个选民政治方面的信息。选民们都投票给在图中横坐标上最接近他们目标的候选人,就像中间选民理论所假设的那样。同往常一样,政客彼此之间竞争,他们可以自由进入"政治市场",就像第 10 章中的企业可以自由进入经济市场一样。

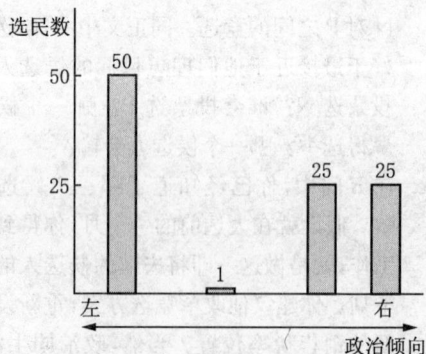

a. 哪一组选民会正好得到他们所希望的:左边的一组,中间组,还是右边的一组?

b. 现在,4 年以后,又到了新的选举时间。假设右边两组选民此时已经合为一组了:中间 25 个选民更向右边移动了,从而更靠右了。在新的大选中,哪一个位置会赢?

c. 正如你所看到的,这个模型中存在一个"关键选民"。他是谁?

8. 根据本章有关罗马帝国那一段中的话,我们来重新写一句话:"随着美国逐渐成长,追逐华盛顿的政治权力是一条比开发新的商业更安全可靠的致富之路。"在今天,这句话看起来对吗? 如果你认为这一现象真的已经出现,那么,你为什么会这样认为? 在你的回答中,重点放在一些能够支持或反对"堕落的帝国"这一理论的市场信号。(提示:据调查,莫斯科的房地产价格已经是全世界最高,这可能并不是由于住房的供给过低所导致。)

挑战

1. 理性的信息无知能完全解释为什么选民们会允许食糖配额这样的政策长期存在吗? 20 世纪早期,纽约市政府被一个叫做"坦慕尼协会"(Tammany Hall)的民主党组织所控制。乔治·普伦基特(George Plunkitt),一名来自坦慕尼组织中最成功的政客,写了一篇绝妙好文——《诚实的贿赂和不诚实的贿赂》("Honest Graft and Dishonest Graft")。普伦基特在这篇文章中认为,选民们实际上会赞同各种各样被政府所认可的恩惠。[这篇文章和《坦慕尼协会的普伦基特:关于各种政治实践的系列坦诚告白》(Plunkitt of Tammany Hall:A Series of Very Plain Talks on Very Practical Politics)这整本书都可以从网上免费获得。]

例如,普伦基特说,如果政府的雇员获得比市场工资更高的报酬,普通的选民会很喜欢:"华尔街的银行家会认为,把(政府)雇员的薪水从 1 500 美元提高到 1 800 美元,那是一种耻辱。但是,每个自己领薪水的人会说:'那很好,我希望那人是我。'并且,他感到非常有必要在选举的那一天去投坦慕尼的票,仅仅是出于认同。"

a. 普伦基特是在 20 世纪早期说这些话的。你认为在今天,这一现象比它在以前更真实,还是更不真实? 为什么?

b. 如果更多的美国人都了解食糖配额,你认为他们会愤怒吗? 或者他们会认可这件事,并说"那很好,我希望它也会发生在我身上"? 为什么?

c. 总的来说,你认为在真实世界里,即使选民们不喜欢某个特殊利益集团,他们也会更喜欢一个给该集团特殊利益的政党吗? 为什么?

2. a. 如果一个国家遭受到旱灾,就可能会出现饥荒,以下哪一种需求会下降得更多些:对食物的需求还是对理发的需求? 为什么?

b. 在一场大的旱灾中,谁遭受的损失会更大:经营农场的人还是经营理发店的人? [注意:答案可以在森对自己一生工作所进行的总结——《以自由看待发展》(Development as Freedom)一书的第 164 页中找到。]

c. 森强调,在饥荒期间,"缺少购买力"比"食物的缺乏"更重要。如何运用森关于理发店的故事来说明这一点?

3. 政治学家杰弗里·弗里德曼(Jeffrey Friedman)和法学教授伊利亚·索明(Ilya Somin)说,由于选民大部分都是信息无知的,这就有理由保持一个尽可能简单的政府。他们还说,政府应该只承担一些最基本的任务。在这种方式下,理性信息无知的选民,通过观看插播在电视剧《好汉两个半》(Two and a Half Men)之间的新闻就可以知晓政府的行踪。

a. 这样的一个政府看起来会像什么? 特别是,对于今天的选民来说,什么样的政策和规划会过于复杂而难以监控? 在你的答案中,只需要考虑美国联邦政府。

b. 对于现在选民来说,当前哪一种类型的政府规划和政策会更容易监控? 你认为哪一种规划是你和你的家人都能很好理解的?

c. 对于 a 问中过于复杂的规划项目,你能想出一些更容易处理的替代方案吗? 例如,相对于当前对农民的补贴和低利率贷款而言,减少对每个农民的检查,并在网上公布检查的数量和结果,这也许更容易监督。

4. 我们提到过,中间选民理论不一定总是有效,有时并不存在一个能全胜的政策。这已经驱使经济学家和政治科学家写了上千篇论文和著作来解释它,并试图找到一个好的应对方案。关于投票运行机制的最著名的理论例子就是孔多塞悖论。孔多塞侯爵(Marquis de Condorcet),18世纪的一位法国贵族,对具有如下偏好的三个选民所进行的选举结果感到很惊奇。三个朋友正在投票决定要看哪一位法国经济学家的书,这三位的书都是他们在学习小组中应该阅读的。这三个人的偏好如下:

	让	玛丽	克劳德
第一选择	瓦尔拉	巴斯夏	萨伊
第二选择	巴斯夏	萨伊	瓦尔拉
第三选择	萨伊	瓦尔拉	巴斯夏

a. 他们按照多数投票决定。如果投票是瓦尔拉对萨伊,谁会赢?萨伊对巴斯夏呢?巴斯夏对瓦尔拉呢?

b. 他们决定按照单一淘汰赛制来进行投票:两者之间进行投票,赢者进入下一轮,直到最后一轮为止。这是很多体育运动和立法机构运行的方式。现在,假设由让来决定投票的顺序。他想要他最喜欢的人,瓦尔拉最后能赢得投票。为了确保瓦尔拉能获选,让应该如何安排投票的顺序?

c. 现在,假设由克劳德来决定投票顺序:克劳德会如何安排投票顺序?

d. 由玛丽来决定顺序呢?评价一下投票程序安排的重要性。

(也许你会认为这些例子都太特殊,其实一点也不特殊。就分配某一固定数量美元的投票而言,任何一种投票形式都可能会以同样的方式而告终——你自己可以验证一下!孔多塞自己也经历了另一种形式的民主失败:他死在监狱中,是他所支持的法国大革命的牺牲品。)

5. 在以上的问题中,你已经知道,在多数决定原则的选举中,有时不存在任何一种可以击败其他任何政策的政策。因此,选举程序可以决定选举结果。在上一问题中,议程表中的所有政策都一样好。但是,情况并不总是如此。假设有三个选民,L、M和R,他们都在7个候选人之间进行选

择。这三个选民的偏好如下表所示。例如,选民M最喜欢爱生气,最不喜欢万事通。

选民 L、M 和 R 对总统候选人的偏好

	L	M	R
第一选择	开心果	爱生气	糊涂蛋
第二选择	喷嚏精	糊涂蛋	开心果
第三选择	爱生气	开心果	瞌睡虫
第四选择	糊涂蛋	害羞鬼	喷嚏精
第五选择	万事通	瞌睡虫	爱生气
第六选择	害羞鬼	喷嚏精	万事通
第七选择	瞌睡虫	万事通	害羞鬼

a. 假设我们按照一个给定的程序进行投票,最开始是开心果对糊涂蛋。谁会获胜?这次我们来帮你分析。L认为开心果比糊涂蛋好,L会选开心果。M认为糊涂蛋比开心果好,他会选糊涂蛋。R认为糊涂蛋比开心果好,他会选糊涂蛋。所以,＿＿＿＿会获胜。

b. 接下来,a问中的获胜者同爱生气竞选。谁会获胜?

c. 接下来,b问中的获胜者同喷嚏精竞选。谁会获胜?

d. 接下来,c问中的获胜者同瞌睡虫竞选。谁会获胜?

e. 接下来,d问中的获胜者同害羞鬼竞选。谁会获胜?

f. 最后,e问中的获胜者同万事通竞选。谁会获胜?

g. 我们已经完成了整个选举议程,因此,f问中的获胜者最终赢得选举。以下是问题的关键:仔细分析一下三个选民的偏好。比较一下每个人对开心果(或者爱生气,或者糊涂蛋)和最后的获胜者的偏好。完成以下填空:＿＿＿＿认为,多数决定原理所产生的结果比其他某些可能的结果更糟糕。你可能会被自己的答案吓一跳。

这个问题选自于经典的,也是我们所强烈推荐的博弈论入门著作《策略思维:商界、政界及日常生活中的策略竞争》(Thinking Strategically)一书。该书的作者是阿维纳什·K.迪克西特(Avinash K. Dixit)和巴里·丁.奈尔伯夫(Barry J. Nalebuff)(W. W. Norton, 1993)。

▶ 附录 A

看图和制图

经济学家既用图来表达思想,也用图来说明数据。在本附录中,我们介绍一些
常见的图,解释如何看懂图,并告诉你一些利用微软 Excel 软件或其他相似软
件进行作图的技巧。

用图表达思想

经济学经常用图来表达思想。在整本书中,我们使用最多的图是用一个坐标
系来表示两个变量的曲线图。一个变量标在纵轴上或者说 Y 轴上,另一个变量标
在横轴或者 X 轴上。

例如,在图 A.1 中,我们画出了一个非常一般的 Y 变量与 X 变量对应关系的图
形。从纵轴 $Y = 100$ 的地方开始,你横着看过去,在图上找到相应的点,然后垂直向
下找到 $X = 800$。因此,当 $Y = 100$ 时,$X = 800$。在这个例子中,你也可以看到,当
$X = 800$ 时 $Y = 100$。同理,当 $Y = 60$ 时,你可以从图中看到 $X = 400$,反之亦然。
你可以回忆一下,一条直线的斜率定义为底除以高,或者说等于底/高。在这个例
子中,当 Y 从 60 升高到 100,高为 40。而 X 从 400 移动到 800,底为 400。所以,这
条直线的斜率为 $40/400 = 0.1$。斜率为正数,表示 Y 增加时 X 也增加。

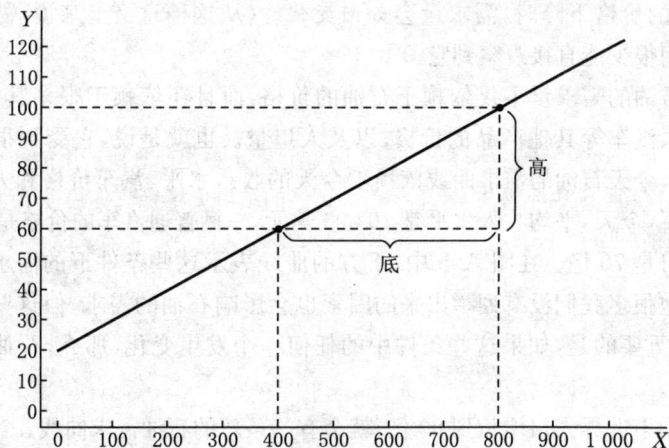

图 A.1　直线的斜率

我们现在把这个图的思想用到一些经济学的概念上。在第 2 章,我们已经说

明,如何运用一些有关石油价格和石油需求量的虚构数据,来绘制一条需求曲线。我们这里在图 A.2 中再展示一遍。

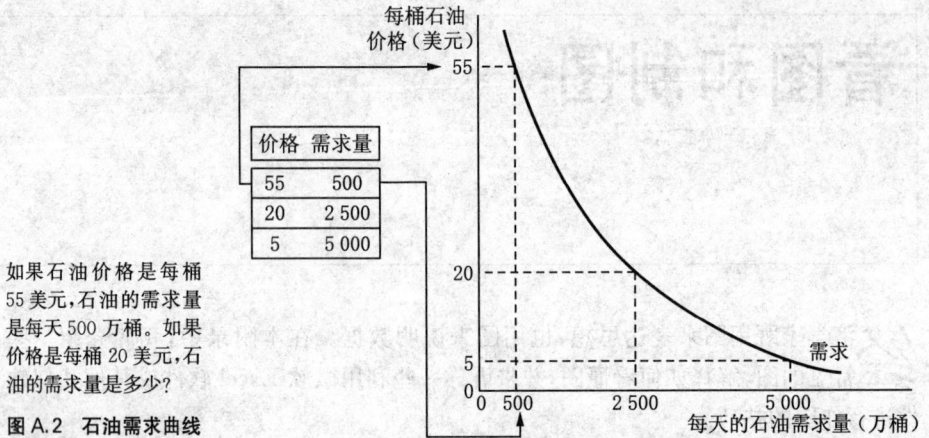

如果石油价格是每桶 55 美元,石油的需求量是每天 500 万桶。如果价格是每桶 20 美元,石油的需求量是多少?

图 A.2　石油需求曲线

图 A.2 中左边的表格显示,在每桶 55 美元的价格下,买者每天愿意并能够购买 500 万桶石油。或者更简单地说,在 55 美元的价格下,需求量是 500 万桶。你可以按照下面的方法在图中读出这一信息。从纵轴开始,找到 55 美元的价格。然后向右找到 55 美元的价格在需求曲线上所对应的点:顺着这一点向下看,你会看到,需求量是每天 500 万桶石油。在 20 美元的更低价格下,每天的情况如何呢? 在纵轴上的 20 美元开始,向右找到这一价格在需求曲线上所对应的点,然后向下读。你看到了吗? 在每桶 20 美元的价格下,每天石油的需求量是 2 500 万桶。

我们说过,图可以表达思想,那么,这里所表达的思想是什么呢? 关于需求曲线最重要的一个事实就是,它有一个负的斜率。也就是说,它是向下倾斜的。这就告诉我们一个简单而又重要的思想:当一种物品的价格下降时,需求量会增加。这就是关键:当石油这样的物品其价格下降时,人们对它的需求会更多。

需求曲线就是要说明,在假定其他影响石油需求量的因素保持不变的情况下,当这种产品的价格下降时,需求量会如何变化。(从这种意义上来说,需求曲线是假想的,我们很少能直接观察到它。)

例如,石油的需求量不仅依赖于石油的价格,而且还依赖于很多其他的因素,如收入水平、汽车等其他产品的价格,以及人口量。也就是说,它受到很多因素的影响。例如,今天石油的需求曲线依赖于今天的收入水平、汽车价格和人口量。例如,想象一下,今天,平均收入水平是 10 000 美元,一辆普通汽车的价格是 25 000 美元,世界人口是 70 亿。在图 A.3 中,下方的曲线表示这些条件下的需求曲线。注意,还有其他很多我们没有列举出来的因素也会影响石油的需求,但这些因素也保持不变。最重要的是,如果这些条件中的任何一个发生变化,那么,石油的需求曲线都会移动。

例如,如果世界人口增长到 80 亿,就会有一条新的石油需求曲线。当人口数量更大时,在每一价格水平下,都会有更多的石油需求。因此,需求曲线会向右移动。换句话说,当人口量增加时,对于任何给定的石油数量,都会有更高的支付意愿。因此,需求曲线将会向上移动。所以,我们说,需求的增加就是这条曲线向上和向右移动,如图 A.3 中上方的曲线所示。第 2 章详细解释了当除价格之外的其他因素发生变化时,价格如何随之发生移动。

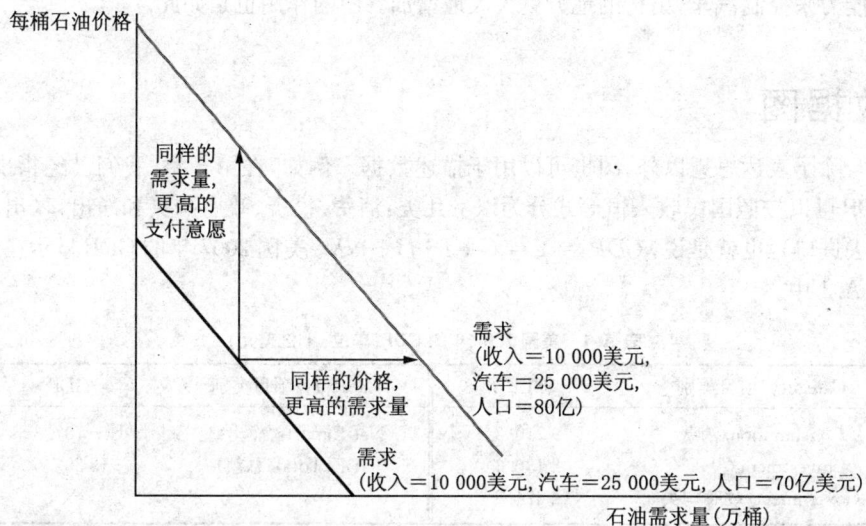

图 A.3　石油需求曲线

这里需要重点强调的是,需求曲线是在保持除价格以外的其他影响条件都不变的情况下画出来的。任何除价格以外的、其他能影响石油需求的因素发生变化,都会产生一条新的需求曲线。

绘制在同一个坐标系上的两个变量,还有一个重要特征:这些数字可以用两种不同的方法来解读。例如,正如我们在第 2 章中所提到,需求曲线可以从垂直和水平两个方向上来解读。从"水平方向"来解读,你可以从图 A.4 中看到,在每桶 20 美元的石油价格下,需求者愿意而且能够购买的数量是每天 2 500 万桶。从"垂直方向"来解读,你可以看到,需求者对每天购买 2 500 万桶石油愿意支付的最高价格是每桶 20 美元。因此,需求曲线表示在任何价格水平下的需求量,或者对于任何购买数量愿意支付的最高(单位产品)价格。

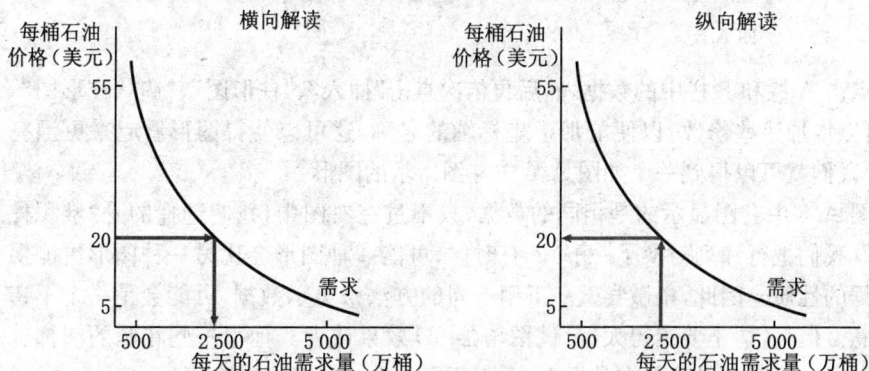

横向解读:在每桶石油 20 美元的价格下,需求者每天愿意购买 2 500 万桶的石油。
纵向解读:为了每天购买 2 500 万桶石油,需求者愿意支付的最高价格是每桶 20 美元。

图 A.4　用两种不同的方法解读需求曲线

刚开始的时候,要解释这些图似乎有些困难。但是,你将会看到,对于思考一些非常难的经济学问题,图显示出的作用有时是惊人的。这就有点像学开汽车——开始的时候不是很容易,你会出一些差错。但是,一旦你学会了如何运用你的能力来控制汽车,出行的地方就大大地增加。图的作用也是如此。

数据图

除了表达思想以外,图也可以用于描述数据。例如,在第 5 章,我们已经指出,GDP 可以按照国民收入恒等式分为以下几类:消费、投资、政府购买和净出口(出口减去进口),也就是说,$GDP = Y = C + I + G + NX$。美国 2007 年的 GDP 显示在了表 A.1 中。

表 A.1　美国 2007 年的 GDP(单位:十亿美元)

Category/项目类别	GDP	Category/项目类别	GDP
Consumption/消费	9 710.2	Net Exports/净出口	−707.8
Investment/投资	2 130.4	GDP(Total/总额)	13 807.6
Government/政府购买	2 674.8		

资料来源:Bureau of Economic Analysis。

如果把这些数据输入到 Excel 中,如图 A.5 所示,你可以利用求和函数来检验所有的分项加起来是否等于 GDP。

B7		f_x	=SUM(B2:B5)
	A	B	C	D
1	Category	GDP		
2	Cons	9710.2		
3	Inv	2130.4		
4	Govt	2674.8		
5	NX	-707.8		
6				
7	GDP (Total)	13807.6		
8				

图 A.5

点击 A 栏和 B 栏中的数据,然后再依次点击"插入"、"柱形图"、"簇状柱形图",(也可以增加一些修改,以便能加上坐标轴的名称,这可以使得图形看起来更漂亮些)。我们就可以得到一个如图 A.6 中左图所示的图形:

图 A.6 中右图显示的是相同的数据,只不过在右图中,我们选择的是"堆积柱状图"(我们把行和列对换了一下)。有时候,可能一种图形会比另一种图形更能揭示数据的性质。因此,稍微尝试一下用不同的方法来显示数据,可能会是一个不错的主意。但是,请不要走得太远,试图增加 3D 效果或者其他很一些花哨的图饰就不必要了。不要总是聚焦在数据上,也不要聚焦在一些特殊的效果上。

在第 9 章,我们解释了有关股票、债券和其他投资方式的经济学。很多金融数据在网上都可以免费找到。例如,在雅虎财经(Yahoo! Finance)上从 1950 年到 2000 年末,标准普尔 500 指数每个月第一个交易日的数据都可以下载。这些数据显示在了图 A.7 中。

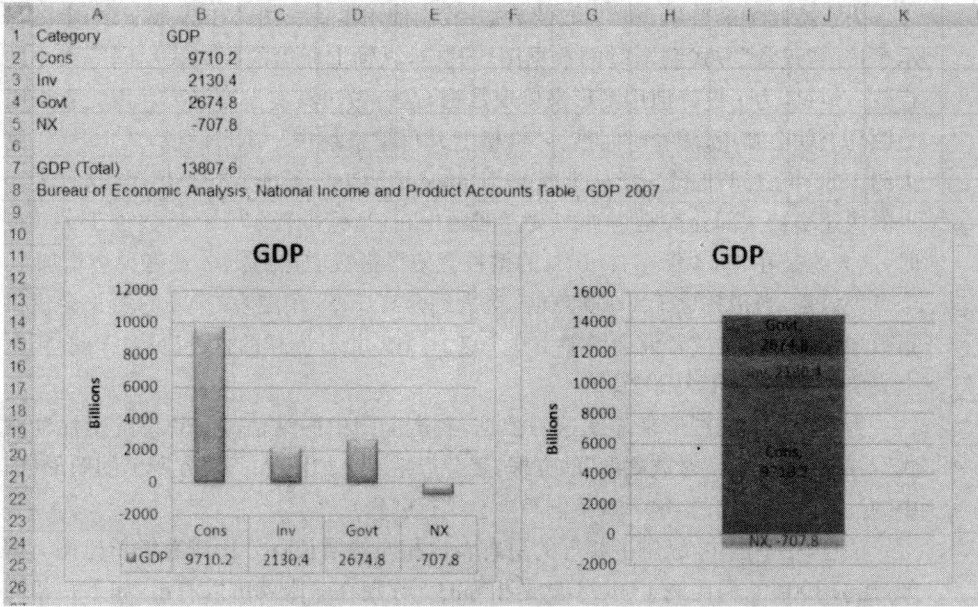

图 A.6

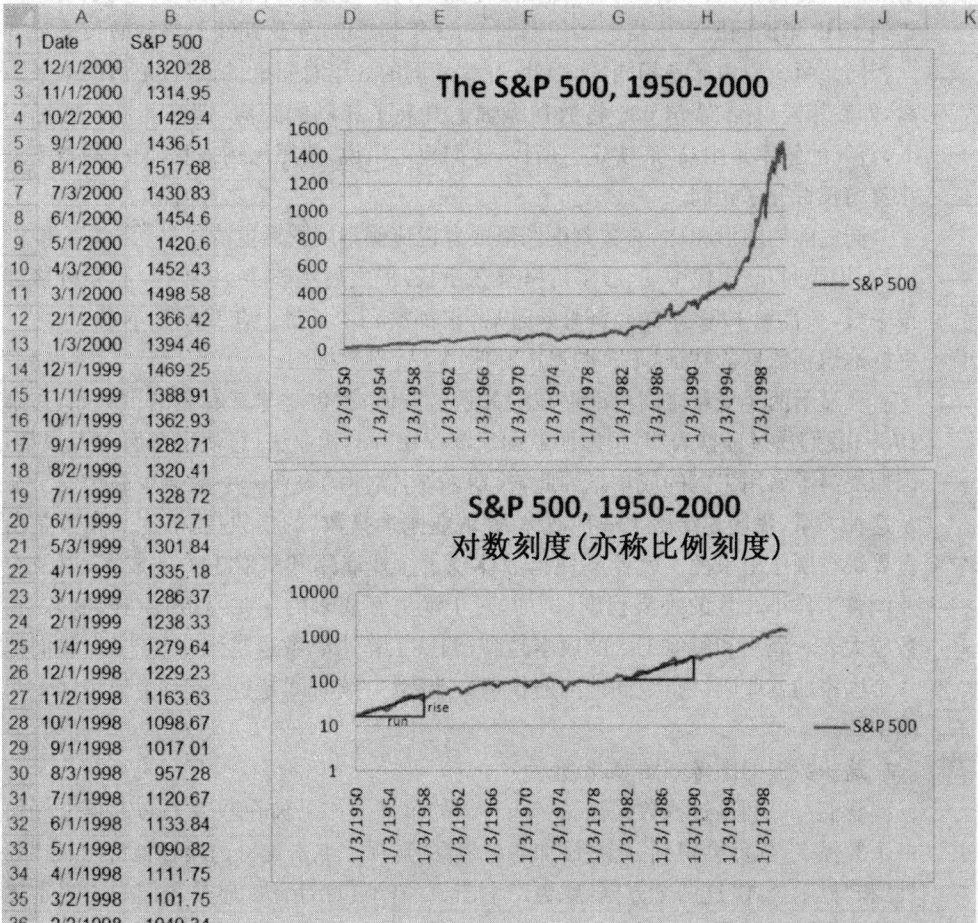

图 A.7

为了绘制标准普尔 500 指数的数据,我们使用了折线图。在图 A.7 中,上图显示了按照"正常"方式制图时的数据图。其中,纵轴上相等的距离表示同等大小的指数。但是,为了更好地用图形来体现数据,这一做法其实没有必要。因为看一眼上图马上就会知道,随着时间推移,价格上升得越来越快。换句话说,从 1950 年到大约 1980 年之间,曲线看上去非常平坦,这之后则上升得非常快。但是,这种表面上的快速增长大部分都是一种幻觉。问题出在,当标准普尔 500 指数位于 100 点时,这大约是在 1968 年左右,10% 的增长会使得指数增加到 110,或者说会增加 10 个点。但是,当指数位于 1 000 点时,这大约是在 1998 年左右,10% 的增长会使得指数增加到 1 100,或者说会增加 100 个点。因此,增长同样的百分比,在 1998 年看上去要比在 1968 年大得多。

为了用不同的图形来显示这一数据,右击上图中的纵轴,选择"设置坐标轴格式",并点击标记有"对数刻度"的方框,就会产生一个如图 A.7 下方所示的图形(图中的三角形是另加的,这一点我们马上会进行解释)。

注意,在下图中,纵轴上相等的距离表示相同的增长百分比或者增长比例。例如,比例 100/10 同比例 1 000/100 是相等的。你现在一眼就可以看出,如果在相同的时间长度内(以横轴的距离来表示),股票价格在纵轴上移动了相等距离,那么,增加的百分比相同。例如,我们在图中添加了两个完全相同的三角形,它表明,1950 年到 1958 年期间股票价格的增长率同 1982 年到 1990 年这期间股票的增长率基本上相同。两个三角形是相同的,因此,在这相同的 8 年时间里,给定三角形的水平距离,即底相同,标准普尔 500 指数在纵轴上升高了相同的距离,即高相同。回忆一下,直线的斜率是由高/底决定。所以,我们也可以说,按照比例来看,同样的斜率意味着增长百分率相同。

同之前的图形相比,对数刻度图形或者说比例刻度图形更清楚显示出,从 20 世纪 50 年代到 60 年代中期,股票价格都在增长,但之后在整个 70 年代,股票价格都很平缓,一直到 1982 年的经济萧条过后,它都没有增长过。在我们整本书中,为了更好地识别数据的特征,很多图形中都使用了比例数据图。

在显示两个变量之间可能存在的关系这方面,图也是非常有用的。例如,在第 10 章,我们通过证据表明:很多西欧国家都存在劳动就业法,这使得解雇工人很难,因而提高了雇用工人的成本。因此,长期来看,欧洲的失业率一般会更高。为了显示这种关系,我们先给出了一种被称为"就业刚性指数"的指数指标,这一指数是由世界银行制作出来的。就业刚性指数体现了企业雇用和解雇工人的成本,以及企业调整工作小时数的难易程度(例如,对于晚上和周末的小时是否存在限制)。指数越大表示雇用和解雇工人的成本越高,调整工作小时数也越困难。然后,我们把一个国家的就业刚性指数同该国的长期失业率(持续时间超过一年)绘制在同一张图中。

这一数据的图像如图 A.8 所示。

我们可以利用这些数据再做一些有趣的事情。如果你在图像上右键点击任何一个数据点,你就会得到一个"添加趋势线"的选项。点击这一选项,然后再点击"线性"和"显示公式"这两个方框,就会产生图 A.9(不包括箭头,那是我们为了表示更清楚所增加的。)

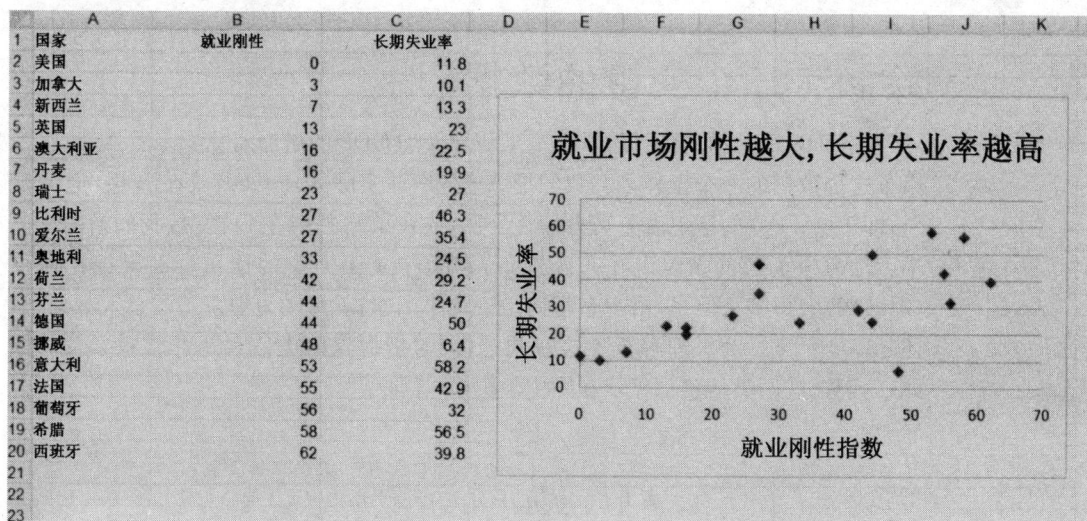

图 A.8

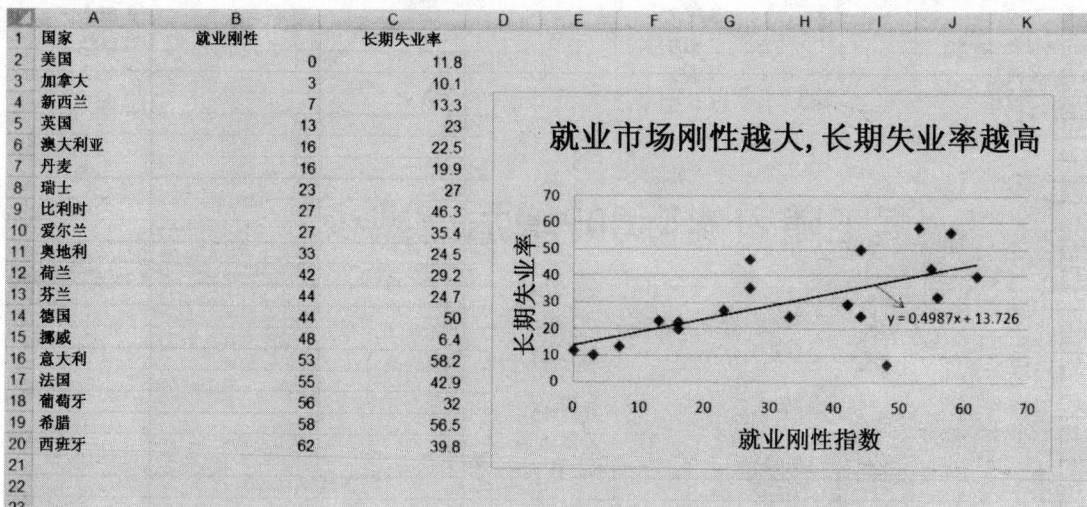

图 A.9

　　黑色的线是对数据的"最优"拟合直线。(这里的最优拟合指的是统计上的,我们这里不想详细解释它。不过,如果你上过统计课,你就会对普通最小二乘估计有所了解。)Excel 也为我们显示了这条拟合直线所对应的方程,$Y = 0.4987 \times X + 13.726$。你还记得中学所学的表示直线的方程吗,$Y = mX + b$? 在这个例子中,$m$,直线的斜率或者说底/高,等于 0.4987;b,也就是截距,等于 13.726。斜率告诉我们,就业刚性指数每增加 1 个单位(底是 1),长期失业率平均会增加 0.4987 个百分点(高是 0.4987)。利用这个方程,你可以选择任何一个就业刚性指数,来预测在这一指数下的长期失业率。例如,如果就业刚性指数是 15,我们预测长期失业指数为 $21.2065 = 0.4987 \times 15 + 13.726$。如果指数是 55,我们预测长期失业指数为 $41.1545 = 0.4987 \times 55 + 13.726$。

绘制有三个变量的数据图

在第18章,我们有证据显示,童工随着人均GDP的增加而减少。图A.10显示出了这个数据的一个子样本。我们把X变量,即实际人均GDP放在B栏,把Y变量,即10—14岁的童工占劳动力的百分比,放在了C栏。在D栏中,我们给出了整个劳动力中童工的数量。在布隆迪,劳动力中童工所占的比重(48.5%)比印度(21.1%)大得多。但是,由于布隆迪是一个小国家,就劳动力中童工的总人数而言,还是印度更大。为了理解童工这一问题,同时把握这两类信息是非常重要的。因此,我们把这两类信息都显示在图中。

	A	B	C	D	E
1	国家	人均实际GDP	童工占劳动力的百分比	劳动力中童工的总人数	
2	布隆迪	523	48.5	439 623	
3	埃塞俄比亚	635	41.1	3 472 114	
4	孟加拉国	1 684	27.7	4 592 758	
5	泰国	6 857	12.2	666 602	
6	印度	2 479	12.1	13 300 000	
7	墨西哥	8 762	4.9	531 132	
8	阿根廷	11 006	2.4	80 265	

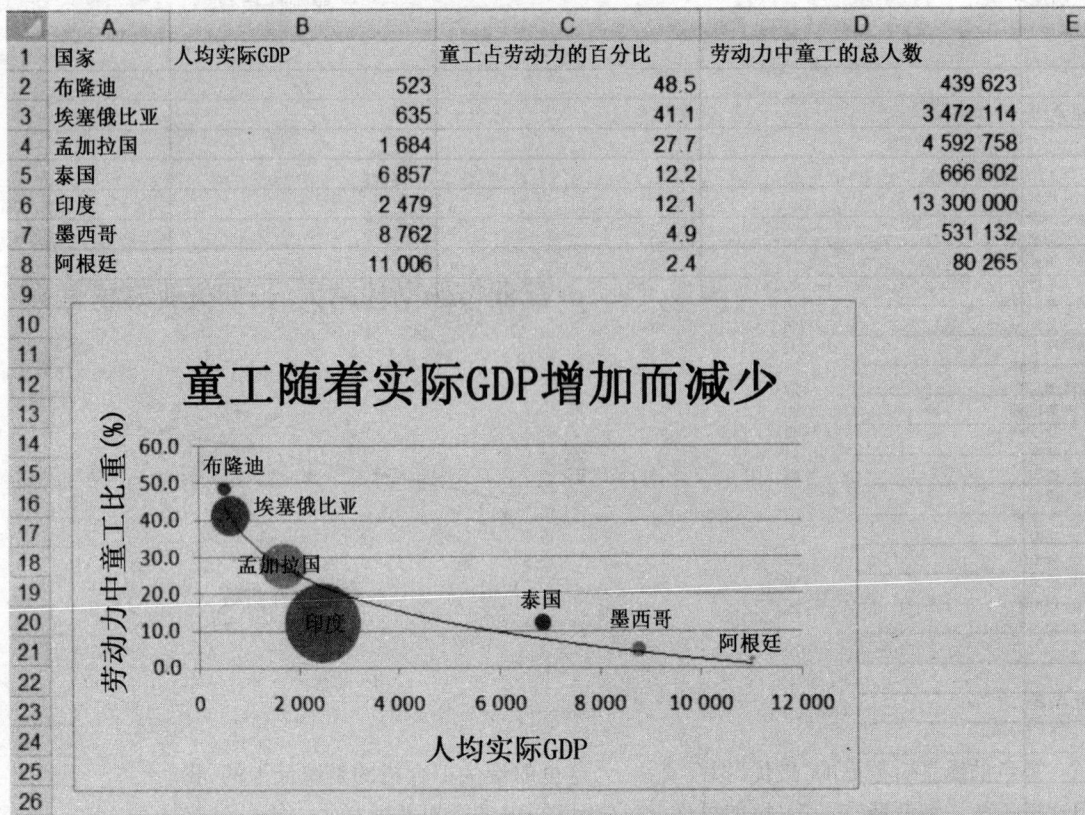

图 A.10

Excel表的气泡图会同时显示出这三栏的数据,它用气泡的面积或者说数据点的大小来显示第三栏的信息。例如,在图A.10中,总劳动力中童工的数量印度最大,因此,印度有一个面积最大的泡泡。其他数据点附近的泡泡面积也体现了相对应的比例。因此,墨西哥的泡泡是印度泡泡大小的1/25,因为墨西哥总劳动力中童工的人数是印度的1/25。(很遗憾,Excel表不能自动地标识出泡泡名称,因此,我们只能通过手工添加这些名称)

原因和结果

　　警察能降低犯罪吗？如果能，能降低多少？这是经济学家和刑事学家有兴趣去理解的关键问题，因为地方政府（和纳税人）每年花在警察身上的钱达到数 10 亿美元，他们想知道这些钱是否花得值得。政府应该减少还是增加花在警察身上的钱呢？不巧的是，这个问题是令人惊奇地难以回答。为了说明为什么，图 A.11 显示了美国很多城市中人均犯罪率和人均警察人数之间的关系。

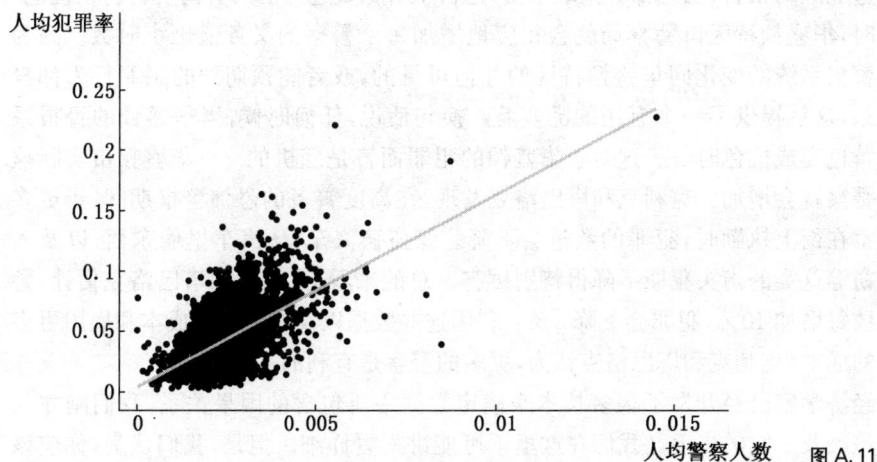

图 A.11

　　图 A.11 显示，人均警察人数更多的城市，人均犯罪率更高。我们应该得出结论说警察带来的犯罪吗？恐怕不能。更有可能的是"相反的因果关系"，犯罪带来警察——也就是说，犯罪率越高的地方，雇用的警察人数也越多。我们因此有两种潜在的因果关系链：更多的警察会降低犯罪，而更多的犯罪会增加警察人数。遗憾的是，通过观察图 A.11，对这两种潜在因果关系中的任何一种，你都得不出任何结论。图 A.11 体现了警察和犯罪之间的相关性，但不是因果关系。不过，如果你想要估计警察的价值，你需要知道因果关系，而不是两者的相关性。那么，你应该怎么办呢？

　　为了估计警察能在多大的程度上降低犯罪，最好的办法就是，比方说，取 1 000 个基本上相似的城市，然后用抛硬币的方式随机地把它们分成两组。在第一组城市中，把警察的力量增加一倍，第二组保持不变。然后比较这两组城市中下一年的犯罪率。如果增加警察的城市组具有更低的犯罪率，那么，你可以肯定地把这种差异性归功于警察对犯罪所起的作用。导致图 A.11 中相关性证据难以解释的是罪犯的增加有时候导致警察的增加。但是，如果你随机地增加警察人数，你就能够消除这种潜在的"反向因果关系"。因此，如果在随机增加警察人数的城市中，犯罪率下降了，那么，其最合理的解释就是警察人数的增加。同理，如果在随机减少警察人数的城市中，犯罪率上升了，那么，其最合理的解释就是警察人数的减少。

　　遗憾的是，随机性的实验至少有一个很大的问题——这种实验的成本太高。在犯罪学和其他社会科学中，偶尔也做过一些大的随机性实验。但是，由于成本太高，通常我们都一定会看看，是否还有其他方法来检验这种因果性。

　　如果你负担不起一个大的随机性试验,还有其他的事情你可以做吗? 一种可能就是,去寻找经济学家称之为"准实验"或者"自然实验"的事件。例如,在 1969 年,当加拿大蒙特利尔市的警察举行罢工时,发生的银行抢劫案是平时的 50 多倍。[①]

　　蒙特利尔市的"实验"告诉你,撤销所有的警察也许不是一个好想法。但是,它也没有告诉你,政府应该在大街上增加或者减少多少数量的警察,比如说,增加或者减少 10％或者 20％。乔纳森·克利克(Jonathan Klick)和亚历克斯·塔巴洛克利用另外一个自然实验来处理这个问题。[②]在"9·11"事件发生后,美国立即就成立了一个由国土安全部掌管的恐怖报警系统。根据情报人员发布的关于恐怖组织当前制造危险的报告,当恐怖警报级别由"危机上升"(黄色)提高到"高度警备"(橙色)状态时,华盛顿特区市警察局就会相应地增加每个警察的义务值班小时数。因为恐怖警报系统的变化同华盛顿特区的任何可见的,或者能预期到的犯罪行为都没有关系,这就提供了一个有用的准实验。换句话说,任何时候,当华盛顿的警报系统从黄色变成橙色时——这对于华盛顿的犯罪而言是随机的——华盛顿市实际执勤的警察就会增加。克利克和塔巴洛克发现,在高度警备的恐怖警报期间,当更多的警察在街上执勤时,犯罪的数量会下降。像盗窃汽车、从汽车里偷东西,以及入户行窃等这类的街头犯罪下降得特别厉害。总的来看,克利克和塔巴洛克估计,警察人数每增加 10％,犯罪会下降 3％。利用这些数据以及有关犯罪成本和雇用更多警察的成本,克利克和塔巴洛克认为,更多的警察是有利的。

　　经济学家已经开发了很多技术来确定数据中所包含的因果关系,我们刚才只不过是触及了它的皮毛。我们在这里不可能讲得更详细。但是,我们认为,你应该知道,在这本教科书中,当我们用数据来展现某种因果关系时——如当我们在第 18 章认为,高 GDP 会带来一个更低的童工数量——已经有大量的统计研究开始关注因果关系,而不是相关性。如果你对这些进一步的细节感兴趣,我们给你提供了一些有关原始论文的参考文献。

附录 A 的习题

1. 我们从代数中的一个简单思想开始:下面四个图中哪一个有正的斜率,哪一个有负斜率?

A

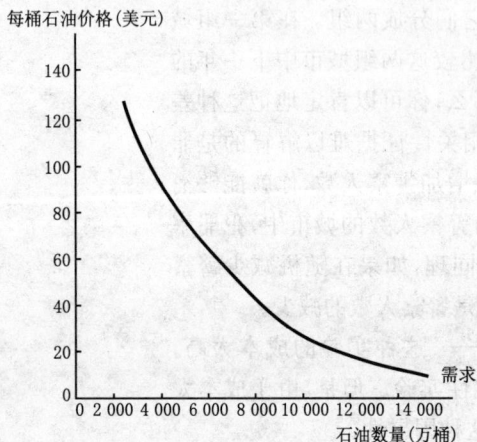

每桶石油价格(美元)

B

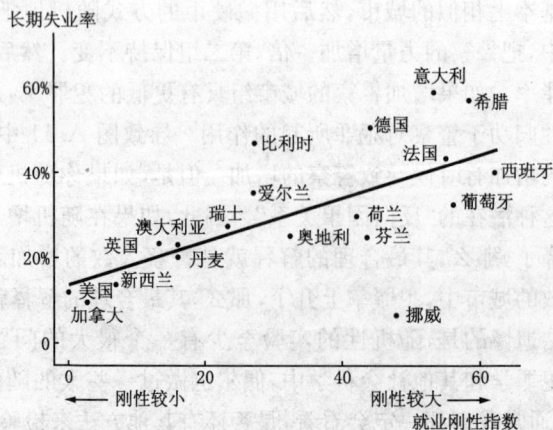

长期失业率

10—14岁儿童
占劳动力比例

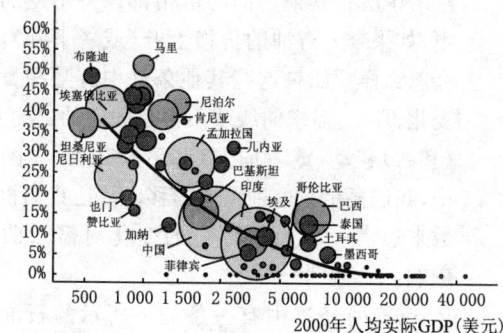

每桶石油价格
（美元）

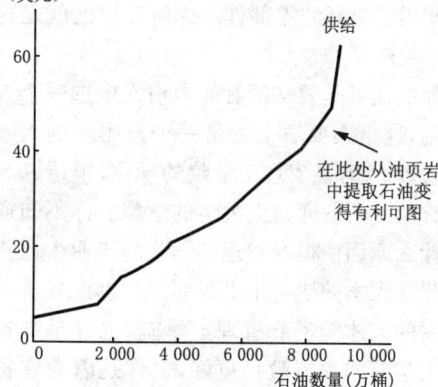

2000年人均实际GDP（美元）

石油数量（万桶）

2. 当社会科学家在讨论社会和经济问题时，他们通常都是说"正相关"或"负相关"，而不是说"正斜率"或者"负斜率"。根据你的知识，以下哪一对变量之间一般是"正相关"的（画图时具有正的斜率），哪些是"负相关"的（注意："负相关"和"反向关系"是同样的意思。在这些问题中，我们也只说相关性，而不说因果关系。）

   a. 一个职业垒球运动员的平均击球数和他的年薪；

   b. 一个职业高尔夫球员的平均得分和他的平均薪水；

   c. 一个人抽烟的数量和他的预期寿命；

   d. 一个人所驾驶车辆的大小和他在严重汽车事故中存活的概率；

   e. 一个国家距离赤道的远近和该国市民的富裕程度。（对于这一问题的答案，请参见 Robert Hall and Charles Jones. 1999. Why Do Some Countries Produce so Much More Output per Worker than Others? *Quarterly Journal of Economics*, 114:83—116。）

3. 我们来把克利克和塔巴洛克关于犯罪的研究转换成一个代数方程。我们报告了华盛顿特区的警察增加 10% 对当地犯罪的影响效果。在以下方程中，请填写上警察每增加 1% 时对犯罪率的影响效果：

   犯罪率变化的百分比 = _____
   　　　　　　　　　　　×在职警察增加的百分比

4. 我们分别从横轴和纵轴来解读一下图 A.10 中的童工问题：

   a. 根据这一趋势线，在一个普通国家，总劳动力

中童工每增加 10%，该国的实际 GDP 会怎么样？

   b. 根据这一趋势线，当一个国家人均 GDP 是 2 000美元时，童工在总劳动力中所占的比例大概是多少？

5. 我们再来看一看比例刻度的问题，并把它同正常刻度进行比较。

   a. 在图 A.7 中，哪一幅图是用比例刻度表示的？哪一幅是用正常刻度表示的？

   b. 在上方的那幅图中，标准普尔 500 指数每跨过一横线格时，指数上升了多少点？

   c. 在下方的那幅图中，标准普尔 500 指数每跨过一横线格时，指数升高了多少倍？

6. 作为一个科学家，你必须描绘以下数据的散点图：在整个一周的时间内，一个大的培养皿中的细菌数量，以每小时计量一次。（注意：大肠杆菌的数量每 20 分钟可以翻一倍。）这些数据应该用比例刻度来画散点图吗？为什么？

7. 受过教育的人应该可以（正确地）辨别出这一点："相关性不能证明因果关系。"这是一个很重要的实情——它能解释为什么经济学家、医生和其他研究人员要花费大量的时间去寻找因果关系的证据。但是，有时候，相关性就已经足够好了。在以下例子中，假设这些相关性都是事实，请解释，为什么这些相关性本身对所要解答的问题就已经足够了。

   a. 你的任务是要决定买哪一种品牌的汽车。你知道，H 牌中高质量汽车的比例通常比 C 牌中更高。你不知道是什么原因导致了 H 牌汽车中有更高比例的高质量汽车——也许是 H

牌汽车雇用了更好的工人,也许是 H 牌汽车使用了更好的零部件。你所知道的就是这种相关性。

b. 你的任务是要从所有的申请人中选一个人雇用,这个人要看上去是一个最聪明的人。申请者 M 有麻省理工学院的学位,申请者 S 拥有的一所普通州立大学的学位。你不知道是什么原因使得麻省理工学院的毕业生比普通州立大学的毕业生更聪明——也许只有更聪明的人才能进麻省理工学院,也许是麻省理工学院的教授教得更好,也许是因为麻省理工学院四年里有更好的课程训练了学生的大脑。

c. 你的任务是决定该搬到哪个城市生活,你想去的是那些最安全的城市。由于某些奇怪的原因,有助于决策的唯一线索就是人均警察的数量。

8. 如果你有点手生了,我们就来计算一些斜率吧。在每个例子中,我们给出了两个点,你可以利用"底/高"的公式来得到正确的答案。

　　a. 点 A:$x=0$,$y=0$,点 B:$x=2$,$y=3$;

　　b. 点 A:$x=6$,$y=-9$,点 B:$x=3$,$y=6$;

　　c. 点 A:$x=4$,$y=8$,点 B:$x=1$,$y=12$;

9. 我们提到过,需求曲线是一条假想的曲线:它回答的是"如果……会怎么样"的问题:"在一般消费者的收入水平、对未来石油价格的预期,以及经济中所有其他物品的价格都保持不变的情况下,如果今天石油的价格上升(或者下降),情况会怎么样?"如果这些其他条件中有某些发生了变化,那么,需求曲线就不再是固定的:它会向上(和右)移动,或者向左(和下)移动。在图 A.3 中,我们显示了这种图形的移动。让我们再用代数来思考一下经济环境的变化对需求曲线的影响:

Perovia 的经济中有一条如下所示的石油需求曲线:

$$价格 = B - M \times 数量$$

什么时候 B 会变得更大:

　　a. Perovia 的人口增加时,还是人口减少时?

　　b. Perovia 的汽车价格提高时,还是降低时?

　　c. Perovia 人的收入增加时,还是减少时?

10. 利用这一章的原始数据,运用 Excel 来重新制作本章中的任意两个图。图 A.6、图 A.7、图 A.9 和图 A.10 中都有你所需要的数据。如果你愿意进行尝试,也可以自己去 Bea.gov 和 Finance.yahoo.com 找一些有关 GDP 或者标准普尔 500 指数的最新数据。

▶ 附录 B

"自我测验"答案

以下是各章"自我测验"的参考答案。

第 2 章

第 021 页

1. 当印度工人的工资上涨后,它会导致对汽车需求的增加。当收入刚开始上涨时,工人可能会需要更多的碳砖来供热。但是,家庭用碳砖来供热既不安全,又不舒服。因此,当收入增长超过一定水平时,工人对碳砖的需求会减少。所以,一种商品在一定的收入范围内可能是一种正常品,超出一定的范围之后(通常是在更高的收入水平下)可能会变成低劣品。

2. 当石油的价格上涨后,一些人将会用助动车来代替汽车。因此,对助动车的需求会增加。

第 027 页

1. 芯片技术水平的提高会促使芯片这种投入要素的成本下降。因此,计算机的供给会增加。这意味着计算机的供给曲线会向右下方移动。

2. 酒精补贴降低了酒精的生产成本,因此会增加酒精的供给(酒精的供给曲线向右下方移动。)

第 3 章

第 034 页

1. 如果对大卡车和越野车的需求出人意外地降低,汽车公司会发现,在当前的价格下,他们供给的大卡车和越野车会出现过剩。供给量大于需求量。因此,为了能售完那些已经生产出来的卡车和越野车,他们会降低价格。

2. 在奥特莱斯品牌折扣店,价格打折是非常正常的。如果卖者在奥特莱斯品牌折扣店有很多衣服可供出售,那就表明卖者生产的衣服过多。卖者正在降价以减少过剩,进行衣服清仓。

第 037 页

1. 当汽车的价格上涨后,首先被忽略的是一些最低价值的需求。例如,父母们可能更不愿意给他们十几岁的儿子或者女儿买一辆新车。

2. 如果电讯公司在光纤上的投资过度,他们将必须降低使用光纤线路的价格。例如,一个像 Verizon 这种的公司,它将会以打折的价格提供光纤网络和电话连线上网。价格打折所带来的损失经常会抑制未来光纤电缆的投资。更一般地说,企业投资是为了盈利。如果企业过度投资,他们就会亏损,这就会激励他们慎重投资。

第 040 页

1. 如果洪水毁坏了玉米和大豆等农作物,这些农作物的供给就会下降。供给的下降将会降低均衡数量,提高均衡价格。

2. 如果白藜芦醇(从日本虎杖中提取)能提高鱼类的预期寿命,人们可能会认为它对人类也具有相同的效果。由此,就会有更多的人对白藜芦醇有需求,从而导致对白藜芦醇需求的增加。这将会增加日本虎杖的价格,也会导致日本虎杖产量的提高。

3. 当汽油的价格上涨时,对混合动力汽车的需求会增加,也就是说,需求曲线会向右上方移动。我们在图 3.7 显示了这一结果:把新的需求曲线看做是高汽油价格时对混合动力汽车的需求,把旧的需求曲线看作是低汽油价格时对混合动力汽车的需求。混合动力汽车的价格将会随着需求的增加而提高,特别是在短期内。

第 044 页

1. 1991 年石油价格的上涨主要是因为供给冲击——海湾战争。(也可以把它看成是一种需求的冲击,因为当人们预期战争会降低未来的石油供给时,对石油的需求也会增加。)如果这两个方面你都认识到了,那就应该给你额外加分了。

2. 从 1981 年到 1986 年,石油的价格稳步下跌。前几年更高的价格鼓励了石油勘探,这导致几年后石油供给增加,特别是非欧佩克国家的石油增加。

第 4 章

第 057 页

1. 某一品牌产品的替代品比某一类产品的替代品更多。因此,戴尔计算机的替代品比计算机的替代品更多。如果有更多的替代品,其需求也就会更具有弹性。因此,戴尔计算机的需求比计算机的需求更具有弹性。

2. 0.1 的需求弹性属于需求缺乏弹性。对于缺乏弹性的需求,总收入和价格同方向变动。因此,如果鸡蛋的价格增加,总收入会增加。如果你认为对于 0.1 的需求弹性,当价格上涨 10% 时,数量会下降 1%,因此,总收入($= P \times Q$)大约会增加 9%,那么你的答案可以额外加分。

3. 如果一家时髦服装店认为,它的产品需求是缺乏弹性的,这家服装店也许会把价格提高 25%:每件产品价格的提高所增加的收入会弥补并超过销售(数量)下降所减少的收入。

第 064 页

1. 短期内供给通常都不是很有弹性。就计算机芯片而言,一家工厂可以通过付加班费来 24 小时开工。但是,要建一座新的工厂需要好几年时间。从长期来看,供给会更富有弹性。因为随着时间的推移,一家计算机芯片企业可以通过建立新的工厂来应对需求的增加。

2. 曼哈顿是一个小岛,可供开发的土地非常少。因此,曼哈顿的住房供给非常缺乏弹性。相反,得梅因有很多可用于建房的土地。因此,这一地区住房的供给更具有弹性。如果需求增加相同的幅度,在供给更缺乏弹性时,价格会提高得越多——因此,相同的需求增加,会使得曼哈顿地区住房的价格比得梅因上涨得更多。

第 5 章

第 079 页

1. 如果农民在把玉米变成酒精方面得到更高的价格,他们就会把更多的玉米用于生产酒精。因此,用于生产面包的玉米的(机会)成本会提高,用于生产面包的玉米供给会下降。所以,玉米面包的价格会提高,消费者对玉米面包的消费量也减少,他们也许转向其他更便宜的面包,如普通的面包。

2. 在房地产泡沫期间,使用木材过程中所产生的副产品——锯木屑的供给,同木材的使用量一样急速上升。锯木屑供给的增加导致了锯木屑价格下降。由于很多锯木屑都被用作奶牛的睡垫,这促使牛奶生产成本也下降。当房地产泡沫破灭后,木材的生产减少。因此,生产出来的锯木屑也减少了,这导致锯木屑的价格上涨,从而牛奶的价格也上涨。市场以一种并不很明显的方式联系在一起。谁会想到,住房和牛奶市场有这样紧密的联系呢?

第 082 页

1. 我们不是花生专家,但是,花生最有价值的用途可能在于它作为食物之用;此外,花生在作为油漆、清漆、家具抛光等方面的用途时,它的替代品也很少,在这些方面的用途上,花生有一些独特的性质。接下去比较有价值的用途是用作杀虫剂或者肥皂,最后是作为鸟食之用。由此,我们对花生的用途按照从高到低的价值排列如下:食物、油漆、清漆、家具抛光、杀虫剂、肥皂和鸟食。你所做出的任何一种排序都是好的——关键是要有一种排序。

2. 如果在像中国这样的花生生产大国中出现了花生歉收,花生和花生制品的价格将会上升,人们会在花生具有较低价值的用途上用其他物品来代替花生。因此,我们可以预期,将会有更少的花生被用作鸟食、肥皂和杀虫剂。从这些用途上可节省出更多的花生用于高价值的通途上。因此,当花生的价格上涨时,花生将会按照其用途价值从高到低的顺序重新配置。重要的是要认识到，辨别出哪一种用途具有更高的价值是要看：当价格提高后会出现什么变化。

第 083 页

1. 任何中央计划者都不可能知道或者理解产品之间的所有联系，因此，短信系统不可能发送出正确的信息。但是，我们不妨假设信息问题已经得到解决。即使政府发送了正确的短信，这里仍会存在一个激励问题。什么能激励生产者和消费者听从这一短信呢？同短信系统不同，价格体系会用一个数字来总结所有的不同产品之间的联系，即价格。这就提供了一种激励来促使大家关注价格。因此，价格体系同时解决了信息问题和激励问题。这就是我们为什么说，价格是一种诱发激励的信号。

2. 如果企业不会面临着破产的危险，那么，企业就可能会持续维持低质量的生产、业务和努力。对破产的担心激励着创新和增长。但是，这种担心一定要能得到现实的支持。

第 086 页

事后来看，显然，雷曼兄弟当时怀有的是一种一厢情愿的想法。对投机者来说，由于直接关系到他们的钱，他们不相信雷曼的预测。公司可能都有一种乐观看待公司内部问题的倾向，从而忽略了现实，投机者则提供了一种市场投票。

第 6 章

第 102 页

1. 最高限价设定在低于均衡价格的水平上会导致短缺。设定在高于均衡价格水平上的最高限价对均衡价格没有影响。

2. 价格控制降低了市场对需求移动做出反应的激励，因此，资源本质上会按照一种随机的因素被扭曲配置。例如，把阿拉斯加油田中的石油运到美国东海岸的炼油厂去提炼，比运到西海岸去提炼要昂贵得多。但最高限价使得这种差异无法在价格中得到体现。因此，它会减少把石油运往最需要的地方去提炼的激励。由此，短缺就会在这些地方比其他地方变得更严重。

第 106 页

1. 在租金管制下，如果房东只有激励去进行一些最小程度的维修，那么，租金管制就会不可避免要与房屋建筑的日益破败同时存在。只会有一些最主要的维护工作。水龙头常年滴水的租客永远也不会得到房东的理会，租客们只有自己修理。最起码，他们也必须等待，一直到滴水问题变得足够严重，从而使得它会影响到房东的水费账单为止。

2. 既有的利得能够击败所有试图废除租金管制的努力，而且这些既得利益者会随着时间变得越来越强大。消除租金管制会特别困难，因为租客（那些已经有公寓的人）并不关心短缺问题——他们不必每周都去找新公寓。与此相反，汽油的消费者每次在他们需要加油的时候,都必须去应对短缺问题。所以,消除石油的价格管制问题比解决房租的租金管制问题要容易得多。

第 108 页

1. 最高限价造成了短缺。普遍的价格管制会造成整个经济的普遍短缺,但是,它是以一种不太明显的方式存在着。有时一种产品会过量,但在其他时候,该产品仍然会出现短缺。当存在这种无法理解的产品短缺时,最理性的反应就是,只要买得到,就尽可能地去多买:现在多买些卫生纸,因为谁知道这种东西什么时候才会又可以买得到呢? 换句话说,囤货是对普遍价格管制所做出的正常反应。囤货是一种浪费,因为它意味着资源的扭曲配置。一些人由于幸运(或受到影响),可以拥有很多卫生纸,而同时其他人却一点也没有。如果允许交易,人们可能会从交易中获得好处,而且产品也会流向最有价值的用途上。

2. 原苏联同时面临着产品过剩和产品短缺问题是因为,在普遍的价格管制下,没有激励促使产品被运送到其用途具有最高价值的地方去。因此,产品存在扭曲配置,生产和消费都很混乱。在某个星期,农民可能会获得足够多的汽油把他的鸡肉运送到城市中去。而在这个星期,当农民倾销他所累积的存货时,城市的商店中就会有很多鸡肉待出售。几个星期之后,可能由于缺少石油,鸡肉也就从这些商店中消失了。

第 7 章

第 119 页

1. 设定在高于均衡价格水平上的最低限价会导致生产过剩。因为欧盟对黄油的最低限价高于均衡价格水平,欧盟肯定会造成黄油过剩,这一部分必须由政府来购买。产品过剩已经非常巨大,它已经被称为"黄油山"了。

2. 美国对牛奶的最低限价设定在高于均衡价格的水平上,这导致了牛奶的过剩。政府通过以下方式来处理过剩的牛奶:它购买过剩的牛奶,并把牛奶和奶制品(如奶酪)免费发给学校。这解释了为什么在大部分学校,你买牛奶所支付的价格都很低,有时甚至是零价格。

第 126 页

1. 因为胰岛素的需求是缺乏弹性的,更可能是胰岛素的用户最终来支付政府征收的胰岛素税。胰岛素的生产者有一些生产其他产品的能力,因此,生产者可能会很容易地逃避这种税收。

2. 政府应该对那些供给和需求相对缺乏弹性,而不是富有弹性的商品类进行征税。因为当供给和需求缺乏弹性时,税收的无谓损失更低。

第 130 页

1. 由于有酒精补贴,酒精供给的数量会增加。酒精补贴提高了生产者(玉米的生产者)所收到的价格,降低了酒精用户所支付的价格。生产者所获得的价格提高的幅度和卖者所支付的价格降低的幅度,这两者到底哪一种会更大,取决于供给和需求的相对弹性。

2. 政府对大学教育进行补贴提高了教育的需求。但是,教育的供给是相对缺乏弹性的,特别是精英学院的供给。因此,补贴的收益会流到供给者手中,即,供给者所获得的价格提高的程度会高于卖者支付的价格下降的程度。补贴最终会导致教授们收入的提高。也许这就是为什么很多教授都主张对教育进行补贴的原因。

第 8 章

第 143 页

1. 专业化提高了生产率,因为它提高了知识,而且通过规模经济,它也使得利用资本进行生产更有利可图。

2. 如果人们不能用自己生产的产品来交换其他产品,他们就不会只专业化生产某一种产品。因此,如果人们要想从专业化生产中获得利益,贸易就必不可少。

3. 亚历克斯·罗德里格斯在打垒球上具有比较优势,但是,哈利在修剪亚历克斯的草坪上具有比较优势,因为哈里在修剪草坪上面临着一个比亚历克斯更低的机会成本。

第 148 页

1. 国内生产者从关税中获得好处。国内消费者从中受到损失。

2. 贸易保护主义造成资源浪费,因为它把生产从最低成本的生产者手中转到了更高成本的生产者手中。

3. 你可能经常听到的是,人们从贸易限制中获利,而不是遭到损失。这是因为,贸易限制的利得主要集中在少数赢者的手中,而损失却分散在众多输者身上。即使总的利得比总的损失小很多,利得的集中化也意味着,受益者为限制贸易而辩护的动机比受损者反对贸易限制而辩护的动机更强。

第 152 页

1. 服装贸易向海外迁移对美国带来的是净收益,因为美国消费者购买的服装更便宜,而美国工人也可以更专业化生产那些他们更具有生产能力的产品。

2. 如果美国政府对硅谷的计算机行业进行补贴,那将会鼓励更多的计算机芯片的生产。但是,生产成本也会更高(生产可能不再有效率)。这是一种资源浪费。国外的竞争者也会被挤出这一行业。计算机集成块的消费者会从这一补贴中受益,但是,他们在这一补贴过程中的受益将会小于他们支付的税收成本。

第 9 章

第 164 页

1. 如果政府行动过头,设定了一个过高的庇古税,就会导致一个比有效均衡数量更低的均衡数量水平。过高的税收会导致贸易减少,从而带来无谓损失。如果税收过高,可能会产生比只有外部性时还要更糟糕的情况。

2. 如果政府行动不到位,提供的补贴太低,均衡数量水平会低于有效均衡的数量。在这个情况下,会存在供给不足。

第 166 页

1. 利用科斯定理,解决老年邻居投诉派对的方法之一就是,给这些老年人买一些夫妻电影票,或者给他们提供一晚上的宾馆消遣票。在这个例子中,交易成本很低:你可以很容易地同你的邻居们达成协议,你甚至可以从参加晚会的人所捐献的礼物中拿一些来送给这些邻居。

2. 解决污染工厂问题的方案取决于交易成本。邻居的数量很多还是只有一些?受害者住得很集中还是很分散?工厂排污的权利是否清晰?比方说,因为工厂最先在这里建立,搬到这里居住的每个人之前都已经知道这里存在污染。这里,最关键的是交易成本。因为即使工厂有权利排污,如果你和你邻居能够达成协议,你们也可以付钱给工厂来买断排污权,如果工厂有一定的排污产权的话。

第 172 页

1. 可交易的排污许可证持续下降,这一事实告诉我们,排污许可证的价值已经下降了。这意味着消除污染的成本已经降低了——也许是因为清洁能源技术改进的原因。

2. 如果当地政府为你附近区域的排污量设定可交易的许可证,那些要求有很大数量交易许可证的团体都是一些高污染者:化学工厂、肉类加工产,有时也包括汽车修理店。那些要求有很少量许可证的团体可能会是一些家庭住户,以及那些有小孩在当地上学但自己并不住在附近的父母、老年人。不巧的是,没有任何理论告诉我们,你争我抢的政治程序会产生有效的均衡数量。如果政治程序基本合适,而且外部性很严重,可交易许可证体制将会提高社会福利。但这一点是无法保证的。

第 10 章

第 182 页

1. 在一个完全竞争的市场中,如果一个企业对其产品的定价高于市场价格水平,就不会有人购买它的产品。人们为什么会付更高的价格去买同样的产品呢?在一个完全竞争的市场,如果企业对其产品的定价低于市场价格,它会卖完它所有的产品。但是,当它在市场价格上能卖完它所有的产品,它为什么要把自己的价格定得低于市场价格呢?

2. 在完全竞争市场上,单个企业的需求是完全富有弹性的,这在图形上表现为一条水平的需求曲线。单个企业能在竞争市场价格下卖完它所有的产品。

3. 如果在某行业内有不止一个企业存在,那么,对某一特殊企业产品的需求弹性总是要比对该类产品本身的需求弹性更大。即使整个石油的需求是缺乏弹性的,对某个油井所生产的石油的需求也是非常富有弹性的,因为对某一特定企业的石油有很多非常好的替代品,也就是说,来自任何其他企业的石油都可以代替它。

第 185 页

在图 10.2 中,当企业生产 4 桶石油而不是 3 桶时,额外增加的利润是 33 美元。从 7 桶增加到 8 桶时,不能再获得额外增加的利润。从 8 桶增加到 9 桶时,利润下降了 40 美元。看看这一图表,当石油的生产量为 8 桶时,$MR = MC$。在这一数量下,边际利润为 0。

第 187 页

如果桑迪的 MC 比帕特的 MC 更高,在桑迪的工厂少生产一些,在帕特的企业多生产一些,可以降低总成本。

第 190 页

1. 利润等于价格减去平均成本再乘以数量,即 $\pi = (P - AC) \times Q$。或者说,每单位产品的利润等于价格减去平均成本(每单位的成本),每单位产品的利润乘以销售的产品总量就可以得到总的利润。
2. 假设企业生产了最优的产量水平(在 $P = MC$ 的地方),那么,在任何高于平均成本的价格下,企业都可以获得利润,在任何低于平均成本的价格下,企业都会亏损。

第 192 页

仅仅只是因为每桶石油的价格达到了 65 美元,并不意味着这家企业就应该花上 1 亿美元来钻一口新的油井。价格很容易下降。企业应该预测石油在该油井整个使用寿命期间内的价格来仔细核算收入,然后再看看,考虑总成本后,该油井在其使用寿命内是否可以盈利。如果使用寿命内的总利润是负数,企业就不应进入。即使整个使用寿命内总利润是正数,企业也不一定就要马上就进行投资——通过等待收集了更多的信息之后,企业也许还会做得更好。

第 194 页

1. 在完全竞争市场中,利润是新企业进入的信号。它就好像是企业家看到了信号灯在闪烁"利润,利润,利润……"
2. 在完全竞争市场中,因为企业对价格没有控制力,盈利的最好办法就是保持尽可能低的成本。

第 200 页

1. 在开始的阶段,汽车制造行业是一个成本递减的行业。因为当行业刚开始扩张时,它能同时在汽车制造上和钢材、塑料以及其他要素投入行业都产生规模经济。但是,规模经济不会永远持续。所以,一旦该行业成熟之后,它就会变成一个成本递增行业。例如,今天,汽车制造业就是一个成本递增的行业。因为对汽车需求的增加意味着对钢材和塑料的需求也要增加,这就会促使钢材和塑料的价格上涨。由此,就会增加汽车行业的成本。

2. 美国的电影行业都集聚在好莱坞,因为这一集中的位置能产生更低的成本。也许只有在好莱坞,导演才能很容易地在同一个下午安排四场同电影明星的见面。

第 11 章

第 215 页

1. 当具有市场势力的企业沿着其需求曲线向下移动时,它所销售的所有产品的价格都会向下降价。

2. 具有市场势力的企业更喜欢自己面临的是一种缺乏弹性的需求曲线。因为需求越缺乏弹性,具有市场势力的企业就能把它的价格定得比边际成本高出越多。图 11.4 显示了这一点。

第 217 页

1. 同具有相同成本的完全竞争企业相比,垄断者对其产品的定价总是会更高。

2. 同具有相同成本的完全竞争企业相比,垄断者生产的产量总是会更低。因为这种方法能使得它比完全竞争企业获得更多的利润。

第 219 页

1. 苹果公司具有市场势力,它似乎很合理地鼓励了创新。通过专利制度,制药公司有激励利用其市场势力来创新。很多公用事业都具有市场势力,但是,它们似乎都没有太多创新。邮政局具有市场势力,但是,它似乎没有多少创新。

2. 对于一种治疗癌症的新药品,其奖金应该按照以下方法来计算:用长时期内预期死于癌症的人数,乘以患有癌症的病人为治疗癌症愿意支付的价格,对这一长时期收到的支付价格要进行贴现,再减去研发困难产生的成本以及生产这种药品的最低边际成本。这笔奖金可能数目巨大。

第 224 页

1. 如果管制者把价格控制在 $P = AC$ (并且是位于 a 点的 AC) 的价格水平上,垄断者生产的产量将会等于 AC 曲线同需求曲线相交时的产量。在这一价格下,垄断者将获得零(正常)利润,产量会比垄断产量更高,不过这一产量仍然比有效产量更低。

2. 电话服务通常都是一个自然垄断产业是因为,由单个企业铺设一条电话线路来为每个用户服务,通常都比由很多竞争性的电话公司来提供电话服务更便宜。今天,手机已经打破了这种有线电话的自然垄断,因为无线电塔花费的成本比电话电线和电线杆的成本更低,因此,这使得有竞争性的多家经营变得有意义。从这方面来看,技术可以很快地消除那些曾经存在过的自然垄断。

第 225 页

1. 美国职业棒球联盟和美国职业橄榄球赛都限制当地竞争者的进入,因而支持了那些当地球队的市场势力。拥有市场势力,球队就可以提高价格,而不用担心竞争者把高价格看作是进入该市场的机会。在这种情况下,潜在的球队面临的不仅仅是高进入成本所导致的进入壁垒:这些潜在球队直接就被联盟禁止进入。

2. 一旦以行政命令的形式阻止竞争者的进入执行时,进入障碍将是非常强大的:美国邮政邮递服务在包括平信、明信片和轻型包裹在内的一级邮件投递方面仍然有垄断,因为根据法律规定,如果其他企业想要投递信件,它们就必须收取三倍于美国邮政邮递服务的费用。当然,电子邮件的流行已经使得这种垄断的价值大大降低了。与此相比,当国会取消美国邮政服务在包裹邮递上的垄断权时,像UPS和联邦快递等竞争者马上就进入,并占领了很大一部分的市场。人们仍然会通过美国邮政服务来邮寄包裹,但是,如果邮件不需要快速和担保时,人们经常也不选择它。像美国职业棒球联盟一样,NBA篮球也限制进入者,并且从短期来看,这看起来不会有什么变化。不过,随着时间的推移,这个联盟会让新的球队进入。

第 12 章

第 235 页

1. 如果一个垄断者分割了市场,它就可以在不同的市场上实行价格歧视,从而能提高利润。

2. 当需求更缺乏弹性时,实行价格歧视的企业将会设定一个更高的价格。记住,弹性=逃避。需求缺乏弹性的人发现逃避非常困难,因而会支付更多。

3. 套利就是利用同一商品在不同市场上的价格差异,通过在低价市场上买进,在高价市场上卖出来获利。如果垄断者通过在一个市场实行低价格,在另一个市场实行高价格来实行价格歧视,它就造成了一种潜在的套利机会。为了能够利用价格歧视来获利,垄断者必须能够阻止这种套利。

第 239 页

1. 如果那些想要晚点吃早饭的人具有更缺乏弹性的需求曲线,那么,早客特惠餐就是一种价格歧视形式。例如,如果想晚点吃晚饭的人是富人(也许是因为他们工作的时间更长),那么,这种情况就可能出现。另一种解释是,当饭店变得更拥挤时,饭馆的边际成本会增加——因此,饭馆在高峰期收费会更高。在第一种情况下,超过边际成本的价格加成比例在更晚的时候会更高;在第二种情况下,企业的成本和价格在更晚的时候都会更高。目前还不清楚究竟哪一种解释更对。

2. 那些想在影片一上映时就看的人,比那些愿意等到影片作为DVD发行时再看的人,更缺乏弹性。电影院知道这一情况,他们对那些不愿意等待的人(具有更缺乏弹性的需求)设定了一个相对更高的价格。由于同样的原因,相对于后来的发行(平装本)价格,书籍在刚发行时候(精装本)的价格都更贵。同价格相比,精装本所增加的成本是微不足道的。

第 241 页

1. 在能增加产出的情况下,价格歧视更有可能会增加总剩余。

2. 价格歧视对于具有高固定成本的行业而言是有帮助的,因为利润会随着市场规模增加。简单地说,市场分割得越细,意味着实行价格歧视的企业能够榨取更多的消费者剩余。大学具有很高的固定成本。大学实行价格歧视的能力意味着它能够吸引更具有支付能力的学生来就读,因而可以弥补它更高的固定成本。

第 245 页

1. 手机和手机服务实行捆绑销售的计划是一种价格歧视形式,这使得对高需求者(打电话更长的人)的收费更高。如果手机公司不被允许实行手机和手机服务捆绑销售的计划,手机的价格可能会提高,而手机通话的价格可能会下降。这对那些想长时间打手机的人是件好事,但对那些只是偶尔用手机打电话的人不是件好事。手机公司的利润也会下降。因此,就会有更少的资金可用于支付建造手机无线电塔和基础设施的固定成本。
2. 在那些高固定成本、低边际成本的行业,捆绑销售可能会增加总剩余。因为没有这种价格歧视,要在最优的规模上提供这种产品是非常困难的。

第 13 章

第 262 页

1. 当英国在北海发现了石油之后,它可以享受欧佩克组织(卡特尔价格)所带来的好处,同时又可以避免加入这一卡特尔组织的不利之处。因为加入欧佩克组织会限制英国石油的产量。英国为什么要加入呢?
2. 囚徒困境令人意外的结论就是,存在这样一种情况,每个人都追求自己的利益,会导致一种对任何人都不利的整体后果。考虑三个这样的例子。首先,"看不见的手"是一个隐喻,它表示在恰当的环境中,每个人都追求自己的利益可以导致符合社会整体的利益。其次,偷窃是一个中间情况,在这种情况下,对自我利益的追求对自己是有利的,但不符合整个社会的利益。第三,囚徒困境提醒我们,在某些情形中,当大家都追求自己的利益时,结果将会损害到每个人的利益。

第 268 页

1. 一个已经建立了网络产品的企业,如微软,面临着争夺整个市场的实际竞争或者潜在竞争。网络产品的垄断者可以存在很长时间,但是也可能会迅速消失。
2. 一直等到标准确立之后再进入是有用的。因为你不希望成为一个曾经被选择,最后却被证明是一个失败者的个人或企业:你将会面对着日益减少的支持和产品销售量。一旦标准建立之后,成为失败者的风险就很小,而且销售量也不会急速下降。

第 14 章

第 278 页

当雇用的工人更多时,劳动的边际产品会下降。因为第一个工人会集中在最重要的任务上工作,因此,劳动的边际产品会很高。第二个工人会集中在第二种的任务上工作,但是,这一任务不再有第一个工人的任务那么重要。因此,劳动的边际产品将不会有第一个工人高。当雇用的工人更多时,他们将陆续从事相对更不重要的一些工作,因此,他们的边际产品相对于第一个工人会下降。

第 280 页

个人的劳动供给曲线也许是向后弯曲的。因为在某一点之后,个人可能会偏好于更多的闲暇,而不是更多的工作,即使这时的工资更高。换句话说,当他们的工资上涨之后,可能人们想要更多购买的东西是闲暇。

第 287 页

1. 采矿安全的增加将会降低矿工的工资,因为矿工要为他们所承担的职业风险得到额外的报酬。采矿工作风险的下降将会增加愿意从事矿工的人数,因而将会促使工资下降。

2. 如果企业能够获得其投资的收益,它就会付钱来提高工人的人力资本。有关企业特殊存货管理方面的技术培训会对该企业有帮助。但是,这种技术是很难带到其他企业去的。因此,企业不需要对具有这种特殊培训的个人支付更高的工资。从这种意义上讲,企业能够独占这种培训所带来的利益。相反,MBA 提供的技术可以被很多企业使用。因此,一个具有 MBA 学位的人能在其他公司获得更高的工资。为了能从对个人这种一般性的技术培训中获得利益,公司必须能以较低的工资留住这个人足够长的时间,以便能收回成本。因此,这种时间安排有助于企业收回它在工人身上所进行大部分的投资。

第 293 页

1. 雇主歧视是愚蠢的,或者至少从盈利的角度来看是有代价的。因为以更低的工资雇用同样好的工人能增加利润。

2. 市场经济在消除雇主歧视方面已经取得了巨大的效果。因为利润动机是一种强大的激励——注意,雇主反对少数族裔的歧视越严重,它雇用这一少数族裔作为工人获得的利润就会越大。在减缓消费者歧视方面市场,经济已经取得了一些成功。因为市场交换使得不同的人群彼此之间都具有相同的合约,因而打破了不同人群之间的界限。在消除雇员歧视方面,市场经济还处于非常艰难的时期,因为这种类型的歧视可能会自我强化,形成一个恶性循环。

第 15 章

第 303 页

1. 工人有时候会担心,如果他们在计件工资制度下工作太努力,他们将会自己导致自己失业。林肯电气就业保障的政策让工人相信,他们的生产能力将总会有利于他们就业,而不会妨碍他们就业。

2. 有时候人们会说,“小费”(tips)这个词代表的是“确保快速服务”(To Insure

Prompt Services,简称 TIPS)。这里的意思肯定是说,服务越好,饭馆的顾客给的小费也就会越多。因此,这就给了服务员更好服务的激励。所以,我们可以预见到,在小费自动记入账单的欧洲,服务员的服务热情会比小费不记入账单的美国更差。

第 308 页

1. 教授们有激励使得自己被看作是一个给分很严格的老师。因为这种声誉会吸引那些认真的学生,也许还会吸引那些最聪明的学生,尽管它会赶跑其他的学生。按照曲线分布给分会鼓励各种各样的普通学生来选课,从认真的学生到一般的学生,从非常聪明的学生到非常努力的学生。

2. 在锦标赛中,一个工人的所得就是另一个工人的损失。有时,锦标赛可能会鼓励过度竞争,因为它会阻碍合作。例如,如果企业希望它的销售员在销售业务上进行合作,那么,它就不应该有一个很强的锦标赛。希望学生们能够合作完成计划项目的教授,也不应该按照曲线分布给分。

第 311 页

1. 经济学中有一篇著名的论文计算表明,平均来说,10 美元买到的礼物对收礼者来说只值 8 美元。换句话说,如果你的叔叔给你 10 美元现金时,你能得到价值 10 美元的效用。但是,当你叔叔给一双 10 美元的袜子时,平均来说,你只得到了 8 美元的效用。因此,根据这一研究的作者乔尔·沃尔德福格尔(Joel Waldfogel)的观点,圣诞节浪费了数十亿美元。虽然对人们进行解释时,大部分人都能理解这一思想,但是,我们并没有看到人们有向送现金转变的趋势。为什么没有出现这种转变呢?也许送礼物实际上更有价值,因为它是一项挑战。如果你花 10 美元买某样礼物送给别人,这项礼物对他们价值 50 美元,这就表明你其实是多么理解和关心他们。或者,也许我们希望送礼的人买一些我们自己不可能购买的东西。或者也许人们送礼是想通过礼物来传递某些同他们自己有关的信号。送给某人一张巴赫奏鸣曲的 CD 表达的是一些关于你的信息,而不是这 15 美元本身。理解了这一问题的答案,也许能增进我们对社会生活的理解。那篇论文是 Waldfogel, Joel. 1993. "The Deadweight Loss of Christmas". *The American Economic Review*, Vol. 83, No. 5(Dec. , 1993), pp. 1328—1336。

2. 不一定。如果我们付钱来奖励成绩,一些人担心,这将奖励会扼杀对学习的爱好,而且这会发出一种信号,认为好的成绩就像一份工作,学生在任何时候都可以自由退出。研究者目前正在进行一些实验来检验这些思想。

第 16 章

第 319 页

根据有效市场假设,一个人不可能持续打败市场。因此,过去的业绩并不是一种好能代表未来也能成功的标志。平均来说,同过去业绩不好的互助基金相比,过去有过很好业绩的互助基金在未来能取得好业绩的可能性不会更大。

第 326 页

1. 到其他国家的股票市场上进行投资有助于分散你的投资,因为其他国家的经济不一定总是会同美国的经济同时起落。如果所有的经济都有一种同时起落的趋势,那么,在跨国之间分散投资就不一定会获得更大的利益。

2. 如果很多人都梦想拥有一只橄榄队或者棒球队,那么,可能拥有这种球队本身作为一种回报会超过金钱方面的回报。因此,在这种资产上的货币回报可能会相对更低。

第 328 页

这一问题正在被很多经济学家激烈地讨论着。可以说,认识到有泡沫并挤掉泡沫,这比看上去要难得多。美联储如何能知道何时有泡沫存在? 价格的上涨不一定就意味着有泡沫。即使我们能相当肯定地说现在有泡沫,美联储如何做才能既挤掉泡沫,又可以避免这一政策的连带破坏作用的传播呢?

第 17 章

第 337 页

如果政府提供的国防超过了有效水平,它就挤占了其他更有价值的商品的资源,并使得纳税人承担了这一负担。对国防具有更强偏好的人会受益,那些直接同国防有关的人们也会受益。

第 338 页

1. 广告可以用于支付公园的维护费用。公园里那些非常显眼的地方都可以设置广告,如停车场入口处的指示牌、垃圾桶上的标牌或小吃台旁边的招牌等。如果有一个露天舞台或者一个正式的舞台(在大的公园里),这些建筑物的旁边也可以设定广告。注意,在所谓的"领养高速公路"项目中,路边的广告费就被用来支付道路清理费用。

2. 机场对无线网络进行收费,因为通过一些对非付费者的排他性措施,机场可以从无限网络中赚钱。由于在一定的人数内,使用无线网络人数的增加(一般)都不会增加拥挤程度,所以,开放无限网络入口会更有效。

第 341 页

1. 小的社区处理公共资源问题比一个州或者一个国家要容易得多,这是因为他们强制执行规范(行为的标准)要更容易些,这可以减少搭便车行为。即便如此,能获得公共资源的无关人员越多,公共资源问题处理起来就越困难。

2. 产权的建立可以有助于解决公共地悲剧,因为拥有产权的人不会有激励去过度使用资源。公共地悲剧的出现主要是因为人们有激励去过度使用公共资源:在其他人攫走之前搞到他们自己的那份。

第 19 章

第 364 页

全国性的选民影响全国性选举结果的可能性,比地方性的选民影响地方选举结果的可能性更小。这表明人们更有激励去获得同本地问题有关的信息。另一方面,本地问题比全国性问题的重要性更小,同本地问题有关的免费信息[如从乔恩·斯图尔特(Jon Stewart)主播的新闻中获得]也比全国性问题更少。这表明地方性选举的选民将会比全国性选举的选民更倾向于选择理性的信息无知。

第 368 页

1. 因为特殊利益集团能从当前的项目规划中获得利益,所以,他们会反对成立一个委员会来监督联邦政府的浪费。如果这个委员会被建立,这些特殊利益集团也会尽力去"搞定"这些委员们:举出理由来表明他们特殊的规划是必须的,并施加压力来维持这些项目规划。这些规划项目成本的承担者——纳税人——太多太分散,就任何一个具体的规划项目而言,这组人群都被分散为零。该委员会的主意可能会很受欢迎,但成功的可能性很小。

2. 这一地方性历史收藏展览室的受益者是当地的使用者。最终,这个州的纳税人会为它付钱。利益集中在一小部分人身上,而成本会分散在很大一群人(纳税人)身上。如果这个阅览室被以某个州议员的名字命名,请不要感到奇怪。

第 370 页

如果选民们是短视的,相对于那些现在成本很小未来收益很大的政策而言(为什么要为下次选举拿现在的机会来冒险呢?),政治家会偏好于那些现在收益很小未来成本很大的政策(我们会再进行选举,可能会是其他人来处理这一遗留下来的巨额成本)。由于这些原因,对于那些像医疗保险资金那样的潜在的大问题,经常会拖延到最后一分钟才来解决,而这时要解决问题就更加困难了,代价也更高了。

第 377 页

通过提出各种替代性的思想,并把它提到桌面上来,思想自由畅通有助于民主制发挥其功能。选民们在某种程度上总是理性的信息无知的,但是,随着更多的信息被披露出来并能以更低的成本获得,选民们就会知道得更多,至少就一些大的问题是这样。争论和分歧可以提高思想的质量。信息自由流畅减少了腐败的可能性。新思想有助于民主制随着条件的变化而进行调整。

参考文献

前言

On the modern theory of investment under uncertainty see Dixit, Avinash. 1992. "Investment and hysteresis." *Journal of Economic Perspectives* 6, no. 1: 107–132.

第1章

1. Quoted in **Christopher, Emma**. 2007. " 'The Slave Trade is Merciful Compare to [this]': Slave Traders, Convict Transportation and the Abolitionists." In **Christopher, E., C. Pybus, & M. Rediker** (eds.). 2007. *Many Middle Passages*. Chapter 6: 109–128. Berkeley, CA: University of California Press.

2. **Chadwick, Edwin**. 1862. "Opening Address of the British Association for the Advancement of Science." *Journal of the Statistical Society of London*, 25(4): 502–524.

3. **Chadwick** op cit.

4. On the impact of new drugs, see **Lichtenberg, Frank**. 2007. "The Impact of New Drugs on U.S. Longevity and Medical Expenditure, 1990–2003." *American Economic Review*, 97(2): 438–443.

5. **Celis 3rd, William**. 1991. "Study Finds Enrollment is Up at Colleges Despite Recession." *The New York Times*, December 28.

第2章

1. On changing U.S. demographics and their impact on the economy, see **Kotlikoff, Laurence J. & Scott Burns**. 2004. *The Coming Generational Storm*. Cambridge, MA: MIT Press.

2. *International Herald Tribune*, http://www.iht.com/articles/ap/ 2007/07/31/business/EU-FIN-MKT-Oil-Prices.php

3. Information Resources Inc. 2005. Times and Trends. September 16.

4. The Paleontological Research Institution, http://www. priweb.org/ed/pgws/history/spindletop/lucas_gusher.html.

5. Energy Information Institute, http://www.eia.doe.gov/emeu/perfpro/btab22.html

6. On the costs of oil production, see OPEC and the High Price of Oil, Joint Economic Committee, United States Congress, http://www.house.gov/jec/publications/ 109/11–17–05opec.pdf.

第3章

1. **Smith, Vernon**. 1991. Experimental Economics at Purdue, in *Papers in Experimental Economics*, ed. **Smith, V.**, Cambridge, England: Cambridge University Press, originally appeared in *Essays in Contemporary Fields of Economics*, edited by **Horwich, G. & J. P. Quirk**, Purdue University Press, 1981.

2. **Conover, Ted**. 2006. "Capitalist Roaders." *New York Times Magazine*, July 2: 31–37, 50.

第4章

1. See International Money Fund. 2005. World Economic Outlook—2005, Chapter 4. Washington, DC: IMF.

2. On the elasticity of demand for oil see **Cooper, John C. B.** 2003. Price Elasticity of Demand for Crude Oil: Estimates for 23 Countries. *OPEC Review* 27(1):1–8. On the elasticity of demand for Minute Maid orange juice, see **Capps, Oral Jr. and H. Alan Love**. 2002. Econometric Considerations in the Use of Electronic Scanner Data to Conduct Consumer Demand Analysis. *American Journal of Agricultural Economics* 84(3):807–816.

3. On the elasticity of demand for illegal drugs, see **Cicala, Steve J.** 2005. The Demand for Illicit Drugs: A Meta-analysis of Price Elasticities. Working paper, University of Chicago. On the elasticity of demand for cigarettes, see **Keeler T. E., T. W. Hu, P. G. Barnett, and W. G. Manning**. 1993. Taxation, Regulation, and Addiction: A Demand Function for Cigarettes Based on Time-Series Evidence." *Journal of Health Economics* Apr. 12(1):1–18.

4. On the elasticity of supply for cocoa, see **Burger, K.** 1996. *The European Chocolate Market and the Effects of the Proposed EU Directive*. Amsterdam: Economic and Social Institute, Free University and for the elasticity of supply of coffee, see **Akiyama, T. and P. Varangis**. 1990. The Impact of the International Coffee Agreement on Producing Countries. *World Bank Economic Review* 4(2):157–173.

5. For details on the national program, see the April 28, 2000 press release, President Clinton Announces Gun Buyback Partnership with the District of Columbia, from the Office of the Press Secretary, the White House, available online at http://clinton4.nara.gov/textonly/WH/New/html/20000428. html. Also from the Washington police, see http://mpdc. dc.gov/mpdc/cwp/view,a,1242,Q,546745,mpdcNav_ GID,1541,mpdcNav,%7C,.asp. HUD's gun buy back program was ended in 2001 although buybacks continue in many cities. In 2006, for example, the Boston Red Sox donated $25,000 to help Boston's buyback program. See Boston Red Sox press release, July 1, 2006, Red Sox Make $25,000 Donation to City's Gun Buyback Program, available online at http://boston.redsox.mlb.com/NASApp/mlb/ news/press_releases/press_release.jsp?ymd=20060701& content_id=1532641&vkey=pr_bos&fext=.jsp&c_id=bos.

6. **Callahan, C., F. Rivara, and T. Koepsell**. 1994. Money for Guns: Evaluation of the Seattle Gun Buy-Back Program. *Public Health Reports* 109:472–477.

7. **Welch, William M**. 2008. Critics Take Aim at Gun Buybacks. *USA Today*, March 17.

8. See **Mullin, Wallace P.** 2001. Will Gun Buyback Programs Increase the Quantity of Guns? *International Review of Law and Economics* 21:87–102.

9. For a review of some of the evidence on a variety of crime fighting policies, see **Levitt, Steven D**. 2004. Understanding

Why Crime Fell in the 1990s: Four Factors that Explain the Decline and Six that Do Not. *Journal of Economic Perspectives* (18)1:163–190.

10. For Williams's story, see **Gavel, Doug**. 2000. Sophomore Skips Orientation to Free 4,000 Slaves in Sudan. *Harvard University Gazette*. Sept. 28 and for Denver schoolchildren, *PBS Online-NewsHour* transcript with Jim Lehrer on the Crisis in the Sudan, May 31, 1999, available online at http://www.pbs.org/newshour/bb/africa/jan-june99/sudan.html.

11. **Miniter, Richard.** 1999. The False Promise of Slave Redemption. *The Atlantic Monthly*. 284, 1 (July):63–71. Available online at http://www.theatlantic.com/issues/99jul/9907sudanslaves.htm. Note that although the Miniter article contains some useful information, it has a confused account of economics. Miniter argues that a low price for slaves means the slave traffickers are being driven out of business and high prices means that slavery is profitable, but one has to ask why the price is low or high. High prices driven by increased demand from slave redeemers is a good sign because it means the slave redeemers are outbidding potential slave traffickers.

12. It is also possible to make predictions about quantities using two similar formulas.

13. The proof of these formulas is not difficult but a bit more advanced than is necessary for this textbook. For a proof, see **McAfee, Preston**. 2006. *Introduction to Economic Analysis*. Available online at http://www.introecon.com.

14. http://www.whitehouse.gov/news/releases/2005/11/20051103-10.html

15. The Klick and Tabarrok and Gruber articles use advanced statistical techniques to argue that the increase in police causes the decrease in crime and the increase in giving causes the decrease in attendance. For more details, see **Klick, J. and A. Tabarrok**. 2005. Using Terror Alert Levels to Estimate the Effect of Police on Crime. *Journal of Law and Economics* 48(1):267–280; **Gruber, Jonathan**. 2004. Pay or Pray? The Impact of Charitable Subsidies on Religious Attendance. *Journal of Public Economics*, 88(12):2635–2655.

第5章

1. http://www.aboutflowers.com/press_b3b.html

2. Ecuador and Colombia also export millions of roses to the United States.

3. See **Hennock, Mary**. 2002. Kenya's flower farms flourish. *BBC News Online*. Available online at http://news.bbc.co.uk/1/hi/business/1820515.stm, last accessed July 7, 2006. For more on Kenya and the Dutch flower market, also see **McMillan, John**. 2002. *Reinventing the Bazaar*. New York: W.W. Norton, and **Wijnands, Jo**. 2005, Sustainable international networks in the flower industry: Bridging empirical findings and theoretical issues. *International Society for Horticultural Science*, The Hague.

4. See "Ethanol fuel in Brazil" on Wikipedia, http://en.wikipedia.org/wiki/Ethanol_fuel_in_Brazil, for more information.

5. See Ethanol is the new real estate, *New York Times*, Saturday, July 8, 2006, p. B5.

6. Oil Facts, American Petrochemical Institute, http://www.classroom-energy.org/teachers/oilfacts.pdf.

7. See **Williams, Scott**. 2006. Asphalt prices stalling budgets. *Milwaukee Journal Sentinel*. http://www.jsonline.com/story/index.aspx?id=434330.

8. **Smith, Vernon**. 1982. Microeconomic systems as an experimental science. *American Economic Review*, 72:923–955.

9. Federal Highway Administration. 1993. A study of the use of recycled paving material. FHWA-1993-RD-93-147.

10. **Roll, Richard**. 1984. Orange juice and weather. *American Economic Review* 74(5):861–880.

11. For much more on prediction markets and how they can be used to make decisions see **Hanson, Robin D.** 2002. Decision Markets. In Entrepreneurial Economics: Bright Ideas from the Dismal Science, ed. **Alexander Tabarrok**, 79-85. Oxford University Press. Also **Hanson, Robin**. forthcoming. Shall we Vote on Values, But Bet on Beliefs? Journal of Political Philosophy.

12. On polls versus prediction markets, see **Berg, J. E., R. Forsythe, F. D. Nelson, and T. A. Rietz**. 2001. Results from a dozen years of election futures markets research, forthcoming in **C. A. Plott and V. Smith** (eds.), *Handbook of Experimental Economic Results*, available online at http://www.biz.uiowa.edu/iem/archive/BFNR_2000.pdf and **Berg, J. E., F. D. Nelson, and T. A. Rietz**. 2003. Accuracy and forecast standard error of prediction markets, Working Paper, Tippie College of Business, available online at http://www.biz.uiowa.edu/iem/archive/forecasting.pdf.

第6章

1. See **Bradley, Robert L.** 1997. Oil, Gas and Government: The U.S. Experience: Volumes I and II. Rowman & Littlefield Inc. p. 477, 515.

2. As assessed in 1999. See **Glaeser, E.** 2002. "Does Rent Control Reduce Segregation?" NBER Working Paper.

3. Lindbeck, Assar. *The Political Economy of the New Left*. New York: **Harper and Row**, 1972, p. 39.

4. Quoted in **Block, Walter,** "Rent Control", *The Concise Encyclopedia of Economics*. Liberty Fund, Inc. Ed. **David R. Henderson.** Library of Economics and Liberty. 29 August 2006. <http://www.econlib.org/library/Enc/RentControl.html>.

5. **Glaeser, Edward L. & Erzo F. P. Luttmer,** 2003. "The Misallocation of Housing Under Rent Control." *American Economic Review* 93(4): 1027–1046.

6. For a recent discussion see **Arnott, Richard.** 1995. "Time for Revisionism on Rent Control?" *The Journal of Economic Perspectives* 9(1): 99–120.

7. On housing vouchers see **Olsen, Ed.** "Housing Programs for Low-Income Households" in *Means-Tested Transfer Programs in the U.S.*, ed., **Robert Moffitt,** National Bureau of Economic Research, Chicago: University of Chicago Press, forthcoming.

8. **Chandrasekaran, Rajiv.** 2003. "Fueling Anger in Iraq." *The Washington Post*. Tuesday, December 9, 2003; Page A01.

9. Ibid.

10. Drawn from Chapter 2, "Consumers: The Art of Queuing," in **Hedrick Smith.** 1976. *The Russians*. New York: Ballantine Books.*

第7章

1. **C. Jackson Grayson.** 1974. Let's End Controls—Completely. *Wall Street Journal*, Feb. 6, p. 14.

2. Data are from the Bureau of Labor Statistics, *Characteristics of Minimum Wage Workers: 2005*, available online at http://www.bls.gov/cps/minwage2005.htm.

3. See *50 Years of Research on the Minimum Wage*, U.S. Congress Joint Economic Committee, for a listing and abstract of many studies on the minimum wage. Recent studies include **Neumark, D. and W. Wascher**. 1992. "Employment Effects of Minimum and Subminimum Wages: Panel Data on State Minimum Wage Laws." *Industrial and Labor Relations Review* 46(1): 55–81, **Deere, D., K. M. Murphy and F. Welch**. 1995. "Employment and the 1990–1991 Minimum-Wage Hike." *American Economic Review*. 85(2): 232–237. Not all studies find a significant reduction in employment. See **Card,**

---

*原书第6章注释⑪—⑰缺。——编者注

David, and Alan B. Krueger, 1994. "Minimum Wages and Employment: A Case Study of the Fast-Food Industry in New Jersey and Pennsylvania." *American Economic Review*, 84 (September): 772–793 for a well-designed study that challenges the conventional wisdom.

4. *Characteristics of Minimum Wage Workers: 2005*, available online at http://www.bls.gov/cps/minwage2005.htm.

5. On the minimum wage in **Puerto Rico** in 1938 see **Rottenberg, Simon.** 1981. *Minimum Wages in Puerto Rico.* In **Rottenberg** (ed.) *The Economics of Legal Minimum Wages.* Washington: American Enterprise Institute, 327–339 and **Rustici, Thomas.** 1985. "A Public Choice View of the Minimum Wage." *Cato Journal* 5(1): 103–131.

   Beginning in 1974, the Puerto Rican minimum wage was raised in steps to the U.S. level, creating a repeat of the experiment of 1938. The results were the same. **Freeman and Freeman** (1991) estimate that the increase in the minimum wage reduced the number of jobs in Puerto Rico by 8 to 10 percent. See **Freeman, Alida Castillo and Richard B. Freeman,** 1991. *Minimum Wages in Puerto Rico: Textbook Case of a Wage Floor?* National Bureau of Economic Research Working Paper No. 3759 (June).

6. On deregulation, see **Peltzman, Sam.** 1989. "The Economic Theory of Regulation After a Decade of Deregulation" *Brookings Papers on Economic Activity. Microeconomics*, 1989 (1989): pp. 1–59.

第8章

1. On this point see **Sowell, Thomas.** 1980. *Knowledge and Decisions.* New York: Basic Books. And see also Chapter 4 of **Reisman, George.** 1996. *Capitalism: A Treatise on Economics.* Ottawa, IL: Jameson.

2. **Smith, Adam.** 2006. *An Inquiry into the Nature and Causes of the Wealth of Nations.* Methuen and Co., Ltd. 1904 [1776]. Ed. Edwin Cannan. Library of Economics and Liberty, Book IV, II. 2.11. 2 August. http://www.econlib.org/library/Smith/smWN13.html.

3. See **Schwabach, Aaron.** 2002. "How protectionism is destroying the Everglades." *National Wetlands Newsletter*, 24(1): 7–14 on the environmental cost of sugar production.

4. See **Bellamy, Carol.** 1997. *The state of the world's children— 1997.* Unicef and Oxford University Press, 23. Available from http://www.unicef.org/sowc97/.

5. See **Edmonds, Eric V. & Nina Pavcnik.** 2006. "International trade and child labor: Cross-country evidence." *Journal of International Economics*, January: 115–140.

6. On the Food for Education program, see **Ahmed, A., & C. del Nino.** 2002. *The Food for Education Program in Bangladesh: An Evaluation of Its Impact on Educational Attainment and Food Security, FCND DP No. 138.* International Food Policy Research Institute and **Meng, Xin, and Jim Ryan.** 2003. *Evaluating the Food for Education Program in Bangladesh.* Working Paper from Australian National University, Australia South Asia Research Centre.

7. On the 1918 flu, see **Barry, John M.** 2005. *The Great Influenza: The Epic Story of the Deadliest Plague in History.* Penguin. New York. On policy for a future pandemic, see **Cowen, Tyler.** 2005. *Avian Flu: What Should Be Done.* Mercatus Center Working Paper. Available at http://www.mercatus.org/repository/docLib/20060726_Avian_Flu.pdf.

8. Quoted in **Norberg, Johan.** 2003. *In Defense of Global Capitalism.* Washington, D.C.: Cato Institute.

9. See **Paley, Amit R.** 2006. "Homework help, from a world away: Web joins students, cheap overseas tutors." *Washington Post.* Monday, May 15; A01. Available at http://www.washingtonpost.com/wp-dyn/content/article/2006/05/14/AR2006051401139_pf.html. See also **Bray, Hiawatha.**

2006. "Online tutoring pays off at home, abroad." *The Boston Globe*, March 28.

10. **Boudreaux, Donald J.** 2008. *Globalization.* Westport, CT: Greenwood Press.

第9章

1. On the external cost of antibiotic use, see **Elbasha, Elamin H.** 2003. Deadweight loss of bacterial resistance due to overtreatment. *Health Economics* 12:125–138.

2. Meade's paper is **Meade, J. E.** 1952. External economies and diseconomies in a competitive situation. *Economic Journal* 62:54–67. On the market for pollination, see **Cheung, Steven N. S.** 1973. The fable of the bees: An economic investigation. *Journal of Law and Economics* 16:11–33, and for a recent description of the market in the United States see **Sumner, Daniel A. and Hayley Boriss.** 2006. Bee-conomics and the leap in pollination fees. *Agricultural and Resource Economics Update*, University of California, Davis (9) 3:9–11.

3. *Consumer Reports.* 2007. "Washers and dryers: Dirty laundry." June.

4. The elasticity of demand for electricity is about −0.5 so a 2 percent increase in the price would reduce consumption by about 1 percent.

5. For a good overview of the acid rain program, see the EPA's most recent *Acid Rain Program Progress Report,* available online at http://www.epa.gov/airmarkets/progress/progress-reports.html.

第10章

1. See the U.S. Department of Energy website Marginal & Stripper Well Revitalization at http://www.fossil.energy.gov/programs/oilgas/marginalwells/#, last accessed October 7, 2006, for information on stripper wells.

2. **Schumpeter, Joseph.** 1975. *Capitalism, Socialism and Democracy,* New York: Harper [orig. pub. 1942]: 82–85.

3. Based on data from 1972 to 1992 in **Adams, William J.** 1993. TV Program Scheduling Strategies and Their Relationship to New Program Renewal Rates and Rating Changes. *Journal of Broadcasting and Electronic Media.* 37:465–475. The renewal rate is probably lower today as there are more television stations and viewers are harder to keep.

4. From **Bernstein, William J.** 2008. *A Splendid Exchange: How Trade Shaped the World.* New York: Atlantic Monthly Press: 62.

5. MPAA, http://www.mpaa.org/press_releases/2005%20tms%20report.pdf

6. New Providence, http://www.redorbit.com/news/entertainment/499053/bookish_britain_overtakes_america_as_top_publisher/

第11章

1. On deaths due to AIDS, see http://www.cdc.gov/hiv/graphics/mortalit.htm. On the efficacy of antiretrovirals, see **Weller I. V., I. G. Williams.** 2001. ABC of AIDS: Antiretroviral drugs. *British Medical Journal* 322(7299):1410–1412 And, in developing countries, **Severe, P et al.,** 2005. Antiretroviral Therapy in a Thousand Patients with AIDS in Haiti. *New England Journal of Medicine.* 353(22):2325–2334. Also **Lichtenberg, Frank.** 2003. The Effect of New Drugs on HIV Mortality in the U.S., 1987–1998. *Economics and Human Biology* 1:259–266.

2. On the cost of AIDS drugs in the United States, see http://aids.about.com/od/hivmedicationfactsheets/a/drugcost.htm

3. On the number of people worldwide with AIDS, see the UNAIDS Report, 2006 Report on the global AIDS epidemic. Available online at http://www.unaids.org/en/HIV_data/2006GlobalReport/default.asp.

4. On the cost of Combivir, see http://money.cnn.com/magazines/fortune/fortune_archive/2006/09/18/8386170/index.htm?postversion=2006090806 and http://news.bbc.co.uk/1/hi/business/2981015.stm and further below on patents and differential pricing.

5. See **Pepper, Daniel.** 2006. Patently Unfair. *Fortune* (Sept. 18). Available online at http://money.cnn.com/magazines/fortune/fortune_archive/2006/09/18/8386170/index.htm?postversion=2006090806

6. American Airlines reservation website accessed on December 21, 2006.

7. **DiMasi, Joseph A., Ronald W. Hansen, Henry G. Grabowski.** 2003. The Price of Innovation: New Estimates of Drug Development Costs. *Journal of Health Economics* 22(2): 151–185.

8. One study suggests that a 10 percent decline in price will lead to at least a 5 percent decline in the number of new drugs (see footnote 1, **Lichtenberg** 2006). See also **Vernon, John.** 2005. Examining the Link Between Price Regulation and Pharmaceutical R&D Investment. *Health Economics* 14(1):1–17.

9. **North, Douglass C.** 1981. *Structure and Change in Economic History.* New York: Norton, p. 164

10. **Kremer, M.** 1998. Patent Buyouts: A Mechanism for Encouraging Innovation. *Quarterly Journal of Economics* 113:1137–1167.

11. See **Hazlett, Thomas W. and Matthew L. Spitzer.** 1997. *Public Policy towards Cable Television: The Economics of Rate Controls.* AEI

12. On the $3,900 price, see **Berthelsen, Christian.** 2001. Duke Admits Overcharging Utilities $3,880 Bill per Megawatt Hour. *San Francisco Chronicle.* (Saturday, June 2, 2001). Available online at: http://www.sfgate.com/cgi-bin/article.cgi%3Ffile%3D/chronicle/archive/2001/06/02/BU238492.DTL%20.

13. For good reviews of the California energy crisis, see **Borenstein, Severin.** 2002. The Trouble with Electricity Markets: Understanding California's Restructuring Disaster. *Journal of Economic Perspectives* 16(1):191–211. See also Congressional Budget Office. 2001. Causes and Lessons of the California Electricity Crisis. Available online at http://www.cbo.gov/ftpdocs/30xx/doc3062/CaliforniaEnergy.pdf and **Weare, Christopher.** 2003. The California Electricity Crisis: Causes and Policy Options. Public Policy Institute of California.

14. On Apple's market share, see Sandisk Surprise. *Business Week* (February 9, 2006) Available online at http://www.businessweek.com/technology/tech_stats/mp3s060209.htm.

第12章

1. Information on the Combivir smuggling operation can be found in **Irving, Richard.** 2005. Aids drugs to Africa rebranded in drive to beat racket. The Times, Feb. 21, 2005 available online at http://business.timesonline.co.uk/tol/business/markets/africa/article516982.ece and on an earlier ring busted in 2002 at **Syal, Rajeev.** 2002. "Scandal of Africa's Aids drug re-sold to Britain," *Telegraph* 28/12/2002. available online at http://www.telegraph.co.uk/news/main.jhtml?xml=/news/2002/12/29/waids29.xml. See also **Morais, Richard C.** 2004. "Pssst . . . Wanna Buy Some Augmentin?" *Forbes.* Available online at http://www.forbes.com/free_forbes/2004/0412/112.html.

2. See **R. Preston McAfee.** 2002. *Competitive Solutions: The Strategist's Toolkit* (Princeton, NJ: Princeton University Press).

第13章

1. Using http://www.nationmaster.com/graph/ene_oil_pro-energy-oil-production from CIA World Factbook 2007 and adding together production from African countries gets to about 9,062,000 and Saudi Arabian production is about 9,475,000.

2. **Carlton, Dennis W. and Jeffrey M. Perloff,** *Modern Industrial Organization*, pp.132–133.

3. See, for example, **Morgan, Dan, Sarah Cohen, and Gilbert M. Gaul.** 2006. Dairy Industry Crushed Innovator Who Bested Price-Control System. *Washington Post.* December 10, http://www.washingtonpost.com/wp-dyn/content/article/2006/12/09/AR2006120900925.html; also http://www.findarticles.com/p/articles/mi_m3778/is_1991_August/ai_12056311.

4. On police road barriers, see **Polgreen, Lydia.** 2005. As Nigeria Tries to Fight Graft, a New Sordid Tale. *New York Times,* November 29. On grade selling, see **Goldman, Antony.** 1997. Same Salary, Three Lifestyles: Corruption's Toll on Nigeria. *Christian Science Monitor.* As an example of cartelization, see **Omoh, Gabriel, Lukat Binniyat, Yemi Adeoye, and Victor Ahiuma-Young.** 2008. Nigeria: PPMC Cartel, Politicians Responsible for Soaring Diesel Price. Vanguard. Available online at http://allafrica.com/stories/200807140212.html.

5. http://www.match.com/help/aboutus.aspx

6. http://www.cc.gatech.edu/gvu/user_surveys/survey-10-1996/graphs/use/Browser_You_Expect_To_Use_In_12_Months.html. Exact estimates vary; see http://en.wikipedia.org/wiki/Usage_share_of_web_browsers.

7. **Watts, Duncan J., M. J., Salganik, and P. S. Dodds.** 2006. Experimental Study of Inequality and Unpredictability in an Artificial Cultural Market. *Science*, 311:854–856.

第14章

1. On dangerous professions, see for instance http://www.forbes.com/2007/08/13/dangerous-jobs-fishing-lead-careers-cx_tvr_0813danger.html.

2. Here is one estimate of coal miner earnings: http://www.washingtonpost.com/wp-dyn/content/discussion/2006/01/04/DI2006010401171.html.

3. For one estimate of the union wage premium, see http://www.psi.org.uk/docs/2003/research/emp-union-wage-premium-us-uk.pdf.

4. Data from www.oecd.org for union members and employees.

第15章

1. **Jacob, Brian A. and Steven D. Levitt.** 2003. Rotten Apples: An Investigation of the Prevalence and Predictors of Teacher Cheating. Quarterly Journal of Economics 118(3):843–878.

2. **Wojciech Kopczuk & Joel Slemrod,** 2003. "Dying to Save Taxes: Evidence from Estate-Tax Returns on the Death Elasticity," *The Review of Economics and Statistics.* 85(2): 256–265.

3. **Figlio, David N. and Lawrence S. Getzler.** 2002. Accountability, Ability and Disability: Gaming the System. NBER Working Papers 9307, National Bureau of Economic Research, Inc.

4. For a calculation along these lines, see **Kane, T. and D. O. Staiger.** 2002. The Promise and Pitfalls of Using Imprecise School Accountability Measures. *Journal of Economic Perspectives* 16(4):91–114.

5. http://www.toyota101.com/No_Commission.aspx

6. For more on private prisons, see **Tabarrok, Alexander** (ed.). 2003. *Changing the Guard: Private Prisons and the Control of Crime.* Oakland, CA: The Independent Institute.

7. **Lazear, Edward P.** 2000. Performance Pay and Productivity. *AER* 90(5):1346–1361.

8. **Lemieux, T. W., Bentley MacLeod, and Daniel Parent.** 2007. Performance Pay and Wage Inequality. NBER Working

Paper 13128.

9. **Bertrand, Marianne and Sendhil Mullainathan.** 2001. Are CEOs Rewarded for Luck? The Ones Without Principles Are. *Quarterly Journal of Economics* 116:901–932.

10. Ibid.

11. The Struggle to Measure Performance. *Business Week.* January 9, 2006.

12. On employee ownership of stock, see http://www.nceo.org/library/widespread.html, National Center for Employee Ownership.

13. On **Kmart, see Vance, Sandra S. and Roy V. Scott.** 1994. *Wal-Mart: A History of Sam Walton's Retail Phenomenon.* New York: Twayne, and on Kmart, see **Layton Turner, Marcia.** 2003. *K-Mart's Deadly Sins: How Incompetence Tainted an American Icon.* New York: John Wiley.

第16章

1. For a comprehensive review of efficient markets and the performance of mutual fund managers see **Hebner, Mark T.** 2007. *Index Funds: The 12 Step Program for Active Investors.* Irvine, CA: IFA Publishing.

第17章

1. **Aristotle** *Politics*, Book II, Chapter III, 1261b; translated by Benjamin Jowett as *The Politics of Aristotle: Translated into English with Introduction, Marginal Analysis, Essays, Notes and Indices* (Oxford: Clarendon, 1885), Vol. 1 of 2.

2. The system was later modified so the ITQs gave rights to a certain share of the total allowable catch.

3. See World Meteorological Organization. 2007. *Scientific Assessment of Ozone Depletion: 2006,* Global Ozone Research and Monitoring Project—Report No. 50, 572 pp., Geneva, Switzerland. Available online at http://www.esrl.noaa.gov/csd/assessments/2006/report.html.

4. http://www.greatchange.org/footnotes-overshoot-easter_island.html

5. **Demsetz, Harold.** 1967. *Towards a Theory of Property Rights.* AER 57:2.

第18章

1. Working paper, personal communication from **Robert Whaples.**

2. **Meckler, Laura.** 2007. Kidney Shortage Inspires A Radical Idea: Organ Sales. *Wall Street Journal.* November 13, A1.

3. The commercial fishing mortality rate is from http://www.cdc.gov/niosh/fishfat.html, kidney donation mortality rate from **Matas A. J., S. T. Bartlett, A. B. Leichtman, F. L. Delmonico**. 2003. American Journal of

Transplantation. Jul 3(7):830–834.

4. http://www.time.com/time/printout/0,8816,1686532,00.html.

5. For one source, see http://www.whitehouse.gov/cea/cea_immigration_062007.html.

6. On measures of foreign aid, see for instance http://online.wsj.com/public/article/SB114964237227873311-9VLg4BPCPl76mawIeC92XypcO_E_20060706.html?mod=tff_main_tff_top.

第19章

1. The Official Report, House of Commons (5th Series), 11 November 1947, vol. 444, cc. 206–207.

2. Kaiser/Harvard Program on the Public and Health/Social Policy Survey, January 1995.

3. See, for instance, DeLorme, **Charles D., Stacey Isom, and David R. Kamerschen.** 2005. Rent Seeking and Taxation in the Ancient Roman Empire., *Applied Economics*, April, 37:705–711, http://ideas.repec.org/a/taf/applec/v37y2005i6p705-711.html.

4. **Leeson, Peter T.** 2008. "*Media Freedom, Political Knowledge, and Participation,*" Journal of Economic Perspectives, 22(2): 155–169.

5. **Djankov, S., C. McLiesh, T. Nenova, and A. Shleifer.** 2003. Who Owns the Media? *Journal of Law and Economics* 46(2):341–381.

6. See **Conquest, Robert.** 1987. *Harvest of Sorrow.* New York: Oxford University Press.

7. **Sen, Amartya.** 1990. Public Action to Remedy Hunger. Arturo Tanco Memorial Lecture given in London on 2 August 1990, http://www.thp.org/reports/sen/sen890.htm

8. **Besley, T. and R. Burgess.** 2002. The Political Economy of Government Responsiveness: Theory and Evidence from India. *Quarterly Journal of Economics.* 117(4):1415–1452.

9. http://www.natso.com/AM/Template.cfm?Section=Top_NATSO_Issues&Template=/CM/ContentDisplay.cfm&ContentID=7700&FusePreview=True&WebsiteKey=e91dcade-9ead-43ab-b6bc-c608fd2a3c34

附录

1. **Clark, Gerald.** 1969. "What Happens When the Police Go On Strike." *New York Times Magazine*, November 16, sec. 6: 45, 176–185, 187, 194–195.

2. **Klick, Jonathan, & Alexander Tabarrok.** 2005. "Using Terror Alert Levels to Estimate the Effect of Police on Crime." *Journal of Law & Economics*, 48(1): 267–280.

图书在版编目(CIP)数据

微观经济学:现代原理/(美)考恩,(美)塔巴洛
克著;王弟海译.—上海:格致出版社,2013
(当代经济学系列丛书/陈昕主编.当代经济学教
学参考书系)
ISBN 978-7-5432-2260-1

Ⅰ.①微… Ⅱ.①考…②塔…③王… Ⅲ.①微观经
济学-研究 Ⅳ.①F016

中国版本图书馆 CIP 数据核字(2013)第 121087 号

责任编辑 王 萌
装帧设计 敬人设计工作室
吕敬人

微观经济学:现代原理

[美]泰勒·考恩 亚历克斯·塔巴洛克 著
王弟海 译

格致出版社·上海三联书店·上海人民出版社

(200001 上海福建中路 193 号 23 层 www.ewen.cc)

编辑部热线 021-63914988
市场部热线 021-63914081
www.hibooks.cn

世纪出版集团发行中心发行
浙江临安曙光印务有限公司印刷
2013 年 11 月第 1 版
2013 年 11 月第 1 次印刷
开本:787×1092 1/16
印张:28 插页:2 字数:608,000

ISBN 978-7-5432-2260-1/F·645   定价:58.00 元

本书英文版由

纽约 WORTH PUBLISHERS 公司出版

Worth Publishers 出版公司 2010 年版权所有

上海市版权局著作权合同登记号:图字 09-2010-270

教师服务登记表

个 人 信 息

姓名		职称	教授 □　副教授 □　讲师 □　其他 ____
供职学校		所在院系	
手机		email	

通信地址及邮编

教 学 信 息

所授课程	学生层次	学生人数	现用教材
	本科 □　研究生 □　MBA □　其他 ____		出版社 _____ 作者 _____
	本科 □　研究生 □　MBA □　其他 ____		出版社 _____ 作者 _____

服 务 信 息

您感兴趣的格致版教材	我们如何为您服务
书名 _____ 作者 _____	邮寄样书 □　赠送课件 □
书名 _____ 作者 _____	邮寄样书 □　赠送课件 □

为了让我们更好地为您服务，请教师将上表复印填好后传真或邮寄给我们。

地址：上海市福建中路 193 号 23 楼　　电话：021 6391 4081　　email：hibooks@hibooks.cn
邮编：200001　　　　　　　　　　　　传真：021 6391 4081　　官微：e.weibo.com/hibooks

格致出版社

受尊重的学术和高等教育出版社
www.hibooks.cn